· ZEUGEN DER ZEIT ·

Konrad Weiß

LOTHAR KREYSSIG

Prophet der Versöhnung

Bleicher Verlag

Bildnachweis
Rudi Förster (S. 384)
Günter Linke (Autorenporträt)
Frithjof Meußling (S. 210, 284, 402)
Jürgen Pieplow (Umschlag und S. 175)
Privat (S. 15, 63, 234, 352, 425)

Der Umschlag zeigt
eine Kunstschmiedearbeit
von Fritz Kühn in der
Kathedrale von Coventry

Die Deutsche Bibliothek – CIP-Einheitsaufnahme

Weiß, Konrad:
Lothar Kreyssig - Prophet der Versöhnung / Konrad Weiß.
- 1. Aufl. - Gerlingen : Bleicher, 1998
(Zeugen der Zeit)
ISBN 3-88350-659-1

Umschlag: Buchgestaltung Reichert, Stuttgart
Herstellung: Maisch + Queck, Gerlingen
ISBN 3-88350-659-1

Inhalt

Vorwort

Dieses Buch hat eine lange Geschichte. 1960 schrieb Lothar Kreyssig der Redaktion des Evangelischen Kirchenlexikons, er habe eine entschiedene Abneigung gegen alle Art archivarischer und biographischer Literatur; man möge ihm einen Beitrag zu seiner Biographie erlassen. Fünfzehn Jahre später hatte er dem Drängen von Freunden und Weggenossen nachgegeben und seine Lebenserinnerungen aufgeschrieben. Aber das Buch wurde, sehr zu seinem Verdruß, nie gedruckt.

Alle, die das Manuskript gelesen hatten, meinten, es müsse zuvor »entkreyssigt« werden. »Entkreyssigen«, das war ein vielgeseufztes Schlagwort unter seinen Mitarbeitern. Kreyssig mangelte es nie an Ideen und Feuer. Aber seine Sprache, zumal das geschriebene Wort, uferte allzuoft aus, war angefüllt mit Betrachtungen und Reflexionen über Gott und die Welt, immer exzellent, aber mühsam zu lesen. Senta Maria Klatt, die Sekretärin des Bruderrates der Bekennenden Kirche und Kreyssig menschlich nahe, nannte es liebevoll »Glossolalie«, das verwirrte Hervorbringen unverständlicher Laute in religiöser Ekstase. Sie habe zunächst, in ihrer nüchternen Art, kaum begreifen, geschweige denn nachvollziehen können, was Kreyssig in den Sitzungen des Bruderrates ausführte. Präses Kurt Scharf habe ihr Kreyssigs Worte dann immer verdolmetscht, und so habe auch sie allmählich die Fähigkeit erlangt, seine Sprache zu verstehen.

An eingeschobenen, weit ausholenden Betrachtungen krankt auch Kreyssigs Autobiographie. Seine Freunde haben behutsam versucht, die Aufzeichnungen lesbar zu machen. Erst Johannes Dittrich, der Jugendfreund aus Chemnitz und spätere Mitarbeiter in der Evangelischen Akademie Magdeburg. Dann Volker von Törne, der Dichter, der viele Jahre lang die Aktion Sühnezeichen/Friedensdienste in West-Berlin geleitet hat. Im August 1980 hat er ein langes Gespräch mit Kreyssig geführt und auf Band aufgenommen, in dem er versuchte, mehr vom »leibhaftigen Kreyssig« zu erfragen. Auch er hatte gemeint, daß das Manuskript nach mehr Fleisch und Blut und Anekdotischem verlange und daß der Mensch Kreyssig zu sehr »hinter dem großen Strom des Geistes« verschwinde. Wenige Monate danach, im Dezember 1980, ist Volker von Törne gestorben. Kreyssigs Manuskript blieb unbearbeitet liegen.

Ich hatte Lothar Kreyssig 1964 bei der Aktion Sühnezeichen kennengelernt. Damals wollten wir nach Auschwitz pilgern. Das hat uns die Regierung der DDR verboten. So fuhren wir mit unseren Rädern nach Sachsenhausen und Ravensbrück, mit uns Lothar Kreyssig. Ein Jahr später sind wir dennoch nach Polen gelangt, eine Gruppe junger Frauen nach Majdanek, und wir, die jungen Männer, sind nach Auschwitz gepilgert. Dort, im Lager Birkenau, haben wir die Grundmauern der ersten Vergasungsstätte freigelegt, ausgegraben aus der zu Erde werdenden Asche der Ermordeten. Bei uns war Lothar Kreyssig. Das Schweigen des wortgewaltigen Mannes an diesem Ort hat uns Junge damals im Innersten erschüttert und uns besser verstehen lassen, wo wir sind. Mich haben jene Tage in Auschwitz verändert. Ich habe begriffen, was es heißt, Deutscher zu sein. Welche Verantwortung uns und noch vielen Generationen nach uns durch die Schuld der Väter aufgebürdet worden ist. Männer wie Lothar Kreyssig, die dem totalitären Anspruch der Macht tapfer widerstanden haben, haben unserem Volk einen unvergleichlichen Dienst erwiesen. Sie dürfen nicht vergessen sein.

1985, ein Jahr vor Kreyssigs Tod, kam mir die Idee zu einer biographischen Skizze. Zwei Jahre später habe ich mit der Arbeit an diesem Buch begonnen. Die ersten Interviews habe ich im Mai 1988 in Warschau geführt, fast konspirativ und unter »Mißbrauch« eines Dienstvisums, das ich für Aufnahmen zu einem Film über Janusz Korczak erhalten hatte. Stanisław Stomma und Tadeusz Mazowiecki, ein Jahr später Ministerpräsident des befreiten, demokratischen Polen, waren die ersten, die mir ihre Erinnerungen an Lothar Kreyssig mitgeteilt haben. Tadeusz Mazowiecki kam damals gerade aus Danzig von langwierigen Verhandlungen für die streikenden Werftarbeiter zurück. Ich mußte am selben Tag aus Warschau abreisen. Obwohl er völlig übermüdet und erschöpft war, sprach er zu mir an jenem Morgen lange und leidenschaftlich über Lothar Kreyssig, der ihn als ein Mann des Glaubens tief beeindruckt und gelehrt habe, theologisch zu denken.

Die meisten Interviews habe ich im Frühjahr und Sommer 1989 aufgenommen. Damals war mir die Arbeit als Filmemacher so erschwert, daß das in den Auswirkungen einem Berufsverbot gleichkam. Ich nahm ein halbes Jahr unbezahlten Urlaub und erhielt ein Ausreisevisum. So konnte ich noch vor der Wiedervereinigung gründlich in westdeutschen Archiven recherchieren. Vor allem aber konnte ich Zeitzeugen und Weggefährten Kreyssigs befragen, darunter manche, die nicht mehr unter uns sind, wie Helmut Gollwitzer, Kurt Scharf, Senta Maria Klatt. Die demokratische Revolution 1989 und die Wiedervereinigung haben mir dann ganz und gar neue Aufgaben gebracht, die mich völlig beansprucht haben. An die Arbeit über Lothar Kreyssig war nicht zu denken. Zu seinem 100. Geburtstag im Jahr 1998 aber sollte das Buch geschrieben sein.

Ich danke allen, die mich mit großer Geduld und Bereitwilligkeit bei meinem Vorhaben unterstützt haben, allen voran den Söhnen, Peter, Jochen und Uwe Kreyssig und ihren Familien. 1989 vertraute mir Jochen Kreyssig den schriftlichen Nachlaß seines Vaters an, den ich dann aus Bergisch-Gladbach mit nach Ost-Berlin genommen habe. Als dann im September, nach der Gründung der Bürgerbewegung Demokratie Jetzt, die Beobachtung durch den Staatssicherheitsdienst immer offensichtlicher wurde und eine Haussuchung zu befürchten war, brachte meine Frau das Konvolut in einer Nacht-und-Nebel-Aktion bei Freunden in Sicherheit.

Ich danke allen, die mir im Gespräch bereitwillig Auskunft gegeben oder mir Briefe und Dokumente überlassen haben, insbesondere Marianne Clemens, geb. Ziel, Marianne Dittrich, Susanne Willems, Georg Jagdhuhn, Johannes Müller, Richard Nevermann und Günter Särchen.

Ich danke den Freunden von der Aktion Sühnezeichen, die mir viele Anregungen und Hinweise gegeben und mich vielfach unterstützt haben, insbesondere Irmgard Lent, Jo Rodejohann, Christian Schmidt, Michael Standera und Prof. Dietrich Goldschmidt, ohne dessen finanzielle Unterstützung ich 1989 meine Arbeit in der Bundesrepublik nicht hätte durchführen können. Mein Dank gilt auch Frau Edith Misgeld, die in mühevoller Arbeit die umfangreichen Interviews vom Band abgeschrieben hat. Ich danke dem Bleicher Verlag für seine Offenheit und seine Geduld.

Vor allem aber danke ich meiner Frau Gabriele, die ich 1964 bei der

Aktion Sühnezeichen kennengelernt habe und die mich immer wieder zum Schreiben ermutigt hat. Sie hat, ebenso wie meine Töchter Andrea, Bettina und Cornelia und meine Enkeltöchter Mirjam und Lea, in dieser Zeit oftmals auf mich verzichten müssen. Sicher wäre sie aus gutem Grund zornig und eifersüchtig auf Lothar Kreyssig geworden, wenn sie nicht auch einmal zu den Sühnezeichen-Töchterchen »des Alten«, wie er sich selbst gern nannte, gehört hätte.

1. Kapitel

Vorgeburtliche Existenz

Über die ersten drei Lebensjahrzehnte von Lothar Kreyssig ist wenig überliefert. Er selbst nannte die Zeit, bevor er zum Glauben fand, seine »vorgeburtliche Existenz«. Ganze zwei Seiten machen Kindheit und Jugendjahre, Kriegsdienst und Brautzeit, Studium und Beginn der Richterlaufbahn in seinen Lebenserinnerungen aus. Auch mit seinen Söhnen hat er wenig über jene Jahre gesprochen; keiner kann sich erinnern, jemals als Kind beim Vater gesessen und Geschichten aus seiner Kindheit gehört zu haben. Seine Bekehrung vom gleichgültigen Getauften zum bekennenden Christen, die wie ein Sturmwind über ihn gekommen sein muß, begann 1928 mit dem Tod seines Vater. Zur selben Zeit wandelte er sich vom national gesonnenen, »angestrengten Verächter« der Weimarer Republik, der für eine kurze Zeit seine Hoffnung sogar auf die Nationalsozialisten gesetzt hatte, zum überzeugten und leidenschaftlichen Demokraten. Diese doppelte Umkehr muß ihn im Innersten so erschüttert haben, das alles, was davor lag, für ihn an Bedeutung verlor.

Lothar Ernst Paul Kreyssig wurde am Sonntag, den 30. Oktober 1898, morgens gegen neun Uhr unter Glockengeläut, wie seine Mutter ihm erzählte, in Flöha in Sachsen geboren. Der Vater, Paul Ferdinand Kreyssig, war dort Kaufmann und Getreidegroßhändler. Der Großvater väterlicherseits, Johann Gottfried Ferdinand, Sattlermeister in Kappel bei Chemnitz; die Mutter, Anna Seltmann, am 15. Januar 1877 in Auerbach im Vogtland geboren, Tochter eines Mechanikermeisters, der sich in Ulm niedergelassen hatte. Sie hatte ihre Eltern früh verloren und war vom Getreidehändler Ernst Friedrich Theodor Küchenmeister in Leubsdorf bei Chemnitz und dessen Ehefrau Auguste Selma, geb. Wildfeuer, adoptiert worden. Lothar Kreyssig hatte eine um zwei Jahre jüngere Schwester, Elfriede. Ein holländischer Kaufmann, der eine Kreyssig geheiratet hatte und passionierter Familienforscher war, will die Kreyssigs (oder Kreussigs, wie sie sich ursprünglich schrieben) bis ins Jahr 1000 zurückverfolgt haben. Zwar skeptisch, doch nicht ohne Stolz erzählte Lothar Kreyssig von einem kostbar in rotes Leder gebundenem Buch, das ihm eines Tages auf den Tisch gekommen sei, und in dem die Abstammung der Kreussigs vom Kaiser Heinrich I und, über Umwege, die Verwandtschaft mit dem ersten König von Schottland nachgewiesen sei. Sachkenner hätten ihn freilich mit der Bemerkung ernüchtert, bei der Ahnenforschung sei am Ende jeder mit jedem verwandt. Bedeutsamer war ihm die Tatsache, daß die Vorfahren der Kreyssigs wie der Seltmanns vollblütige Sachsen und durch viele Generationen hindurch Pastoren gewesen sind.

Die Kreyssigs gehörten zu den wohlhabenden Leuten im Ort. Flöha, nordöstlich von Chemnitz gelegen, war bis zum Beginn des 19. Jahrhunderts ein bedeutungsloses, aber idyllisches Waldhufendorf, das sich an der Einmündung der Flöha in die Zschopau inmitten von Hügeln erstreckte. Die Flöha, in Böhmen entspringend, war ein ansehnlicher Fluß, der zu gefährlichem Hochwasser anschwellen und viel Unheil anrichten konnte. Der reichlich vorhandenen Wasserkraft der Erzgebirgsflüsse war es jedoch vor allem zu danken, daß sich im Königreich Sachsen frühzeitig eine industrielle Produktion herausbilden konnte - früher als anderswo in Deutschland. Die ersten Baumwollspinnereien und Textilfabriken waren in Flöha und in den benachbarten Dörfern Plaue und Gückelsberg noch ausgangs des 18. Jahrhunderts entstanden. 1831 drehten sich in Flöha bereits 8200 Spindeln und gaben 140 Arbeitern und 60 Kindern Lohn, der freilich kaum für das tägliche Brot reichte. Die sozialen Spannungen waren erheblich, immer wieder kam es zu Arbeitskämpfen.

1874, im Zuge der administrativen Neuordnung Sachsens nach der Reichsgründung, wurde Flöha Sitz der Amthauptmannschaft. Bezirksbehörden siedelten sich an, neue Fabriken entstanden. Bereits 1866 war Flöha an die Linie Chemnitz-Annaberg der Sächsischen Staatsbahn angeschlossen worden, drei Jahre später war die Strecke bis nach Dresden hin ausgebaut. 1895, so vermeldet der Chronist, wurde eine Sparkasse in Flöha eingerichtet, und im April 1898, dem Geburtsjahr Kreyssigs, der Fernsprechverkehr aufgenommen. Im selben Jahr starb Bismarck. Deutschland kaufte die Marianen und die Karolinen und pachtete das

Tsingtau-Gebiet. Im Haag fand die erste Friedenskonferenz statt. Und mit der Gründung des *Wandervogels* begann in Deutschland die Jugendbewegung.
Zur Jahrhundertwende hatte Flöha 3215 Einwohner. Alte Postkarten und Fotos[1] aus dieser Zeit zeigen einen Ort, in dem Dörfliches und Städtisches noch nahe beieinander liegen. Fachwerkhäuser in oberfränkischer Bauweise, einige davon mit Laubengang, stehen neben Gründerzeitbauten, die viel zu protzig für das schlichte Städtchen erscheinen. Einen richtigen Marktplatz hatte Flöha, das so lange Dorf gewesen war, nicht. Aber eine schöne Stadtkirche, St. Georg, Ende des 15. Jahrhunderts erbaut, in der Lothar Kreyssig am 4. Dezember 1898 getauft wurde. Der Taufstein wurde um 1595 von Michael Hegewald geschaffen, am Fuße vier betende Kinder. Im Chor der Kirche steht einer der prächtigsten Flügelaltäre Sachsens, von einem unbekannten Meister um 1500 geschnitzt.
Die Kreyssigs hatten, damals etwas abseits gelegen, ein großes Grundstück in der König-Albert-Straße, dic heute Augustusburger heißt und an der Zschopau entlang in Richtung Plaue verläuft. Hinten war ein großer Hof mit der Mehl- und Getreidehandlung, der Spedition und der Lotterieeinnahme, die Paul Ferdinand Kreyssig auch noch betrieb, und wo auch einige Mitarbeiter wohnten. Zur Straße hin, inmitten eines eisenumzäunten Vorgartens, standen zwei Häuser, eines davon vermietet, rechts und links davon zwei große Toreinfahrten. Der Garten, schön und gepflegt, war das Refugium der Mutter. Kreyssigs Elternhaus war eine typische Gründerzeitvilla: das Hochparterre, vier große Zimmer mit Küche und Flur, aber kein Bad, dasselbe darüber noch einmal in nahezu identischer Aufteilung und ein Treppenhaus bis unters Dach; dort waren zwei Mädchenkammern. Da wurde später auch noch ein Badezimmer eingerichtet, ein Badezimmer fürs ganze Haus. Der größte Luxus war die Zentralheizung, die das Haus schon um die Jahrhundertwende besaß.

Warum hat Lothar Kreyssig kaum je aus seiner Kindheit erzählt, auch nicht im Alter, wo das lang Zurückliegende wieder näherrückt? Volker von Törne, der ihn nach Kindheitserinnerungen befragt hat, antwortete er einsilbig und fast schroff. Kreyssig schob das brüchig gewordene Gedächtnis vor. Seine Söhne meinen, daß der Großvater unglaublich

streng zu ihrem Vater gewesen sein müsse, und als heimlicher Alkoholiker manchmal auch jähzornig und unberechenbar. So hat er darauf bestanden, daß ihr Vater als kleiner Junge regelmäßig nach Chemnitz fuhr, um im Freibad schwimmen zu lernen, obwohl ihn dort einmal ein brüllender Bademeister an der Angel hat fast ersaufen lassen. Manches von dieser Härte hat sich auch bei ihrem Vater gefunden, der unerbittlich streng zu sich selbst und zuweilen auch zu seinen Söhnen sein konnte. Dem habe der eigene Vater lange im Genick gesessen, diese Unbedingtheit, dieser fordernde Druck sei unbewußt mit ihm gegangen, und manches davon habe sich durch die Familien vererbt. Das mag auch manche Kindheitserinnerung traumatisch verdeckt haben.
Ein Schulfreund, Hans Dittrich, der einzige aus der Flöhaer Zeit, mit dem Lothar Kreyssig auch in späteren Jahren noch befreundet war, Pastorensohn aus Chemnitz, hat eine freundlichere Erinnerung an Paul Ferdinand Kreyssig:

> Ich sehe Vater Kreyssig noch in seinem Lehnstuhl sitzen, ein kleiner korpulenter Mann mit unvergeßlichen Augen: scharf und zupakkend, dennoch gütig. Er war bestimmt ein Einzelgänger, der es schwer mit sich selbst hatte bei seinem jähen Temperament. Schon in der Studentenzeit wandte er mir seine väterliche Freundschaft zu, indem er mir das familiäre Du anbot. Er war ein Mensch, der fortwährend an seiner Bildung weiterarbeitete. Er war immer von Büchern umgeben; die Musik liebte er sehr.[2]

Diese Liebe zu den Büchern und zur Musik hat er zweifellos an den Sohn weitergegeben. Der junge Kreyssig las gern und viel, schrieb Gedichte, lernte Geige spielen und hat auch später noch viel musiziert. Rückblickend vermißt er vor allem, daß er im Elternhaus nicht religiös erzogen worden sei, die Bibel, für ihn dann das wichtigste Buch, habe zu Hause überhaupt keine Rolle gespielt. Bei der Konfirmation sagte ihm der Vater, in seiner knappen und bärbeißigen Art: »Na, nun also halte treu zu Deinem Gott.« In der Pubertät überwarf er sich mit dem Vater, »restlos, wie sich das gehört«, und zog aus dem Elternhaus fort. Doch der Vater fuhr ihm hinterher. Das sei einer der großen Momente in seinem Lebens gewesen, wie er dort den Vater durch die Sperre am Bahnhof kommen sah, um ihn wieder heimzuholen: »Da sah ich seine menschliche Größe.«
Die Mutter, bei der Geburt des ersten Kindes noch blutjung, stand, wie

in den gutbürgerlichen Familien der wilhelminischen Zeit üblich, ganz und gar im Schatten ihres um anderthalb Jahrzehnte älteren Gatten. Sie war als armes, adoptiertes Waisenkind von diesem wirtschaftlich so erfolgreichen Mann gewissermaßen in einen neuen Stand gehoben worden und hat, nach ihrer eigenen Aussage, zeitlebens in tiefem Respekt, ja Angst vor ihrem Ehemann gelebt. Im Grunde wurde sie erst ein freier Mensch, als er tot war. Dennoch, so schreibt Lothar Kreyssig in seinen Erinnerungen:

> Das Eigentliche, Wesentliche geschieht in der unauffälligen Regie der Frauen zu Hause. Wann und wie wird der Anteil der Frauen, der Hüterinnen des Lebens, an der Geschichte offenbar, die angeblich die Männer machen?[3]

Was er später über die eigene Frau sagt, darf sicher auf die Mutter übertragen werden. Sie war das ausgleichende Moment in der Familie, was nicht einfach war bei der explosiven Natur des Vaters.

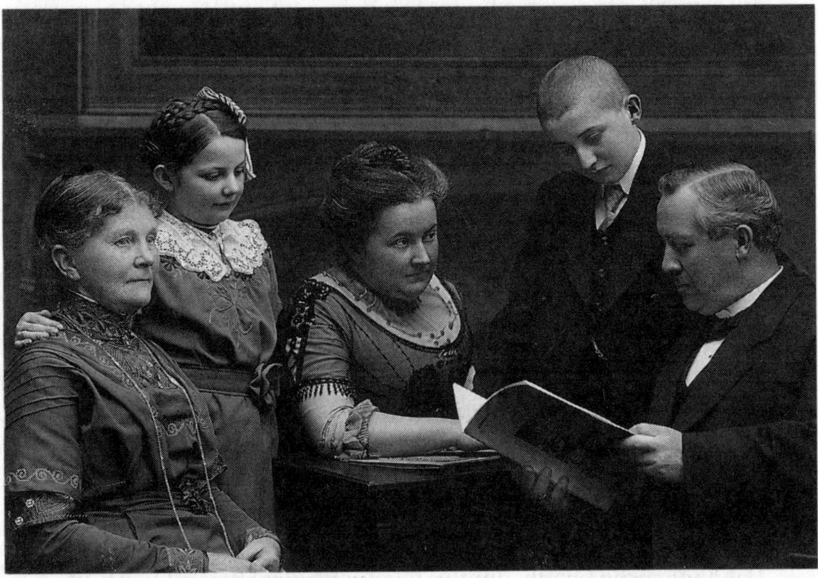

Lothar Kreyssig als Kind mit seinen Eltern und seiner Schwester. Chemnitz, um 1910. Foto: privat.

Die ersten vier Jahre lang ging der Junge in Flöha zur Schule. Eine Fotografie vom Schulfest in Flöha im Jahr 1910 zeigt vor dem wuchtigen, neuromanischen Tor der Schule blumenbekränzte Mädchen in halblangen Kleidern und strammstehende Knaben im schwarzen Anzug, mit Krawatte und Schülermütze. Auf einem anderen Foto aus dieser Zeit, einem martialischen Gruppenbild des *Vereins zur Erhaltung des Knabenmusik-Chors von Flöha und Umgebung*, präsentieren sich schnauzbärtige Lehrer und uniformierte Jungen mit Pauken und Trompeten. Zu der Zeit war Lothar Kreyssig schon in Chemnitz auf dem Gymnasium. Aber in dieser militanten, nationalistischen Atmosphäre der Vorkriegszeit ist auch er aufgewachsen und davon natürlich nicht unbeeinflußt geblieben.
1909 wurde der Elfjährige, da es in Flöha kein Gymnasium gab, Fahrschüler. Tagtäglich fuhr er - später auch seine Schwester - mit der Eisenbahn nach Chemnitz. Die Kreyssig-Kinder fuhren Zweiter Klasse, alle anderen Kinder Dritter, wie sich eine andere Fahrschülerin, Dora Müller, noch nach achtzig Jahren erinnert: »Ja, ich seh' den Lothar noch mit seiner Gymnasiastenmütze am Bahnsteig entlanggehen, ein wirklich adretter Bursche.«[4] Ein Tagebuch, das der angehende Gymnasiast von seiner Mutter geschenkt bekommen hat, weist nur wenige Eintragungen auf. Es beginnt rückblickend mit der Beschreibung des Hochwassers, das Flöha im Februar heimgesucht und große Verwüstungen angerichtet hat:

> Straßen waren aufgewühlt, Zäune umgeschlagen, ganze Stämme hatte es mit fortgeführt. Auch bei meinem Vater hatte es großen Schaden angerichtet. Alle Wolle und Getreide, das in den unteren Räumen lag, war ersoffen.[5]

Die nächste Eintragung ist dem Fahrrad gewidmet, das der Junge zu Weihnachten geschenkt bekommen hatte und mit dem er nun im Frühjahr die ersten Fahrten unternahm. Anfang Juni schließlich notierte er, daß es ihm »ganz gut auf dem Gymnasium« gefällt; am 19. April war er in die Sexta aufgenommen worden. Bis zur nächsten Eintragung vergehen vier Jahre, von da an nennt er sein Tagebuch *Gelegenheitsbuch*. Über die Schule verliert er aber auch dann nur wenige Worte.
Das Königliche Gymnasium zu Chemnitz, der »Kasten« genannt, stand auf der Höhe des Kaßberges, eines von sieben Hügeln der Stadt, die daher von lokalpatriotischen Altphilologen manchmal euphorisch mit

Rom verglichen wurde. Von der Hohen Straße, die am Rande des Steilabfalls zum Stadtkern hin entlangführt, von wo die Türme der Stadtkirche St. Jakobi und der 1945 zerstörten Pauli-Kirche heraufgrüßten, betrat man das Schulgebäude über einen Vorgarten durch eine Gittertür. Im Vestibül hatte der Hausmeister seine Wohnung, ein altgedienter Unteroffizier, der mit diesem Posten versorgt worden war. In den Pausen versorgte er die Gymnasiasten mit Schulheften, Milchbrötchen und kernigen Anekdoten aus seiner Militärdienstzeit.[6]
Die Klassenzimmer wurden beherrscht vom Podium mit dem Katheder, dem uneingeschränkten Reich des Lehrers. Diesen Thron verließ er nur selten, höchstens, um die Schüler bei den Klassenarbeiten zu kontrollieren. In der dunklen Jahreszeit wurden die Klassenräume von Gaslaternen beleuchtet. Wurden sie nicht mehr gebraucht, war es Aufgabe der Schüler, sie zu löschen. Meist stellten sie die Flammen jedoch nur klein, dann begannen die Lampen nach einiger Zeit zu knurren und zu schnarchen - ein Geräusch, das den Lehrer irritierte, weil er seine Herkunft nicht ermitteln konnte und, nicht zu Unrecht, eine Bosheit seiner Schüler dahinter vermutete.
In der großen Pause strömte die Schülerschaft, der *coetus,* wie der Rektor zu sagen pflegte, bei schlechtem Wetter in die Korridore, bei gutem Wetter auf den Hof. Die Korridore erstreckten sich rechts und links des Treppenhauses. Am Ende wurden sie durch Kabinette abgeschlossen, in denen sich die Lehrmittelsammlung und die Schülerbibliothek befanden. Sie verloren sich in »ewigem Dunkel« und boten so Freiraum für allen nur erdenklichen Unsinn, für Streiche und Raufereien. Die Pausenhöfe waren streng geteilt, zwei kleine für die Sextaner, ein großer für die älteren Schüler. Die achteten streng darauf, daß keiner von den Kleinen ihr Reich betrat. Wer es dennoch versuchte, wurde sofort verdroschen. Es herrschte ein strenger Komment, eine gnadenlose Hackordnung zwischen jüngeren und älteren Schülern.
Davon war Lothar Kreyssig als Fahrschüler, als Auswärtiger zusätzlich betroffen. Von den Vergnügungen seiner Altersgenossen, dem Marktbummel nach dem Unterricht, den Feiern im Schülerverein, blieb er ausgeschlossen. Dennoch, die Klassensolidarität litt darunter nicht; Johannes Dittrich, der Freund, kann sich nicht erinnern, daß Kreyssig jemals bei einem Streich nicht mitgemacht hätte. Im Gegenteil, er wollte immer männlich und forsch erscheinen. Auffallend an ihm war seine

Hakennase. Er versicherte stets, daß sie nicht angeboren, sondern durch den Bruch des Nasenbeines erworben sei. Das imponierte den anderen Jungen, zeigte es doch, daß er ein richtiger Kerl war. Einmal gesellte sich auf dem Schulweg ein Lehrer zur Schülergruppe, wohl Quartaner oder Quintaner, und fragte Kreyssig, ob er noch Geschwister habe? »Nein«, kam wie aus der Pistole geschossen die Antwort, »das heißt, doch - eine Schwester.« Und wurde er vom Lehrer gefragt, was er einmal werden wolle, dann antwortete er stets: Marineoffizier. Als Untertertianer schrieb er ins Tagebuch:

> Mein Ideal und sehnlichster Wunsch ist Seekadett zu werden. Auch Vater ist einverstanden und hat diesen Gedanken überhaupt erst in mir geweckt. Aber: 1. Bedingung: ein gesunder Körper. 2. In Mathematik Zensur: Gut?! Infolge der ersten Bedingung werde ich täglich von Vater ermahnt: Gerade Haltung, Turnen, Schwimmen, Reiten, Fechten.[7]

Lothar Kreyssig war ein recht guter Schüler und immer unter den fünf Ersten. Er war ehrgeizig und konnte schwer ein ihm angetanes Unrecht einstecken. Die Lehrer hielten den Jungen für religiös interessiert, der Konfirmator an St. Pauli in Chemnitz gar für fromm, und er besiegelte sein Urteil am 16. März 1913, dem Sonntag Palmarum, mit dem Konfirmationsspruch Psalm 119, Vers 9: »Wie wird ein Jüngling seinen Weg unsträflich gehen? Wenn er sich hält nach Deinen Worten.« So jedenfalls übersetzt Luther. Lothar Kreyssig bevorzugte die Lutherbibel bis zuletzt. Doch auch die klangvolle Übertragung von Martin Buber lag ihm sehr, die er in späteren Jahren gern zitierte. Da lautet sein Konfirmationsspruch viel kraftvoller und weiser: »Wodurch klärt ein Jüngling seine Bahn? Sich hütend gemäß deiner Rede.«[8]

Er hatte, trotz seines späterhin ausufernden Stils, ein gutes Sprachgefühl und war für Sprachen begabt. Latein, Französisch und Englisch schloß er mit »Vorzüglich« ab, Griechisch mit »Gut«. Auch Deutsch und Geschichte lagen ihm, Mathematik hingegen mochte er nicht besonders. Daß er dennoch in die mathematische Abteilung des Gymnasiums wechselte, hing mit seinem Berufswunsch zusammen. Als die Schüler einmal im Deutschunterricht ein selbst gewähltes Gedicht rezitieren sollten, trug Kreyssig ein eigenes vor, betitelt *Der Flieger*. Noch nach Jahrzehnten erinnerte sich Johannes Dittrich des eindrucksvollen, in bestem Sächsisch geschmetterten Schlusses: »Jach himmelwärts!«

Den Anbruch des Krieges, die »nationalistische Selbstbehauptung und Selbstverklärung der Deutschen«, hat auch der Gymnasiast Lothar Kreyssig mit freudiger Selbstverständlichkeit und ohne Gewissenszweifel bejaht. Die ersten Kriegsjahre, so notierte er 1920 rückblickend im Tagebuch, »entfachten in dem Idealistenherzen des Gymnasiasten Gefühlsstürme, die ihn mit der Sehnsucht nach endlicher aktiver Beteiligung ohne rechte Sammlung von Tag zu Tag rissen«. Die Kriegssucht, der nationalistische Taumel hatte das ganze Land ergriffen. Wie kein anderer hat Kurt Sack, der um dreizehn Jahre ältere und im zweiten Kriegsjahr gefallene Dichter, dem Fühlen dieser Generation Ausdruck gegeben:

> Käme der Krieg! in gleißenden Wolkentürmen lauert er rings -: erwachte ein Sturm, der ihn aufjagte aus seiner lauernden Ruh, daß er über uns kommt in seiner schwarzblauen Wetternacht mit seinen Schwefelwinden, seinen goldenen Blitzen -! Volk gegen Volk, Land gegen Land - ein Stern nichts denn ein tobendes Gewitterfeld, eine Menschendämmerung, ein jauchzendes Vernichten -! oh, ob dann nicht ein Höheres -[9]

Der Maler Bein aus Oranienburg übersetzte in der *Deutschen Illustrierten Zeitung* den expressionistischen Aufschrei in eine deutschtümelnde Idylle: ein anheimelnder Bauernhof mit tanzenden Kindern, darüber als abziehende Gewitterwolke einen deutschen Helden, in der Linken den gallischen Hahn, in der Rechten den russischen Bären: »Lieb Vaterland, magst ruhig sein ...«[10] Tatsächlich schien der Krieg in den ersten Monaten sehr weit weg und, glaubt man den von der Zensur freigegebenen zeitgenössischen Bildern, eine vollkommen friedliche Expedition gewesen zu sein. Bis dann die ersten Todesanzeigen: *Gefallen für Volk und Vaterland, Heldentod,* in den Zeitungen standen ...

Die Gymnasiasten Kreyssig und Dittrich jedenfalls gründeten mitten im Krieg ein Quartett - wollten sie dem allgemeinen Geschrei vielleicht doch etwas entgegensetzen? Oder waren sie einfach nur unpolitisch, mit ihren sechzehn Jahren eben doch noch Kinder? Lothar Kreyssig spielte die erste, Johannes Dittrich die zweite Violine. Das Cello übernahm der Bruder eines Klassenkameraden, das Klavier zuerst Kreyssigs Schwester Elfriede, dann ein Mitschüler namens Löwenthal. Sie begannen mit dem *Siegfriedidyll* von Richard Wagner - natürlich klang und ging das schief. Ein Klassenkamerad machte sie darauf aufmerksam, daß es für ihre Besetzung auch Stücke von Haydn, Mozart, Beethoven gäbe. Aber sie bevorzugten weiterhin den zeitgenössischen Schwulst, Volkmann, Jadassohn und Saint-Saëns. Johannes Dittrich:

> Musik ging ihm über alles. Dem Phantastischen und Überschwenglichen in der Musik war er zugeneigt und liebte das Rauschhafte, Dionysische. An einem hellen Sommertage lagen wir zwei in Flöha in den Klubsesseln und ließen uns »Isoldes Liebestod« auf Schallplatte vorspielen. Am Ende sagte er nur: »Eine besoffene Musik!« In seiner Ausdrucksweise war das aber ein Lob. Als Geiger besaß er gutes technisches Können. Wenn er spielte, war er fast fanatisch dem Spiel hingegeben. Einmal - Jahrzehnte später - probten wir ein Streichquartett von Mozart für ein Laienpublikum. Als wir dabei mit einer Schwierigkeit nicht ganz fertig wurden, bemerkte ich: »Das merken die Zuhörer doch nicht, für die ist es gut genug.« Darauf er: »Aber nicht für Mozart!«[11]

Ende 1916 meldete sich Lothar Kreyssig, achtzehn Jahre alt geworden, als Kriegsfreiwilliger und legte alsbald die Notmatura ab. Mitte Januar 1917 wurde er zu einem sächsischen Artillerieregiment eingezogen. Sein sehnlichster Wunsch, Marineoffizier oder gar Flieger zu werden, erfüllte sich nicht; er war als Kaufmannssohn eben nicht von Stande. Daß sich sein Traum nicht erfüllte, hat ihm lange zu schaffen gemacht. Am 11. Mai kam er ins Feld, zuerst nach Frankreich, in die Vogesen, zu einem Ersatzregiment, »zusammengewürfelt, mit wenig imponierenden Leuten«. Dann wurde er nach Französisch-Flandern kommandiert, dann an die Ostfront, nach Livland und Estland, irgendwohin in die Nähe von Dorpat, damals auf russisch Jurjew, heute Tartu. Der »ersten Liebsten« seines Lebens zuliebe lernte er Estnisch und sprach es bald ziemlich perfekt, wie er Volker von Törne, dem aus Reval stammenden, noch in hohem Alter mit einem Anflug von Eitelkeit berichtete. Der: »Ich fürchte, in meiner Familie ist nie estnisch gesprochen worden; das war die Sprache der Dienstboten.«
Vom Baltikum ging es auf den Balkan, nach Mazedonien und Serbien, wo er an zahlreichen Gefechten teilnahm, aber immer unverletzt geblieben ist. Das letzte Gefecht und den wüsten, hastigen Rückzug erwähnte Lothar Kreyssig gelegentlich, sonst aber schwieg er eisern über seine Soldatenzeit. Auch seine Söhne hörten von ihm kaum einmal

etwas über Kriegsnöte oder Heldentaten, über Gefallene und Verwundete, schon gar nicht irgendwelche Soldatenschnurren. Der Rückzug begann bei Üsküp, wie Skopje, die mazedonische Hauptstadt damals hieß. Jahrzehnte später, nach dem verheerenden Erdbeben von 1963, half die Aktion Sühnezeichen dort beim Wiederaufbau der Stadt. Vielleicht sind ihm deshalb die Erinnerungen an den Krieg in Mazedonien so lebendig geworden.

Die Artilleristen dort hatten jedenfalls einen Kavallerieoffizier als Batterieführer, Hauptmann Drache, der von der Schießerei nicht das Geringste verstand. Bei irgendeinem Gefecht mit dem Gegner - »wer das war, weiß ich gar nicht mehr«, so Kreyssig - kniete dieser schneidige Hauptmann hinter ihm, und die Spucke lief ihm vor Aufregung - oder Angst? - aus dem Mund. Eine Haubitze bekam Ladehemmung und mußte zurückgelassen werden, die anderen blieben beim Rückzug irgendwo im Fluß stecken. Nur ihre Pferde konnten oder wollten die Artilleristen, alles Pferdenarren, in Sicherheit bringen. Mit denen trabten sie durch das Wasser der Vardar nach Üsküp. Von da retteten sie sich mit den Trümmern der 10. Armee über Semendria nach Ungarn, wo sie mit Marschall Mackensen interniert werden sollten. Doch die Truppe stahl vor Budapest einen Güterzug zusammen, bestach unter Plünderung der Regimentskasse einen Lokomotivführer und lud, gegen ausdrücklichen Befehl, zwanzig der besten Pferde in drei Waggons. Per Eisenbahn ging es nach Hause. Dort hatte der Kaiser abgedankt und Philipp Scheidemann die Republik ausgerufen. Für den Unteroffizier Kreyssig, dürftig dekoriert mit dem EK II und nicht befördert - er war wohl doch zu renitent und kein guter Untertan -, endeten im November 1918 »zwei Jahre Soldaten- und Reiterleben, so streng wie verwegen und voraussetzungslos«. Der Krieg war aus. Die Revolution hatte begonnen.

In den Osterferien 1920, Kreyssig war schon Student im zweiten Semester, griff er wieder zum Tagebuch, das die ganze Kriegszeit über unbeachtet gelegen hatte:

> Wo denn von Ende 1916 ab im wechselvollen Leben des Landsknechts das Kriegstagebuch hätte einsetzen müssen, fehlte es einfach an Zeit; denn in dem großen *désastre* aller positiver Weltanschauung, das mir der Krieg im großen, ganzen doch darstellte, hatte sich leider immer noch soviel Idealismus dienend zu behaup-

> ten gewußt, daß ich die Sache immer noch viel zu ernst nahm. Ob ich ihn jetzt schon ganz verloren habe? Ich fürchte fast, er lebt in einer von der Verhimmelung der menschlichen Gemeinschaft losgelassenen und auf die Familie bez[iehungsweise] die Persönlichkeit konzentrierten Form immer noch fort. Stell Deinen Fuß auf ellenhohe Socken ...
> Die Hochflut der Enttäuschungen bei meinen ersten Schritten von der Schulbank ins Leben hatte den entsprechenden Umschwung von dem Glauben an alle idealistischen Grundlagen der menschlichen Gesellschaft zur ekligen Verachtung der Menschen gezeitigt. Der Strudel der Extreme im Kriegserleben formte das Kindergemüt mit schmerzhaften, eckigen Griffen zum Manne.[12]

Das alles ist noch immer »vorgeburtliche Existenz«, von der Lothar Kreyssig selbst nur spärlich etwas preisgegeben hat. Den auskunftsfreudigeren Freund Johannes Dittrich hatte es als Soldat nach Frankreich verschlagen. Während des Krieges hatten sie sich aus den Augen verloren. Nach dem Krieg, inmitten der Unruhen und Nachkriegswirren, im Januar 1919, fanden sich die Freunde in Dresden wieder. Aus allen Himmelsrichtungen strömten die Reste der geschlagenen Armeen zurück, die Einheiten aufgelöst, die Soldaten verwirrt und entwurzelt. Sie mußten warten, bis sie vom Ersatztruppenteil ordentlich demobilisiert und ins Zivilleben entlassen waren. Einige revoltierten derweil und schlossen sich nach dem Vorbild der Kieler Matrosen in Soldatenräten zusammen, um dem politischen Vakuum, das mit der Abdankung des Kaisers entstanden war, ein Ende zu bereiten. Der Spartakusbund strebte eine sozialistische deutsche Räterepublik an. Auch in Dresden krachten in den nächtlichen Straßen, von Schneematsch bedeckt, von keiner Laterne erhellt, Schüsse. Gerade erst hatte eine aufgebrachte Menge einen der Revolutionsminister von der Brücke in die eisigen Fluten der Elbe gestürzt. Es war besser, nicht allzu neugierig zu sein und vor Anbruch der Dunkelheit von der Straße wegzukommen.
So stießen in der Abenddämmerung auf der Elbbrücke zwei hastige Soldaten aufeinander - und fielen sich in die Arme, der Gefreite Dittrich und der Unterleutnant Kreyssig. Der war noch immer zackig, verwegen und draufgängerisch. Beide hatten sie in der Vorstadt ein möbliertes Zimmer gemietet; an diesem Abend blieben sie zusammen und

schmiedeten Zukunftspläne. Was sich um sie herum ereignet hatte, die Abdankung des Kaisers, die Soldatenräte, die Ausrufung der Republik, die Straßenkämpfe in Berlin und die Ermordung Rosa Luxemburgs und Karl Liebknechts, war für die Freunde kein Thema. Sie waren »unreif und uninteressiert« und hatten nur eines im Kopf: möglichst bald aus dem Heer, oder was es an Resten davon gab, entlassen zu werden. Sie beschlossen, zusammen in Leipzig zu studieren, der eine Jura, der andere Theologie. Lothar Kreyssig hatte auch schon eine Adresse in Leipzig, eine Empfehlung seines Vaters an einen Geschäftsfreund, Robert Lederer, Kaufmann und Lotterie-Kollekteur wie dieser.

Jura zu studieren hatte ihm der Vater geraten. Der hatte ringsum beobachtet, daß es hilfreich war, Jurist zu sein, wenn man arrivieren wollte. Wäre Lothar Kreyssig seiner Neigung gefolgt, hätte er Philologie studiert. Aber da konnte man nur Schulmeister werden, »und das war fürchterlich«. Das Studium wurde eher nebenher betrieben. Vor den Examen ging es in irgendeine »Presse«: In jeder Universitätsstadt gab es zwei, drei berühmte Pauker, die es verstanden, den Studenten in ein paar Stunden das Notwendige einzuremsen, natürlich gegen ein entsprechendes Salär. Irgendeine tiefschürfende rechtsphilosophische Betrachtung des Stud. jur. Kreyssig ist jedenfalls nicht überliefert.

Viel wichtiger für das Studium der Jurisprudenz war, daß man einer Korporation angehörte, Korpsstudent war. Beim Saufen mit den Alten Herren wurde der Weg in die Karriere geebnet. Kreyssig wurde in die *Grimensia* aufgenommen, einer in Leipzig alteingesessenen schlagenden Verbindung. Die hieß volkstümlich das »Sächsel-Korps«, weil aus ihr der »ganze große Haufen« der leitenden sächsischen Staatsbeamten kam. Der forsche und draufgängerische Student brachte es zeitweilig zum Präsiden seiner Korporation und vertrat die Waffenstudenten im AStA, der studentischen Selbstverwaltung. Er war »bei jedem nationalen Krawall dabei« und wurde - wie fast jeder bürgerliche Student, auch die nichtkorporierten und links gesonnenen - Soldat im Leipziger Zeitfreiwilligenregiment, 9. Kompanie, mit Gewehr und Handgranaten im Kleiderschrank der Studentenbude.

Beim Kapp-Putsch im März 1920 stand er in Leipzig in einer dünnen Schützenkette den demonstrierenden Arbeitern gegenüber, die zu Tausenden zum Augustusplatz heranbrandeten, mittendrin, mit erhobenen

Armen, der Hauptmann seiner Kompanie, den die Arbeiter gefangengenommen hatten. Als sich, ohne Feuerbefehl, eine Salve löste, schoß ihm einer der Schützen, die hinter ihm standen, durch den Ärmel seiner Montur - Kreyssig selbst blieb unverletzt. Ein Teil der Arbeiter hatte sich bewaffnet und feuerte vom Rathausturm auf die Soldaten. Anderen Tages lagen im Dozentenzimmer des Hörsaals, in dem die Zeitfreiwilligen kampierten, die Gefallenen. Unter den Toten fand Lothar Kreyssig einen Kommilitonen aus der *Grimensia*, Karl-Heinz Sievers, dem er als Senior zur Seite gestanden hatte. Dessen Mutter kam - es waren ja wirre Zeiten und Handel und Wandel lagen danieder - auf einer Lokomotive zur Beerdigung gefahren. Die Zeitfreiwilligen, ein wüst zusammengewürfelter Haufen, wurden bald von regulären Einheiten der Reichswehr abgelöst. Einige setzten sich nach Berlin ab, um dort mit dem Generallandschaftsdirektor Wolfgang Kapp, dem deutschnationalen Putschisten, weiter zu kämpfen. Das nun erschien dem Freiwilligen Lothar Kreyssig weder in Ordnung noch zweckmäßig, obwohl es ihm sonst »auf fatalste Weise selbstverständlich« war, gegen alles, was links war, anzutreten. Zum erstenmal empfand er eine »undeutliche Grenze«, die er nicht überschreiten wollte.

Während der Schießerei auf dem Leipziger Augustusplatz hatte neben ihm ein »baumlanger Cherusker« freundschaftlich gekämpft, ein Korpsstudent aus einer anderen Landsmannschaft, von dem er sich gerade zuvor auf dem Mensurtag eine Kontrahage eingefangen hatte. Kaum waren die Zeitfreiwilligen dem Scharmützel entronnen und ins Studium entlassen, hatten sie nichts besseres zu tun, als sich auf der nächsten Mensur wechselseitig die Köpfe blutig zu schlagen, »PP, *pro patria*, mit einer grandiosen Selbstverständlichkeit; das tat man so«. Peter Kreyssig erzählt, daß sich im Familienalbum ein Foto fand, das den Vater nach der Mensur zeigt,

> blutend wie ein abgestochenes Schwein. So haben die sich damals fotografieren lassen! Als ich fragte: Was ist denn das? - sagte er: Tu das weg, da ist ja furchtbar! Da hat er sich geniert.[13]

Von den Korporierten und ihrer pervertierten Courage wollte Lothar Kreyssig später nichts mehr wissen. Innerlich hatte er sich wohl schon früher losgesagt: »Denn gedanklich und ideell ist meine aktive Zeit hohl gewesen, und das Couleurstudententum, das vor der Entscheidung des neuen Zeitgeistes in unseren Kreisen nach meiner Erfahrung für eine geistige Erneuerung noch nicht reif ist, dürfte schweren Zeiten entgegengehen, soweit es nicht inhaltsleer nur dem Lebensgenuß in einer groben Form gewidmete Vorstufe einer Interessenclique bleiben soll«, schrieb er 1920 in sein *Gelegenheitsbuch*. Leute, die ihn auf seine Schmisse ansprachen und meinten, daraus das Recht zu irgendwelchen Standesgemeinschaften ableiten zu dürfen, ließ er eiskalt abblitzen. Aber von den »Durchziehern« auf seiner linken Wange blieb er sein Leben lang gezeichnet; sie stachen einem sofort ins Auge, wenn man ihm begegnete.

Doch es gibt nicht nur martialische Erinnerungen an jene Zeit. Es begannen ja auch die »goldenen« zwanziger Jahre. Nach dem Untergang des wilhelminischen Reiches blühten die Künste auf: Expressionismus, Kubismus, Dadaismus. Neue Musik und Atonalität. Nietzsche-Renaissance und die östlichen Mythen, Buddha und Laotse ... Davon blieben natürlich auch die Leipziger Studiosi nicht unberührt. »Was haben wir da geredet!«, erinnert sich Johannes Dittrich, »welche Diskussionen! welche Attacken! welche Höhenflüge!«
Ein wenig läßt sich das nachvollziehen. Einmal, im Frühjahr 1920, hatte Lothar Kreyssig in seinem *Gelegenheitsbuch* etwas von dem festgehalten, was ihn als jungen Mann umtrieb und wie er sich selbst damals sah:

> Das oberste und herrschende in mir ist leider das »Zwei Seelen wohnen ach in meiner Brust«. Zum Teil dürfte das das Erbe der problematischen Natur meines Vaters sein, zum anderen ist es die unglückliche Mischung zweier Charaktergegensätze, wie sie meine beiden Eltern darstellen. Als drittes dürfte die noch unausgeglichene Gefühlsmischung der zwanziger Jahre hinzukommen.
> Dem Charakterlichen steht gleich das Unentschiedene und Allseitige in der Begabung. An aller Wissenschaft schätze ich und liegt mir die ideelle, die gedankliche Seite und könnte mir sie darum wert machen. In allem bin ich gut und befriedigend, statt, wie ich es mir gewünscht, in einem vorzüglich und in allem anderen schlecht gewesen. Und wenn mich das befriedigen kann, und es wird es, denn leider ist im Grundzug meines Charakters durch die Erziehung des Vaters unterstützt der Ehrgeiz, so werde ich ohne weiteres zur öffentlichen Carriere gedrängt:
> Der Gedanke der menschlichen Gemeinschaft geht auf die Spezifi-

zierung der Tätigkeit, aber eben nur soweit sie den Menschen als dienenden in Anspruch nimmt. Über den einzelnen Disziplinen der Tätigkeit braucht und duldet sie als Herrscher den, der das allen Gemeinschaftliche vertritt und schürft bei ihm nicht nach der Tiefe seiner Bildung und Kenntnis in ihren einzelnen Betätigungszweigen. Und dazu eignet mir wohl die Fähigkeit erstens die Menschen zu blenden. Zweitens ist mir nach den Vergleichen mit anderen wohl eine gewisse Fähigkeit angeboren, die Menschen sofort zu durchschauen und sie auf ihre Gaben, ihren Einfluß und ihre Neigungen binnen kurzem richtig einzuschätzen ...

Nun wäre ich es zufrieden, wenn meine Begabung und Neigung so eindeutig und einseitig wäre. Aber erstens bin ich eben wie schon erwähnt ein unklarer Kopf und Schwärmer und zweitens oder vielleicht deshalb habe ich mich bisher stets zersplittert. So vielfältig mein Amt als Senior war, habe ich eben alles gemacht und nebenbei ein Theaterstück gemacht, es inszeniert, ins Colleg gegangen, bin Repetitor gewesen, studiert, Geigenstunde genommen, Quartettabende gehalten, gesellschaftlich tätig gewesen usw. Und wenn auch die Vielgestaltigkeit von Tätigkeit und Stimmung mir vielleicht das zuletzt Lebenswerte war, so entspricht es eben andererseits meiner Zwitternatur, daß es mich nie dauernd und ganz befriedigen wird, weil es mich stets von meinem geschilderten eigentlichen Ziele abhält.

Ein weiteres Moment, was in seiner Gegensätzlichkeit mich zermürbt, ist meine wahrscheinlich ererbte starke Sinnlichkeit, die aber nun eben wieder zum Unheil nur durchaus monogamisch ist und so für mich jetzt bereits Probleme aufrollt, an denen die ganze Menschheit bisher vergebens kaut.

Meine Ansicht von unserer Religion als ein Dokument menschlicher Schwäche resultierend aus der Todesfurcht stellt mich zudem so auf mich selbst, daß etwa außer Hanna, die aber auch geführt sein will, [ich] meiner Umgebung vollkommen fremd werde, und an der logischen Neigung, mich nun Schopenhauer und Nietzsche ganz in die Arme zu werfen oder mit ihnen auseinanderzusetzen, hindert mich wieder die weitere Zersplitterung, die das bedeuten würde.[14]

Lothar Kreyssig war in Leipzig tatsächlich beim Geschäftsfreund seines

Vaters, bei Robert Lederer in der Gohliser Straße, untergekommen. Der nun hatte eine Tochter, Johanna Charlotte, Hannchen oder Hanna genannt, in die er sich Hals über Kopf verliebte. Sie war etwas älter als er, am 18. Oktober 1897 in Leipzig geboren. Die Mutter war Konzertsängerin und ist wenige Jahre nach der Geburt Johannas gestorben. Robert Lederer war wohlhabend, hatte eine kleine Druckerei, einen Zigarrenladen und eben die Lotterieeinnahme, durch die die Bekanntschaft zu Paul Ferdinand Kreyssig in Flöha zustande gekommen war, auf einer Jahrestagung der Lotterie-Kollekteure. Johanna Lederer war bis zum Krieg in eine Internatsschule für höhere Töchter in Lausanne gegangen, war gebildet und künstlerisch interessiert, sprach fließend Französisch und war eine gute Tennisspielerin und Pianistin. Dabei war sie viel nüchterner als der himmelstürmende, überschäumende Student, den sie wegen seiner euphorischen Höhenflüge alsbald kräftig verulkte, was der mit fassungslosem Staunen hinnahm.

Die Liebe wuchs beim gemeinsamen Musizieren. Mit im Bunde war Johannes Dittrich und ein Cellist, ein verträumter Jüngling mit wehenden blonden Haaren, der überaus behutsam behandelt sein wollte, aber herrlich spielen konnte. Bei den Kantilenen, so Johannes Dittrich, »legte er den Lockenkopf an den Hals seines Instrumentes und sang förmlich auf ihm«. Offenbar ist Johanna nicht nur von Kreyssig umworben worden, auch Johannes Dittrich schwärmte von ihrer Anmut und ihrem Liebreiz, wenngleich er sich alsbald in die Rolle des getreuen Eckarts zu fügen hatte. Und noch einen dritten Verehrer muß es gegeben haben: Hanna Kreyssig erzählte später gern, daß sie als junges Mädchen einmal aus Jux bei einer Wahrsagerin war, die ihr prophezeit hatte: Sie heiraten einen, dessen Initialen L.K. lauten. Nun gab es einen zweiten mit diesen Initialen im Freundeskreis, Ludwig Kletzin, der wie die Kreyssigs später im Brandenburgischen Bauer wurde. Jedenfalls war Lothar Kreyssig mehr als einmal verzweifelt eifersüchtig. Einmal, bei einem Kostümfest der *Grimensia*, hatte sie sich so verkleidet und maskiert, daß er sie nicht erkannt und den halben Abend, immer düsterer werdend, gesucht hat, bis sie sich schließlich zu erkennen gab.

Die junge Liebe hat offenbar auch Kreyssigs Studien beflügelt. Am 24. Januar 1922 legte er in Leipzig die erste Staatsprüfung ab. Einen Monat später wurde er im Staatsdienst vereidigt. Dann folgte die Referendarszeit, erst bei den Anwälten Wohrizek und Zander in Leipzig, die ihm eine ungewöhnliche Befähigung »für jede richterliche, anwaltliche oder sonstige Betätigung auf juristischem Gebiet« bescheinigten und seine »sehr angenehmen Umgangsformen« hervorhoben, dann an verschiedenen Gerichten in Sachsen, unter anderem im idyllischen Bad Lausick. Dort, ganz nah bei Leipzig, wollte ihn die Braut besuchen - sie hatten sich wohl inzwischen verlobt -, aber allein mit der Eisenbahn zum Verlobten zu fahren, galt damals noch als ganz und gar unschicklich. Also wurde Hans Dittrich mit auf die Reise genommen und verbrachte mit dem Paar einträchtig einen schönen Nachmittag in dem Städtchen.

Über die sonstigen Stationen des Referendars ist nur einmal etwas verzeichnet: Zum 18.10.1922, dem 25. Geburtstag Johannas, wenige Tage vor der standesamtlichen Trauung, schickte er aus Riesa dem »Bräutchen« drei Bücher von Anton Wildgans, denen er ein Gedicht mit auf den Weg gab:

An die Braut

Fast will es mir in stillen Stunden scheinen,
Als hätten wir gar manches schon verwunden,
An Glück und Leid, um das hier Menschen weinen
Und jauchzen, erdenschwer und triebgebunden.-

Was wird zum Jetzt hinzuzudenken sein,
Daß steigernd uns das wahre Ich in Liebe
Zum andern, wie bisher, doch echt und rein
Solch sinnenfrohen Menschseins Wonne bliebe,

Daß deinem Weibestraum Erfüllung reift,
Uns das Gebot der Weltenseele eine,
Und doch der Blick, der nach den Sternen schweift,
Nicht stirbt und unsre Seele um ihn weine?

Einige seiner Gedichte, im Abstand vieler Jahre, zumeist an wichtigen Lebensstationen entstanden, wollte Lothar Kreyssig in seine Lebenserinnerungen aufgenommen wissen. »Die wirklichen Dichter denken und schreiben wohl heute ganz anders. Aber Ihr werdet den Alten wohl schnell wiedererkennen. Und was soll ich meine Freude verleugnen, daß mir dergleichen einmal gelungen ist? - allen inzwischen veralteten Stilformen zum Trotz. Das Wagnis sei Eurer Diskretion befohlen!«, schrieb er seinen Söhnen ein Jahr vor seinem Tod.[15]

Anmerkungen

1 Schmidt, Erich: Flöha wie es einmal war. Im Spiegel alter Ansichten. Horb am Nekkar, 1991.

2 Dittrich, Johannes: Meine Begegnungen mit Lothar Kreyssig. Unveröffentlichtes Manuskript, Magdeburg, o.J., S.2.

3 Diese und alle anderen Aussagen aus den beiden Fassungen der Autobiographie von Lothar Kreyssig und aus dem Gespräch mit Volker von Törne vom August 1980 sind, sofern sie nicht eigens gekennzeichnet sind, nicht wörtlich zitiert, sondern redigierte Zusammenfassungen. Dabei wurde darauf geachtet, den Inhalt nicht zu verfälschen und Kreyssigs Stil zu bewahren. Einige wichtige Texte von Lothar Kreyssig sind im Anhang zusammengestellt. - Die Autobiographie II [im folgenden AB II] wurde durchgängig, unter Einbeziehung aller Einschübe und Ergänzungen, paginiert.

4 Interview des Verfassers mit Dora Müller am 20.02.1987 in Flöha.

5 Nachlaß Kreyssig. Tagebuch 1909-1926, Eintragung vom März 1909.

6 Die Erinnerungen an Kreyssigs Schulzeit sind ausnahmslos Johannes Dittrich zu danken, a.a.O., S. 3ff.

7 Tagebuch 1909-1926, Eintragung vom 2. Januar 1913.

8 Das Buch der Preisungen, verdeutscht von Martin Buber. Gerlingen, 1992.

9 Zitiert nach Soergel, Albert: Dichtung und Dichter der Zeit. Zweite Folge. Leipzig, 1927, S.320.

10 Deutsche Illustrierte Zeitung, 7. Jg. [1914], Nr. 53, S. 3.

11 Dittrich, Johannes: a.a.O., S.5.

12 Tagebuch 1909-1926, Eintragung Frühjahr 1920 [S.12f.].

13 Interview des Verfassers mit Peter Kreyssig am 11.07.1989 in Stuttgart. Auf dieses und andere Interviews wird nach der ersten Nennung im folgenden nicht mehr verwiesen bzw. in späteren Kapiteln in der Kurzform »Interview des Verfassers mit N.N.«. Die Interviews werden um der besseren Lesbarkeit willen in der Regel nicht wörtlich wiedergegeben, sondern in redigierter und gestraffter Form. Dabei wurde darauf geachtet, den Inhalt nicht zu verfälschen und stilistische Eigenheiten der Gesprächspartner zu erhalten.

14 Tagebuch 1909-1926, Eintragung Frühjahr 1920 [S.18ff.].

15 Brief vom 12. August 1985 an Peter, Jochen und Uwe Kreyssig.

Kapitel 2

Vor der Verwandlung

Nach der standesamtlichen Heirat hatte das Justizministerium die Versetzung Kreyssigs nach Leipzig bewilligt und Johanna dort eine Untermietwohnung aufgetrieben. Am 17. Februar 1923 wurden Johanna Lederer und Lothar Kreyssig in der Michaeliskirche zu Leipzig getraut. Die Kirche war eisig kalt an diesem Sonnabend; im Februar 1923 herrschte eine grimmige Kälte im ganzen Land. Gleich nach der Einsegnung wurde der Braut der Pelzmantel wieder um die Schultern gelegt. Als Hans Dittrich, der getreue Eckart, ihr gratulierte, fiel sie ihm um den Hals mit den Worten: »Heute kriegst du auch einen Kuß!« Gefeiert wurde zu Hause, für die Musik sorgte Johannas Klavierlehrer. Zur Hochzeitsreise reichte es gerade bis Flöha - es war ja Inflation - und von dort aus weiter nach Dresden. Das junge Paar wurde - »zum Gespött der Spießbürger« - von Kreyssigs Mutter begleitet. In der Staatsoper sah man *Die tote Stadt*, die »aufregend moderne« Oper von Erich Wolfgang Korngold, die gerade in Köln und Hamburg uraufgeführt worden war und rund um die Welt von den bedeutendsten Häusern gespielt wurde.

In Leipzig-Gohlis, wo das junge Paar dann ein möbliertes Zimmer bezog, war Johannes Dittrich häufiger Gast. Er erinnert sich »unendlich langer« Diskussionen mit Kreyssig, in denen es um alles ging, nur nicht um Glaubensfragen oder Theologie. Oftmals wurde es der jungen Frau zuviel, dann öffnete sie das Fenster, um auf diese Weise den hartnäckigen Gast hinauszukomplimentieren. Dieses Jahr 1923 war eine schwieriges Jahr, auch für die Kreyssigs: Das magere Taschengeld, das der Referendar erhielt, war oft schon am nächsten Tag von der Inflation aufgefressen. Nur für Konzertkarten, allemal wichtiger als ein Abendbrot, reichte es immer.

Unter den Leuten wuchs die Unzufriedenheit. Die Inflation, doch Folge des Krieges und vom alten Regime zu verantworten, wurde alsbald der jungen Republik angelastet, das Parlament als Schwatzbude diffamiert. Immer aufmerksamer hörten die Leute auf die Heilsbringer, an denen es in solchen Zeiten nie mangelt. Mochten ihre Lehren auch noch so abstrus, ihre Verheißungen noch so unglaubwürdig sein, in immer größeren Scharen liefen ihnen Anhänger zu. In diesem schlimmen Jahr wurde die böse Saat gelegt, die zehn Jahre später so schrecklich aufgehen sollte.

Für Johanna und Lothar Kreyssig wurde das Leben in der Großstadt Leipzig immer schwieriger und unerträglich teuer. Zuletzt - Johanna war inzwischen schwanger - blieb ihnen nur die Heimflucht nach Flöha, wo das junge Paar im elterlichen Haus eine bescheidene Wohnung erhielt und in die Großfamilie eingebettet war. Auch in Flöha herrschte bittere Not. Im Juni 1923 streikten die Arbeiter wegen ausbleibender Lohnzahlungen in der Baumwollspinnerei Gückelsberg. In den Lohntüten steckten ohnehin nur noch Gutscheine und Schecks - zuletzt über zwölfstellige Beträge - die, wenn sie nicht sofort eingelöst wurden, am nächsten Tag nicht mal mehr für eine Semmel reichten. In Flöha, wie in vielen anderen deutschen Städten, wurde Notgeld gedruckt. Das Abonnement für das *Flöhaer Tageblatt*, um ein einziges Beispiel zu nennen, kostete für die Woche vom 25. November bis 1. Dezember 1923 720 Milliarden Mark. Die radikalen Parteien hatten Zulauf, in Flöha vor allem die Kommunisten, die dort ein Jahr später, bei den Reichstagswahlen, die stärkste Partei wurden. Paul Ferdinand Kreyssig hat es aber offenbar geschafft, die Inflation unbeschadet zu überstehen, jedenfalls seine Geschäfte so über die Notzeit zu bringen, daß die Familie ihr Auskommen hatte.

Lothar Kreyssig verbrachte die letzte Station seiner Referendarszeit am Landgericht im benachbarten Chemnitz. Der Referendarsvater im Ministerium hatte ein Einsehen mit dem jungen Paar und dessen wirtschaftlich schwieriger Lage gezeigt und ihn dorthin versetzt. Damit war eigentlich der weitere Weg Lothar Kreyssigs im Justizdienst absehbar und eine Karriere vorgezeichnet, wie sie Kurt Tucholsky, der bissige Kritiker der reaktionären deutschen Justiz, 1922 beschrieben hat:

> Ihr müßtet nur einmal die Vorlesungen eines preußischen Professors über Staatsrecht mitangehört haben, um zu hören, was es alles

auf der Welt gibt. »Der Staat ist mächtig, allmächtig, heilig, verehrenswert, Ziel und Zweck der Erdumdrehung - der Staat ist überhaupt alles.« Und vor allem: er trägt vor niemand eine Verantwortung! Was Wunder, daß den jungen Herren der Kamm schwillt, wenn sie sich vorstellen, daß sie einmal einem solchen mächtigen Wesen Handlangerdienste leisten dürfen! - Vorläufig saufen sie noch auf Deutschlands hohen Schulen, trampeln etwelche Juden, wenn die in der Minderzahl sind, heraus und sind überhaupt forsche Kerle. Und dann kommt das Referendarexamen, das in die armen Köpfe einen ungeheuren Wust von trockenen Daten hineinstopft und sie lehrt, die Dinge durch den Paragraphen zu sehen. Und dann kommen vier Referendarsjahre ...

In dieser Zeit darf der aufstrebende Richtergeselle auch bei der Staatsanwaltschaft arbeiten - und was das heißt, kann nicht jeder so leicht würdigen. Dort lernt er das knappe Auftreten, die schneidige Redeweise, die tiefe Verachtung des Pöbels, und weil er niemals aus seiner Klasse, dem Mittelstand, herauskommt, bildet er sich nun langsam ein, dessen Ansichten und Gebräuche seien die ewigen Gesetze der Welt. Und dann wird er Richter.[1]

Zunächst folgte auch Kreyssig ohne Beirrung dem so vorgezeichneten Weg. Am 23. November 1923 promovierte er an der Juristischen Fakultät der Universität Leipzig; Thema seiner Dissertation war *Der strafrechtliche Begriff des Unzüchtigen als Maßstab unsittlicher Kunst*[2]. Ein Jahr später, am 14. November 1924, bestand er in Dresden die Große Staatsprüfung mit »Gut«.

Inzwischen war die Inflation zwar überstanden, aber die öffentlichen Haushalte so ausgetrocknet, daß auch für den Justizdienst eine Anstellungssperre galt. Ein halbes Jahr lang arbeitete Kreyssig als Assessor in einem Anwaltsbüro in Chemnitz. Das einzig Bedeutsame an dem Anwalt sei gewesen, pflegte er als Anekdote aus dieser Zeit preiszugeben, daß der konjugierbar gewesen sei. Er hieß nämlich Willibald Wetzlich: will i bald, wetzel ich - willst du bald, wetzelst du - will er bald, wetzelt er ...

Von April bis Juni 1925 war Kreyssig dort Rechtsanwalt. Nebenher gab er an der Techniker-Akademie *Wochenstunden in Rechtsfällen des täglichen Lebens*. Bis dann am 1. Juli 1925 die Anstellungssperre aufgehoben und er als Gerichtsassessor nach Augustusburg versetzt wurde, einem male-

risch gelegenen Städtchen oberhalb Flöhas, zu Fuß oder mit einer Drahtseilbahn zu erreichen, einer »Kostbarkeit von Kleinstadtzauber und musealer Beamtenhierarchie«.
Das Amtsgericht residierte hoch oben auf dem Schellenberg in einem prächtigen Renaissance-Schloß, einst von Kurfürst August als Jagdschloß errichtet, später für Wohn- und Verwaltungszwecke und als Lazarett und Gefängnis genutzt. Im Städtchen drumherum waren fünfzehn Kneipen beheimatet, die der Gerichtspräsident der Reihe nach besuchte, »um Fiehlung mit der Bevelkerung zu halden« - offenbar zuweilen in Begleitung des Assessors Dr. Kreyssig. Denn der zeigte sich noch nach Jahrzehnten beeindruckt davon, daß sich der Gerichtspatriarch an der Theke der Burgwirtschaft das Bier eigenhändig zapfte - und verwunderte sich jemand darüber, so wurde ihm beruhigend bedeutet, das habe schon seine Richtigkeit, der Herr Direktor zahle eine Pauschale.

Wichtigeres war unterdes daheim in Flöha geschehen: Am 18. April 1924 hatte der erste Sohn von Johanna und Lothar Kreyssig das Licht der Welt erblickt: Peter Kreyssig. Fünf Jahre später, am 2. Juli 1929, wurde Jochen geboren, und ein Jahr darauf, am 28. September 1930, Uwe Kreyssig, der dritte Sohn. Es ist seltsam: Lothar Kreyssig nennt die Geburt seiner Kinder zwar selbst das »Eigentliche und Wesentliche«, erwähnt die Söhne in seinen Lebenserinnerungen aber kaum einmal. Da war er wohl ganz das Kind seiner Zeit. Die Familie hatte intakt zu sein, war vor allem Aufgabe der Mutter; die Menschen, die ihn brauchten, waren draußen. Um die kümmerte er sich vor allem, manchmal mit einer Intensität und Ausschließlichkeit, die seine Frau zur Verzweiflung treiben konnte. Das blieb bis ins hohe Alter so und hat wohl in diesen ersten Berufsjahren seinen Anfang genommen.
Johanna Kreyssig hat es in dieser Männergesellschaft schwer gehabt, Sympathie und Wärme zu finden. Sie habe sich glühend eine Tochter gewünscht, sagen ihre Söhne, und nie sei es so gekommen, wie sie sich das gedacht hat. Ob sie daher diese Kühle, diese leichte Neigung zu kühler Stachligkeit, die sie auch haben konnte, entwickelt hat - in dieser Männergesellschaft, in der sie oft geneckt wurde und ständig auf der Hut sein mußte? Dabei habe sie einen unglaublichen Humor gehabt. Und das habe er, der eher witzig war, an ihr immer bewundert und geliebt. Sie war ihm an Realitätssinn und Lebenstüchtigkeit und an

praktischer Lebensenergie haushoch überlegen. Sie mußte einfach ihre Nüchternheit immer intensiver ausprägen, um an der Seite dieses hochfliegenden Pegasus das Familien-Gespann irgendwo auf der Erde zu halten.

Am Sonnabend, den 12. Juli 1924 wurde Peter Kreyssig im Haus seiner Eltern getauft. Lothar Kreyssig hatte in dieser Zeit keine innere Beziehung zur Kirche oder zu irgendeinem kirchlichen Amtsträger. Den Flöhaer Ortspfarrer kannte er kaum und schätzte ihn wohl auch nicht. Da erinnerte er sich, als sein erster Sohn getauft werden sollte, daß sein Freund Hans Dittrich immer mit großen Respekt von seinem Vater gesprochen hatte, der Pfarrer in Chemnitz-Altendorf war. So fuhr er eines Tages dorthin, um ihn um die Taufe seines Sohnes zu bitten:

> Er erzählte mir später, wie beeindruckend es für ihn war, daß dieser Pfarrer nicht etwa nur wohlwollend-zustimmend dieses kirchliche Anliegen eines Juristen entgegennahm, sondern die Gegenfrage stellte: Ob denn Kreyssig selber glaube und wisse, was die Taufe bedeutet, und ob er sich der Verantwortung als Taufvater bewußt sei. Das war für ihn eine Überraschung und ein Denkanstoß, daß diese Kirche, die er nur als traditionelle, verstaubte Institution kannte, Forderungen an ihre Glieder stellte ... Das Gespräch lag freilich noch Jahre vor Kreyssigs Bekehrung. Meinen Vater hat er später als Mitkämpfer in den Reihen der Bekennenden Kirche kennen und außerordentlich schätzen gelernt, als einen glaubensfesten, zu allen Konsequenzen bereiten Bekenner.[3]

Die Söhne Johanna und Lothar Kreyssigs wuchsen behütet in einer gutbürgerlichen Atmosphäre auf. Und obwohl der Vater ja am Anfang nur kleiner Beamter war, mit einem wirklich nicht weltbewegenden Gehalt, galt die Familie im Ort als reich - wegen der Geschäfte des Großvaters. Das muß Neid und Mißgunst geweckt haben, denn die meisten Familien in Flöha litten bitterste Not. Peter Kreyssig erinnert sich an die Demonstrationen der Arbeitslosen, die von der KPD organisiert waren und in denen die Väter seiner Spielkameraden barfuß mitmarschierten. Da hat auch er als kleiner Junge am Rand gestanden und gewinkt, wenn der Vater seines Freundes vorbeikam. Und dennoch waren es getrennte Welten. Für Lothar Kreyssig mag die unmittelbare Anschauung dieses Elends ein weiterer Anstoß gewesen sein, sich und

seine Lebensweise zu prüfen und mehr und mehr in Frage zu stellen.
Die junge Familie wohnte im Obergeschoß des elterlichen Hauses, die Großeltern darunter. Da blieben Spannungen nicht aus. Die Haushalte wurden nach strengem, gutbürgerlichem Brauch geführt, natürlich mit Dienstmädchen, die ihre Kammer unter dem Dach hatten. Die Kinder waren oben wie unten heimisch und wohlgelitten. Nebenan, in der zum Grundstück gehörenden vermieteten Villa, wohnte der Onkel Do, Doktor Hans Trost, ein Freund der Kreyssigs und zugleich der Hausarzt der Familie. Der wurde bei allen Krankheiten geholt und »war ein ganz wichtiges Familienrequisit«. Er kam ab und zu zum Klarinettespielen und hat, so erinnert sich Peter Kreyssig, die Eltern im Winter zum Skifahren »abgeschleppt«.
Zu den Freunden der Kreyssigs - einem überschaubaren Kreis kleinstädtischer Honoratioren - gehörten noch zwei, drei Familien aus dem Tennisclub. Dann die Klavierlehrerin Hölscher, die Peter Kreyssig unterrichtete und mit der seine Mutter hin und wieder vierhändig spielte. Und der Zahnarzt Berger, der in der Familie allerdings wenig zu tun bekam, da Kreyssig seinen Söhnen hervorragende Zähne vererbt hatte. Mit dem Zahnarzt und mit Professor Müller aus Chemnitz war Lothar Kreyssig 1926 in Paris gewesen. Von dieser Reise erzählte er zuweilen, wenn er die Allgegenwart der Sachsen demonstrieren wollte, eine Geschichte: Sie hätten da wohl ziemlich lebhaft dem Bordeaux zugesprochen und sich irgendwann auf einer Metrostation wiedergefunden, nicht mehr wissend, wie sie dahin gekommen seien und wohin sie wollten. An einem Pfeiler dort auf dem Bahnsteig habe ein typischer Franzose gelehnt: Baskenmütze, ein kleiner Monjourbart, die Zigarette lässig im Mund. Und während die Drei noch angeheitert debattierten, wie sie dem mit ihrem holprigen Französisch am besten ihr Problem klarmachen könnten, habe der plötzlich den Mund aufgemacht und gesagt: »Sie gennen mich ruhig frachen, ich bin e Sachse, ich weeß aber trotzdem hier Bescheid.«
Später sammelte die Großmutter einen Skat- und Doppelkopfkreis um sich, zu dem der Opelhändler Hans Steinhardt gehörte. Das war der Autolieferant für alle Leute im Ort, die was auf sich hielten, der dann, mit dem Verkauf eines *Super 6*, Kreyssig und seinen Söhnen zum ersten bürgerlichen Erfolgserlebnis verhalf. Der Autohändler heiratete später die Tochter des Geschäftsführers »hinten in der Firma« und stieß auf

diese Weise zur Familie. Bei aller äußerlichen Enge muß dieser Freundeskreis doch geistig erstaunlich offen und von großer innerer Freiheit gewesen sein: Man konnte wirklich über alles reden. An den Doppelkopfabenden, an denen in eine gemeinsame Kasse für Feste und Ausflüge gespielt wurde, ist es heiter zugegangen. Der Bruder Johanna Kreyssigs, Alfred Lederer, war der Witzbold in diesem Kreis, der alle zu haltlosem Gelächter bringen konnte. Sein Paradestück war, in einer Tirolerjacke, einen schwarzen Kamm unter der Nase und die Locke in der Stirn, »Hitlerreden« zu halten, bis alle vor Lachen nicht mehr konnten. Gelegentlich, bei den Familienfesten oder bei Feiern im Tennisclub, wurde Laientheater gespielt. Lothar Kreyssig hat in dieser unbeschwerten Zeit angefangen, Stücke zu schreiben, Einakter mit hübschen, leichten Dialogen - ganz anders als alles, was er später zu Papier gebracht hat. Es waren wundervolle Feste, heiter und fantasiereich und mit viel Spaß vorbereitet.

Die Wochenenden haben die Kreyssigs zumeist auf ihrem schönen Grundstück im Rosengarten verbracht. Die Großmutter hatte dort für die Kinder ein Planschbecken bauen lassen, in dem sie stundenlang herumtoben konnten. Die Erwachsenen saßen derweil kaffeetrinkend und plaudernd in einer großen, von Geißblatt umrankten Laube. Den Vater haben die Kinder eher als einen »etwas ferneren Menschen, der unglaublich absorbiert war«, erlebt. Er war ja mit Leib und Seele Richter, hat das Vielfache von dem gearbeitet, was seine Kollegen so machten, und sich noch um viele andere Dinge gekümmert. Er war selten zu Hause, und selbst wenn er da war und vielleicht Zeit gehabt hätte, saß er für sich in seinem Arbeitszimmer und durfte nicht leichtfertig gestört werden. Und wenn es dann am Sonntag nachmittag hieß, Vati kommt jetzt runter, dann tauchte er zum Kaffeetrinken auf, machte eine halbe Stunde Fez mit den Kindern, verschwand aber bald wieder. Bei aller freundlichen Unbekümmertheit, mit der er mit seinen Kindern umging, selten einmal streng und nie furchterregend, war er doch unbestrittener Mittelpunkt der Familie, der respektiert werden mußte. So jedenfalls erinnert sich Peter Kreyssig an seine Kindheit.

Aus Augustusburg war Lothar Kreyssig nach einem halben Jahr, im Februar 1926, an das Landgericht in Chemnitz versetzt worden, wo er am 1. Mai 1928 zum Landgerichtsrat ernannt wurde. Die Anwälte kannte er als Kollegen, die Richter in den Zivil- und Strafkammern aus seiner Zeit als Referendar und Assessor. Präsident des Landgerichts war seit 1923 Rudolf Ziel, überzeugter Demokrat, ehemals Anwalt in Leipzig und vom sächsischen Justizminister Zeigner, einem Sozialdemokraten, berufen. Die durchweg konservative, in Teilen reaktionäre Richterschaft hatte sich zunächst gegen ihn gestellt, weil er, obwohl nie Sozialist, als »roter Richter« galt, vielleicht auch nur, weil er von außen kam und sich nicht hatte hinaufdienen müssen, wie es sonst in dieser Laufbahn üblich war. Aber Ziel, der aus sozialer Verantwortung »mit heißem Herzen« Recht sprach und seine Verhandlungen glänzend führte, erwarb sich bald Respekt unter den aufgeschlosseneren Kollegen. Er vertrat eine liberale und sozial orientierte Rechtsauffassung. Einmal in der Woche aß er unangemeldet im Gefängnis, um die Qualität des Gefangenenessens zu kontrollieren. Der um fast zwei Jahrzehnte ältere Gerichtspräsident fand Gefallen an dem jungen Richter Kreyssig, der mit ihm in einer Kammer saß, obwohl oder vielleicht gerade weil der ihm aus seinem konservativen Rechtsverständnis oft und leidenschaftlich widersprach.

Rudolf Ziel, der zweimal - erst von den Nazis, dann von der SED - aus dem Amt gejagt worden ist, hat 1946 bei der Einführung der ersten, auch von ihm ausgebildeten Volksrichter in Chemnitz eine Rede gehalten, die sein Verständnis vom Recht und vom Amt des Richters sehr genau erkennen läßt. Das, was er da den Volksrichtern mit auf den Weg gab, dürften Gedanken gewesen sein, die er auch mit dem jungen Richter Kreyssig erörtert hat und die den geprägt haben:

> Die Arbeit des Richters ist gelernte Arbeit und setzt, wie jeder gelernte Beruf, ein gerüttelt Maß an Wissen und Erfahrung voraus. Die Lücken Ihres Wissens und die Ihnen fehlende Erfahrung sollen und werden Sie nun in praktischer Tätigkeit ausfüllen und gewinnen. Dazu wollen wir, die wir vom Bau sind, Ihnen nach unseren besten Kräften helfen. Wir nehmen Sie mit voller und herzlicher Kollegialität in unsere Reihen auf und wir wollen in Arbeitsgemeinschaft mit Ihnen versuchen, aus Ihnen und uns eine homogene und harmonische Richterschaft zu gestalten. Wir werden Ihnen helfen, und wir werden bei der gemeinsamen Tätigkeit beide voneinander lernen. Sie von unserer Kenntnis der Dinge, und wir von Ihrer volksnahen Empfindung und Einstellung.

> Über das eine aber täuschen Sie sich nicht: Sie wie wir sind an das Gesetz gebunden und haben es anzuwenden. Die Trennung der Gewalten in die gesetzgebende, richterliche und vollziehende ist eine Frucht der großen französischen Revolution und ein Palladium der Freiheit. Sie schließt es aus, daß der Richter oder der Staatsanwalt in die Gesetzgebung eingreift. Ihre Aufgabe mag in weitem Umfange eine Auslegung der Gesetze sein, durch die sie der jeweils herrschenden Volksmeinung angeglichen werden können. Aber das bedeutet nicht, daß sie unter die Herrschaft der Straße gestellt werden dürfen. Das würde das Recht durch Willkür ersetzen.[4]

Ihr Vater, so erinnert sich Marianne Clemens, geb. Ziel, habe Kreyssig fast wie einen Sohn geliebt, und dieser habe ihren Vater hochverehrt.[5] Als älteste Tochter wurde sie von ihrem Vater frühzeitig als Gesprächspartnerin einbezogen. Sie erinnert sich heißer, engagierter Diskussionen in ihrem Elternhaus über Fragen des Rechts und der Moral und der sozialen Verantwortung, über die Todesstrafe, die Revision der Paragraphen 218 und 175, über die Freigabe von empfängnisverhütenden Mitteln [die damals verboten waren] oder über die Liberalisierung des Strafvollzuges. Lothar Kreyssig war häufiger Gast bei den Ziels, die im Gerichtsgebäude auf dem Kaßberg wohnten, im obersten Stockwerk und direkt unter der steinernen Justitia, die, mit Waage und Augenbinde ausgestattet, wie es sich gehört, über allem stand.[6]
Das Gerichtshaus, hoch über der Stadt gelegen, 99 Stufen ging es vom Flüßchen Chemnitz hinauf, war ein gewaltiges und erhabenes Gebäude, dreiflügelig und dreigeschossig, mit hohem Unterbau. Eine Freitreppe führte durch ein hohes Tor hinein. Durch eine schwere Holztür trat man in ein marmornes Treppenhaus, von dem aus seitlich lange Korridore zu den Amtstuben und Gerichtssälen führten. Die Dienstwohnung des Landgerichtspräsidenten war geräumig: acht große, hohe Räume. Die Zimmer waren überaus geschmackvoll eingerichtet und anders, als sonst in gutbürgerlichen Familien üblich. Ziels Ehefrau Ottilie, geb. Kaysel, war eine moderne, emanzipierte Frau, die in Berlin an der Kunsthochschule studiert, trotz großer Begabung aber das Malen aufgegeben hatte. Nur in Ahrenshoop, einer Künstlerkolonie auf dem Fischland, wo die Familie ein Häuschen hatte und regelmäßig die Sommerferien verbrachte, malte oder zeichnete sie hin und wieder

noch. Einigemale haben auch die Kreyssigs ihre Ferien dort verbracht. Sonntags zwischen elf und ein Uhr, erinnert sich Marianne Clemens, empfing ihr Vater seine Besucher im »Mahagonizimmer«, dem prächtigsten von allen. Dann stand an der Tür das Dienstmädchen in weißer Spitzenschürze, mit einer Silberschale für die Visitenkarten. Es knickste, nahm den Besuchern Hut, Schirm und Handschuhe ab und meldete sie dem Herrn Gerichtspräsidenten, dem dann respektvoll die Anliegen - Dank, Bitten, Entschuldigungen und was auch immer - vorgetragen wurden. Die Diskussionen mit dem jungen Kollegen Kreyssig werden bei anderer Gelegenheit stattgefunden haben, in dem bis unter die Decke mit Büchern vollgestopften Arbeitszimmer, in dem es nach Zigarren roch, oder in Rudolf Ziels viel kargerem Dienstzimmer. Das hatte ein Wartezimmer, auf dem Flur davor saß an einem Schreibtisch ein freundlicher Wachtmeister, der Herr Bachvogel, der dem Herrn Gerichtspräsidenten mit einem Messerchen die Bleistifte anspitzte und ungebetene Besucher vom Leibe hielt. Der junge Richter Kreyssig aber hatte jederzeit Zugang zum Gerichtspräsidenten. Die beiden Männer, die sich, trotz politischer Differenzen, in vielen Grundfragen des Rechts und des Strafvollzugs völlig einig waren, sind sich sehr nahe gekommen, vielleicht sogar Freunde geworden. Natürlich blieb man beim Sie, das Du wäre damals undenkbar gewesen. Aber für Kreyssig war der Herr Gerichtspräsident Herr Ziel, schon das war ein Privileg. Und Ziel sagte einfach Kreyssig. Marianne Clemens, in diesen Jahren gerade schwärmerischer Backfisch, wie das zeitgenössisch hieß, über den Freund des Vaters:

> Ich sehe ihn noch vor mir, mit seinen blitzenden Augen. Es war immer diese Begeisterung zu spüren. Er hatte ja diese unbedingte Fähigkeit zur Nähe, die gar nicht so viele Menschen haben, daß man dann wirklich das Gefühl hatte, man spricht miteinander, man ist sich ganz nahe, das ist nicht nur so Konversation ... Er konnte aus einem Einsichten oder Gedanken herausholen, die man ohne ihn vielleicht gar nicht gedacht und bestimmt nicht formuliert und ausgesprochen hätte.

Lothar Kreyssig hatte anfangs eine gewisse Sympathie für die rechte Aufbruchsbewegung gezeigt; vieles in diesen zwanziger Jahren muß er als deutsch-national Geprägter ja als dekadent empfunden haben.

Auch der Nationalsozialismus schien zunächst vor allem eine Gegenströmung zur Berliner Asphalt-Dekadenz zu sein, wie die Jugendbewegung auch und die vielen anderen harmlosen Versuche einer Rückbesinnung auf ein natürliches Leben. Daß aber das Gefasel der Nazis von »Blut und Boden« eine gewalttätige, vernichtende Ideologie war, haben viele zunächst gar nicht begriffen. Einmal hat Lothar Kreyssig an den Organisationsleiter der NSDAP und Reichstagsabgeordneten Gregor Straßer, der dann beim Röhm-Putsch erschossen wurde, geschrieben und ihn - »naiv genug« - zu einer breiten Aktivität für die massenhaft Arbeitslosen aufgefordert. Straßer lehnte aber ab mit der bezeichnenden Frage, ob Kreyssig denn »einem falschen System Korsettstäbe einziehen« wolle.
Ganz anders Rudolf Ziel. Aus einer alten liberalen Familie stammend - der Großvater gehörte zu den Göttinger Sieben und Ziel selbst hatte 1918 die Demokratische Partei mitbegründet - hat er sich von den Parolen der Nazis nie beirren lassen. Aber er zeigte sich geduldig mit dem jungen Kollegen: »Na, Sie werden's schon noch begreifen, Kreyssig. Das ist natürlich alles ganz anders. Was da so edel aussieht und edel formuliert wird, das ist doch in Wahrheit etwas ganz anderes!« Ziel war also überzeugter Republikaner, während Kreyssig der jungen Republik, wenigstens am Anfang, mit »angestrengter Verachtung« gegenüberstand. Zweifellos hat Kreyssig sein unbeirrtes und »intaktes Rechtsbewußtsein als Voraussetzung und Umwelt richterlicher Gewissenhaftigkeit«, wie er es selbst beschreibt, geholfen, frühzeitig hinter die Fassade des Nationalsozialismus zu schauen. Und die leidenschaftlichen Debatten mit Rudolf Ziel werden das ihre dazu beigetragen haben.

Zu den heiß diskutierten Fragen der Zeit gehörte die Todesstrafe, die Rudolf Ziel entschieden ablehnte. Sinn und Zweck von Strafe überhaupt und die Art des Strafvollzugs beschäftigten ihn sehr. Auch zur Strafbarkeit von Homosexualität und zur Legalisierung von Abtreibungen hat er, in leidenschaftlichen Reden und in Aufsätzen, sehr liberale und progressive Ansichten vertreten, die von vielen als provozierend empfunden wurden. Kreyssig scheint sich mehr und mehr den Ansichten Ziels genähert zu haben. 1930 jedenfalls hebt Carl von Ossietzkys *Weltbühne* in einem Artikel über juristische Aspekte der Empfängnisverhütung und über Prozesse in diesem Zusammenhang den Mut der

Chemnitzer Strafkammer »unter Vorsitz des Landgerichtspräsidenten Ziel und unter Mitwirkung der Landgerichtsräte Doktor Martin und Doktor Kreyssig« hervor. Diese Kammer habe dem Reichsgericht seine Judikatur vor die Füße geworfen,

> mit dürren Worten aussprechend, daß die Gleichsetzung jedes außerehelichen Geschlechtsverkehrs mit dem Begriff Unzucht nicht mehr der allgemeinen Volksanschauung von Zucht und Sitte entspreche.
>
> Das russische Volkskommissariat für Gesundheitswesen verkündete: Wir wollen, daß alles Geborene zu etwas Gewolltem, daß alle Kinder mit Liebe erwartet werden sollen. Sie seien willkommene Gäste am Tisch des Lebens!
>
> Die Chemnitzer Richter formulierten diese Forderung wörtlich also: Weitesten Kreisen des Volkes gilt es heute als unsittlich, Kinder in die Welt zu setzen, die ihrer körperlichen Konstitution oder ihrer wirtschaftlichen Lage nach so ungünstige Lebensaussichten haben würden, daß sie es aller Aussicht nach zu Glück und Erfolg nicht zu bringen vermögen.[7]

Jahre später ließ der Reichsminister für Volksaufklärung und Propaganda, Joseph Goebbels, beim Reichsjustizminister anfragen, ob die Begründung dieses Urteils der Chemnitzer Kammer von einem jüdischen Richter stamme. Das Justizministerium verneinte dies, nennt namentlich aber nur Rudolf Ziel, der zu dem Zeitpunkt längst entlassen war. Ein Durchschlag dieses Briefwechsels wurde jedoch in die Personalakte Lothar Kreyssigs gegeben, da dieser, wie auf der Kopie handschriftlich vermerkt wurde, »an dem Urteil beteiligt ist«.[8]

Und noch ein zweites Indiz gibt es dafür, daß Kreyssig frühzeitig begonnen hat, von der vorgezeichneten Bahn abzuweichen. 1946 erwähnte Otto Dibelius in einem Brief an die Vorläufige Kirchenleitung der Kirchenprovinz Sachsen, daß Lothar Kreyssig in der Hetze gegen Ernst Toller öffentlich für diesen Stellung genommen habe.[9] Toller war 1919 wegen seiner Rolle in der Münchener Räterepublik zu fünf Jahren Festungshaft verurteilt worden. Und das, obwohl er als Vorsitzender der ersten Bayerischen Räterepublik und als Oberkommandierender der Roten Armee der zweiten entschieden gegen Gewalt eingetreten war, Haftbefehle zerrissen, Todesurteile aufgehoben, Geiseln eigenhändig befreit und die Artilleriebeschießung Dachaus durch die Rote Garde verhindert hatte. Kreyssig selbst erwähnt sein Eintreten für Toller nicht. Aber es ist schon vorstellbar, daß ihm dessen entschiedener Pazifismus frühzeitig imponiert und das ungerechte Verfahren gegen Toller sein Rechtsempfinden verletzt hat. Das *Schwalbenbuch*, das Toller 1923 in seiner Zelle im Festungsgefängnis Niederschönfeld geschrieben hat, fand sich jedenfalls auch in Kreyssigs Bücherschrank.

In die Freundschaft der beiden Männer, Lothar Kreyssig und Rudolf Ziel, waren bald auch die Familien einbezogen. Man besuchte sich gegenseitig. Die Ziels fuhren oft mit ihren Töchtern Marianne und Lore, die um einiges älter waren als die Kreyssig-Söhne, zu den Hausmusikabenden nach Flöha. Manchmal, an besonders schönen Abenden, musizierte das Ehepaar Kreyssig zusammen, sie am Klavier, er spielte Geige:

> Ein totes Ding?
> Werd erst lebendig, Mensch,
> dann nenne Dinge tot.
> Doch wirst du unterweilen inne werden,
> daß Dinge die Gedanken Gottes sind,
> so, wie du selbst. -
> Ja, zugedacht hat dich mir Gott,
> du brauner Weggenoß aus tausend Dämmerstunden,
> der Gott, der lächelnd wußte, daß mein Herz
> an Ding und Tand der Erde sich verschenken
> und seine Erdgedanken leben würde.
> Vom Fleische dessen, der im Paradies die Schlange trug,
> gesegnet aber, Tropfen aufzufangen,
> die aus der Sphärenharmonie herniederfallen
> ins Reich der erdverbannten Seelen.
> Ach, wäre ich, mein Freund, du dienst so treu,
> dem Los, das dir bestellt, ganz ohne Falsch ergeben.
> Wirst du einst zeugen gegen mich,
> daß Gottes Stimme du, die mich zum Himmel rief, gewesen
> und die ich, ach so oft, verstummen hieß,
> als hätt der Heimat ich vergessen?

In Chemnitz hatte sich wieder ein Laienquartett zusammengefunden, in dem Lothar Kreyssig die Zweite Geige, gelegentlich auch die Bratsche spielte. Das Quartett wurde vom Chemnitzer Kapellmeister Philipp Werner geleitet, einem hervorragenden Geiger, der hohe Ansprüche stellte. Er muß sehr bald Kreyssigs künstlerische Ader entdeckt haben und bildete ihn zu einem wirklich guten Geiger aus. Dann war da der Professor von der Chemnitzer Techniker-Akademie, Erich Müller, ein sehr musikalischer Mathematiker, der auch komponierte. Der hatte im Kriege die rechte Hand verloren und trug nun an seinem Armstumpf einen Apparat mit einem Kugelgelenk, an dem er den Bogen befestigen konnte - so musizierte er. Der Vierte, der Cellist, war ein behäbiger rundlicher Schuhfabrikant aus Chemnitz, Arno Lindner. Wurde bei der Hausmusik ein besonders guter Pianist gebraucht, kam der Staatsanwalt Settler aus Chemnitz dazu. Und den Klarinettenpart übernahm Kreyssigs Freund Hans Trost.

Es waren alles überaus leidenschaftliche Musiker, die sehr ernsthaft bei der Sache waren und auch Wert auf die technische Ausgereiftheit ihres gemeinsamen Musizierens legten. Jochen Kreyssig[10], der zweite Sohn, erinnert sich, daß die Kinder manchmal aus dem Nebenzimmer, »so bis zum halben Leib unter dem Vorhang durch«, in das Herrenzimmer hineingucken durften, wo der Flügel stand und wo musiziert wurde. Gespielt wurden nun die großen Meister, Mendelssohn vor allem, Beethoven, Schubert, Brahms. Wie freundschaftlich das Verhältnis der Freizeitmusiker untereinander gewesen sein muß, zeigt auch, daß Erich Müller und Hans Trosts Ehefrau Irene beim dritten Kind der Kreyssigs, bei Uwe, Taufpaten wurden - während das bei den ersten beiden Kindern, ganz traditionell, immer Familienmitglieder gewesen waren.

Anmerkungen

1 Tucholsky, Kurt: Die Tabelle. in: Werke Bd. II, Auswahl 1920 bis 1923. Berlin (DDR), 1969, S.402.

2 Kreyssig, Lothar: Der strafrechtliche Begriff des Unzüchtigen als Maßstab unsittlicher Kunst. Inaugural-Dissertation zur Erlangung der Doktorwürde bei der Juristischen Fakultät Leipzig [Universitätsbibliothek Leipzig, Signatur U23.6370].

3 Dittrich, Johannes: Stellungnahme zur Autobiographie von Lothar Kreyssig, unveröffentlichtes Manuskript, o.J. [um 1970], S.4.

4 Zitiert nach: ÖTV in der Rechtsprechung. Mitteilungen des Fachausschusses Richter und Staatsanwälte in der Gewerkschaft Öffentliche Dienste Transport und Verkehr Niedersachsen, Bremen, Hamburg, Nordwest (Schleswig-Holstein). Ausgabe 46, o.J. [1989], S.11f.

5 Interview des Verfassers mit Marianne Clemens am 18.07.1989 in Hamburg, auch Brief Marianne Clemens an Helmut Kramer, Wolfenbüttel, vom 18.11.1988.

6 Diese und die folgenden Schilderungen nach: Clemens, Marianne: Erinnerungen 1912-1948. Privatdruck, Hamburg, o.J. [1986].

7 Apfel, Alfred: Justiz fürs Museum. In: Die Weltbühne, Nr. 2 vom 7. Januar 1930, S.54ff. Die Begründung zum Urteil des Landgerichts Chemnitz vom 25. Juni 1929 selbst findet sich in: Juristische Wochenschrift, Jg. 1929, Heft 43, S.3034f.

8 Bundesarchiv Koblenz, Bestand R 22 (Reichsjustizministerium), Personalakte Lothar Kreyssig [im folgenden PA Kreyssig]: Schreiben des Reichsministers für Volksaufklärung und Propaganda vom 16. Februar 1937 (AZ III g^{12} 3542/37); Schreiben des Reichsministers der Justiz vom 19. März 1937. Die Personalakte Kreyssigs wird im Archiv des Instituts für Zeitgeschichte in München unter dem Signum F 137 verwahrt.

9 Archiv der Evangelischen Kirche der Kirchenprovinz Sachsen, Magdeburg [im folgenden AEK Magdeburg], Bestand K 28 (Personalakte Kreyssig). Brief des OKR Berlin vom 10. Januar 1946 an die VKL der Kirchenprovinz Sachsen in Magdeburg.

10 Interview des Verfassers mit Jochen und Gudrun Kreyssig am 15. Juli 1989 in Bergisch-Gladbach.

Kapitel 3

Das lebenschaffende Wort

So unbeschwert und beruflich erfolgreich diese Zeit Mitte der zwanziger Jahre für Lothar Kreyssig auch war, rückblickend ist es für ihn noch immer nur *vorgeburtliche Existenz.* Nicht einmal in all den Jahren habe ihn das lebenschaffende Wort mit einem Anruf aus der Kirche, aus dem Mund eines Menschen angerührt, heißt es in seinen Lebenserinnerungen - bis eben zur *Verwandlung* 1928, bis er begann, »aus dem Wort zu leben«.

In diesem Jahr starb Paul Ferdinand Kreyssig an fortschreitender Schlaglähmung in einer Privatklinik in Leipzig. Weil gerade Gerichtsferien waren, konnte Lothar Kreyssig mit der Mutter am Sterbebett des Vaters sein. Der war ja ebensowenig wie der Sohn religiös gewesen, die Bibel oder das Gebet hatten in Kreyssigs Elternhaus keine Rolle gespielt. Ein einziges Mal, erinnert sich Lothar Kreyssig, habe er den Vater laut beten hören, als er einmal nachts nach Hause gekommen sei und der Vater ihn nicht bemerkt habe. Das habe ihn zugleich erschreckt und beeindruckt. Nun, in der Bedrängnis um das Sterben des Vaters, mag er sich daran erinnert und sich selbst die Fragen nach den letzten Dingen, nach dem Sinn des Lebens, nach Gott gestellt haben. Merkwürdigerweise habe er am Sterbebett des Vaters oft an einen Kollegen, Dr. Holzhaus, den Vorsitzenden der Ferienzivilkammer, der er zugeteilt war, denken müssen. Nach seiner Rückkehr erzählte er diesem davon. Ihn wundere das nicht, sagte der, er habe die ganze Zeit für ihn gebetet. Und er gab Lothar Kreyssig einige Bücher, aus denen »sein ebenso gelassener wie strahlender Glaube lebte«: die Schriften des Jakob Lorber.

Jakob Lorber, 1800 bei Marburg geboren, hatte im Gefolge einer dramatischen Berufung seinen Beruf als Musiker aufgegeben und, einer inneren Stimme folgend, jahrelang wie unter Diktat nur noch geschrieben. Der »Schreibknecht des Herrn«, wie er sich nannte, hatte dabei zu einer eigenen, theosophisch geprägten Lehre über den Sinn und die Geheimnisse des Lebens gefunden, die stark okkulte Züge trug. Ganz in sich gekehrt, schrieb Lorber seine Schriften in einem Gasthaus in Graz nieder, wo er 1864 starb. Sein Hauptwerk, eine mehrere Bände umfassende Paraphrase des Johannes-Evangeliums, ist in der Form eines autobiographischen Tagebuchs Jesu über die Zeit seiner drei Lehramtsjahre geschrieben und »enthält in erzählender Form den reichsten Schatz enthüllter Lebensrätsel«, wie es in einer zeitgenössischen Annotation heißt. Der siebente Band beginnt so:

> Alle kehrten nun ihre Augen nach dem Aufgange hin und bewunderten das gar herrliche Morgenrot; es zeigten sich äußerst anmutige Wolkengruppen über dem Horizont und wurden immer heller und heller, und Jeder sagte, daß er schon lange keinen so herrlichen Morgen gesehen habe! Und Ich sagte nun zu den vielen Umstehenden: »Sehet, solch ein Aufgang der Sonne hat eine große Ähnlichkeit mit dem geistigen Lebensmorgen des Menschen, und mit dem Aufgange der geistigen Sonne der Himmel in seiner Seele.
>
> Wenn der Mensch das Wort Gottes hört, so fängt es in seiner Seele an zu morgendämmern; wenn er den vernommenen Worten glaubt und trauet, da wird es schon heller in ihm. Er fängt aber dann an, eine stets größere Freude an der Lehre zu bekommen, und wird tätig darnach; da werden diese Taten gleich jenen lieblichen Morgenwölkchen von der Liebe gerötet, und es wird dadurch schon heller und heller im Menschen.
>
> Aus solcher Freude des Menschen zum Guten und Wahren aus Gott gelangt der Mensch zur stets helleren Erkenntnis Gottes, und sein Herz erbrennt in voller Liebe zu Gott ...[1]

Kreyssig muß von Lorbers Schriften geradezu überwältigt gewesen sein. Das Schwärmerische, die Bildhaftigkeit und die überströmende Fülle der Eingebung waren seinem Wesen verwandt. Auch er gab sich ja allem, was er begann, immer mit ganzer Leidenschaft und allen Fasern seines Seins hin. Und da bis dahin Religion und Glaube in seinem Leben nur das traditionell Vorgegebene, nicht aber geistliche Erfahrung und Übung waren, konnte es zu einem solchen tiefen religiösen Erweckungserlebnis kommen, das ihn und sein ganzes Leben radikal verändert hat. Es muß für ihn wirklich wie der Aufgang der Sonne, wie ein neues Licht, so wie Lorber es beschreibt, gewesen sein.

Gleichwohl waren die theosophischen Schriften Lorbers nur »eine das Gehäuse sprengende geballte Ladung«, haben dann aber für Lothar Kreyssig an Bedeutung verloren und auch sein theologisches Denken kaum beeinflußt. Sie hatten ihn, geradezu eruptiv, zur Bibel gebracht, das war das Entscheidende. Die folgenden Jahre, in denen er die Schrift entdeckte, beschreibt er als einen Geburtsvorgang. Alles bis dahin geformte und ungeformte Leben sei im Worte Gottes versunken. Aber wie ein Neugeborenes auch, könne sich der im Glauben neugeborene Mensch nur am alten, natürlichen, am todverlorenen Sein entfalten. Insofern verführe das Bild von der geballten Ladung, das die Hülle sprengt, zu dem gefährlichen Mißverständnis, als ob die *neue Kreatur* mehr und anderes wäre. *Neue und alte Kreatur* gehörten vielmehr untrennbar zusammen. Sie seien ineinander verborgen wie Gericht und Gnade als die Gerechtigkeit Gottes in der Geschichte, in der *vorletzten Existenz. Vorletzte Existenz*, das ist eine Lieblingsformulierung Lothar Kreyssigs, die immer wiederkehrt und sein ganz und gar eschatologisch geprägtes Denken und Sein sehr bildhaft ausdrückt.

Nach Kreyssigs Tod zeigte sich Helmut Gollwitzer, doch über Jahrzehnte ein vertrauter Freund, überrascht, daß Kreyssig über die Schriften Jakob Lorbers zur Bibel und zum Glauben gefunden hatte:

> Lorber, das war ein Geheimtip, aber ein Geheimtip, der Leute wie mich mißtrauisch machte. Ein Mann mit ganz merkwürdigen Lehren, Auffassungen, einflußreich im Bereich des württembergischen und süddeutschen Pietismus ... der endlose Bücher veröffentlichte. Ich kannte einen Bauern in unserer Gegend am Bodensee, der besaß alle Lorber-Sachen. Aber ich wußte nie, daß Kreyssig - ich hätte mich also mit Kreyssig über Lorber unterhalten können! Das ist schade, daß wir das nicht getan haben
>
> Kreyssigs geistliche Ader, das war etwas Besonderes. Und weil das überall zu spüren war, hatte er auch so großes Vertrauen und so große Achtung ... Jedenfalls war dann auch noch wichtig, daß er nicht Berufstheologe war. Er ist nicht durch eine gewisse gleichmachende Mühle gegangen, wie wir Theologen alle. Damit hängt auch seine Originalität zusammen, die Originalität seines Denkens. Er war sicher so fromm und so orthodox wie wir Barthianer auch. Aber er hat das auf seine Weise sagen können, das war so erstaunlich.[2]

Kreyssig las also fortan die Bibel; den Weg zur verfaßten Kirche hat er aber erst Jahre später im Widerspruch zum Nationalsozialismus gefunden. Die *Verwandlung* muß sich unter erheblichen seelischen Erschütterungen vollzogen haben, denn Peter Kreyssig erinnert sich, daß er den Vater in dieser Zeit eines Nachmittags, als er ins Zimmer hereingeplatzt kam, um irgend etwas zu fragen oder zu erzählen, auf dem Sofa liegend und in Tränen aufgelöst fand. Er hatte seinen Vater nie zuvor weinen sehen und war zutiefst erschrocken. Den Vater seinerseits genierte es furchtbar, daß ihn der Junge so sah. Sonst wurde vom tiefen seelischen Umbruch des Vaters in der Familie nichts wahrgenommen; das kam erst später, als er auch in der Familie eine bewußte, geistliche Ordnung einführte. Johanna Kreyssig, die ja auch aus einem unkirchlichen Elternhaus kam - der Vater war in einer Freimaurerloge -, wird in ihrer nüchternen Art die Bekehrung ihres Mannes zunächst wohl eher skeptisch betrachtet und als neuerliche Schwärmerei angesehen haben. Sie war, in Kreyssigs Worten, »so unbekehrt wie ich. Ich weiß nur, daß sie mir ja ausnahmslos ergeben und ohne allen Vorbehalt gefolgt ist in den komischsten und verwegensten Situationen. Wie weit das aus eigener Überzeugung geschah, habe ich ein halbes Leben lang gar nicht gewußt.« Kreyssig, der Patriarch, hat es wohl auch nicht wissen wollen.

In diese Zeit der religiösen Umkehr fällt auch der Beginn einer anderen radikalen Wende, die einige Jahre später das Leben der ganzen Familie grundlegend verändern sollte. Vorbereitet durch den Kulturpessimismus Oswald Spenglers und angeregt durch Rudolf Steiners anthroposophische Weltsicht »meldete sich beharrlich ein gebieterischer Drang, von der Oberfläche der Zivilisation weg zum ursprünglichen Bauerndasein zu kommen«. Mit einem Freund und Partner, Dr. Ludwig Kletzin, besuchte Kreyssig fortan Lehrgänge und Tagungen über biologisch-dynamische Landwirtschaft.

Rudolf Steiner hatte im Juni 1924, ein Jahr vor seinem Tod, auf dem Gut des Grafen Keyserlingk in Koberwitz bei Breslau einen Kursus über die *Geisteswissenschaftlichen Grundlagen zum Gedeihen der Landwirtschaft* gehalten.[3] Vor etwa hundert Teilnehmern hatte er dabei Anregungen für eine ganzheitliche Landwirtschaft gegeben, die seine Schüler alsbald in der Praxis erprobt und dann *biologisch-dynamische Wirtschaftsweise* genannt hatten. Auch wenn man dem anthroposophischen Weltbild Steiners im einzelnen nicht folgt - seine Überlegungen über den Zusammenhang aller Wirkungskräfte in der Natur und ihre enge Verflechtung miteinander muten durchaus modern an. Im Grunde hatte Steiner seine Schüler nur motiviert, uraltes Menschheitswissen um diese Zusammenhänge wieder ernst zu nehmen. Zu seinen Anregungen gehörten zum Beispiel Maßnahmen für eine Gesundung der Böden durch die Verwendung natürlicher Düngestoffe, die Gesundung der Landschaft durch Heckenbau oder die Stärkung der Haustiergesundheit durch Beifütterung von Kräutern und Laub.

Nach den Koberwitzer Vorträgen war zunächst ein *Versuchsring Anthroposophischer Landwirte* gegründet worden, dessen Mitglieder begannen, ihre Höfe nach Steiners Anregungen umzustellen. Es wurden regionale Arbeitsgemeinschaften und Auskunftsstellen gegründet, die regelmäßig Einführungskurse im Winter, Hofbegehungen im Sommer und Wochenendtagungen veranstalteten und einen lebhaften Austausch der in der landwirtschaftlichen Praxis gemachten Erfahrungen ermöglichten. Solche Kurse besuchte Lothar Kreyssig Ende der zwanziger Jahre gemeinsam mit seinem Freund Ludwig Kletzin. Die biologisch-dynamische Wirtschaftsweise nennt er rückblickend einen »ersten Anlauf, die materialistische Zweckbesessenheit des Bauern im verantwortlichen Umgang mit dem Leben zu überwinden«. Zwei Schüler Rudolf Steiners, Schwarz und Dreidax, seien ihm »eindrucksvolle Lehrer« gewesen.

Seine ersten praktischen Versuche unternahm Kreyssig in Flöha. Zur Spedition des Vaters gehörte ein Gelände mit einem ehemaligen Flugzeughangar, der als Lagerhalle ausgebaut war. Diese Halle war von einer großen Wiese umgeben, durch die ein Bach floß. Dort legte er sein biologisch-dynamisches Versuchsgelände an, wirtschaftete im Garten herum und sammelte erste praktische Erfahrungen als Landwirt. Die übrigen Familienmitglieder und seine Freunde betrachteten diese landwirtschaftlichen Experimente wohl zunächst eher aus spöttischer Distanz und sahen sie als Verschrobenheit an. Auch die Ziels fanden das zwar hochinteressant, aber schon ein bißchen »spinnert«. Denn Lothar Kreyssig war, so sein Sohn Peter, im Grunde weder ein praktischer noch ein technisch begabter Mensch:

> Wenn ihm die Sense vom Stiel flog, dann waren das meistens wir Jungs, die das repariert haben. Das waren so unsere ersten Erfolgserlebnisse gegenüber diesem mächtigen Vater, daß es Dinge gab, die

wir besser konnten als er. Dort bei der Halle hat er angefangen, das alles auszuprobieren. Er beschmierte die Bäume mit Lehm und Kuhmist und machte Schilfzäune. Und es gab also biologisch-dynamische Kohlrabis. Wir sind da zwar immer gern mit hingegangen, aber haben nicht mitgeholfen, das war uns zu dumm. Wir haben derweil lieber im Graben Molche gefangen und in der Halle gespielt. Das war schön, so ein Stück Kinderparadies.

Lothar Kreyssig selber meint, daß er durch die Besuche der Steiner-Kurse wieder ein Gespür für das urtümlich Wesentliche erhalten habe, auch wenn er eingesteht, daß manche Methoden des biologisch-dynamischen Wirtschaftens schon etwas obskur und letztlich eine Glaubenssache gewesen seien. Jedenfalls muß in dieser Zeit der Entschluß gereift sein, sich ganz dem Bauerndasein zuzuwenden. Ab 1932 besahen er und seine Frau sowie sein Schwager Alfred Lederer und dessen Frau drei Jahre lang alles, was die Gütermakler anzubieten hatten: von Holstein bis zum Bodensee, von Schlesien bis zum Rheinland. Es sei noch erstaunlich viel gewesen, trotz der aufkommenden Blut-und-Boden-Ideologie der Nationalsozialisten und deren Erbhof-Doktrin. Zumeist habe man es den Gütern alsbald angesehen, warum sie verkauft werden sollten. »Aber was traut sich eine auf Beharrlichkeit befragte Leidenschaft nicht alles zu. Wir waren fest entschlossen, das väterliche und schwiegerväterliche Erbe in eine bäuerliche Existenz der Symbiose unter den Mitgeschöpfen umzugießen.« Auch wenn den Aussteigern, wie man die beiden jungen Paare heute wohl nennen würde, der Traum vom Landleben allmählich immer mehr als Phantasmagorie erschien, der man möglicherweise vergeblich hinterherjagte: Drei Jahre lang wurde beharrlich weiter gesucht und weiter besichtigt. Bis endlich der Traumhof gefunden war.

So tiefgreifend die inneren Wandlungen auch waren, die sich in dieser Zeit, Ende der zwanziger, Anfang der dreißiger Jahre bei Lothar Kreyssig anbahnten und vollzogen, nach außen hin veränderte sich zunächst wenig. Er war ja weiterhin mit Leidenschaft Richter, der jedoch auch die Grenzen der Rechtsprechung und die Begrenztheit des eigenen Richteramtes immer klarer erkannte. Das muß ihn sehr umgetrieben haben. Denn auch später noch, als er längst nicht mehr Richter war, blieben Recht und Gerechtigkeit für ihn zentrale, immer mehr auch theologisch untermauerte Themen. Sein ältester Sohn Peter erinnert sich, daß der Vater oft versucht hat, ihm zu erklären, was für eine gebrochene Sache das Recht sei, besonders in seinem praktischen Vollzug: Es sei schwer für den Richter zu wissen, daß er nicht wirklich Recht sprechen, sondern sich allenfalls darum mühen kann. Oft genug komme er damit nicht sehr weit. Er erkennt zwar die gesellschaftlichen Mechanismen, die der Gerechtigkeit entgegenstehen, aber kann sie nicht durchbrechen. Und muß manchmal, gegen bessere Einsicht, das beharrliche Lügen einer ganzen Phalanx von Zeugen hilflos hinnehmen. Oder er sei gezwungen, Urteile allein nach der Aktenlage zu fällen, und weiß dabei doch, daß er so den lebendigen Menschen, um die es dabei geht, kaum gerecht werden kann.

Aber er konnte sein Richteramt und das Ansehen, das es ihm brachte, auch ganz unbefangen auskosten. Davon zeugt diese Geschichte, die er seinem Sohn Jochen erzählte: Das Gericht war ja am Kaßberg oben, und von dort führte eine gewundene Straße hinunter. Dort also kam einmal zum Feierabend aus einer Seitenstraße ein Radfahrer herausgeschossen - ihm so vor das Auto, daß er nur mit einer Vollbremsung verhindern konnte, daß der Mann überfahren wurde. Und dieser Mann stand nun auf und hat ihn, anstatt sich zu entschuldigen, unflätig beschimpft. Kreyssig ist sehr ruhig aus dem Wagen ausgestiegen, hat sich das eine Weile angehört und dann gesagt: Wissen Sie, Sie können das ruhig noch 'ne Weile mit mir machen. Aber dann gehen wir da hoch. Oben auf dem Kaßberg bin ich Vorsitzender der Ersten Strafkammer. Da können wir uns gern weiter unterhalten ... »Da ist dieser Mann eingeknickt, wie eben nur richtige Sachsen einknicken können, hat stumm nach seinem Fahrrad gegriffen und sich davongeschlichen, als wolle er möglichst unter dem Pflaster von hinnen kommen.«

Die Arbeit als Richter, nicht zuletzt auch die Debatten mit Rudolf Ziel, brachten es mit sich, daß Lothar Kreyssig in dieser Zeit der inneren Umbrüche zugleich auch sensibler wurde für das, was um ihn herum geschah. Es waren ja die Jahre der großen Arbeitslosigkeit und des radikalen sozialen Abbaus. Die Instrumente der Öffentlichen Hand - Arbeitslosen-Versicherung, staatliche Krisenunterstützung und städtische Wohlfahrt für Erwerbslose - waren längst überfordert; das System funktionierte immer weniger. Infolge der lang anhaltenden Krise nahm die Zahl der *Wohlfahrts-Erwerbslosen* überproportional zu. Dies wiederum führte zum Haushaltskollaps zahlreicher Städte und zur radikalen Beschneidung ihrer demokratischen Selbstverwaltung. Anfang 1932 überschritt die Zahl der Arbeitslosen in Deutschland die Sechs-Millionen-Grenze. Dem standen zwölf Millionen Beschäftigte gegenüber. In der Stadt Flöha waren Mitte 1932 mindestens 900 Menschen arbeitslos, mehr als ein Drittel davon waren Wohlfahrtsempfänger, andere erhielten überhaupt keine Unterstützung mehr. Vor allem die Rote Hilfe und die Internationale Arbeiterhilfe, beide von der KPD organisiert, versuchten, die Not zu lindern. Ende Oktober 1929 trat im überfüllten Festsaal des Gasthofs Flöha der russische Geigenvirtuose Eduard Soermus auf und warb für die Internationale Arbeiterhilfe. Auch viele Bürgerliche besuchten das Benefizkonzert. Die Internationale Arbeiterhilfe in Flöha wuchs auf mehr als 300 Mitglieder. Die aktive Unterstützung der Arbeitslosen zahlte sich für die Kommunisten auch politisch aus: Die SPD verlor Stimmen, die KPD gewann deutlich hinzu. Bei den Gemeindewahlen im November 1932 erhielten die bürgerlichen Parteien in Flöha nur noch zwei Sitze, während die radikalen Parteien, NSDAP und KPD, von der Krise profitierten.

Im Herbst 1931 hatten der Reichspräsident und das Kabinett Brüning zur Winterhilfe aufgerufen; eine breite solidarische Aktion, die hätte helfen können, den radikalen Parteien das Wasser abzugraben, wurde daraus jedoch nicht. Erich Kästner erzählt im ersten Oktoberheft 1931 der *Weltbühne*, wie er mit seinem Freund Hans Wilhelm versucht hat, im Reichsinnenministerium den für die Winterhilfe zuständigen Referenten für eine unkonventionelle Hilfsaktion zugunsten der Notleidenden zu gewinnen. Es gehe doch nicht darum, so bestürmten sie den Ministerialrat,

> Organisationen unter Hüte, sondern eine wirksame Aktion ins Rollen zu bringen; eine Bewegung, die nichts mit Parteien, Kirchen, Standpunkten, neuen Verwaltungsapparaten und anderen organisatorischen Dingen zu hat; eine Bewegung, die, etwa von einem offnen aufrüttelnden Aufruf Hindenburgs angeregt, zwischen den Privatleuten anwächst und, mitreißend, Nutzen stiftet …
>
> Warum wollen Sie denn diese Not nicht offen zugeben? Glauben Sie vielleicht, die Bevölkerung weiß noch nichts davon? Was hat denn der Plan, das gesamte deutsche Volk über den Winter zu brin-

gen, mit Politik zu tun? Von Politik könnte, durch die Zwischenzeit der Notgemeinschaft günstig beeinflußt, vielleicht wieder im Frühjahr gesprochen werden. Bis dahin ginge es doch aber vor allem darum, dieses Frühjahr überhaupt noch zu erleben! Bei Hindenburg müßten hundert Arbeitslose essen, beim Reichskanzler gleichfalls; Fleischermeister Müller könnte fünf Personen durchfüttern; Eisenbahninspektor Schulz einen; ich könnte, solange ich verdiene, pro Tag drei Mann in meiner Wohnung beköstigen ...«[4]

Dem Ministerialrat war soviel praktische Nachbarschaftshilfe nicht geheuer: »Nachbarhilfe, das ist ein alter caritativer Begriff. Na ja.« Lothar Kreyssig hingegen hat genau das getan, was Erich Kästner vorschwebte. Angesichts der bitteren Not in seiner Heimatstadt hatte er 1931 eine *Notgemeinschaft für die Arbeitslosen* gegründet. Zusammen mit dem Amtmann Neubert vom Landratsamt und einigen anderen sammelte er Geld bei den wohlsituierten Bürgern Flöhas und versuchte so, ganz handfest zur Linderung der bittersten Not beizutragen. »Ich bin die Jahre hindurch außerhalb unserer großen Veranstaltungen bittend von Haus zu Haus und von Wohnung zu Wohnung gegangen. Die Notgemeinschaft hat - den Betrieb der Volksküche ungerechnet - insgesamt für etwa 27.000 RM Werte zusammengeholt und wieder verteilt.«[5] Er selbst, so erwähnt er später einmalig beiläufig, habe dafür sein gesamtes, vom Vater ererbtes Barvermögen geopfert. Ein Verteilungsausschuß war für die möglichst gerechte Vergabe des Geldes und der Hilfsgüter zuständig. Zu Weihnachten wurde zugunsten der Notgemeinschaft im Festsaal eines Gasthofs Theater gespielt und musiziert; daran war dann die ganze Familie beteiligt. Lothar Kreyssig mag sich der Begrenztheit seines philanthropischen Unterfangens wohl bewußt gewesen sein, aber: »Diese Arbeitslosennot ging einem eben auf die Nerven.«

Die Nationalsozialisten beobachteten das auffällige soziale Engagement des konservativen Landgerichtsrats mit Mißtrauen. Bald nach ihrer Machtergreifung sah der Amtmann Neubert, der in der Notgemeinschaft mitgearbeitet hatte, auf dem Schreibtisch des neuernannten Landrats einen Antrag des Kreisleiters der NSDAP liegen, Kreyssig ins Konzentrationslager zu bringen.[6] Er erklärte dem Landrat daraufhin, die Einwohnerschaft der Stadt Flöha zerfalle in zwei Teile: in solche, die in die Notgemeinschaft zahlten, und solche, die etwas von ihr bekämen. Es würde, wenn man den Richter ins KZ sperre, ein unberechenbares Aufsehen geben. Lothar Kreyssig blieb zunächst unbehelligt.

Dabei hatte er anfangs dem Nationalsozialismus durchaus Sympathie entgegengebracht. Nach dem Erlebnis der Kameradschaft im Felde sei ihm die Lösung der sozialen Frage und die Beseitigung der Klassengegensätze als erstes aller Probleme immer angelegen, schrieb er 1935, als er sich gegen die Nachrede »reaktionärer« Gesinnung zu verteidigen hatte und ihm Illoyalität zur neuen Macht vorgeworfen wurde. Er habe vielmehr lange Zeit vor der nationalen Erhebung die NSDAP mit Geldmitteln unterstützt und oft genug ihre Grundsätze und Ziele verteidigt. Seit 1930 habe er nationalsozialistisch gewählt. Der Partei habe er nicht beitreten wollen; er sei der Überzeugung, daß ein Richter sich nicht politisch betätigen dürfe.

Als ihm bei der gleichen Gelegenheit vorgeworfen wurde, beim gemeinschaftlichen Rundfunkempfang einer Hitlerrede im Amt den Saal verlassen zu haben, schrieb er: »Ich habe überhaupt noch keine Rede Adolf Hitlers - weder vor noch nach Antritt seiner Reichskanzlerschaft - gehört, die mich nicht in den Bann seiner Persönlichkeit gezogen hätte. Zur demonstrativen Bezeugung der Abwehr hat also jede Veranlassung gefehlt. Daß man mich aber außerdem einer solchen Achtungsverletzung gegenüber dem im höheren als jeden früheren Sinne deutschen Staatsoberhaupte für fähig halten will, kann ich nur zu Kenntnis nehmen.«[7] Diese Sätze sind mehr als nur die pflichtgemäße Loyalitätserklärung des Beamten; sie lassen, auch 1935 noch, eine gewisse Sympathie erkennen. Kreyssig mag damals tatsächlich, wie sehr viele Deutsche, der Illusion erlegen sein, der »Führer« habe mit all dem Unrecht, das geschah, nichts zu tun; verantwortlich dafür seien allein die niederen Chargen. Bald nach der Machtergreifung, Anfang März 1933, muß Kreyssig sich sogar an Hitler gewandt und ihm möglicherweise seine Bedenken wegen der Rechtsbrüche vorgetragen haben. In seinem Nachlaß fand sich ein Antwortschreiben aus Hitlers Kanzlei vom 3. April 1933, unterzeichnet von Martin Bormann: »Durch die Entwicklung und die Anordnungen des Führers sind Ihre Befürchtungen hinfällig geworden«, heißt es darin lapidar; der Brief, den Kreyssig geschrieben hat, ist nicht erhalten.[8]

Auch andere Briefe oder Aufzeichnungen Kreyssigs aus diesen bewegten Jahren des Suchens, des Umbruchs und Aufbruchs gibt es nicht. Aber eines darf wohl als sicher gelten: Lothar Kreyssig war unterwegs, und nicht lange nach der Machtergreifung der Nationalsozialisten war er auf der anderen Seite angekommen. Er war bekennender Christ, überzeugter Demokrat, mutiger Richter mit einem ungebeugten Rechtsempfinden, war nicht mehr Nationalist, sondern Patriot. Einige Jahre später schrieb er, angeregt durch ein Holzbildwerk seines Freundes und Weggefährten Wilhelm Groß, das Gedicht *Elia, vom Berge Horeb niedersteigend*. Bildwerk und Gedicht deuten einen Text aus dem *Ersten Buch der Könige*. Wie Elia, dieser zögernde und verzagte Prophet, hat auch Kreyssig sich aufgemacht, Gott zu suchen. Die Verlassenheit und die Verzweiflung des Propheten mag auch die seine gewesen sein. Denn Gott ist nicht im Sturme, nicht im Beben, nicht im Feuer. Aber nach dem Feuer ist »eine Stimme verschwebenden Schweigens«[9]. Es ist diese Stimme, es ist das *lebenschaffende Wort*, das die Propheten auf den Weg durch die Wüste schickt:

Elia, vom Berge Horeb niedersteigend

Und hinter ihm das Feuer
Es hält ihn noch umloht -
Gebirge ungeheuer
Flammend um Zebaoth.

Sie beben, donnern, bersten
Aufklaffen zum Zenith,
Verlodern, wo zum ersten
Gott auf die Erde tritt.

Und hinter ihm das Brausen,
In dem sich Gott gestillt.
Das stille, sanfte Sausen
Hält nun das Herz gefüllt.

Der Sturm, von Gott entlassen,
Nun trägt er stark zu Tal.
Herr, laß uns betend fassen,
Was neu dein Wort befahl.

Anmerkungen

1 Lorber, Jakob: Johannes, das große Evangelium. 7. Bd. der III. Aufl., Bietigheim a.E., 1911, S.1.

2 Interview des Verfassers mit Helmut Gollwitzer am 14. Juni 1989 in Berlin.

3 Steiner, Rudolf: Geisteswissenschaftliche Grundlagen zum Gedeihen der Landwirtschaft. Rudolf Steiner Gesamtausgabe, Vorträge. Dornach, 1984.

4 Kästner, Erich: Gespräch mit dem Ministerium. In: Die Weltbühne, Nr.40 vom 6. Oktober 1931, S.523ff.

5 Nachlaß Kreyssig, Mappe »Disziplinarsache«. Stellungnahme Kreyssigs vom 29. Mai 1935 zu den gegen ihn erhobenen Vorwürfen.

6 Ein Hinweis hierauf findet sich auch in Kreyssigs Personalakte. PA Kreyssig: Schreiben des Chemnitzer Amtsgerichtsdirektors Dr. Dittrich vom 5. November 1935.

7 Stellungnahme vom 29. Mai 1935, S.6 und 9f., a.a.O.

8 Nachlaß Kreyssig, Mappe »Disziplinarsache«.

9 Die Schrift. Bücher der Geschichte. Verdeutscht von Martin Buber und Franz Rosenzweig. Könige I 19.8-18. Gerlingen, 1997.

Kapitel 4

Das Verhängnis

Am 30. Januar 1933 ernannte Reichspräsident von Hindenburg Adolf Hitler zum Kanzler. Lothar Kreyssig nennt das rückblickend die *Stunde des Verhängnisses*. Indem der Generalfeldmarschall, »das mythologische, aber leibhaftige soldatische Idol der Nation«, den Gefreiten zum Kanzler berief, habe er den Mythos von der Selbsterlösung des Menschen in der Nation inthronisiert. Damit war die Demokratie als Glaube an die Menschenwürde verraten und aufgegeben. Noch am Tag seiner Ernennung hatte Hitler den Reichspräsidenten aufgefordert, den Reichstag aufzulösen. Hindenburg war dem zwei Tage später gefolgt und hatte für den 5. März Neuwahlen angesetzt. Carl von Ossietzky analysierte in der *Weltbühne*, die wenig später verboten wurde, die Machtübernahme der Nationalsozialisten und das Scheitern der Weimarer Demokratie weitblickend und schonungslos:

> Die Rechtsparteien sind unseren Freunden von links in manchem unterlegen. Aber den kalten, harten Machtwillen, das Fingerspitzengefühl für die wirklich entscheidende Position, das haben sie ihnen voraus. Die Republik hat diese Bataille verloren, nicht weil sie sich des »Novemberverrats« und anderer Schandtaten schuldig gemacht haben soll, sondern weil es ihr an dem notwendigen Lebenswillen fehlte, über den die Rechte in hohem Maße verfügt. Das Volk hat eine gute Witterung dafür, und deshalb ging es zu den Extremen rechts und links. Die Gegenrevolution hat kampflos die Höhen besetzt. Sie beherrscht das Tal, und wir leben im Tal.[1]

Am 27. Februar brannte der Reichstag. Damit war das Signal für den offenen Terror der Nationalsozialisten gegeben. Die Grundrechte wurden aufgehoben. Der Wahlkampf und die Reichstagswahlen fanden im Ausnahmezustand statt. Ein Wahlplakat der NSDAP zeigt einen väterlichen Hindenburg und einen entschlossenen Hitler: »Der Marschall und der Gefreite kämpfen mit uns für Frieden und Gleichberechtigung.« 17,3 Millionen Deutsche glaubten ihnen und wählten NSDAP, die damit zur stärksten Fraktion wurde. Der neue Reichstag wurde am 21. März in der Potsdamer Garnisonskirche eröffnet. Die SPD, mit 120 Mandaten die zweitstärkste Fraktion, blieb dem feierlichen Staatsakt fern. Die KPD war bereits ausgeschaltet. Hitler beschwor an diesem Tag, der von den Nationalsozialisten als »Tag von Potsdam« geradezu mythologisiert wurde, vor dem greisen Reichspräsidenten die Vision einer »Vermählung zwischen den Symbolen der alten Größe und der jungen Kraft«. Lothar Kreyssig hat die Reden Hitlers und Hindenburgs am Radio verfolgt, »im schrecklichen Zwiespalt zwischen der Vergegenwärtigung alles dessen, aus dem ich selber herkam, und dem Empfinden einer diabolischen, lästerlichen Verkehrung«. Aber um eine Wahrheit wissen und ihrer innewerden, sei zweierlei. Drei Tage später befreite sich Hitler mit dem *Gesetz zur Behebung der Not von Volk und Reich*, dem *Ermächtigungsgesetz*, dem sich allein die SPD widersetzte, von allen Bindungen an die Verfassung und jeder parlamentarischen Kontrolle. Die Nationalsozialisten herrschten fortan uneingeschränkt über das Reich, die junge deutsche Demokratie war zerstört, das Verhängnis nahm seinen Lauf.

Auch in Chemnitz, eine Arbeiterstadt und traditionell links, wütete der braune Terror. Am 8. März hatte der Reichsinnenminister die Polizeibefugnis in Sachsen und anderen Ländern übernommen, ein Reichskommissar wurde eingesetzt, die SA besetzte die öffentlichen Gebäude, die Kreishauptmannschaft, das neue Rathaus, die Stadthäuser, die Stadtbibliothek und das Amts- und Landgericht auf dem Kaßberg. Bei der Besetzung der *Volksstimme*, der Chemnitzer SPD-Zeitung, wurde der Geschäftsführer Georg Landgraf, eine führende Persönlichkeit der Chemnitzer Sozialdemokratie, erschossen. Die Stadtverordnetenversammlung erklärte die sozialdemokratischen und kommunistischen Abgeordneten und Stadträte für abgesetzt. Zahlreiche Nazigegner wurden verhaftet, darunter der sozialdemokratische Reichstagsabgeordnete Bernhardt Kuhnt, den man auf besonders perfide Weise öffentlich demütigte. Der SA-Marinesturm Chemnitz setze den alten invaliden Mann in eine Kohlekarre, die von zwei sozialdemokratischen Stadträten durch die Stadt gezogen werden mußte. Diese entwürdigende Szene wurde fotografiert, die SA verkaufte die Bilder dann in der Stadt als Postkarten.[2]

Gleich Anfang März waren auch mehrere Kollegen Kreyssigs aus ihren Ämtern entfernt und zum Teil in Schutzhaft genommen worden[3], darunter die Staatsanwälte Dr. Richter und Dr. Dachsel, die Landgerichtsdirektoren Asmus und Dr. Kurt Cohn[4] und, während einer Strafverteidigung aus dem Gerichtssaal heraus, der jüdische Rechtsanwalt Justizrat Martin Drucker sowie Dr. Rudolf Ziel. Am 8. März waren plötzlich acht SA-Männer unter Führung eines üblen NS-Anwalts in das Dienstzimmer des Landgerichtspräsidenten eingedrungen und hatten ihm unter Androhung von Waffengewalt verboten, seine Amtsgeschäfte weiterzuführen. Eine gerade bevorstehende Gerichtsverhandlung mußte abgesetzt werden. Rudolf Ziel kam in das Gefängnis hinter dem Gerichtsgebäude, das ihm bis vor kurzem noch unterstanden hatte und wo unter seiner Verantwortung menschenwürdige Haftbedingungen geschaffen worden waren. Was ihm konkret vorgeworfen wurde und warum er verhaftet worden war, hat er nie erfahren. Lothar Kreyssig und Hasso Uhlich, ein anderer befreundeter Anwalt, besuchten den Landgerichtspräsidenten, der mit vier anderen in einer 10 m² großen Zelle saß, so oft es ging, und versuchten ihn freizubekommen - vergeblich. Kreyssig arbeitete eine Denkschrift aus und fuhr nach Dresden ins sächsische Justizministerium, um dort gegen die getroffenen Maßnahmen »der Bewegung« zu protestieren. Auch das blieb ohne Erfolg. Zuvor schon hatte er auf einer eiligst einberufenen Richterversammlung im Landgericht gegen die »Beseitigung der Richter«, wie das im Nazijargon hieß, offen Stellung genommen.

Hasso Uhlich, Lothar Kreyssig und wenige andere Kollegen kümmerten sich auch um die Familie Ziels. Dessen Töchter konnten von der Wohnung aus auf das Gefängnis blicken in dem der Vater saß. Irgendwie gelang es seiner ältesten Tochter Marianne auch, den Vater zu besuchen. Rudolf Ziel war bei seinen Beamten beliebt gewesen, und ein wenig mag auch das hierarchische Denken noch gewirkt haben. Bei den Unterbeamten waren die Töchter des Landgerichtspräsidenten, sehr zu ihrem Amüsement, denn sie waren ja ganz anders erzogen, eben doch noch *Fräulein Präsident*. Und als Kreyssig kam und sagte: »Es muß unbedingt was geschehen, Ihr Vater ist völlig verzweifelt und einer Haftpsychose nahe«, ging das Fräulein Präsident, damals gerade neunzehn

Jahre alt, kurz entschlossen zum obersten SA-Führer, einem von ihrem Vater wegen Unterschlagung entlassenen Beamten:

> Ich beschwerte mich, schilderte den Zustand meines Vaters - und weinte, und zu meiner eigenen Überraschung wirkte das: der Mann nahm sozusagen die Schlüssel (vielleicht »verfügte« er) und ließ meinen Vater frei. Wie es sich ganz genau zugetragen hat, weiß ich überraschenderweise nicht mehr. Ich glaube, ich habe das alles in einer Art Trance getan ... Was diesen SA-Mann dazu wohl bewogen haben mag? Am wahrscheinlichsten ist mir, daß er sich großartig fand, wenn er der weinend um seine Hilfe bittenden »Tochter seines Präsidenten« helfen und seine Macht zeigen konnte. Vielleicht aber hatten auch die Bemühungen der Freunde im Hintergrund schon den Boden bereitet.[5]

Rudolf Ziel hatte nur einige Tage im Gefängnis bleiben müssen. Freunde rieten ihm nach seiner Entlassung, so schnell wie möglich aus Chemnitz zu verschwinden. Ziel wollte seine ungesetzliche Amtsenthebung nicht einfach hinnehmen und verhandelte in Dresden mit dem neuen Beauftragten für das Justizwesen in Sachsen, Otto Georg Thierack, später der erste Präsident des Volksgerichtshofes. Natürlich hoffte er vergebens auf Rechtsstaatlichkeit. Anfang April brachte die *Chemnitzer Tageszeitung* einen längeren Bericht[6] über eine Rundfunkansprache Thieracks zur *»Neuordnung der Strafrechtspflege in Sachsen«*. Mitten in dem Artikel wird aus Dr. Thierack plötzlich Dr. Hartnacke: »Mit harter Hand mußte ich, so fuhr Dr. Hartnacke fort, aber da eingreifen, wo wirkliche Lebensinteressen der Justizpflege bedroht waren.« Nur ein Versehen des Redakteurs oder des Setzers - oder vielmehr ein kleines, aber mutiges Zeichen des Protestes, das damals bestimmt von manchem Leser bemerkt worden ist?

Rudolf Ziel hatte inzwischen seine Dienstwohnung auf dem Kaßberg geräumt und war, dem Ratschlag seiner Freunde folgend, aus Chemnitz fortgegangen. Zunächst war er einige Zeit bei seinem Vater in Ludwigslust in Mecklenburg untergekommen, wo er sich dreimal täglich bei der Polizei melden mußte. Später sind die Ziels dann nach Ahrenshoop gezogen. Rudolf Ziel bemühte sich vergeblich, als Anwalt zugelassen zu werden, eine Zeitlang erwog er auch, nach Kolumbien auszuwandern. Er litt sehr darunter, nicht arbeiten zu dürfen, auch publizieren durfte er nicht, jedenfalls nicht in der juristischen Fachpresse. So arbeitete er über zwei liberale Theologen des 18. Jahrhunderts und veröffentlichte einige Artikel über sie in einer Kirchenzeitung. Die Kreyssigs hielten den Kontakt zunächst aufrecht und verbrachten zuweilen einige Urlaubstage in Ahrenshoop. Auch als Ziels älteste Tochter im August 1933 heiratete, waren Lothar und Hanna Kreyssig dort. Sie sehe sich noch mit Kreyssig am Strand spazierengehen, erzählte Marianne Clemens, er habe ihr da irgendwelche niedlichen Sachen gesagt, die ihr als jungem Mädchen sehr gefallen haben, deshalb sei ihr das so im Gedächtnis geblieben.

Angesichts der elementaren Rechtsbrüche, die von der Staatsgewalt begangen oder stillschweigend geduldet wurden, entwarf Lothar Kreyssig im Frühjahr 1933 ein Gesuch um Entlassung aus dem Richterdienst. In einer schlaflosen Nacht aber sei ihm klar geworden, so schreibt er in seinen Lebenserinnerungen, daß das zu billig sei. Der Widerspruch würde in der Versenkung verschwinden und den Willfährigen das Feld überlassen. Die Ungewißheit darüber, ob diese Entscheidung falsch gewesen sei, habe ihn in der Folge sehr wach und aufmerksam gehalten für den zu erwartenden Konfliktfall im richterlichen Amtsbereich selbst. Bei der neuen Geschäftsverteilung am Landgericht war er alsbald aus der Spruchgerichtsbarkeit herausgenommen und als Untersuchungsrichter eingesetzt worden. Gerade das ermöglichte es ihm aber, Menschen zu helfen.

Auch in Chemnitz waren die Nationalsozialisten von Anfang an mit unerhörter Brutalität gegen die Juden vorgegangen. Mit etwa 3000 Mitgliedern war die dortige jüdische Gemeinde die drittgrößte in Sachsen. Am 30. März protestierte der polnische Gesandte in Berlin bei der Reichsregierung wegen der brutalen Verfolgung polnischer Staatsbürger.[6] Aus Chemnitz berichtete er, daß dort sämtliche »polnischen Israeliten« verhaftet und unter Bewachung in die Stadt geführt worden seien, wo sie unter den unflätigsten Beschimpfungen der Passanten kommunistische Maueraufschriften, die noch vom Wahlkampf stammten, auswischen mußten. Ein jüdischer Pole erhielt fünfzig Hiebe mit der Reitpeitsche und mußte nach jedem Schlag »Danke« sagen. Anderen wurde von SA-Leuten ein Hakenkreuz ins Haar geschnitten. Anfang April wurde der jüdische Rechtsanwalt Arthur Weiner erschossen aufgefunden. Menschen verschwanden, wurden »auf der Flucht erschossen«, zu Tode geprügelt, gefoltert. Oder wurden »in Schutzhaft« genommen und auf den Kaßberg gebracht.

Die Voruntersuchung gegen die jüdischen Schutzhäftlinge fiel nach der neuen Geschäftsverteilung dem Landgerichtsrat Dr. Kreyssig zu. Der suchte als erstes den Vorsteher der Gefangenenanstalt auf und ließ sich von ihm versprechen, »was damals schon nicht mehr selbstverständlich war«, daß die Juden vor jeder Willkür geschützt blieben. Die anschließenden Vernehmungen hätten offenbar gemacht, welche untermenschlichen Möglichkeiten der Antisemitismus als Staatsgesinnung entbunden hatte. Kreyssig konnte unter Zurückstellung aller anderen Dienstgeschäfte sehr schnell klären, daß alle Bezichtigungen gegen die Juden haltlos und erlogen waren:

> Die Akten mit dem abschließenden eindeutigen Ergebnis brachte ich selbst zu dem zuständigen Staatsanwalt und erlangte seine Zustimmung zur sofortigen Freilassung der Häftlinge. »Ich weiß, was Sie für uns getan haben. Gott soll sie segnen«, sagte mir eine alte Frau bei der Entlassung. Nun, indem die Juden bald danach vogelfrei wurden, kam ein richterliches Gewissen völlig aus dem Spiel. Aber wo blieb unser Gewissen als Christen, als Staatsbürger? Wenige Tage später sprach ein Angehöriger der bereits Entlassenen bei mir vor. Ich konnte ihm nur sagen: Sie haben hoffentlich verstanden, was hier im Gange ist. Sehen Sie zu, daß Sie möglichst bald mit den Ihrigen über die Grenze kommen. Wer mochte damals ahnen, daß es im Gewaltbereich des entfesselten Wahns bald überhaupt keine Zuflucht mehr geben werde?[7]

Dennoch, so schreibt Kreyssig rückblickend weiter, sei der Alltag auch im Rechtsleben viel breiter und beharrlicher, als er erwartet habe, äußerlich intakt geblieben. Nach »allen fatalen Relativitäten und Fragwürdigkeiten demokratischer Willensbildung« schien vielen der Staat wieder in Ordnung zu sein, wie zu Väterzeiten. Die Anfangserfolge der Nationalsozialisten, vor allem die Beseitigung der Arbeitslosigkeit, trugen dazu bei, daß der wahre, der totalitäre Charakter des Hitlerreiches von vielen nicht wahrgenommen wurde. Es waren nicht nur Opportunisten, sondern auch eine »Unzahl redlicher Bürger«, die sich davon blenden ließen und nun der Partei anschlossen.

Das stand für Kreyssig nie zur Frage, obwohl er auch damit bedrängt

Hanna Kreyssig mit Peter, Jochen und Uwe. Flöha, vor 1937.
Foto: privat.

worden ist. Mit dem *Gesetz zur Wiederherstellung des Berufsbeamtentums* vom 7. April 1933 hatten sich die Nationalsozialisten ein brutales Instrument geschaffen, um politisch mißliebige oder »nichtarische« Beamte zu entfernen, fristlos und meist ohne Pension, und die Beamtenschaft gleichzuschalten. Es bedurfte Mut, selbst in Kleinigkeiten zu widerstehen. Kreyssig wird zwar auch Mitglied in den üblichen Vereinigungen, der Nationalsozialistischen Volkswohlfahrt, dem Nationalsozialistischen Rechtswahrerbund, dem Reichsbund Deutscher Beamter, dem Reichsluftschutzbund und den Verein für das Deutschtum im Ausland. Aber, so wird es später heißen, »außer der Zugehörigkeit zu diesen Verbänden durch Erfüllung der Mitgliedspflichten ist nichts über eine positive Mitarbeit und besonderen Einsatz des Beschuldigten festgestellt worden.«[8]

Welche Konsequenz schon die kleinste Unbotmäßigkeit haben konnte, zeigt die folgende Episode: Im April 1934 hatte der Reichsbund der Deutschen Beamten in einem Rundschreiben gerügt, daß nur wenige sächsische Behördenangehörige an einem Beamtentreffen in Zwickau teilgenommen hätten. Dieses Schreiben wurde auch Kreyssig auf den Schreibtisch gelegt. Der versah es mit der lakonischen Bemerkung:

> Ich gehöre dem Reichsbund Deutscher Beamten nicht an. Wenn man mir trotzdem an die Mitglieder gerichtete Zuschriften dieses Inhalts und Tones auf den Arbeitsplatz legt, so wird damit nur erreicht, daß ich sie das nächste Mal ungelesen in den Papierkorb werfe. Kreyssig.[9]

Das gab der Gauleitung Sachsen der NSDAP zum erstenmal Veranlassung, beim Sächsischen Justizministerium die Versetzung Kreyssigs in den Ruhestand gemäß dem Gesetz vom 7. April 1933 zu beantragen. Die Sache wurde zwar niedergeschlagen, aber nicht vergessen: Der »Zusammenstoß« habe gezeigt, daß Kreyssig »in keiner Weise bereit war, sich in den Aufbau der berufsständischen Organisationen einzuordnen und an diesem Aufbau mitzuarbeiten«. Bei anderer Gelegenheit denunzierte ihn ein Justizassistent Göhde, er habe beim dreimalig ausgebrachten »Heil auf den Führer nur das erste Mal den Mund leicht bewegt, dann aber stumm dagestanden«.[10]

Ein anderer Zusammenstoß, obgleich sehr viel spektakulärer - Kreyssig selbst nennt es »ein erstes Getöse« - sorgte zwar für erheblichen Wirbel, blieb aber zunächst auch ohne Konsequenzen, wenn man einmal vom Anwachsen des »Schuldkontos« in Kreyssigs Personalakte absieht. Am 1. Mai 1933 wurde im Schwurgerichtssaal des Landgerichtes in einem feierlichen Akt eine Hitlerbüste enthüllt. Es war die erste nationalsozialistische Veranstaltung, an der die Beamtenschaft geschlossen teilnehmen mußte. Noch wenige Wochen vor der Machtübernahme hatte die NSDAP in Chemnitz sämtliche Beamte der Justiz, an die 700, zu einer Versammlung eingeladen; damals waren weniger als 25 gekommen. Nun also stand ein junger Amtsrichter, Dr. Dittrich, Kreyssig als Schwiegersohn des alten Schuldirektors in Flöha gut bekannt, in SA-Uniform mit verschränkten Armen auf dem Podium und beschimpfte in einer haßvollen Rede die versammelte Beamtenschaft. Die hätten allesamt hinter dem Ofen gesessen, während sie sich unter Aufopferung und über alle Standes-, Klassen- und liberalistischen Anschauungen hinweg auf den Straßen für Deutschland herumgeschlagen hätten:

> Wir wollen erkennen und zugeben, daß unsere Einstellung zu den Ereignissen oft eine falsche war. Wir wollen erkennen und zugeben,

daß wir oft glaubten, uns hinter eine Objektivität zurückziehen zu müssen, während auf den Straßen Deutschland unter unsäglichen Opfern der Kampf um die Befreiung des deutschen Volkes geführt wurde. Wir haben, auf unsere Stuben zurückgezogen, die Bedeutung und die Wichtigkeit dieses Kampfes meistens nicht erkannt. Wir wollen daraus von nun an erkennen, daß dieses Deutschland unter unser aller Mitwirkung und durch unseren aktiven Einsatz über alle Standesgrenzen hinweg gebaut und gezimmert werden muß. Heute marschiert das ganze Volk zum ersten Male, der Arbeiter neben dem Beamten, der höhere Beamte neben dem Angestellten, alle nur mit dem Willen, dem Führer und Deutschland zu dienen.[11]

Kreyssig verließ, nach einer ersten Verblüffung, bei diesen Tönen den Saal, die Tür laut hinter sich zuschlagend und »verwundert, daß ich der Einzige blieb«. Nach einem anderen Bericht folgte ihm der Landgerichtsdirektor Dr. Schirmer, aber nach eigener Aussage, um ihn zurückzuholen. Der Vorfall kam danach nicht mehr zur Sprache, tauchte aber später bei den Disziplinaruntersuchungen gegen Kreyssig als Beweis seiner illoyalen Gesinnung wieder auf. Dem SA-Mann Dittrich hingegen half die stramme Rede bei seiner Karriere; er war wenig später Amtsgerichtsdirektor in Chemnitz.

Von Dittrich gibt es in Kreyssigs Personalakte einen mehrseitigen denunziatorischen Bericht, an dem sich sehr genau die Impertinenz und kriecherische Wichtigtuerei der neuen Herren ablesen läßt. Kreyssig meinte zwar, es lohne nicht, von den Anfeindungen der Parteigenossen in der Beamtenschaft, »immer ebenso gehässig wie verkrochen«, zu berichten. Dennoch soll hier ein Auszug aus dem Bericht Dittrichs wiedergegeben werden - als Beispiel für das Denunziantentum, auf das totalitäre Regime offenbar unvermeidlich angewiesen sind. Mehr als zwei Jahre nach dem Vorfall vom 1. Mai 1933 schreibt Dittrich dazu:

Wer guten Willens war, der verstand Sinn und Bedeutung meiner Worte. Allerdings solche Menschen wie Kreyssig sind - und das beweisen ja auch die künftigen Ereignisse - viel zu sehr von ihrer eigenen Unübertrefflichkeit und von ihrem eigenen Ich überzeugt, als daß sie überhaupt für eine Gemeinschaftsidee gewonnen werden können. Der Ton, in dem er seine Vorwürfe gegen mich vorbringt, deckt sich ja vollkommen mit der Art und Weise seiner sonstigen

Verteidigung. Es ist bezeichnend, daß es immer wieder dieselben Elemente sind, die in ihrem Handeln und Tun mit der Bewegung in Schwierigkeiten kommen ...
Wir hatten jedoch seinerzeit anderes zu tun, als uns lediglich um die Organisation zu kümmern. Bis in die späte Nacht waren damals unsere Parteigenossen unterwegs und räumten in Chemnitz die Kommunistenviertel aus. Außerdem wurde auch bereits die kurz nach dem 1. Mai 1933 durchgeführte Besetzung und Räumung der Gewerkschaftshäuser vorbereitet. An denjenigen, die immer etwas auszusetzen haben, hatten wir ja nicht die geringste Hilfe ...
Mir ist Dr. Kreyssig zufällig persönlich bekannt. Er hat im Hause meines Schwiegervaters verkehrt. Mir ist nie aufgefallen, daß er irgendwelche kirchlichen Interessen hatte. Im Gegenteil, er galt als ein rein auf das eigene Ich abgestellter, schöngeistiger Mensch. Mir ist auch nicht bekannt, daß er zur Blütezeit der Gottlosenbewegung und des Marxismus offen für die Kirche Stellung genommen hat. Erst nach der Machtübernahme glaubte er sich hierzu berufen und trat als Kirchendiener auf, indem er, wie er so schön sagt, nur seinem Gewissen folge und auch dann nicht zurückkönne, wenn er dem Staat, d.h. dem nationalsozialistischen Staat, Schwierigkeiten bereite.
Nicht unerwähnt möchte ich lassen, daß bereits seinerzeit erwogen wurde, Dr. Kreyssig in ein Konzentrationslager zu schaffen. Ich habe diese Erwägungen abgebogen, weil ich nicht wollte, daß nach den Vorfällen im März 1933 erneut ein Chemnitzer Richter ... abgesetzt und in Haft genommen würde.[12]

Kreyssig spürte immer deutlicher, daß er auf Dauer um ernsthafte Konflikte mit dem nationalsozialistischen Staat nicht herumkommen würde. Immer klarer erkannte er, durch Erfahrung und Nachdenken, daß alles, was er an Rechtsnot erlebte, auf das »Selbstverständnis des Staates als eines totalen zurückzuführen ist«. So gab er es später in seinem Dienststrafverfahren zu Protokoll. Der von den Nationalsozialisten aufgestellten und, soweit er sehe, völlig unwidersprochenen Behauptung, Recht sei, was dem Volke nützt, müsse er mit Entschiedenheit widersprechen.[13] Das wird seine Entschlossenheit, eine Alternative zum Richterberuf zu finden, bestärkt haben. Noch immer, auch in der unruhigen Zeit nach

der Machtübernahme, waren die Kreyssigs und Lederers ja landauf, landab unterwegs auf der Suche nach einem geeigneten Bauernhof. Wohl im Jahre 1935 geschah es dann, daß hinter Brandenburg, auf der Fahrt zu einer neuerlichen Besichtigung, auf einer prächtigen Allee, die zu einem Hof führte, der Schwägerin der Ruf entfuhr: Hier passiert's!
Der Hof in Hohenferchesar war landschaftlich märchenhaft gelegen, an zwei Seiten von einem See umgeben, aber landwirtschaftlich ein unmögliches Gebilde: 124 ha groß, meist Gewässer, Wiesen und ungepflegter Wald, die Ackerflächen auf vier Teilen in ruinösen Entfernungen zerlegen. Noch zerstreuter lagen die Wiesen. Unter den Vorbesitzern waren romantische, auch unseriöse Existenzen gewesen, die Pächter reihenweise bankrott gegangen. Der jetzige Eigentümer, der Reichsbankpräsident Hjalmar Schacht, war es leid geworden und hatte, nachdem er anfänglich einen exotischen Park angelegt hatte, zwischenzeitlich anderweitig gekauft. Er forderte nicht mehr, als Fläche und Gebäude wert waren. Kreyssig wurde mit den Beauftragten Schachts alsbald handelseinig; mit dem Reichsbankpräsidenten selbst hatte er dabei nie zu tun.
Natürlich brauchte es noch einige Zeit, bis der Entschluß bedacht und gefaßt war. Uwe Kreyssig, damals wohl fünf Jahre alt, erinnert sich, daß der Vater die Familie eines Tages in der Wohnung in Flöha zusammenrief, die Mutter hatte die beiden jüngeren, Jochen und Uwe, im Arm, Peter stand in einer Ecke. Und Lothar Kreyssig sagte: So, ich habe eine Entscheidung gefällt. Ich kaufe in der Mark Brandenburg.[14] Für die Kinder war das zunächst eher problematisch; sie waren ja in Flöha zu Hause und hatten dort Freunde. Der Gedanke, wegziehen zu müssen, war schrecklich für sie. Bis es dann wirklich so weit war, dauerte es noch zwei Jahre.
Andererseits blieben auch die Kinder von den unruhigen Zeiten nicht unbeeinflußt. Peter Kreyssig, 1934 zehn Jahre alt und auf dem Kaßberg im Gymnasium, hat schon manches von den Schwierigkeiten des Vaters nach 1933 mitbekommen, auch von den politischen Spannungen:

> Man mußte das so durch die Haut absorbieren. Über die Kommunikation lief da gar nicht so viel ... Die politischen Gespräche, die leidenschaftlich und stundenlang geführten Auseinandersetzungen, das Schimpfen und Jammern über die nazistischen Verhältnisse - dies lief betont ohne uns. Da hatten die Eltern einfach zu viel Angst,

daß wir uns verquasseln. Wenn es interessant zu werden begann, dann hieß es: Ihr müßt jetzt ins Bett! Das war unser Schicksal.

Meine Brüder, die waren frecher, die versteckten sich manchmal unter dem Tisch. Ich weiß noch, daß der Uwe mal bei einem Kränzchen entdeckt wurde, als eine der Damen unter dem Tisch mit dem lang herabhängenden Damasttischtuch auf etwas Weiches trat und erschrocken aufschrie. Der Uwe, der was davon mitkriegen wollte, der war da eingepennt. Aber sonst waren wir davon eigentlich ausgeschlossen.

Jochen Kreyssigs Erinnerungen setzen im August 1934 ein: Da kam in Flöha der Zeppelin übers Haus geflogen. Der Vater war in dieser Zeit furchtbar viel unterwegs und hat immer bis weit in die Nacht gearbeitet. Die Kinder kamen dabei wohl zu kurz, Jochen Kreyssig kann sich jedenfalls nicht erinnern, in dem Alter jemals bei seinem Vater auf dem Schoß gesessen zu haben. Denn Lothar Kreyssig war in diesem Jahr 1934 noch auf ganz andere Weise gefordert worden: Er hatte zur Bekennenden Kirche gefunden und sich, wie das seine Art war, vom ersten Augenblick an dieser neuen Aufgabe mit Leidenschaft und in völliger Hingabe gewidmet.

Anmerkungen

1 Von Ossietzky, Carl: Kavaliere und Rundköpfe. In: Die Weltbühne 29. Jg. Nr. 6 vom 7. Februar 1933, S.193-195. Zitiert nach: Carl v. Ossietzky: Rechenschaft. Publizistik aus den Jahren 1913-1933. Berlin und Weimar, 1970. S.341.

2 Zu den Vorgängen in Chemnitz u.a.: Schubert, Birgit: Die Machtübernahme der Nationalsozialisten und die Auflösung der Stadtverordnetenversammlung 1933 in Chemnitz. Diplomarbeit im Fachbereich Archiv, Bibliothek und Dokumentation an der Fachhochschule Potsdam, Oktober 1995. Schumacher, Martin und Katharina Lübbe: Die Reichstagsabgeordneten der Weimarer Republik in der Zeit des Nationalsozialismus. Düsseldorf, 1991, S.349f.

3 Bericht der Deutschen Allgemeinen Zeitung vom 9. März 1933. Zitiert nach: Das Schwarzbuch. Tatsachen und Dokumente. Die Lage der Juden in Deutschland 1933. Paris, 1934, S.94. Vgl. auch: Jungfer, Gerhard: Die Vertreibung der jüdischen Juristen. In: Deutsches Anwaltsblatt Nr.1, 1989, S.10ff.

4 Kurt Cohn hat nach 1945 in der DDR als Jurist gearbeitet und ist, im 88. Lebensjahr, im Februar 1987 in Berlin verstorben. Ich hatte zu ihm ein Jahr zuvor brieflich Kontakt aufgenommen, aber zu einem Gespräch kam es nicht mehr. Dr. Cohn hatte mir über Kreyssig geschrieben: »Das Andenken dieses Kämpfers für Recht und Menschlichkeit muß erhalten werden.« [Brief vom 30.11.1986]

5 Clemens, Marianne: Erinnerungen. a.a.O. S.140.

6 Braunbuch über Reichstagsbrand und Hitler-Terror. Basel, 1933. Fotomechanischer Nachdruck, Berlin (DDR), 1980, S.238, 332ff.

7 AB II, S.11.

8 PA Kreyssig, Schlußbericht des Amtsgerichtsdirektors in Potsdam, Dr. Hartmann, an den Reichsminister der Justiz vom 10. Februar 1941. (AZ 20a - 1.49), S.5.

9 PA Kreyssig, Schlußbericht, a.a.O. S.5.

10 PA Kreyssig, Bericht des Präsidenten des Oberlandesgerichtes Dresden, Dr. Jüttner, an das Reichsjustizministerium vom 15. Oktober 1935 (AZ RK 768/3), S.4.

11 PA Kreyssig, Bericht Dr. Dittrich an Ministerialdirektor Nadler vom 5. November 1935 (AZ I p 16/373), S.2f.

12 PA Kreyssig, Bericht Dittrich, a.a.O. S.3f, 7.

13 PA Kreyssig, Schlußbericht, a.a.O. S.11.

14 Interview des Verfassers mit Uwe und Hella Kreyssig am 29. Juli 1989 in Hohenferchesar.

Kapitel 5

Junge Kirche

In den ersten fünf Jahren des jungen Glaubens, seit er nach dem Tod des Vaters begonnen hatte, sich mit der Bibel zu beschäftigen, sei ihm die Wirklichkeit Kirche, das »neue Miteinandersein in der Verletztheit«, erstaunlicherweise noch gar nicht in den Blick gekommen, schreibt Lothar Kreyssig in seinen Erinnerungen. Ohne die Kirche aber, dieses »mütterliche Element des Daseins in der Geschichte«, bleibe der Glauben unleibhaftig:

> 1934 aber brach *Junge Kirche* wie ein Gießbach aus der Verödung abtrünniger Diesseitigkeit ein, Wagnis des Widerspruchs gegen die Überfremdung durch eine totale, pseudoreligiöse Ideologie. In einer Versammlung der jungen Bekenntnisgemeinde in Chemnitz, die von der SA gesprengt wurde, begegnete ich erstmalig Hahn und Delekat und aus ihrem Munde der Vollmacht des Glaubenszeugnisses. Ich trat sofort bei. Die rote Mitgliedskarte der *Lutherischen Bekenntnisgemeinde Flöha* vom 20. September 1934 hat mit mir überlebt. Ich trage sie noch heute bei mir.[1]

Die lebenslange Begleitung ist der Mitgliedskarte anzusehen: Die Ränder sind eingerissen und abgegriffen, das Altrosa ist verblichen. Die Karte trägt, als Stempel, die Unterschrift Hugo Hahns. Er war in Sachsen der führende Kopf erst im Pfarrernotbund, dann in der Bekennenden Kirche. Hahn stammte aus dem Baltikum, aus Reval, und war der Bruder Traugott Hahns, des 1919 von Bolschewisten in Dorpat erschossenen baltischen Märtyrers. Kreyssig ist ihm in der gemeinsamen Arbeit in der sächsischen Bekennenden Kirche sehr nahe gekommen. Er spricht von der »bärenhaften Zärtlichkeit«, mit der Hahn es verstand, vermittelnd unter den verschiedenen Strömungen der jungen Kirche zu wirken und den Geist der Brüderlichkeit auch in heftigen Auseinandersetzungen zu bewahren. »Seine Predigten zogen wie Gewitter des Geistes und der Liebe über die Köpfe der Hörer.« Hahn war seit 1930 Erster Geistlicher an der Frauenkirche in Dresden und Superintendent der Ephorie Dresden-Land. Damals, im September 1934, war er gerade auf Grund des neuen Reichskirchengesetzes in den einstweiligen Ruhestand versetzt worden, konnte sich dadurch aber mit ganzer Kraft dem Aufbau der Bekennenden Kirche in Sachsen widmen.

Kreyssig muß schon vor diesem Abend in Chemnitz den Kontakt zur Bekenntnisgemeinde gesucht haben. Der Gestapo jedenfalls ist er bereits im Juni 1934 bei einer »Ansammlung« bei Studienrat Adalbert Küntzelmann aufgefallen[2], dem führenden Laien der jungen Kirche in Chemnitz. Entscheidend für seinen spontanen Schritt, sich der Bekenntnisgemeinde anzuschließen, war wohl wirklich das Feuer, die Überzeugungskraft, mit der Hugo Hahn und Friedrich Delekat für die junge Kirche gesprochen haben. Delekat war zum Zeitpunkt, als Kreyssig ihn kennenlernte, Professor für Religionswissenschaft an der Technischen Hochschule in Dresden, wohin er 1929 als Nachfolger Paul Tillichs berufen worden war. Auch er war ein bedeutender Prediger und hatte, so Hugo Hahn, die wunderbare Gabe, die schwierigsten Dinge schlicht und allgemeinverständlich zu sagen. 1936 erhielt er Redeverbot und wurde zwangsemeritiert.

Auf der Rückseite der roten Mitgliedskarte stehen, gerade noch zu entziffern, einige Sätze darüber, was die Bekennende Kirche sein will. Dieser kurze zeitgenössische Text bestimmt sehr klar und eindrucksvoll die Position in einer sonst kirchenpolitisch verworrenen Situation. Er zieht eine deutliche Grenze zu den Deutschen Christen, den DC, die sich auf den Pakt mit den braunen Machthabern eingelassen hatten. Die Klarheit des Bekenntnisses, ganz auf dem Boden der Schrift, und die unverhohlene Absage an den totalen Anspruch des Nationalsozialismus werden es wohl vor allem gewesen sein, die Kreyssig angezogen haben.

> Was ist die Bekenntnisgemeinschaft?
>
> Sie ist die Sammlung aller derer, welche im Raume der Deutschen Evangelischen Kirche wollen, daß die in der Deutschen Evangelischen Kirche zusammengefaßten Bekenntniskirchen nach den in ihnen geltenden Bekenntnissen gestaltet werden und daß in ihnen nur die Botschaft der Heiligen Schrift nach dem Maße dieser Bekenntnisse verkündet wird.

> Sie will weder die Freikirche erstreben, noch kann sie sich mit einer Massenkirche zufrieden geben.
> Sie bekämpft das falsche Christentum der DC und die Verwerfung des Christentums durch die Deutsche Glaubensbewegung. Sie sucht den verirrten Gliedern dieser Gruppen und allen deutschen Volksgenossen das rechte Verständnis des Evangeliums zu vermitteln und sie einzuladen zum Reiche Gottes.
> Eine gleichzeitige Zugehörigkeit zur Bekenntnisgemeinschaft und zu den DC oder zur Deutschen Glaubensbewegung und ähnlichen Gruppen ist ausgeschlossen.[3]

Die Nationalsozialisten hatten schon vor ihrer Machtergreifung versucht, auf die evangelische Kirche Einfluß zu nehmen. Es ging ihnen um eine »völkische Kirche«, um einen »bejahenden artgemäßen Christusglauben, wie er deutschem Luthergeist und heldischer Frömmigkeit« entspreche. Im Klartext bedeutete dies: Die Deutschen Christen strebten eine totale Verschmelzung des Christentums mit der nationalsozialistischen Weltanschauung an. Die damit einhergehende Verweltlichung wäre für die Kirche vernichtend gewesen. Dem hatten sich frühzeitig Mahner wie Karl Barth und Hans Asmussen entgegengestellt. Die Elberfelder Kreissynode, in dieser Klarheit eine Ausnahme, betonte im Herbst 1932 den häretischen Charakter der Deutschen Christen und erklärte, einen germanischen Christus gäbe es nicht. Jesus Christus habe für alle Völker ohne Unterschied der Rasse den Tod erlitten. Und da Glaube ohne Buße und Beugung unter das Gericht Gottes nicht denkbar sei, könne es keine »heldische Frömmigkeit« geben.
Daß so viele evangelische Christen der Irrlehre der Deutschen Christen verfallen sind, ist ein Phänomen, das, wenn überhaupt, nur aus der Zeit heraus zu verstehen ist. Wilhelm Niesel, einer der wichtigsten Chronisten der Bekennenden Kirche, vergleicht das, was im deutschen Volk bei der Machtübernahme der Nationalsozialisten vor sich ging, mit den großen religiösen Erweckungsbewegungen. Er nennt es einen Rausch, in dem die Leute nun plötzlich die Bücher verbrannten, die sie vordem verehrt, und das anbeteten, was sie bis dahin radikal abgelehnt hatten.[4] Auch Hugo Hahn bekennt, daß er zunächst in Hitler den »Wundermann Gottes« zu sehen bereit war - ganz im Sinne Luthers, der von Gottes Wunderleuten gesprochen hat, die einen »sonderlichen

Stern haben. Die haben guten Wind auf Erden und Glück und Sieg. Was sie anfangen, das geht fort, und wenn alle Welt dawider stehen sollte.«[5] Besonders die lutherischen Kirchen neigten anfangs dazu, im nationalsozialistischen Staat eine gute, von Gott geschaffene und eingesetzte Ordnung zu sehen.

Als Lothar Kreyssig zur Bekennenden Kirche stieß, war der Kirchenkampf längst entbrannt. Im Reich war der Konflikt mit der Wahl Friedrich von Bodelschwinghs zum Reichsbischof offenbar geworden. Mit aller Macht hatten sich die Deutschen Christen der Wahl des angesehenen Theologen widersetzt und versucht, sie demagogisch zu hintertreiben. Bodelschwingh konnte sein Amt nicht antreten, aber er hielt den immer dreister werdenden Angriffen tapfer stand. Er trat erst zurück, als ihn die meisten Landeskirchen im Stich ließen. Reichsbischof wurde schließlich Ludwig Müller, ein Mann Hitlers und Deutscher Christ.
In Sachsen nutzten die Nationalsozialisten den Tod des lutherischen Landesbischofs Ludwig Ihmels zu einem Handstreich. Anstatt, wie die Kirchenverfassung es vorsah, sofort die Synode zur Bischofswahl einzuberufen, hatte sich das Landeskonsistorium vom Dresdner Nazipfarrer Friedrich Coch, dem »Gaufachberater für kirchliche Angelegenheiten« der sächsischen NSDAP, einschüchtern lassen und die Einberufung hinausgezögert. Coch, wohl wissend, daß die Deutschen Christen bei der Zusammensetzung der Synode keine Chance gehabt hätten, ihren Kandidaten durchzubringen, erklärte kurzerhand, die »alte« Synode sei für die Nationalsozialisten untragbar. Der sächsische Innenminister Fritsch übertrug Coch die Rechte und Befugnisse sämtlicher kirchenleitenden Organe. Fast ohne Widerspruch überließen die Konsistorialräte dem neuen Mann das Feld. Coch besetzte die Ämter umgehend mit seinen Gefolgsleuten; sieben Superintendenten und vierzehn Pfarrer der Landeskirche wurden sofort zwangsbeurlaubt.
Für den 6. Juli 1933 berief Coch eine Versammlung sämtlicher Pfarrer Sachsens ein; fast die gesamte Pfarrerschaft folgte der Einladung des Staatskommissars, auch jene, die die Deutschen Christen ablehnten. Auch Hugo Hahn hatte, gleich den anderen Superintendenten, an der Versammlung teilgenommen, die er die »Räubersynode von Dresden« nennt. Er habe sie mit dem bitteren Gefühl einer Niederlage verlassen, ein Zeichen des Widerspruchs, ein richtungweisendes Wort an die Pfarrer,

die führungslos und verwirrt waren, sei ausgeblieben. Einige Tage später verfügte der Reichsinnenminister überraschend die sofortige Aufhebung aller gegen die Kirche gerichteten Notverordnungen; bestürmt von Bodelschwingh, hatte Hindenburg bei Hitler gegen die staatliche Einflußnahme auf die evangelische Kirche protestiert.
Am 23. Juli 1933 fanden in Sachsen Kirchenwahlen statt. Wie in anderen Landeskirchen gelang es den nationalsozialistischen Pfarrern, Einheitslisten aufzustellen, auf denen Deutsche Christen eine überwiegende Mehrheit hatten; sie galten damit nach der landeskirchlichen Wahlordnung ohne Wahlhandlung als gewählt. Zur Eintragung in die Wählerlisten waren ganze SA-Abteilungen aufmarschiert und hatten für die notwendigen Mehrheiten gesorgt. Die neugewählte Landessynode trat Anfang August zusammen. Fast alle Synodalen erschienen in Uniform. Präsident der »Braunen Synode« wurde der Dresdner Rechtsanwalt Max Schreiter. Der erklärte, es sei Arbeitsziel der Synode, ein gläubiges nationalsozialistisches Volk zu erziehen, weil erst dann, wenn dies gelungen sei, Deutschland wirklich gesiegt habe.[6] Friedrich Coch wurde zum Landesbischof gewählt. Einstimmig wurde ein neues Kirchengesetz verabschiedet, das den Grundsatz der absoluten Autorität des Kirchenführers betonte - ein kirchliches Gegenstück zum Ermächtigungsgesetz, das Hitler an die Macht gebracht hatte. Der ganze Ungeist dieser »Braunen Synode« wurde fünf Monate später offenbar, als sie *28 Thesen der sächsischen Volkskirche zum inneren Aufbau der Deutschen Evangelischen Kirche* verabschiedete, mit denen die Gleichschaltung der sächsischen Kirche endgültig vollzogen war. Das stenographische Protokoll verzeichnet, gewissermaßen als »Schlußgebet« dieser Synodentagung, die abschließenden Worte des Präsidenten: »Gottes Werkzeuge, unser geliebter Führer Adolf Hitler, unser Reichspräsident und unser geliebtes deutsches Volk, dem wir von ganzen Herzen dienen wollen, Kampf Heil, Kampf Heil, Kampf Heil.« Die Synodalen, so heißt es weiter, stimmten mit zum deutschen Gruß erhobenem Arm begeistert in die Heilrufe ein und sangen den ersten Vers des Horst-Wessel-Liedes.[7]

Nach der ersten Verwirrung, die das rabiate Vorgehen der Deutschen Christen in der Pfarrerschaft ausgelöst hatte, begannen sich in kleinen Kreisen jene zu sammeln, die unter der Entchristlichung der Kirche litten. Wegweisend für sie wurden vor allem die Schriften Karl Barths, der mit klarer Entschiedenheit aussprach, daß ein nationales Christentum unbiblisch ist und zur Zerstörung der Kirche führen muß. Manchen wurde durch das haßerfüllte Vorgehen gegen die Juden die Augen geöffnet. Auch Hugo Hahn gesteht ein, daß er bisher alles andere als judenfreundlich gewesen sei und jüdische Geschäfte gemieden habe. »Daß sich die Juden viel zu weit in alle möglichen Berufe und Stellungen vorgedrängt hatten und wirkliche Schäden vorlagen, gaben wir zu.«[8] Dieser verhängnisvolle Antisemitismus war auch in der Kirche lebendig. Doch das Unrecht, das den Juden seit der Einführung des »Arierparagraphen« widerfuhr, empörte rechtschaffen denkende Menschen. Hahn suchte in dieser Situation den Rabbiner in Dresden auf und bezeugte ihm seine Anteilnahme - eine freundliche, aber hilflose Geste.

Das sächsische Landeskirchenamt, in dem nun die Deutschen Christen das Sagen hatten, erließ am 16. September 1933 eine *Verordnung zur Herbeiführung eines kirchlichen und nationalsozialistischen Berufsbeamtentums*. Geistliche, Beamte und Angestellte, auch Träger kirchlicher Neben- und Ehrenämter mußten in den Ruhestand versetzt werden, wenn sie »nichtarischer Abstammung« waren oder nicht die Gewähr boten, sich rückhaltlos für den nationalsozialistischen Staat einzusetzen. Jesus Christus, der Jude, war aus der Kirche verbannt. Mit dieser Verordnung hatten die Deutschen Christen den Bogen überspannt. In Berlin gründeten am 11. September Martin Niemöller, Kurt Scharf, Gerhard Jacobi und andere den Pfarrernotbund. In Sachsen rief Hugo Hahn zum Zusammenschluß der bekenntnistreuen Pfarrer auf. In kurzer Zeit traten an die hundert Pfarrer dem Notbund bei. Niemöller hatte inzwischen die Sammlung der bekenntnistreuen Pfarrer für die ganze Reichskirche begonnen; Mitte Oktober fuhr Hahn nach Berlin und erklärte den Beitritt der Sachsen. Man gab sich gegenseitig das Wort, sich für die Verkündigung nur an die Heilige Schrift und an die Bekenntnisse der Reformation zu binden und sich der Not derjenigen Brüder, die dadurch zu leiden haben, anzunehmen.

Eine weitere Klärung der Fronten bewirkte der skandalöse Auftritt des Lehrers Reinhold Krause auf einer Massenversammlung der Deutschen Christen im Berliner Sportpalast. Krause, der Kirchenältester in Berlin-Pankow war und nach seiner Rede von allen kirchlichen Ämtern enthoben wurde, forderte die radikale Entfernung aller jüdischen Wurzeln

aus dem Christentum, die »Befreiung vom Alten Testament mit seiner jüdischen Lohnmoral, von diesen Viehhändler- und Zuhältergeschichten«. Er schwafelte vom »heldischen Jesus« und sagte dem gekreuzigten Christus ab. Endlich begriffen auch die Naivsten, worum es den Deutschen Christen wirklich ging. Die Stellung des Reichsbischofs Müller wurde nachhaltig geschwächt. Bis Ende des Jahres waren in Sachsen an die 400 Pfarrer dem Notbund beigetreten, etwa ein Drittel der sächsischen Pfarrerschaft. Am 7. Dezember fand die erste Tagung des sächsischen Notbundes in der Dresdner Zionskirche statt, auf der auch Niemöller sprach. Eine Resolution wurde verabschiedet, die dem DC-Landesbischof Coch als Irrlehrer die geistliche Führung absprach.
Die Gründer des Notbundes hatten zunächst beabsichtigt, nur die bekenntnistreue Pfarrerschaft zu sammeln, die Gemeinden aber aus dem Kampf herauszuhalten. Doch der Sportpalast-Skandal hatte auch viele Laien wachgerüttelt. Die rheinisch-westfälischen Reformierten hatten schon im Dezember 1933 eine neue Nationalsynode gefordert und mit dem Zusammenschluß der bekenntnistreuen Gemeinden »Unter dem Wort« begonnen. *Unter dem Wort* - das wurde die Losung für den ganzen weiteren Kirchenkampf. Die Notbundpfarrer sammelten Laienbruderschaften um sich, aus denen sich Anfang 1934 eine Gemeindebewegung, in Sachsen zunächst Evangelische Volkskirche genannt, zu formen begann. Motor der sächsischen Laienbewegung wurde Reimer Mager, der aus der christlichen Gewerkschaftsbewegung kam. Er baute erst die Geschäftsstelle der Gemeindebewegung, dann die der Bekennenden Kirche in Sachsen auf. Für Lothar Kreyssig wurde er einer der wichtigsten Weggefährten.

Die Nationalsozialisten verfolgten das Erstarken der Bekennenden Kirche mit Sorge, entstand da doch eine Kraft, die sich ihrem totalitären Anspruch widersetzte. Ende Januar schaltete sich Hitler persönlich ein und lud die Kirchenführer, auch Niemöller, zum Gespräch in die Reichskanzlei ein. Die Audienz endete mit einem Eklat. Denn die Gestapo hatte am Morgen vor der Versammlung ein Telefongespräch Niemöllers abgehört, in dem sich dieser über Hitler lustig gemacht hatte. Das las Göring triumphierend vor. Hitler bekam einen Wutanfall, von einer sachlichen Verhandlung konnte keine Rede mehr sein. Zum Schluß bestätigte er die Vollmachten des Reichsbischofs Ludwig Müller und

verwies alle Beschwerden an diesen. Daß Niemöller, ein freier, unabhängiger Geist, nicht vor ihm gekuscht hatte, konnte er nicht ertragen. Von da an empfand er Niemöller als seinen persönlichen Feind.
Das Eingreifen Hitlers gab den Deutschen Christen zunächst neuen Auftrieb. Sie verstärkten, wenn auch in den einzelnen Ländern unterschiedlich intensiv, ihren Kampf gegen die bekenntnistreuen Pfarrer. Besonders übel trieben es das Landeskirchenamt und der Landesbischof Coch in Sachsen. Sie veranlaßten, daß die Notbundpfarrer von der Gestapo überwacht und abgehört wurden. Die führenden Pfarrer des Notbundes wurden vom Landeskirchenamt ihres Dienstes enthoben und einige von ihnen auf Betreiben der Deutschen Christen verhaftet. Auch Hugo Hahn und seine Frau waren unter den Festgenommenen. Weil aber die Inhaftierung der sächsischen Pfarrer im Ausland großes Aufsehen erregte, schaltete sich das Auswärtige Amt ein, und die Dresdner Gestapo mußte ihre Gefangenen alsbald wieder freilassen.
Coch änderte jetzt seine Taktik. Statt den Notbund weiterhin wüst zu beschimpfen und zu verfolgen, versuchte er, die abgesetzten Pfarrer zu Loyalitätserklärungen mit dem Landesbischof zu bewegen. Fast alle blieben fest; lediglich drei unterschrieben. Die abgesetzten und aus den Kirchen vertriebenen Pfarrer begannen nun mit dem alternativen Gemeindeaufbau. Sie hielten regelmäßig Bibelstunden in Vereinszimmern und Gasthaussälen. Ende März 1934, am Karfreitag, begannen im Künstlerhaus in Dresden die regelmäßigen Gottesdienste der Bekenntnisgemeinde. Ein großer Teil der Frauenkirchgemeinde folgte ihrem Pfarrer Hahn dorthin. Der hielt zugleich die Verbindung zu den Notbundpfarrern im Land und sprach auf zahlreichen Veranstaltungen in ganz Sachsen.
Die eigentliche Geburtsstunde der Bekennenden Kirche kam dann am 22. April 1934, dem Sonntag Jubilate. Reichsbischof Müller hatte kurz zuvor versucht, die Partei- und Regierungsstellen in Württemberg gegen den bekenntnistreuen Landesbischof Theophil Wurm aufzuputschen. Die Notbundpfarrer beschlossen daraufhin, daß sich die Vertreter der Landes- und Provinzialbruderräte des ganzen Reichs in Ulm zu einer gemeinsamen Kundgebung zusammenfinden sollten. Es gelang am Abend vorher, trotz der sehr verschiedenen Lage in den einzelnen Kirchen, eine gemeinsame Erklärung zustandezubringen, die das gewalttä-

tige Vorgehen des Reichsbischofs gegen die württembergische Kirche und das zerstörerische Kirchenregime der Deutschen Christen insgesamt verurteilte. Diese Erklärung wurde nach der Predigt Bischof Wurms im Ulmer Münster durch den bayerischen Landesbischof Hans Meiser verlesen. Die Erklärung endete mit dem Aufruf, einmütig gegen die Gefährdung der Kirche zusammenzustehen.

Der starke Impuls, der von Ulm ausgegangen war, wurde einen Monat später, vom 29. bis 31. Mai 1934, auf der ersten Reichsbekenntnissynode in Barmen aufgenommen und theologisch vertieft. Beim Eröffnungsgottesdienst predigte Hugo Hahn. Unter den sächsischen Teilnehmern waren Friedrich Delekat, Karl Fischer, Rechtsanwalt Geißler, Studienrat Küntzelmann und Reimer Mager. Die Barmer Synode befaßte sich zunächst mit der Organisation der Bekennenden Kirche. An deren Spitze trat der Reichsbruderrat, dessen Vorsitzender Präses Karl Koch aus Westfalen wurde. Im Reichsbruderrat waren auch die intakten Kirchen vertreten, also die Landeskirchen, in denen die Deutschen Christen keine Mehrheit hatten: Bayern, Württemberg und Hannover. Reichsgerichtsrat Wilhelm Flor aus Leipzig, später Mitglied des sächsischen Landesbruderrates und des Reichsbruderrates, begründete das kirchliche Notrecht. Sein Nachweis, daß die Bestellung von Staatskommissaren für die preußischen evangelischen Kirchen am 28. Juni 1933 mit dem damals geltenden Recht in Widerspruch gestanden hatte, wurde richtunggebend. Eine Kirche, die den Rechtsboden verläßt, so führte er aus, verliere nicht nur das Vertrauen des gesamten Kirchenvolkes, sondern auch den Anspruch, in der Verkündigung der göttlichen Gebote ernst genommen zu werden. Seine Argumente trugen maßgeblich dazu bei, daß sich die Bekennende Kirche in Barmen als rechtmäßige Deutsche Evangelische Kirche konstituierte.

Die entscheidende Leistung der ersten Bekenntnissynode aber war die Barmer Theologische Erklärung, mit der, nach langem Ringen, Lutheraner und Reformierte ein gemeinsames Bekenntniswort sprachen. Es war eine machtvolle Absage an den totalen Anspruch des Staates und seine Ideologie, eine mutige Verneinung des Führerprinzips für die Kirche, eine geisterfüllte Botschaft in einer wirren und finsteren Zeit. Das Deutschchristentum wurde zur Irrlehre erklärt, die Heilige Schrift als die einzige Quelle christlicher Verkündigung erkannt. Diese Erklärung wurde das theologische Fundament der Bekennenden Kirche, ein Fundament, das sich auch in Stunden der Bedrängnis als tragfähig erweisen sollte.

Unmittelbar nach der Barmer Bekenntnissynode wurde auch in Sachsen ein Landesbruderrat gebildet. Vorsitzender wurde Hugo Hahn. In allen Städten und größeren Orten entstanden Bruderräte. Im gewaltlosen Widerstand fand sich eine bekenntnistreue Minderheit zusammen. Das ursprüngliche Wesen junger, vorkonstantinischer Kirche, schreibt Lothar Kreyssig rückblickend, sei beglückend spürbar geworden, immer neu auf Synoden und immer fester in Bruderräten: »Das richtende und begnadigende Wort der Schrift bekam eine ordnende und befreiende Kraft, die allen Kleinglauben immer neu beschämte, immer freilich in schmerzhafter, oft kompromißhafter Bewährung am überkommenen Bestand, von ihm begrenzt und nicht selten entmächtigt.«[9]

Inwieweit Lothar Kreyssig schon vor dem September 1934 die kirchenpolitischen Vorgänge in der sächsischen Landeskirche und die Entstehung von Pfarrernotbund und Bekennender Kirche wahrgenommen hat, läßt sich nicht mehr feststellen. Zwar findet sich sein Name, neben dem Oberschulrat, dem Ortsgruppenleiter und mehreren Lehrern, schon im April 1933 auf einer Einladung des Flöhaer Superintendenten Dr. Krönert zu einer außerordentlichen Zusammenkunft *Zur kirchlichen Lage*[10]. Aber diese Einladung galt wohl allen Honoratioren des Ortes. Es ist auch unklar, ob Kreyssig überhaupt teilgenommen hat. Für ihn selbst war die Begegnung mit Hugo Hahn und Friedrich Delekat, schon auf dem Höhepunkt des Kirchenkampfes, die Stunde Null. Daß er da Menschen kennenlernte, die dem Ungeist, der ringsum herrschte, widerstanden und allein nach ihrem Gewissen handelten, erfuhr er als »elementares Ereignis«. Seine Erfahrungen mit dem nationalsozialistischen Regime und die immer stärker werdende Abneigung dagegen, vielleicht schon Opposition, waren zweifellos ein entscheidendes Motiv bei seinem Entschluß, sich der Bekennenden Kirche anzuschließen.[11]

Er muß sich sofort mit ganzer Kraft in die neue Aufgabe gestürzt haben. Dem kam entgegen, daß ihn die Justiz nach 1933 »aufs Abstellgleis beordert hatte«. Als Untersuchungsrichter war er völlig selbständig und Herr über seine Zeit. Er begann frühmorgens mit der Arbeit, wenn noch kein Kollegialrichter oder Anwalt zu sehen war, und war zum frühen Nachmittag frei - frei für die Arbeit in den Bekenntnisgemeinden und Bruderräten. Auf der 2. Bekenntnissynode in Dahlem im Oktober 1934 war das kirchliche Notrecht erklärt, der Gehorsam gegen das nazitreue Kirchenregiment aufgekündigt und mit dem praktischen Aufbau eigener Organe der Bekennenden Kirche begonnen worden. Lothar Kreyssig übernahm die Leitung des Kreisbruderrates in der Ephorie Flöha.

Fortan war er in den Gemeinden des Kirchenkreises, bald auch in anderen sächsischen Gemeinden zu Vorträgen und Kundgebungen unterwegs, um die bekenntnistreuen Gemeinden aufzubauen und zu ermutigen. Am 28. November 1934 schickte ihm der Pfarrer Carl Walter Ludwig aus Leubsdorf, einem kleinen Dorf am Rande des Erzgebirges, vier Anmeldungen zur Bekenntnisgemeinde mit der Bitte um Ausstellung der roten Mitgliedskarte. Das ist das früheste erhaltene Dokument zur Arbeit Kreyssigs in der Bekennenden Kirche.[12] Aus dem Schreiben geht hervor, daß er dort zuvor an einer Versammlung teilgenommen haben muß. Aus Leubsdorf, wo es offenbar eine sehr lebendige Bekenntnisgemeinde gab, ist auch die hektographierte Einladung zu einem Vortrag des »Kreisbruderrats-Führers«, Landgerichtsrat Dr. Kreyssig, erhalten.[13] Auf dieser vierten öffentlichen Kundgebung der Bekenntnisgemeinschaft Leubsdorf am 4. März 1935 im Gasthaus Lindenhof sprach Kreyssig über *Das Recht der Jungen Kirche*. Wer ein lebendiges Glied seiner Kirchgemeinde sein wolle, heißt es auf der Einladung, müsse sich über die gegenwärtige Lage Klarheit verschaffen. Hier werde sie aus berufenem Munde geboten.

In Kreyssigs Personalakte, als belastendes Material aus Gestapo-Berichten zusammengetragen, sind weitere Orte aufgeführt, wo er gesprochen hat: Neukirchen, Chemnitz, Zwickau, Dresden, Jena, Oschatz, Stadtroda, Elsterberg, insgesamt in 24 Städten und Dörfern.[14] Kreyssigs ältester Sohn Peter erinnert sich lebhaft an diesen Einsatz des Vaters für die Bekennende Kirche:

> Das kam ganz plötzlich und mit der Gewalt eines Sturmes, wie er ja alles immer hundertzwanzig- oder hundertfünfzigprozentig machte. Da war er dann auf den BK-Versammlungen oder hielt in irgendeinem Erzgebirgsnest Bibelstunden. Fuhr abends mit dem Auto hin und kam nachts um Zwölfe wieder, im Winter durch den Schnee, unter fürchterlichen Verhältnissen. Irgendwann bin ich sogar mal

mitgewesen, in der Nähe von Augustusburg, bei so einer Bekenntnisgruppe. Die tagten in einem alten Eisenbahnwagen und hatten ihn geholt, weil er mit ihnen ein Laienspiel *Christophorus* einüben sollte. Und ich sollte das mal miterleben.

Diese tiefverborgene Theaterleidenschaft kam da bei ihm wieder hoch, und er machte also Regie und genoß das sehr und rauchte dabei ununterbrochen. Und dabei hat dann mal eine junge Frau zu ihm gesagt: »Bruder Kreyssig, der Herr Christus will aber nicht, daß Sie rauchen!« Erst hat er sehr sauer reagiert und gesagt: »So, ich glaube, das ist dem ziemlich egal.« Als er es dann aber zu Hause wieder versuchte, sagt er, hätte es ihm plötzlich nicht mehr geschmeckt. Und er hat aufgehört mit dem Rauchen, und zwar schlagartig und für immer. So war er dann auch ...

Von einer anderen Veranstaltung der Bekennenden Kirche, einer Bibelstunde in Neukirchen bei Chemnitz, findet sich in der Personalakte Kreyssigs der Bericht des Nazi-Bürgermeisters, den dieser an den Amtshauptmann gegeben hat.[15] Am 13. Februar 1935 hatten im dortigen Gasthof Goldener Stern der Pfarrvikar Gerhard Michael von der Stiftskirche in Chemnitz und Lothar Kreyssig die Bibel ausgelegt. Dagegen sei ja an sich nichts auszusetzen, meinte der Bürgermeister. Aber die Form der Auslegung sei so gewesen, daß jeder Nationalsozialist daran habe Anstoß nehmen müssen. So habe Kreyssig eingangs »mit ganz besonderer Betonung« den Satz gesprochen: Herr laß uns nur dir allein dienen. Das »nur dir allein dienen« ist unterstrichen. Bei fanatischen Kirchenanhängern müsse ein solcher Satz den weltlichen Führer Deutschlands, Adolf Hitler, selbstverständlich weit verdrängen. Ein anderes Mal habe Kreyssig gesagt: »Die führenden Männer haben nicht mehr das Vertrauen«. Obwohl er damit wohl Reichsbischof Müller und Landesbischof Coch gemeint habe, hätten die Zuhörer das als Anspielung auf Adolf Hitler und seine Mitkämpfer verstanden. Als Pfarrvikar Michael dann noch von »jener Tragödie von 1933« sprach, habe im Saal, der zur Hälfte von Deutschen Christen besetzt war, eine Stimmung geherrscht, »die der Kampfzeit der NSDAP mit dem Kommunismus glich«. Unter den festgestellten Besuchern seien Meckerer und Kritikaster der übelsten Art gewesen. So werde unter dem Deckmantel der Kirche gegen das junge nationalsozialistische Deutschland Front gemacht. Ähnliche Polizeiberichte liegen aus Zwickau und Dresden

vor, wo Kreyssig im Februar und März 1935 gleichfalls über *Das Recht der jungen Kirche* gesprochen hat.[16]
Diese Berichte nahm Martin Mutschmann, der Reichsstatthalter in Sachsen zum Anlaß, um die Entlassung Kreyssigs, »dieses Beamten ..., für den nach diesen Anschauungen kein Platz mehr im dritten Reich ist«, zu fordern.[17] Das Reichsjustizministerium nahm Ermittlungen auf, verfügte gleichzeitig aber: »Von einem Gehör des Landgerichtsrates Kreyssig ist vorläufig abzusehen.« So dürfte Kreyssig zunächst von der Bedrohung, die über ihm schwebte, überhaupt nichts erfahren haben.

Zu der Zeit hatte sich die Lage der Bekennenden Kirche in Sachsen zugespitzt. Nach der Bekenntnissynode in Dahlem hatte sich Ende Oktober 1934 der sächsische Landesbruderrat als rechtmäßiges Kirchenregime konstituiert. Die Bekenntnisgemeinden wurden aufgefordert, die Beziehungen zum Cochschen Landeskirchenamt abzubrechen. Dieses reagierte mit einer Reihe von Erlassen und Verordnungen, die die Arbeit der Bekenntnisgemeinden erschweren sollten. Auch der sächsische Innenminister Fritsch schaltete sich ein und stützte Landesbischof Coch und das Landeskirchenamt; nur sie seien auf Grund der jetzigen Kirchengesetzgebung als die offiziellen Kirchenbehörden zu betrachten.
Zur gleichen Zeit bildete sich die »Mitte« heraus, eine Gruppierung derjenigen Pfarrer, die sich der unbequemen Entscheidung zwischen Bekenntnisgemeinde oder Deutschen Christen zu entziehen suchten. Diese Mittelgruppe wurde in Sachsen bald die stärkste Partei. Um den vollständigen Bruch in der sächsischen Kirche zu verhindern, versuchten die Mitte-Pfarrer zunächst, Bischof Coch zum Rücktritt zu bewegen. Doch der reagierte kalt: ein Nationalsozialist verlasse seinen Platz nicht. Zu den Initiatoren der Mittelgruppe gehörte der Flöhaer Superintendent Dr. Krönert. Die Bekenntnispfarrer der Ephorie Flöha billigten in einer Erklärung vom 13. November 1934 die Bemühungen Krönerts um den Rücktritt der Kirchenregierung Coch und erklärten, den Erfolg seiner Bemühungen abwarten zu wollen - als letzten Versuch, auf friedlichem Wege die kirchliche Neuordnung zu erreichen. Wenn dieser aber fehlschlüge, sähen sie sich verpflichtet, »den uns aufgedrungenen Kampf nach den Weisungen der Bekenntnissynode zu führen«.

In der Praxis bereitete die Durchsetzung der Dahlemer Beschlüsse den sächsischen Bekenntnisgemeinden freilich große Schwierigkeiten. Die Kirchen und Gemeinderäume standen ihnen ja oft nicht mehr zur Verfügung, sie mußten nach Ausweichmöglichkeiten suchen. Auch dort wurden die Gottesdienste behindert. Zwei Tage vor Weihnachten 1934 verfügte der sächsische Innenminister, daß im Dresdner Künstlerhaus keine Gottesdienste mehr gehalten werden durften; dies geschehe zum Schutz der religiösen Weihe. Bereits am 1. Dezember 1934 waren vom Reichsinnenminister »Aussprachen im Anschluß an öffentliche Vorträge mit religiösem oder weltanschaulichem Thema« untersagt worden. Trotz der massiven Behinderung durch Staat und Deutsche Christen setzte die Bekennende Kirche den Gemeindeaufbau konsequent fort. Dem dienten vor allem die zahlreichen Bekenntnisabende in den Gemeinden und Kirchenkreisen, zu denen auch Lothar Kreyssig unentwegt unterwegs war. Die wohl machtvollste Kundgebung der sächsischen Jungen Kirche fand Anfang Januar 1935 im Zirkus Sarrassani statt; da dessen 5000 Plätze nicht ausreichten, mußte parallel dazu eine zweite Versammlung im Künstlerhaus angesetzt werden. Eröffnet wurde die Veranstaltung von Professor Delekat. Er wies zu Beginn darauf hin, daß er jetzt im Zirkuszelt das Hausrecht habe: Es könne ja sein, daß es diesem oder jenem während der Kundgebung schlecht würde und er dann merkwürdige Äußerungen von sich gebe. In diesem Fall würden ihn die Sanitäter an die frische Luft befördern. Redner waren Präses Karl Koch und Hugo Hahn. Ausgehend von der Herrnhuter Losung, heißt es in einem zeitgenössischen Bericht, habe Hahn darauf hingewiesen, welch einen Segen der Kampf um das Evangelium bringe. Kurz seien seine Ausführungen gewesen, aber wie immer bei ihm, seien sie von Herzen zu Herzen gegangen. Auch Präses Koch sei mit aller Entschiedenheit dafür eingetreten, daß »durchgehalten und gekämpft« werden müsse, selbst wenn neue Bedrückung käme. Ein einziges Mal wagte an diesem Abend ein alter Kämpfer, dem es gelungen war, in das Zirkuszelt zu kommen, ein zaghaftes »Pfui«.[18]

Dauernde Konfliktpunkte mit dem Cochschen Kirchenregime waren die Kollektenabführung und die Stellenbesetzung. Die Bekenntnisgemeinden waren angehalten, ihre Kollekten nicht mehr an das Landeskirchenamt abzuführen. Dieses verhängte über die Pfarrer, die sich daran hielten, hohe Geldstrafen; gegen viele wurden Dienststrafverfahren eröffnet. Problematisch war aber vor allem die Ordination der jungen Theologen. Sehr viele von ihnen wandten sich der Bekennenden Kirche zu, selbst wenn das eine ungewisse berufliche Zukunft und Verzicht bedeutete. Sie erhielten zwar aus der Kasse des Notbundes denselben Betrag wie die im Dienst der Landeskirche stehenden Vikare, waren aber von allen Bewerbungen ausgeschlossen und mußten dorthin gehen, wo Not am Mann war. In den Gemeinden hatten sie es oft schwer, konnten nicht in die Pfarrhäuser ziehen, wurden an Gottesdiensten, selbst an Beerdigungen gehindert. In oftmals ganz unkirchlichen Gemeinden brachte aber gerade das Glaubenszeugnis dieser jungen Theologen, die mit ihrer Existenz für ihre Überzeugung einstanden, eine Belebung der Gemeindearbeit mit sich. In Dörfern, in denen sonst keine zehn Leute zum Gottesdienst kamen, waren es nun oft Hunderte.

Anmerkungen

1 AB II, S.12.
2 PA Kreyssig, handschriftliche Notizen zum Vorgang I p[16]-373, Blatt 3.
3 Mitgliedskarte Dr. Kreyssig, Landgerichtsrat, der Lutherischen Bekenntnisgemeinschaft Flöha vom 20. September [1934]. Aus dem persönlichen Nachlaß Lothar Kreyssigs, im Besitz der Familie [künftig: Nachlaß Kreyssig].
4 Niesel, Wilhelm: Kirche unter dem Wort. Der Kampf der Bekennenden Kirche der altpreußischen Union 1933-1945. Göttingen, 1978, S.6ff.
5 Zitiert bei: Hahn, Hugo: Kämpfer wider Willen. Metzingen, 1969, S.15ff.
6 Neue Leipziger Zeitung, 12. August 1933, »Die Braune Synode und Wahl Cochs zum Landesbischof«.
7 Archiv des Landeskirchenamtes der Evangelisch-Lutherischen Landeskirche Sachsens, Dresden [im folgenden ALKA], Bestand 302061: Protokoll der Außerordentlichen Tagung der 16. Landessynode am Sonntag, 10.12.1933.
8 Hahn, a.a.O., S.31.
9 AB II, S.11f.
10 ALKA, Bestand Ephorie Flöha. Postkarte von Dr. Krönert vom 22. April 1933 und Ausriß aus dem Flöhaer Tageblatt vom 28. April 1933. [Darin wird Krönert als DC-Pfarrer bezeichnet, er ist aber wohl eher der Mittelgruppe zuzurechnen.]
11 Vgl. Interview v. Törne, S.23f.
12 ALKA Bestand 5, Akten Bauer Häntzschel, Bd. 1.
13 ALKA Bestand 5, Akten Bauer Häntzschel, Bd. 1.
14 PA Kreyssig, handschriftliche Notizen zu I p[16] 373 und Schlußbericht vom 10. Februar 1941, S.7.
15 PA Kreyssig, Brief vom 18. Februar 1935, Abschrift.
16 Nachlaß Kreyssig, Mappe »Disziplinarsache«. Auszug aus dem Erörterungsbericht der Polizeidirektion Zwickau vom 26. Februar 1935 über eine Versammlung der Zwickauer Bekenntnisgemeinschaft. Veranstaltungsbericht des Polizeipräsidiums Dresden über eine Veranstaltung der Bekenntnisgemeinschaft St. Jakobi am 26. März 1935 im Kleinen Saal der Kaufmannschaft.
17 PA Kreyssig, Brief vom 7. März 1935 von Mutschmann an den Beauftragten des Reichsjustizministers in Sachsen, Minister Dr. Thierack.
18 ALKA, Best. 5, 215. Bericht Franz Reuter, Freital, vom 8. Januar 1935 (Abschrift aus den Akten von Pfarrer Kurt Streubel).

Kapitel 6

Die Freiheit der Gebundenen

Zu einer neuerlichen Zuspitzung des Kirchenkampfes kam es im April 1935. Am 31. März, dem Sonntag Laetare, war trotz polizeilichen Verbots in den Bekenntnisgemeinden eine Kanzelbotschaft des Landesbruderrates verlesen worden. Darin verurteilte die Bekenntnisgemeinschaft die neue Religion, die sich bewußt »Deutscher Glaube« nenne und nicht mehr christlicher Glaube sein wolle. Blut, Rasse und Volkstum würden zum Abgott gemacht. Das biblische Christentum solle verdrängt und die »christliche Art unseres deutschen Volkes« aufgegeben werden. Die Kirche habe die Pflicht, dagegen ihre Stimme zu erheben und ihre Glieder mit Ernst aufzurufen, dem Herrn Jesus Christus und seiner Kirche die Treue zu halten. Zugleich wurde fürbittend der Pfarrer aus den Bekenntnisgemeinden in Hessen-Nassau gedacht, die in den Tagen zuvor ins Konzentrationslager gekommen waren. Über zweihundert Pfarrer und Vikare verlasen die Abkündigung, trotz der zuvor erfolgten massiven Einschüchterungsversuche durch Polizei und Gestapo; einige Pfarrer waren für den Sonntag Laetare sogar mit Hausarrest belegt worden.

Am selben Tag noch wurden die ersten verhaftet. Insgesamt kamen in den folgenden Wochen etwa zwanzig Pfarrer und Vikare der sächsischen Kirche ins KZ Sachsenburg bei Chemnitz, mehrere wurden in der Karwoche festgenommen. Verhaftet wurde auch der Vorsitzende des Chemnitzer Kreisbruderrates, der Studienrat Adalbert Küntzelmann, dem Kreyssig besonders verbunden war. Ein Brief, den Kreyssig in diesen Tagen an Küntzelmann geschrieben hatte, weil dieser wegen seines Eintretens für die Bekennende Kirche zwangspensioniert worden war, wurde von der Postkontrolle des Polizeipräsidiums in Chemnitz abgefangen und »nach Abschriftnahme dem Empfänger wieder zugestellt«. Ob er seinen Adressaten im KZ tatsächlich noch erreicht hat?

Sehr geehrter, lieber Herr Küntzelmann,
wie ich vorgestern von Herrn Lehmann hörte, ist nun doch Tatsache geworden, was ich nicht für möglich gehalten hätte. Ob die Menschen, die Ihnen das bereiten, überhaupt ein Empfinden dafür haben, was es bedeutet, Treue und Hingabe im Beruf so belohnt zu sehen? Welch eine Gesinnung richtet sich durch solche Taten und was wird dieses Gericht für unser Volk bedeuten? Menschlich genommen weiß ich wirklich nur Fragen, kaum Antworten mehr. Vor mir aber liegt der Pressebericht in der *A.Z.* über die Passionsfeierstunde unter Engelke in Pauli. Er trieft vor Glaubensinbrunst und Christusgefolgschaft. Wäre es denkbar, daß dieselben Menschen jetzt ohne ein Wort der Rechtfertigung und der Buße unsere Fahne aufziehen, als ob es nie anders gewesen wäre, und daß dabei alles Unrecht bleibt, das sie angerichtet haben? Gewiß braucht der Sieg des Herrn, auf den es allein ankommt, unsere Rechtfertigung vor den Menschen nicht zu bedeuten. Aber es geht doch schwer ein.
Meiner und der Meinigen Verbundenheit brauche ich Sie nicht nochmals zu versichern. Die durch die Notorganisation entstandene Trennung von Chemnitz und Ihrer Gefolgschaft ist mir heute noch einmal besonders leid. Ich bitte Sie aber nochmals, mich nicht zu vergessen, wenn ich Ihnen irgendwie von Nutzen sein kann. Der größte aller brüderlichen Dienste soll mir der liebste sein. Unser Kreisbruderrat, voll herzlichen Dankes für Ihre unschätzbaren Dienste im Bezirk, versichert Sie seiner treuen Anhänglichkeit. Gott stärke Sie und die Ihrigen
Ihre H. u. L. Kreyssig[1]

Der Tagesraum der Häftlinge im Konzentrationslager Sachsenburg war in einem Fabriksaal untergebracht, 400 Männer waren dort während der Mahlzeiten und der Freizeit ununterbrochen zusammen, »ohne einmal abseits in die Stille gehen zu können. Man macht sich schwer einen Begriff davon, was für ein Lärm da herrschte. Es war wie ein unablässig brausendes Meer«, beschreibt Pfarrer Paul Gehring aus Etzdorf das Lager.[2] Gehring war der älteste unter den verhafteten Pfarrern; er mußte wegen der Gesundheitsschäden, die er im KZ erlitten hat, vorzeitig in den Ruhestand treten und starb bald nach seiner Entlassung. Er war, wie nicht wenige Bekenntnispfarrer, zunächst keineswegs ein Gegner des Nationalsozialismus. 1926 war er dem Stahlhelm beigetreten, an dem ihn anzog, »daß er das Vaterland über die Partei stellte, und daß er auf den nationalen und auf den sozialen Gedanken eingeschworen war.« Als er ins KZ Sachsenburg kam, wurde er von einem Kapo, Reserveleutnant und Stahlhelmer wie er, mit kräftigem Händedruck und »Gott befohlen« begrüßt. Auf seinem Tisch in der Stube der Häftlingsfeldwebel sah Gehring die Losungen der Herrnhuter Brüdergemeine liegen.

Die Pfarrer wurden von den übrigen Häftlingen anständig und respektvoll behandelt. »Wenn wir unter ihnen saßen und unsere Bibel lasen oder vor und nach dem Essen still die Hände falteten, fiel nie ein Wort des Spottes. Es herrschte kameradschaftliche Toleranz.« Die Pfarrer fügten sich widerstandslos in die strenge Zucht des Lagerlebens. Von Arrest oder Prügelstrafen blieben sie verschont, mußten aber mehr als einmal mit ansehen, wie ein Kamerad ausgepeitscht wurde. Draußen wurde unterdessen in den Bekenntnisgemeinden regelmäßig für die Gefangenen Fürbitte gehalten. Ein Gebet aus dieser Zeit, wie es wahrscheinlich hundertfach gesprochen wurde, ist erhalten geblieben:

> Herr, wir gedenken vor Dir unseres Bruders Superintendent Hahn und aller unserer um ihres Glaubens und Bekennens willen angefochtenen, dienstentlassenen und gefangenen Brüder. Stehe ihnen bei mit Deinem Trost in aller Trübsal, mit Deiner Nähe in aller Einsamkeit, mit Deiner Kraft für all ihre Aufgaben. Halte uns verbunden in der Gemeinschaft Deines heiligen Geistes. Wir bitten Dich durch Jesum Christum. Amen.[3]

Die nicht eingesperrten Pfarrer bekundeten in einer Erklärung an den Reichsinnenminister ihre Solidarität mit den Verhafteten und verlangten die gleiche Behandlung, da sie ebenso wie diese »schuldig« geworden seien. Hugo Hahn als Vorsitzender des Pfarrernotbundes besuchte die Familien der Inhaftierten. Immer wieder bemühten sich unterdes die Nationalsozialisten, von den Gefangenen eine Loyalitätserklärung zu erlangen, vergeblich. Anfang Mai suchte Mutschmann selbst das Konzentrationslager Sachsenburg auf. Er ließ die Pfarrer antreten und schmetterte vor den bleichen, abgezehrten Gestalten in Häftlingskleidung eine Rede von der Verjudung der Kirche, vom Alten Testament als Judenbuch. Da sagte plötzlich einer der Gefangenen, der Pfarrer Johannes Ackermann aus Tannenberg, laut und vernehmlich: »Herr Reichsstatthalter, von diesen Dingen verstehen Sie nichts!« Alles erstarrte, die

SS-Leute schnappten nach Luft, und Mutschmann, völlig verblüfft, brachte nur noch hervor: Wenn die Pfarrer eine Loyalitätserklärung abgäben, kämen sie frei. Nicht einer hat von dem Angebot Gebrauch gemacht. Einen Monat später, am 4. Juni, unmittelbar vor der 3. Bekenntnissynode in Augsburg, wurden die Pfarrer, die im Zusammenhang mit der Kanzelabkündigung vom 31. März verhaftet worden waren, freigelassen. Hitler war den Konflikt mit der Bekennenden Kirche leid, er beabsichtigte, durch die Schaffung des Reichskirchenministeriums, die bald darauf erfolgte, einen unmittelbaren Einfluß auf die Kirchen zu nehmen. Außerdem lag ihm daran, mit Rücksicht auf die Flottenverhandlungen zwischen der deutschen und der englischen Regierung, die Meinung des Auslandes günstig zu beeinflussen. Dort hatte die Verhaftung der hessischen und sächsischen Pfarrer erhebliches Aufsehen erregt.

Nur Adalbert Küntzelmann, der einzige Laie unter den Verhafteten, kam damals nicht frei. Kreyssig hatte an der Augsburger Synode teilgenommen; seine Frau hatte ihn begleitet. Als sie auf der Rückfahrt am KZ Sachsenburg vorbeikamen, hielt er an und bat seine Frau zu warten:

> Ich wollte nach Küntzelmann fragen. Sie stimmte zu. Meine Frage am Lagereingang nach dem Offizier vom Dienst erregte einen Sturm von Beflissenheit. Dieser Mann ohne Abzeichen und Uniform konnte ja wohl nur ein ganz großes Tier sein. Ich wurde auf mein Verlangen, ohne daß mich jemand nach der Legitimation fragte, zu dem, wie ich später hörte, allerseits berüchtigten und gefürchteten Lagerfeldwebel geführt. Küntzelmann gehe es gut, beantwortete er mit zynischem Lachen meine Frage, warum dieser als Einziger von den kirchlichen Häftlingen nicht entlassen worden sei. Meiner Bitte, ihm mitzuteilen, daß wir dringlich in Berlin für ihn verhandeln würden, hat er natürlich nicht entsprochen ... Ich kam unbehelligt aus dem Lager heraus, wo meine Frau im Wagen auf mich wartete. Was sie erlitten hätte, wenn man mich demaskiert und normalerweise gleich dabehalten hätte, fragt man sich erst hinterher, nachdem man zweisam auf geheimnisvolle Weise sich selbst entnommen war. Ob das Unterfangen weise war, wird man bezweifeln können. Im Blick auf die Ehe war es mehr als eine Episode.[4]

Küntzelmann wurde erst am 30. Juni entlassen, zehn Tage später wurde er in den Ruhestand versetzt. 1937 erhielt er Redeverbot und kam 1940 noch einmal für anderthalb Jahre ins Gefängnis nach Bautzen.

Zur Augsburger Bekenntnissynode waren die Kreyssigs gemeinsam mit Hugo Hahn und seiner Frau gefahren. Sie hatten sich in Härtensdorf bei Zwickau getroffen, wo Hahn am Sonntag Exaudi, dem 2. Juni 1935, sieben Vikare der Bekennenden Kirche ordiniert hatte. Sieben junge Geistliche, so Hahn in seiner Predigt, die das gesicherte Amt der staatlich anerkannten, aber der Irrlehre verfallenen Kirche verschmähten, um der verfolgten wahren Kirche des Evangeliums zu dienen. Aus der ganzen Umgebung waren die Besucher zur feierlichen Ordination ihrer Bekenntnisvikare herbeigeströmt. Die Kirche konnte die Besucher nicht fassen, es sei eine Stimmung wie bei einem Volksfest gewesen.
Gleich bei der Ankunft in Augsburg erfuhren sie, daß die Bekenntnispfarrer aus dem Konzentrationslager freigekommen waren. Unter diesem Eindruck verlief auch die Synode - denkbar schön und harmonisch, so Hugo Hahn, und »zweifellos die gemütvollste des ganzen Kirchenkampfes«. Die Beschlüsse der Augsburger Synode allerdings hielt Karl Barth, der schon nicht mehr eingeladen war, für eine Abweichung von den Barmer und Dahlemer Beschlüssen. Schon bei der nächsten Reichssynode in Oeynhausen sollte dann der Konflikt offen ausbrechen. In Augsburg nahm, als Beobachter und Kontrolleur, erstmals ein Vertreter der Reichsregierung an einer Bekenntnissynode teil. In einem *Wort an die Obrigkeit* wies die Synode darauf hin, daß Gehorsam im Widerspruch gegen Gottes Wort nicht geleistet werden darf; keine Macht der Welt könne die Kirche vom Gehorsam gegen ihren Herrn entbinden. Karl Barth aber kritisiert gerade diesen Beschluß und die darin zum Ausdruck kommende Haltung heftig. Der Bekennenden Kirche gehe es noch viel zu sehr um die Beteuerung ihrer politischen Zuverlässigkeit. Ihr Gebet für die von Gott gesetzte Obrigkeit könne eines Tages, wenn sie die Lüge und das Unrecht zum Prinzip erhoben sieht, seine Echtheit gerade darin erweisen müssen, daß es zum Gebet um die Befreiung von einer fluchwürdig gewordenen Tyrannei wird. Die Bekenntniskirche habe für Millionen von Unrechtleidenden noch kein Herz. Sie habe zu den einfachsten Fragen der öffentlichen Redlichkeit noch kein Wort gefunden. Sie rede - wenn sie redet - noch immer nur in ihrer eigenen Sache.[5]

Für Kreyssig waren diese deutlichen Worte Karl Barths »das, was fällig war, ohne allen Vorbehalt«. Er muß den Kontakt zu ihm gesucht haben; Barth hat ihn in Sachsen dann ein paar Mal angerufen. Später stand Kreyssig auch im Briefwechsel mit dem, wie er es überschwenglich ausdrückt, *Confessionarius der Deutschen*. Andere führende Männer der Bekennenden Kirche lernte Kreyssig auf der Augsburger Synode persönlich kennen, manche wurden enge Weggefährten, einige ein Leben lang: Gustav Heinemann und Kurt Scharf, später auch Helmut Gollwitzer und besonders der Oranienburger Bildhauer Wilhelm Groß, der Mitglied des altpreußischen Provinzialbruderrates war. »Als ich neulich Wilhelm Niemöllers Chronik der Augsburger Synode las, wurde wieder lebendig, daß sie die Geburtsstunde unserer Freundschaft war. Ich sage Freundschaft mit dem vollen Gewicht, welches dieses Wort im Abend des Lebens haben mag. Ich sage es zugleich, wie der Apostel, mit Weinen. Denn was wir, aber ich zumal, aus diesem Geschenk zu machen verstanden haben, ist mehr als dürftig. So wenig wie irgend etwas anderes hat die immer lebendige Wirklichkeit unseres innigen menschlichen und geistlichen Einvernehmens den Teufelskreis meiner Vielgeschäftigkeit zu durchbrechen vermocht«, schrieb er Jahre später an Wilhelm Groß.[6] Die gemeinsamen Fahrten mit ihm und den sächsischen Brüdern Hugo Hahn, Erich Kotte und Reimer Mager zu den großen Synoden nennt Lothar Kreyssig »Feste in der Freiheit der Gebundenen«:

> Hahns Frau, *Rikchen, mein Fräulein* von ihm angerufen, hielt sich am ausgestreckten Mittelfinger seiner haarigen rechten Hand fest und strudelte so hinter ihm drein. Beim Waschen, so beklagte sie sich im Hotel eines Morgens, haut er sich immer auf den Oberschenkel und die Menschen denken, er prügelt mich. Wer das baltisch zu hören versteht, hat ohne langes Studium der Bekenntnisschriften Kirchengeschichte im Ohr. Wieviel Rikchen in der aller Hierarchie vorgegebenen Zweisamkeit nach Frauenweise sonst noch als Bischöfin an der Kirchengeschichte teilgenommen hat, weiß der Chronist nicht zu sagen.[7]

Die Frauen, so räumt Kreyssig ein, seien es eigentlich gewesen, die zu leiden hatten: »Was war unsere Freude am Kampf neben der Ungewißheit und Angst, in die sie verwiesen waren.« Als ihm nach einer der vielen Nachtsitzungen des Bruderrates bei der Heimkunft im Mor-

gengrauen seine Frau entgegenlief, hatte sie eine schlaflose Nacht in der Angst um alles das verbracht, was längst fällig schien. Später hat Johanna Kreyssig manchmal ihr Herz bei Senta Maria Klatt, der Sekretärin des Berliner Bruderrates, ausgeschüttet. Frau Kreyssig habe immer Bange um ihren Mann gehabt, sagt die, aber sie habe gewußt, er muß das machen. Kreyssig hätte seine Frau ja oft wirklich vernachlässigt, seine Pflichten in der Bekennenden Kirche seien ihm wichtiger gewesen: Davon war er nicht abzubringen. Senta Maria Klatt hat versucht, Johanna Kreyssig zu trösten und ihr klar zu machen, daß sie das in der Fürbitte tragen müsse. Und das habe sie auch immer eingesehen.[8]
Schwestern gab es in den Bruderräten nicht, sagt Johannes Müller, damals Vikar der Bekennenden Kirche.[9] Es gab nur eine Frau, Anna von Gottberg, im Brandenburger Provinzialbruderrat. Die Bekennende Kirche war eine Männerkirche, jedenfalls in den Bruderräten und auf den Synoden. Obwohl ja die Gemeinden gerade von den Frauen getragen wurden. Oft trauten Männer sich nicht, offiziell Mitglied der Bekennenden Kirche zu werden, weil sie ihr Amt, ihren Beruf nicht gefährden wollten. Erst zum Ende des Krieges hin wurde auch Frauen gestattet, in Gemeindegottesdiensten zu predigen; vorzuziehen seien aber Ältestenprediger oder Leseprediger, beschloß noch im Juni 1943 der altpreußische Bruderrat. Erst später wurde den ordinierten Vikarinnen zugestanden, kraft ihres Amtes Mitglied des Gemeindebruderrates zu sein. Mit Trauungen und Beerdigungen durften Frauen »im Notfall« beauftragt werden, konfirmieren durften sie nicht. Viele Frauen haben dennoch, während die Männer an der Front waren, den Dienst am Wort übernommen und so entscheidend dazu beigetragen, daß die Bekenntnisgemeinden lebendig geblieben sind.

Andererseits erwartete auch Lothar Kreyssig von seiner Frau ganz selbstverständlich, daß sie und die Familie zurückstanden, wenn es um die Bekennende Kirche ging. Nach seiner Bekehrung wurde allmählich in der Familie eine ganz praktische Frömmigkeit spürbar, auch wenn das zunächst von der Familie nicht mitvollzogen wurde, sondern »miterlitten und mit Ehrfurcht geduldet« wurde, wie Peter Kreyssig es zurückhaltend sagt. Seine Mutter habe das still und verständnisvoll und mit ganz großer Treue mitvollzogen und ihr Leben lang versucht, sich auf seinen Vater einzustellen. Jochen Kreyssig erzählt, daß ein Pastor Schmidt, den er zwar noch malen könnte, von dessen Funktion er aber keine Ahnung hatte, plötzlich in seinem Elternhaus einen Schreibtisch bekam und dort regelmäßig arbeitete. Von den Eltern hätten sie über die ganzen politischen Schwierigkeiten nichts gehört, aber irgendwie schon mitbekommen, daß dieser Pastor zur Bekennenden Kirche gehörte und nun zu ihnen kam, weil in seiner Gemeinde kein Platz mehr für ihn war.

Trotz seiner Vielgeschäftigkeit und der Fülle der Aufgaben im Kirchenkampf nahm sich Lothar Kreyssig wenigstens einmal im Jahr, in den gemeinsamen Ferien, Zeit für die Familie. Jedenfalls bis 1936. Denn als dann ein Jahr später für die Kreyssigs das Bauernleben begann, war an gemeinsame Ferienreisen nicht mehr zu denken. Im Sommer 1936, so erzählt Jochen Kreyssig, haben sie Urlaub in Südtirol gemacht, in Latzfons, einem Dorf oberhalb des malerischen Städtchens Klausen:

> Mit dem Auto konnte man bis Latzfons überhaupt nicht hochfahren. Das blieb unten in Klausen stehen. Vater war mit Steinhardt nach Latzfons aufgestiegen und kam dann mit zwei Eseln zurück. Auf den einen Esel kam meine Mutter, warum, weiß ich nicht, die war damals weder schwanger noch sonstwie behindert. Sie ritt also, wie beim Einzug von Jerusalem, hinauf. Der andere Esel zog ein Wägelchen mit unseren Sachen. Und wir, Vater und wir Jungens, stiegen zu Fuß hinterher.
>
> In diesem Urlaub lebten Uwe und ich auf, wir lebten dort wie die Wildkirschen. Dieser Gasthof hatte natürlich einen Kuhstall und einen Schweinestall, wo wir uns herumtrieben. Gott sei Dank, gingen die Eltern nicht mit uns wandern. Meine Mutter legte sich auf den Balkon in die Sonne und erholte sich so. In dem ganzen Gasthof wohnte eigentlich nur die Familie Kreyssig mit Steinhardts und unserem Kindermädchen. Dann war da noch eine Familie Zinsmeister. Er war Professor in München, seine Tochter Studienrätin. Und nachdem man sich so zwei oder drei Tage beschnüffelt hatte, spielten die auf diesem Riesenbalkon Streichquartette und Streichquintette. Ich hab keine Ahnung, wie die da an die Instrumente gekommen sind ...

Nachdem die Kreyssigs in den Jahren zuvor ein- oder zweimal an der Ostsee Ferien gemacht hatten, bei den Ziels in Ahrenshoop, fuhren sie im Sommer 1935 auf die Ostfriesischen Inseln, nach Wangerooge. Diese Urlaubsreise nahm allerdings für Lothar Kreyssig kein gutes Ende. Er war am Strand in eine Muschel getreten und hatte sich eine schlimme Blutvergiftung geholt. Es muß ziemlich dramatisch gewesen sein, wie Jochen Kreyssig, damals sechs Jahre alt, sich erinnert. Der Vater wurde in der zweiten Juliwoche, eigentlich ohne Hoffnung auf einen guten Ausgang, »in einem Waschkorb« von der Insel nach Wilhelmshaven ins Krankenhaus gebracht und dort operiert. Er mußte mehrere Wochen im Krankenhaus bleiben, Ende August war er noch immer nicht dienstfähig.

Während des ganzen Jahres 1935, nach dem Brief Mutschmanns, lief im Hintergrund das Verfahren gegen Kreyssig weiter. Die Untersuchungen waren vom Reichsjustizminister dem Präsidenten des Oberlandesgerichts in Dresden übertragen worden. Der aber ließ sich, trotz mehrfachen Drängens aus Berlin, damit Zeit. Kreyssig wurden zwei Polizeiberichte über seine Vorträge und die Abschrift des Briefes an Studienrat Küntzelmann vorgelegt. In einem langen Schriftstück nahm er am 29. Mai zu den Vorwürfen Stellung, souverän und mutig und noch im vollen Vertrauen auf das Recht. Zum Brief an Küntzelmann schrieb er:

> Was Studienrat Küntzelmann damals geschehen ist, halte ich ebenso wie die spätere Schutzhaftverhängung für ein schweres Unrecht und weiß mich dabei nicht nur mit der Auffassung des glaubenstreuen Teiles der evangelischen Bevölkerung, sondern auch maßgeblicher staatlicher Instanzen einig. Wenn ich davon schreibe, daß ich mir daraus ein Gericht über unser Volk befürchte, so folgt dies aus der Liebe zu diesem Volk. Sie kann nicht teilnahmslos bleiben, wenn alle die deutschen Menschen, die immer aus christlicher Haltung und Herzensüberzeugung staatstreu und staatserhaltend waren, in gefährliche Gewissenszweifel gestürzt werden.[10]

Erst sehr viel später, am 2. Oktober 1935, wurde Kreyssig von einem Mitarbeiter des Gerichtspräsidenten gehört. Dieser gewann den Eindruck, »daß Dr. Kreyssig ein feiner, anständiger Mensch ist, der das von ihm für richtig Angesehene offen und mutig vertritt und zwar auch dann, wenn ihm aus seinem Bekennermut persönliche Nachteile erwachsen«. Dieser Respekt klingt im ganzen Bericht an, den der Präsident des Oberlandesgerichtes in Dresden, Dr. Jüttner, dann dem Justizminister gegeben hat. Zunächst werden die Vorwürfe gegen Kreyssig detailliert behandelt und weitgehend entkräftet: das Verlassen des Saals bei der Enthüllung der Hitlerbüste, die Verweigerung von Spenden für NS-Organisationen, sein Fernbleiben von den Fachschaftsabenden, sein freundschaftlicher Verkehr mit Rudolf Ziel. Interessanterweise geht der Präsident auf die Vorwürfe, die Mutschmann erhoben hatte und die Auslöser für die Untersuchung waren, in seinem Bericht mit keinem Wort ein. Nach der Beurteilung der beruflichen Fähigkeiten Kreyssigs, der als »besonders tüchtiger, kenntnisreicher, gewissenhafter und leistungsfähiger Richter« gewürdigt wird, kommt Dr. Jüttner zu dem abschließenden Urteil:

> Man kann also wohl sagen, daß Dr. Kreyssig eine Persönlichkeit ist, die sich wesentlich über den Durchschnitt der Menschen erhebt und sehr wertvolle Eigenschaften hat. Keineswegs kann Dr. Kreyssig das ernste Bestreben, stets sachlich und ehrenhaft zu handeln, abgesprochen werden. Aus diesem Grund erscheinen mir die oben ... erwähnten Vorwürfe verhältnismäßig belanglos. Andererseits kann meines Erachtens nicht übersehen werden, daß Dr. Kreyssig gegebenenfalls seine kirchlichen Ansichten auch in Zukunft über politische Rücksichten zu stellen beabsichtigt, insbesondere von der tatkräftigen Vertretung seiner Meinung auf kirchlichem Gebiet auch dann nicht abzugehen gewillt ist, wenn der Staatsführung dadurch Schwierigkeiten erwachsen ... Ob die sich hieraus gegen seine fernere Belassung im Amte ergebenden Bedenken durch die neuesten Maßnahmen des Herrn Reichsministers für die kirchlichen Angelegenheiten abgeschwächt werden und ob namentlich Dr. Kreyssig sich infolge dieser Maßnahmen künftig die für einen Richter gebotene Mäßigung auferlegen wird, vermag ich zur Zeit noch nicht zu beurteilen. Ich halte es jedenfalls nicht für ohne weiteres ausgeschlossen, daß Dr. Kreyssig im Falle der Beendigung des Kirchenstreites sich in kirchlichen Dingen unauffällig verhalten wird.[11]

In einem gesonderten Schreiben legt Dr. Jüttner dem Reichsjustizminister dar, daß die Vorwürfe des Reichsstatthalters in Sachsen gegen Kreyssig unhaltbar sind.[12] Die aufrechte Haltung Lothar Kreyssigs muß auch im Reichsjustizministerium Eindruck gemacht haben, selbst bei einem Mann wie Roland Freisler, damals der zuständige Staatssekretär. Am 27. Januar 1936 hat der Reichsminister der Justiz entschieden, daß

eine Versetzung Kreyssigs in den Ruhestand nicht erfolgen soll. Die festgestellten Äußerungen seien nicht so bedeutend, daß sie eine so schwerwiegende Maßnahme rechtfertigten. Als weiterer Grund wird genannt, daß ein solches Vorgehen »die in Sachsen damals erfreulich fortschreitende Befriedung in den kirchlichen Angelegenheiten« hätte stören können.[13] So wurde es auch, nach Rücksprache mit dem Reichskirchenministerium, in einem lapidaren Schreiben dem sächsischen Reichstatthalter Mutschmann mitgeteilt.
Nachdem Kreyssig über die Entscheidung des Justizministeriums unterrichtet worden war, sprach er am 25. April beim zuständigen Personalreferenten, Ministerialdirektor Dr. Nadler, in Berlin vor. Er versuchte, Näheres über den Sachverhalt in Erfahrung zu bringen und fragte an, ob die Affäre ihn in seinem Richteramt gefährden könnte. Nadler sagte ihm, daß er annähme, daß durch die Entschließung des Reichsjustizministers ein Strich unter das Vergangene gezogen worden sei und er für seine Richterstellung jetzt nichts zu befürchten hätte; wegen einer Beförderung lasse sich gar nichts sagen. Allerdings müsse er damit rechnen, daß die bisherigen Vorkommnisse wieder herangezogen würden, wenn sich ein neuer Anlaß zum Einschreiten ergeben sollte.[14] Das war eine deutliche Warnung, die Kreyssig zwar nicht einschüchtern konnte, sich aber später als durchaus begründet erweisen sollte.

Nach über einjähriger Vorbereitung trat am 28. und 29. September 1935 die erste sächsische Bekenntnissynode zusammen. Sie hatte ursprünglich schon am Wochenende davor tagen sollen, war aber vom sächsischen Reichsstatthalter verboten worden. Das Verbot wurde auf Anweisung des neuen Reichskirchenministers Kerrl aufgehoben. Die Synode, die sich im Vereinshaus des CVJM in der Dresdner Ammonstraße versammelt hatte, wurde von Hugo Hahn eröffnet. Nach einer Andacht wurde Lothar Kreyssig zum Präsidenten der Synode gewählt. Nach der Begrüßung verpflichtete er die Synodalen, die feierlich zu erklären hatten: »Ich gelobe mein Amt als Synodaler in der Bindung an die Heilige Schrift und die Bekenntnisschriften der evangelisch-lutherischen Kirche auszuüben, und weiß mich gegenüber den Irrlehren unserer Zeit in Übereinstimmung mit den Erklärungen von Barmen, Dahlem und Augsburg.«[15] An die hundert Synodale waren von den Bekenntnisgemeinden nach Dresden entsandt worden, darunter etwa sechzig Laien. Hahn hatte den Eindruck, daß in der ganzen sächsischen Kirchengeschichte noch nie eine solche Auslese von wahrhaft geistlichen Persönlichkeiten zusammengekommen sei. Aus allen Ständen des Volkes seien prächtige, charaktervolle christliche Männer erschienen, vom hohen Adel und hoher Intelligenz bis zum schlichten Bürger, Bauern und Arbeiter.[16]

Die wichtigste Entscheidung der Synode war die Verabschiedung eines Sendbriefs an alle evangelisch-lutherischen Gemeinden in Sachsen. Darin setzte sich die Synode in klaren Worten mit dem Irrweg des neuen Heidentums und seiner Wegbereiter in der Kirche, den Deutschen Christen, auseinander. Sie gab einen Überblick über die zerstörerische Tätigkeit der sächsischen Kirchenleitung unter Coch und stellte fest, daß die Deutschen Christen das Evangelium an den Zeitgeist verraten hätten. Daher übernähme sie, die Bekenntnissynode, auf Grund des ihr durch Schrift und Bekenntnis zur Pflicht gemachten Selbsthilferechts nun die Aufgabe, neue geistliche Führung und Autorität in der Kirche aufzurichten. Sie berief sich dabei ausdrücklich auf die Synoden von Barmen, Dahlem und Augsburg und stellte Übereinstimmung mit ihnen fest. Ein zweiter Abschnitt, eine *Mahnung der Synode an die Gemeinden*, sprach die verschiedenen Gliederungen und Stände in den Gemeinden an, die Pfarrer und Träger kirchlicher Ehrenämter, die Eltern und Paten, die christlichen Lehrerinnen und Lehrer, die Eheleute und schließlich alle evangelischen Christen und »Volksgenossen«. Dieser Sendbrief ging mit einem Begleitschreiben Kreyssigs an die Pfarrer und Vorsitzenden der Gemeindevertretungen. In diesem Schreiben, das ja auch die ansprechen sollte, die feindlich oder gleichgültig zur Bekennenden Kirche standen, schrieb Kreyssig: »Im Leben der Deutschen Evangelischen Kirche ist uns neue Hoffnung geschenkt, daß sie sich aus ihrem Wesen heraus gestalten und ihren Dienst zum Segen unseres deutschen Volkes tun darf. Ich glaube, daß sich in der gegenwärtigen Stunde die Gemeinde des Herrn über Gruppen und Organisationen hinweg im Gebet um die Erfüllung dieser Hoffnung vereinigt.«[17]

Nach einem Bericht über Schul- und Erziehungsfragen, den Friedrich Delekat gegeben hatte, wurde eine weitere Erklärung verabschiedet, mit der sich die Synodalen an die Jugend in Sachsen wandten. Sie ermutigten sie, sich angesichts der Gegner des christlichen Glaubens unter dem Wort Gottes zu sammeln und ihm die Treue zu halten. Schließ-

lich richtete die Synode einen Brief an die Reichsminister des Inneren und der Justiz mit der Bitte, die Lage der Schutzhaftgefangenen rechtlich zu ordnen.[18] Zweifellos haben die im KZ Sachsenburg inhaftiert gewesenen Pfarrer über die Zustände dort ausführlich berichtet, auch wenn im Schreiben ausdrücklich beteuert wird, daß die geschilderten Tatsachen weder in der Vollsitzung der Synode, noch in einem der Ausschüsse, noch sonst vor Außenstehenden erwähnt worden sind; sie seien aber in der Bevölkerung weitgehend bekannt. Es folgt eine detaillierte, schonungslose Darstellung der Zustände im Konzentrationslager, der Willkür der SS, der Folterungen, der völligen Rechtlosigkeit der Häftlinge. Die Offenheit dieser Berichte ist erstaunlich und war auch deswegen mutig, weil sich ja alle Inhaftierten bei ihrer Entlassung hatten verpflichten müssen, über das Erlebte zu schweigen.
Lothar Kreyssig dürfte an diesem Brief wesentlich mitgearbeitet haben; die Passagen, in denen eine rechtliche Würdigung vorgenommen wird, tragen jedenfalls seine Handschrift. So ist die Rede von der »nicht mehr zu beschwichtigenden Sorge um das deutsche Volk, dem aus der fortwährenden Rechtlosigkeit der Schutzhäftlinge ein schweres Gericht erwachsen müßte«. Der seelische Druck, den der Schutzhäftling erleiden müsse, sei von vornherein dadurch verschärft, daß die Maßnahmen gegen ihn nicht aus dem Rechtsspruch eines unabhängigen Gerichts nach verfahrungsgesetzlichen Garantien, sondern als polizeiliche Verfügung in außerordentlich weitem Rahmen der Ermächtigung ergingen. Der Schutzhäftling habe völlige Ungewißheit über die Dauer seiner Haft, oft blieben ihm die tatsächlichen Gründe seiner Inhaftierung überhaupt unbekannt. Er habe keine Gewähr, daß man ihn zu den Beschuldigungen höre und seine Beweisgründe würdige; sich eines Verteidigers zu bedienen, sei untersagt. »Wenn Konzentrationslager bestehen müssen, obwohl die Strafgerichtsbarkeit nach der Richtung des Sicherungszweckes ausgestaltet ist, wird die Notwendigkeit disziplineller Strenge nicht verkannt. Sie muß aber rechtlich so geordnet sein, daß sie Willkür ausschließt. Denn Gerechtigkeit, welche nach den Worten der Schrift ein Volk erhöht, fordert, daß keinem der Staatsgewalt Unterworfenen der Rechtsschutz völlig versagt werde ... Vor allem aber droht aus der Fortdauer des Zustandes grausamer Willkür, der weithin bekannt ist, Abstumpfung und Entartung des Rechtsgewissens im Volke. Wer nicht nur auf das Äußerliche und Materielle sieht, wird erken-

nen, daß hierin der Beginn eines schweren, den Bestand des Staates im Innersten gefährdenden seelischen Siechtums des Volkes liegt.«
Bis zum Sommer 1936 hatte die Reichsregierung nicht auf dieses Schreiben der sächsischen Synode reagiert, obwohl zwischenzeitlich eine Abordnung in Berlin vorstellig geworden war. Daher richteten die inhaftiert gewesenen Pfarrer und Laien im Juni 1936 einen Brief an die Vorläufige Kirchenleitung, der von Kreyssig unterzeichnet und weitergeleitet wurde. Darin wird ein Wort der Kirchenleitung zu der unhaltbaren Lage in den Konzentrationslagern angemahnt und angedeutet, daß, sollte sich die Kirchenleitung dazu nicht entschließen können, man selbst öffentlich zur Abkehr von solchem Unrecht mahnen und für die Betroffenen Fürbitte tun werde. Das ist dann möglicherweise dadurch geschehen, daß der Brief der sächsischen Synode an die Reichsminister als hektographiertes Flugblatt in Umlauf gebracht wurde.

Kurz vor der Dresdner Bekenntnissynode war ein entscheidender Wandel in der Kirchenpolitik der Nationalsozialisten eingetreten. Hitler hatte begriffen, daß die Brachialgewalt, mit der die Deutschen Christen insbesondere in Sachsen und Hessen-Nassau vorgegangen waren, auf Dauer Unruhe und innenpolitische Querelen bringen und das angestrebte Bild vom harmonischen Miteinander aller Volksgenossen stören würde. Deshalb hatte die Reichsregierung das Kirchenministerium errichtet und Hanns Kerrl zum Kirchenminister gemacht. Kerrl war Christ und überzeugter Nationalsozialist und hat wohl ehrlich unter der inneren Zerrissenheit gelitten. Jedenfalls war er der Kirche nicht feindlich gesonnen und hat sich, auch wenn seine Haltung schwankend war, um eine Befriedung des Kirchenkampfes bemüht. Weil er dabei auch gegen unversöhnlich bleibende Deutsche Christen vorging, hatte er sich herbe Kritik aus der Partei gefallen zu lassen und ist auch von Hitler »furchtbar abgekanzelt« worden. Gleichwohl steht außer Frage, daß es Ziel seiner Kirchenpolitik war, die Kirchen zur Loyalität mit dem nationalsozialistischen Staat zu bewegen, letztlich gleichzuschalten.
Der Staat übernahm im September 1935 eine zeitlich begrenzte Treuhandschaft über die Kirche und setzte sogenannte Kirchenausschüsse für das Reich und die Landeskirchen ein. In diese Gremien wurden Vertreter aller kirchlichen Richtungen berufen. Die sehr unterschiedli-

che Haltung zu dieser jedem Kirchenrecht widersprechenden Maßnahme sollte zu erheblichen Konflikten und zur Spaltung der Bekennenden Kirche führen. Kerrl verkündete am 19. November in Dresden die Einsetzung des Landeskirchenausschusses für Sachsen. Vorsitzender wurde der Dresdner Superintendent Johannes Ficker, ein Mann der Bekennenden Kirche, dazu je zwei Vertreter der Mitte und der Deutschen Christen, diese von »sanftester Couleur«, wie Hugo Hahn anmerkte. Zum Leiter des Landeskirchenamtes wurde Erich Kotte berufen; damit war Landesbischof Coch praktisch entmachtet. Die gemaßregelten Pfarrer und Superintendenten wurden wieder eingesetzt, auch die in Sachsenburg inhaftiert gewesenen. Anordnungen, die das Cochsche Kirchenregime zugunsten der Deutschen Christen erlassen hatte, wurden aufgehoben. Die Bekenntnisgemeinden durften wieder in ihre Kirchen. Das alles hinterließ bei vielen den Eindruck, daß es dem nationalsozialistischen Staat tatsächlich um eine Befriedung und die Wiederherstellung der kirchlichen Ordnung gehe.

Das Konzept einer »Kirche im Nationalsozialismus«, um einen modernen Begriff zu adaptieren, war in der Bekennenden Kirche keineswegs unumstritten. Die Einsetzung der Kirchenausschüsse stellte sie grundsätzlich vor die Frage nach ihrem Verhältnis zum Staat. Viele betrachteten die so weitgehende Auslieferung der Kirche an den Staat als Verletzung der Bekenntnisse von Barmen und Dahlem. In Sachsen blieben die Gegner, als »Dahlemiten« bezeichnet, allerdings in der Minderheit. Ihre Wortführer waren Lothar Kreyssig, Friedrich Delekat und der Pfarrer Rudolf Carl aus Cotta. Hugo Hahn sah in den Maßnahmen Kerrls, die ja tatsächlich die Bekennende Kirche in Sachsen gestärkt hatten, »ein Wunder Gottes« und eine Chance, die zerstrittene Kirche wieder zusammenzuführen. Die Zusammenarbeit des sächsischen Landesbruderrates mit den Kirchenausschüssen wurde außerhalb Sachsens heftig kritisiert. Der Reichsbruderrat hielt mehrheitlich an der Auffassung fest, daß die Leitung und Vertretung der Kirche allein bei den Organen der Bekennenden Kirche liegen könne, und erklärte am 3. Januar 1936 die Vorläufige Kirchenleitung für arbeitsunfähig. Diese widersetzte sich dem Beschluß und verlangte eine Entscheidung der Synode.

In dieser Spannung begann am 17. Februar 1936 in Bad Oeynhausen die vierte Reichssynode der Bekennenden Kirche. Aus Sachsen waren zehn Synodale gekommen, darunter Hugo Hahn, Lothar Kreyssig, Karl

Fischer, Friedrich Delekat, Adalbert Küntzelmann und Reimer Mager. In der zweiten Plenarsitzung brachen die Gegensätze auf. August Marahrens, der Landesbischof von Hannover und Vorsitzende der Vorläufigen Kirchenleitung, stand auf der einen, Martin Niemöller für die Mehrheit des Reichsbruderrates auf der anderen Seite. Marahrens hielt Verhandlungen mit dem Staat für notwendig und zulässig. Niemöller rief zum »missionarischen letzten Totalangriff« der Kirche auf, weil man nur so dem totalitären Anspruch des nationalsozialistischen Staates angemessen gegenübertreten könnte. Die Fronten verhärteten sich, die Synode drohte auseinanderzubrechen. In »dieser dunklen Stunde der Bekennenden Kirche«, so Kurt Scharf, war es Lothar Kreyssig, der sich verzweifelt um Vermittlung bemühte. Kurt Scharf:

> Wir hatten uns ganz sicher schon vorher einmal getroffen, aber das war damals die Begegnung, die mir unvergeßlich im Gedächtnis geblieben ist. Nach dem Bericht dieser ersten Vorläufigen Kirchenleitung erklärte sich die Synode mit Mehrheit für aufgelöst. Und da war Kreyssig der starke Vermittler. Superintendent Hahn neigte sehr zu den Lutheranern in der ersten Vorläufigen Kirchenleitung und hielt die Verbindung zu ihnen. Und Kreyssig nun, eng befreundet mit Hahn, hielt die Verbindung zu uns, zu den Bruderräten, und beschwor uns: »Wir müssen beieinander bleiben. Und wenn ihr nicht weiter vorläufige Leitung sein wollt, dann wollen wir eine andere, neue vorläufige Leitung bilden unter solchen, die bereit sind, diesen Anspruch zu erheben und auch weiter zu vertreten.«
> Er, der Jurist, argumentierte geistlich-theologisch, nicht pragmatisch, sondern grundsätzlich-biblisch begründet. Und er tat dies in rückhaltloser Offenheit. Dieser erste Eindruck von ihm, der Eindruck von einem tapferen, klugen, ganz von seinem Glauben bestimmten Christen, mächtig der geistlichen Rede und ungetrübten Blickes, eine prophetische Natur, ist durch ein jahrzehntelanges näheres Kennenlernen verstärkt und vertieft worden, aber nicht im geringsten korrigiert worden.
> Kreyssig war strikt auf der Seite der Dahlemer im Reichsbruderrat. Er, der Staatsbeamte, beschwor den lutherischen Konvent der Synode ... den Auftrag der Kirche, ihre Bindung allein unter ihren göttlichen Herrn, nicht preiszugeben an ein falsches Verständnis von Obrigkeit, klarer: nicht preiszugeben in einem falschen Verständnis

von Obrigkeit an den Staat, zumal an einen weltanschaulich totalitär bestimmten Staat.

Und darüber kam es zu tagelangen Debatten und Auseinandersetzungen. Die Synode war aber nur für drei Tage angesetzt, Kreyssig hatte auch nur Urlaub für drei Tage. Und er blieb nun ohne Urlaub. Und da hat Hahn ihn beschworen und gesagt: »Lieber Kreyssig, fahr zurück! Du riskierst aus formalen Gründen Deinen Beruf! Du wirst disziplinarisch belangt und entlassen!« Aber Kreyssig sagte: »Das ist mir alles gleich, es kommt jetzt darauf an, die Kirche beieinander zu halten.« Und er hat dann in der Tat erreicht, daß die Synodalen aus den Lutherischen Kirchen blieben, und die Synode sich neu konstituierte. Und diese Synode wählte dann die zweite Vorläufige Kirchenleitung.[19]

Nach zähem Ringen wurde mit großer Mehrheit ein gemeinsames Wort über die Kirchenleitung angenommen. In den grundsätzlichen theologischen Aussagen war man sich zwar bald einig geworden. Der entscheidende Streitpunkt aber blieb die Haltung zu den Kirchenausschüssen. Schließlich verzichteten die Synodalen darauf, hierzu eine bindende Weisung zu erteilen und übernahmen einen Antrag Martin Niemöllers, die Maßnahmen der Kirchenausschüsse am Bekenntnis zu prüfen und die Gemeinden und Pfarrer zu beraten, wie sie sich dazu verhalten sollten. In der neugebildeten zweiten Vorläufigen Kirchenleitung, die bis 1945 Bestand hatte, waren die Dahlemiten in der Mehrheit; Vorsitzender wurde Pfarrer Friedrich Müller aus Berlin-Dahlem, ein naher Mitarbeiter Niemöllers.

Nicht umstritten war hingegen der Synodenbeschluß zur Schulfrage, der mit großer Mehrheit angenommen wurde. Er war von Friedrich Delekat vorgestellt und begründet worden. In seinem bemerkenswert offenen und freimütigen Vortrag wurde eine für die Bekennende Kirche ganz neue Linie deutlich: die Verantwortung der Kirche für die Gesamtheit. Bei Delekat klang an, was später in Dietrich Bonhoeffers berühmt gewordenem Satz »Die Kirche ist nur Kirche, wenn sie für andere da ist« geradezu Bekenntnischarakter erhielt. Und noch ein andere Aussage, die auch im gedruckten, weitverbreiteten Synodenbericht[20] stand, war durchaus ungewöhnlich für die Bekennende Kirche. Delekat hatte gesagt: »Aber niemals kann die Kirche schweigend zusehen, daß in der Schule vom Erzieher ein Antisemitismus gepredigt wird, der in

den Zöglingen Haß erweckt.« Wenn man auf seiten des Staates der Meinung sei, man könne mit der christlichen Kirche unter keinen Umständen mehr arbeiten, weil sie, politisch betrachtet, gefährlich sei, dann müsse man sich auch zu dieser Überzeugung bekennen und danach handeln. Friedrich Delekat bekam bald die Quittung für sein mutiges Auftreten: Er erhielt Redeverbot, das auch das Predigen einschloß, und wurde Ende des Jahres zwangsemeritiert.
Kreyssig und Delekat, die beiden Dahlemiten aus Sachsen, haben der vierten Bekenntnissynode ganz zweifellos wesentliche Impulse gegeben. Bald nach Oeynhausen fand in Chemnitz eine Landestagung des Pfarrernotbundes statt, auf der über die Synode berichtet wurde - lustlos, wie Hahn, der sich als Unterlegener fühlte, eingestand. Der Landesbruderrat hat es aber verstanden, trotz der beträchtlichen Gegensätze weiterhin zusammenzustehen. Man war sich in der Kampfzeit eben auch menschlich nahekommen. Diese Brüderlichkeit habe verhindert, so Kreyssig, daß dem Argwohn gegeneinander Raum gegeben wurde. Dennoch, als Reaktion auf Oeynhausen entstand ein Zusammenschluß der lutherischen Kirchen, dem auch die sächsische Landeskirche beitrat. Kreyssig brachte in der Sitzung am 11. Mai 1936, in der im Bruderrat über den Anschluß beschlossen wurde, seine Bedenken vor: Wolle man eine Staatskirche betreiben und die Erweckungsbewegung beiseite schieben? Es sei Kirche vorhanden, auch wenn keine Legitimität vorliege.[21] Doch die vermeintliche Befriedung wurde dem Kirchenkampf vorgezogen; die Spaltung der Bekennenden Kirche war nicht mehr aufzuhalten.

Lothar Kreyssig hat unter dieser Entwicklung der Kirchen - »miteinander unduldsam, fanatisch zerstritten, unter dem Anruf des Gehorsams auf Tod oder Leben auch halbherzig« - sehr gelitten. In seinem Nachlaß findet sich ein Textfragment - ob für einen Vortrag, einen Artikel oder als persönliche Aufzeichnung geschrieben, ist nicht zu erkennen - in dem er sich mit dieser Spaltung auseinandersetzt:

> Woran ist die Bekennende Kirche auseinandergebrochen? Antwort: am Bekenntnis. Für das Bekenntnis ist sie aufgestanden. Am Bekenntnis ist sie zerbrochen. Ist das beide Male dasselbe? Gewiß nicht. Das Bekenntnis, mit dem der Herr der Kirche sie ins Leben gerufen hat, war das Bekenntnis zu eben diesem einen Herrn der Kirche.

> Alles, was diese Junge Kirche gesagt hat, geht letztlich auf den Eifer um die Ehre und alleinige Herrschaft dieses ihres Herrn zurück. Das Bekenntnis, das sie auseinandergebracht hat, ist nicht dieses Bekenntnis. Es sind die Bekenntnisse. Es sind die Glaubenslehren der Väter: lutherisches, reformiertes, uniertes, aber auch die ganze Verschiedenheit, welche die selbständige Entwicklung der vielen Krönungen und Kirchentümer in Deutschland herbeigeführt hatte ...

Die schmerzliche Erfahrung, Kirche in einer Zeit zerfallen zu sehen, in der doch gerade im Widerspruch gegen einen totalitären Staat Einheit vonnöten gewesen wäre, hat Kreyssig frühzeitig zur Ökumene geführt. Viel eher als andere hat er dabei begonnen, auch die katholische Kirche und das Judentum, nach seinem Verständnis zur ökumenischen Gemeinschaft gehörend, in sein theologisches Denken und Handeln einzubeziehen.

Während des ganzen Jahres 1936 hielten die Bemühungen um eine Verständigung zwischen dem Lutherischen Rat und der zweiten Vorläufigen Kirchenleitung an. In Sachsen bemühte sich besonders eine Gruppe um Adalbert Küntzelmann um die Aussöhnung. Zumindest das Gespräch miteinander sollte nicht abreißen. Der Landesbruderrat lud bewußt namhafte Vertreter der Dahlemer Richtung nach Sachsen ein: Heinrich Albertz, Martin Niemöller, Reinold von Thadden-Trieglaff. Vom Lutherischen Rat wurde das mit Mißfallen beobachtet, aber Hugo Hahn verteidigte den sächsischen Weg, trotz allem den Ausgleich zu suchen.

Am 19. und 20. September 1936 trat die sächsische Bekenntnissynode zu einer Arbeitstagung zusammen. Für Kreyssig war das die letzte große Herausforderung in Sachsen. Auf dieser Tagung ging es um die grundsätzliche Frage, ob die Synode angesichts der kirchenpolitischen Veränderungen überhaupt noch Berufung und Vollmacht habe. In einem kraftvollen Plädoyer[22] versuchte er die Synodalen aufzurütteln und zu einer Entscheidung für den Fortbestand der Bekennenden Kirche zu bewegen, ohne dabei die bestehenden Gräben zu vertiefen. Dieser Redebeitrag läßt nicht nur den leidenschaftlichen Kirchenmann, sondern auch den geschulten, messerscharf argumentierenden Juristen erkennen. Man spürt seine tiefe Sorge, daß alles, was Bekennende Kirche war, verloren sein könnte. Unausrottbar habe sich in den Gemeinden die Meinung

verbreitet, daß das Ziel des Kampfes im jetzigen Frieden und in der voranschreitenden Neuordnung erreicht sei. Und in der Besorgnis, daß die Kirche wieder zur Amtskirche werden könnte, in der Laien nichts zu sagen haben, steigerte er sich zur bitteren Ironie: Der Laie möge sich von allem Schwärmertum zur evangelischen Nüchternheit gewöhnen, sich dem Dienst in der Kirchgemeinde zuwenden und das, wovon er ohnehin nichts versteht, gefälligst den Amtspersonen, den Pfarrern und Bischöfen, überlassen. Er ließ keinen Zweifel daran, daß er anderer Meinung sei, auch wenn er als Präsident Zurückhaltung üben mußte. Bemerkenswert ist, daß Kreyssig, der Jurist, immer auch die Frage nach der Legitimität von Bekennender Kirche und Bekenntnissynode stellte und damit wohl zuweilen auch den Theologen lästig gefallen ist - dann aber auch die Freiheit hatte, die Legitimierung allein durch das Wort und den Ruf Gottes anzuerkennen und darin oft viel weiter vorpreschte, als die aus der Amtskirche hervorgegangenen und ihr verhafteten Theologen. Kreyssigs Kirchenbegriff war genuin biblisch, im Gegensatz zu seinen sonst sehr legitimistisch geprägten Anschauungen. Dieser Spannung stellte er sich und fand darin immer mehr zur Freiheit eines Christenmenschen, zur *Freiheit der Gebundenen.*
Bald schon sollte es sich erweisen, daß Kreyssig und alle, die der nationalsozialistischen »Obrigkeit« und ihrer Kirchenpolitik mit Mißtrauen begegneten, damit recht hatten. Die zweite Vorläufige Kirchenleitung hatte sich bald nach ihrer Einsetzung mit einer Denkschrift an Hitler gewandt, in der sie sich mit dem Totalitätsanspruch des Staates auseinandergesetzt und mit großer Offenheit Mißstände angesprochen hatte. Auf der Grundlage der sächsischen Eingabe zur rechtlichen Lage der Schutzhaftgefangenen nahm sie auch zur Situation in den Konzentrationslagern Stellung; auch eine Absage an den Antisemitismus, wenn auch zaghaft, wagte sie. Die Denkschrift wurde im Juli durch eine Indiskretion vorzeitig an die Auslandspresse gegeben, noch bevor sie Hitler überhaupt erhalten hatte. Hitler tobte, mußte aber wegen der bevorstehenden Olympischen Spiele auf Sanktionen verzichten. Die Vorläufige Kirchenleitung ließ, trotz Verbots, am 23. August eine Zusammenfassung der Denkschrift als Kanzelabkündigung verlesen; in Sachsen verzichtete man allerdings auf die Abkündigung. Im Herbst wurde der Sekretär der zweiten Vorläufigen Kirchenleitung, Friedrich Weißler, Landgerichtsdirektor aus Magdeburg und getaufter Jude, verhaftet und

nach grausamer Folter am 19. Februar 1937 im Konzentrationslager Sachsenhausen ermordet. Er war der erste Märtyrer der Bekennenden Kirche. Bezeichnend ist, daß Weißler, wie auch Dietrich Bonhoeffer, nicht auf den Fürbittenlisten der Bekennenden Kirche stand; ihr Widerstand wurde als politischer Widerstand angesehen und damit von vielen als störend empfunden. Die Bekennende Kirche war eben in ihrer Mehrheit keine Widerstandskirche, sondern war Volkskirche geblieben, wenn auch eine durch die Zeitläufe behinderte.

Ab Herbst 1936 nahmen die Repressalien gegen die Kirche wieder zu. Besonders Mutschmann, der Reichsstatthalter in Sachsen, hielt nichts von Kerrls zurückhaltender Kirchenpolitik und verfolgte seinen eigenen Kurs. Die Konflikte zwischen Bekennender Kirche und Deutschen Christen verschärften sich erneut. Im Februar 1937 trat der Reichskirchenausschuß zurück. Hitler setzte Kirchenwahlen an. Die Wahlvorbereitungen verliefen aber völlig anders, als er es sich gedacht hatte. Die Bekennende Kirche nutzte die anberaumten Wahlen zu einer »volksmissionarischen Offensive« und konnte hierzu in Sachsen auch die Mitte-Pfarrer gewinnen. Weil Hitler ahnte, daß die Wahlen zu einer blamablen Niederlage für die Deutschen Christen werden würden, ließ er sie stillschweigend ausfallen. Am 9. August wurde auch der sächsische Landeskirchenausschuß, nach handgreiflichen Auseinandersetzungen mit dem Cochschen Landeskirchenamt, abberufen.

Der Kirchenkampf hatte wieder begonnen. Im Reich schlossen der Lutherische Rat und die zweite Vorläufige Kirchenleitung Frieden, auch die sächsische Bekennende Kirche erwachte zu neuem Leben. Aber da war Lothar Kreyssig schon Mitglied des Bruderrates in Brandenburg.

Anmerkungen

1 Nachlaß Kreyssig, Mappe »Disziplinarsache«. Abschrift des Briefes durch das Polizeipräsidium Chemnitz, Postkontrolle, am 30. März 1935. Der Brief wurde Kreyssig im Zusammenhang mit den disziplinarischen Untersuchungen gegen ihn vorgelegt. Kreyssig hat dazu am 29. Mai 1935 Stellung genommen und dabei sinnentstellende Fehler in der Abschrift korrigiert, die hier berichtigt wurden.

2 ALKA, Best. 5, 710. Bericht »Sachsenburg« von Paul Gehring.

3 ALKA, Best. 5, 264, Personalangelegenheiten Hugo Hahn.

4 AB II, S.15f.

5 Nach: Koch, Werner: Heinemann im Dritten Reich. Wuppertal, 1972, S.79f.

6 Brief Lothar Kreyssigs an Wilhelm Groß vom 19. Dezember 1955.

7 AB II, S.14.

8 Interview des Verfassers mit Senta Maria Klatt am 30. Mai 1989 im Hubertus-Krankenhaus in Berlin.

9 Interview des Verfassers mit Johannes Müller am 19. Mai 1989 in Berlin.

10 Nachlaß Kreyssig, Mappe »Disziplinarsache«. Schreiben vom 29. Mai 1935.

11 PA Kreyssig, Bericht des Präsidenten des Oberlandesgerichtes in Dresden an den Reichsminister der Justiz vom 15. Oktober 1935, AZ RK 768/3 zu I p[16] 373. Der vollständige Wortlaut ist dokumentiert in: Vierteljahreshefte für Zeitgeschichte, 32. Jg, Heft 3, 1984, S.463ff. Lothar Gruchmann: Ein unbequemer Richter im Dritten Reich, Dokument 3, S.477ff.

12 PA Kreyssig, Schreiben des Präsidenten des OLG in Dresden an den Reichsminister der Justiz vom 28. Dezember 1935.

13 PA Kreyssig, Schlußbericht, S.7f.

14 PA Kreyssig, Referentenvermerk vom 25. April 1936.

15 Zitiert bei Fischer, Joachim: Die sächsische Landeskirche im Kirchenkampf 1933-1937. Halle (Saale), 1972. (Arbeiten zur Geschichte des Kirchenkampfes, Ergänzungsreihe, Bd. 8.) Anm. 315 S.128.

16 Hahn, a.a.O., S.107f.

17 Zitiert bei Fischer, a.a.O., Dokument 33, S.207.

18 ALKA, Bestand 5, Nr. 215087, hekt., 5 S.

19 Interview des Verfassers mit Kurt Scharf am 30. Juli 1989 in Berlin und Kurt Scharf: Er hoffte auch noch für Judas. In: zeichen, Zeitschrift der Aktion Sühnezeichen, Nr. 3/1978, S.18f.

20 Immer, Karl (Hrsg.): Vierte Bekenntnissynode der Deutschen Evangelischen Kirche Bad Oeynhausen. Wuppertal-Barmen, 1936. S. 98.

21 Vgl. Klemm, Hermann: Ich konnte nicht Zuschauer bleiben. Berlin, 1985, S.76ff.

22 s. Anhang, Dokument 1.

Kapitel 7

Zum Grund die Wurzeln senken

Anfang 1937 hatte sich Lothar Kreyssig seinen Traum erfüllt und den Hof in Hohenferchesar, das »landschaftlich märchenhafte, aber landwirtschaftlich unmögliche Gebilde«, von Reichsbankdirektor Hjalmar Schacht erworben. Am 16. Januar wurde der Kaufvertrag in Berlin unterzeichnet. Für den Kauf und die Gesundung und Erschließung des Hofes mußte er sein gesamtes Sachvermögen einsetzen, später, um den Fortbestand des Hofes überhaupt zu sichern, auch das väterliche Erbe in Sachsen zu Geld machen. Der Pächter, der den Hof zuvor bewirtschaftet hatte, hatte ihn herunterkommen lassen, der landwirtschaftliche Betrieb war vernachlässigt, der Viehbestand geschrumpft, die Gebäude renovierungsbedürftig.

Lothar Kreyssig beantragte alsbald nach dem Kauf seine Versetzung an das Amtsgericht in Brandenburg an der Havel, erbat zunächst aber einen halbjährigen unbezahlten Urlaub, um im Frühjahr mit dem Bewirtschaften des Hofes beginnen zu können. Kreyssigs Gesuch klingt heute befremdlich. Es war mit einem tüchtigen Schuß Blut-und-Boden-Ideologie durchsetzt, sicher nicht allein aus taktischen Gründen. Der Drang aus der Amtsstube auf den Acker war auch dem Zeitgeist geschuldet. Die Auswanderung in die Mark Brandenburg, dieser völlige Neubeginn, trug auch romantische Züge:

> Tätige Beziehung zu den Naturkräften in Form der Landarbeit ist mir seit Langem Bedürfnis. Ich bin der Überzeugung, daß der westische Mensch, um als Einzelner der zersetzenden Wirkung des Nur-Geistigen, als Volkheit der Veräußerlichung durch Technik und Zivilisation zu entgehen, in dieser tätigen Beziehung zu ursprünglichen Lebensbedingungen wesentlich zu bleiben trachten muß. Darum genügt es nicht, das Bäuerliche und Gärtnerische zu vertiefen ...
>
> Ich wähle nicht den bequemen Zinsgenuß, sondern wage es, mein

> und meiner Frau gesamtes Sachvermögen zu verwerten und damit ein wirtschaftlich darniederliegendes Gut in der vollen Last und Verantwortung einer solchen Aufgabe aufzubauen. Ich mobilisiere also mein gesamtes Eigentum im Sinne des Vierjahresplanes und mache eine Familie bodenständig, um drei Jungens zu echten und handfesten Deutschen zu erziehen, denen die deutsche Erde und die Arbeit an ihr wesentliches Jugenderlebnis ist. Weiter bin ich überzeugt, daß es dem Berufsrichter nur förderlich ist, wenn er in einer solchen Nebenaufgabe mithandelnd und mitleidend so unmittelbar in Leben und Volksgemeinschaft steht, wie die Volksgenossen, denen er im Hauptberuf dient ...[1]

Das Reichsjustizministerium reagierte überraschend schnell, noch im Januar wurde die Beurlaubung genehmigt. Wahrscheinlich hatte weniger die stramme Argumentation überzeugt, als vielmehr die Aussicht, den unbequemen Richter eine Zeitlang loszuwerden. Der Versetzung an das Amtsgericht in Brandenburg wurde grundsätzlich zugestimmt, aber vom Freiwerden einer Richterstelle abhängig gemacht. Da Kreyssig wußte, daß der Hof allein die Familie nicht ernähren würde, drängte er auf seine Versetzung. Anfang März erfuhr er von der bevorstehenden Pensionierung eines Amtsgerichtsrates und bemühte sich sogleich um die Stelle, die ihm zwei Monate später auch zugesagt wurde.

Ein halbes Jahr hatte Lothar Kreyssig nun Zeit, mit der Bewirtschaftung des Hofes zu beginnen und sich einzuarbeiten. In diesem Jahr, vom 1. Februar bis zum 20. Oktober 1937, hat er Tagebuch geführt. Die Eintragungen, manchmal mit wochenlangen Pausen, sind zumeist flüchtige Notizen, gelegentlich auch lebendige Schilderungen vom mühevollen Beginn des Bauernlebens; Bemerkungen zum politischen oder kirchlichen Zeitgeschehen sind hingegen rar. Der Vorspruch zum Tagebuch, mit eindringlicher Feierlichkeit geschrieben, läßt erkennen, daß dieser Neuanfang für Kreyssig auch - vielleicht sogar vorrangig - eine religiöse Dimension hatte. Er hat diesen Schritt aus der gesicherten Existenz in eine ungewisse Zukunft auch als Prüfung seines jungen Glaubens verstanden. Nun, da der Zugang zum neuen, so lange mit leidenschaftlichen Wünschen und Mühen erstrebten Leben erschlossen sei, ständen er und die Seinen dankbaren, aber auch bebenden Herzens vor dem dunklen Tor zu einer neuen Welt. Gott habe ihnen Unruhe und Rastlosigkeit gegeben, daß sie Ruhe, Muße, jede Form behaglichen Besitzes an überkommenen Gut preisgeben und alles auf das Wagnis eines neuen Daseins setzen sollten. »Wir ersehnen uns aber einen neuen geistlichen Anfang. Wir möchten gern in kleiner Keimzelle das sich entwickeln sehen, was wir Leben unter dem Wort nennen.«

Das Tagebuch beginnt mit jener Szene, die auch Peter Kreyssig in lebendiger Erinnerung geblieben ist, als der Vater die Familie, dazu die beiden Hausangestellten Marie Kluge und Friedel Pötzsch, im Vorbau der Flöhaer Villa zusammengerufen und seine Entscheidung, in die Mark Brandenburg auszuwandern, verkündet hatte. Seinen Aufzeichnungen stellte Kreyssig die Herrnhuter Losung und den Bibeltext für den 1. Februar 1937 voran: »Die Gottlosen haben nicht Frieden, spricht mein Gott.« (Jesaja 57.21) Und: »Sehet darauf, daß nicht jemand Gottes Gnade versäume; daß nicht etwa eine bittere Wurzel aufwachse und Unfrieden anrichte und viele durch dieselbe verunreinigt werden.« (Hebräer 12.15).

Die täglichen Losungen, die von der Herrnhuter Brüdergemeine seit 1731 Jahr für Jahr ausgelost und um Lehrtexte aus dem Neuen Testament ergänzt werden, haben Lothar Kreyssig bis ins hohe Alter begleitet; ihre Lesung und Betrachtung und das Hören auf ihre Botschaft gehörten ganz selbstverständlich zu seinem Tagesablauf. Er kenne nichts, schrieb er 1970 an die Brüder-Unität in Herrnhut[2], was sich mit dem einfältigen Glaubensmut Zinzendorfs und der Seinigen vergleichen ließe, »das *curriculum verbi* mit Aktualität zu befrachten, während im Continuum des Kirchenjahres die im Sabbath endende und im Lobpreis der Auferstehung neu anhebende Woche die kleinste Zeiteinheit der geordneten Präsenz des Wortes ist.« Würde man heutigen Lehrern der Dogmatik mit Zinzendorfs frommem Einfall kommen, würde das gewiß einhellig als Schwärmerei abgetan. Er selbst lebe – »seit wieviel Jahrzehnten?« – mit den Losungen.

So steht denn auch im Tagebuch, einem bescheidenen Schulheft mit Rechenkästchen, feierlich auf dem ersten Blatt:

> Am 1. Februar 1937 hat es sich entschieden, daß wir nach Hohenferchesar in die Mark Brandenburg gehen werden, um Bauer zu werden. Wir haben an diesem Tage gelobt, daß am selben Monatstage jeden Jahres auf dem Bruderhof, solange Menschen unseres Blutes da sitzen, geistliche Rechenschaft für das vergangene Jahr,

Bittgebet für das kommende und Dankopfer gehalten werden sollen. Der Hausvater oder wer an seiner Stelle zu oberst am Tische sitzt, schreibt im Lichte von Gottes Wort, dargeboten durch die Herrnhuter Losung samt Lesetext für den 1. Februar in diesem Buche nieder, was Gottes Gnade seinem in rechter Buße gebeugten Gewissen der Hausgemeinde zu sagen schenken möge. Das liest er am 1. Februar abends vor. Er soll dabei nichts weglassen noch Ungeschriebenes hinzufügen. Alles ist neu; ihr aber seid Christi.[3]

Der Zustand des Hofes war, als die Kreyssigs ihn übernahmen, erbärmlich. Vier Pferde, Max und Moritz, Mining und Lotting, dazu sechs Kühe, ein paar Schweine, zwei Gänse und etliche Hühner - das war der ganze Viehbestand. Das Haus war verfallen und mußte gänzlich umgebaut werden. Nach den ersten drei Wochen Pionierarbeit auf dem Hof, oder wie Kreyssig anfangs etwas hochtrabend zu schreiben pflegte, dem *Gut*, habe der Befund über den Zustand leider die von Anfang an sehr herabgestimmten Erwartungen noch wesentlich übertroffen. Am 26. Februar notierte er im Tagebuch: »Tiefer Schnee. Am Morgen um Heu und Rüben bettelnd von Gehöft zu Gehöft: Marzahne, Bützow, Mützlitz. - Amseln rufen aus dem Schnee hoch vom Baum. Hin und Her, erstes Vogelzwitschern aus tiefster Winterlandschaft. Die Vögel unter dem Himmel wissen um die Verheißung so großer und letzter Bedrängnisse.«

Kreyssig nannte seinen Hof *Bruderhof. Bruderhof*, das stand nach dem Krieg für sein Projekt einer christlich-jüdischen Kommunität, ein Vorhaben, an dem sein Herz hing, das er aber aus Mangel an Mitstreitern nie verwirklichen konnte. Er machte sein Haus von Anfang an zu einem Ort der Begegnung und hielt es offen für Menschen, die in Not waren, auch wenn seine Familie, vor allem seine Frau, manchmal unter den problembeladenen Hausgästen zu leiden hatte. Auch dafür stand die Bezeichnung *Bruderhof*. Seine Söhne meinen allerdings, der Name habe einen ganz prosaischen Ursprung und gehe darauf zurück, daß Alfred Lederer, der Bruder Hannas, sich bei der Suche und beim Erwerb des Hofes beteiligt und ebenfalls eine Menge Geld dafür lockergemacht habe. Jedenfalls bürgerte sich die Bezeichnung alsbald ein, und an den Pferdewagen, die, wie im Märkischen üblich, ein Schild mit dem Namen des Besitzers führten, stand statt L. Kreyssig *Bruderhof*. Heute

heißt die Straße, die zum Gehöft führt, ein von alten Bäumen gesäumter Schotterweg, den man mit einiger Nachsicht eine märkische Allee nennen könnte, *Am Bruderhof.*
Den Februar über wirtschaftete Kreyssig mit seinem Verwalter Karl Blase allein auf dem Hof. Anfang März kam Hanna mit den Söhnen nach. Uwe Kreyssig erinnert sich, wie seine Mutter hinter Brandenburg anhielt und er von einer Anhöhe bei Fohrde aus zum erstenmal, über den See hinweg, das Gehöft erblickte. Die Möbelwagen aus Flöha, mit der Aufschrift *P.F. KREYSSIG FLÖHA/SA*, wurden mit der Bahn nach Pritzerbe transportiert und von dort mit dem Pferdegespann zum Bruderhof gezogen. Bei der Anfahrt blieben sie mit den viel zu kleinen, nur für feste Straßen geeigneten Rädern im märkischen Sand stecken. Erst am nächsten Tag konnten die Möbelwagen mit Hilfe der Nachbarn und sechsspänniger Pferdekraft auf den Hof gebracht werden. Vom Umzug gibt es im Familienarchiv einige Filmaufnahmen, die diese Szene zeigen, dazu einen gutgelaunten Lothar Kreyssig, in Knickerbockern und mit Schiebermütze, mit seiner Frau und weiteren Helfern beim Möbeltragen. Die Dorfkinder stehen drumherum und bestaunen das Ereignis.
Das Anwesen, obwohl im Äußeren und Inneren vernachlässigt, war in seiner Anlage malerisch. Nur wenige Schritte vom Seeufer entfernt gelegen, dazwischen im Seegarten prächtige Ahorn- und Lindenbäume, und vor der Toreinfahrt eine mächtige Kastanie. Auch im Hof wuchsen vier große Kastanienbäume, von denen einer überdauert hat. Zum Wohnhaus führte eine geschwungene Freitreppe, die aber den Nachteil hatte, daß sie die Einfahrt in das Gehöft erschwerte und deshalb später abgetragen wurde. Auf dem Hof, im Arbeiterhaus, wohnten zunächst noch mehrere Familien mit vielen Kindern, die aber im Laufe der Zeit auszogen. Kreyssig hatte sich einige Mitarbeiter aus dem Umfeld von Gustav von Bodelschwingh und Friedrich von der Ropp geholt, die während der Weltwirtschaftskrise im Westfälischen bzw. in der Mark landwirtschaftlich Interessierte um sich gesammelt und ausgebildet hatten. Mit ihnen begann Kreyssig sein Bauernleben »unter dem Wort und als Lehrling auf dem eigenen Hof«. Er verstand seine Mitarbeiterschaft als *Hofgemeinde*, als eine auch ideelle Gemeinschaft, und sich selbst darin, in durchaus patriarchalischem Sinne, als den Hausvater. Diese Hofgemeinde fand sich dreimal am Tage zum Gebet zu-

sammen; der Dienst am Wort Gottes gehörte nach Kreyssigs Verständnis unlösbar zum Dienst an den Mitgeschöpfen, den Pflanzen und Tieren. So sei der bäuerliche Alltag voll verborgener Dynamik gewesen, in der die Handelnden Instrumente des Geistes waren.

Ob seine Mitarbeiter und die Familie das auch so erfahren haben, mag dahingestellt bleiben. Besonders Hanna Kreyssig, ohnehin viel nüchterner und handfester als ihr Mann und immer unmittelbar von den Folgen seiner dynamischen Einfälle betroffen, hatte mit der schwärmerischen Komponente des Unternehmens Bruderhof ihre Schwierigkeiten. »Hanne äußerst unlustig und aufsässig«, heißt es einmal im Tagebuch. Aber auch: »Sie ist sehr tätig. Sie scheint die Tiere zu lieben. Sie hält die anderen mit ihrem erdhaften Humor.« Peter Kreyssig über seine Mutter:

> Wenn ich denke, sie als wohlbehütete Kaufmannstochter, auch mit einer sehr guten bürgerlichen Erziehung, als höhere Tochter in der Schweiz, in Lausanne erzogen, verheiratet mit einem jungen Gerichtsassessor, von dem man hofft, daß aus ihm etwas werden würde - und dann haut der das plötzlich alles hin und geht aufs Land und wird Bauer. Und meine Mutter fand sich also im Hühnerstall und in der Küche wieder, wo für fünfzehn Leute gekocht werden mußte. Und in einem Riesenhaus. Und aus der engen behüteten Familie wurde eine große Wohn- und Lebensgemeinschaft, in die auch sehr skurrile Figuren integriert werden mußten. Zum Beispiel ein Schäfer, den wir einfach brauchten, weil wir Schafe hatten, der aber Quartalssäufer war und besoffen aus dem Schafstall kommend und nach Mist stinkend, dann am Sonntag mit am Kaffeetisch saß - also das ist für meine Mutter schon eine schwere Anfechtung gewesen. Wir Jungens haben das lustig gefunden, für uns waren das interessante Leute, die was zu erzählen hatten.
>
> Mutter wollte es ja für Vater auch mal ein bißchen hübsch machen. Und wenn sie dann mitten im Kriege ein Töpfchen Sahne abgezweigt hatte und Schlagsahne machen wollte - so was verweigerte er grundsätzlich und sagte: Wenn nicht alle etwas kriegen, dann will ich das nicht! Da war es schon schwer, für ihn da zu sein. Wenn Leute kamen und nach irgendwas fragten und Hilfe brauchten, hat er reichlich, gern und überall gegeben, aber in der eigenen Familie hat er Privilegien nicht geduldet.

Neben Karl Blase, dem Verwalter, einem wirklich kompetenten Landwirt, der bis zu Beginn des Krieges auf dem Hof blieb, waren auch Willy Hartmann, gelernter Schmied und auf dem Bruderhof der Treckerfahrer, und Erich Materlik, der Gespannführer, aus dem westfälischen Landwirtschaftsprojekt gekommen. Materlik blieb am längsten auf dem Hof und heiratete Friedel Pötzsch, die Hanna Kreyssig als Hausmädchen aus Flöha mitgebracht hatte. Zum engeren Kreis des Bruderhofes gehörte noch Elisabeth Weingärtner, genannt Babett, gleichfalls aus dem Umfeld von Bodelschwinghs und von der Ropps. Uwe Kreyssig nennt sie den begleitenden, guten, vermittelnden Geist der Familie. Sie habe beide Elternteile geliebt und sich, auch unter Entsagungen, dieser Liebe untergeordnet. Als Kreyssig nach dem Krieg in Magdeburg und Berlin arbeitete, hat sie den Haushalt auf dem Bruderhof weitergeführt. Und schließlich die aus Chemnitz stammende Irmgard Pötzsch, von Beruf Geflügelzüchterin, in der Bruderhofgemeinde aber mehr Freundin Hannas als angestellte Mitarbeiterin. Sie brachte den Kreyssig-Jungen bei, wie sie sich gegen den angriffslustigen Gänserich Timotheus zur Wehr setzen konnten, wenn der mit gestrecktem Hals und heftigem Zischen auf sie losging, um seine Gans Tusnelda zu verteidigen. »Faßt ihn hinter dem Kopf am Hals und schleudert ihn in die Gegend, das verschafft euch bei ihm Respekt«, so ihr Ratschlag, den die Jungen mit Erfolg befolgten.

Zum engeren Kreis der Mitarbeiterschaft kamen andere - »wie die Zugvögel« -, die oft nur kurze Zeit blieben. Kam ein neuer Teilnehmer in die Hofgemeinde, so entfaltete er eine geraume Weile unerwartet liebenswerte, der gemeinsamen Aufgabe dienliche Züge. Doch früher oder später habe das, so Lothar Kreyssig rückblickend, in einem explosiven Ausbruch der bösen Kehrseite seines Wesens geendet - eine immer neue, kritische Frage an die ordnende und befriedende Kraft in der Hofgemeinde.

> Wir haben lange gebraucht, um hier an der Grundverfallenheit alles Menschenwesens in eben der Erfahrung der ihm ursprünglich eingestifteten Versöhnung inne zu werden. Diese Erfahrung von der dem Menschen im präsenten Wort zugeeigneten Heilung war so elementar und zugleich alltäglich, daß ich sie im Nachhinein nur als Einübung des Wagnisses Sühnezeichen ansehen kann.[4]

Im Tagebuch von 1937 klingt das freilich noch viel nüchterner und ganz und gar untheologisch. Als er Anfang Juli einen Schweizer, den er vom Vorgänger übernommen hatte, fristlos entlassen mußte, weil der auf übelste Weise die Kühe beim Melken gequält hatte, vermerkte er zornig: »Will bei allem, was er hier erfahren hat, beim Abrechnen noch aufbegehren.«

Die Umstellung auf das biologisch-dynamische Wirtschaften war, jedenfalls am Anfang, ein Wagnis und brauchte Zeit. Die Böden mußten zunächst gesunden, ehe die alten Erträge erreicht und schließlich überboten wurden. Eine Schlüsselrolle kam dabei der richtigen Düngung zu. Rudolf Steiner hatte in seinen Landwirtschaftsvorträgen das Düngen als eine Verlebendigung der Erde bezeichnet, damit die Pflanze nicht in tote Erde komme und leichter wachse, wenn sie sich ins Leben hineinsenkt. Er hatte an die alte Bauernweisheit erinnert, daß Futterpflanzen nie auf dem Dung der Tiere wachsen sollen, für die sie bestimmt sind. Sein Schüler Franz Dreidax hatte Steiners theoretische Überlegungen in der Praxis erprobt und seine Erfahrungen über diese *belebende Düngung* in Vorträgen und Publikationen mitgeteilt.[5] Kreyssig dürfte sich genau daran gehalten haben. In einer der ersten Tagebucheintragungen, am 24. Februar 1937 heißt es: »Bei Schneegestöber erster Komposthaufen im Park. Huldigungstelegramm an Dreidax: zugleich erster Regenwurm. An diesem Tag Anmeldung als Einwohner von Hohenferchesar.« Auf dem Hof wurden unter den Kastanien vier Dunghaufen angelegt, je einer für Rinder-, Schweine-, Pferde- und Schafsmist. Die traurige Konsequenz dieser Verlebendigung war allerdings, daß drei der prächtigen Bäume abstarben.

Man müsse dafür sorgen, daß sich der eigentliche Naturprozeß ganz richtig vollziehen kann, hatte Steiner gelehrt, und dabei seien die Reizwirkungen die allerwichtigsten Wirkungen. Gerade die Stoffe, die man für unnötig hält, die aber in feinster Dosierung um die ganze Erde herum wirken, brauchten die Pflanzen. Dabei käme es nicht nur auf die stoffliche Substanz an, sondern auch auf die Wesenheit, die substantiellen Kräfte. Für ihn, so Lothar Kreyssig im Gespräch mit Volker von Törne, sei das einleuchtend gewesen, daß diese in kleinsten Mengen strahlenden Kräfte, die Entitäten, in der organischen Welt gebraucht würden. Da gab es zum Beispiel das Präparat 500, das mußte zwei Stunden lang gerührt werden, rechtsherum, linksherum, und wurde dann

ausgesprüht auf die Felder. »Homöopathischer Dünger?«, hatte von Törne ungläubig und ein wenig süffisant gefragt, und Kreyssig darauf: »Ja, ja, das war eine Glaubensangelegenheit ...«
Seine Söhne haben die anthroposophischen Experimente ihres Vaters in weniger freundlicher Erinnerung. Uwe Kreyssig:

> Wir mußten immerzu rühren. Das war - ich hab keine Ahnung, was da drin war, das war alles Natur. Jedenfalls mußte man das Zeug, also irgendwelche Präparate, die nur der Natur entnommen waren, mit einem Reisigbesen so mit Wasser verrühren, daß sie dann mit einer Spritze aufs Feld gebracht werden konnten. Also dieses Rühren war nicht schön ... So daß Vater dann also ein Vierfachfaß-Rührprojekt entwickelt hat, das war ein Kreuz mit solchen Spitzen dran. Da steckte man Besen ran, und so sollten vier Fässer gleichzeitig gerührt werden. Wir Kinder mußten mitrühren, weil er dachte, das wäre gar nicht schwer. Das war aber unmöglich, da kam gar nichts zustande. Ich glaube, diese Spritzerei ließ bald nach, das war nicht so das Gelbe vom Ei. Er machte das dann einfach nur ohne Kunstdünger, war aber hinter dem Mist her wie der Teufel hinter der Seele. Das konnte er genießen. Die Schafe, die wir den Winter über im Stall hatten, die liefen frei herum. Und dann wuchs das von November bis zum März so auf vier Meter, die Schafe standen unter der Decke, wo sie vorher auf Null angefangen hatten. Die traten also diesen Schafsmist, der ohnehin eine hohe Qualität hat, fest. Das war herrlich, gemütlich warm, es roch fabelhaft. Ich mochte das sehr gern. Aber das Ausmisten war eine fürchterliche Arbeit, mit Hacken mußten wir den Mist losschlagen.

Was die übrigen Bauern von den landwirtschaftlichen Künsten des Doktors, wie Kreyssig im Dorf genannt wurde, am Anfang hielten, kann man nur ahnen. Die Märker sind ja ohnehin verschlossene Leute, die einen Zugereisten nicht gleich mit offenen Armen empfangen. Und nun also ein studierter Doktor aus Sachsen, der nur aus Büchern weiß, wie die Kartoffeln und die Rüben wachsen, wann die Kühe kalben und die Bienen schwärmen - nein, das kann doch nichts werden. Aber die Nachbarn sahen, wie er zupackte und daß er sich für keine Arbeit zu schade war, daß er mehr und fleißiger arbeitete als jeder Knecht. Und das ließen sie gelten. Selbst der Ortsbauernführer Neddermeyer schuldete dem Doktor, dessen politische Unzuverlässigkeit sich herumgesprochen hatte, schließlich gewissen Respekt. Allmählich wurden die Neusiedler in die Dorfgemeinschaft aufgenommen. Irgendwann hielt Lothar Kreyssig dann auch einmal im Dorf einen Vortrag über das biologisch-dynamische Wirtschaften. Rückblickend ist er voll der Sympathien für seine Nachbarn. Die Märker seien ebenso unpoetisch, wie herzhaft und liebenswert, schrieb er 1982 in einem Brief.[6] Nachbarschaftliche Liebe zu den drögen Märkern sei so dicht und dauerhaft gewachsen, daß sie die Urheimat Sachsen überstrahle.[7]

1942 verboten die Nationalsozialisten aus ideologischen Gründen das biologisch-dynamische Wirtschaften. Die Landwirtschaft mußte wieder auf Kunstdünger umgestellt werden. Jetzt erwies sich, daß die Äkker des Bruderhofes tatsächlich gesundet waren und der karge märkische Boden sich erholt hatte. Kreyssig fuhr in den letzten Kriegsjahren wahre Rekordernten ein.

Lothar Kreyssig hat über einige Monate hin die landwirtschaftlichen Arbeiten und die Wetterverhältnisse sorgsam in seinem Tagebuch protokolliert. Am Anfang ging manches schief. Die Böden reagierten auf die Umstellung mit Kargheit. Das Wetter machte Schwierigkeiten. »Weißes Licht, trockener Ost, drückende Schwüle, aber Losung Psalm 111.2, Offenbarung 19.5.«, heißt es am 21. Mai. Und am 3. Juni: »Trübe und stürmisch. Es will nicht regnen.« Die Rüben sahen trostlos aus. Am 15. Juni regnete es ausgiebig, aber nicht nachhaltig genug. Zehn Tage später mußte Kreyssig das Wasser kannenweise aufs Steckrübenfeld bringen. Selbstzweifel plagten ihn: »War das Gießen ungläubiger Eifer?« Erst Ende Juni regnete es ausgiebig und reichlich. Inzwischen fehlte es an Hafer für die Pferde, das Gemenge vom Feldstück III hatte kaum für eine Woche Futter gebracht. »Woher Hafer?«, heißt es sorgenvoll am 29. Juni. Erst einen Monat später war die Roggen- und Haferernte eingebracht und die Not ausgestanden. Auch mit dem Vieh mußten Erfahrungen gesammelt werden. Das erste Kalb, das unter Kreyssigs Ägide zur Welt kam, zunächst erfreulich munter, war am nächsten Morgen tot; die Kuh war am Milchfieber erkrankt. Einige Tage darauf wurde der Wallach Max von schwerer Kolik befallen. Drei Zuchtsauen bekamen den Rotlauf. Die Bauarbeiten machten Scherereien, zeitweise ging es nicht recht voran mit dem Umbau des Hauses. »Aufsässige

Sachen und Tiere«, klagte Kreyssig am 5. August. Oft arbeitete er bis zum Umfallen, zumal die harte körperliche Arbeit für ihn ungewohnt war. Mitte Juni fehlen eine Woche lang die Einträge im Tagebuch: »Abends völlige Erschöpfung wegen Heuernte.«

Bei aller Mühe und Plackerei hat sich Kreyssig den Blick für die Natur und die Freude an ihr bewahrt. Als »bukolisch-palliataisch-lutherisch« bezeichnete er einmal nach einem harten Arbeitstag auf dem Feld seine Stimmung. Es sind die kleinen Dinge, die ihm Kraft geben: das abendliche Bad im See vor der Haustür, das Sommerfrischefrühstück am Sonntag im Garten, das Glas Berliner Weiße auf der Heimfahrt vom Acker, das Brot aus dem eigenen Backofen. Unvergessen ist für Jochen Kreyssig die Geste des Vaters, wenn der eine Scheibe des selbstgebackenen Brotes in die Hand nahm und hochhielt, um sie genau zu betrachten. Für die Söhne war das Brot keineswegs so lobens- und begehrenswert wie für den Vater, die Kruste viel zu verbrannt, die obere Rinde viel zu tief aufgerissen. So versuchten die Jungen immer, die Schulbrote zu tauschen.

Ganz einig waren sie mit dem Vater hingegen in der Liebe zur Seefahrt auf den heimischen Seen - erst im Kahn, dann in der eigenen Jolle, die Kreyssig Ende Juli kaufte. Sonntag, den 8. August: »Draußen fast wolkenfreier Himmel und windstill, 30° Hitze. Ab $^{1}/_{2}$9 erste Segelversuche in Buchten. 10^{45} Kirche mit Materlik und Friedel P. - Abendessen Hanne mit Blase und Änne in Päwesin. Mittagessen mit Eis und Schlagsahne. Nach Tisch Arbeiten am Boot. Zwei Rundfahrten über Pritzerber See. Abends Sektprobe. Ein Tag voll Traumerfüllung.« Mittwoch, den 1. September: »Pflügen auf IV: Lupinen. Was nicht verfüttert oder siliert, teils abgeschnitten und auf das Abgeerntete verstreut, teils eingepflügt. Zu Hause Pflaumenmus rühren ... Wetter schon vorherbstlich, sonnig, kühler, leicht verschleiert. Abends etwas Westwind in unseren guten Bäumen, rauschen im Schlaf.«

Zwiegespräch mit dem Baum am Tor

Baum, Bruder, du mein redlicher Geselle,
Du ragst und lebst, bist mir der liebste im Revier.
Der dunklen Erde Blut raffst du empor zu dir,
Aufwärts es zu verwandeln in das Helle.

Gelassen gräbst du tief, daß Jahre Atemzüge,
Daß Ring um Ring der Mühsal Zeichen werden,
Hinauf jedoch in immer leichteren Gebärden
Zu Zweig und Blatt die nimmermüde Seele trüge.

Beschau mich, Mensch, eh du dein Schreiten weiterlenkst,
Und lern von mir, zu dauern, willst du reifen.
Im Sturm dich baden möchtest du, ins Lichte greifen?
Sieh, daß du tief zuvor zum Grund die Wurzel senkst.

Die bukolische Idylle in diesem Sommer 1937, so verführerisch und reizvoll sie auch sein mochte, war trügerisch. Lothar Kreyssig blieb sich dessen gerade in den Augenblicken des Glücks und der Erfüllung bewußt. Freitag, den 27. August: »Ist über alledem die Not der Schutzhäftlinge und der Gefangenen und ihrer Peiniger vergessen, habe ich nun, wo hier und da Verschüttetes wieder aufbricht, nun doch die Welt liebgewonnen?« Als Ende Mai der Vater Hans Dittrichs starb, fuhr Kreyssig zur Beerdigung nach Chemnitz. Die Jugendfreunde hatten sich nach der gemeinsamen Studienzeit aus den Augen verloren und sollten sich auch erst nach dem Krieg wieder näherkommen. Bei der Beerdigung und am Nachmittag in Flöha traf er Verwandte und Freunde. Er hörte Gutes aus der Bekennenden Kirche in Sachsen, die Zahl der Mitglieder sei von 50.000 auf 80.000 gestiegen, die Zusammenarbeit mit der Mitte erfreulich. Doch es gab auch schlechte Nachrichten: Ein Bruder aus der Ephorie Flöha, der Pfarrer Oskar Hänichen aus Hohenfichte, war bereits das zweite Mal verhaftet, ihm stand das Verfahren vor einem Sondergericht bevor. Kreyssig bot sich der Verteidigung als Zeuge an und reiste im Juli, mitten in der Getreideernte, nach Freiberg zur Hauptverhandlung, wurde aber nicht gehört. Längst hatte er auch in Brandenburg den Kontakt zur Bekennenden Kirche gesucht, fuhr, wann immer die Arbeit es erlaubte, zur Bibelstunde in die Stadt, nahm auch zuweilen als Gast an den Sitzungen des Kreisbruderrates teil. Am 30. Juni erreichte ihn die beunruhigende Nachricht, daß alle Mitglieder des preußischen Landesbruderrates verhaftet sind: »Ist das der Ruf?? Abends 107. Psalm, Vers 1-3, 33-36.«

In all der Zeit blieb der Bruderhof ein gastliches Haus, das als Refugium den Freunden offenstand und immer mehr zum Zufluchtsort für

Bedrängte und Verfolgte wurde. Vom ersten Tag an waren Freunde mit auf dem Hof, packten an, wo Hilfe gebraucht wurde, genossen das Landleben, das Wasser, die Luft. Kreyssigs Mutter kam oft und blieb über Wochen. Zu den häufigen Gästen gehörten die Musikerfreunde aus Chemnitz und Flöha, vor allem das Ehepaar Trost. Hans Trost, Onkel Do, ackerte mit Leidenschaft auf Hof und Feld. Ebenso gern fuhr er auf der Segeljolle mit. Sein begeisterter Ausruf, wenn der Wind aufbriste: »Eine Pöööh, eine Pöööh!«, ist zum geflügelten Wort bei den Kreyssigs geworden. Auch »Alfreds«, Hannas Bruder und seine Frau Erni, kamen schnell mal von Leipzig herüber. Sie hatten im Obergeschoß des Wohnhauses ein eigenes Zimmer, ausgestattet mit Bauernmöbeln. Onkel Alfred, so erinnert sich Jochen Kreyssig, fuhr stets als erstes, wenn er auf dem Hof angekommen war, in seinen Hofanzug: ein altes Hemd und eine geflickte Strickjacke und sehr abgetragene Knickerbocker, deren untere Enden er aber nicht hochband, sondern baumeln ließ. »Alfred früh reiseunfähig wegen Magenattacken, abends mit einer Flasche Rotwein wieder vergnügt«, vermerkte Kreyssig am 19. Juli ein wenig spöttisch.

Kreyssigs Söhne, besonders die beiden jüngeren, waren bald in Hohenferchesar heimisch geworden. Am Anfang wurden sie oft gehänselt, doch als sich ihr Sächsisch abgeschliffen hatte, waren sie wie jeder andere Junge im Dorf. Für Peter, damals dreizehn, war es schwieriger. Er war schon Quartaner, als die Familie umzog, und ging auch nicht in Hohenferchesar zur Schule, sondern in Brandenburg aufs Gymnasium. Als Ältester mußte er auch tüchtig auf dem Hof mit anpacken, besonders während der Ferien, in der Erntezeit. Es gab ja damals kaum Maschinen in der Landwirtschaft. Mit dem Rechen wurde das Heu zusammengekratzt und mit der Forke auf den Pferdewagen geladen. Der Dung wurde mit der Mistgabel vom Gummiwagen herunter aufs Feld gestreut. Da blieb dem Jungen zum Schwimmen und Segeln und Angeln kaum Zeit. »Was wird mit Peter? Seine Trottelei hier unheilbar«, heißt es einmal im Tagebuch. Ein paar Wochen später gesteht Lothar Kreyssig seinem ältesten Sohn zu, er könne ganz ordentlich am Gerät, am Pflug arbeiten. Jochen hingegen sei unentwegt Bauer, »breit, grobirdisch, voll Blick und Geschick für alles Stoffliche, aber die Dinge dienen ihm, er opfert sich nicht im Kampf mit ihnen, trotz ihrer Vergänglichkeit.« Uwe sei seelisch der Erde am fremdesten, der du-hafteste von allen. Johanna sieht ihre Söhne und ihr Verhältnis zum Bruderhof viel nüchterner und mit liebevollem Humor. Kreyssig zitiert sie am 27. August so: »Jochen nimmt das Gut, Uwe verdient als Kaufmann das nötige Geld hinzu, Peter wird Pastor und kommt Sonntags mit zahlreicher Familie zu Besuch.« Es ist anders gekommen. Aber nach der Wiedervereinigung sind die beiden jüngeren Söhne, Jochen und Uwe, nach einem erfüllten Arbeitsleben auf den Bruderhof heimgekehrt. Dort hat Jochen Kreyssig begonnen, Erinnerungen an seine Kindheit aufzuschreiben:

> Vater kaufte als erster Landwirt im Dorf einen Traktor. Einen Zweizylinder, 28 PS-Deutz-Diesel. In seinem ersten Ausrüstungszustand hatte dieser nur drei Gänge, die bestenfalls für die Arbeit auf den Äckern, aber nicht für einen schnelleren Transport auf den Straßen geeignet waren. Er lief vielleicht maximal 8 km/h. Es erschien dann wenig später ein Monteur aus Köln, bei dem ich zum ersten Mal das sprachliche Idiom des Rheinischen hörte. Er baute das Getriebe um, der Trecker bekam auf diese Weise zwei weitere Gänge dazu und lief nun - natürlich auch zur Freude von uns Kindern - maximal 20 km/h. Ich weiß, wie mich das Zuschauen und die Möglichkeit mitzuhelfen bei dieser Umrüstung interessierte und mir Spaß machte. Es dauerte dann nur relativ kurze Zeit, bis andere Bauern im Ort sich ebenfalls mit Zugmaschinen ausrüsteten ...
>
> Vater beschäftigte sich mit der ihm eigenen, grundsätzlichen Gründlichkeit sehr stetig auch mit landwirtschaftlichen Theorien. Er experimentierte viel und zum Teil mit großem Erfolg. Auf dem Bruderhof war der Zwischenfruchtanbau mit Seradella und Mischgetreide zum Beispiel sehr bald schon üblich. Vater war bestimmt der erste Bauer in Hohenferchesar, der Raps anbaute, der erste, der mit dem Anbau von Frühkartoffeln begann und diese auch noch vorgekeimt anpflanzte. Die Kartoffeln wurden Ende Februar in Vorkeimkisten ausgelegt und im Vorraum des Hühnerstalls bis zum Pflanzen aufbewahrt. Dort bildeten sie die erwünschten Keime. Vater hatte einen Liefervertrag mit einer Brandenburger Firma über Kolbenhirse als Vogelfutter, und wir bauten Leinen an, dessen Halme nach dem Herausreißen aus dem Erdreich über einen Kamm, der auf dem Boden über dem Schafstall stand, von Hand durchgezogen wurden,

um die Früchte abzustreifen. Leinsamen, der dann in Suppen und Müsli, in Quark und anderen Nahrungsmitteln für die Gesundheit eingebracht, mitgegessen wurde ... Es ist eine gute Erinnerung an Vater, wie er sich freute, als wir die ersten Frühkartoffeln ernteten und für einen damals erstaunlich hohen Preis verkaufen konnten, weil wir sie bereits Mitte Juli aus dem Boden holen und auf den Markt bringen konnten.

Wir als Bauernsöhne, als die wir uns ganz fühlten, redeten im Kreis der Bauernjungen im Dorf eigentlich immer auch über Landwirtschaft, ihre Ergebnisse, ihre Schwierigkeiten und Erfolge, über Pferde, Hunde, Kühe und Traktoren. Immer eigentlich mit dem unausgesprochenen Hintergrund, daß die eigenen Pferde, der eigene Trecker, die Arbeitsweise des eigenen Vaters natürlich die besten Ergebnisse im Vergleich zu den anderen darstellte.[8]

Lothar Kreyssig kaufte nicht nur den ersten Traktor im Dorf, er schaffte auch bald schon Maschinen an, die die schwere Landarbeit erleichtern sollten: zwei gummibereifte Wagen, eine Drillmaschine, die Gamma-Hacke, ein ausbaufähiges Vielfachgerät, einen Mähbinder von Krupp und eine Holderspritze, die von Pferden gezogen wurde und das mühsame Versprühen der Tinkturen von Hand ablöste. Und schließlich eine Regenanlage, um die Erträge zu verbessern. Gewässer gab es in der Umgebung des Bruderhofes genug, aus denen das Wasser gepumpt werden konnte. Die große Kreiselpumpe für die Anlage wurde mit der Riemenscheibe des Treckers angetrieben. Um die Spannung des Riemens zwischen Traktor und Pumpe herzustellen, wurden lange Balken dazwischengekeilt, die aber durch die Vibration der Geräte häufig verrutschten. Dadurch wäre es einmal fast zu einem schlimmen Unfall gekommen. Kreyssig wollte, weil ihm der Weg um das Ganze herum zu weit war, durch den laufenden Riemen hindurch die Stützen wieder festklopfen. Was dann wirklich geschehen ist, wußte er nicht mehr zu sagen. Er wachte jedenfalls nach einiger Zeit auf der anderen Seite des Aggregats wieder auf. Es muß ihn also der Riemen erwischt und über die ganze Anlage hinweggeschleudert haben.

Auch an einen anderen Unfall seines Vaters, auf der Allee zum Bruderhof, erinnert sich Jochen Kreyssig. Da kam der Vater vom Acker und saß auf dem Saatkasten der Drillmaschine, die aus zwei Geräten bestand - vorn zwei Rahmen zum Steuern und hinten der Kasten mit den

Scharen - und von Pferden gezogen wurde. Und dann lief die Maschine, die ohne Deichsel gefahren wurde, den beiden jungen Pferden in die Hufe. Die sprangen an und gingen durch. Kreyssig fiel herab und geriet so unglücklich zwischen die vordere und hintere Maschine, daß er hilflos unter den Scharen hing. Er hatte die Leine noch in der Hand und wurde so etliche Meter weit mitgeschleift. Als er dann eigentlich nicht mehr konnte, schlug das rechte Vorderrad an den Mast der Telefonleitung. Die Drillmaschine flog weg, das Ortsschild riß ab, die Pferde galoppierten davon - aber Kreyssig stand, zwar erheblich lädiert, wieder auf und hatte es überlebt.

Für Lothar Kreyssigs Söhne ist es ganz gewiß nicht leicht gewesen, mit diesem Vater, der sich selbst nicht schonte und auch anderen alles abverlangte, zurechtzukommen. Sie haben seine Erziehung oft als zu strenges Reglement, nur manchmal auch als Partnerschaft erlebt. Als Peter Kreyssig, schon zu Beginn des Krieges, für ein halbes Jahr vom Arbeitsdienst für die Arbeit auf dem Hof freigestellt worden war, lief das nach strengen Richtlinien ab:

> Morgens in aller Herrgottsfrühe schmiß er einen raus. Und wenn ich in der Mittagspause fünf Minuten zu spät auf dem Hof war - da wurden mit der Glocke die Pausen angegeben und zum Essen geläutet - wenn ich da nicht pünktlich war, hörte ich schon seine Stiefel auf dem Dachboden, wo ich so ein Büdchen für mich hatte. Also dann holte er mich. Er hat nie etwas gesagt. Da reichte sein stummes Erscheinen an der Tür, um einen wie ein geprügelter Hund hinausschleichen zu lassen.

Auch Jochen Kreyssig hat so ein Schlüsselerlebnis. Er war mit seinen Brüdern und dem Vater auf dem Feld am Schwarzen Berg zum »Rübenschuffeln«, dem Jäten des Unkrauts zwischen der Rübensaat. Der Boden dort war ein »Fünf-Minuten-Boden«, der das Wasser nicht hielt und nun im Juni knochentrocken war. Man kam mit der Schuffel überhaupt nicht in die Erde hinein. Aus irgendeinem Grund waren er und Uwe barfuß auf das Feld gegangen, und das bei dem harten Lehm. Nach einer Viertelstunde waren sie fußkrank und hockten bloß noch herum. Peter meinte zum Vater, die Arbeit habe doch keinen Sinn, sie kämen ja sowieso nicht in die Erde. Außerdem hockten seine Brüder wie die Sandflöhe in der Furche und täten sich nur unnötig weh:

Und da hat Vater dann aus einer ich weiß nicht wie gearteten pädagogischen Erkenntnis gesagt, nun machen wir gerade weiter. Also sind wir den ganzen Vormittag völlig sinnlos über den Acker gestiegen. Ich bin sicher, wir haben mehr Rüben abgehackt als Unkraut. Aber er hielt das für gut.

Kreyssig war überhaupt kein geduldiger Pädagoge. Eine Zeitlang übte er mit den beiden jüngeren Söhnen das Geigespielen. Aber das endete meistens mit Tränen. Wenn das Instrument nicht schnell vernünftig klang, dann verlor er die Lust und haute auf den Tisch: Das kann man sich doch nicht anhören, das ist doch unmöglich, so ein Trottel! Oder wenn er saß und mit den Jungen Mathematik übte, das große Einmaleins, das kleine Einmaleins, so Peter Kreyssig, sei das eine fürchterliche Prüfung für sie gewesen.

Zum Glück für seine Söhne besann sich Lothar Kreyssig nur sporadisch auf seine Erziehungsaufgaben. Das ging dann allerdings manchmal schief. Jochen und Uwe Kreyssig, die fast gleichaltrig waren, haben als Jungen ihre Rivalität mit den Fäusten ausgetragen und sich »wie die Kesselflikker gekloppt«. Ihre Schlachten wurden freilich vertagt, wenn der Vater in der Nähe war. Irgendwann aber hatten sie wohl nicht aufgepaßt. Jedenfalls kam ihr Vater aus seinem Büro gestürmt, von wo aus er die Rempelei der beiden beobachtet hatte. Und ohne zu fragen und lange zu fackeln, kriegten beide ein paar Ohrfeigen - die einzigen, an die sich Jochen Kreyssig erinnert. Aber in diesem Fall war er wirklich unschuldig gewesen. Seine Mutter hatte das Malheur mitbekommen und zog mit den Jungen, um sie zu trösten, auf die Treppe zum Kornboden. Und da saßen sie heulend, Uwe links und Jochen rechts in Mutters Arm, und Peter kam dazu und entrüstete sich über die himmelschreiende Ungerechtigkeit des Vaters. Und dann kam Kreyssig in seinen Holzbotten und im Kittel über den Hof geschlurft und entdeckte seine Familie, die über seine Ungerechtigkeit jammernd auf der Treppe hockte. Er stand vollkommen fassungslos und verdattert vor den Seinen und begriff überhaupt nichts, hatte vielleicht die Ohrfeigen längst vergessen. »Und es war ganz schwer«, so Peter Kreyssig, »ihm deutlich zu machen, daß es gar nicht um diesen Anlaß und diese Geschichte ging, sondern ein Syndrom war dieses in seiner Welt beschäftigten Vaters, der dann urplötzlich als *Jupiter tonans* aus den Wolken kam und Familienvater sein wollte oder mußte.«

Auch Uwe Kreyssig hat eine ähnliche Erinnerung. Er war, so sagt er, in den Auseinandersetzungen mit seinem Bruder bis zur Weißglut reizbar. Bei einer dieser Rangeleien, als er im großen Eßzimmer hinter ihm herlief und so tat, als spucke er ihn an - »man tut so, zieht aber die Spucke nach innen, das konnten wir damals« - passierte es ihm einmal in seiner Wut und Erregung, daß er seinen Bruder wirklich anspuckte. Ausgerechnet in dem Moment kam der Vater zur Tür herein. Uwe bekam eine gewaltige Ohrfeige und wurde des Zimmers verwiesen. Er durfte auch nicht mit zu Abend essen, ging heulend ins Bett und ist darüber eingeschlafen. Doch irgendwann im Schlaf spürte er eine Hand, eine streichelnde Hand an seinem Kopf, und das war sein Vater.
In anderer Beziehung ließ Kreyssig seinen Söhnen hingegen viel Freiheit. Die Jungen hatten eine Piratenbande gegründet, Jochen Kreyssig war der Anführer. Sie hatten ihr Ruderboot mit einem Koggensegel ausgerüstet und sich auf der zum Hof gehörenden Insel ein Piratennest eingerichtet. Nachdem sie sich selbst das Segeln beigebracht hatten, durften sie mit der Jolle auch allein hinaus. Bis nach Rathenow sind sie gesegelt. Sie sind sich bewußt, daß ihre Eltern da auch ganz schöne Ängste ausgestanden haben. Manchmal kamen sie abends gegen den Strom und bei schlummerndem Wind, oder wenn im Außenbordmotor das Benzin ausgegangen war, erst weit nach Mitternacht nach Hause. Und dann wartete der Vater in Pritzerbe irgendwo an einem Steg und rief sie an, ohne je ein Wort zu schimpfen, nachdem er gedacht hatte, ihnen wäre etwas zugestoßen. Daß ihre Eltern darin großzügig waren und sie nicht mit Ängstlichkeit umgeben haben, rechnen sie ihnen hoch an.

Im Winter gab es auf dem Bruderhof gemeinsame Leseabende. Selbstverständlich erwartete Lothar Kreyssig nicht nur von seinen Söhnen, sondern auch von den Mitarbeitern, daß sie daran teilnahmen. Wenn jemand lieber zu Bett gehen wollte, empfand er das als Verrat an der gemeinsamen Sache. Das wurde zwar hingenommen, aber doch mit Betroffenheit. An diesen Abenden wurde aus dem *Parzival* von Albrecht Schaeffer, einem Lieblingsdichter Kreyssigs, vorgelesen, oder aus dessen Odysseus-Nachdichtung *Der göttliche Dulder*. Oder Gedichte aus der Sammlung *Kristall der Zeit*, Texte von Bergengruen und Hans Carossa, oder die Balladen des Börries von Münchhausen, der auch zu Kreyssigs

Lieblingsdichtern zählte. Als dieser im Frühjahr 1945 starb, verfaßte Kreyssig einen Nachruf, ein leidenschaftliches Gedicht: Börries von Münchhausen ist tot!

Mit Werner Bergengruen stand Lothar Kreyssig im gelegentlichen Briefwechsel. »Sie haben mich auf eine großartige Weise beschenkt, und ich erfahre immer wieder mit Beglückung, wie sehr ich mit diesem oder jenem Vers mitten in Ihrer hingebungsvollen Arbeit, mitten in der von Ihnen gesammelten Gemeinschaft zugegen sein darf«, heißt es in einem Brief Bergengruens.[9] Kreyssig zitierte Bergengruen häufig in seinen Briefen und Rundbriefen und verschenkte mit Vorliebe seine Bücher.

> Er war, den überlebensgroßen Mythologen Albrecht Schaeffer ablösend, der letzte Meister des deuterischen Wortes in unserem Leben, übrigens in seiner Vollmacht baltischer Weite und Ursprünglichkeit auch einer der frühesten ... In der Vollmacht des Dichterpropheten, ökumenisch, wie sonst ringsum noch nichts und niemand, hat der Meister uns Versöhnung, Auferstehungswirklichkeit, als Perfektum, als *›Heile Welt‹* gepriesen. Und bis zum letzten Tag vor dem Absprung in die andere Welthälfte, Jahre über den Tod hinaus, war der Raum, die Zeit von diesem Perfektum bestimmt und ausgefüllt, wie in einem Gewässer, in das man einen Stein geworfen hat, die Wellen pausenlos und lückenlos, ein Ganzes, zum Ufer eilen ... Also war die Welt, indem wir sie heilgesprochen, mit uns doch nicht zu Ende. Während wir den konzentrisch zum Ufer eilenden Wellen verzaubert nachschauten, hat ›es‹ in dem alten Meister weitergeschrieben. Wir steigen aus ins Niemandsland der Epigonen. Da tritt er uns entgegen und streckt uns, lächelnd, wie nur Vollendete vermögen, die Hand zum Willkommen hin. Und wenn wir sie ergreifen, wird alles, was in uns bergengruenisch verwahrt und versiegelt ist, noch einmal regsam und bildekräftig werden.[10]

Einen *Schutzbrief für den Bruderhof*, der, auf Pergament geschrieben und gesiegelt, noch heute dort hängt, hat Bergengruen nach der Familienüberlieferung eigens für Kreyssig gedichtet: »Dieser Brief ist geschrieben aus Glauben, Hoffen, Lieben / Wer ihn in seinem Hause hält, dem schlägt kein Hagel ins Weizenfeld ...«

Auf dem Bruderhof wurde, nicht anders als zuvor in Flöha, regelmäßig gemeinsam musiziert, bis in die Kriegszeit hinein, Bach, Haydn, Mozart, Brahms. Im Sommer spielte man, wann immer es ging, im Garten Streichquartett oder, wenn Hans Trost aus Flöha kam, das Klarinetten-Trio Opus 11 von Beethoven. In der Hofgemeinde wurde auch mehrstimmig gesungen, kaum jemand entzog sich dem. Sein Vater war ein sehr guter Geiger, meint Uwe Kreyssig, der später Musik studiert hat und Sänger und Regisseur an der Komischen Oper in Berlin war, viel musikalischer sei aber seine Mutter gewesen. Doch wenn mal was schief ging, konnte er sie unheimlich anfauchen. – »Mutti war glänzend im Improvisieren, aber Vater wollte es gern genauer haben.«

Gott sei Dank, sagt Peter Kreyssig, habe er nie bei seinem Vater Musikunterricht gehabt, so habe er das gemeinsame Musizieren, anders als seine Brüder, nur in guter Erinnerung. Als der Vater ihn eines Tages Klavier üben hörte, sagte er: Mensch, das ist ja gut, was du machst, und er fing an, leichte Sonatensätze von Haydn und Mozart mit ihm zu spielen. Lob von seinem Vater sei etwas ganz Seltenes gewesen, das habe ihm Selbstvertrauen und Sicherheit gegeben. So sei auch das Cellospielen seine Leidenschaft geworden. »Wenn mein Vater verstanden hätte, etwas mehr Ermutigung zu verströmen an seine Kinder, dann wäre das sicher segensreich gewesen. Leider neigte er dazu, vor allem, wenn andere dabei waren, uns eher runterzumachen. So kritisch wie er zu sich selbst war, hat er auch uns behandelt.« Im Grunde genommen sei sein Vater ein Träumer gewesen. Er habe sich ununterbrochen Dinge erträumt und versucht, die Wirklichkeit, und eben auch seine Söhne, danach zu formen.

Dann wieder konnte er wunderbar locker sein und partnerschaftlich mit ihnen umgehen. Peter, dem Ältesten, erzählte er eines Tages, daß in Brandenburg ein Kammerorchester gegründet würde, ob er nicht auch Lust habe mitzumachen. Er spiele doch jetzt ganz gut auf dem Cello. So sind sie monatelang alle 14 Tage mit dem Rad, bei Wind und Wetter, nach Brandenburg gefahren, der Vater mit der Geige auf dem Gepäckträger, der Sohn mit dem Cello auf dem Rücken:

> Und das nach seinem Arbeitstag! Morgens das Amtsgericht, nachmittags auf dem Hof bis zum Geht-nicht-mehr, und abends um halb sieben mit mir nach Brandenburg. Dort haben wir dann unter Leitung eines skurrilen Dirigenten Herzwunden von Grieg und solche Sachen gespielt. Er machte das im Grunde für mich, nach seinem Geschmack war es nicht. Ich weiß noch, als wir ein-

mal morgens um halb eins wieder zu Hause ankamen - wir hatten den größten Teil der Strecke schieben müssen, weil es geschneit hatte –, da sagte er an der Haustür: Alles für die Kunst, aber heute abend war es ein bißchen mehr als alles.

Und dann kriegte er plötzlich die Idee, wir müßten hier im Dorf kulturell etwas tun. Er lud also die Bauern zu sich ein und las ihnen Gedichte vor, und dann wurde Kammermusik dazu gemacht, alles von der Familie bestritten. Ihm war es rätselhaft, daß die Leute dabei einfach einschliefen, bzw. es mit verzweifelter Energie durchstanden und sich alsbald wieder verabschiedeten. Also er hatte nicht immer das richtige Sensorium für das, was einer Situation entsprach. Aber er hat es unglaublich zäh versucht und mit einer Courage, die ich heute noch bewundere.

Am Montag, den 2. August 1937, trat Lothar Kreyssig seinen Dienst am Amtsgericht in Brandenburg an der Havel an. Von nun an war er doppelt belastet:

> Dem Dienstbeginn in Brandenburg gingen allmorgendlich vier Stunden Knechtsarbeit an Kühen, Pferden, Kälbern und Schweinen voraus. Gegen 11 Uhr konnte der Herr Amtsrichter am Schreibtisch eingenickt sein. Aber wenn es klopfte, funktionierte in der Gegend des Nabels hintergründig ein Wecker. Und der Locus, wo man ungestört eine Viertelstunde repetieren konnte, war ausgesprochen, geradezu unpreußisch gemütlich.[11]

Peter Kreyssig meint, daß sein Vater in dieser Zeit ständig unter dem Zwiespalt zwischen Pflicht und Neigung gelitten habe. Es sei ein »furchtbares Gezerre« gewesen zwischen den Anforderungen dieses Berufes, von dem er sich eigentlich hatte lösen wollen, den er aber aus finanziellen Gründen ausüben mußte, und der Arbeit auf dem Bruderhof. Im Tagebuch sind Notizen über das Gericht eher spärlich. Am dritten Tage nach Dienstbeginn notierte Kreyssig, daß ein Kollege von der Gestapo nach Potsdam gebracht worden sei. Einmal ist von einem unausweichlichen Abendschoppen mit einigen Kollegen die Rede, ein anderes Mal, daß er »am Amtsschreibtisch zwischen Aktenhaufen« ein paar Gedichtzeilen aufgeschrieben habe. Zwei Seiten später aber heißt es: »Dienstlich so viel zu tun, daß zur Mitarbeit zu Hause nicht viel Zeit bleibt. Was soll hier werden? Sorgt nicht!«

In diesem Herbst 1937 kriselte es zwischen Lothar und Hanna Kreyssig. Sie hatte zweifellos Schwierigkeiten, mit dem Bauernleben und der Beschränkung auf den Bruderhof zurechtzukommen. Zumal sie in ihrer nüchternen Art seine hochfliegenden theologischen und ökologischen Motive wohl nur zum Teil nachvollziehen mochte. Und er wiederum hatte durch seine Arbeit auf dem Amt und in der Bekennenden Kirche viel mehr Außenkontakte als sie und die Möglichkeit, sich den gleichförmigen Anforderungen des Hofes zu entziehen. So konnten Verstimmungen zwischen den Eheleuten nicht ausbleiben. Hanna scheint bei der gemeinsamen Arbeit dem Verwalter Karl Blase ein wenig näher gekommen zu sein. Anfang September war Kreyssig mit Blase einen Tag nach Berlin gefahren, Hanna sollte sie vom Bahnhof abholen und verspätete sich. Sie kam 36 Minuten zu spät, wie Kreyssig minutiös vermerkte, »bei schwerem, schwülen Wetter, sehr abgespannt mit Tränen für mich, durch die für ihn ein Lächeln schien«. Kreyssig verrannte sich in den folgenden Wochen in eine blinde, gewiß unbegründete Eifersucht. Als Hanna an einem Sonntagnachmittag mit Karl Blase Kahnfahren war und drei Stunden fortblieb, machte er ihr eine Szene. Ins Tagebuch schrieb er an diesem Tag: »Ich weiß, daß nichts geschehen ist, ich weiß ... Meine Ahnungen stehen gegen mich auf.« Einen Monat später bricht er das Tagebuch, von Eifersucht gequält, ab.

Aber die Liebe war stärker. Zwei Jahre später, am 25. Oktober 1939, wurde Johanna und Lothar Kreyssig ein vierter Sohn geboren, Christoph Johannes:

Der Jüngste

Das muß man sehen, wie du über die Schwelle strömst. -
Die Linke stößt die Tür beiseit,
als wenn sie nicht schon längst geöffnet wäre.
Die Rechte schiebt den Pfosten fort.
Und alles, was je eine offne Tür geheißen,
auf deinem Lächeln fließt's herein,
will zwischen Finden und Erwarten
uns auf ein Weilchen selig sehn -
Und löst sich sachgemäß am Schwanz des Schaukelpferds,
ihn lustvoll mit Getöse endlich auszureißen.

Während sich die anderen Söhne unter Schmerzen und Freuden aus vollbürtigen Sachsen in Märker verwandelt haben, allesamt zu harter Bauernarbeit angehalten, schrieb Kreyssig, sei Christoph, der Nachgeborene, von der ersten Stunde an ein in jedem Betracht urwüchsiges Bäuerlein gewesen. Die älteren Brüder liebten, wie alle auf dem Hof, Christoph aufs innigste. Sie fühlten sich für den kleinen Bruder mitverantwortlich und nahmen ihn, wann immer es ging, zu ihren Spielen und zur Arbeit auf den Feldern mit. Der Bruderhof, so Jochen Kreyssig, war mit seinen Ställen, Böden, Kellern, Schuppen, seinen Feldern eine Welt, wie für ihn geschaffen. Eine Welt, in der der kleine Bruder verwurzelt war, ohne Angst vor den Tieren, ohne Angst vor irgend jemandem, und sein Leben, ein kurzes Leben, in vollen Zügen ausgekostet hat.

Anmerkungen

1 PA Kreyssig. Gesuch an den Reichsminister der Justiz vom 24. Januar 1937, Anlage, S.1f.

2 Brief der Evangelischen Brüder-Unität Herrnhut vom 03. April 1975 an Lothar Kreyssig. Darin wird aus einem Brief Kreyssigs an die Herrnhuter Brüder-Unität vom 10. Februar 1970 zitiert und um die Genehmigung zum Abdruck gebeten.

3 Nachlaß Kreyssig. Tagebuch 1937, S.1.

4 AB II, S.19f.

5 Vgl. Dreidax, Franz: Das Bauen im Lebendigen. München, 1939 (Demeter-Schriftenreihe, Bd.1).

6 Brief Lothar Kreyssigs vom 19./20. Juli 1982 an seine Söhne und ihre Familie und an Elisabeth Weingärtner.

7 Lothar Kreyssig: Heim ins Feld, Rundbrief, o.D. [1977].

8 Jochen Kreyssig: Erinnerungen. Manuskript, 1997, S.39ff.

9 Brief Werner Bergengruens an Lothar Kreyssig vom September 1962, handschriftlich, auf der Rückseite der Danksagung zu Bergengruens 70. Geburtstag mit dem Gedicht »Wieder bei Nacht«. Nachlaß Kreyssig.

10 Nachlaß Kreyssig. Textfragment, ohne Datum, nach 1965.

11 AB II, S.18.

Kapitel 8

Der Dienst zu Seiner Rechten

Alsbald nach seinem Umzug in die Mark Brandenburg hat Lothar Kreyssig seine Arbeit für die Bekennende Kirche fortgesetzt. Er wurde ohne Umstände, da man ihn ja von den Reichssynoden her kannte, in den Kreisbruderrat und in den Provinzialbruderrat kooptiert. Während des Krieges war er ordinierter Laienpastor der heimischen Bauerngemeinde, der, so seine eigenen Worte, wenn er am Sonntag auf der Kanzel stand, unbestreitbar derselbe Mann war, der wochentags auf dem Jauchewagen durch das Dorf fuhr. »Doch war, wie das Bauerndasein zur Linken Gottes, jetzt der Dienst zu Seiner Rechten in der Mark dem Alltag näher.«[1] Auch theologisch fühlte er sich in der brandenburgischen Bekenntnisgemeinschaft heimisch und galt dort, so Helmut Gollwitzer, schon bald als einer der wichtigen Laien, während er selbst noch »ein junger Mann in der Bekennenden Kirche« gewesen sei. Seine Verbindung zu Kreyssig sei jedoch erst nach seiner Rückkehr aus der Gefangenschaft, in den fünfziger Jahren entstanden:

> Der Kreyssig kam ja von rechts politisch und ich kam von extrem links. Und gerade bei ihm war mir deutlich, wie belanglos das wurde. Das zeigt sich in solchen Fällen, daß Themen, die in anderen Perioden lange Gespräche zur Folge hätten, auf einmal uninteressant werden, so daß man sie streift, aber mehr achselzuckend dann auf die Seite legt. Und das hab ich in diesen Fällen sehr eindrucksvoll erlebt, daß also mit dem Verschwinden der Weimarer Republik und dem Auftauchen der Hitlerei, eine ganze Reihe von Themen völlig uninteressant wurden. Eine richtige Verdrängung war das durch die neue Gemeinschaft. Mit so einem Menschen, mit dem Lothar Kreyssig, hätte mich vor 33 nichts verbunden, nur Widersprüchliches. Und jetzt auf einmal war man im gleichen Lager und in der gleichen Not ...[2]

Die Brandenburger Provinzialsynode hatte sich im Dezember 1935 auf der Synode in Dahlem vom bisherigen Verbund der Berlin-Brandenburgischen Synode gelöst. Anlaß dafür war die Einsetzung der Kirchenausschüsse durch den Reichskirchenminister gewesen, worin die Brandenburger Synodalen einen unzulässigen staatlichen Eingriff sahen, den hinzunehmen sie nicht bereit waren. Eine Mehrheit der Berliner, vor allem aber ihr Bruderrat, war eher taktisch-pragmatisch ausgerichtet und suchte die letzte Schärfe im Kirchenkampf zu vermeiden. Der Brandenburger Bruderrat hingegen, zu dessen Präses Kurt Scharf gewählt worden war, ging – ganz im Geist der Synoden von Barmen und Dahlem-, einen theologisch klaren und kirchenpolitisch geradlinigen Weg, der auch dem Kurs des altpreußischen Bruderrates entsprach.
Zu diesem bekenntnistreuen Kreis also stieß Lothar Kreyssig im Sommer 1937. Zu denen, die im Brandenburger Bruderrat viel für die Bekennende Kirche gewagt und bewirkt haben und nun seine engen Weggefährten wurden, gehörten die Pfarrer Erich Andler, Otto Dibelius, Günter Jacob, Georg Seyler, Eugen Weschke und Heinrich Vogel, der auch Dozent an der Kirchlichen Hochschule war, sowie die Laien Friedrich Freiherr von Falkenhausen, ein bekannter Dante-Forscher aus Potsdam, die Rittergutsbesitzer Wilhelm von Arnim-Lützlow und Detlev von Arnim aus Kröchlendorff, bis November 1933 Reichstagsabgeordneter für die Deutschnationale Volkspartei, sowie Studienrat Wolfgang Lindner aus Brandenburg. Und, was in den Bruderräten der Bekennenden Kirche eine Ausnahme war, eine Frau, Frau von Gottberg aus Potsdam. Kurt Scharfs Sekretärin und gute Seele des Bruderrates war Senta Maria Klatt, mit der auch Kreyssig eng zusammenarbeitete. Besonders wichtig für ihn wurde Wilhelm Groß, der Bildhauer aus Eden bei Oranienburg.
Der Bruderrat tagte einmal im Monat in der Geschäftsstelle in der Berliner Alexandrinenstraße, manchmal auch häufiger. In diesen Sitzungen ging es regelmäßig auch um den grundsätzlichen Kurs der Bekennenden Kirche. Immer wieder wurde die Frage debattiert, ob und wieweit man sich auf die Kompromißangebote des Staates einlassen dürfe. Daneben ging es um die ganz praktischen Dinge in den Gemeinden: Welcher Pfarrer oder Hilfsgeistlicher ist gemaßregelt worden um seiner Predigt willen oder weil er eine Kanzelabkündigung der Bekennenden Kirche verlesen hat? Wie kann ihm oder seiner Familie gehol-

fen werden? Für welchen Zweck werden die Kollekten ausgeschrieben? Wie werden sie verteilt? Die Debatten im Bruderrat waren zuweilen heftig und kontrovers, das konnte bei der Verschiedenheit der Persönlichkeiten und den diffizilen Fragen, über die man sich einigen mußte, nicht anders sein. Dennoch, das Wissen um die gemeinsame Verantwortung und der Wille, gegen die Bedrückung des Staates zusammenzustehen, überwog. Kurt Scharf über Lothar Kreyssigs Rolle im Bruderrat:

> Nein, aufbrausend war Kreyssig nicht. Er war durchaus temperamentvoll und oft überraschend in seinen Ideen, auch in seinen Kombinationen, und war eben für uns verblüffend als Laie in - also theologische Formulierungen ist eigentlich nicht die treffende Bezeichnung. Es waren wie in seinen meditativen Rundbriefen biblisch und fromm formulierte Eigenprägungen der Frömmigkeit, sowohl der Glaubensaussage als auch der ethischen Forderungen. Und wir empfanden sie oft als ein wenig schwärmerisch, seine Formulierungen, auch seine Visionen, aber es war prophetisch. Und er hat ja oft gegenüber uns nüchterner Urteilenden gegen allen Augenschein recht behalten.[3]

Eine andere Aufgabe des Bruderrates war die regelmäßige Zusammenstellung der Fürbittenlisten für die gefangenen oder gemaßregelten Pfarrer und Laien. Diese Fürbitten wurden in den Gottesdiensten verlesen und haben die Bekenntnisgemeinden zugleich verbunden und informiert. Die Verlesung der Namen war ein Akt der öffentlichen Solidarisierung, auch wenn das seinerzeit nicht von allen Pfarrern der Bekennenden Kirche so gesehen wurde und die politische Funktion der Fürbitte durchaus umstritten war. Die Gestapo hatte offenbar recht bald die Brisanz der öffentlichen Fürbitte verstanden, ohne jedoch zunächst dagegen vorzugehen. Ab 1938 aber wurde das Verbreiten und Verlesen der Fürbittenlisten vielfach geahndet, zahlreiche Pfarrer wurden wegen »Kanzelmißbrauchs« angeklagt und verurteilt.[4]

Auch Lothar Kreyssig bekam wegen der Fürbitten Ärger. Im Juni 1938 fragte sein Dienstherr, der Landgerichtspräsident aus Potsdam, an: »Nach einem Bericht über den Verlauf der Monatsversammlung der Bekenntnisfront am 13. Oktober 1937 in Brandenburg sollen sich die Teilnehmer, als Pfarrer Tecklenburg begann, die Namen der in Haft befindlichen Pfarrer und sonstigen Bekenntnis-Leute zu verlesen, erhoben haben.

Sie haben an dieser Versammlung teilgenommen. Ich ersuche um Äußerung, ob auch Sie sich bei dieser Gelegenheit erhoben und die Verlesung stehend angehört haben.«[5] Kreyssigs Antwort ist schlitzohrig und lapidar: Ob die Versammlung der Bekennenden Kirche, an der er teilgenommen habe, am 13. Oktober 1937 stattfand, wisse er nicht mehr. An Einzelheiten des Verlaufs erinnere er sich nicht. Falls er zugegen gewesen sei und die Gemeinde sich bei der Fürbitte für die Verhafteten erhoben habe, habe er das gleiche getan.[6] So belanglos diese Episode auch sein mag, sie zeigt in einem erhellenden Detail den totalitären Anspruch des nationalsozialistischen Staates, der selbst vor dem Privatesten, dem Gebet, nicht haltmachte.

Das Jahr 1937, in dem Kreyssig zur Bekennenden Kirche in Brandenburg stieß, sollte das schwerste Jahr des Kirchenkampfes werden. Staatliche Repressionen erfolgten Schlag auf Schlag. Ab Mitte Mai wurden Hunderte Pfarrer und Gemeindemitglieder verhaftet, Redeverbote wurden verhängt und Prediger ausgewiesen. Kirchenzeitungen wurden verboten und das Drucken von Flugschriften zur Unterrichtung der Gemeinden untersagt. Am 23. Juni sprengte die Gestapo eine Sitzung des Reichsbruderrates in der Friedrichswerderschen Kirche zu Berlin und verhaftete die Mitglieder des altpreußischen Bruderrates. Am 1. Juli wurde Martin Niemöller von der Gestapo zu einer »Vernehmung« abgeholt, aus der acht Jahre Haft im Konzentrationslager werden sollten. Am 2. August wurde auch Otto Dibelius festgenommen und wenige Tage später vor ein Sondergericht gestellt, weil er in einem offenem Brief den Reichskirchenminister angegriffen hatte. Er wurde jedoch freigesprochen. Einen letzten, schweren Schlag stellte der Erlaß Heinrich Himmlers vom 29. August dar. Unter Berufung auf das Ermächtigungsgesetz von 1933 lösten die Nationalsozialisten die Ausbildungsstätten und Prüfungsämter der Bekennenden Kirche auf und verboten sämtliche theologischen Kurse und Freizeiten. Fortan mußte die Ausbildung in der Illegalität fortgesetzt werden.
Kreyssig war am 23. August in Berlin und hat, vermutlich zum erstenmal, an der Sitzung des altpreußischen Bruderrates teilgenommen und dort auch Dibelius getroffen. Am 28. August fand in der Brandenburger Katharinenkirche ein Bittgottesdienst für die Verhafteten statt. »Hanne schwere Bedrückung hinterher«, vermerkte Kreyssig im Tagebuch. Das

läßt darauf schließen, daß er sich etwa ab Mitte August, nach der Einarbeitungszeit auf dem Bruderhof, wieder aktiv in die Arbeit der Bekennenden Kirche eingebracht hat. Notizen Kreyssigs aus dieser Zeit gibt es verständlicherweise kaum, schon gar nicht zu Personen oder kirchenpolitischen Vorgängen. Auch die Protokolle der Bruderratssitzungen, selbst der Bekenntnissynoden, verschweigen vieles von dem, was tatsächlich verhandelt worden ist. Manches läßt sich, wenn auch lückenhaft, aus den Erinnerungen der Zeitgenossen rekonstruieren. Andere Geschehnisse sind verblaßt und bleiben notgedrungen undeutlich. Auch Lothar Kreyssig konnte rückblickend vieles nur noch in groben Konturen nachzeichnen, obgleich Volker von Törne ihn beharrlich nach Details befragte. Es sei ihm selbst völlig rätselhaft und nicht mehr erklärlich, wie er das alles bewältigt habe und wie das in ein Menschenleben hineingegangen sei.

Ein ständiger Streitpunkt der Bekennenden Kirche mit dem Staat und der Kirchenleitung waren die Kollekten. Der Bekennenden Kirche war die Ausschreibung von Kollekten untersagt worden, die aber unentbehrlich für sie waren. Denn sie dienten ja vor allem dazu, den illegalen jungen Theologen, der jungen Mannschaft der Bekennenden Kirche in den Gemeinden und an den illegalen kirchlichen Hochschulen, deren Ausbildung und Ordination von Kirchenleitung und Staat nicht anerkannt wurde, einen ausreichenden, wenn auch schmalen Lebensunterhalt zu sichern. Auch für die Rechtshilfe in all den Prozessen, die zu führen waren, wurde Geld gebraucht. Immer wieder kam es zur Beschlagnahme des gesammelten Geldes und zur Verhaftung von Pfarrern und Vikaren wegen Mißachtung des Kollektenverbotes. Einer der Vikare in Brandenburg, die mehrfach davon betroffen waren, war Johannes Müller. Er saß 1937 den ganzen Sommer über im Gefängnis in der Potsdamer Lindenstraße, wo, wie er sagt, damals über ein Zehntel der Häftlinge Pfarrer waren. Nach vier Wochen wurden sie entlassen und sollten einen Revers unterschreiben, künftig das Sammlungsgesetz zu beachten. Nur ein alter kranker Pfarrer, der sich den Haftstrapazen nicht länger gewachsen fühlte, unterschrieb, die anderen weigerten sich und kamen nach drei Tagen erneut in Haft. Georg Jagdhuhn gehörte damals zum CVJM der Bekenntnisgemeinde der Brandenburger St. Gotthardtskirche, einem Kreis junger Männer, mit denen Lothar Kreyssig regelmäßig Bibelstunde hielt:

> Es war dann so, daß die Kollekte nicht mehr vom Küster in die Sakristei oder aus der Kirche gebracht wurde, sondern sie wurde auf den Altar gestellt. Wir dachten, da traut die Gestapo sich nicht 'ran. Und wenn sie die wegnehmen, dann soll das vor aller Augen geschehen. Die kamen also und sagten: »Wir wollen die Kollekte beschlagnahmen«. – »Ja, holen Sie sie sich doch.« Dann sind sie zum Verhandeln in die Sakristei gegangen, der Küster hat die Sakristeitür zugemacht, und wir als junge Leute sind hin, haben die Kollekte genommen und sind damit verschwunden. Haben sie uns in die Strümpfe gestopft und sonstwohin. Manchmal haben wir uns sogar oben hinter der Orgel versteckt und uns die dummen Gesichter der Polizisten angeguckt.[7]

Präses Kurt Scharf handelte dann mit der Geheimen Staatspolizei einen Kompromiß aus: In den Gottesdiensten der Bekenntnisgemeinden wurde nunmehr der vom Konsistorium vorgegebene Kollektenzweck genannt, das Geld aber wurde an die Kassenverwaltung der Bekennenden Kirche abgeführt. Dennoch blieb die Situation der illegalen Vikare, die ganz auf diese Spendengelder angewiesen waren, sehr schwierig. Klaus Block war einer dieser Vikare, in Brandenburg-Görden, einer Gemeinde in der Nähe von Hohenferchesar. Er und seine Frau hatten intensiven Kontakt zum Bruderhof, Lothar Kreyssig wurde Pate ihrer ersten Tochter. Irmgard Block erzählt[8], wie schwer es für sie als Pfarrfrau eines Illegalen war, ohne reguläres Gehalt zurecht zu kommen. Sie konnten nicht im Pfarrhaus wohnen, sondern mußten eine Mietwohnung nehmen, für die fast alles Geld draufging. Es sei eine fürchterliche Hungerei gewesen. Manchmal habe dann morgens eine Wurst an der Tür gehangen und dies und das, was die Leute vom Görden, einer Arbeitersiedlung, so abgeben konnten. Oder Kreyssigs Jungen, Uwe und Jochen, hätten ein Rucksäckchen voller Kartoffeln oder ein paar Eier gebracht. So seien sie irgendwie über die Runden gekommen.

Ab 1938 war Kreyssig wieder Synodaler und nahm an der sechsten Bekenntnissynode der altpreußischen Union vom 11.–13. Juni 1938 in Berlin-Nikolassee teil. Als Mitglied des theologischen Ausschusses war er an der Ausarbeitung der Kanzelabkündigung gegen die Maßnahmen der staatskirchlichen Behörden beteiligt, die in der Folgezeit zu heftigen Auseinandersetzungen führen sollte. Ausgehend vom Schicksal

Martin Niemöllers und Paul Schneiders setzte sich diese Abkündigung mit dem Widerstreit auseinander, in den die Pfarrer und Gläubigen, die treu zum Evangelium standen, durch obrigkeitliche Anordnungen gekommen waren. Niemöller und Schneider, so heißt es darin, werde die ihnen befohlene Verkündigung unmöglich gemacht; in dem, was ihnen widerfahre, werde die Kirche getroffen. Immer mehr Brüder litten unter der Gewissensnot, in die sie durch den Zwiespalt zwischen dem von Gott befohlenen Dienst und dem Willen staatlicher Stellen gerieten. Kreyssig hatte im theologischen Ausschuß zunächst einen eigenen Entwurf vorgelegt, in dem die Verhaftung und Verurteilung Niemöllers nicht nur als Beschränkung der Verkündigung, sondern auch unter rechtlichen Aspekten betrachtet werden sollte. Damit konnte er sich jedoch nicht durchsetzen. Kreyssig legte seinen Standpunkt dann noch einmal im Plenum dar. »Das Plenum vertrat jedoch, ebenso wie auch die Mehrheit des Ausschusses, die Meinung, daß uns Gott noch nicht die notwendige Einsicht geschenkt habe, um über den Fall Niemöller von der rechtlichen Seite in der Öffentlichkeit Stellung zu nehmen. Ich habe unter Zurückstellung dieser Bedenken der Unvollständigkeit dem Entwurf im Plenum zugestimmt.«[9]

In Kreyssigs Nachlaß findet sich der handschriftliche, mehrfach korrigierte und teilweise gestrichene Entwurf eines Antrages zur Einberufung einer Reichssynode. Möglicherweise hat Kreyssig diesen Text für die Synode in Nikolassee entworfen, oder es waren Gedanken für seinen der Arbeitsgruppe vorgelegten Antrag. In der ersten Fassung, soweit rekonstruierbar, heißt es:

> Nun ist es offenkundig, daß in Deutschland ungehindert Unrecht geübt, ja von der Obrigkeit gehütet und in staatlichen Einrichtungen mit dem Schein des Rechtes festgehalten wird. Die Gewissen christlicher Menschen sind seit Jahren hierüber erschrocken, aber schon abgestumpft, im übrigen teils verstockt, teils gleichgültig. Solches Unrecht geschieht nun auch Martin Niemöller. Weil es ihm um seines Dienstes am Evangelium willen geschieht, leidet er in gehorsamer Nachfolge, und es erfüllt sich an ihm, was der Kirche in der Schrift vorhergesagt ist. Er erleidet Unrecht zum Zeichen, daß die Kirche sich zu prüfen hat, ob sie den über die Herrschaft des Wortes verstockten und abgestumpften oder erschrockenen Gewissen Mahnung und Trost ihrer Verkündigung in rechter Weise zuteil

werden lasse. Nach solcher Gewissensprüfung meinen und beantragen wir: Eine Reichssynode soll ...[10]

Auch wenn die Abkündigung, die dann in den Kirchen verlesen wurde, nicht die Deutlichkeit und Schärfe des Textentwurfes von Kreyssig hatte, die staatlichen Stellen reagierten heftig. Gegen einige Verfasser der Abkündigung - Superintendent Wolfgang Staemmler, Präses der altpreußischen Synode, sowie Pfarrer Müller-Dahlem und Lothar Kreyssig - wurde von der Berliner Staatsanwaltschaft ein Ermittlungsverfahren, u.a. wegen Verstoßes gegen das *Heimtückegesetz,* eingeleitet. Maßnahmen des nationalsozialistischen Staates würden in der Abkündigung »in einer den öffentlichen Frieden gefährdenden, zum Teil auch gehässigen Weise erörtert. Der Inhalt der Abkündigung ist ferner geeignet, das Vertrauen des Volkes zur politischen Führung zu untergraben.« Diese Anschuldigungen wurden später im Dienststrafverfahren gegen Kreyssig aufgegriffen. Das Ermittlungsverfahren selbst wurde auf Grund einer zu Kriegsbeginn ausgesprochenen Amnestie eingestellt.

Auch die Kirchgemeinde Hohenferchesar blieb vom Kirchenkampf nicht verschont. Als Kreyssig 1937 dorthin kam, amtierte im benachbarten Brielow Pastor Günther, in Hohenferchesar der Prädikant Kühl. Günther gehörte der Bekennenden Kirche an, während Kühl neutral war. Auch mit Kühl vertrug Kreyssig sich anfangs offenbar gut. Im Juni 1937 ließ er auf eigene Kosten eine Predigt Kühls drucken und im Ort verteilen. Prompt kam von seiner vorgesetzten Behörde, dem Landgerichtspräsidenten in Potsdam, die Anfrage, ob es zutreffe, daß er Flugblätter konfessionellen Inhalts unterzeichnet und verteilt habe. In beiden Orten, so Kreyssig, sei »in einer kirchlich sehr öden Umgebung« eine kleine Gemeinde ums Wort versammelt gewesen. In der Folgezeit kam es jedoch in den Gemeinden zu erheblichen Auseinandersetzungen. Das Konsistorium vertrieb Pfarrer Günther gegen den Willen der Gemeinde und auf dem Wege der Verwaltungszwangsvollstreckung aus dem Pfarrhaus, weil es seine Prüfungen, die er bei der Bekennenden Kirche gemacht hatte, nicht anerkannte, und berief Pastor Kühl nach Brielow. Die Gemeinde dort akzeptierte ihn jedoch nicht, woraufhin das Konsistorium einen übel beleumdeten Pfarrer schickte, der das geistliche Leben in beiden Orten gänzlich zum Erliegen brachte. Es gibt über diese Vorgänge einen ausführlichen Bericht Kreyssigs[11], in dem er auch versichert, außerhalb seiner Hausgemeinde im Dorf nicht für die Bekennende Kirche geworben zu haben, obgleich die Gemeinde Hohenferchesar über die Kirchengeschichte der letzten Jahre völlig ununterrichtet gewesen sei.

In dieser Situation übernahm es Kreyssig, abwechselnd mit einem Missionar, der in Hohenferchesar untergekommen war, den Sonntagsgottesdienst zu halten, wenn der Pfarrer Zander aus Brielow es versäumte. Diese Gottesdienste waren dem kleinen Kreis angepaßt und wurden in einer »aus den Lehren der letzten Jahre inhaltlich bereicherten, agendarischen Form« zunächst nicht in der Kirche, sondern in einem größeren Raum des Pfarrhauses gehalten. Dennoch führte das zu ständigen Auseinandersetzungen und Querelen. Der Gemeinde, die in »bescheidenster Form zur geistlichen Selbsthilfe« geschritten war, wurde vom Ortspfarrer der Gemeinderaum verboten. Die Trauung eines Mitarbeiters Kreyssigs, die der befreundete Pfarrer Klaus Block aus Brandenburg durchgeführt hatte, wurde ausgerechnet von jenem pflichtvergessenen Pfarrer Zander als »heidnische Verehelichungsfeier« diffamiert. Dessen Auslassungen, so Kreyssig, seien Ausdruck eines jeder Zucht entbehrenden Zorns und voller versteckter politischer Drohung gewesen.

Als der Pfarrer dann während des Krieges eingezogen oder versetzt wurde, hat Kreyssig die Gottesdienste regelmäßig in der Dorfkirche gehalten. Mehr als acht oder zehn Leute sind selten gekommen, und, so meint Peter Kreyssig, kirchlicher habe sein Vater wohl niemanden in Hohenferchesar gemacht. Auch von der Familie und den Mitarbeitern sei nur selten jemand mitgegangen:

> Das wurde auch nicht erwartet. Er ließ auch Freiwilligkeit am Sonntag walten. Er fragte beim Frühstück laut und öffentlich: »Wer geht mit mir in die Kirche?« Ich bin öfter mitgegangen, weil ich es unfair fand, ihn allein gehen zu lassen, nicht, weil es mich so besonders zog. Dann allerdings habe ich auch ein bißchen ein Sensorium bekommen für seine Predigten. Es hat mich tief betroffen, also echte, auch sehr tiefgreifende emotionale Erlebnisse habe ich da gehabt. Zwar nicht sehr häufig, weil ich dann auch immer wieder darunter litt, daß seine Predigten natürlich kilometerhoch über die Köpfe gingen. Er fing dann also an, irgendwas aus dem Parzival zu deklamieren oder »Mensch, wo blieb Dein Wälderherz, Dein grünes ...«,

> irgend so was ging dann los. Da haben die Leute natürlich etwas geguckt. Oder er hielt Kindergottesdienst und spielte dann irgendwas mit ihnen, spielte Geige mit ihnen. Er hat diese unglaubliche Gabe gehabt, an diesem Punkt seinen Herzensregungen ganz ungeniert nachzugeben, egal, wie komisch das wirken mochte. Diese innere große Selbständigkeit habe ich immer bewundert.

Die beiden jüngeren Söhne sehen das respektloser. Jochen Kreyssig sagt, daß er sich immer darum gerissen habe, den Orgelbalg treten zu dürfen. Da konnten die Jungen sich um die Predigten drücken und derweil im Turm aus den Schallöchern weit ins Land schauen oder auf dem Kirchenboden herumsteigen. Die Orgel spielte der Dorfschullehrer, der aber immer auf Kriegsfuß mit Takt und Tonfolge und der richtigen Handhabe von Pedal und Manual stand. Da habe dann die singfeste Phalanx der Hofgemeinde versucht, sich gegen die freien Rhythmen der Orgel durchzusetzen. Der Pastor Kühl habe seine Predigten nicht gehalten, sondern sie geschrien; er müsse wohl der Überzeugung gewesen sein, daß die Stärke seines Glaubens mit der Lautstärke der Verkündigung etwas zu tun habe. Dem Pastor Zander schließlich habe man nachgesagt, daß er allzusehr die Flasche liebe. Er sei immer furchtbar ungepflegt gewesen, sein Talar speckig und voller Flecken, die Ärmel ausgefranst:

> Vater während eines Gottesdienstes von Pastor Zander anzugucken erregte in mir abgrundtiefes Mitleid. Vater sah - wer ihn kannte, konnte das sehr gut erkennen - völlig verzweifelt und irritiert aus. Es schien sich sein theologisches Innere nach außen zu kehren vor Entsetzen über dessen Darbietungen und Auslegungen. Man hatte immer das Gefühl, jetzt steht Vater gleich auf und vertreibt, wie Christus die Händler und Geldwechsler aus dem Tempel trieb, diesen Pastor und hält den Gottesdienst selbst zu Ende. Als Vater dann predigte, habe ich damit immense Schwierigkeiten gehabt. Ich hatte immer das Gefühl, daß den Leuten das, was er eigentlich vermitteln wollte, durch seine Art der Formulierung einfach nicht mehr einging. Das war sicher theologisch Spitze, aber ich kann mir nicht vorstellen, daß ich allein nur so wenig von dem verstand, was Vater der Gemeinde predigte.

Einige Predigten Kreyssigs sind überliefert, auch jene mit der poetischen Einleitung, die Peter Kreyssig erwähnte. Lothar Kreyssig hat sie zum Erntedankfest 1939 in der Dorfkirche von Hohenferchesar über das Gleichnis vom reichen Kornbauer (Lukas 12.15-21) gehalten. Es ist eine Predigt, die auch autobiographische Züge trägt. Seine Erfahrungen als Bauer sind darin eingeflossen, der bäuerliche Alltag, die Nähe zur Natur, die er gesucht und in Hohenferchesar gefunden hatte - allerdings so bildhaft und hymnisch, daß es wirklich schwerfällt, sich die nüchternen märkischen Landwirte als Zuhörer vorzustellen.[12] Doch Kreyssig predigte nicht nur, er lebte auch, was er verkündete, und kümmerte sich regelmäßig um behinderte und alte Menschen in der Gemeinde. Er besuchte jahrelang die Eltern eines schwerbehinderten Kindes und den ältesten Einwohner von Hohenferchesar, Vater Sack, der einsam und völlig ertaubt in einem Haus in der Nähe der Kirche lebte. Und es sei selbstverständlich gewesen, so Jochen Kreyssig, daß sie dann während des Krieges den Leuten immer mal Lebensmittel brachten.

Zu einer neuerlichen Zuspitzung des Kirchenkampfes kam es im Frühjahr 1939 in der Stadt Brandenburg. Dort hatten sich die Deutschen Christen, wie Lothar Kreyssig schreibt, nur im Dom einnisten können, die übrigen Gemeinden seien, »mit Nuancen, märkisch-altpreußisch bekenntnistreu« gewesen. In einigen Gemeinden hatten sich, nachdem die wenigen Deutschen Christen unter Protest ausgeschieden waren, die Gemeindekirchenräte als Bruderrat konstituiert. Ähnlich waren die Verhältnisse im Kirchenkreis. Zentren der Bekenntnisgemeinde waren St. Katharinen in der Neustadt, an der Johannes Müller Vikar war, und in der Altstadt die St. Gotthardtskirche. Deren Pfarrer, Paul Tecklenburg, war zugleich Kreispfarrer der Bekennenden Kirche und nahm, da es keinen berufenen Amtsträger gab, auch die Aufgaben eines Superintendenten im Kirchenkreis wahr. Mehrere vakante Pfarrstellen waren durch den Bruderrat mit illegalen Vikaren der Bekennenden Kirche besetzt worden. Die bekenntnistreuen Gemeinden hatten regen Zuspruch, während in die Gottesdienste der Deutschen Christen, wie Pfarrer Tecklenburg an das Konsistorium berichtete[13], zwischen sieben und hundert Leute kamen, »darunter dreißig hineinkommandierte Konfirmanden«. Die Kollekte in einer der DC-Kirchen habe an einem Sonntag zwölf Pfennige ergeben. Um in den übrigen Gemeinden überhaupt Deutsche Christen in Erscheinung treten zu lassen, würde der größte Teil der Dombesucher in andere Kirchen umgeleitet.

Dem etablierten Kirchenregiment in Berlin waren die starken und lebendigen Bekenntnisgemeinden in der Stadt Brandenburg längst ein Dorn im Auge. Der Präsident des Konsistoriums, Dr. Friedrich Werner, ein Deutscher Christ Thüringer Prägung, verfügte, daß die bekenntnistreuen Pfarrer Tecklenburg, Schubert und Werner ihre Pfarrhäuser bis zum 1. März zu verlassen hätten. Er setzte den DC-Pfarrer Bethke ein, der als erstes verfügte, daß die tägliche Morgenandacht der Bekenntnisgemeinde eingestellt werden solle. Seine erste Sitzung mit den Pfarrern und Kirchenbeamten der Gemeinde konnte er nur unter Polizeischutz eröffnen. Zwei der Kirchenbeamten, der Küster und der Kirchensekretär von St. Gotthardt, wurden fristlos entlassen, weil sie sich weigerten, den DC-Pfarrer als Vorgesetzten anzuerkennen und den Gemeindekirchenrat weiterhin als ihren rechtmäßigen Dienstherren betrachteten. Gegen den rechtmäßigen Pfarrer Tecklenburg wurde ein Disziplinarverfahren eröffnet.

Die rigiden Maßnahmen des deutschchristlichen Kirchenregiments und des Pfarrers lösten in den nächsten Wochen eine wahre Flut von Eingaben von bekenntnistreuen Gemeindegliedern an das Berliner Konsistorium aus. Allein zwischen dem 9. und 15. Februar 1939 sind dort 109 Protestbriefe eingegangen, auffallend viele davon von Frauen, in denen über die »erschütternden Nöte und Drangsalierungen« und die Verfälschung des Evangeliums durch die Deutschen Christen Beschwerde geführt wurde. Die Briefeschreiber erklärten sich durchweg solidarisch mit den gemaßregelten Pfarrern. Einige griffen in scharfen Worten den Präsidenten des Konsistoriums an. In einem der Briefe, der für viele steht, heißt es:

> Herr Präsident! Sie haben es für richtig befunden, als Präsident unserer Landeskirche zu den »Deutschen Christen Thüringer Richtung« überzutreten. Damit bekunden Sie, daß auch in unserer Landeskirche ähnlich wie in Thüringen und Mecklenburg ein neuer Glaube seinen Einzug halten soll. Hiergegen erhebe ich schärfsten Protest. Ich, und mit mir viele Gemeindeglieder, wollen keinen neuen Glauben. Wir wollen den Glauben der Reformation. Den Glauben unserer Väter. Wir werden es nicht zulassen, daß in den Gotteshäusern, die unsere Väter im festen Glauben an den lebendigen Gott aus Opfern erbaut haben, Sonntag für Sonntag Irrlehrer auf die Kanzel steigen. Wenn Sie sich offen zu diesen Irrlehren bekennen,

so haben Sie sich selbst gerichtet. In unseren Gotteshäusern soll das reine Evangelium, die vollständige Bibel oder die ganze Heilige Schrift des Alten und Neuen Testaments verkündet werden. Seien Sie gewiß, wir halten an dem Glauben unserer Väter fest, mag kommen was da kommen mag. Heil Hitler![14]

Auch Lothar Kreyssig hat in dieser Sache bei Präsident Dr. Werner, beim Konsistorialpräsidenten Heinrich und dem Oberbürgermeister der Stadt Brandenburg vorgesprochen. Aber alle Bemühungen um eine friedliche Lösung des Konflikts blieben vergeblich, die Maßnahmen gegen die Bekenntnisgemeinde wurden nicht zurückgenommen. Als dann der vom Konsistorium entsandte DC-Pfarrer Bethke am 23. April zum erstenmal einen Sonntagsgottesdienst in St. Gotthardt halten wollte, trat ihm der Kreisbruderrat vor dem Altar unter dem mächtigen mittelalterlichen Triumphkreuz geschlossen entgegen. Lothar Kreyssig erklärte, daß die Gemeinde seinem Vorhaben, in dieser Kirche zu predigen, widerspreche. Unterdessen bestieg Pfarrer Tecklenburg die prächtige, von einer Paulus-Figur getragene Kanzel der Gotthardtskirche, neben sich die Gedenktafel der Tuchmachergilde mit den Hausmarken der Stifter und den Porträts der Gildemeister, ein Symbol für die lange Glaubenstradition der Gemeinde, von der auch in den Protestbriefen die Rede gewesen war. Der DC-Pfarrer mußte das Feld räumen, der Gottesdienst begann und endete unter der Leitung des rechtmäßigen Pfarrers.

Am folgenden Sonntag sollte der Kanzelkrieg eskalieren. Wieder trat Kreyssig an der Spitze des Kreisbruderrates dem Usurpator entgegen. Doch diesmal war der besser gerüstet. Als Kreyssig ihm den Zutritt zur Kanzel verwehrte und, wie es in einem zeitgenössischen Bericht heißt, in würdiger Weise den Versuch machte, Pfarrer Bethke auf die Unrechtmäßigkeit seines Handelns und auf die ausdrückliche Willenskundgebung der Gemeinde hinzuweisen, winkte der DC-Pfarrer einen Mann herbei, der seinen Ausweis als Beamter der Geheimen Staatspolizei zückte und Lothar Kreyssig vor dem Altar verhaftete. Sofort sprang ein anderes Mitglied des Bruderrates in die Bresche, Studienrat Wolfgang Lindner, der ebenfalls festgenommen wurde. Die Verwirrung nutzte der deutschchristliche Pfarrer, um die Kanzel zu erklimmen. Doch bevor er ein Wort an die Gemeinde richten konnte, begann die Orgel zu spielen und die Gemeinde zu singen. Unterdes wurden vor

der Kirche die Verhafteten vernommen und ihre Personalien festgestellt. Die ganze Zeit über stand der DC-Pfarrer wutschnaubend, mit hochrotem Kopf auf der Kanzel, ohne aber Gehör zu finden. Denn die Gemeinde, an die 250 Gläubige, sang tapfer und unentwegt ein Lied nach dem anderen. Oben auf der Empore standen zwei Männer vom Bruderrat dem Organisten bei, der ein wenig ängstlich war, und hielten ihn an, ja nicht mit dem Orgelspiel aufzuhören. Bis Kreyssig dann in die Kirche schickte und die Gemeinde anwies, die Kirche zu verlassen. Der DC-Pfarrer blieb mit einer Handvoll Sympathisanten zurück.
Auch auf diesen Vorfall reagierte die Gemeinde mit Eingaben an das Konsistorium, in denen die Kirchenleitung aufgefordert wurde, endlich dem »widerchristlichen Gewaltregiment« des Pfarrers Bethke und der »gottesdienstlichen Vergewaltigung der Gemeinde« Einhalt zu gebieten. In einer Gruppenpetition, die auch die Unterschrift Georg Jagdhuhns und anderer aus Kreyssigs Bibelkreis trägt, wird der Evangelische Oberkirchenrat »vor Gott der bewußten Hinderung der lauteren Evangeliumspredigt« angeklagt.[15] Gegen Lothar Kreyssig wurde von der Kirchenbehörde Strafanzeige wegen Hausfriedensbruch und Gottesdienststörung erstattet. Am 3. und 7. Mai 1939 wurde er von der Gestapo in Potsdam verhört und ein Ermittlungsverfahren gegen ihn eröffnet, das aber ein Jahr später auf Grund eines Gnadenerlasses, den Hitler bei Kriegsbeginn verkündet hatte, eingestellt wurde. Inzwischen war jedoch am 16. Dezember 1939 wegen des Vorfalls in der St. Gotthardtskirche und der Beteiligung Kreyssigs an der Kanzelabkündigung ein förmliches Dienststrafverfahren gegen ihn angestrengt worden, das auch während des Krieges weiter verfolgt wurde. Kurt Scharf schrieb am 12. Januar 1940 an Kreyssig, daß ihn und alle Mitglieder der Landesbruderräte die Nachricht von der Eröffnung dieses Verfahrens tief betroffen gemacht habe. Er habe das zwei Tage zuvor auf der Konferenz der Landesbruderräte, in Anwesenheit der Brüder Martin Richter und Karl Fischer aus Sachsen, mitgeteilt. »Nun werden Sie, der Sie sich immer tapfer für andere eingesetzt, selbst angepackt!«[16]

Bei seiner Vernehmung durch die Gestapo im Mai machte Lothar Kreyssig keinen Hehl aus seiner Überzeugung und Gegnerschaft zum Nationalsozialismus und erklärte laut Polizeiprotokoll, daß er die Maßnahmen des nationalsozialistischen Staates, insbesondere des Reichsministeriums für die kirchlichen Angelegenheiten und der vom Staat anerkannten Kirchenleitung, als der Kirche wesenswidrig und als ein Unrecht betrachte, das sich nur des Rechtsscheins formaler Geordnetheit bediene:

> In der Kirche allein könnte sich ein solches System nicht eine Woche lang halten. Es stützt sich allein auf Verordnungen und Anordnungen staatlicher Stellen, insbesondere des Kirchenministeriums. Das System einer solchen Ordnung ist, biblisch gesprochen, nichts anderes als die babylonische Gefangenschaft der Kirche ... Überdies hätte ich in der Gegenwart im Vergleich zum Jahre 1933 ernsthafte Gewissensbedenken, der Partei beizutreten. Ich habe seit 1933 in meinem Beruf als Richter und in Erfüllung meiner kirchlichen Aufgabe Erfahrungen machen müssen, die mich zu dem Schluß nötigen, daß in der Partei zwar nicht nach dem Parteiprogramm notwendig, aber tatsächlich wirksam Kräfte vorhanden und maßgebend sind, die dem Christentum feindlich gesinnt sind. Insofern würde heute mein Eintritt in die Partei ein die Wahrhaftigkeit verdunkelndes Zeugnis gegen meine christliche Überzeugung sein.[17]

Zu den Fragen, die sich in den Vernehmungen erst durch die Gestapo, dann durch den Untersuchungsführer im Dienststrafverfahren stellten, hat Kreyssig in einem längeren Schriftstück Stellung genommen. Inwieweit ein Entwurf, der sich in seinem Nachlaß findet und auf dem handschriftlich das Datum 16.12.39 vermerkt ist, mit einem Schriftstück übereinstimmt, das er am 19. März 1940 dem Untersuchungsführer im Dienststrafverfahren übergeben hat und das ihn zusätzlich belastete, ließ sich nicht mehr klären. Jedenfalls entsprechen die darin vorgetragenen Argumente denen in den Aufzeichnungen der Untersuchungsführer. In diesem Schreiben nahm Kreyssig auch zu den Vorfällen in der St. Gotthardtskirche Stellung. Der Gemeinderat von St. Gotthardt und der Kreisbruderrat könnten getrosten Gewissens sagen, daß sie bis zu dem letzten Schritt in der Kirche alle anderen Mittel erschöpft hätten. Monatelang habe sich die Gemeinde nicht verdrießen lassen, schriftlich und persönlich anzusprechen, wer immer irgendeinen Einfluß zu Besserung haben konnte. Er selbst habe sich zu fragen, ob der Auftritt in der Kirche seiner Würde als Richter abträglich gewesen sei, könne dies jedoch nicht finden. Oder ob etwa eine Kampfpsychose vorgelegen habe, die den Blick auf die eigentlichen und wirklichen Ziele verwehrt hat? Und solle man nicht lieber aus der entarteten oder häretisch regierten Kirche austreten, um in Frieden seinen Glauben zu leben? Kreyssigs Antwort ist klar und geprägt von dem theologischen Denken, das sein Handeln auch künftig bestimmt hat: Das alles wäre wider die Schrift. Der Christ muß widerstehen, weil Gottes Wort es befiehlt.[18]

Das tapfere Bekenntnis Kreyssigs zu seinem Glauben und seiner Überzeugung hat auch auf seine Vorgesetzten Eindruck gemacht. 1938 hatte der Landgerichtspräsident Kreyssig als gut befähigten Amtsrichter beurteilt, der gute Rechtskenntnisse und gute Urteilskraft besitze und fleißig arbeite. Er halte ihn auch für einen anständigen Charakter, wiewohl nicht verkannt werden dürfe, daß seine fanatische Zugehörigkeit zur Bekennenden Kirche zu gewissen Zweifeln Anlaß gebe. Im Sinne des Bibelwortes »Jedermann sei untertan der Obrigkeit, welche Gewalt über ihn hat« möge Kreyssig als staatstreu gelten. Ob darüber hinaus, sei zu bezweifeln. Zwei Jahre später, im zusammenfassenden Bericht zum Dienststrafverfahren, klingt das anders.[19] Kreyssig biete nicht mehr die Gewähr dafür, daß er jederzeit rückhaltlos für den nationalsozialistischen Staat eintreten werde. In seiner Niederschrift, die er dem Untersuchungsführer im März 1940 übergeben hat, habe er Maßnahmen des nationalsozialistischen Staates in einer Weise kritisiert, die als unverantwortlich, staatsgefährdend und für einen Beamten untragbar bezeichnet werden müßte. Kreyssig habe in einer Vernehmung am 19. August 1939 erklärt, bei einer denkbaren Kollision zwischen seiner Pflicht als Beamter und seiner Pflicht als Christ halte er es für die übergeordnete Pflicht, gewissensmäßig zu handeln. In den Berichten zum Dienststrafverfahren sind einzelne der inkriminierten Äußerungen Lothar Kreyssigs zu seinem Rechtsverständnis und seiner Arbeit als Richter aus der Niederschrift vom März 1940 zitiert, die inhaltlich weitgehend mit dem Text des Entwurfes übereinstimmen. Der Entwurfstext ist insofern aufschlußreicher, als er die heftigen inneren Auseinandersetzungen und Kämpfe Kreyssigs andeutet und Stränge seines rechtsphilosophischen und theologischen Denkens zusammenführt. Beeindruckend ist vor allem die mutige, kompromißlose Haltung zum totalitären nationalsozialistischen Staat, zu der Kreyssig zu diesem Zeitpunkt, 1939/1940, gefunden hatte:

Ich bin durch Erfahrung und Nachdenken zu der Überzeugung gekommen, daß alles, was ich seit 1933 an Rechtsnot erlebt habe, auf dieses Selbstverständnis des Staates als eines totalen zurückzuführen ist. Der besondere rechtsphilosophische Ausdruck der gleichen Sache ist die seit 1933 immer wieder in offiziellen und wissenschaftlichen Meinungsäußerungen - soweit ich sehe völlig unwidersprochen - aufgestellte Behauptung, Recht sei, was dem Volke nützt. Ich müßte dem mit Entschiedenheit widersprechen. Freilich ist die Lehre vom totalen Staat und seinem nur mehr teleologisch begründeten Recht wieder nur die Erscheinung eines tieferen Zusammenhanges. Zufolge der drängenden Gewissensnot, in die ich seit 1933 als Richter geraten bin, habe ich mich auch mit der theologischen Seite der Frage eindringlich befaßt. Ich erbiete mich noch nachzutragen, was ich hierüber, z.T. in meiner Eigenschaft als Synodaler, erarbeitet habe. Es gehört insofern zu Sache, als ich meine, den trotz äußerer Blüteerscheinungen fortdauernden Zustand inneren Siechtums des Rechtes rechtsphilosophisch wie theologisch auf denselben Sachverhalt zurückführen zu müssen, um den es sich allenthalben in dieser Sache handelt: Loslösung von dem in Jesus Christus geoffenbarten dreieinigen Gott.
Dabei wäre zunächst darzutun, wie seit 1933 ganze Gebiete des Gemeinschaftslebens von der Rechtsgewähr ausgenommen sind. Beispielsmäßig seien aus dem Bereiche der Geheimen Staatspolizei nur die Konzentrationslager erwähnt. Dem Justizministerium liegen die Eingaben vor, welche ich vor mehreren Jahren als Präses der sächsischen Bekenntnissynode in dieser Sache bittend und berichtend gemacht habe.
Ausgeführt möchte sich das alles wie eine abgeklärte Meinung anhören. In Wahrheit hat es sich in schweren inneren Kämpfen aus einem völligen Zusammenbruch neu gebildet. Ich habe wegen der Rechtsnot ungesühnt gebliebenes Unrecht in solchem Maße ansehen müssen, daß meine Meinung, es gebe eine in der sittlichen Befähigung des Menschen liegende Gewähr für Recht nie wieder aufleben kann. Weshalb ich ein bei diesem Zusammenbruch meines ganzen Berufsidealismus niedergeschriebenes Gesuch um Dienstentlassung - ich besitze es heute noch im Entwurf - 1933 nicht eingereicht habe, vermag ich nicht mehr recht zu sagen. Jedenfalls

> handelt es sich um eine der vielen Unterlassungen, die auch meine große Mitschuld ausmachen und um derentwillen ich mich in das unausbleibliche Gericht Gottes über solchen Abfall mit vollem Recht einbezogen wüßte.

In all den kirchenpolitischen Wirren und Auseinandersetzungen blieben die Bibelstunden und die Predigten in der heimischen Bauerngemeinde das eigentliche Kontinuum, aus dem Lothar Kreyssig Kraft schöpfte. Die Bibelstunden hielt er zunächst einmal im Monat vor einem Kreis junger Männer im Brandenburger Wichernhaus. Anfangs kamen zwischen zwanzig und dreißig Teilnehmer, während des Krieges waren es dann weniger. Die jungen Leute interessierten Kreyssig, und er beeindruckte sie und zog sie an. Es sei Bibelarbeit im besten Sinne gewesen, erinnert sich Georg Jagdhuhn, der den Bibelkreis regelmäßig besuchte, ein Gespräch, bei dem es lebhaft hin und her gegangen sei. Kreyssig habe stets das Zeitgeschehen einbezogen. Er sei sorgfältig vorbereitet gewesen und habe thematisch sauber gearbeitet. Natürlich habe man in einem so großen Kreis immer auch vorsichtig sein müssen,

> aber man konnte ja doch sehr hintergründig und durchsichtig reden. Vor allen Dingen wurde einfach das Gewissen geschärft für Gerechtigkeit, für Mitmenschlichkeit ... Daß man also gerade durch ihn und sein Beispiel zu einem selbständigen Denken, zu einem mündigen Christsein erzogen wurde - das ist es, was wir alle mitgenommen haben aus dieser Zeit.[20]

Später kam der Bibelkreis wöchentlich zusammen, bis in die letzten Kriegstage hinein. Noch als bereits die Rote Armee vor dem Wichernhaus auf der Brücke stand, ist Kreyssig gekommen und hat Bibelstunde gehalten, zuletzt über das 2. Buch Samuelis. Aus dieser Gemeindearbeit ist die einzige Buchveröffentlichung Lothar Kreyssigs hervorgegangen, *Gerechtigkeit für David*, ein schmales Pappbändchen, das 1949 unter der Lizenz-Nr. 352 der sowjetischen Militärverwaltung in der *Evangelischen Verlagsanstalt* in Berlin erschien.[21] Den Erlös des Buches stellte Kreyssig den leidenden Kindern in den Gemeinden zur Verfügung. Eine erneute Auflage, um die er sich Anfang der siebziger Jahre bemühte, ist nicht zustande gekommen. Im Vorwort - *Herkunft und Bestimmung* - berichtete er über die Entstehungsgeschichte des Buches:

In dieser Arbeit will Gemeinde, was sie empfangen hat, an die Gemeinde weitergeben. Was hier geschrieben ist, hat mit Wissenschaft höchstens insofern zu tun, als die hörende Gemeinde die Rechtsnot des Dritten Reiches erlitten und der Verfasser sie in der Verantwortung sowohl als Richter wie als Christ erfahren hat. Aber ein theologisches Kolleg hat er nie gehört und ein dogmatisches Lehrbuch nie studiert. Gewiß wird das dem Fachmann schon auf der ersten Seite deutlich werden. Nicht darum würde der Verfasser gern auch seinen Namen verschweigen, wenn es nur rechtlich zulässig wäre, wohl aber darum, weil das »ama nescire« wieder kirchlich wohlanständig werden sollte und weil das Werkchen schlechthin der Gemeinde aus dem Worte zugewachsen ist, mit dessen neuem Leben uns Gott im Gericht unserer Tage übermächtig getröstet hat. Als 1938 Gewaltakte des deutsch-christlichen Kirchenregimentes die im ganzen bekenntnistreue Gemeinde in der Stadt Brandenburg (Havel) trennten und zerstreuten, sammelte sich die Gemeinde der Bekennenden Kirche unter anderem allwöchentlich in einer Bibelarbeit, notgedrungen vom Laienvorsitzenden des Kreisbruderrates geleitet. Pfarrbrüder, die als Soldaten der Brandenburger Garnison nicht selten dazu kamen, wollten in der Unruhe und Ungewißheit des Soldatendaseins die Leitung nicht übernehmen. So blieb es Laienarbeit eines kleinen, aber festen Kreises, bis der Krieg vor den Mauern war und wir nicht weiter zusammenkommen konnten. Unter der wilden Jagd der apokalyptischen Ereignisse und Gestalten um uns und unter uns wurde uns die verheißene Dauer des lebendigen Wortes sehr eindrücklich und wirklich, so daß wir allewege die Zeit über der Arbeit vergaßen und bei jeder Stelle unbekümmert verweilten, solange sie uns festhielt. Wir haben nacheinander das Gericht vor dem Hohen Rat und vor Pilatus, des Herren Spruch über die Ehebrecherin, ein Kirchenjahr lang Evangelium und Epistel der alten Perikopen jeweils für den folgenden Sonntag, danach im Zusammenhang den 2. Timotheusbrief, dreivierteljahrlang das Vaterunser und schließlich das 1. Buch Samuelis gelesen. Bei diesem haben wir nach Auslegung und Besprechung jeweils zu Beginn der folgenden Stunde vorgelesen, was Hans Asmussen über den soeben behandelten Text geschrieben hat. Im Vergleich mit dieser fesselnden Auslegung wurden wir der unmittelbar deuterischen, d.h. zugleich verwandlerischen und ordnenden Kraft des Wortes neuerdings so lebhaft inne, daß wir ohne Lotsen von dem lebendigen Strom uns weiter in das zweite Buch Samuelis hineintragen zu lassen unternahmen. Kurz vor seinem Beschluß fiel 1945 der Vorhang ...[22]

Mit Ausbruch des Krieges wurde Lothar Kreyssig zum Wehrdienst eingezogen. Zugleich wurden mehrere Mitarbeiter des Bruderhofes zum Kriegsdienst geholt. Kreyssig kam zu einer Kraftfahrerabteilung im benachbarten Rathenow. Dort habe er bald gemerkt, daß sich an der Note »u.U.«, unbequemer Untergebener, seit 1919 kaum etwas gebessert hatte. Zu offenen Konflikten sei es jedoch nicht gekommen. Jochen Kreyssig, damals 10 Jahre alt, erinnert sich, zusammen mit den Eltern BBC gehört zu haben. Der Vater habe am 1. September geäußert: Jetzt haben wir einen zweiten Weltkrieg. Es habe ihn damals stutzig gemacht, daß der Vater das völlig ohne Euphorie gesagt habe, anders als viele in seiner Umgebung, und daß man ihm das Mißfallen deutlich angemerkt habe. Wenn er von der Begeisterung erzählt hätte, die der Kriegsbeginn in der Schule auslöste und von der er auch nicht unbehelligt geblieben sei, wäre das bei seinem Vater ganz sicher nur auf eine »eisige Art der Nur-Kenntnisnahme« gestoßen. Peter Kreyssig meint, daß es seinen Vater schon gewurmt habe, daß er damals nicht Offizier geworden, sondern Unteroffizier geblieben ist. Einmal kam sein Vater im Herbst 1939 auf Kurzurlaub, und die Jungen sind mit ihm in Brandenburg ins Café gegangen. Er werde nie den Schock vergessen, als sie dann aufstanden und sein Vater einem jungen Leutnant, der am Nebentisch saß, ein »donnerndes Männchen gebaut« habe. Er habe sich gefragt, wie sein Vater dazu komme, diesem jungen Schnösel zu salutieren. Als Peter Kreyssig dann Offizier werden mußte, habe das den Vater auf eine für ihn verblüffende Weise gefreut. Da habe er gemerkt, daß es den Vater doch sehr tief gekränkt haben muß, daß ihm die Offizierslaufbahn verwehrt worden war.
Für Johanna Kreyssig war es ein furchtbarer Schlag, als ihr Mann eingezogen wurde; sie war ja hoch schwanger. Peter Kreyssig sagt, das sei das einzigemal gewesen, daß er seine Mutter richtig aufgelöst erlebt habe. Er habe dann gemeinsam mit dem Vater vor dessen Einberufung überlegt, wie es zu organisieren sei, daß die Mutter rechtzeitig zur Entbin-

dung ins Spital nach Brandenburg kommt. Es ist dann aber alles gut gegangen, Christoph wurde am 25. Oktober in Brandenburg geboren. Kreyssig mußte auch nicht mehr lange beim Militär bleiben. Etwa zum Ende des Polenfeldzuges, also Ende September, wurde er überraschend zur Vernehmung durch einen Gerichtsoffizier befohlen. »Drei dicke Aktenstücke auf dem Tisch schienen anzudeuten, was der Mann alles noch vorhatte. Es klärte sich aber schnell, daß es alles meine von Dresden bezogenen Akten waren. Daraus hielt mir der Vernehmende einiges Unbestreitbare über meine kritische Einstellung zum Nationalsozialismus vor und schloß überraschenderweise mit dem Anheimgeben, mich als Bauer für unabkömmlich erklären, u.k.-stellen zu lassen.« Was Kreyssig damals nicht wußte: Der Gauleiter der NSDAP hatte verfügt, daß innerhalb von drei Monaten das Verfahren gegen Kreyssig eröffnet werden solle und er deshalb zuvor aus der Wehrmacht zu entfernen sei. Kreyssig wurde Ende November aus dem Heeresdienst entlassen und trat am 27. November wieder seinen Dienst am Amtsgericht an. Am 16. Dezember wurde das förmliche Dienststrafverfahren wegen des Kanzelstreits vom Frühjahr und seiner Äußerungen vor der Gestapo eingeleitet. Die Einleitungsverfügung ist vom damaligen Staatssekretär Roland Freisler unterzeichnet. Zum Untersuchungsführer wurde der Potsdamer Amtsgerichtsdirektor Dr. Fritz Hartmann bestellt. Von einer vorläufigen Dienstenthebung wurde jedoch abgesehen.[23]

Anmerkungen

[1] AB II, S.36.
[2] Interview des Verfassers mit Helmut Gollwitzer.
[3] Interview des Verfassers mit Kurt Scharf.
[4] Vgl. Grünzinger, Gertraud und Felix Walter: Fürbitte. Die Liste der Bekennenden Kirche 1935-1944. Göttingen, 1996.
[5] Nachlaß Kreyssig. Vertrauliches Schreiben des Landgerichtspräsidenten Herold, Potsdam, an Lothar Kreyssig, vom 18. Juni 1938.
[6] Nachlaß Kreyssig. Schreiben Lothar Kreyssigs vom 4. Juni 1938 an den Landgerichtspräsidenten in Potsdam.
[7] Interview des Verfassers mit Georg Jagdhuhn am 18. Februar 1986 in Brandenburg.
[8] Interview des Verfassers mit Irmgard Block am 17. Juni 1989 in Berlin.
[9] PA Kreyssig. Protokoll der Vernehmung durch die Gestapo-Dienststelle in Brandenburg am 6. Mai 1939.
[10] Nachlaß Kreyssig, Mappe »Entwürfe BK-Zeit«. Handschriftlicher, undatierter Text, 1 Blatt.
[11] Evangelisches Zentralarchiv, Berlin [im folgenden EZA], »Bericht über die Lage in der Kirchgemeinde Hohenferchesar«, ohne Datum und Verfasser. Der Bericht stammt jedoch ohne Zweifel von Kreyssig und ist vermutlich aus dem Jahr 1939.
[12] Vgl. Anhang, Dokument 2.
[13] EZA Bestand 7/11996. Paul Tecklenburg: Bericht über die kirchlichen Zustände in Brandenburg vom 20. Februar 1939.
[14] EZA Bestand 7/11996. Brief von Siegfried Prölß, Brandenburg, an den Präsidenten des Evangelischen Oberkirchenrates der altpreußischen Union, Dr. Werner vom 16. Mai 1939.
[15] EZA Bestand 7/11996. Gruppenpetitionen von Gemeindegliedern der St. Gotthardt-Gemeinde zu Brandenburg an den Evangelischen Oberkirchenrat in Berlin vom 3. und 6. Mai 1939.
[16] Nachlaß Kreyssig, Mappe »Privat-Akten NS-Zeit«. Brief des Rates der Bekennenden Kirche in der Mark Brandenburg, Kurt Scharf, an Lothar Kreyssig vom 12. Januar 1940.
[17] PA Kreyssig, Schlußbericht des Amtsgerichtsdirektors Potsdam im Dienststrafverfahren gegen Kreyssig. 10. Februar 1941. Geschäfts-Nr. 20a - 1.49, S.10 und 11.
[18] Nachlaß Kreyssig, Mappe »Privat-Akten NS-Zeit«. Entwurf »Zu einigen in meiner Vernehmung aufgetauchten Fragen ...«. Typoskript, handschriftlicher Vermerk: 16.12.39, S. 6f.
[19] PA Kreyssig, Bericht des Kammergerichtspräsidenten Berlin an den Reichsjustizminister vom 13. November 1940, AZ 5 K 361/B 33.
[20] Interview des Verfassers mit Georg Jagdhuhn.
[21] Kreyssig, Lothar: Gerechtigkeit für David. Berlin: Evangelische Verlagsanstalt, 1949. 161 S. - Im Anhang, Dokument 3, ist das 4. Kapitel wiedergegeben.
[22] Kreyssig, Lothar: Gerechtigkeit für David, a.a.O., S.5f.
[23] AB II, S.21; PA Kreyssig, Einleitungsverfügung vom 16. Dezember 1939, AZ I p 10 K. 1457/60 und weitere Vermerke.

Kapitel 9

Die Ausnahme vom Recht

Der Shoah, dem Massenmord am jüdischen Volk, war für jedermann offensichtlich die Entrechtung der Juden vorausgegangen. Systematisch und brutal waren Juden diskriminiert, verächtlich gemacht, ausgestoßen worden. Jede neue Maßnahme der Nationalsozialisten - der Arierparagraph, die Nürnberger Gesetze, der Novemberpogrom - sollte die Deutschen gleichgültig und gefügig machen und die »Endlösung«, Auschwitz, vorbereiten. Der Widerstand blieb schwach, auch in der Bekennenden Kirche. Ihrem Selbstverständnis entsprechend war es vor allem kirchlicher Protest und praktische Hilfe für die Verfolgten, kaum aber politischer Widerstand, der es angesichts des Ungeheuerlichen, das geschah, doch auch hätte sein müssen.

Andererseits bedeutet in einem totalitären Staat auch schon der geringste Widerspruch viel. »Ein totalitäres System«, so Kurt Scharf, »lebt von der absoluten Einheit. Bricht an einem Punkt Widerstand auf, so ist es an der Wurzel gefährdet.«[1] Vorhaltungen, daß eigensüchtig nur die freie Verkündigung der Kirche oder die Ordnung der Amtskirche gegen staatliche Eingriffe verteidigt worden seien, griffen deshalb daneben. Der Widerstand habe eben nicht nur in den Aktionen und Verlautbarungen seinen Ausdruck gefunden, sondern durchgängig und wachsend in weniger spektakulären, beinahe alltäglichen Verhaltensweisen.

Die Hilfe der Bekennenden Kirche, etwa durch das Büro Grüber, kam zunächst vor allem getauften Juden zugute. Ihnen wurde bei der Auswanderung und der Beschaffung von Ausreisepapieren geholfen. Das hing auch damit zusammen, daß die »nichtarischen« Christen nicht über eigene Hilfsorganisationen verfügten. Es hatte aber auch mit dem tiefverwurzelten Antisemitismus zu tun, der, wenngleich nicht rassisch, sondern theologisch begründet, in den Kirchen und besonders in Teilen der evangelischen Pfarrerschaft in den dreißiger Jahren durchaus

lebendig war. Johannes Müller, damals Vikar der Bekennenden Kirche in Brandenburg und 1961 Leiter der ersten Freiwilligengruppe der Aktion Sühnezeichen in Israel, erzählte, daß er 1929, als er nach Wien fuhr, um Theologie zu studieren, nur das Neue Testament mitgenommen habe, weil das Alte ja jüdisch war. Überdies habe er die Psalmen überklebt. Seine Eltern seien Antisemiten gewesen, was damals in einem evangelischen Pfarrhaus keine Seltenheit war. »Man kaufte nicht bei Juden, man las keine jüdischen Zeitungen und man wählte keine Partei, in der Juden mit in der Führung waren. Aber selbstverständlich wäre man nie bereit gewesen, irgendeine brachiale Gewalt - von Töten gar nicht die Rede - mitzumachen oder gar zu billigen.«[2]
Erst die brutale Verfolgung der Juden und ihre totale Entrechtung hat vielen die Augen geöffnet. Im Mai 1936 wandte sich die Vorläufige Kirchenleitung in einer an Hitler gerichteten Denkschrift, die unautorisiert an die Öffentlichkeit gelangte, deutlich gegen die Erziehung zum Judenhaß. Dagegen stehe die christliche Pflicht zur Nächstenliebe. Nach der Pogromnacht im November 1938, von den Nationalsozialisten zynisch als »Kristallnacht« bezeichnet, gingen am darauffolgenden Bußtag viele Pfarrer in ihren Predigten und Fürbitten auf das Geschehene ein, auch wenn es nicht benannt wurde. »Der Gemeinde waren die Ohren ebenso geschärft wie den Predigern«, beschreibt Helmut Gollwitzer das Phänomen von verschlüsseltem Reden und entschlüsselndem Hören in einem totalitären System. Sie, die Hörer, »vernahmen sofort die Aktualität des Textes, so daß schon dessen bloße Verlesung oft als direkte Anrede wirkte, und sie hörten aus den Worten der Predigt ohne Mühe die Beziehung auf die Fragen und Ereignisse des Tages, ohne daß diese ausdrücklich genannt werden mußten.«[3] Im Dezember 1938 wurde in Berlin-Steglitz ein Kirchentag der Landesbruderräte einberufen, auf dem auch gegen den Pogrom Stellung bezogen und die Schuld an Israel, an *allen* Juden beklagt wurde. Von nun an dehnte die Bekennende Kirche ihre Hilfe auch auf die Juden aus, die nicht getauft waren. Manche entkamen so den Deportationen und überstanden - versteckt in kirchlichen Einrichtungen, in christlichen Familien und Pfarrhäusern - Nationalsozialismus und Krieg. Auch auf dem Bruderhof in Hohenferchesar überlebten zwei jüdische Frauen.
Doch viele, auch in der Bekennenden Kirche, hatten auch nach dem

Novemberpogrom noch nicht verstanden, was in Deutschland geschah. Noch einmal Johannes Müller:

> In der Reichspogromnacht wurde in Brandenburg die Synagoge angezündet und geplündert. An dem Abend, an dem das passierte, habe ich nichts gemerkt, da lag ich im Bett und schlief. Am nächsten Tag erzählte mir einer unserer Kindergottesdiensthelfer, der ein kleines Lebensmittelgeschäft in der Straße hatte, wo die Synagoge lag, was dort in der Nacht passiert war. Der konnte es nicht übersehen, weil er gegenüber wohnte. Aber Näheres wußte er auch nicht. Kurze Zeit danach, es wird Ende November oder Anfang Dezember gewesen sein, hatten wir unseren monatlichen Konvent der Pfarrer aus den Bekenntnisgemeinden der ganzen Provinz. Da wurde also berichtet, was jeder so wußte. Auf den Dörfern war nichts passiert, dort gab es weder Juden noch Synagogen. Aber was aus den Städten berichtet wurde, aus Brandenburg, Cottbus, Berlin - das erschütterte uns und machte uns betroffen.
>
> Und dann trat einer der Brüder an das Rednerpult, schlug seine Bibel auf und las daraus die Fluchworte aus den fünf Büchern Mose vor über das ungetreue Volk Israel - was ihm passieren würde - ohne Kommentar. Und man verstand, was er sagen wollte: Jetzt vollzieht sich das Gericht Gottes an seinem ungetreuen Volk Israel. Keiner hat widersprochen, keiner hat etwas dazu gesagt. Das war so die Meinung, daß die Juden mit der Ablehnung des Jesus von Nazareth sich selbst ihr Urteil gesprochen hätten. Im Hintergrund stand immer dieses so oft mißdeutete Wort: Sein Blut komme über uns und über unsere Kinder - als ob dieser Pöbel vor dem Hause des Pilatus stellvertretend sprechen dürfte für das ganze Israel aller Zeiten. Aber das war es, was unausgesprochen und undiskutiert im Hinterhaupt der evangelischen Pfarrerschaft vorhanden war.

Für Lothar Kreyssig war die theologische Begründung des Antisemitismus wohl ohne Bedeutung; er kam ja aus einer ganz anderen Tradition. Sicher wird auch er nicht frei gewesen sein von antisemitischen Vorurteilen. Sein ausgeprägtes Rechtsempfinden aber scheint ihm, angesichts der völligen Entrechtung der Juden, beizeiten geholfen zu haben, sich von solchen Vorurteilen frei zu machen. Als Untersuchungsrichter in Chemnitz hatte er 1933 dafür gesorgt, daß willkürlich verhaftete Juden alsbald freikamen. Als Vormundschafts-, Register- und Nachlaßrichter am Amtsgericht in Brandenburg lehnte er es 1938 ab, die Firmen jüdischer Kaufleute im Handelsregister zu löschen. Der Kreisamtsleiter und Rechtsanwalt Ruccius, ein besonders eifriger Nationalsozialist, hatte das verlangt und auf das Beispiel anderer Richter verwiesen. Kreyssig argumentierte dagegen streng legalistisch und befand, daß das gewünschte Vorgehen ungesetzlich wäre: »Wenn ein Jude nach bisher geltendem Recht die Firma eines deutschblütigen Vorgängers nach diesen gesetzlichen Bestimmungen erworben hat, so hat er sie von Rechts wegen erworben. Es gibt nach geltendem Recht keinen Weg, ihm dieses Recht ... zu nehmen.« Wenn dennoch mehrere Registerrichter dem Wunsch der Partei entsprochen hätten, ohne sich überhaupt mit dem vom Handelsgesetzbuch gezogenen Schranken zu befassen, so entspreche das seines Erachtens nicht richterlicher Gewissenhaftigkeit. Das gewünschte Vorgehen sei ihm auch rechtspolitisch gegen die Überzeugung. »Grundsätzlich bedeutsam ist mir aber am Ende, daß es sich um eine Ausnahme handelt, welche für jüdische Firmeninhaber vom bestehenden Rechtszustande gemacht werden soll. Eine solche Ausnahme kann nur der Gesetzgeber bestimmen.«[4]

Die Ausnahme vom Recht, schrieb er später in *Gerechtigkeit für David*, tötet das Recht.

Die Frage nach Recht und Gerechtigkeit hat Lothar Kreyssig sein Leben lang beschäftigt. Immer wieder suchte er eine Antwort darauf. Im September 1952 hielt er bei der Eröffnung der Evangelischen Woche in Erfurt einen Vortrag *Der Mensch und sein Recht.*[5] Die geschichtliche Katastrophe der Deutschen, Kreyssig nannte es den *letzten ungeheuren Einsturz*, deutete er als das Ende eines selbstherrlichen, innerweltlichen Wahrheitsbegriffes. Zur letzten, restlosen Lösung von aller außerzeitlichen Bindung hätten sich die Deutschen zwischen 1933 und 1945 die Freiheit genommen: Recht ist, was dem Volke nützt. Solches Rechtsdenken sei ein Zeichen des Abfalls von Gott. Doch statt der Freiheit des dionysischen, faustischen, prometheischen, selbstherrlichen Menschen habe sich seine grauenvolle Entmenschlichung erwiesen:

> So vollendet sich im Abfall auch die Zerstörung des Rechtes als ein Vorgang der Selbstwiderlegung. Aber wir sollten heute darauf aufmerken, wie diese Enderscheinung schon in der allmählichen Loslösung des Menschen, in der Geburt der Ismen, vorgegeben war. Im

Recht, wie ich es und wie wir alle es studiert haben, wurde Gott nicht verleugnet. Aber es wäre unwissenschaftlich gewesen, bei Untersuchung der Herkunft des Rechtes auch nur zu unterstellen, daß es eine außerzeitliche Herkunft des Rechtes geben könne. [...] Es ist ungemein fesselnd zu sehen, wie unter Absehung von Gott, unter Neutralisierung des Menschen als Rechtssubjekt und Rechtsobjekt, die Aufgipfelung des Idealismus der Unmenschlichkeit ebenso nahe ist wie der biologische oder ökonomische Materialismus. Binding, den ich in Leipzig noch erlebt habe, dessen edle, wahrhaft prometheische Leidenschaft uns in seinem vielbändigen Werk *Normen* heute noch schüttelt, prägte den Satz: »Der Verbrecher ist dazu da, daß sich das Recht an ihm bewähre.« Auf ihn und seine Altersschrift[6], die Vernichtung des lebensunwerten Lebens, konnten sich fünfzehn Jahre später die nationalsozialistischen Massenmörder berufen, weil er vom letzten, unantastbaren Lebensgeheimnis nichts wußte.

Weil Gott, wie der Psalmist sagt, die Erde den Menschenkindern gegeben hat, wachse das Recht unter den Menschen wirklich, mannigfaltig und unübersehbar wie das Leben selbst und in einer relativen Eigengesetzlichkeit. In der Verabsolutierung dieser Eigengesetzlichkeit, in der am Ende nur noch irdischen Zweckbindung des Rechtes, liege der Sündenfall. Relativ sei diese Eigengesetzlichkeit, indem sie in der unaufgelösten Spannung zwischen Gericht und Gnade das verhältnismäßig beste Maß zu suchen genötigt ist. Das Recht des Menschen und die Gerechtigkeit Gottes, von der die Schrift redet, so der Kernsatz Kreyssigs, seien wurzelhaft verbunden. Das meine die Bibel, wenn sie vom Menschen sagt, er sei nach dem Bilde Gottes geschaffen.

Dieses Menschenbild, das von der unantastbaren Würde eines jeden Menschen weiß, war dem Nationalsozialismus fremd.

Bald nach Kriegsbeginn hatten die Nationalsozialisten damit begonnen, geistig Behinderte und unheilbar Kranke zu ermorden. Die »Euthanasie«, der Gnadentod, wie dieses Morden verschleiernd genannt wurde, und eugenische, rassenhygienische Maßnahmen waren seit Mitte des 19. Jahrhunderts erst von Sozialwissenschaftlern und Ärzten, nach dem Ersten Weltkrieg zunehmend auch in der Allgemeinheit diskutiert worden. 1868 hatte der deutsche Zoologe Ernst Haeckel Darwins ausschließlich biologisch gemeinten *Kampf ums Dasein* auf soziale Gegebenheiten übertragen. Fünfzig Jahre später definierten die Professoren Karl Binding und Alfred Hoche juristische und medizinische Kriterien für die Auswahl der zu Vernichtenden, die von den Nationalsozialisten weitgehend übernommen wurden. Für unheilbar Kranke - Krebskranke, Schwindsüchtige, tödlich Verwundete - bestehe eine »Pflicht gesetzlichen Mitleids«, wenn sie ihre Tötung wünschen. Geistig schwer behinderte oder vergreiste Menschen seien »Ballastexistenzen« und ohnehin im »Zustand des geistigen Todes«. Somit sei ihre Vernichtung »in Wahrheit eine reine Heilhandlung« und wünschenswert für die Volksgemeinschaft. Die juristische Kernfrage, ob es menschliches Leben gebe, das so stark die Eigenschaft des Rechtsgutes eingebüßt habe, daß seine Fortdauer allen Wert verloren hat, wurde von Binding bejaht. Er wurde damit, wie Kreyssig später in einem Brief schrieb, »unwissentlich ein Kronzeuge der Barbarei«.[7] Binding hatte allerdings die unbedingte Achtung des erkennbaren Lebenswillens auch »der kränkesten und gequältesten und nutzlosesten Menschen« gefordert - eine leichtfertige Illusion, wie sich bei den Euthanasiemorden schrecklich erweisen sollte. Die Vernichtung der »Volksschädlinge« sei ein Dienst am gesunden Volkskörper, verkündete die nationalsozialistische Propaganda. Zuletzt wurde gar das fünfte Gebot - *Du sollst nicht töten* - als eine »jüdische Erfindung« abgetan.

Die Vernichtung des »lebensunwerten Lebens« - schon die Sprache, die entwürdigt und entpersonalisiert, ist verräterisch genug - gehörte von Anfang an zu den Zielen Hitlers, der sich die pseudowissenschaftlichen Theorien des Sozialdarwinismus und der Eugenik zu eigen gemacht hatte. Die Erhaltung der Minderwertigen, so hatte er in *Mein Kampf* postuliert, sei eine Verhöhnung der Natur. Der Drang zum Leben, die »Humanität der Natur«, die die Schwäche vernichtet, um der Stärke Platz zu schenken, werde in ihrer letzten Form »alle lächerlichen Fesseln einer sogenannten Humanität der Einzelnen« zerbrechen.[8] Unmittelbar nach der Machtübernahme setzten er und seine Helfershelfer das in die Tat um. Ähnlich wie bei der Vernichtung der Juden gingen sie Schritt um Schritt vor, um die »Volksgenossen« abzustumpfen und auf das Morden vorzubereiten. Bald nach der Machtergreifung, im Juli 1933, wurde das *Gesetz zur Verhütung erbkranken Nachwuchses*, das Sterilisierungsgesetz erlassen, mittels dessen der »Volkskörper gereinigt« werden sollte

- gereinigt von Erbkranken, Schwachsinnigen, Hilfsschülern, Schizophrenen, Epileptikern, erblich Blinden und Tauben, körperlich Mißgebildeten, Suchtkranken, Prostituierten, Sexualstraftätern, sogenannten Arbeitsscheuen und Gewohnheitsverbrechern. Die Betroffenen wurden nicht um ihre Einwilligung gefragt, der nationalsozialistische Staat entschied selbstherrlich über sie. Widerstand dagegen regte sich kaum; die Mehrheit der Deutschen hat die Zwangssterilisierungen begrüßt oder stillschweigend hingenommen.

Ab 1937 wurden aus den Pflegeheimen massenhaft Behinderte in andere Anstalten verlegt - zur Vorbereitung der Euthanasie-Aktion. Hitler hatte Reichsleiter Philipp Bouhler, SS-Standartenführer und Leiter der »Kanzlei des Führers«, und seinen Begleitarzt, Dr. med. Karl Brandt, mit der Durchführung beauftragt. Die Organisation lag in der Verantwortung von Viktor Brack, dem Leiter des Hauptamtes II in Hitlers Kanzlei. Ende Juli 1939 wurden etwa zwanzig Ärzte und Anstaltsleiter nach Berlin eingeladen und in die Absichten Hitlers eingeweiht. »Fachmännisch« erörterten sie die sicherste und wirtschaftlichste Methode des Tötens und stellten aus ihren Anstalten geeignetes Personal für die Mordaktion zusammen. Bald nach Kriegsbeginn, im Oktober 1939, gingen erste Transporte mit geistig Behinderten nach Westpreußen, wo sie in einem Wald in der Nähe von Neustadt von SS-Männern durch Genickschuß getötet und dann verscharrt wurden. Zur gleichen Zeit wurde das Behindertenheim Grafeneck, ein abseits gelegenes Barockschloß auf der Schwäbischen Alb, zur ersten Tötungsanstalt umgebaut. Erste »Probetötungen« fanden im Januar 1940 im ehemaligen Zuchthaus in Brandenburg statt; Brandt und seine ärztlichen Berater hatten sich für das tödliche Gas Kohlenoxyd entschieden, dessen Wirkung sie an zwei Gruppen geistig Behinderter erprobten.

Gleichzeitig mit der praktischen Vorbereitung der Mordaktion fand die bürokratische Erfassung der Opfer statt. Die Anstalten und Heime für geistig Behinderte und Geisteskranke waren verpflichtet worden, ihre Patienten an das Innenministerium in Berlin zu melden, von wo aus die Listen an die »Euthanasiezentrale« im Columbiahaus, ein Ableger der Führerkanzlei, weitergeleitet wurden. Als Vorwand wurde die planwirtschaftliche Erfassung, die durch den Krieg notwendig geworden sei, genannt. Zu melden waren sämtliche Patienten, die in den Anstaltsbetrieben nicht oder nur mit mechanischen Arbeiten beschäftigt werden konnten und an einer der folgenden Krankheiten litten: Schizophrenie, Epilepsie (auch durch Kriegsdienstbeschädigung), senile Erkrankungen, Paralyse und Lues-Erkrankungen, Schwachsinn jeder Ursache und Encephalitis, sowie Patienten, die sich seit mindestens fünf Jahren dauernd in Anstalten befunden hatten oder als kriminelle Geisteskranke verwahrt wurden. Anhand der Meldebögen entschieden Gutachter im Schnellverfahren über Leben und Tod der geistig Behinderten und Kranken.

Am 1. Februar 1940 wurden aus der ältesten evangelischen Epileptikeranstalt Pfingstweide 13 Patienten - ausgewählt nach dem Alphabet - abgeholt und nach Grafeneck gebracht. Die Mordmaschinerie hatte zu arbeiten begonnen. Die Opfer wurden in Vergasungsräumen getötet, die als Duschräume getarnt waren, ihre Leichen in Krematorien verbrannt. An den Geisteskranken erprobten die Nationalsozialisten, was wenig später bei der massenhaften Ermordung der Juden zur schrecklichen Perfektion gelangen sollte.

Den Angehörigen oder Vormündern wurde der Tod der Kranken und Behinderten immer gleichlautend mitgeteilt. Oft erfuhren sie erst durch die Todesnachricht von deren Verlegung. Die Ärzte, die den Tod attestierten, unterschrieben mit falschem Namen, auch das Datum wurde gefälscht, um die Spuren zu verwischen. Als Todesursache wurden Krankheiten genannt, die in einer Liste vorgegeben waren und willkürlich ausgewählt wurden. Neben Grafeneck waren weitere Tötungsanstalten im österreichischen Hartheim, in Sonnenstein und Brandenburg, später in Bernburg und Hadamar. In den ersten sechs Monaten 1940 wurden fast neuntausend geistig Behinderte und Kranke ermordet, allein im Juli waren es schon fünftausend. Alle Beteiligten waren zu strengstem Stillschweigen verpflichtet. Die unmittelbar an der Tötung und Beseitigung der Leichen beteiligten »Pfleger« und das Büropersonal wurden in den Tötungseinrichtungen kaserniert.

Als Vormundschaftsrichter bekam Lothar Kreyssig im Frühsommer 1940 mehrfach Aktenstücke vorgelegt, in denen Vormünder und Pfleger von Geisteskranken berichteten, daß sie überraschend die Nachricht vom Tod ihrer Pfleglinge erhalten hätten. Die formelhaften Schreiben kamen alle aus einer Anstalt, aus Hartheim. Mit »bürokratisch-teutonischer Gründlichkeit«, so Kreyssig, wurde den Vormundschaftsgerichten das Ableben der Opfer, soweit diese entmündigt waren, mitgeteilt. Bei ihm weckte die Häufung dieser Todesfälle den Verdacht, daß eine umfassende Vernichtungsaktion im Gange war. Auch in den Bruderräten der Bekennenden Kirche wurde darüber im Sommer 1940 berichtet. Zudem kursierten zu jener Zeit in der Bevölkerung schon Gerüchte, daß in einer großen Anstalt in Süddeutschland massenhaft Geisteskranke umgebracht würden. Trotz der strengsten Geheimhaltung sickerte in den umliegenden Orten manches durch. Falsche Angaben und Verwechslungen in den Todesnachrichten machten Angehörige mißtrauisch. Manche versuchten, Näheres über die plötzliche Verlegung und den Tod ihrer kranken oder behinderten Verwandten zu erfahren, und stießen dabei auf Hinweise auf ihren gewaltsamen Tod.

Die meisten Vormundschaftsrichter legten die Todesurkunden ohne weitere Nachforschungen zu den Akten. Einige Ärzte und Anstaltsleiter, auch Staatsanwälte und Richter, fragten Mitte 1940 verunsichert bei ihren vorgesetzten Behörden und beim Reichsjustizminister an, der zu diesem Zeitpunkt auch nur unvollständig über die Mordaktion unterrichtet war. Die lästigen Frager wurden mit Ausflüchten abgewiesen oder mit Drohungen eingeschüchtert. Lothar Kreyssig aber ließ sich nicht abweisen.[9]

Am 8. Juli 1940 meldete er das, was ihm zu Ohren gekommen war und was er aus den vermehrten Todesnachrichten schloß, dem Reichsjustizminister Franz Gürtner. Dieser Brief ist ein Dokument tapfersten Widerstandes. Es sei ihm kaum mehr zweifelhaft, schrieb Kreyssig, daß die schubweise aus den Unterbringungsorten abtransportierten Kranken in der genannten Anstalt, in Hartheim, getötet worden sind. Treffe dies zu, so sei zu vermuten, daß es weiterhin geschieht. Er berichte daher, obwohl er nur Beweisanzeichen habe. Ausführlich setzte sich Kreyssig dann mit den ethischen und juristischen Aspekten der »Vernichtung unwerten Lebens« und der Tötung von Geisteskranken auseinander. Er argumentierte vom Glauben her:

> Die Frage nach dem Sinn solchen Lebens rühret an die tiefsten Daseinsfragen überhaupt. Sie führt unmittelbar auf die Frage nach Gott. So ist auch meine Stellung zu ihr und - denke ich - vieler anderer Deutscher und deutscher Richter durch den christlichen Glauben bestimmt ... Leben ist ein Geheimnis Gottes ... Es ist darum eine ungeheuerliche Empörung und Anmaßung des Menschen,

> Leben beenden zu dürfen, weil er mit seiner beschränkten Vernunft es nicht oder nicht mehr als sinnvoll begreift.[10]

Vom juristischen Standpunkt aus beschäftigte ihn besonders das Fehlen jeglicher Rechtsgewähr. Die sittliche Möglichkeit der Euthanasie vorausgesetzt, müßte bei ihrer Bejahung ein rechtsgeordnetes Verfahren beachtet werden. Die Angehörigen müßten gehört werden und ein Rechtsmittel gegen die Entscheidung einlegen können. »Und möchte die letzte Entscheidung nicht minder schwer für ihn [den Angehörigen] zu tragen und sogar gewissensanstößig sein, so würde sich doch alles damit verbinden, was am Rechtsfrieden versöhnlich ist. All das fehlt jetzt.« Wer jetzt das Unglück habe, einen Angehörigen in eine Anstalt für Geisteskranke einliefern zu müssen, werde in eine kaum begreifliche Herzensnot gebracht. Noch schlimmer müsse sich der Zustand unter den Anstaltsinsassen selbst gestalten, die in einem Zustand von Rechtlosigkeit dem Gutdünken und der Willkür anheimgegeben und einem ungeheuerlichen seelischen Druck ausgesetzt würden.

Das bürgerliche Recht besage nichts darüber, daß es der Genehmigung des Vormundschaftsrichters bedürfe, wenn ein unter Vormundschaft oder Pflegschaft stehender Geisteskranker ohne Gesetz und Rechtsanspruch zu Tode gebracht werden solle. Trotzdem glaube er, schloß Kreyssig, daß der Vormundschaftsrichter unzweifelhaft die richterliche Pflicht hat, für das Recht einzutreten. »Das will ich tun. Mir scheint auch, daß mir das niemand abnehmen kann. Zuvor aber ist es meine Pflicht, mir Rat und Aufklärung bei meiner vorgesetzten Dienstbehörde zu holen. Darum bitte ich.«

Was daraufhin geschah, schilderte Kreyssig in seinen autobiographischen Aufzeichnungen:

> Nicht lange danach wurde ich zum Kammergerichtspräsidenten nach Potsdam bestellt. Mein Schreiben an den Minister sei ungehörig, erklärte er mir. Ich solle es zurückziehen. Das lehnte ich ab und wurde nunmehr ins Ministerium zitiert. Dort empfing mich Staatssekretär Freisler, der Vertreter des Ministers, wie ich hörte. Zuvor sprach ich kurz mit dessen persönlichem Referenten, Herrn von Dohnanyi. Etwa 1400 Vormundschaftsrichter gebe es in Deutschland, sagte er auf meine Frage. Aber meine Eingabe sei bisher die einzige.

Freisler, unter dessen Vorsitz später die meisten Verschwörer des 20. Juli 1944 zum Tode verurteilt wurden, überraschte mich einleitend mit sarkastischen Bemerkungen. Jüngst habe, weil der Wille des Führers Recht schaffe, jemand rechtliche Folgerungen daraus ableiten wollen, was er Hitler in München beiläufig bei einem Tischgespräch habe sagen hören. »Und«, fuhr Freisler fort, »was meinen Sie? Da ordne ich kürzlich an, daß eine Anzahl Kriegsgefangene von Litauen nach Berlin gebracht werden. Und sie kommen einfach nicht an.« Gleichwohl - nun mit erhobener Stimme - sei die nationalsozialistische Bewegung neben der faschistischen die einzige, die wirkliches Recht geschaffen hat.
In der Tat bedürfe die Tötungsaktion, für die Reichsleiter Bouhler in der Führerkanzlei verantwortlich sei, der rechtlichen Fundierung und Absicherung. Daran werde im Ministerium gearbeitet. Er sei bereit, mich darüber in kurzem zu unterrichten. Ich aber werde Bouhler wegen Mordes anzeigen, erwiderte ich. Das könne der endlichen rechtlichen Regelung nur förderlich sein, meinte Freisler und nannte mir auf Befragen den Generalstaatsanwalt in Potsdam als zuständige Stelle. Dorthin habe ich mich anschließend begeben. Ein Oberstaatsanwalt nahm meine Anzeige entgegen. Er sei tags zuvor aus dem Felde gekommen, sagte er, und habe sich nicht träumen lassen, als erstes eine Mordanzeige gegen einen Reichsleiter zu bekommen. Ich habe sie also nicht »gegen Unbekannt« erstattet, wie zuweilen zu lesen ist, und bedachterweise nicht wegen Anstiftung. Angesichts des unbedingten Gehorsams nach nationalsozialistischer Lehre und Praxis handelte es sich über gängige Rechtsbegriffe hinaus um mittelbare Täterschaft. Eine Nachricht auf die Anzeige habe ich nie empfangen, im Gerangel der folgenden Wochen und Monate aber auch nicht darum gemahnt.
Etwa Mitte August sprach ich auf Freislers Einladung ein zweites Mal mit ihm. Er legte mir Entwürfe vor, mit denen das Ministerium die Tötungsmaßnahmen zu legalisieren erwog. Wieweit das ernstlich gewollt war, sei dahingestellt. Ich bekam die Entwürfe natürlich nicht in die Hand und kann heute nichts Genaues mehr darüber sagen ... Ich habe Freisler erklärt, daß mich ein Vorhaben dieser Art nicht von meiner richterlichen Pflicht entbinden könne, die ich nun wahrzunehmen gedächte.[11]

Unmittelbar nach diesem zweiten Gespräch, am 27. August, untersagte Kreyssig den Anstalten, in denen sich Mündel von ihm befanden - Brandenburg-Görden, Teupnitz, Eberswalde, Sorau, Neuruppin, Göttingen und Landsberg/Warthe -, diese ohne seine Zustimmung zu verlegen oder zu entlassen. Im Zusammenhang mit der Verlegung von Anstaltsinsassen in andere Anstalten, so schrieb er, hätten sich außerordentlich weittragende Folgen ergeben, deretwegen gesetzmäßige Schritte eingeleitet seien. »Bezüglich der in Ihrer Anstalt untergebrachten Personen, welche unter vormundschaftsrichterlicher Obhut des Amtsgerichts Brandenburg/Havel stehen, weise ich deshalb darauf hin, daß mit ihnen nicht anders als nach den bestehenden Gesetzen verfahren werden darf, worüber mit allen rechtlichen Mitteln zu wachen meine richterliche Aufgabe ist. Zur Verlegung in eine andere Anstalt ist keiner der meiner Obhut unterstehenden Anstaltsinsassen ohne meine vorherige Zustimmung zu entlassen.«[12]
Den Direktor der Landesanstalt in Brandenburg-Görden, Dr. med. habil. Hans Heinze suchte Kreyssig auf und trug ihm seine Weisung samt allem, was er über die Anstaltsmorde wußte, persönlich vor - nicht ahnend, daß er einem der Haupttäter gegenüberstand, in dessen Anstalt bis Ende Juli 1940 über fünftausend Menschen ermordet worden waren. Von den massenhaften Morden in der Brandenburger Anstalt hat Kreyssig erst nach dem Krieg erfahren. Es gebe immer wieder zu denken, schrieb er 1968, daß es gelang, die Vorgänge so weitgehend geheim zu halten.[13] Allerdings scheint Kreyssig schon damals vermutet zu haben, daß auch die Landesanstalt an der Mordaktion beteiligt war, wie aus einem vertraulichen Bericht Heinzes an den Leiter der Mordaktion, Viktor Brack, hervorgeht.[14]

Inzwischen hatte es aus kirchlichen Kreisen weiteren Protest gegen die Mordaktion gegeben. Pastor Paul Gerhard Braune, Leiter der Hoffnungsthaler Anstalten in Lobetal und Vizepräsident des Centralausschusses der Inneren Mission, hatte als einer der ersten die Zusammenhänge der geheimen Aktion durchschaut und Informationen darüber zusammengetragen. Gemeinsam mit dem Leiter der Anstalt von Bethel, Fritz von Bodelschwingh, versuchte er durch Vorsprache bei einflußreichen Nazigrößen die Mordaktion zu stoppen. Am 10. Juli trafen sie in der Reichskanzlei mit Oberdienstleiter Brack und Ministerialrat Herbert Linden

aus dem Innenministerium zusammen, die beide verantwortlich an der Mordaktion beteiligt waren. Dabei wurden Vermutungen und Beobachtungen über die Tötung der Kranken in vollem Umfang bestätigt. In einer Denkschrift, in die auch Kreyssigs Erkenntnisse eingeflossen sind, faßte Pastor Braune sein Wissen über die Anstaltsmorde zusammen und erhob Einspruch dagegen. Die Kirchenleitung leitete das Memorandum an die Reichskanzlei weiter, allerdings mit einem abschwächenden Begleitbrief. Deutlicher wurde der württembergische Landesbischof Theophil Wurm in einem Schreiben an Innenminister Wilhelm Frick, das auch in den Gemeinden in Umlauf kam.
Auf katholischer Seite protestierte am entschiedensten der Bischof von Münster und spätere Kardinal Clemens August Graf von Galen. Seine aufrüttelnde Predigt vom 3. August 1941 in der St. Lambertikirche zu Münster, die vielfach abgeschrieben und verbreitet wurde, war eine schonungslose Abrechnung mit der Tötungs-Aktion der Nationalsozialisten. Sie sorgte im ganzen Reich für erhebliche Unruhe. Graf von Galen hatte u.a. gesagt:

> Wenn einmal zugegeben wird, daß Menschen das Recht haben, »unproduktive« Mitmenschen zu töten, und wenn es zunächst auch nur arme, wehrlose Geisteskranke trifft - dann ist grundsätzlich der Mord an allen unproduktiven Menschen, also an den unheilbar Kranken, den arbeitsunfähigen Krüppeln, den Invaliden der Arbeit und des Krieges, dann ist der Mord an uns allen, wenn wir alt und altersschwach und damit unproduktiv werden, freigegeben ... Dann ist keiner von uns noch seines Lebens sicher: Irgendeine Kommission kann ihn auf die Liste der »Unproduktiven« setzen, die nach dem Urteil »lebensunwert« geworden sind! Und keine Polizei wird ihn schützen, und kein Gericht wird seine Ermordung ahnden und den Mörder der verdienten Strafe übergeben.[15]

Und wie der Amtsrichter Kreyssig ein Jahr zuvor, erstattete Bischof Graf von Galen am 28. Juli 1941 Anzeige wegen Mordes.

Welche inneren Kämpfe und Gewissensnöte dem Brief Lothar Kreyssigs an den Justizminister vorausgegangen sind, läßt sich nur ahnen. Aufzeichnungen darüber gibt es nicht. Natürlich war er sich darüber im klaren, daß sein Protest auch die schlimmste Konsequenz haben könnte. Der Kreis, mit dem er sich hätte beraten können, war klein. Hat er es mit seiner Frau besprochen? Sie wäre doch am ehesten von seiner Verhaftung betroffen gewesen. Wahrscheinlich wird er ihr seinen Entschluß mitgeteilt und sie gebeten haben, ihn mitzutragen. Seinen Söhnen hat er nichts gesagt, aber sie haben, wie Uwe Kreyssig sich erinnert, die Unruhe und die Sorge der Mutter in jener Zeit gespürt, auch wenn sie Einzelheiten nicht erfahren haben. Mit dem einen oder anderen aus dem Bruderrat wird Kreyssig geredet haben, vielleicht mit dem Freund Wilhelm Groß oder mit Kurt Scharf. Über den Bruderrat könnte er auch den Kontakt zu kirchlichen Behinderteneinrichtungen gesucht haben - naheliegend wäre Lobetal nördlich von Berlin. Doch Pastor Braune war wegen seiner Denkschrift am 12. August in Gestapo-Haft genommen worden. Kreyssig war ihm auch in den Wochen zuvor nicht begegnet. Mit Fritz von Bodelschwingh hingegen stand er im Briefwechsel; ihm hatte er auch eine Abschrift seines Schreibens an den Justizminister zukommen lassen. Im Begleitbrief dazu schrieb er: »Das jetzige Verhängnis ist ja ein furchtbares Gericht in erster Linie über die Gewissensuntreue des Richterstandes und dort wieder über die Glaubensschwäche aller Christen in diesem Stand. Ich empfinde diese Schuld endloser Unterlassungssünden schwerer, als die der Menschen, welche den jetzigen furchtbaren Schritt zu verantworten haben.«[16]

Hier klang bereits ein Gedanke an, den Lothar Kreyssig viele Jahre danach, im Februar 1968 als Zeuge der Anklage beim Frankfurter Euthanasie-Prozeß, wiederholen sollte und der Robert M. W. Kempner, amerikanischer Hauptankläger beim Nürnberger Prozeß und Beobachter in Frankfurt, zutiefst beeindrucken wird:

> Und dann kam der Höhepunkt der Aussage, wie wir sie noch nie von einem Richter vor Gericht gehört haben. Nach langsamer Überlegung erklärte der tapfere und weise Amtsrichter: Die Richter von damals sind schuldiger als andere, weil sie in ihrer Gesamtheit das Recht hätten besser vertreten müssen ... Der brandenburgische Amtsrichter Doktor Kreyssig ist einer der unbesungenen gerechten Richter.[17]

Die Euthanasiemorde waren von der Reichskanzlei geplant und durchgeführt worden, ohne daß das Justizministerium informiert oder einbezogen worden wäre. Selbst Justizminister Gürtner war nur oberflächlich unterrichtet, jedenfalls nicht über die Details und das Ausmaß der

Aktion. Hitler hatte eine gesetzliche Grundlage für die Tötung von Geisteskranken für überflüssig gehalten. Nach Kreyssigs Protest und weiteren Anfragen von Richtern und Staatsanwälten, wie sie sich zu verhalten hätten, sah Gürtner sich genötigt, auf eine gesetzliche Regelung zu drängen: »Wie Sie mir gestern mitgeteilt haben«, schrieb er am 24. Juli 1940 an den Chef der Reichskanzlei, Hans Heinrich Lammers, »hat der Führer es abgelehnt, ein Gesetz zu erlassen. Daraus ergibt sich nach meiner Überzeugung die Notwendigkeit, die heimliche Tötung von Geisteskranken sofort einzustellen. Das heutige Verfahren ist nicht zuletzt durch die versuchte Tarnung rasch und weithin bekannt geworden. Zu welchen Peinlichkeiten das führt, bitte ich aus den Beilagen zu entnehmen. Die Zahl solcher Anfragen wird sich mehren. Es ist ungewöhnlich mißlich, darauf amtlich einen Bescheid zu geben, denn weder die Tatsache noch der Inhalt einer Anordnung durch den Führer kann erkennbar gemacht werden. Der Standpunkt, die Reichsjustizverwaltung wisse von dem ganzen Verfahren nichts, ist den eigenen Behörden gegenüber unmöglich.«[18] Eine Kopie des Briefes ging an Bouhler. Unter den Anlagen, die Gürtner mitschickte, war der Brief Kreyssigs.

Nachdem Kreyssig lange hingehalten worden war, hatte er am 27. August seine Weisung erteilt, daß geistig Behinderte und Kranke, die unter seiner Vormundschaft standen, nicht verlegt werden dürfen. Am selben Tag legte Reichsleiter Bouhler, nach mehreren vorangegangenen Unterredungen, Justizminister Gürtner die Ermächtigung Hitlers zu den Euthanasiemorden vor - datiert auf den 1. September 1939, den Tag des Kriegsbeginns. Inzwischen war auch an einer gesetzlichen Grundlage für die Tötung Geisteskranker, unter Anlehnung an Binding und Hoche, gearbeitet worden. Hitler lehnte den Gesetzentwurf jedoch ab. Gürtner resignierte. Unterdessen lief die Mordaktion auf Hochtouren weiter.

Helmut Gollwitzer hatte zu dieser Zeit ein persönliches Gespräch mit Gürtner. Die Familie des Reichsjustizministers gehörte zur Bekenntnisgemeinde in Berlin-Dahlem, wo Gollwitzer den verhafteten Pfarrer Niemöller vertrat. Die beiden Söhne Gürtners kamen regelmäßig zu seinem Kreis konfirmierter Jungen. Anfang September 1940 wurde Gollwitzer von der Geheimen Staatspolizei aus der Reichshauptstadt Berlin ausgewiesen, mit Redeverbot für das gesamte Reich und die damals schon besetzten Gebiete:

Als ich am Vormittag am Alexanderplatz bei der Geheimen Staatspolizei, wo ich vorgeladen war, diese Ausweisungsverfügung bekam, haben wir uns gleich an Gürtner gewendet, und ich saß in der Nacht vom 3. auf den 4. September - ich mußte binnen 24 Stunden die Reichshauptstadt verlassen haben - bei Gürtner in einem sehr ausführlichen Gespräch. Gürtner war ein rechtsstehender deutschnationaler Mann gewesen, der Hitler, damals als bayerischer Justizminister, nach dem Hitlerputsch und während des Hitlerprozesses im Frühjahr 1924 sehr kulant behandelt hatte. Er wurde als Dank dafür von Hitler 1933 zum Reichsjustizminister gemacht.
In dieser Nacht vom 3. auf den 4. September 1940 konnten wir sehr offen reden. Gürtner wußte genau, was aus dem Nazismus geworden war. Nachdem wir kurz meinen Fall erörtert und festgestellt hatten, daß er da nichts mehr machen konnte, ging das ganze übrige Gespräch über die Euthanasieverfügung des »Führers«. Von ihm aus in der Meinung, er hätte das jetzt abgewehrt durch einen Protest beim »Führer«. Es stellte sich dann heraus, daß das eine Täuschung gewesen ist.
Dann ging es um die Grundfrage: Was soll er machen? Hinter ihm stand ein Jurist, Thierack, sein Staatssekretär. Es war klar: Würde Gürtner gehen, so würde Thierack Reichsjustizminister werden, und dann würden Köpfe fallen, die Gürtner bisher in den Gefängnissen gerettet hatte. Ich sagte ihm: »Sie können die Schuld, die Sie durch die Unterstützung Hitlers auf sich geladen haben, nur tragen und büßen oder sühnen oder wie man das sagen soll, indem Sie jetzt, um Schlimmeres zu verhüten, Ihre Stellung halten.« Das ist mir eines der Exempel, wo diese Formel »um Schlimmeres zu verhüten«, die so oft eine heuchlerische Formel ist, genau zutrifft. Nämlich für jemanden, der durch Irrtum und Schuld schon so tief sich hineinverwickelt hat, daß er jetzt nur noch versuchen kann, in dem Unheil, das er mitangerichtet hat, einiges zu mildern und einige Leben zu retten. So hab ich also zu meinem kleinen Teil Gürtner bestätigt, daß er bleiben soll. Hitler hätte ja seinen Rücktritt sofort angenommen, ohne daß ihm irgend etwas passiert wäre, und er hätte eine große Pension bekommen. Er ist dann wenige Monate später, im Januar 1941, gestorben; er war damals schon ein kranker Mann.
Ich hatte in Dahlem gehört - das muß vor meiner Ausweisung ge-

wesen sein –, daß ein Vormundschaftsrichter östlich von Berlin Anklage auf Mord gegen Unbekannt[19] gestellt hat in Wahrnehmung seines Auftrages gegenüber seinen Mündeln, die Insassen von Pflegeanstalten gewesen und umgebracht worden sind. Ich kann nicht mehr sicher sagen, ob das in dem Gespräch mit Gürtner zur Sprache gekommen ist. Aber ich möchte es doch vermuten. Gürtner war ja davon unterrichtet, Kreyssigs Brief war an ihn gegangen. Also nehme ich an, daß entweder er oder ich das zur Sprache gebracht hat. Auch ein solches Exempel mag uns in diesem Gespräch veranschaulicht haben, was Gürtner in seiner Position jetzt noch tun konnte zum Schutz für Leute, die dann, wenn Thierack seine Stelle einnähme, verloren wären.

Das muß man sich heute überhaupt klarmachen: Daß Kreyssig auf diesen Strafantrag hin und auf seinen Brief an den Reichsjustizminister hin nicht mehr geschehen ist als einige dienstrechtliche Maßnahmen, das war schon damals sehr unverständlich. Kreyssig hat das genau gewußt. Er ist nicht naiv in diese Sache hineingegangen ... Er hat das als Einziger getan. Wir wußten aber auch – damals kannte ich, wie gesagt, nicht mehr als seine Tat und seinen Namen – daß dafür nicht nebensächlich war, daß er zur Bekennenden Kirche gehörte: Sowohl dafür, daß er das getan hat, wie auch für die innere Ausrüstung, die dazu nötig war, um etwas zu tun, was alle anderen deutschen Richter und Vormundschaftsrichter unterlassen haben.[20]

Lothar Kreyssig war sich dieses Wunders, wie er es selbst genannt hat, wohl bewußt:

Wieviele gleichermaßen angefochtene Menschen sind 1933-45 eingesperrt und umgebracht worden! Und wieviele waren darunter, die im Gefolge Bonhoeffers Glaubenszeugen wurden. So gewiß es danach ein Wunder der Behütung war, wenn ich frei und unangetastet blieb, so gewiß hat sich doch der Herr des Lebens dabei der Menschen bedient, denen ich ausgeliefert war. Ihr guter, schonsamer Wille mag manch einen selbst gefährdet haben. Möchten sie zum letzten Ende, indem »Gnade sich rühmt wider das Gericht«, als Mitbeschenkte sichtbar werden.[21]

Nachdem Lothar Kreyssig den Aufforderungen, seine Weisung an die Anstalten zurückzunehmen, nicht gefolgt war, wurde er am 13. November 1940 zum Justizminister beordert und von Gürtner selbst befragt. Anwesend bei dem Gespräch war auch Reichsgerichtsrat Hans von Dohnanyi, Bonhoeffers Schwager und einer der maßgeblichen Männer des Widerstands. Gürtner legte Kreyssig das Ermächtigungsschreiben Hitlers vor, mit dem er, in einem einzigen Satz, das Todesurteil für Zehntausende Menschen gesprochen hatte:

> »Reichsleiter Bouhler und Dr. med. Brandt sind unter Verantwortung beauftragt, die Befugnisse namentlich zu bestimmender Ärzte so zu erweitern, daß nach menschlichem Ermessen unheilbar Kranken bei kritischer Beurteilung ihres Krankheitszustandes der Gnadentod gewährt werden kann. Adolf Hitler.«[22]

Die Unterschrift sei zwar faksimiliert. Aber er kenne die Schriftzüge des Führers genau, fügte Minister Gürtner zu Kreyssigs Befremden hinzu. Und:

> Ob ich anerkenne, daß die unter dem 8. Juli 1940 von mir berichteten Tötungsmaßnahmen damit rechtens seien, fragte er. »Nein«, war meine Antwort. Darauf der Minister: »Wenn Sie nicht anerkennen können, daß der Wille des Führers Recht schafft, können Sie nicht Richter sein.« »Dieser Zweifel beschäftigt mich schon lange«, erwiderte ich. Darauf der Minister: »Das Ergebnis der Disziplinaruntersuchung gibt zum Einschreiten keinen Anlaß. Aber Sie werden nach dem Beamtengesetz in den Ruhestand versetzt werden.« Herr von Dohnanyi fügte bei der Verabschiedung hinzu, ich solle nur nicht meinen, daß ich von den Männern in der Führerkanzlei irgendwelche Schonung zu erwarten habe. Durch Erlaß des Führers vom 4. März 1942 - nicht nur mit faksimilierter Unterschrift - wurde ich in der Tat in den Ruhestand versetzt.[23]

Der Personalakte Kreyssigs war ein geschlossener Umschlag mit dem Vermerk »Nur auf Anordnung vom M.D.I.[24] oder höherer Stellen zu öffnen« beigefügt, in dem die Vorgänge, die die Euthanasiemorde betrafen, verwahrt wurden. Aus einem geheimen Referentenvermerk geht hervor, daß Kreyssig bald nach dem Gespräch mit dem Minister auch förmlich um die Versetzung in den Ruhestand gebeten hat:

> Die mir in der Unterredung vom 13.11. von Herrn Minister eröffneten Tatsachen können mich nicht davon überzeugen, daß die an den Insassen von Heil- und Pflegeanstalten vollzogenen Maßnahmen rechtmäßig seien. Ich vermag daher meine Anweisung an die

> Leiter der Anstalten, ohne meine Zustimmung keine meiner vormundschaftsrichterlichen Obhut unterstehenden Insassen zum Abtransport auszuliefern, nicht zu widerrufen. Darum und im Hinblick auf den von mir geleisteten Eid bitte ich, mich unter Gewährung der gesetzlichen Bezüge in den Ruhestand zu versetzen.[25]

Zunächst wurde Kreyssig, mit Wirkung vom 12. Dezember 1940, nur vorläufig vom Dienst beurlaubt. Im Ergebnis der bisherigen Untersuchungen, die vom Potsdamer Amtsgerichtsdirektor Dr. Hartmann geführt worden waren, wurde empfohlen, Kreyssig in den einstweiligen Ruhestand zu versetzen, das Dienststrafverfahren gegen ihn jedoch weiterzuführen, damit er seinen Anspruch auf ein Ruhegehalt verliere. Am 9. Dezember verfügte Justizminister Gürtner die Einleitung des förmlichen Dienststrafverfahrens. Als Vorwand diente Kreyssigs bekanntes »Sündenregister«, angefangen bei den Unbotmäßigkeiten in Chemnitz bis hin zu seinem tapferen Bekenntnis vor der Potsdamer Gestapo. Der eigentliche Grund jedoch, der Protest gegen die Euthanasiemorde, wurde jetzt und im weiteren Verfahren der Justizbehörde nicht erwähnt.

Dem Amtsgerichtsdirektor Hartmann in Potsdam, den Gürtner auch mit den abschließenden Untersuchungen beauftragt hatte, teilte Kreyssig am 11. Januar 1941 mit, daß es sich bei dem Sachverhalt, dessentwegen er selbst um Versetzung in den Ruhestand gebeten habe, um höchst geheime Tatsachen handele. Dem Minister würde, wie ihm mitgeteilt worden sei, deren Erörterung in der jetzigen Untersuchung höchst unerwünscht sein. Der Wunsch des Ministers verpflichte ihn. Zu den übrigen schriftlich vorliegenden Anschuldigungen werde er sich nur kurz und summarisch erklären.[26] Kreyssig nutzte offensichtlich das Dilemma des Justizministeriums, über den eigentlichen Grund des Verfahrens gegen ihn nichts verlauten lassen zu dürfen, und die bestehenden Spannungen zwischen Ministerium und Reichskanzlei klug für seine Verteidigung aus. Denn anderen gegenüber machte er durchaus kein Geheimnis um sein »höchst geheimes« Wissen; er sorgte sogar dafür, daß es 1943 auf einer Synode der Bekennenden Kirche verhandelt wurde.

Auf seine Anzeige gegen Reichsleiter Bouhler hatte Kreyssig keine Antwort bekommen. Die Justiz ignorierte die Anstaltsmorde völlig. Am 24. August 1941 stoppte Hitler, unter dem Eindruck der Proteste und der erheblichen Unruhe in der Bevölkerung, die Mordaktion. Bis dahin waren mehr als 70000 geistig Behinderte und Kranke vergast worden. In der Bevölkerung wurden Gerüchte gestreut, der Führer habe nichts von den Tötungen gewußt. Tatsächlich aber wurden auch weiterhin Geisteskranke ermordet, lediglich Hadamar wurde wirklich stillgelegt. Die Tötungskapazität der anderen Anstalten wurde zudem genutzt, um invalide KZ-Häftlinge und geisteskranke Ostarbeiter umzubringen.

Die Untersuchungen gegen Kreyssig zogen sich noch über ein Jahr lang hin. Zwischenzeitlich fragte die Gestapo aus Potsdam ungeduldig an, ob Kreyssig »seines Amtes als Richter enthoben sei und welche Maßnahmen gegen ihn getroffen seien«. Auch Parteistellen und der Reichsinnenminister erbaten Auskunft über das Verfahren. Mitte Juni 1941 forderte die Reichskanzlei sämtliche Akten über Kreyssig an. Im Justizministerium wurde Kreyssigs Angelegenheit damit zur Wiedervorlagesache. Ob Beamte im Justizministerium, die Kreyssig wohlgesonnen waren, versucht haben, ihn durch die verzögerte Bearbeitung vor dem Zugriff der Gestapo zu schützen, oder ob die nationalsozialistischen Behörden einfach nur weiteres Aufsehen vermeiden wollten, läßt sich heute nicht mehr nachvollziehen. Es ist durchaus denkbar, daß der tapfere Protest des Amtsrichters auch Beamte in den vorgesetzten Behörden, die sich einen Rest von rechtlichem Denken bewahrt hatten, beeindruckt hat.

Der Präsident des Berliner Kammergerichtes, Hölscher, der den Schlußbericht an das Justizministerium zu geben hatte, berücksichtigte jedenfalls in seinem Votum, »daß die Verfehlungen des Richters, die zu der Einleitung des Dienststrafverfahrens geführt haben, nicht auf einer unehrenhaften Gesinnung, sondern auf seiner fanatischen kirchenpolitischen Einstellung beruhen«.[27] Er halte es daher auch für richtiger, wenn durch Belassung des Ruhegehaltes vermieden wird, daß Dr. Kreyssig von den Anhängern der Bekenntniskirche etwa als Märtyrer hingestellt werde. Die Wortwahl des Kammergerichtspräsidenten ist aufschlußreich. Denn »fanatisch« hatte im nationalsozialistischen Sprachgebrauch durchaus einen positiven Klang. Victor Klemperer, der im *LTI* dem Gebrauch dieses Wortes durch die Nationalsozialisten ein eigenes Kapitel gewidmet hat, stellte fest: »... so ist fanatisch während der gesamten Ära des Dritten Reiches ein superlativisch anerkennendes Beiwort gewesen. Es bedeutete die Übersteigerung der Begriffe tapfer, hingebungsvoll, beharrlich, genauer: eine glorios verschmelzende Gesamtaussage all dieser Tugenden, und selbst der leiseste pejorative Nebensinn fiel im üblichen LTI-Gebrauch des Wortes fort.«[28]

Auch im Schlußbericht selbst war noch einmal von der »fanatischen Zugehörigkeit« Kreyssigs zur Bekennenden Kirche die Rede. Zugleich wurden die hervorragenden Charaktereigenschaften und fachlichen Fähigkeiten des Amtsrichters gewürdigt. Nach Abschluß der umfangreichen Untersuchungen wurde dann auch nur ein einziger Grund genannt, weshalb Kreyssig nicht in seinem Amt als Richter verbleiben könne: »... weil die Zweifel an seiner Treue zum nationalsozialistischen Staat begründet sind.« Er halte es daher nicht für angezeigt, schloß der Kammergerichtspräsident seinen Bericht, daß dem Richter bei seiner Versetzung in den Ruhestand der Dank für seine dem deutschen Volke geleisteten Dienste ausgesprochen wird.

Staatssekretär Franz Schlegelberger, der nach dem Tod Gürtners das Justizministerium kommissarisch führte, übergab am 19. Mai 1941, nach Zustimmung des Innenministeriums, die Angelegenheit Kreyssig an den Chef der Reichskanzlei, Reichsminister Hans Heinrich Lammers. Bei seinem Antrag auf Versetzung Kreyssigs in den Ruhestand folgte Schlegelberger im wesentlichen der Argumentation des Untersuchungsführers. Amtsgerichtsrat Dr. Kreyssig habe Zweifel an der Rechtssicherheit im nationalsozialistischen Staat geäußert, dessen Totalitätsanspruch in Frage gestellt und Bedenken erhoben, ob überhaupt noch von einem Rechtsstaat gesprochen werden könne. Es stehe somit fest, daß Kreyssigs Einstellung auf einer Grundhaltung beruhe, die der nationalsozialistischen Staatsauffassung entgegengesetzt ist. Daher könne er, gemäß § 71 DBG, nicht Beamter bleiben. Nach diesem Paragraphen des Deutschen Beamtengesetzes konnte Hitler einen Beamten in den Ruhestand versetzen, wenn dieser »nicht mehr die Gewähr dafür bietet, daß er jederzeit für den nationalsozialistischen Staat eintreten wird«. Den Antrag hatte die oberste Dienstbehörde zu stellen, das Innenministerium mußte zugestimmt haben. Die belastenden Tatsachen waren in einem Untersuchungsverfahren festzustellen, in dem der beschuldigte Beamte gehört werden mußte. Wenn Dr. Kreyssig nach § 71 DBG in den Ruhestand versetzt werde, kündigte der amtierende Justizminister Schlegelberger in seinem Antrag an, gedenke er allerdings das Dienststrafverfahren gegen den Amtsrichter einzustellen.[29]

Bald nachdem der Antrag des Justizministers in der Reichskanzlei eingegangen war, nahm man dort eigene Ermittlungen auf. Von nun an war auch Kreyssigs Eintreten gegen die Anstaltsmorde Gegenstand der Untersuchungen. Der Potsdamer Untersuchungsführer, Amtsgerichtsdirektor Hartmann, wurde Mitte Juli zum Vortrag über seine Erkenntnisse in die Reichskanzlei bestellt. Sein Urteil über Kreyssig war günstig: Dieser sei ihm von vornherein mit vollster Offenheit gegenübergetreten und habe in keiner Weise versucht, »mit irgendeiner Tatsache hinter dem Berg zu halten oder sie durch Beschönigen abzuschwächen«.[30] Er habe nach seiner Auffassung stets mit vollster Überzeugung, aber auch mit dem Mut zur Verantwortung gehandelt. Insbesondere sei Kreyssig daran gelegen, vor höchsten Reichsstellen mit seinen Ansichten gehört zu werden. Denn er halte sich für verpflichtet, »ganz gleich, welche Folgen das für ihn persönlich hat, seine Gedankengänge bis zum letzten zu vertreten«.
Auch Kreyssig selbst scheint sich an die Reichskanzlei gewandt zu haben. Im abschließenden Vermerk wird ausdrücklich erwähnt, der Amtsgerichtsrat wolle gegenüber dem Reichsjustizministerium und gegenüber der Reichskanzlei auf die Vorgänge in der »Anstaltsfrage« hinweisen. Offenbar sah Kreyssig zum einen darin eine Möglichkeit, daß sein Protest gegen die Euthanasiemorde und seine ausführliche Begründung im Justizministerium und in der Reichskanzlei schriftlich festgehalten und also aktenkundig gemacht würden. Zum anderen wollte er wohl erreichen, »daß die Vorgänge in der Anstaltsfrage bei der Entscheidung des DBG-Verfahrens bekannt sind und berücksichtigt werden«, wie es in dem Vermerk heißt. Aufschlußreich ist die Beurteilung von Kreyssigs Protestaktionen durch die Reichskanzlei. Das Verteilen von Flugblättern und der Auftritt in der Brandenburger St. Gotthardtskirche werden entschieden getadelt, dies sei keinesfalls »mit der Würde eines am Orte amtierenden Richters vereinbar«. Dagegen »dürfte das Vorgehen Kreyssigs in der Anstaltsfrage über den Rahmen seiner richterlichen Tätigkeit nicht hinausgegangen sein, da ihm die in der Angelegenheit gegebenen Weisungen nicht bekannt gewesen sind«. Selbst die Beamten in Hitlers Reichskanzlei versagen Kreyssig nicht den Respekt: »Man wird sich gerade vom Standpunkt des Staates angesichts des bitteren Mangels an führenden Beamten des Gefühls des Bedauerns nicht erwehren können, daß ein Mann von den beruflichen Fä-

Porträt Lothar Kreyssig 1974. Foto: Jürgen Pieplow.

higkeiten und den charakterlichen Qualitäten Kreyssigs weggeschickt werden muß und damit einer Radikalisierung, die nicht mehr durch die mäßigenden Einflüsse des Richteramtes gehemmt wird, verfallen wird.« Jedoch müsse der Staat von seinen Bürgern, und noch mehr von seinen Beamten, Gehorsam verlangen. Glaube ein Beamter, diesen Gehorsam nicht leisten zu können, weil die befohlene Handlung seiner religiösen Überzeugung nicht entspricht, so müsse er die Konsequenzen ziehen. Das könne auch der Staat tun, wenn er es für erforderlich hält.

Im Falle des Amtsgerichtsrates Kreyssig hielt der Staat es für erforderlich. Zeitweise scheint der Chef der Reichskanzlei erwogen zu haben, eine Entscheidung des »Führers« selbst über Kreyssigs Schicksal herbeizuführen. Da sich Kreyssigs Fall jedoch nicht für eine Grundsatzentscheidung darüber eignete, wie man während des Krieges gegen Beamte vorgehen solle, die aus religiösen Gründen das vorbehaltlose Bekenntnis zum nationalsozialistischen Staat verweigerten, sonst aber ihre Beamtenpflicht gewissenhaft erfüllten, verzichtete der Chef der Reichskanzlei offensichtlich auf einen Vortrag bei Hitler. Vielleicht gab es für ihn während des Krieges auch Wichtigeres zu tun. Jedenfalls blieb der Vorgang über ein halbes Jahr lang unbearbeitet.

Am 4. März 1942 schließlich teilte der Chef der Reichskanzlei, Reichsminister Lammers, »z.Z. Führer-Hauptquartier«, dem Reichsminister der Justiz mit: »Der Führer hat die Versetzung des Amtsgerichtsrats Dr. Lothar Kreyssig in Brandenburg (Havel) in den Ruhestand auf Grund des § 71 des Deutschen Beamtengesetzes vom 26. Januar 1937 verfügt.«[31] An Kreyssig, damals 43 Jahre alt, ging die Nachricht wenige Tage später: »Ihr Ruhestand«, schrieb ihm der amtierende Justizminister, »beginnt mit dem 1. Juli 1942. Von diesem Zeitpunkt an erhalten Sie die gesetzlichen Versorgungsbezüge, die der Herr Kammergerichtspräsident festsetzen wird.«[32] Am 11. April wurde das Dienststrafverfahren gegen Kreyssig eingestellt und die Kosten des Verfahrens der Reichskasse auferlegt. Das Ruhegehalt wurde auf 5869,20 Reichsmark jährlich festgesetzt. Auf den Dank für seine dem deutschen Volk geleisteten Dienste mußte Lothar Kreyssig verzichten - damals jedenfalls.

Erst ein halbes Leben später wurde sein Eintreten für Recht und Gerechtigkeit von einer deutschen Regierung gewürdigt. Der Bundesjustizminister Hans A. Engelhard übergab 1983 dem Amtsrichter in Ruhe zum 85. Geburtstag eine vollständige Kopie seiner Personalakte, in der der mutige Widerstand des Richters dokumentiert ist - eine höchst ungewöhnliche Geste und eine größere Ehrung, als sie mit einem hohen Orden zuteil werden könnte. Zudem wurde Lothar Kreyssig ehrenhalber zum Senatspräsident a.D. befördert. Das Schreiben des Justizministers wurde auch im Bulletin der Bundesregierung veröffentlicht. Minister Engelhard schrieb an Kreyssig:

> Sie dürfen sich Ihrer Zeit als Landgerichtsrat in Chemnitz und später als Amtsrichter in Brandenburg in dem Bewußtsein erinnern, gegenüber einem verbrecherischen System nach den Grundsätzen, denen Sie sich verpflichtet fühlten, und nach ihrem Diensteid nicht nur konsequent gedacht, sondern, was in diesen für die deutsche Justiz an Anfechtungen so reichen Zeiten nicht häufig der Fall war, mit ganz persönlichem Mut auch entsprechend gehandelt zu haben.
>
> Ich denke dabei neben Ihrem engagierten Eintreten für die Bekennende Kirche besonders daran, wie Sie sich öffentlich für Ihren im März 1933 abgesetzten Landgerichtspräsidenten in Chemnitz - in dessen Kammer Sie mitgewirkt und dabei wohl auch manche sachlich scharfe Auseinandersetzung gehabt hatten - eingesetzt haben, weil Sie erkannt hatten, daß dieser sich in Not befand, und Hilfe für Ihre Christenpflicht gehalten haben.
>
> Ich denke auch daran, wie Sie sich im Jahre 1940 in Brandenburg der Verlegung der Kranken aus der Landesanstalt Görden, die Ihrer richterlichen Vormundschaft unterstanden, widersetzt haben. Sie sind sicherlich nicht der einzige gewesen, der gewußt hat, welches Schicksal diese Kranken erwartete. Sie sind aber einer der sehr wenigen, der unter Inkaufnahme von schweren Nachteilen für sich und seine Familie, vielleicht sogar unter Lebensgefahr, seinem Gewissen gefolgt ist. Auch zeigen diese Vorfälle exemplarisch, wie Unrecht neues Unrecht - in diesem Falle an dem begangen, der es als solches entlarvt - erzeugt.
>
> Ich hoffe, Sie haben Verständnis dafür, daß ich ein Schreiben, das eigentlich nur eine Glückwunschadresse sein sollte, zum Anlaß solcher Betrachtungen nehme. Der Richter Dr. Kreyssig hat aber den Bundesminister der Justiz nicht unberührt gelassen ...[33]

Anmerkungen

1 Scharf, Kurt: Widerstehen und Versöhnen. Stuttgart, 1987. S.102f.

2 Interview des Verfassers mit Johannes Müller.

3 Zitiert nach Gerlach, Wolfgang: Als die Zeugen schwiegen. Bekennende Kirche und Juden. Berlin, 1987, S. 240, Anm. 14.

4 Nachlaß Kreyssig, Mappe »Privat-Akten NS-Zeit«. Schreiben vom 13. August 1938 an Rechtsanwalt Ruccius, Brandenburg (Havel).

5 EZA, 614/VI, Mappe »Erfurt 25.9.« Die Evangelische Woche im September 1952 in Erfurt war eine Veranstaltung der Evangelischen Akademie Sachsen-Anhalt, die Kreyssig 1948 mitbegründet hatte.

6 Kreyssig bezieht sich hier auf die Schrift von Karl Binding und Alfred Hoche: Die Freigabe der Vernichtung des lebensunwerten Lebens. Ihr Maß und ihre Form. Leipzig, 1920.

7 EZA 614/37, Brief vom 23. Januar [1947] an einen nicht namentlich genannten Professor.

8 Zitiert nach Ernst Klee, »Euthanasie« im NS-Staat. Frankfurt a.M., 1986, S.35.

9 Der Protest Kreyssigs gegen die Euthanasie-Morde ist mehrfach ausführlich dargestellt worden. Susanne Willems hat die Vorgänge 1986 in ihrer Magisterarbeit an der Fakultät für Geschichtswissenschaften der Ruhr-Universität Bochum untersucht, erschienen 1995 unter dem Titel »Lothar Kreyssig. Vom eigenen verantwortlichen Handeln« als Veröffentlichung der Aktion Sühnezeichen/Friedensdienste. - Vgl. auch: Gerhard Fieberg: Justiz im nationalsozialistischen Deutschland. Beilage zum Bundesanzeiger Nr. 134 vom 20. Juli 1984, S.68ff; Lothar Gruchmann: Ein unbequemer Amtsrichter im Dritten Reich. In: Vierteljahreshefte für Zeitgeschichte, 32. Jg. (1984), Heft 3, S.463ff.; Helmut Kramer: Lothar Kreyssig. Richter und Christ im Widerstand. In: Streitbare Juristen. Eine andere Tradition. Baden-Baden, 1988, S.342ff.; Kurt Nowak: »Euthanasie« und Sterilisation im »Dritten Reich«. Weimar, 1980, S.152ff.

10 Nachlaß Kreyssig, Mappe »Privat-Akten NS-Zeit«. Schreiben an den Minister der Justiz vom 8. Juli 1940. - Kreyssigs Brief an den Justizminister wurde zuerst veröffentlicht in: Die Innere Mission, Jg. 37(1947), Heft 5/6, S.40-43. Hier wird erstmals die im Nachlaß Kreyssigs erhaltene originale Durchschrift des Typoskriptes wiedergegeben, die geringfügig von der 1947 veröffentlichten Fassung abweicht. - Vgl. Anhang, Dokument 4.

11 AB I, S.24f.

12 Nachlaß Kreyssig, Mappe »Privat-Akten NS-Zeit«. Schreiben vom 27. August 1940. Durchschrift des Typoskriptes.

13 Nachlaß Kreyssig, Mappe »Frankfurt«. Schreiben ohne Titel und Datum [Bericht zur Ergänzung der Personalakte, dazu Begleitbrief an Ministerialdirigent a.D. Dr. Puttfarken, Wiesbaden, vom 14. März 1968], S.5.

14 PA Kreyssig, Umschlag mit geheimen Unterlagen. Dienstliche Äußerung von Dr. med. habil. Hans Heinze, Direktor der Landesanstalt Brandenburg-Görden an Oberdienstleiter Viktor Brack vom 13. November 1940.

15 Bierbaum, Max: Nicht Lob, nicht Furcht. Das Leben des Kardinals von Galen. Münster, 1978, S.365ff.

16 Nachlaß Kreyssig, Mappe »Privat-Akten NS-Zeit«. Brief an Fritz von Bodelschwingh vom 19. September 1940.

[17] Kempner, Robert M.W.: Es gab einen Richter in Brandenburg. In: Neue Welt, 1968, Heft 5/6, S.27.

[18] Zitiert nach Klee, a.a.O., S.215.

[19] Das Gerücht, daß Kreyssig seine Anzeige gegen Unbekannt, nicht aber - wie es den Tatsachen entspricht - gegen Reichsleiter Bouhler erstattet habe, findet sich auch heute noch gelegentlich in der Literatur. Möglicherweise ist es damals von nationalsozialistischen Stellen bewußt gestreut worden, um Kreyssigs Aktion - Mordanzeige gegen einen der ranghöchsten, geradezu sakrosankten Nationalsozialisten! - abzuschwächen.

[20] Nachlaß Kreyssig. Manuskript, vermutlich nach dem Diktat von Helmut Gollwitzer vom 18. Juni 1979 [möglicherweise auch aus einem Gespräch Gollwitzers mit Volker von Törne. Die Niederschrift vom 3. Oktober 1979 trägt von Törnes Kürzel].

[21] AB I, S.28f.

[22] Zitiert nach Klee, a.a.O., S.100.

[23] AB II, S.40. Ausführlicher als in seiner Autobiographie, vor allem unter juristischem Aspekt, hat Lothar Kreyssig die Vorgänge in einer Niederschrift geschildert, die 1968 im Zusammenhang mit dem Frankfurter Euthanasie-Prozeß entstanden ist und zur Ergänzung seiner Personalakte bestimmt war. - Nachdem Gürtner ihm die Ermächtigung Hitlers gezeigt und deutlich gemacht hatte, daß er damit die Tötungsmaßnahmen als rechtlich legitimiert ansehe, habe er, Kreyssig, erklärt, um die Ungeheuerlichkeit des Vorganges rechtlich zu illustrieren: »Wenn etwa § 1 des BGB auf gesetzmäßig völlig einwandfreiem Wege dahin geändert wird, daß menschliche Wesen, wie etwa heute die Juden, nicht rechtsfähig seien, so kann das bei formal völlig einwandfreiem Hergang dennoch kein Recht schaffen.« - Nachlaß Kreyssig, Mappe »Frankfurt«. Schreiben ohne Titel und Datum [März 1968], S.6.

[24] Leiter der Personalabteilung.

[25] PA Kreyssig, geschlossener Umschlag. Vermerk vom 2. Dezember 1940.

[26] Nachlaß Kreyssig, Mappe »Privat-Akten NS-Zeit«. Schreiben vom 11. Januar 1941, Durchschrift des Typoskriptes.

[27] PA Kreyssig. Bericht des Präsidenten des Kammergerichts Berlin, Hölscher, vom 10. März 1941 und Anlage: Schlußbericht des Potsdamer Amtsgerichtsdirektors Hartmann vom 10. Februar 1941.

[28] Klemperer, Victor: LTI (Lingua Tertii Imperii - die Sprache des Dritten Reiches). Notizbuch eines Philologen. Leipzig, 1968. Darin Kapitel IX »Fanatisch«, S.75.

[29] PA Kreyssig. Schreiben des Reichsministers der Justiz an den Reichsminister und Chef der Reichskanzlei vom 19. Mai 1941.

[30] Vermerk der Reichskanzlei zur Vorlage bei Reichsminister Lammers vom 20. Juli 1941. Institut für Zeitgeschichte, Fa 199/33 (Zwangspensionierung politisch unzuverlässiger Beamter), Bl. 98-114. Hier und im folgenden zitiert nach Willems, a.a.O., S.150ff.

[31] PA Kreyssig. Erlaß des Reichsministers und Chefs der Reichskanzlei vom 4. März 1942, Aktenzeichen Rk. 9521 B.

[32] Nachlaß Kreyssig, Mappe »Privat-Akten NS-Zeit«. Schreiben des Reichsministers der Justiz vom 13. März 1942. Aktenzeichen I p^{10} K 1457/88.

[33] Nachlaß Kreyssig. Schreiben des Bundesminister der Justiz, Hans A. Engelhard, vom 21. Oktober 1983. Leicht gekürzt auch in: Bulletin des Presse- und Informationsamtes der Bundesregierung, Nr. 116 vom 3. November 1983, S.1056.

Kapitel 10

Die Geborgenheit im Gehorsam

Lothar Kreyssig hat erst in der sächsischen, dann in der brandenburgischen Bekennenden Kirche hartnäckig versucht, die Bruderräte und die Synoden zu einem deutlichen Protest gegen die Rechtlosigkeit der Schutzhäftlinge in den Konzentrationslagern und gegen die Judenverfolgung, später auch gegen die Euthanasiemorde, zu bewegen. Von diesen Versuchen Kreyssigs ist nur wenig dokumentiert. Denn die Bruderräte, später auch die Synoden, versammelten sich häufig konspirativ. Über die politisch heiklen Tagesordnungspunkte wurde kein Protokoll geführt, erst recht wurde die Nennung von Namen vermieden. Kreyssig selbst hat über seine vergeblichen Versuche kaum einmal gesprochen. In seiner Autobiographie sind sie nicht erwähnt. Nur in einem kurzen Text, der bald nach dem Krieg entstanden und nur fragmentarisch erhalten ist, äußert sich Kreyssig darüber. Es sei keine kirchliche Tagung vergangen, heißt es dort, ohne daß er zur Situation der Schutzhäftlinge und zur Judenverfolgung Vorlagen gemacht und Entschließungen herbeigeführt hätte. Er sei in der ganzen Bekennenden Kirche Deutschlands dafür bekannt gewesen, daß er mit »monomanischer Beharrlichkeit« dazu aufgerufen habe, zu diesen Anliegen die Stimme der Kirche lautwerden zu lassen.[1] Fraglos findet sich auch in manchen Texten der Bekennenden Kirche Kreyssigs Spur. Insbesondere dort, wo Fragen des Rechts und der Gerechtigkeit angesprochen sind, kann man seine Gedanken und selbst Formulierungen entdecken, die für ihn typisch sind. Auf der 10. altpreußischen Bekenntnissynode, die im November 1941 in Hamburg stattfand, wurde Kreyssig in einen Ausschuß berufen, der eine Vorlage über *Die Bedeutung der Zeichen der Zeit* erarbeiten sollte. Hinter dem zur Tarnung bewußt allgemein gehaltenen Titel verbarg sich die Absicht, eine Aussage der Synode über die Rechtsverletzungen der Nationalsozialisten vorzubereiten. Dem Ausschuß gehörten neben

Kreyssig u.a. Ernst Wilm, Hans Joachim Iwand und Dietrich Bonhoeffer an. Bonhoeffer war jedoch zum Zeitpunkt des Synode krank und hat an keiner Sitzung des Ausschusses teilgenommen. Ob Kreyssig Bonhoeffer überhaupt einmal persönlich begegnet ist, ist unklar. Er hat ihn jedenfalls sehr verehrt, ihn häufig zitiert und nach dem Krieg auch einmal einen fiktiven Offenen Brief an Bonhoeffer, den »evangelischen Heiligen«, geschrieben.[2]

Der 1941 berufene Ausschuß kam mit der Arbeit nicht voran, so daß ein Jahr später, im Juli 1942, vom Bruderrat eine neue Kommission berufen wurde. Dieser gehörte Kreyssig allerdings nicht mehr an – möglicherweise aus Rücksicht auf das Dienststrafverfahren, das gerade erst eingestellt worden war. In diesem Sommer war der altpreußische Bruderrat vom Bergassessor Kurt Gerstein über die Massenmorde an den Juden im Detail unterrichtet worden. Kurt Gerstein stand der Bekennenden Kirche nahe und war mit Hermann Ehlers, einem Mitglied des altpreußischen Bruderrates, bekannt. Wegen seiner Betätigung für die Bekennende Kirche war Gerstein zweimal in Haft. 1941, unter dem Eindruck der Euthanasiemorde, ist er in die Waffen-SS eingetreten; er wollte »einen Einblick gewinnen in diese ganze Maschinerie und es dann ins Volk schreien«.[3] Er hat auch versucht, seine Beobachtungen dem päpstlichen Nuntius und den Alliierten mitzuteilen. Niemöller hielt Gerstein »für absolut glaubwürdig« und meinte, es sei völlig ausgeschlossen, »daß er jemals auch nur in Versuchung gekommen wäre, sich für den Nationalsozialismus, geschweige denn für seine Verbrechen einzusetzen«.[4]

Der Bericht Gersteins hat augenscheinlich dazu beigetragen, daß die Arbeit an einer Stellungnahme der Bekennenden Kirche zur Euthanasie und zur Ermordung der Juden intensiviert wurde. Bonhoeffer leistete dazu die theologische Vorarbeit, indem er die Lehre vom *primus usus legis* in den Bekenntnisschriften untersuchte, also die Anwendung des göttlichen Gesetzes auf das öffentliche Leben. Er kam zum Schluß, daß auch der »Gemeinde in den Katakomben« niemals die Universalität ihres Auftrags abgenommen wird: »Indem sie Gesetz und Evangelium predigt, bekennt sie sich zu diesem Auftrag und hält damit die Verantwortung für die Welt wach. Niemals kann sich die Gemeinde mit der Pflege ihres eigenen inneren Lebens begnügen, ohne ihren Herrn zu verleugnen.«[5] Damit hatte Bonhoeffer auch theologisch formuliert, was er schon zuvor unter dem Eindruck des Novemberpogroms von 1938 in aphoristischer Prägnanz so ausgedrückt hatte: »Nur wer für die Juden schreit, darf auch gregorianisch singen.«

Dieser unbedingte Glaubensmut in der Verantwortung für *die Welt* muß Kreyssig nahe gewesen sein, auch wenn er den Weg Bonhoeffers in die politische Verschwörung nicht mitzugehen bereit war. Bonhoeffer konnte seine theologischen Überlegungen im März 1943 zwar noch im vorbereitenden Arbeitsausschuß vortragen, aber nicht mehr auf der Synode selbst, die Mitte Oktober in Breslau tagte; er war am 5. April 1943 nach den mißglückten Attentatsversuchen vom März verhaftet worden und wurde im Tegeler Gefängnis gefangengehalten.

Diese zwölfte altpreußische Bekenntnissynode, die Kurt Scharf als »kühn« bezeichnete, war die letzte vor dem Ende des Krieges und fand, wie schon die Synoden zuvor, im geheimen statt. Lothar Kreyssig wurde zu einem der Vorsitzenden gewählt. Einer der Teilnehmer war Hans Graf von Lehndorff, ein Arzt aus Insterburg in Ostpreußen, der in Breslau als Vertreter eines verhinderten Synodalen teilnahm und dabei Lothar Kreyssig zum erstenmal begegnet ist. Aus dieser Begegnung sollte eine Freundschaft werden, die bis ins hohe Alter anhielt. Graf von Lehndorff schrieb über seine Eindrücke im Gemeindesaal der Breslauer Salvator-Gemeinde:

> Ich nahm in der letzten Reihe Platz und hatte nun all die Männer - etwa siebzig an der Zahl - vor mir, die in den verschiedensten Provinzen des Reiches, ständig bedroht durch die Funktionäre des Staates, stellvertretend für ihre Mitmenschen zur Ehre Jesu Christi und seines Evangeliums ihren Kopf hinhielten. Jetzt unter ihnen sein zu dürfen, bedeutete für mich ein überwältigendes Erlebnis. Noch kannte ich ja keinen von Angesicht. Aber dann entdeckte ich Pfarrer Beckmann, den anderen ostpreußischen Teilnehmer, und begab mich nach Beendigung der Feier zu ihm. Er sprach gerade mit einem Mann, der meinen Blick schon vorher aus irgendeinem Grund auf sich gezogen hatte. Es war - ich traute meinen Ohren nicht, als ich seinen Namen hörte - niemand anderes als Graf Yorck von Wartenburg, der Mann, dessen Persönlichkeit mich seit etwa einem halben Jahr so beschäftigte wie keine andere. Ich hatte seine unter Freunden zirkulierende Schriften über Staat und Recht sowie seine Erzählungen aus dem Rußlandkrieg gelesen und brannte darauf, ihm

einmal zu begegnen ... Und dann fiel mir noch ein zweiter Nicht-Theologe auf, von dem ich auch schon gehört hatte, nämlich Landgerichtsrat Dr. Kreyssig.

Was nun folgte, war die Arbeit an dem gewiß vordringlichsten Thema unsrer damaligen Zeit, nämlich an dem fünften Gebot »Du sollst nicht töten«. Es ging darum, in dieser wilden, alle Begriffe von Recht und Unrecht verwirrenden Kriegszeit den Pfarrern und ihren Gemeinden etwas Schriftliches an die Hand zu geben, woran sie sich bei ihrer Wortverkündigung halten sollten. Eine sogenannte Handreichung wurde ausgearbeitet, in welcher mit aller Deutlichkeit auf das verderbenbringende Treiben der Organe des Staates eingegangen und ihm der Wille Gottes nach den Worten der Heiligen Schrift entgegengehalten wurde.

Während der zum Teil heißen Debatten im Plenum und in kleineren Kreisen hatte ich nun Gelegenheit, auch die Theologen kennenzulernen, von denen mir viele dem Namen nach bekannt waren, weil wir ihre Schriften lasen und von ihrem Einsatz hörten. Nun hatte ich den Vorzug, sie alle lebend und miteinander diskutierend vor mir zu sehen. Und immer wieder griffen die »Laien« in die Diskussion ein, in ihrer Präzision den Fachleuten durchaus ebenbürtig. Da gab es viel für mich zu hören und zu lernen. Wo es um ärztliche Belange ging, also im Zusammenhang mit der vom Staat propagierten und vielfach durchgeführten Euthanasie, durfte ich zum Wortlaut der Handreichung auch einen kleinen Beitrag liefern. Am Abend war die Synode, die schon den Samstag über getagt hatte, beendet. Ich fuhr mit einem wiederum unbeschreiblich überfüllten Nachtzug zurück, konnte aber eine Nachricht mitnehmen, die in Insterburg große Freude erregte. Dr. Kreyssig hatte mir zugesagt, uns gelegentlich in Insterburg zu besuchen und uns einen Vortrag zu halten.[6]

In ihrer Handreichung, der Auslegung des fünften Gebotes, mit der die Synode mutig Stellung zu den »Zeichen der Zeit« bezog, finden sich die theologischen Argumente Bonhoeffers und die juristischen Kreyssigs. Endlich, zehn Jahre nach der Machtergreifung der Nationalsozialisten, protestierte eine Synode der Bekennenden Kirche klar und auch für Nichttheologen unmißverständlich gegen die Vernichtungslager, die Euthanasie, die Judenverfolgung, gegen die Mißhandlung von Kriegs-

gefangenen und ausländischen Zwangsarbeitern und gegen jede Form der Rassendiskriminierung: »Der Verbrecher muß in einem geordneten Rechtsverfahren schuldig befunden sein ... Begriffe wie *›Ausmerzen‹*, *›Liquidieren‹* und *›unwertes Leben‹* kennt die göttliche Ordnung nicht. Vernichtung von Menschen, lediglich weil sie Angehörige eines Verbrechers, alt oder geisteskrank sind oder einer fremden Rasse angehören, ist keine Führung des Schwertes, das der Obrigkeit von Gott gegeben ist ... Sein [des Christen] Nächster ist allemal der, der hilflos ist und seiner besonders bedarf, und zwar ohne Unterschied der Rassen, Völker und Religionen. Denn das Leben aller Menschen gehört Gott allein. Es ist ihm heilig, auch das Leben des Volkes Israel.«[7]
Dann folgte ein Satz, der aus heutiger Sicht schwer zu ertragen ist, weil er eine fortdauernde Schuld der Juden an ihrer Verfolgung unterstellt, in dem sich aber dennoch der Umbruch vom überlieferten theologischen Denken zu einem neuen Verhältnis zum Judentum andeutete: »Gewiß hat Israel den Christus Gottes verworfen, aber nicht wir Menschen oder gar wir Christen sind gerufen, Israels Unglauben zu strafen.« Für manchen Synodalen mag selbst diese Formulierung noch eine kühne Neuheit gewesen sein. Kreyssig hatte diese Position vermutlich schon überwunden. In *Gerechtigkeit für David*, das zu dieser Zeit entstand, bezeichnete er David, den Ahnherrn Jesu, als den »lieben Heiligen und Bruder« der neutestamentlichen Gemeinde.[8] Späterhin sprach er von den Juden immer nur als von den »älteren Brüdern«.
Die veränderte Haltung der Synodalen kam auch darin zum Ausdruck, daß sie in ihre Fürbitte erstmals Dietrich Bonhoeffer, den politischen Gefangenen und Widerstandskämpfer, einschlossen. Schließlich beschloß die Synode noch eine Kanzelabkündigung, die am Buß- und Bettag verlesen werden sollte. In alttestamentlich anmutenden Weherufen, in denen bereits die Schuldbekenntnisse der Nachkriegszeit anklangen, wurden die Gemeinden zur Buße aufgerufen: »Wehe uns und unserem Volk, wenn das von Gott gegebene Leben für gering geachtet und der Mensch, nach dem Ebenbild Gottes erschaffen, nur nach seinem Nutzen bewertet wird; wenn es für berechtigt gilt, Menschen zu töten, weil sie für lebensunwert gelten oder einer anderen Rasse angehören; wenn Haß und Unbarmherzigkeit sich breitmachen. Denn Gott spricht: Du sollst nicht töten ... Laßt uns bußfertig bekennen: Wir Christen sind mitschuldig an der Mißachtung und Verkehrung seiner heiligen Gebo-

te. Wir haben oft geschwiegen, wir sind zu wenig, zu zaghaft oder gar nicht dafür eingetreten, daß die heiligen Gebote Gottes unbedingt gelten.«[9] Die Kanzelerklärung wurde in zahlreichen Gemeinden, besonders in Schlesien und in der Mark Brandenburg, verlesen, ohne daß der Staat reagiert hätte, und in »Millionen von Exemplaren« - so Kurt Scharf - illegal gedruckt und durch die Bekenntnisgemeinden verteilt.

Daß Lothar Kreyssig sich in Breslau so unbedingt für ein mutiges Wort der Bekennenden Kirche zum fünften Gebot und für ein Schuldbekenntnis ausgesprochen hat, mag auch mit einem Ereignis zusammenhängen, das ihn Weihnachten 1942 im Innersten erschüttert hatte. Was damals geschehen war, sein Versagen, seine Schuld, hat er später mehrfach den Jüngeren *gebeichtet*, wie er es ausdrücklich nannte. Jenes Geschehen sei die eigentliche Geburtsstunde der Aktion Sühnezeichen gewesen. Er hat diese Beichte in seinen Lebenserinnerungen wiederholt:

> Als die Judenverfolgung mit der Deportierung zum Höhepunkt kam, erhielten wir durch Senta Maria Klatt vom Provinzialbruderrat in Berlin jüdische Flüchtlinge genannt, die wir verbergen sollten. Mit einer solchen Adresse fuhr ich etwa zwei Wochen vor dem Christfest 1942 nach Berlin. Ich fand den Flüchtling, aus Dresden gebürtig, getauft, unter der Berliner Adresse und forderte ihn auf, unverzüglich mit mir nach unserem Hof zu kommen. Er war freudig bereit. Gestern noch, sagte er, habe er die notwendigen falschen Ausweispapiere bekommen. Da klingelte es an der Flurtür. Ein Mann, selber Jude, wie sich die Häscher ihrer bedienten, forderte meinen Schützling auf, sich zum Abtransport fertig zu machen. Alle meine verzweifelten Versuche und Angebote, ihn freizubekommen, waren vergeblich. Zugestanden wurde nur, ihn als letzten abzuholen. Der Scherge blieb zur Überwachung da. Aber mehr als zwei Stunden hatten wir Zeit. Ich habe dem Opfer seine Hinterlassenschaft ordnen helfen und ihm und einer Hausgenossin das Abendmahl gereicht, ihm auch versprochen, ihn anderntags im Lager aufzusuchen und herauszuholen. Wo die Gefangenen gesammelt und verwahrt wurden - in einem Fabrikhof in der Auguststraße - hatte ich von dem Büttel erfahren können. Der Anblick, wie der Arme zuletzt das Transportauto bestieg, und die Weggenossenschaft während der vor-

ausgegangenen zwei Stunden werden mich bis in den Tod begleiten. Das Lichtbild, das er mir schenkte, trage ich seit dreißig Jahren bei mir. Gewiß war jetzt nur, daß ich anderntags zu dem Massenlager in der Auguststraße gehen und alles daransetzen würde, den Schutzbefohlenen herauszuholen. Es gibt eine Gewißheit jenseits aller Wahrscheinlichkeit: Die Geborgenheit im Gehorsam. Für den Fall aber, daß ich als Mitwisser und Staatsfeind festgehalten wurde, mußte ich die Nächstbeteiligten unterrichten. Dazu suchte ich sofort ein führendes Mitglied unseres Bruderrates auf. Der Bruder beschwor mich, von dem nach seiner Meinung völlig aussichtslosen, aberwitzigen Vorhaben zu lassen. Ich wurde wankend, am nächsten Tag abtrünnig und fuhr mit gebrochenem Versprechen, im Gewissen unsagbar geschlagen, zum Christfest nach Hause, mein Schützling aber im Januar, wie wir erfuhren, mit einem der übelsten Transporte ostwärts.[10]

Dies könnte der 26. *Osttransport* gewesen sein, der am 12. Januar 1943 von der Auguststraße aus mit 1190 Menschen nach Auschwitz gegangen ist. Jener Bruder, der Lothar Kreyssig beschwor, von seinem Versprechen zu lassen, war Kurt Scharf. Kreyssig beschäftigte sein Wortbruch und die Flucht aus der Verantwortung, die Verweigerung des Gehorsams, lange. Unmittelbar danach, in den Weihnachtsfeiertagen, machte er in einem Brief an seinen ältesten Sohn, der damals als Soldat eingezogen war, eine Andeutung auf das Geschehene: »Nachdem ich bei einem Besuch in Berlin zwei Tage vor Weihnachten Eindrücke gehabt hatte, welche es mir wie unmöglich erscheinen ließen, Christvesper zu halten, war sie gerade darum besonders wundermächtig und hat mir selbst den Dienst einer rechten Weihnachtsbereitung getan.«[11] Jahre später bekannte Kreyssig, daß gerade aus diesem Versagen das Verlangen erwachsen sei, Gott wider Angst und allen Augenschein besser zu vertrauen und recht zu geben. Er wußte sich aufgerufen, die Solidarität mit den »im Kneifen und Ungehorsam Geschlagenen« zu bezeugen und die Erfahrung empfangener Vergebung weiterzugeben. Denn vergebene Schuld befreit zum Gehorsam. Sie ist zum »Wagnis Sühnezeichen« gewachsen.

Ende März 1943, zum Sonntag Judica, reiste Lothar Kreyssig ins ostpreußische Insterburg, um die Zusage, die er Graf von Lehndorff in

Breslau gegeben hatte, einzulösen. Er predigte dort beim Gemeindetag über einen Text aus dem Johannesevangelium: »Welcher unter euch kann mich einer Sünde zeihen? So ich aber die Wahrheit sage, warum glaubet ihr mir nicht ...« (Joh. 8,46-59). Nach dem Gottesdienst und dem gemeinsamen Essen hielt ein Studienrat aus Stallupönen einen Vortrag über die Bedeutung des Kirchenjahres, den Kreyssig durch einen ausführlichen Beitrag ergänzte. Bis zur Abfahrt des Zuges verbrachte Kreyssig noch einige lebhafte Gesprächsstunden mit Hans Graf von Lehndorff, in denen die Freundschaft der beiden Männer begründet wurde.

Graf von Lehndorff erwähnt in seinen Erinnerungen auch einen Vortrag Kreyssigs in Köslin, von dem ihm eingehend berichtet worden sei, weil Kreyssig dort »viel Wesentliches« gesagt habe. In Köslin, einer Bezirkshauptstadt in Hinterpommern, gab es fünf lebendige Bekenntnisgemeinden. Eine Zeit lang hatte die Stadt ein Seminar beherbergt, an dem illegale Vikare der Bekennenden Kirche ausgebildet wurden und wo auch Dietrich Bonhoeffer unterrichtet hat. Der Arzt Dr. August Knorr hatte dort einen im ganzen Reich bekannten Laienkonvent begründet, vor dem Kreyssig gesprochen hatte.

Kreyssig muß auch während des Krieges noch viel im Dienst der Bekennenden Kirche unterwegs gewesen sein. Dabei war das Reisen in diesen Jahren höchst unbequem. Die Züge waren immer überfüllt und hatten oft erhebliche Verspätung. Private PKW durften nach der Kriegswirtschafts-Verordnung nicht oder nur sehr eingeschränkt benutzt werden. Kreyssig hatte zwar für seinen Betrieb eine Sondergenehmigung und ein geringes Benzinkontingent erhalten, aber mißgünstige Nachbarn wachten penibel darüber, daß die Bestimmungen eingehalten wurden. Als Hanna Kreyssig im Oktober 1939, fünf Tage vor ihrer Entbindung, den Wagen für eine Fahrt zum Fleischer im acht Kilometer entfernten Nachbardorf Marzahne benutzte, wurde sie von Nachbarn denunziert. Kreyssig wurde angedroht, daß ihm der Wagen stillgelegt wird. Von einer mündlichen Vernehmung wurde zwar abgesehen, aber er hatte sich ausführlich schriftlich zu rechtfertigen. Er versicherte, daß die Frage, ob die Benutzung des Wagens zu vermeiden sei, immer sorgfältig geprüft würde. Alle Besorgungen würden mit dem Rad, notfalls mit dem Pferdegespann gemacht. Selbst zu Besuchen bei seiner Frau im Krankenhaus sei er abends nach Arbeitsschluß, bei voller

Dunkelheit, bei Sturm und Regenwetter 25 km mit dem Rad gefahren. Er müsse ohnehin äußerst sparsam sein. Denn für den ganzen Monat November seien ihm lediglich 30 l Betriebsstoff zugesagt worden.[12] Besonders mit dem Ortsbauernführer und mit Parteistellen hatte Kreyssig einen ständigen Kleinkrieg zu führen. Er wurde auf eine kleinliche, versteckte und hämische Manier unentwegt bekämpft. Die dauernde Folge von kleinen Gemeinheiten machte ihm das »Dasein zur Qual«. Sorgsam wurde auf alles geachtet, was auf dem Hof vorging, und den Behörden gemeldet. Am 9. Juli 1940 erhielt Kreyssig einen Brief vom Kreisamtsleiter der NSDAP in Rathenow: »Ich bitte mir mitzuteilen, aus welchem Grunde Sie es bisher konsequent abgelehnt haben, bei feierlichen Anlässen Ihr Haus zu beflaggen. Es hat allgemeinen Unwillen erregt, daß Sie selbst letzthin als der Führer befahl, aus Anlaß des Waffenstillstands zehn Tage zu flaggen, nicht einmal eine Fahne auf Ihrem Grundstück zeigten ...«[13] Besonders als im Ort ruchbar wurde, daß ein Verfahren gegen den Amtsrichter lief und als er dann entlassen war, nahm die Bespitzelung durch eifrige Parteigenossen zu.

Angesichts dieser argwöhnischen Beobachtung war es geradezu ein Wunder, daß zwei Jüdinnen, die bei den Kreyssigs auf dem Bruderhof Zuflucht gefunden hatten, nicht entdeckt und verraten worden sind. Dabei mag eine Rolle gespielt haben, daß Kreyssigs immer ein offenes Haus geführt und viele Besucher gehabt hatten und daß später, gegen Ende des Krieges, auch viele Flüchtlinge bei ihnen untergekommen waren. Die eine der beiden jüdischen Frauen, Gertrud Prochownik, hat auch nach dem Krieg noch Verbindung zu den Kreyssigs gehalten und manches über ihre Zeit dort in Briefen berichtet. Auch die zweite, Frau Behr alias Behrend, die bis Ende 1944 auf dem Bruderhof wohnte, hat überlebt.

Neben dem Büro Grüber hat sich auch die Sekretärin des Brandenburger Provinzialbruderrates, Senta Maria Klatt, deren Mutter selbst Jüdin war, um jüdische Verfolgte gekümmert und ihnen eine Unterkunft vermittelt, oft bei Pfarrern der Bekennenden Kirche. Wie Kreyssigs hätten auch Scharfs in Sachsenhausen, Pfarrer Erich Andler in Buckow oder die Vikarin Reifen in Dahme in der Mark bereitwillig Juden bei sich aufgenommen oder geholfen, ihnen ein Versteck zu beschaffen und sie mit Lebensmittelkarten zu versorgen. Kreyssig habe darüber sehr offen gesprochen, sie selbst sei viel heimlicher gewesen. Aber er habe immer gesagt: Wenn Gott das will, dann werde ich auch geschützt werden.[14]

Als Gertrud Prochownik aus Berlin-Wilmersdorf im Frühjahr 1943 auf dem Bruderhof Hilfe fand, wurde sie von der Gestapo gesucht. Ihre Tochter hatte 1939 nach England emigrieren können; ihre Schwester war jedoch mit ihrem Mann im November 1942 nach Auschwitz deportiert worden. Kreyssigs konnten sie zunächst nicht aufnehmen, vermittelten sie aber an ihre Freunde in Päwesin, die mit ihnen aus Sachsen gekommen waren und in Brandenburg das Bauernleben begonnen hatten. Dr. Ludwig Kletzin war damals Offizier bei der Luftwaffe in Berlin-Lankwitz. Frau Prochownik konnte einige Zeit dort bleiben. Aber Frau Kletzin war auf Dauer der Anspannung nicht gewachsen. Es kam zu Spannungen zwischen den beiden Frauen, bis Frau Prochownik schließlich den Hof verließ und bei den Kreyssigs Hilfe suchte. Sie wurde sofort aufgenommen, obwohl der Bruderhof damals schon viele Flüchtlinge aus dem Osten und Ausgebombte aus Berlin beherbergte. Am 5. Mai 1945, Hohenferchesar war schon befreit, schrieb Gertrud Prochownik:

> In diesen schweren Tagen, in denen jede Stunde neue Möglichkeiten in sich birgt und auch uns auf die eine oder andere Weise plötzlich trennen kann, ist es mir tiefstes Bedürfnis, Ihnen, meine sehr verehrten Kreyssigs, ein paar armselige Worte des Dankes zurückzulassen.
>
> Sie haben mich völlig fremde Jüdin, die von der Gestapo verfolgt wurde, zuerst vor zwei Jahren, am 13. April 1943, bei Ihren Freunden Dr. Ludwig Kletzin in Päwesin untergebracht, wo ich im Familienkreis liebevolle Aufnahme fand. Sie waren Ihren Freunden mit gutem Beispiel vorangegangen und hatten einige Wochen zuvor eine Jüdin, Frau Behrend, zu sich genommen. Mir gaben Sie ferner die Möglichkeit, durch Gastfreundschaft in Ihrem Haus, den Aufenthalt in Päwesin zweimal zu unterbrechen, bis Sie mich schließlich Ende Oktober 1944, nach Fortgang von Frau Behrend ganz zu sich nahmen. Sie waren sich dabei völlig bewußt, welches Risiko Sie nicht nur für sich, sondern für Ihre ganze Familie eingingen, und zögerten doch keinen Augenblick, mir Hilfe zu leisten. Ich gehörte sofort in Ihren Familienkreis wie jeder, der unter Ihrem

Dache weilt, sei er hauswirtschaftlicher oder landwirtschaftlicher Mitarbeiter, sei er Deutscher oder Ausländer.

Ich konnte nicht angemeldet werden, hatte keine Lebensmittelkartenzuteilung, aber ich saß an Ihrem Tisch, an dem es keine Unterschiede gibt, wo alle, einschließlich der kriegsgefangenen Franzosen, Polen, Russen, mit der gleichen Liebe und Sorgfalt verpflegt wurden wie Ihre eigenen Kinder.

Ich habe in diesen Monaten erfahren, daß niemand ungehört an Ihre Türe klopfte, daß Sie immer in gleicher Hilfsbereitschaft die in Not geratenen Menschen in Ihr Haus nahmen, die um Nahrung Bittenden nach besten Kräften stützten, die durch den Krieg heimatlos Gewordenen auf Ihren Hof nahmen und ihnen den neuen Beginn erleichterten ...

So erlebte ich in Ihrem Hause täglich die lebendige Teilnahme offener Herzen und weiß nun, daß die große, alles umfassende Nächstenliebe nicht im Bombenhagel starb, sondern wieder einer freien Zukunft entgegen lebt.[15]

Ihren Söhnen haben die Eltern natürlich nichts gesagt, vielleicht aber Andeutungen gemacht, sich nicht oder doch zurückhaltend über die neuen Mitbewohnerinnen zu äußern. Da hieß es: »Also, das ist die Frau Soundso, die wird einige Zeit bleiben, die Umstände haben das so ergeben, wir begrüßen sie freundlich in unserer Mitte.« Und von da ab war sie da. Besuch war auf dem Bruderhof etwas Selbstverständliches; und Frau Behrend und Frau Prochownik blieben eben etwas länger ... Sie halfen im Haushalt, schälten Kartoffeln und gingen selten aus dem Haus, kaum einmal in den Garten. Wenn offizieller Besuch kam, etwa zur Viehzählung, oder wenn der Ortsbauernführer sich blicken ließ, mußten sie sich irgendwo im Haus oder auf dem Dachboden verstekken. Jochen Kreyssig ist überzeugt, daß es dennoch der eine oder andere im Dorf mitbekommen haben wird. Aber selbst der Bürgermeister Paul Jakobi, ein Parteigenosse, hätte sie nicht verraten.

Daß es vor allem für Hanna eine schwere Belastung und ständige Sorge war, hat Kreyssig kaum wahrgenommen oder wahrnehmen wollen. Das Verbergen der beiden Frauen, schrieb er in seinen Erinnerungen, hätte bei all dem Argwohn ringsumher, bei den unberechenbaren Einflüssen auf alle Hofinsassen, der völligen Preisgegebenheit eigentlich nicht eine Woche lang gutgehen können. »Aber es ist Jahre hindurch nicht nur nichts Gefährliches geschehen, sondern nicht einmal der Schatten einer Beängstigung auf uns gefallen.«[16] Vielleicht war gerade die Selbstverständlichkeit, mit der die beiden Frauen in die Hofgemeinschaft aufgenommen wurden, der beste Schutz. Zwanzig Jahre später erinnerte sich Gertrud Prochownik, die inzwischen in London bei ihrer Tochter lebte, an das Weihnachtsfest, das sie mitten im Krieg bei den Kreyssigs verbracht hatte:

> Es war weiß Gott eine schlimme Zeit, aber Sie verbreiteten beide eine solche Stimmung von Liebe und Ruhe um sich, daß man an dem Abend alle Gefahren vergessen konnte. Ich sehe noch die große Abendtafel vor mir, und oben am Tisch die Kriegsgefangenen und die Kinder, und für jeden war eine Gabe hervorgezaubert worden.[17]

Auch Frau Behr ist nach dem Krieg nach London gezogen. Dort hat Peter Kreyssig sie 1948 oder 1949 besucht. Er erinnert sich, daß sie in einer Straße lebte, in der fast nur geflüchtete deutsche Juden wohnten: »Es war, wie wenn man am Sonntagnachmittag in Berlin-Schöneberg spazieren geht. Aus allen Fenstern kam Musik, Quartett, Streichquartett. Die haben alle musiziert ...«

Bald nach Beginn des Krieges waren Ukrainer und Polen auf den Bruderhof gekommen. Sie waren entweder vor den Sowjets westwärts geflohen oder von den Deutschen zwangsverpflichtet worden, um die zur Wehrmacht gezogenen Arbeitskräfte zu ersetzen. Später kamen französische Kriegsgefangene dazu. Sie alle wurden von Lothar Kreyssig freundlich in die Bruderhofgemeinde aufgenommen. Er war darauf bedacht, die Kriegsgefangenen, Zwangsarbeiter oder Zivildienstverpflichteten nicht anders als seine deutschen Mitarbeiter zu behandeln. In der ersten Zeit aßen alle mit am gemeinsamen Tisch der Hausgemeinschaft, bis der Ortsbauernführer Neddermeyer davon erfuhr und es verbot. Der Hof war »immerfort überlaufen« von Fremdarbeitern, für die man Kartoffeln beseitegelegt hatte. Lothar Kreyssig:

> Eines Tages, als mir der Ortsbauernführer soeben mitgeteilt hatte, er werde mich deshalb verhaften lassen, stand ein einzelner hochgewachsener Mann am Hoftor und bat um Kartoffeln. Da brach die Verzweiflung über den immerwährenden Zwiespalt aus mir heraus. Ich schlug es ihm mit dem Hinweis auf die soeben vernommene

Drohung ab. Da erhellte sich das Gesicht des Bittstellers in einem unbeschreiblich gütigen, hoheitsvollen Lächeln. Er wandte sich wortlos zum Gehen. Ob es ein Engel Gottes war, werde ich erst in der Vollendung erfahren. Gewiß ist nur, daß ich von da ab, das Gesicht des sich abwendenden Menschen vor mir, bis zur völligen Erschöpfung des reichen Vorrats ohne Zögern jedem gegeben habe, worum er bat. Und es geschah nichts.[18]

Hanna Kreyssig hat die Freigebigkeit und Hilfsbereitschaft ihres Mannes oft in Not gebracht. Denn es lag in ihren Händen, dafür zu sorgen, daß die große Hoffamilie versorgt war. Eines Nachts hat sie, weil wirklich nichts mehr zum Essen da war, mit einem der französischen Kriegsgefangenen ein Schaf geschlachtet, es noch in derselben Nacht verarbeitet und das Fell auf dem Dachboden versteckt. Das war, wie Peter Kreyssig sagt, ein »lautloser Aufstand« seiner Mutter:

Das mußte sie vor dem Hausherrn verbergen, weil er das nicht geduldet hätte. Wenn Leute Hilfe brauchten, dann hat er reichlich, gern und überall gegeben. Aber in der eigenen Familie hat er Privilegien nicht geduldet. Dabei hätte man auch während des Krieges auf dem Land ganz gut leben können, wenn man ein etwas weiteres Gewissen gehabt hätte ...

Wenn er vom Spendeneifer ergriffen wurde, besprach er das ja nicht mit Mutter. Einmal, während des Rußlandfeldzuges, ging er an den Kleiderschrank und nahm den einzigen Pelzmantel, den wir hatten. Den brauchte man im Winter, wenn man mit dem Pferdewagen zur Bahn oder in den Nachbarort fuhr. - »Hast du nicht gehört, in Rußland erfrieren die Menschen! Der muß dahin!« - Das war das einzige Mal, wo Mutter ihn angeschrien und ihm das Ding aus den Händen gerissen hat: »Der bleibt!« Er war so verdattert über diesen Aufstand, daß er so etwas nie wieder versucht hat. Aber es gab wenige solcher Aufstände meiner Mutter.[19]

Als einer der ersten Fremdarbeiter, völlig abgerissen, war der neunzehnjährige Ukrainer Iwan Jewdokimow auf den Hof gekommen. Weil Iwan sich in der Landwirtschaft auskannte und über eine angeborene Autorität verfügte, hatte Kreyssig ihn zum Vorarbeiter gemacht. Kreyssigs Söhne freundeten sich bald mit ihnen an. Jochen Kreyssig:

Wenn Vater nicht da war, hatte Iwan das Kommando. Und das paßte nun unseren Franzosen überhaupt nicht: Einen Russen als Kommandierenden! Und außerdem war er der Jüngste. Aber auch den beiden Polen, Stanislaus und Francek, paßte das nicht. Doch Vater hat ihnen sehr rasch klargemacht, er hätte hier das Sagen, und wenn er nicht da wäre, mache Iwan das. Iwan ist bis 1945 bei uns geblieben. Bevor dann die Sowjets einmarschierten, wollte er sich absetzen. Vater hat ihn komplett ausgerüstet - der hätte bis sonstwohin durchfahren können, ohne etwas zum Essen besorgen zu müssen. Und wir hofften ihn also in Sicherheit. Im Herbst 1945 erschien Iwan auf dem Fahrrad in russischer Uniform bei uns. Er hatte also einen Dreh gefunden, was sicher schwierig war, denn viele Fremdarbeiter, die in Deutschland gewesen waren, wurden ja unter Stalin eingesperrt. Aber Iwan war bereits in voller Uniform, mit Kokarde und Stern, alles in Ehren. Er hat uns dann noch einmal besucht. Später haben wir nichts mehr von ihm gehört, aber wir hoffen, daß er überlebt hat.[20]

Neben Iwan und den beiden Polen arbeiteten zeitweise noch andere Fremdarbeiter aus dem Osten auf dem Bruderhof, auch Jewgenia Morusjuk, eine ukrainische Magd. Jewgenia hat dort mitten im Krieg ein Kind bekommen. Mit Hannas Hilfe hat sie in ihrem Zimmerchen auf dem Bruderhof entbunden. Eigentlich war es den Fremdarbeitern untersagt, Kinder zu bekommen. Doch Kreyssig hat sogar erreicht, daß sie heiraten konnte. In seiner Autobiographie schrieb er, Jewgenia Morusjuk und Iwan Jewdokimow seien ihm wie eigene Kinder geworden. Als die russischen Besatzer im Mai 1945 alles zusammenholten, was sie für fahnenflüchtig hielten, seien Iwans letzte Worte gewesen: Ach Doktor, man braucht nur einmal zu sterben.

Zur Verständigung diente eine Art »Bruderhof-Esperanto«, das besonders die Söhne Kreyssigs gut beherrschten. Es war ein buntes Gemisch aus französischen, deutschen, russischen oder polnischen Sprachbrocken, man gebrauchte im wesentlichen nur Substantiv und ungebeugtes Verb. Die Kommunikation mit den französischen Kriegsgefangenen hingegen war kein Problem, Hanna und Lothar Kreyssig sprachen sehr gut Französisch. Einer der Gefangenen hatte, als er verlegt wurde, ein französisches Gebetbuch hinterlassen, so daß Kreyssig eine Zeit lang sogar die Abendlesung zweisprachig hielt. Auch Peter Kreyssig konnte sich gut mit den Franzosen verständigen. Manchmal hat er tagelang allein mit ihnen auf dem Feld gearbeitet. Über Gott und die Welt hätten sie da geredet, auch über den Krieg. Das wichtigste Thema sei gewesen, wie man heil durch diesen Krieg komme, den doch keiner von ihnen gewollt hatte.

Die französischen Gefangenen gehörten zum Gefangenenlager STALAG III A in Luckenwalde und waren im Dorf in einem Gehöft untergebracht, wo Landsturmsoldaten sie bewachten. Aber die hätten ihnen das Leben sicher nicht schwer gemacht, geschweige denn sie schikaniert, meint Jochen Kreyssig. Auch er hatte viel mit den Franzosen zu tun. Denn der Vater hatte ihn und seinen Bruder Uwe in den letzten Kriegsjahren von der Schule in Brandenburg genommen. Zum einen, um sie der Gefahr durch die alliierten Bombenangriffe zu entziehen, zum anderen, um sie nicht länger der immer rabiater werdenden ideologischen Beeinflussung durch nationalsozialistische Lehrer auszusetzen. Die Jungen sollten zwar durch einen Hauslehrer unterrichtet werden. Aber das wurde nur sehr nachlässig praktiziert. Sie mußten vor allem kräftig auf dem Hof mitanpacken. Obwohl die Kriegsgefangenen wechselten, erinnert sich Jochen Kreyssig lebhaft an einige, die für längere Zeit auf dem Hof gearbeitet haben oder die ihn als ausgeprägte Charaktere besonders beeindruckt hatten:

> An ihrer Spitze Alfred Copin, Bauer von Haus aus und mit der beneidenswerten Mischung des landwirtschaftlichen Engagements sogar in Feindesland und dem *laissez faire - laissez aller* des Gefangenen, der seinen Gegnern nicht mehr als unbedingt dienlich sein will. - Charles Montagne - er sagte seinen Namen immer in direkter Verbindung mit dem Begriff *Roi d'Espagne*. Es reimte sich. Von äußerster Bequemlichkeit, jeder anstrengenden Tätigkeit vom Grundsatz her abhold, hatte Vater ihm bald die Aufgabe übertragen, das Ochsengespann zu führen. Eine Tätigkeit, die ihm wohl auch zusagte, denn die Ochsen mußten häufig längere Pausen zum Wiederkäuen haben. Ich sehe ihn vor mir, im Gras oder am Feldrain liegen, mit einem so ungeheuren Maß an Gelassenheit und Entspanntheit, einen Gras- oder Strohhalm im Mund. Heute kann ich diese Form der Daseinsbewältigung nur im allerhöchsten Grade bewundern. - Jean Chartier, vom Rang her so etwas wie bei den deutschen Truppen der Spieß, anerkannte Autorität bei seinen Kameraden, immer aufs äußerste gepflegt, ein schöner Mann mit sehr viel Charme. Ein guter und sehr stetiger Mitarbeiter. Er kam am Ende eines Arbeits-

tages im Kiesloch durch Ertrinken ums Leben. Er hatte in Hohenferchesar erst das Schwimmen gelernt. Onkel Do, der damals auf dem Hof zu Besuch war, vermutete ein Herzversagen. Jean Chartier wurde auf dem alten Teil des Dorffriedhofs beigesetzt und nach Ende des Krieges exhumiert und nach Frankreich überführt. - Ein vierter, dessen Namen mir nicht mehr einfällt, hütete über längere Zeit die Schafherde auf den abgeernteten Feldern oder auf dem Truppenübungsplatz der Garnison Brandenburg, den Vater für diesen Zweck gepachtet hatte und auf dem die Schafe sich bestens ernähren konnten, wenn ihre Anwesenheit nicht wegen scharfen Schießens unmöglich war. An ihn habe ich nur die Erinnerung, daß er eines Tages mit einem vermutlich in der Schlinge gefangenen jungen Dachs erschien, den er sich unter seinem Radmantel um die Taille gebunden hatte. Er bat Mutter, diesen nach seinen Vorgaben für sich und seine Mitgefangenen als Delikatesse zuzubereiten, was sie dann auch nach einigem Zögern tat.[21]

Zum Kriegsende bestätigte einer der französischen Kriegsgefangenen, mit Empfehlung an die *Messieurs les Anglais ou Russes,* daß es ihm sehr gut bei *Monsieur Greissig* ergangen sei. Auch eine Polin und Iwan Jewdokimow attestierten das.[22] Allerdings sind nach dem Krieg keine Kontakte zu den ehemaligen Fremdarbeitern zustande gekommen. Nur ein französischer Geistlicher, der die Kriegsgefangenen betreut hatte und oft auf dem Bruderhof zu Gast gewesen ist, hat sich 1957 bei den Kreyssigs gemeldet. In einem sehr persönlichen und ausführlichen Brief schrieb Kreyssig ihm damals, wie es ihm und seiner Familie seit 1945 ergangen war.

Peter Kreyssig war im Herbst 1942 zur Wehrmacht eingezogen worden. Aus dieser Zeit gibt es einige Briefe Lothar Kreyssigs an seinen ältesten Sohn, aus denen auch manches über die Geschehnisse auf dem Bruderhof hervorgeht. Vor allem aber ist das Bemühen Kreyssigs zu spüren, dem Sohn, der zum erstenmal von zu Hause fort war, Halt und Orientierung zu geben. Als Peter Kreyssig ihn in einem Brief nach der Bedeutung des theologischen Begriffes *Prädestination* fragte, setzte Kreyssig sich hin und schrieb ihm eine umfangreiche Abhandlung, die er in mehreren Lieferungen in die Kaserne schickte. Um das Jahresende waren die Rekruten ins besetzte Frankreich verlegt worden. Kreyssig am 28. Dezember 1942: »Gestern haben wir nach dem Mittagessen allesamt über der Karte von Frankreich gesessen und im Rhônetal die bedeutenden Namen gelesen, von denen wir meinen, daß sie Dich wie die Fabelwesen aus der klassischen Walpurgisnacht umgeben.«[23] Ausführlich berichtete er über die wohlgelungene Weihnachtsfeier in der Brandenburger Gemeinde und zählte liebevoll alle Musikstücke auf, die sie aufgeführt hatten.

1943 wurde Peter Kreyssig zum Offizier bestimmt: »Die kriegten mich einfach am Kanthaken und sagten: Sie melden sich mit Stahlhelm beim Abteilungskommandeur! Und zack, zack, war ich da drin. Widerstand gab es nicht.« Der Vater, dessen Wunsch, Offizier zu werden, sich ja nicht erfüllt hatte, war über diese Wendung weitaus befriedigter als der Sohn: »Auf eine unkomplizierte Weise freue ich mich dabei auch, daß man ohne jede Nachhilfe ... Führerbefähigung in Dir sieht, und daß Du reichlich Gelegenheit haben sollst, entsprechende Anlagen auszubilden. Du weißt, daß ich in der Richtung Antrieb, Härte und Entschiedenheit eine solche Weiterbildung Dir immer gewünscht, ja, vom Kriege abgesehen, hierzu eine straffe soldatische Dienstzeit immer für wünschenswert gehalten habe. Die Gaben sind Gottes Sache, die Zucht ist unsere. Im übrigen ist das Männliche, Soldatische eine rechte Tugend.«[24] Zur Ausbildung war Peter Kreyssig ins pommersche Köslin verlegt worden, wo Kreyssig um diese Zeit im Laienkonvent einen Vortrag gehalten hat. Offenbar haben Vater und Sohn sich dort im Sommer 1943 getroffen und sogar gemeinsam musiziert.

Der Krieg schien in diesem Herbst noch fern zu sein. Am 21. September 1943 an Peter:

> Wir haben hier noch immer sehr fruchtbares Wetter, eine nach der langen, sengenden Dürre wiederum fast märchenhafte Verwandlung. Ich fürchtete, diese Märchenhaftigkeit übertreibend beschrieben zu haben, als ich neulich sagte, es sei wie ein zweites Frühjahr. Als ich vorgestern aber über die Jungviehkoppel ging, sah ich einen der jungen Pflaumenbäume - nur seine Unerfahrenheit vermag ihn zu entschuldigen - in Blüte. Laß dich dadurch aber nicht zum Übertreiben verführen. Ich glaube, daß Münchhausen, bis er, wie ich, fünfundvierzig wurde, ähnliche Sachen, wie er sie von da ab spielend machte, vorher zu Hunderten mißglückt sind. - Laß uns das nach dem Krieg beschreiben und tonverfilmen.

Ein halbes Jahr später war der Krieg auch in Hohenferchesar unübersehbar. Nacht für Nacht und später auch mehrmals am Tage zogen die Bombergeschwader, die Potsdam und Berlin anflogen, über die Köpfe hin - »im Donnern über uns, im Feuermeer am Horizont ein apokalyptisches Gewitter«. In den beiden benachbarten Städten Brandenburg und Rathenow war sehr viel Flakabwehr stationiert. So suchten sich die alliierten Maschinen, die aus dem Westen anflogen, einen Korridor dazwischen und zogen direkt über Hohenferchesar hinweg. In seinen Briefen an die Front mußte Kreyssig sich freilich auf Andeutungen beschränken. Am 19. April 1944 schickte er eine Luftpostkarte an seinen Sohn: »Es möchte ja sein, daß Dir der OKW-Bericht von gestern, Deinem Geburtstag, sonst Sorge machte. Es war wohl rundum recht lebhaft, der Hof aber sowie der Ort sind völlig unversehrt.« - Im Mai kam ein Brief an Peter Kreyssig ungeöffnet von der Front zurück; die ganze Familie war in Sorge, Kreyssig malte sich das Schlimmste aus. Doch dann, als er am Sonntag Cantate aus der Kirche zurückkam, liefen ihm Jochen und Uwe jubelnd mit der Nachricht entgegen, es seien drei Briefe von ihrem Bruder eingetroffen. - Am 25. Mai 1944: »Am späten Vormittag kam bei einem Luftkampf über uns ein deutscher Jäger an Feld III so herunter, daß es aussah, als wollte er unsere beiden Gespanne im Augenblick überrennen, wenn er nicht in das kleine Haus gegenüber an der Straße hineinrennen wollte. Er kam aber auf dem Feld dahinter leidlich zu Boden. Der Insasse - übrigens ein Ritterkreuzträger - war nur leicht verwundet.«[25] Einmal schlug nachts auf dem Hof, zwei Meter vor dem Pferdestall, eine Stabbrandbombe ein. Kreyssig, in Sorge, das hell scheinende Feuer könne andere Flugzeuge ebenfalls zum Abwurf veranlassen, stülpte hastig eine große Milchkanne aus Aluminium darüber, die aber alsbald zu glühen begann und funkenstiebend verbrannte.

Zum Jahreswechsel 1944/1945 kam Peter Kreyssig, inzwischen Offizier geworden, noch einmal vom Fronturlaub nach Hause. Im Januar ging er wieder zurück zu seiner Batterie im Osten. Zum Abschied hatte er aus dem D-moll-Konzert von Bach für zwei Violinen den langsamen Satz in der zweiten Stimme für Cello, sein Instrument, umgeschrieben. Er spielte es mit seinem Vater. Sie spielten bei Kerzenlicht, wegen Fliegeralarm war verdunkelt. Danach brachte Lothar Kreyssig seinen Sohn über den zugefrorenen See hinweg zur Bahn:

> Mit den Schlußlichtern des davonfahrenden Zuges entschwand er in die vorletzte Erdennacht. - Als das endlich auch bei uns hereinbrechende Gewitter schon ringsum alles überschattete und das Leben wie unter einer Glocke von Angst wie ein seelenloses Uhrwerk weiterklapperte, wurde mir ein Brief aus Meiningen überreicht. Peter schrieb mit fast unleserlichen Schriftzügen aus dem Lazarett. Beim Einrichten einer Beobachtungsstelle hatten ihn Splitter einer russischen Gewehrgranate im Rücken und am rechten Oberarm getroffen. Das letzte Lazarettschiff, das durchkam, brachte ihn mit.[26]

In den Monaten und Wochen vor dem Ende des Krieges wuchs die Hofgemeinde um viele Flüchtlingsfamilien, die mit den Trecks aus dem Osten kamen. Im April 1945 erreichte die Front dann den Bruderhof. Die benachbarte Stadt Brandenburg wurde noch einige Zeit heftig gegen die einmarschierenden sowjetischen Truppen verteidigt, damit möglichst viele deutsche Soldaten bei Tangermünde über die Elbe entkommen konnten. In den letzten Kriegstagen kam eine bunt zusammengewürfelte Truppe auf den Bruderhof, in feldgrauen und luftwaffeblauen Uniformen, der Rest eines Divisionsstabes. Die Soldaten gruben sich mit ihrem Funkwagen am See, nicht weit vor Kreyssigs Haustür, ein. Sie versorgten die Hofgemeinde ständig mit den neuesten Nachrichten über das Vorrücken der Roten Armee. Hinter dem Bruderhof stand eine Batterie, die über die Havel hinweg feuerte. Auf dem Hof lag ein Lazarett. Die Einquartierungen wechselten immer häufiger. Zuletzt waren es nur noch klägliche Trümmer versprengter Wehrmachtseinheiten, die alle nur das eine Ziel hatten, einen Weg nach Westen zu suchen, um möglichst nicht in die Gefangenschaft der Roten Armee zu geraten. Nachdem der Funkwagen, der letzte Garant des »tausendjährigen Reiches«, das Feld geräumt hatte, bereitete sich das Dorf auf den Einzug der Sieger vor.

Kreyssig war, wie alle älteren Männer, noch in den letzten Kriegstagen zum Volkssturm verpflichtet worden. Es gelang ihm, die Dorfbewohner dazu zu bringen, alle Waffen, die für den Volkssturm bestimmt waren oder die im Ort herumlagen, zusammenzutragen und zum Zeichen der Kapitulation weithin sichtbar vor dem Spritzenhaus auf einem Akkerwagen zu deponieren. Seine beiden halbwüchsigen Söhne und ein paar Dorfjungen meinten, dafür auch in Friedenszeiten Verwendung zu

haben, und versorgten sich mit Waffen und Munition. Als sie, behangen mit Gewehren, die Dorfstraße entlangmarschierten, liefen sie Lothar Kreyssig in die Arme. Das Gesicht seines Vaters, als er sie erblickte, mag Jochen Kreyssig noch heute nicht beschreiben. Aber die Worte, die der donnerte, weiß er wörtlich zu zitieren: »Ihr seid wohl vom wilden Hahn bekackt!« - Das genügte. Die Jungen kehrten um und brachten die Schießeisen zum Spritzenhaus zurück.
Kurz vor dem Anmarsch der Sieger wurde Jochen von seinem Vater beauftragt, die Waffen, die noch im Haus waren - ein Tesching, ein Revolver und auch die Luftbüchsen und Kleinkalibergewehre - in den See zu werfen, um den Siegern keinen Anlaß zu Repressionen zu bieten. Das hätte ihm zwei Tage vor Kriegsende fast noch das Leben gekostet. Am gegenüberliegenden Seeufer war ein Kübelwagen der Waffen-SS mit aufgebautem Maschinengewehr aufgefahren. Die SS-Leute fühlten sich wohl bedroht und beschossen den Jungen mit einer Maschinengewehrsalve. Die Schüsse gingen über seinen Kopf hinweg. Im Haus waren die Einschußlöcher noch lange zu sehen.
Am 25. April war Berlin von der Roten Armee eingeschlossen. Am 27. April wurde das Zuchthaus Brandenburg befreit, am 28. April Potsdam erobert. An diesem Tag kamen auch die ersten sowjetischen Soldaten nach Hohenferchesar. Der etwas abgelegene Bruderhof wurde in der Folgezeit vielfach von Plünderern heimgesucht. Zuerst nahmen sich die Soldaten die Pferde. Sie spannten sie vor die Wagen, luden das noch vorhandene Futter auf und fuhren mit ihnen davon. Binnen weniger Tage war der Hof mit allem, was er an Vieh, Werkzeugen und Geräten barg, völlig kahlgeplündert. Viele Freunde und Verwandte, die in der Stadt wohnten, hatten auf dem Bruderhof ihre Habseligkeiten eingelagert, um sie vor den Luftangriffen zu retten. Das alles wurde ausgeschüttet und wieder und wieder nach Brauchbarem durchwühlt. Die Reste lagen bald in einer hohen Schicht auf dem Boden herum. Es lohnte nicht mehr aufzuräumen. Eines Tages fuhren Lastwagen vor und luden die Möbel der Kreyssigs und alle, die bei ihnen untergestellt waren, auf und schafften sie fort. Auch das Porzellan und ein paar Lebensmittel, die sie kurz vor dem Einmarsch der Roten Armee mit Hilfe der Fremdarbeiter im Garten vergraben hatten, wurden restlos entdeckt und mitgenommen. Die Soldaten hatten lange, dünne Stahlstangen, mit denen sie die Gartenerde prospektierten.

Aber das alles war zu verschmerzen. »Besitze, als ob du nicht besäßest«, war ein geflügeltes Wort bei den Kreyssigs. Schlimmer war die Bedrohung von Leib und Leben. - Dreimal sollte Lothar Kreyssig erschossen werden. Das erstemal unter dem Vorwand, daß man auf dem Hausboden versteckte Lebensmittel gefunden hätte. Hanna warf sich mit Christoph, dem Jüngsten, auf dem Arm, dazwischen. Ein anderes Mal, als Kreyssig sich von seiner Lieblingsstute und ihrem Fohlen verabschiedete, wollte ihn ein Rotarmist niederschießen, weil er meinte, Kreyssig bespräche das Pferd. Ein drittes Mal wurde er aus dem Haus geholt und ins Dorf geschleppt; er habe nicht sagen wollen, wo er den Schnaps versteckt hat. Die Rotarmisten hatten ihn schon zum Füsilieren vor das Spritzenhaus gestellt und die Gewehre gehoben, als in der Nähe ein Geschrei erscholl - im Spritzenhaus waren versteckte Waffen entdeckt worden. Alles lief dorthin, und Kreyssig brauchte nur noch wegzugehen.

Aber am schrecklichsten waren die Vergewaltigungen, die »tierhafte sexuelle Hemmungslosigkeit«, wie Kreyssig es nannte, die mit Einbruch der Dunkelheit alles überrannte. Nacht für Nacht kamen die Rotarmisten ins Haus, »um nach Faschisten zu suchen«. Am 1. Mai trieben sie es besonders grausam. Im Dorf war kaum eine Frau, die nicht vergewaltigt worden wäre. Auf dem Bruderhof fielen sie über Kreyssigs ukrainische Magd Jewgenia her. Die anderen Frauen auf dem Hof, etwa zwanzig an der Zahl, blieben verschont. Sie schliefen alle mit den Kindern auf dem Fußboden des großen Wohnzimmers; dort trauten sich die Soldaten nicht hin.

Eines Morgens kamen sechs Berittene auf den Hof. Der Anführer, ein Sergeant, scherzte erst freundlich mit den Frauen und Kindern. Dann schrie er plötzlich: Alle Männer aus dem Haus! Lothar Kreyssig holte das für die Verhaftung vorbereitete Notgepäck aus dem Nebenzimmer und verabschiedete sich von seiner Frau. Als er wieder ins Zimmer trat, schauten alle Hausgenossen wie gebannt auf ihn, im Hintergrund die Soldaten. Er sprach das Vaterunser und danach den Segen über alle. Noch entrückt im Gebet, schreckte ihn ein lautes Stimmengewirr auf: Sie sind fort! Als er hinauslief, sah er den letzten die Allee hinauf im Galopp verschwinden.

Die russische Besatzungsmacht hatte in Hohenferchesar alsbald einen neuen Bürgermeister eingesetzt, Georg Dühn, einen alten Kommunisten, der von Kreyssigs Widerstand gegen die Nationalsozialisten wußte und ihn hoch achtete. Kreyssig hatte ihm im »Dritten Reich« einmal sehr geholfen. Wurde es allzu bedrohlich auf dem Bruderhof, liefen Uwe und Jochen durch den Garten und über die Felder zu ihm. Das Klappern seiner Holzpantoffeln, so Kreyssig, wenn er auf Alarm hilfreich gelaufen kam, sei ein kostbarer Überrest von Menschlichkeit gewesen. Auch Frau Prochownik versuchte immer, sich mit den Russen zu verständigen und ihnen zu erklären, daß Kreyssig sie als Jüdin bei sich aufgenommen hatte. Ohne sein Zutun, so Kreyssig, sei er alsbald von den Russen als Antifaschist »entdeckt« worden. In den ersten Maitagen war ein sowjetischer Major gekommen und hatte Kreyssig Dokumente aus dem Reichsjustizministerium gezeigt: »Du bist guter Antifaschist!« Seither hielt der russische Kommandant in Pritzerbe, Jergenjew, seine Hand über den Bruderhof und seine Bewohner.

Allmählich ebbte die Gewalt des Siegesrausches ab. Auf den Hof wurde eine Sanitätsabteilung gelegt. Diese brachte eine große Rinderherde mit, an die tausend Stück für die eigene Verpflegung und für andere Abteilungen. Jeden Tag wurden fünf bis zehn Tiere geschlachtet. Die Kinder und Halbwüchsigen durften sich an den Resten, den Innereien und Ochsenschwänzen, bedienen. Das hat allen Hofbewohnern geholfen, über die erste schwere Zeit zu kommen, in der keine Lebensmittel von außen geholt werden konnten. Einer der Soldaten, die damals auf dem Hof waren, ein Muschkote, der die Kühe melkte, kam zuweilen ins Wohnzimmer. Dann lehnte er sein Gewehr an den Flügel, setzte sich daran und spielte ein klassisches Stück oder ein paar russische Märsche.

Diese Truppe hatte einen jungen Deutschen mitgebracht, der wohl schon eine Weile mit ihnen marschiert war. Er trug eine sowjetische Uniform; nur die Achselstücke fehlten. Sie setzten ihn für Sachen ein, die sie selbst nicht erledigen mochten. Dieser Siebzehn-, Achtzehnjährige ging nun eines Morgens über den Hof, der von sowjetischen Soldaten wimmelte, und versuchte, das Schloß an der letzten noch verschlossenen Tür, die zum Boden über dem Schafstall führte, mit kräftigen Schlägen aufzubrechen. Lothar Kreyssig sah dies, lief hin und verabreichte ihm rechts und links eine Backpfeife - von solcher Vehemenz, als habe sich die Angst und der Ärger der letzten Tage und Wochen explosionsartig entladen. So beschreiben es Jochen und Uwe, denen der Atem stockte, als sie das sahen. Sie meinten, ihr Vater würde auf der Stelle von einem der Soldaten erschossen. Doch wie in einer perfekten Bühneninszenierung drehten alle, Soldaten und Offiziere, dem Geschehen gleichzeitig den Rücken zu und hatten nichts gesehen. Als der junge Uniformierte ein paar Tage darauf Uwe provozierte und verdrosch, wurde er vom kommandierenden Offizier, der das Ganze mitbekommen hatte, eigenhändig verprügelt.

Mitte Mai nutzte Lothar Kreyssig die Gelegenheit, einem Flüchtling, der sich auf der Suche nach seiner Familie in Richtung Oranienburg auf den Weg machte, einen Brief an Frieda und Wilhelm Groß, die Freunde in Eden, mitzugeben:

> Nach der wunderbaren Weise, in der Gott sich in den vergangenen Monaten unter uns bezeugt und alle Verheißungen an uns wahrgemacht hat, sind wir zuversichtlich, daß auch Ihr bewahrt sein werdet. Er will ja die Tage abkürzen, so daß uns vielleicht bald ein Wiedersehen voll freudigem gemeinsamen Lobpreises beschieden sein wird. Dann wollen wir uns die großen Taten Gottes erzählen. Wir haben zwar wochenlang in großen Schrecken leiblicher und tödlicher Gefahr gestanden und, zumal Frauen und Kinder, darunter sehr gelitten.
>
> Auch unserer meisten Habe und fast aller landwirtschaftlichen Betriebsmittel sind wir ledig. Doch läßt uns dieses fröhlich und über der Erleichterung des Marschgepäcks getrost sein. Wir sind leiblich alle unverletzt geblieben und auch noch alle beisammen. Gott wird weiterhelfen.[27]

Anmerkungen

1 Nachlaß Kreyssig. Lebenslauf, 20. September 1955, Fragment.

2 EZA 614/37, Ordner »Theologisches«. Offener [fiktiver] Brief an Dietrich Bonhoeffer, ohne Datum [1952]. - Bonhoeffer ist mit anderen Männern des Widerstands am 9. April 1945 in Flossenbürg hingerichtet worden.

3 Erklärung Kurt Gersteins vom 26. April 1945, dokumentiert im Prozeß gegen Carl Krauch und andere, Fall 6 des amerikanischen Gerichtes in Nürnberg, Dokument 1553. Demnach will Gerstein von den Euthanasiemorden bereits im Juli oder August 1938 im Konzentrationslager Welzheim erfahren haben - ein Jahr vor dem Beginn der Mordaktion. Zur Rolle Gersteins vgl. u.a. Hochhuth, Rolf: Der Stellvertreter. Reinbek bei Hamburg, 1963.

4 Schreiben Martin Niemöllers vom 26. April 1948 an Staatsanwalt Erbs in Frankfurt. Zitiert nach Hochhuth, Rolf: Der Stellvertreter. Berlin, 1966. Nachwort S.282.

5 Zitiert nach Niesel, Wilhelm: Kirche unter dem Wort. Der Kampf der Bekennenden Kirche der altpreußischen Union 1933-1945. Göttingen, 1978. S.259.

6 Hans Graf von Lehndorff: Die Insterburger Jahre. Mein Weg zur Bekennenden Kirche. München, 1992. S.65ff., leicht gekürzt.

7 Zitiert nach Niesel, a.a.O., S.272ff.

8 Lothar Kreyssig: Gerechtigkeit für David, a.a.O., S.142.

9 Zitiert nach Gerlach, a.a.O., S.358.

10 AB II, 22f.

11 Familienarchiv Kreyssig. Brief an Peter Kreyssig vom 27. Dezember 1942.

12 Nachlaß Kreyssig, Mappe »Privat-Akten NS-Zeit«. Schreiben vom 8. November 1939, ohne Adressat.

13 Nachlaß Kreyssig, Mappe »Privat-Akten NS-Zeit«. Schreiben der Kreisleitung der NSDAP Rathenow-Westhavelland vom 9. Juli 1940.

14 Interview des Verfassers mit Senta Maria Klatt.

15 Nachlaß Kreyssig, Mappe »Privat-Akten NS-Zeit«. Schreiben von Gertrud Prochownik vom 5. Mai 1945.

16 AB II, S.24.

17 Nachlaß Kreyssig. Brief von Gertrud Prochownik, London, vom 16. Dezember 1964.

18 AB II, S.22.

19 Interview des Verfassers mit Peter Kreyssig.

20 Interview des Verfassers mit Jochen Kreyssig.

21 Manuskript Jochen Kreyssig, S.24f.

22 Nachlaß Kreyssig. Schreiben von Lucien Delbarre, C. Terlecka, Iwan Jewdokimow, jeweils ohne Datum [Frühjahr 1945].

23 Familienarchiv Kreyssig. Briefkarte an Peter Kreyssig vom 28. Dezember 1942.

24 Familienarchiv Kreyssig. Brief an Peter Kreyssig vom 18. Juli 1943.

25 Familienarchiv Kreyssig. Postkarte an Peter Kreyssig vom 19. April 1944. Briefe vom 7. Mai 1944 und 25. Mai 1944.

26 AB II, S.42.

27 Nachlaß Kreyssig. Brief an Frieda und Wilhelm Groß vom 21. Mai 1945.

Kapitel 11

Ende und Beginnen

In den ersten Tagen nach der Kapitulation drängten sich die Menschen in den Städten vor den Litfaßsäulen, auf dem Land vor den Schwarzen Brettern an den Gemeindebüros, wo die Befehle und Verordnungen der Besatzungsmacht angeschlagen waren. In Hohenferchesar hing zu dieser Zeit ein Flugblatt aus, auf schlechtem Kriegspapier gedruckt, mit einigen Sätzen des Marschalls Stalin über die Ziele der *Vereinten Nationen*, womit man damals die Alliierten meinte. Die faschistische Lügenpropaganda, so war dort zu lesen, schüchtere die deutsche Bevölkerung mit dem unsinnigen Geschwätz ein, die Armeen der *Vereinten Nationen* wollten das deutsche Volk ausrotten. Das sei nicht das Ziel. Der Faschismus und deutsche Militarismus solle vernichtet, die Kriegsverbrecher bestraft und der Schaden, den die Deutschen den anderen Ländern zugefügt haben, wieder gutgemacht werden. Aber die *Vereinten Nationen* würden die friedliche Bevölkerung Deutschlands nicht antasten, wenn sie loyal die Forderungen der alliierten Militärbehörden erfülle.
Da dieses Versprechen aus dem Befehl Nr. 20 des Obersten Befehlshabers der Streitkräfte der Sowjetunion so kraß im Gegensatz zur erlebten Wirklichkeit stand, fühlte Kreyssig sich zum Widerspruch herausgefordert. Er, der vor den Nationalsozialisten nicht zu Kreuze gekrochen war, dachte nicht daran, zum neuen Unrecht, das ihm und anderen geschah, zu schweigen. Er hätte nicht geglaubt, schrieb er am 2. Juli 1945 in einem geradezu tollkühnen Brief an den russischen Kommandanten in Pritzerbe, alles, was er sich in vielen Jahren mühsamer Arbeit geschaffen habe, gerade »durch die wieder zu verlieren, welche uns von den Lügnern und Mördern zu befreien gekommen sind«. In heiligem Zorn klagte er über das ihm widerfahrene Unrecht und zählte auf, was ihm durch die Besatzungsmacht widerfahren war:

Die interalliierten Nationen haben uns Gerechtigkeit zugesagt. Trotzdem bin ich von allen Bauern im Ort der am meisten beraubte. Ich hatte fünf Pferde und zwei einjährige Fohlen. Ich habe keines mehr. Ich hatte zwei Gummiwagen und zwei Ackerwagen. Ich habe keinen mehr. Der Trecker, zwei Grasmähmaschinen, der Kraftwagen, sämtliches Heu, alles Körnerfutter sind weggeführt, dazu acht Stück Rindvieh und sämtliche Schafe. Mein gesamter Wickroggen und die Luzerne sind abgemäht. Von vier Wagen Heu, die ich mir mit fremder Hilfe mühsam zusammengeholt hatte, ist mir ein großer Wagen voll gestern wieder vom Boden geholt. Aus meinem Haus hat man die Einrichtungsgegenstände mit mehreren Kraftwagen fortgeholt. Die umliegenden Wiesen sind erst von sechshundert, dann zweitausend Stück Rindvieh abgeweidet. Das zugehörige Personal mit Soldaten und Frauen liegt mit etwa dreißig Personen in meinem Haus. Mit Ausnahme der Rindviehställe sind alle Wirtschaftsräume des Hofes von dieser Truppe mit Beschlag belegt, Koppelzäune entfernt, der Schuppen geräumt, die Geräte ins Freie gestellt, ein Möhren- und Mohnschlag völlig zerfahren und zertreten, die Beerenfrüchte und andere Gartenfrüchte genommen, Äpfel grün mit den Zweigen heruntergerissen usw. Die Umgebung des Hauses ist mit Menschenkot so verunreinigt, daß uns im Zusammenhang mit der Fliegenplage Seuchen drohen. Das fremde Weidevieh hat meine ganze Herde mit Maul- und Klauenseuche angesteckt ...[1]

Ob Kreyssig auf diesen Brief jemals eine Antwort erhalten hat, läßt sich nicht mehr feststellen. Aber neben der authentischen Schilderung des ganzen Ungemachs, das mit dem Ende des Krieges über den Bruderhof gekommen war, ist aufschlußreich, daß Kreyssig nicht von Niederlage und Besatzung, sondern von Befreiung spricht. Daß in der Sowjetisch Besetzten Zone [SBZ], oder der *Russenzone*, wie das im Volke hieß, alsbald das eine totalitäre System durch das andere abgelöst werden würde, mag er, als er den Brief schrieb, geahnt haben. Vielleicht hat er ihn gerade deshalb geschrieben - ein früher Protest gegen die unerträgliche Umkehrung der Befreiung.

Die Willkür des Stalinschen Terrors hatte auch Kreyssigs Familie getroffen. Der Mann seiner Schwester, Dr. Walter Ringel, war erst Amtshauptmann von Chemnitz, dann Landrat von Königgrätz gewesen. Peter Kreyssig beschrieb ihn als einen »unerträglich penibel Beamten, schneidigen Offizier und glühenden Patrioten«. Aber er war aus dem

Dienst entlassen worden, weil er sich mit den Nationalsozialisten angelegt hatte. Er hatte dann in Dresden als Prokurist einer Malerfirma gearbeitet. Nach dem Krieg ist er von irgend jemandem denunziert worden - dazu gehörte damals nicht viel - und wurde von den Russen inhaftiert. Zum Jahresende 1945 war er wieder freigekommen, die Familie suchte Zuflucht auf dem Bruderhof. Im März 1946 wurde er erneut abgeholt, diesmal durch die politische Polizei, und ist in einem der *Speziallager* verhungert.

Lothar Kreyssig, dem Recht und Gerechtigkeit über alles gingen, müssen das Unrecht, die Willkür, die Demütigungen, die er mit ansehen mußte oder die ihm widerfuhren, zutiefst verletzt und beleidigt haben. Aber vielleicht hat gerade das ihn sensibel gemacht für die Schuld der Deutschen, von der er sich selbst nicht ausgenommen wußte. Sein Sohn Jochen berichtete, daß der Vater bei der Fahrt auf einem Güterzug, der von englischen Soldaten kontrolliert wurde, einem der Soldaten, der ihm herrisch eine unsinnige Anweisung geben wollte, widersprach. Daraufhin wurde er von dem jungen Engländer ins Gesicht geschlagen. Kreyssig hat nach seiner Rückkehr vor dem großen Kreis der Hoffamilie von dieser Demütigung erzählt. Es muß ihn eine ungeheure Überwindung gekostet haben. Den Sohn hat es maßlos wütend gemacht. Aber für seinen Vater gehörte das zur Preisgegebenheit, der nach dem Krieg alle Deutschen ausgeliefert waren. Obwohl Kreyssig später über diesen kränkenden Schlag ins Gesicht nie mehr gesprochen hat, wird wohl auch er als ein Baustein zur Geschichte der Aktion Sühnezeichen gehören.

Unmittelbar nach dem Krieg war das ganze Ausmaß der Verbrechen, die von den Deutschen in den überfallenen Ländern begangen worden waren, noch nicht bekannt. Die bruchstückhaften Nachrichten, die während des Krieges durchgesickert waren, wurden als das Versagen einzelner, aber eher noch als übertreibende Feindpropaganda abgetan. Es war eine mühevolle Arbeit, nach dem Krieg die ganze ungeheuerliche bittere Wahrheit an sich heranzulassen, ein qualvoller Prozeß der Erkenntnis, dem sich viele durch Verdrängung zu entziehen suchten. Und fraglos stand in den ersten Monaten nach der Befreiung der Kampf ums nackte Überleben im Vordergrund. Er absorbierte alle Kräfte. Auch das mag dazu beigetragen haben, daß die Auseinandersetzung mit der deutschen Schuld so zaghaft und zögernd begann.

In seiner Autobiographie zitierte Lothar Kreyssig an der Bruchstelle von Krieg und Nachkriegszeit Dietrich Bonhoeffers berühmte Sätze über Zucht, Tat, Leiden, Tod - *Stationen auf dem Weg zur Freiheit*. Er schloß einen dunklen Satz an, dessen Sinn sich nur schwer erschließt, der wohl nichts anderes ausdrückt als seine verzweifelte Suche nach einem Sinn für das Sterben der Millionen, das doch in Wahrheit so sinnlos war: »Indem es den Menschen hinausverlangt über die schrecklichste aller Begrenzungen, das Ausgeschlossensein vom Sterben des anderen, das Tabu über dem Ende der Millionen, ahnt er jetzt und hier unzugängliche Berufung.«[2] Und er wollte an dieser Stelle, bevor er sich den Jahren nach dem Krieg zuwandte, sein Gedicht zum Tode Börries von Münchhausen, seines Lieblingsdichters, der am 16. März 1945 gestorben war, eingefügt wissen:

Börries von Münchhausen ist tot!

Urbilder weben tief. - Gelassen fallen
In sie zurück der Zeiten Traumgestalten,
Um neu in Gottes Odem aufzusteigen.
Dir aufgegeben und doch nicht zu eigen
Muß erst der Dichter sie am Herzen halten.
Dann findst Du liebend Dich in ihnen allen:

Bist Königssohn, Obrist und Gänsemagd.
Stirbst bei Kolin und wirst mit Tilly siegen.
Mit hundert Hunden klirrst Du durchs Revier.
Dir spenden Augen, Lippen, Hände, Dir
Wovon des Pagen Mund beredt verschwiegen,
Du küßt den Kiesel, und er wird Smaragd. -

Der Sang ist aus! Was prunkvoll er im Zug
Leibhaft der Erde Schoß entstiegener Gestalten
Vor uns entfaltet, welch ein Augenschmaus!
Die tiefe Sättigung erdetrunkner Herzen! - Aus!
Der Himmel werde wie ein Kleid veralten,
Spricht Gott. Begann es, da man Dich zu Grabe trug?

Besiegelt Gott, nun er den Liederquell verschlossen,
Was er, uns zu verwandeln, hat beschlossen?
Ist in des Engels heimbefehlender Gebärde
Ein »Stirb« dem Mund, dem Sang ein neues »Werde«?
Frag nicht: Das Herz, schau, das sie all nach oben rief,
Zu Blut und Wesen, schweigt. - Urbilder weben tief.

Am 27. Juli 1945 ordnete die Sowjetische Militäradministration [SMAD] für die Ostzone die Bildung deutscher Zentralverwaltungen, die Vorläufer von Ministerien an. Präsident der Zentralverwaltung für Justiz wurde Eugen Schiffer, ein ehemaliger Reichsminister, der als sogenannter »geschützter Jude« im jüdischen Krankenhaus Berlin überlebt hatte. Die Zentralverwaltung und die Justizverwaltungen in den wiedererstehenden Ländern waren auf der Suche nach unbelasteten Juristen. Anfang September 1945 gab es in der Sowjetischen Besatzungszone noch immer rund zweihundert Richter und Staatsanwälte, die Mitglied der NSDAP gewesen waren. Sie wurden erst im September auf russischen Befehl hin entlassen. Da es unbelastete Juristen kaum gab, kamen zuverlässige kommunistische Kader zum sogenannten *Soforteinsatz*: Ohne jede juristische Ausbildung wurden sie zu Richtern und Staatsanwälten gemacht.
Kreyssig hatte sich zunächst mit dem Gedanken getragen, wieder in den Justizdienst einzutreten. Generalsuperintendent Otto Dibelius, der damals schon das Dienstsiegel eines Bischofs von Berlin führte, hatte Kreyssig Ende Juni für »eine leitende Stelle bei der neuen deutschen Rechtspflege« empfohlen. Kreyssig wurde auch tatsächlich das Amt eines Landgerichtsdirektors in Potsdam bzw. in Berlin, oder eine höhere Dienststellung bei der Provinzialverwaltung bzw. im Zentralamt für Justiz bei Staatssekretär Schiffer angetragen. Er scheint auch einige Gespräche geführt zu haben. Unwillig schrieb er nach einem solchen Gespräch an den Oberlandrat in Brandenburg: »Man reicht nach einem halben Menschenleben des Dienstes nicht gern ›Bewerbungen und Lebensläufe‹ ein«, und empfahl, sich doch um die Personalakten des Reichsjustizministeriums zu bemühen. Er fügte selbstbewußt an: »Ich habe in der alten Justiz einen guten Namen gehabt.«[3] In einem Brief an seinen Sohn Peter vom November 1945 - der erste, der diesen nach Ende des Krieges von zu Hause erreichte - heißt es lakonisch: »Ich bin inzwi-

schen Landgerichtsdirektor, Hilfsrichter am Oberlandesgericht und Referent bei der Provinz-Regierung in Potsdam gewesen.«[4]
Das Interesse aneinander scheint beiderseits bald erlahmt zu sein - angesichts der Entwicklung in der Sowjetischen Besatzungszone kein Wunder. Ende 1945 war unübersehbar, daß die Russen nicht vorhatten, in ihrem Einflußbereich eine demokratische Entwicklung zuzulassen oder gar zu fördern, sondern daß sie darauf aus waren, dort ihr totalitäres Sowjetmodell zu implantieren. Der schwache Widerstand, der sich dagegen regte, wurde gnadenlos in den Kellern der GPU und den Speziallagern und Gulags erstickt. Lothar Kreyssig begriff sehr schnell die Tragödie, die sich in der sowjetischen Zone abspielte:

> In den Sektor Justiz sollte ich eintreten und habe mich dort[5] einen halben Tag umgesehen. Ich mußte an ein vertrauliches Wort von Julius Schniewind, dem Unvergleichlichen, denken: »Erst hatten wir die Copie. Jetzt haben wir das Original.« Hier würde ich wohl noch früher und ärger als ehedem unter Gewissensanstößen gescheitert sein. Aber wiederum war die Weiche schon gestellt.[6]

1980, im Gespräch mit Volker von Törne, räumte Kreyssig allerdings ein, daß der Satz von Schniewind, den er in seiner Autobiographie zitiert hatte, problematisch ist, und meinte, man sollte ihn besser streichen. Es sei eine falsche und pauschale Parallele, man könne die Bestialität Hitlers nicht mit der Stalins vergleichen. - Angesichts seines Eindrucks vom sowjetzonalen Justizdienst nahm er das Amt des Konsistorialpräsidenten der Kirchenprovinz Sachsen, in das er bald darauf berufen wurde, nur allzugern an.

Im Herbst 1945 begann ein jahrelanger Kampf Lothar Kreyssigs um den Bruderhof. Im Zuge der Bodenreform wurden er und seine Familie dreimal von deutschen Behörden als »Junker« vom Hof gejagt, dreimal machte die Sowjetische Militäradministration die Entscheidung wieder rückgängig. Dabei hatten sich die örtliche Bodenreform-Kommission und Bürgermeister Dühn gegen die völlige Enteignung und Ausweisung Kreyssigs »in Anerkennung seiner antifaschistischen Haltung« eingesetzt und darüber auch in einer öffentlichen Gemeindeversammlung informiert. Dennoch mußte Dühn Lothar Kreyssig und seiner Familie am 11. Oktober 1945 mitteilen, daß sie den Hof bis zum Sonnabend, den 13. Oktober 1945 mittags, zu verlassen hätten, da am

Der Landwirt Lothar Kreyssig. Hohenferchesar, nach 1970.
Foto: Frithjof Meußling.

Sonntag »die Neusiedler rein gesetzt werden müssen«. Nach Intervention des sowjetischen Kommandanten teilte einen Monat später der Rathenower Landrat Gehrmann die Entscheidung der Kreisbodenkommission mit, daß Kreyssig bleiben könne und daß ihm ein Resthof von rund 10 ha landwirtschaftlicher Nutzfläche und 4 ha Wald sowie das Wohnhaus und andere Baulichkeiten mit Ausnahme der Scheune »belassen« werden.

Das Ganze wiederholte sich zwei Jahre später noch einmal. Kreyssig wurde am 10. November 1947 vom Landrat des Kreises Westhavelland als »ehemaliger Gutsbesitzer« aufgefordert, »bis zum 11. November 1947, 24 Uhr mit sämtlichen Familienangehörigen den Kreis zu verlassen. Zwecks Einweisung haben Sie sich beim Umsiedleramt in Perleberg zu melden. Sofern Sie anderweitig, außerhalb des Kreises Unterkunft finden, ist es Ihre eigene Angelegenheit. Die Mitnahme von Privateigentum, wie Wohnungseinrichtung wird Ihnen gestattet.«[7] Die Beschlagnahme des toten und lebenden Inventars finde Anwendung, eine Über-

tragung an einen Nachfolger sei nicht möglich. Es sei eine Verzichtserklärung auszufüllen und notariell beglaubigen zu lassen.
Nach Einspruch des russischen Kommandanten wurde die Ausweisung zunächst ausgesetzt, dann aber von der vorgesetzten Behörde in Potsdam bestätigt. Die Kreyssigs mußten nun innerhalb von elf Stunden den Hof räumen. Sie folgten dem Befehl, schafften das Mobiliar nach Brandenburg und suchten Unterkunft bei Freunden. Am nächsten Tag wurde alles auf Befehl der obersten sowjetischen Besatzungsbehörde in Berlin-Karlshorst wieder rückgängig gemacht, vermutlich auf Veranlassung von Oberst Tulpanow, der über Kreyssigs antifaschistische Vergangenheit informiert war. Der Befehl, wieder auf dem Bruderhof einzuziehen, wurde Kreyssig am 2. Januar 1948 durch den Rat des Kreises schriftlich nachgereicht: »Auf Anordnung des Herrn Kapitän Nikotenko von der Kreiskommandantur des Kreises Westhavelland, werden Sie hiermit aufgefordert, Ihre im Zuge der Bodenreform übergebene Siedlung wieder zu übernehmen.«[8]
Dabei hatte Lothar Kreyssig ursprünglich für die Bodenreform durchaus Verständnis gezeigt. Er sah in ihr einen Versuch, der Nahrungs- und Landnot entgegenzuwirken und insbesondere den landlosen Flüchtlingen aus den ostdeutschen Provinzen eine neue Existenzgrundlage zu geben. Die Not sei so groß, daß andere Überlegungen, auch zur Wirtschaftlichkeit der kleinen Betriebe, zurückstehen müßten. Er selbst war ursprünglich sogar bereit gewesen, einen Teil seines Landbesitzes abzugeben und sich mit einem wirtschaftlich sinnvollen Rest von etwa 100 ha zu begnügen. Aber die willkürliche und rücksichtslose Enteignung ohne Rechtsgrundlage lehnte er ab. So sei die Bodenreform eine rein politische Maßnahme und bedeute den Auftakt zur Bolschewisierung Deutschlands.
In einem Text *Bodenreform im russischen Sektor*, der damals entstanden sein muß und den Lothar Kreyssig als authentische Äußerung aus jenen Jahren in seine Autobiographie aufgenommen wissen wollte, schrieb er:

> Das gesamte Verfahren, selbst wenn es nicht propagandistisch, sondern wirtschaftlich und sozial gemeint wäre, würde in der gehandhabten Form unmöglich sein. Die Weimarer Verfassung verlangt für Einschränkungen im Grundbesitz des Eigentums ein Gesetz mit verfassungsändernder Mehrheit. Statt dessen wird in regelloser Ver-

ordnung der einzelnen Provinzialregierungen vorgegangen. Das Verfahren ist dabei so geartet, daß es keinerlei Rechtsgarantien enthält. Es ist kein Rechtsmittel für den Betroffenen, noch nicht einmal ein schriftlicher Bescheid an ihn vorgesehen. Die beteiligten Kommissionen setzen sich aus Interessenten an der Enteignung, nämlich Siedlern, zusammen und sprechen also in eigener Sache Recht. Allenthalben ist dafür gesorgt, daß der Einfluß der kommunistischen Partei der entscheidende ist. Überall handelt es sich auch um Personen, welche in der Handhabung eines Rechtsverfahrens völlig ungeübt [sind] und [denen die] Bedeutung des Rechtseingriffes gänzlich unklar [ist]. Vielfach wirken Dilettantismus und gehässige Gesinnung auf eine schreckliche Weise zusammen.
Die Verordnungen sind so gehalten, daß von einer rechtmäßigen Enteignung nicht die Rede sein kann. Es handelt sich vielmehr genau besehen um Raub, welcher sich des Anscheins von Recht bedient ... Es ist bestimmt und wird ausnahmslos durchgeführt, daß die Enteigneten die Ortschaft verlassen müssen. Und eine verläßliche Unterrichtung besagt, daß den - überall kommunistischen - Bürgermeistern untersagt ist, die Herausgetriebenen aufzunehmen, so daß sie kein Unterkommen finden. Sie sollen dann allesamt in Lager gebracht werden. [...]
Der Großteil der Enteigneten entstammt Bauernkreisen, welche auf verhältnismäßig leichtem Boden wenig über 100 ha [besitzen] und mit Junkertum nicht das Geringste zu tun haben. Es gibt kaum ein Dorf, in welchem nicht hochgeachtete und sozial denkende Bauern dieser Art wie Landstreicher vom Hof gejagt worden sind. Es ist das erste Mal seit Kriegsende, daß eine Angelegenheit zum Gegenstand umfänglicher Propaganda, auch in Form von Plakaten gemacht wird, deren Verlogenheit handgreiflich ist. Die allgemeine Meinung ist, daß hier eine rechtlose, willkürliche und lügenhafte Methode Platz greife, welche man soeben als Kennzeichen faschistischer Gesinnung überwunden zu haben glaubte, welche aber an Rücksichtslosigkeit und Gehässigkeit das bisher Erlebte vielfach übertrifft.
Im Ganzen bietet sich die Maßnahme als ein Zeichen der Bolschewisierung dar, in welcher die betroffenen Provinzen auf die unheilvollste Weise von der Rechtsentwicklung und demokratischen Gesundung der anderen Teile Deutschlands abgetrennt werden. Maß-

losigkeit und Methodik erweisen sich als aus einem Geiste, welcher das Ganze ebenso mit Vernichtung bedroht, wie es unter der rechtlosen Gewalt von gestern der Fall war.[9]

Die Bodenreform wurde innerhalb weniger Monate in der gesamten Sowjetischen Besatzungszone durchgesetzt. In den Kommissionen, die über die Enteignung und Verteilung zu befinden hatten, arbeiteten zwölftausend Kommunisten, neuntausend Sozialdemokraten und tausend Mitglieder von CDU und LDPD, der Liberaldemokratischen Partei, mit. Über die Vorschläge der Kommissionen wurde in Gemeindeversammlungen öffentlich beraten und beschlossen; diese Beschlüsse hatten Gesetzeskraft. Andreas Hermes, Mitbegründer der CDU und ihr erster Vorsitzender in der Sowjetischen Besatzungszone, wurde kurzerhand von den Russen abgesetzt, weil er sich der Bodenreform widersetzte, ebenso sein Stellvertreter Walther Schreiber. Der Mitbegründer und erste Vorsitzende der Liberaldemokraten, Waldemar Koch, trat aus Protest gegen die Bodenreform zurück.

Ein Jahrzehnt später war Kreyssig dann von der Zwangskollektivierung der Landwirtschaft betroffen. Als er sich weigerte, sein restliches Land in eine Genossenschaft zu geben, begann der übliche Psychoterror des »sozialistischen Frühlings«, wie die SED ihre Gewaltaktion zynisch nannte: Rings um das Haus wurden Lastwagen mit Scheinwerfern und Lautsprechern aufgefahren, die das Haus attackierten. Das freilich hat Kreyssigs Widerstand nicht brechen können - bis man ihm beim Rat des Kreises sagte, der Bruderhof sei von der Liste der erfaßten Anwesen gestrichen; es gäbe seinen Hof nicht mehr. So wurde er schließlich »freiwillig« Mitglied der LPG »Freiheit«, der landwirtschaftlichen Produktionsgenossenschaft in Hohenferchesar. Von der Bewirtschaftung durch die LPG waren lediglich die Gebäude sowie der Garten und der Park vor dem Haus ausgeschlossen.

Kreyssig Söhne hatten schon vorher vom Bruderhof Abschied nehmen müssen. Peter, der älteste, war nach seiner Verwundung in Rußland in amerikanische Gefangenschaft geraten und lag noch monatelang in einem Lazarett in Westdeutschland. Kurz vor Weihnachten 1945 konnten ihn seine Eltern dort für drei Tage besuchen. Er entschloß sich in diesen Monaten der Rekonvaleszenz, Theologie zu studieren, sehr zur Freude seines Vaters. Er begann sein Studium in Marburg. Nach Hohenferchesar traute er sich zunächst nicht. »Mir scheint«, schrieb Lothar Kreyssig seinem Sohn im Juni 1946, »daß Du auf alle Fälle einmal herüberkommen und Dich ausruhen solltest. Inzwischen hat sich die Lage hierzu wieder vollkommen insofern geändert, als es ›offiziell‹ nicht mehr geht. ›Sie‹ lesen nämlich aus den Transporten hinter der Grenze alle Soldaten heraus und bringen sie in Lager. Frühere Offiziere sind seit Wochen von dort nicht mehr gesichtet worden. Mein Arm hat sich bisher immer als erfreulich lang erwiesen. Aber auf eine Probe möchte ich es nicht ankommen lassen ... Zum anderen hörte ich von unserem Professor in Halle, daß noch immer jeder Offizier, auch ein kleiner Leutnant, vom Studium zurückgewiesen werde.«[10] Nach einem Semester wechselte Peter Kreyssig an die Kirchliche Hochschule in West-Berlin. So war er dem Bruderhof nahe. Das Weihnachtsfest 1946 hat er, nach Krieg und Gefangenschaft, wieder zu Hause in Hohenferchesar verbracht.

Sein Studium hat Peter Kreyssig in Tübingen und in England abgeschlossen. Er war viele Jahre Studentenpfarrer, hat Deutschland beim Christlichen Studenten-Weltbund vertreten und war zuletzt Gemeindepfarrer und Dekan in Stuttgart. Er war ein begabter und gern gehörter Prediger. Einige seiner Predigten in der Stuttgarter Gedächtniskirche sind 1983 unter dem Titel *Bürgernähe* gedruckt worden. Das Grundthema seines Vaters - Recht und Gerechtigkeit - beschäftigte auch ihn. In zwei Prozeßgeschichten ist er an Hand biblischer Gerichtsverfahren - Jesus vor Pilatus und die Ehebrecherin vor Jesus - der Frage nachgegangen, was Gerechtigkeit ist.[11]

Zur Theologie seines Vaters hatte er ein eher gespaltenes Verhältnis:

> Ich bin im Grunde ein theologischer Spätentwickler, war schon fünfzehn Jahre im Pfarramt, bevor ich meinen theologischen Wurzelboden bei Tillich gefunden habe. Vorher bin ich von Barth über Bultmann bis Bonhoeffer gewandert, war ständig unterwegs. Meines Vaters Theologie ist, um es auf eine kurze Formel zu bringen, Biographie. Es sind Auszüge von Lebenserfahrung, was völlig legitim ist. Aber was systematisch natürlich sehr widersprüchlich werden kann.
>
> Unsere Wege haben sich einfach an der Stelle getrennt, wo sich die Generationen trennen. Für ihn war im Grunde genommen das Barthsche theologische Weltbild das, in dem er verharrt ist. Ich war

umgetrieben, und bin es bis heute, von der Leidenschaft, die Botschaft in die Alltagsbezüge, in das Denken anderer Denksysteme zu übersetzen. Ich hab ein sehr synthetisches Bedürfnis und auch ein sehr hermeneutisches.

Er hat immer - wie Lava - seine geistlichen Brocken um sich geworfen. Und weil das bei ihm persönlich stimmte, hat es die Menschen ungeheuer beeindruckt. Verstanden haben sie oft überhaupt nicht, was er sagen wollte. Ich manchmal auch nicht. Ich denke, das schadet ja nicht, aber was soll das? - Also deshalb meine ich, das ist reflektierte Biographie. Aber nicht mit einer besonderen systematischen Kraft reflektierte Biographie. Vielleicht habe ich ja meine systematische Leidenschaft gerade in der Absetzbewegung von ihm entwickelt.[12]

Jochen und Uwe Kreyssig hatten im Februar 1946 das Elternhaus verlassen und waren auf die Internatsschule Schulpforta bei Naumburg gekommen, eine traditionsreiche Bildungsstätte, einst Zisterzienserkloster, und seit 1543 sächsische Landesschule. Lothar Kreyssig lag daran, seinen Söhnen, die in den letzten Kriegsjahren keine Schule besucht hatten, eine fundierte humanistische und weltanschaulich nicht allzu verengte Bildung zukommen zu lassen. Nach einem ersten Besuch im Januar hatte er begeistert notiert: »Musik soll eine ganz große Rolle spielen. Es wird sehr stramm gearbeitet. Wenig Schüler. Bestens versorgt. Prächtige Lehrer. Mathematiklehrer ganz frommer wacher Christ. Privatlehrer für Griechisch in der Anstalt, ausgezeichneter Pädagoge, ist schon gefunden.«[13] Seine Söhne waren weniger euphorisch, als der Vater mit der Nachricht kam, daß sie in drei Wochen von zu Hause fortmüßten. Uwe Kreyssig: »Wir haben beide wütend geschimpft und geheult und schluchzend von den Pferden Abschied genommen. Da brach eine Welt für uns zusammen ...«[14]

In Schulpforta war es nicht einfach für die beiden, die trotz des Altersunterschieds in eine Klasse kamen. Die anderen hatten einen großen Vorsprung, lernten seit einem halben Jahr Griechisch und seit vier Jahren Latein. »Die lasen *Bellum gallicum*, und ich wußte noch nicht mal, was ein *Aorist* ist.« Wenn die Jungen in den Ferien nach Hause kamen, mußten sie kräftig auf dem Resthof mit anpacken. Ihr Vater meinte aber, daß die Arbeit auf dem Feld sie nicht ausreichend beschäftige. Also fragte er bei der Arbeit - auf dem Erdbeerfeld, er in der Mitte, Jochen und Uwe rechts und links neben ihm - unregelmäßige griechische Verben ab. Die Grammatik lag immer ein paar Meter weiter in einer Furche vor ihnen. Ab und zu sagte er zu einem der Jungen, er solle mal nachschauen, ob eine Zeitform auch wirklich stimmt. Jochen Kreyssig: »Wir gingen zum Schluß nicht mehr hin; es stimmte immer, was er sagte.«

Sehr zur Freude Lothar Kreyssigs spielte Musik tatsächlich eine große Rolle in Schulpforta. Stolz berichtete er Anfang April 1946 seinem ältesten Sohn, daß »die Lümmels« täglich abends Quartett spielen, neuerdings gar das *Lerchenquartett* von Haydn, an dem er seinerzeit in Chemnitz beim letzten Satz der zweiten Geige beinahe gescheitert sei. »Ist es aber nicht auch höchste Zeit, daß wir beide hier hineinfahren und diese wild wuchernden Flegel wieder in die Mitte zwischen Cello und Geige nehmen ... Zu schade, daß man nicht die vier Jünglinge heimlich an der Sache holzen hören kann. Aber ich bin hochbefriedigt. Am Ende lernt der Vogel nur dadurch fliegen, daß die Alten ihn aus dem Nest schmeißen.«[15]

Zur fundierten humanistischen Ausbildung gehörten in Pforta nicht nur die Sprachen, die Wissenschaften und die Musik, sondern auch das Theaterspielen. Jochen und Uwe waren mit solcher Begeisterung dabei, daß beide sich entschlossen, Schauspieler zu werden. Nachdem sie 1950 das Abitur gemacht hatten, gingen sie nach West-Berlin an die Theaterschule beim Hebbeltheater. Jochen Kreyssig:

> Vater hat sich gegen diese Berufswahl überhaupt nicht gesträubt. Er hat mir einmal gesagt: »Junge, Du kannst machen was Du willst. Du kannst die Straßen kehren. Du mußt nur immer zehn Prozent besser kehren als die anderen.« Und er hat dafür gesorgt, daß wir uns der Schauspielerei auch wirklich sicher waren. Der Anstoß dazu - das hat er uns viele Jahre danach einmal erzählt - ist im Auto in einem Gespräch mit Dibelius gekommen. Dibelius hatte ihn auf einer gemeinsamen Fahrt nach seinen Söhnen gefragt. Und Vater hat ihm erzählt, was wir werden wollen. Da muß Dibelius ihm dringend abgeraten haben, uns so etwas machen zu lassen. Und wenn schon, dann müsse man sich zumindest ganz sicher sein. So hat Vater dann Möglichkeiten geschaffen, daß ich vorsprechen und mir meiner Sache sicher werden konnte. Ich habe bei Paul Bildt vorgespro-

chen, bei Lothar Müthel in Frankfurt, bei Rolf Badenhausen, dem Chefdramaturgen von Gründgens in Düsseldorf. Und habe eine Vielzahl von tollen Bestätigungen meines angeblichen schauspielerischen Könnens bekommen.

Vater hat wirklich ununterbrochen geholfen. Als wir dann nach Berlin gingen, hat er dafür gesorgt, daß wir eine Stelle als Adjunkten in Westberliner Schülerheimen der evangelischen Kirche bekamen. Dort wohnten junge Leute, die in der DDR aus den Oberschulen rausgeflogen waren, vor allem Pastorensöhne. Da konnten wir also unsere eigenen minimalen pädagogischen Erfahrungen aus Pforta wieder umsetzen. Und wohnten dafür kostenlos dort. Das Geld für den Unterricht hat Vater auch besorgt, wir mußten damals jeder 75 Mark Schulgeld zahlen. Aber Vater hatte ja kein Westgeld. Also pumpte er seinen Schwager, einen Vetter und einen engen Freund der Familie an. Die zahlten jeder monatlich 60, 60 und 30 Mark für uns auf das Konto der Schule.

Nach der Abschlußprüfung ging Uwe sofort an die Hochschule für Musik und hat dort Gesang weiterstudiert. Und ich habe versucht, mit dem, was ich gelernt hatte, zu leben. Es ging mehr schlecht als recht. Ich bin zwei Jahre lang an einem Wandertheater in Westfalen gewesen, eine Sommerspielzeit habe ich bei den Götz-Festspielen in Jagsthausen mitgemacht. Aber meine Frau und ich - wir kannten uns schon aus der Portenser Schulzeit her - wir wollten heiraten. Das haben wir 1953 auch gemacht. Es war damals wirklich nicht leicht. Wir hatten dann schon ein Kind, und die Wohnverhältnisse hier im Westen waren ganz schwierig. 1955 haben wir beide die Schauspielerei an den Nagel gehängt, und ich bin in einen kaufmännischen Beruf gegangen.[16]

Jochen Kreyssig hat es bis zum Vertriebsleiter eines mittelständischen Unternehmens, einer Druckwalzenfabrik im Rheinland, gebracht. Uwe Kreyssig wurde Felsenstein-Schüler und hat lange Jahre als Sänger, später als Regisseur an der Komischen Oper in Berlin, gearbeitet.

Christoph, der jüngste Sohn von Hanna und Lothar Kreyssig, 1939 zu Beginn des Krieges geboren, war auf dem Bruderhof als Bauernkind herangewachsen. Der Nachgeborene war ein *urtümliches Bäuerlein* und *vollbürtiger Märker*, wie Kreyssig nicht müde wurde zu betonen, so echt, daß es ihm zunehmend schwer fiel, *mir* und *mich* auseinander zu halten. Christoph hat, inmitten des Krieges, eine behütete Kindheit auf dem Bruderhof verbracht, von allen geliebt, am meisten wohl von seinem Vater:

> Er war der geborene Bauer unter uns. Was wir, um es zu werden, gesucht, gestrebt, geliebt, gelitten, in ihm war es zusammengeronnen zu lebendiger Gestalt. An allen Wesen geheimer Kraft und Sprache ringsum hatte er teil. Die blauen Augen ließen so leicht keinen ein, aber ruhten nicht, bis sie selbst in steter Leidenschaft die Dinge vor sich eingenommen ...
>
> Mit sechs Jahren verschlug es ihm nichts, zur Pflugarbeit den ganzen Tag das Gespann zu führen. Die Pferde auf der Koppel griff er freihändig. Er ritt mit Leidenschaft. Als er eines Tages herunterfiel, blieb er mit den Füßen im Geschirr hängen. Das trabende Pferd schleifte ihn, den Kopf zuunterst über das Hofpflaster. Zerschunden und halb bewußtlos ins Haus gebracht, lag er zwei Tage mit leichter Gehirnerschütterung. Am dritten Tag von der Mutter mit dem strikten Verbot jeglicher Annäherung an Pferde ins Freie entlassen, ritt er am Mittag desselben Tages auf demselben Pferd in den Hof ein. Es muß leider gesagt werden, daß der Vater es unterließ, ihn für diesen Ungehorsam streng zu bestrafen. Dabei wohnte in dem rastlosen Bürschlein ein zärtliches, gebefreudiges Seelchen. Es hatte April bis Juli 1945 aus Augenblicken tödlicher Angst um den Vater manche tiefe, bis zuletzt verletzliche Wunde davongetragen. Wunde Liebe brennt. Die großen Brüder fanden oft, daß entweder an ihnen zuviel Erziehung geschehen sei oder an Christoph weitaus zu wenig geschehe, und taten das Fehlende mit Ernst hinzu.[17]

Als Christoph in die Schule gehen sollte und mußte, war das für ihn nur eine unangenehme Unterbrechung aller Unternehmungen auf dem Hof. Jochen Kreyssig sagt, daß er noch heute nur mit dem Gefühl des tiefsten Mitleids für den kleinen Bruder daran denken kann. Sein erstes Schreibheft - er ist nicht einmal durchs ganze Alphabet gekommen - zeigt auf den vier beschriebenen Seiten viele rote Striche, ein mehrfaches *Genügend!* und auf der letzten Seite das erste *Gut!* Dazwischen die Ermahnung *Eselsohren!*

Im Januar 1947 wurde Christoph plötzlich krank, nachdem er gerade noch die Ferien mit dem Schlitten auf dem Mühlenberg und auf dem

See in vollen Zügen genossen hatte, trotz eines überaus strengen Winters. Er klagte über Schmerzen im rechten Knöchel. Es wurde eine Knochenhaut- und Knochenmarkentzündung festgestellt, er kam nach Brandenburg ins katholische Krankenhaus. Wenige Tage später zeigten sich schwere Anzeichen einer Hirnhaut- und Lungenentzündung. Die herkömmlichen Medikamente genügten nicht. Der Arzt erhoffte sich Heilung vom Penicillin, das 1941 eingeführt worden war, sich im Nachkriegs-Deutschland aber kaum auftreiben ließ.

Lothar Kreyssig fuhr mit seinem ältesten Sohn nach Berlin. Mit Hilfe der Verbindungsfrau von *Christian Reconstruction in Europe*, einer englischen Hilfsorganisation, die nach dem Krieg in Deutschland tätig war, konnten sie innerhalb eines Tages beim Schweizerischen Roten Kreuz die notwendigen Einheiten Penicillin beschaffen. Als sie im Krankenhaus anriefen, hörten sie, daß Christoph im Sterben lag. Er hatte schon längere Zeit in hohem Fieber gelegen und war nicht mehr ansprechbar gewesen. In der Nacht zum Sonntag, den 2. Februar 1947, ist Christoph gestorben.

Seine Mutter hat ihn im Sterben begleitet. Jochen Kreyssig:

> Sie war aber, die sie bei seinem Sterben neben ihm gesessen hatte, auf eine für uns kaum, und für Vater überhaupt nicht faßbare Weise getröstet. Sie erzählte immer wieder, wie in der letzten Stunde Christoph immer ruhiger geworden sei, wie man den Eindruck gehabt hätte, daß das Fieber zurückging, wie sein Gesicht, das vorher von Schmerzen zerquält schien, plötzlich sich glättete und von innen heraus zu leuchten schien, als sähe er etwas ganz besonders Schönes. Sie hat es dann einfach erklärt: Er hat den Himmel offen gesehen. Das hat sie auch Vater erzählt, als der am nächsten Morgen von Berlin nach Brandenburg ins Krankenhaus gekommen war. Vielleicht hat er das in seinem abgrundtiefen Schmerz nicht gehört, oder es deshalb nicht verstehen können, weil das Gesicht von Christoph jetzt am Morgen nach dem Sterben, im Tode, dieses Leuchten, was Mutter gesehen hatte, nicht mehr zeigte. Mutter sagte, Christoph habe mit seinen siebeneinhalb Jahren auf seinem Sterbebette ausgesehen wie ein reifer, viel, viel älterer Mensch vielleicht ausgesehen hätte. Ein Maß an Bitterkeit hätte man von seinen Zügen ablesen können.[18]

Lothar Kreyssig brachte seinen toten Sohn selbst von Brandenburg nach

Hohenferchesar. Dort wurde er im großen Zimmer aufgebahrt. Seine Brüder und der Vater haben ihn dann durch tiefen Schnee über die Allee in die Dorfkirche und auf den Friedhof getragen. Dieser Sarg sei die schwerste Last seines Lebens gewesen, bekannte Lothar Kreyssig viele Jahre später in einem Brief. Damals verfaßte er einen *Epitaph für Christoph Johannes allen, die ihn geliebt haben:*

Laß mich zu Deinen Füßen sitzen, Herr.
Ich will ihn bei Dir ganz alleine lassen,
Nur laß mich sehen, daß Du ihn im Schoße hältst
Und streichelst mit den linden Händen
Und leis ihn herzest,
Wie ich gern täte.

Lothar Kreyssig, so berichten seine Söhne, sei mit der Beerdigung in eine wochenlange Schwermut versunken, in eine abgrundtiefe Verzweiflung. Er sei für niemanden mehr ansprechbar und zu nichts mehr fähig gewesen. Das habe es ihrer Mutter viel schwerer gemacht. In ihrer letzten Verzweiflung, da sie das auch noch tragen mußte, hat sie ihm dann gesagt: »Es war doch auch mein Sohn!« Von da ab habe er wieder begonnen, sich seiner Familie und dem Leben zuzuwenden.
Wilhelm Groß, der Freund und Bildhauer, schuf das Grabmal für Christoph. »Ich sehe Dich noch mit einem trockenen Zweig die Gestalt des segnenden Engels in den Sand zeichnen, mit dem Du die hölzerne Grabsäule unseres Christoph gekrönt hast. Es war mir weder einsichtig noch überzeugend. Ich habe einfach ja gesagt, weil ich meinte, daß niemand anderes als Du für diesen Auftrag berufen sei. Aber dann war der Engel schlechthin vollkommen und das Inbild all des Trostes, den die Schriftworte am Fuße der Grabsäule bezeugten. Und all die Jahre hindurch ist er mir immer mehr zu eigen geworden, so daß ich ihn heute fast zärtlich im Herzen hüte.«[19] Am Fuß der Grabsäule standen Worte aus dem Buch der Weisheit: »Er ist bald vollkommen geworden und hat viele Jahre erfüllt, seine Seele gefiel Gott, darum eilte er mit ihm aus diesem bösen Leben!«[20]
Dennoch muß der Tod Christophs eine schwere Anfechtung und Prüfung für Kreyssigs Glauben gewesen sein. »Der Wehlaut aus seinem Sterbebett aber«, schrieb er noch Jahrzehnte später, »klingt fort zwischen

Gott und mir. Der Glaube, dem das Wesen Gottes als Liebe beschrieben wird, hat es unfaßlicherweise bisher, wie rundum die endzeitliche Erfahrung von der Preisgegebenheit des Menschen, überstanden.«[21] Immer wieder, besonders im Alter, erinnerte er in Briefen an den Geburtstag oder Sterbetag Christophs.

Die Tageszeiten

Komm Söhnchen, schau, es tagt so fromm
Um See, Wald und Gebäude.
Die Nacht, da uns dein Licht verglomm,
War's gestern, war es heute?

Der Mittagswind geht auf vom Berg.
Sein zärtliches Gebrause
Ist wie der Wind im Takelwerk.
Der fährt mit uns nach Hause.

Ob dir mein Rufen Unruh macht?
Nun tut der Abend leise.
Sieh, wieder ist ein Tag vollbracht,
An dem ich zu dir reise.

Da fällt der Kirchenglocke Schlag
Ins Traumgespinst von Nacht und Tag
Und schreckt aus Gram und Sinnen:
»Er ist nicht dein. Du bist nicht dein.
Das Wort allein und Brot und Wein
Setzt Ende und Beginnen.«

Hörst du, mein Sohn, die also sprach,
sang dir das Grabgeläute.
Horchst du mit mir dem Klange nach
Um See, Wald und Gebäude?

Als am 26. April 1978 zwei junge Freiwillige der Aktion Sühnezeichen, Susanne Zahn und Christoph Gaede, bei einem Anschlag palästinensischer Terroristen auf einen Reisebus in Nablus starben, schrieb Lothar Kreyssig an die Eltern: »1947 im Februar ist unser Christoph gestorben, als vierter unserer Söhne aus dem endlich erreichten Bauernleben unter dem Wort erzeugt, empfangen, geboren. Alle Liebe, wie sie die Schrift als das Wesen Gottes beschreibt, ist seither wund an den Seufzern aus seinem Sterbebette. Es ist das *Trotzdem* Gottes, das mich befähigt hat, elf Jahre danach Sühnezeichen anzufangen.«[22] Und er schickte den Eltern der getöteten *Sühnezeichenkinder*, sie zu trösten, das Gedicht *Die Tageszeiten*, das er nach dem Tod *seines* Christoph geschrieben hatte.

Anmerkungen

1 Nachlaß Kreyssig, Mappe »Privat-Akten NS-Zeit«. Schreiben vom 2. Juli 1945, ohne Anschrift. Daß der Brief an den russischen Kommandanten gegangen ist, ergibt sich aus einem Brief an den Oberlandrat in Brandenburg/Havel vom 3. September 1945.

2 AB II, S.47.

3 Nachlaß Kreyssig. Schreiben vom 3. September 1945 an den Oberlandrat in Brandenburg.

4 Familienarchiv Kreyssig. Brief an Peter Kreyssig vom 15. November 1945.

5 Gemeint ist die Provinzialverwaltung für Brandenburg in Potsdam.

6 AB II, S.48.

7 Familienarchiv Kreyssig. Schreiben des Rates des Kreises Westhavelland vom 10. November 1947. Aktenzeichen III.206.

8 Familienarchiv Kreyssig. Schreiben des Rates des Kreises Westhavelland vom 2. Januar 1948. Aktenzeichen III.224.

9 Nachlaß Kreyssig, Konvolut Peter Kreyssig. Ms. ohne Datum [um 1946].

10 Familienarchiv Kreyssig. Brief an Peter Kreyssig vom 19. Juni 1946.

11 Kreyssig, Peter: Gott vor Gericht - Gericht vor Gott. Prozeßgeschichten. Stuttgart, 1988.

12 Interview des Verfassers mit Peter Kreyssig.

13 Familienarchiv Kreyssig. Brief an Peter Kreyssig vom 27. Januar 1946.

14 Interview des Verfassers mit Uwe Kreyssig.

15 Familienarchiv Kreyssig. Brief an Peter Kreyssig vom 6. April 1946.

16 Interview des Verfassers mit Jochen Kreyssig.

17 Lothar Kreyssig: Epitaph für Christoph Johannes, 1947.

18 Manuskript Jochen Kreyssig, S.33.

19 Nachlaß, Konvolut Peter Kreyssig. Brief an Wilhelm Groß vom 19. Dezember 1955.

20 Buch der Weisheit, 4,13.14.

21 AB II, S.20.

22 Nachlaß Kreyssig. Brief an Familie Gaede vom 22. Mai 1978.

Kapitel 12

Die Solidarität der begnadigten Sünder

Wendezeiten, das scheint unausweichlich, sind immer auch Zeiten des Vergessens. Zeitgenossen, die mahnend an das gerade Überwundene erinnern, haben es schwer. Das war auch 1945 nicht anders. Noch inmitten des Ruins waren die Trümmer alsbald vergessen. Auch die Kirchen haben lange gebraucht, um sich mit ihrer Rolle im »Dritten Reich« auseinanderzusetzen. Zwar hat es bald nach dem Krieg durchaus redliche Versuche hierzu gegeben, etwa auf der Berliner Bekenntnissynode vom Juli 1945 oder mit dem Schuldbekenntnis von Stuttgart. Mehrheitlich aber haben auch die Christen die Vergangenheit verdrängt. Zu einer wirklich radikalen Umkehr, einer grundlegenden Erneuerung fanden sie nicht die Kraft. Oder es fehlte die Gnade. Es blieben einzelne, die sich der Schuld der Deutschen stellten und wußten, daß erst das demütige Bekenntnis der Schuld die spirituelle Voraussetzung für einen Neubeginn schaffen würde. Oft kamen sie aus der Bekennenden Kirche. Lothar Kreyssig wurde einer dieser unbequemen Mahner. Häufig beklagte er, die Deutschen seien verstockt und zu wahrer Umkehr nicht willens.

Nach dem Ende des Krieges lagen nicht nur die Kirchbauten in Trümmern. Auch die Kirche, die lebendige Gemeinde sein soll, war verödet, zerrissen, zerstört. Auch sie stand vor der Not und der Chance eines Neubeginns. Zur Auseinandersetzung mit der Schuld gehörte die Entnazifizierung, der Umgang mit den aus der Nazizeit belasteten Pfarrern und Kirchenbeamten. Viele belastete Theologen, die sich zu den Deutschen Christen bekannt hatten oder gar Mitglied der NSDAP gewesen waren, klammerten sich uneinsichtig an ihre Ämter. Oft verhinderte falsch verstandene Brüderlichkeit die Auseinandersetzung mit Verstrikkung und Schuld. Der Mantel der christlichen Nächstenliebe wurde über jene gebreitet, die im Talar Haß und Rassenwahn gepredigt hat-

ten. Zwar wurden kirchliche Überprüfungskommissionen eingesetzt. Aber nur selten wurden wirklich Konsequenzen gezogen.
Bei der strukturellen Neuordnung standen die Kirchen vor der grundsätzlichen Entscheidung, entweder an die volkskirchliche Tradition aus der Zeit vor 1933 anzuknüpfen oder sich die Erfahrungen des Kirchenkampfes zunutze zu machen und der politischen Wende auch die kirchliche Reform folgen zu lassen. Angesichts der sich abzeichnenden politischen Entwicklung war besonders in der Sowjetischen Besatzungszone rasches Handeln erforderlich. Es war vor allem der Berliner Generalsuperintendent Otto Dibelius, der im Auftrag des altpreußischen Bruderrates entschlossen das Heft in die Hand nahm und damit der Einsetzung eines Staatskommissars zuvorkam. Allerdings verhinderte er durch sein Vorpreschen auch eine bruderrätliche Leitung, wie sie den Dahlemiten um Martin Niemöller vorgeschwebt hatte. Dibelius war maßgeblich an der Bildung von vorläufigen Kirchenleitungen im Bereich der altpreußischen Provinzialkirchen beteiligt. Auf der ersten Provinzialsynode von Berlin-Brandenburg im Oktober 1945 wurde er als Bischof von Berlin bestätigt.
In der Ostzone ließen die Schwierigkeiten erst mit der Sowjetischen Militäradministration, dann mit den deutschen Behörden nicht auf sich warten. Sie versuchten massiv in die kirchliche Ordnung einzugreifen. Kirchliche Verlautbarungen wurden zensiert. Eine Verkündigung des Dessauer Landeskirchenrates an die Gemeinden Anhalts vom Juli 1945 wurde von den russischen Propagandaspezialisten gar mit frommen Sprüchen bereichert. Sie fügten eine Passage ein, die bereits die Grundzüge der späteren SED-Kirchenpolitik erkennen ließ: »Wir wollen darüber wachen, daß die unkirchliche Vermischung von biblischer Verkündigung und nationalsozialistischer Weltanschauung, die in den Gemeinden so viel Verwirrung angerichtet hat, aufhört. Wir wollen ... sie [unsere Jugend] und uns alle mit dem Geist des Friedens erfüllen, der alle Völker verbinden soll. Wir wollen Hand anlegen, daß die äußeren und inneren Schäden des Krieges geheilt werden. Dazu möge unseren Gemeinden ein reges gottesdienstliches Leben helfen.«[1] Die SED war lange bemüht, kirchliches Lebens allein auf das »Kultische«, wie sie es nannte, zu reduzieren - trotz ihrer massiven Eingriffe und Repressalien aber von Anfang an ohne rechten Erfolg. Im Ringen mit dem totalitären Staat, den Raum für die Kirche stetig zu erweitern, sollte

Lothar Kreyssig in den nächsten Jahren eine wichtige Rolle zukommen.

Im Herbst 1945 machte Bischof Otto Dibelius Kreyssig das Angebot, als Konsistorialpräsident der Kirchenprovinz Sachsen nach Magdeburg zu gehen. Nach seinen ernüchternden Erfahrungen mit der ostzonalen Justiz überlegte Kreyssig nicht lange und nahm das Angebot an. Auch wenn er keine Verwaltungserfahrung in der Kirche hatte - die Aufgabe, die ihn erwartete, sah er als eine dem geschichtlichen Augenblick entsprechende Notwendigkeit an: »Junge Kirche sollte, was sie im Neuanbruch des Wortes Gottes gelernt hatte, einbringen in den überlieferten, weithin intakten Bestand.«[2]

Beim Abschied vom Brandenburger Bruderrat kommentierte Kreyssig die Übernahme des neuen Amtes voller Ironie. Als noch mitten im Kriege im Landesbruderrat ein Entwurf zur kirchlichen Neuordnung diskutiert worden sei, habe das in der Forderung gegipfelt: Die Konsistorien sollen fort. Bei diesem krönenden Satz sei er damals in ein höchst ungeistliches Beifallsgeschrei und Getrampel ausgebrochen. Es sei daher nur folgerichtig, wenn er nun, nachdem diese Neuordnung beginne, an die Spitze des Magdeburger Konsistoriums berufen worden sei. Es bleibe abzuwarten, ob es ihm gelingen werde, den Ast abzusägen, auf den ihn der Evangelische Oberkirchenrat gesetzt habe.

Die altpreußische Kirchenleitung hatte Kreyssig am 6. November 1945 gewählt. Die Berufung zum Konsistorialpräsidenten auf Lebenszeit erfolgte mit Wirkung vom 1. Februar 1946. In der von Bischof Dibelius unterzeichneten Berufungsurkunde heißt es: »Für die Führung seines verantwortungsvollen Amtes, das er in der Stunde des Neuaufbaus der Kirche antritt, erbitten wir den Segen des dreieinigen Gottes. Wir sind mit ihm verbunden in dem Wissen, daß alle kirchliche Arbeit Inhalt und Ausrichtung durch den Auftrag zur Verkündigung des Evangeliums von Jesus Christ empfängt, der gesagt hat: Ich bin der Weg und die Wahrheit und das Leben; niemand kommt zum Vater denn durch mich.«[3]

Martin Niemöller bemerkte zur Berufung Kreyssigs, es sei für ihn eine ganz große Freude gewesen zu hören, daß Kreyssig neuer Konsistorialpräsident in Magdeburg ist: »Ich halte ihn für einen ganz seltenen und ausgezeichneten Mann.«[4]

Es war eine gewaltige Aufgabe, die Lothar Kreyssig übernahm. Die Kirchenprovinz Sachsen war unter den Gliedkirchen der altpreußischen Union Berlin-Brandenburg, Rheinland, Westfalen, Pommern und Schlesien nächst Brandenburg die größte. Kreyssig über sein neues Wirkungsgebiet:

> War die Kirchenprovinz Sachsen mit allen Organen der Willensbildung und Leitung innerhalb der Gesamtkirche ein selbständiges Ganzes, so war sie in sich aber von höchst unterschiedlicher Herkunft und Gestalt. Achtundsechzig Kirchenkreise mit insgesamt 2309 Ortsgemeinden umfaßte das ganze Gebiet. In der Altmark im Norden mit ihrer bäuerlich-wurzelhaften Frömmigkeit sind die Wesenszüge niedersächsisch, im Süden um Erfurt und die beiden Exklaven Suhl und Schleusingen thüringisch und insofern unpreußisch, ihre landsmännische Eigenart darzustellen aber ebenso eifersüchtig bedacht, wie ihr Preußentum zu behaupten. Südostwärts über Merseburg, Halle, Eilenburg, Torgau, Herzberg, Lauchhammer muten daneben Menschen, Landschaft, Wirtschaft, Strukturen obersächsisch an, wie sie denn bis 1866 großenteils vollbürtige Sachsen gewesen waren. Dazwischen nördlich und südlich des Harzes sind, hier im Saaletal Merseburg, Freyburg, Naumburg, dort Quedlinburg, Halberstadt, Magdeburg im Vergleich zum ostelbischen Land baulich, geschichtlich, atmosphärisch wie Urstromtäler gewachsener, bildnerischer Väterfrömmigkeit, während östlich der Elbe noch lange Zeit Missionsgebiet gewesen war. Gleichwohl hatten auch und gerade dort die eruptiven, verwandlerischen Kräfte der Reformation ihren Ursprung und Mittelpunkt in der Kirchenprovinz: Eisleben und Wittenberg. Damit ist über die Präsenz des Wortes, als wäre sie ein Besitztitel, nichts gesagt. Der Geist weht, wo er will.[5]

Die Pfarrerschaft in der Kirchenprovinz Sachsen hatte während des »Dritten Reiches« mehrheitlich zur neutralen Mitte gehört, nur ein Fünftel zur Bekennenden Kirche. Die Superintendenten waren zumeist bei den Deutschen Christen. Für viele war es daher ein Ärgernis, daß die neuen Männer an der Spitze der Kirche - der Bischof, der Konsistorialpräsident, die Pröpste - aus der Minderheit der Bekennenden Kirche kamen. Bezeichnend dafür ist, was Franz-Reinhold Hildebrandt berichtete, der 1946 Propst von Halberstadt wurde. Als er sich einem der alten Superintendenten in seiner Propstei vorstellte, habe dieser zu ihm gesagt: »Sie kommen als mein Henker!« Die Pfarrfrau in einem Ort im Kreis Halberstadt habe ihn mit den Worten begrüßt: »Wir brauchen hier keinen Propst!«, und habe ihn dann zu einer Ecke geführt, wo sie für den gefallenen Sohn, einen SS-Mann, einen Altar aufgebaut hatte.[6]

Kreyssig nannte die damals in der Provinzialkirche vorherrschende Denkweise »unbekümmert konstantinisch«. Doch sei eine Obstruktion in Synode, Verwaltung und Gemeindeorganen gegen die kraftvolle Erneuerung nur selten und versteckt zustande gekommen. Sein Vorgänger im Amt war Dr. Otto Fretzdorff, der nur unwillig seinen Platz geräumt hatte, und nur unter Beibehaltung seiner Amtsbezeichnung und seines bisherigen Diensteinkommens. In der Übergangszeit hatte er versucht, vollendete Tatsachen zu schaffen und Verhandlungen mit den Amerikanern, dann den Briten geführt, die Magdeburg und die westlichen Teile der Kirchenprovinz zunächst besetzt hatten. Die britische Besatzungsmacht hatte ihm die Leitung für die unter ihrer Hoheit stehenden Teile der Kirchenprovinz übertragen - mit der Auflage, daß in der Kirche nichts Politisches oder gegen die Besatzungsmacht Gerichtetes geschehe oder gesagt werde.[7] Doch scheint er sich dann gegenüber seinem Nachfolger loyal verhalten zu haben.

Lothar Kreyssig hatte von Anfang an versucht, das Vertrauen der Mitarbeiter des Konsistoriums zu gewinnen und sie für die gemeinsame Aufbauarbeit zu motivieren. Er legte Wert darauf, daß er eine geistliche Einführung in sein Amt bekam: »Das war gar nicht üblich. Da kam eben ein neuer Präsident und der wurde akzeptiert. Ich habe eine ganze Weile gebraucht, bis sie sich fügten und die Einführung in einem Gottesdienst stattfand.«[8] Die Ansprache, die er dabei hielt, war von seiner tiefen Frömmigkeit geprägt und mag den nüchternen Konsistorialbeamten verwunderlich erschienen sein. Aber vielleicht hat Kreyssig gerade durch das Feuer, mit dem er über den Glauben der Bekennenden Kirche sprach, manchen seiner künftigen Mitarbeiter für sich und die gemeinsame Arbeit gewonnen. Er redete sie alle, wie das in der Bekennenden Kirche üblich war, als »liebe Herren und Brüder« an, und ermutigte sie, sich ruhig über die Weise zu verwundern, wie er in ihren Mitarbeiterkreis trete. Jede Erkenntnis fange damit an, daß man sich wundert; das *nil admirari*[9] aber sei die ärmliche Denkweise des Snobs:

Weil Gott mit uns handelt und zu uns redet, stehe ich hier, überwunden und unbeschreiblich beglückt, daß ich im anbrechenden letzten Drittel meines Manneslebens Ihm in seiner Kirche allein soll dienen dürfen. Weil dem so ist, dürfen Sie sich die Bruderschaft solchen Dienens gefallen lassen. Denn so sehe ich nun auch den Ort unserer Begegnung in der uns rings umgebenden todverlorenen Landschaft bestimmt und gesichert.

Ich komme aus der lediglich notrechtlichen Organschaft der Bekennenden Kirche. Habe sie in Sachsen und Preußen von unten auf bis oben, das heißt vom Ortsbruderrat über Kreisbruderrat und Landes- oder Provinzialbruderrat zum Vorsitz in der Synode Sachsens, der Provinz Brandenburg und der altpreußischen Union tätig und leidend kennengelernt. Dies Erleben hat Gott mir zugewiesen. Ich habe es mir nicht gesucht. Ich habe darin seine heilige, allgemeine und christliche Kirche gefunden und über alles lieben gelernt. Ich habe in diesem Dienst unterscheiden gelernt, was sich ringsum begab, und im Gehorsam entschieden, was mir in meinem Beruf als Richter vor die Füße kam. Ich bin in diesem Dienst übers allzu gewöhnliche Unvermögen hinausgetragen und für alles Leid und alle Mühsal im Geschenk der Bruderschaft überreich entschädigt worden. Aber ich habe keine Erfahrung in der Verwaltungspraxis der verfolgten Kirche. Dies wieder nun war Ihr Dienst oder doch das Trachten von Ihnen. [...]

Lassen Sie es uns demütig und dankbar als des Herren Fügung nehmen, daß beide Erlebnisweisen sich zu neuer, zu dieser Zeit am Dienst unter dem Wort begegnen. Wir in der Bekennenden Kirche haben in der Ausrichtung unseres unveräußerlichen Auftrages lange Zeit unter dem Konsistorium vielfach gelitten, aber, möchte ich vermuten, Sie auch unter uns. Es lohnt nicht, sich lange dabei aufzuhalten, wer recht hatte und wer mehr recht hatte ... Was wir dabei haben ohne all unser Verdienst und Würdigkeit lernen und empfangen dürfen, zur Ehre des Herrn der Kirche beizutragen, das ist unser Auftrag. Wenn dieser Auftrag irgendwo und in etwa auch in Gestalt des mir übertragenen Amtes seinem Inhalt nach Leitung ist, so ist er seinem Wesen nach darum nichts anderes, als demütiger Dienst auch am mitdienenden Bruder, *fortiter in re, suaviter in modo, αληδευοντες εν αγαπη*[10], wobei ja die Wahrheit, zu der Christus uns freigemacht

> hat, wesentlich etwas ist, was nicht nur gesucht und gesagt, sondern auch getan werden kann und soll. [...]
> Wir werden zusammenzuwachsen haben zu einer immer lebendiger, immer reicher sich entfaltenden Ordnung, der Gemeinschaft unter Wort, Gebet und Sakrament. Wäre dies nicht das erste, so würden wir unsere Aufgabe im Ansatz verfehlen. Ich werde Ihnen in der hausväterlichen Pflicht des Präsidenten hierzu sofort Vorschläge machen. Die Vorschläge werden zum Ziel haben, uns allen mit allen Anliegen, welche Gott uns im Zusammenhang unseres Dienstes vor die Füße legt, unter Wort, Bitte, Gebet, Fürbitte und Danksagung in fester Ordnung zusammenzubinden ...[11]

Lothar Kreyssig hatte noch im Dezember die Arbeit in Magdeburg aufgenommen. Eine Vorläufige Geistliche Leitung, die mit der Neuordnung der Kirche begonnen und die Kirche gegenüber den staatlichen Behörden vertreten hatte, war im Sommer 1945 in der Kirchenprovinz gebildet worden. Nach der Konferenz von Treysa, auf der eine Übergangsordnung für die evangelischen Kirchen in Deutschland vereinbart worden war, wurde eine Vorläufige Kirchenleitung eingesetzt, die bis zur Tagung der ersten Provinzialsynode die Geschäfte wahrnahm. Als Konsistorialpräsident gehörte Kreyssig der Vorläufigen Kirchenleitung an. Dieses Gremium, in dem alle Ämter und Dienste vertreten waren, trat einmal im Monat zusammen. Kreyssig fürchtete nun, in Kenntnis des Eigenlebens, das jegliche Bürokratie zu entwikkeln geneigt ist, daß die einzelnen Dienststellen ihre Autonomie nur dazu nutzen würden, ihr Behördenregiment aufzublähen. Damit aber würden die Kräfte der Erneuerung gebunden und gelähmt. Er schlug deshalb ein Kollegium vor, das in der Zeit zwischen den Sitzungen der Kirchenleitung die laufenden Geschäfte zu erledigen hatte. Dieser Rat, der im Mai 1946 gebildet wurde, setzte sich aus einem Propst, später dem Bischof, dem Präses der Synode und dem Konsistorialpräsidenten zusammen. Die Fachleute aus dem Konsistorium wurden zur Entscheidungsfindung herbeigezogen. Der Rat, so Kreyssig, habe eine beträchtliche Beschleunigung, Intensivierung und Profilierung des Leitungsgeschäftes bewirkt.
Kreyssig hat sich mit Feuer in die neue Aufgabe gestürzt, die er als den »Ruf des Herrn der Kirche« verstand. Mit diesem Dienst erfülle sich

die Bestimmung seines Daseins, so hatte er nach seiner Berufung an Ludolf Müller, den Vorsitzenden der Vorläufigen Geistlichen Leitung der Kirchenprovinz, geschrieben.[12] Und noch überschwenglicher an den ältesten Sohn: »So hat Er mich in unaussagbarer Krönung seines Segens für den Rest meines Lebens zum Diener aller seiner Diener am Wort gemacht. Denn wie sollte ich anders als des Bischofs Kanzler mit ihm Herr sein unter unseren 1500 Pfarrern, denn so, daß ich ihrer aller Diener bin, täglich und ganz in völliger Selbstentäußerung?«[13]

In diesen ersten Magdeburger Monaten schrieb Kreyssigs häufig an die Familie, von der er ja nun getrennt lebte, vor allem an seinen Sohn Peter, der damals noch im Westen im Lazarett lag und den zu besuchen ihm unmöglich war. »Man wird doch in der Neuauflage des längst versunkenen Junggesellenlebens wieder gleichgültiger gegen eine Menge äußerlicher und vergnüglicher Dinge. Ich vermute, daß der Papst, welcher auf den Gedanken gekommen ist, das Zölibat einzuführen, irgendwo ein verlottertes Konsistorium zu regieren gehabt hat.«[14] Die Reisen, seien es die gelegentlichen Heimfahrten zum Bruderhof, seien es Dienstfahrten, waren immer langwierig und beschwerlich. Züge fielen aus, fuhren erst am nächsten Tag, waren immer überfüllt oder hatten erhebliche Verspätung. Sieben Stunden brauchte Lothar Kreyssig Mitte Januar für die Fahrt von Hohenferchesar nach Magdeburg, eine Strecke von weniger als hundert Kilometern. Über eine Dienstreise im Oktober 1947 berichtete er seinem Sohn:

> Auf der Expedition Bitterfeld, Dresden, Meißen, Leipzig, Halle, Naumburg, Zeitz, Magdeburg ging alles aufs beste, wenn auch zuweilen ein bißchen abenteuerlich. Überwältigend ist die einem aus der Gemeinde Gottes immer wieder entgegenkommende fürsorgliche Liebe, beschämend in ihrer Opferfreudigkeit und nur erklärlich als Erfüllung der Verheißung, daß Gott vielfältig erstatten will, was an Heimat und Behaglichkeit zu Seinem Dienst drangegeben wird. Als wir zuletzt morgens vier Uhr in einer mondhellen und kühlen Oktobernacht von Zeitz mit dem Lastwagen nach Magdeburg starten mußten, haben uns die freundlichen Pastorsleute mit zwei Decken und zwei Betten ausgerüstet: »Lieblich war die Maiennacht, Silberwölkchen flogen ...« Jedenfalls war sie nicht unlieblicher als ohne Betten in einem Eisenbahnwagen ohne Fenster.[15]

Auch im Konsistorium waren die äußeren Arbeitsbedingungen unzumutbar erschwert. Magdeburg war im Krieg zu weiten Teilen zerstört worden. Ganze Wohnviertel um den Dom herum, wo auch das Konsistorium angesiedelt war, lagen in Schutt und Asche. Auch der Dom selbst war schwer beschädigt. Wie es in Magdeburg baulich und räumlich sei, könne es nicht bleiben, schrieb Kreyssig gleich in einem seiner ersten Briefe. In einem Gespräch mit seinem »weltlichen Kollegen«, dem Präsidenten der Provinzialverwaltung in Halle (Saale) und späteren Ministerpräsidenten von Sachsen-Anhalt, Erhard Hübener, das er Ende Januar führte, sagte dieser dem Konsistorium das Gebäude des Oberlandesgerichtes in Naumburg und die Freigabe zweier Dienstwagen zu. Nach einer Sitzung der Vorläufigen Geistlichen Leitung in Halle hatte Hübener Ludolf Müller und Kreyssig am Abend in seine Wohnung eingeladen, »eines Ferngespräches mit Berlin wegen, das wir zusammen zur Neuberufung eines Präsidialrates für kirchliche Angelegenheiten mit Berlin führen wollten«. Und das, ein Telefonat aus der Provinz nach Berlin, war damals eine schwierige Angelegenheit. Kreyssig brachte klugerweise zum Telefonieren beim Präsidenten gleich seine Anträge mit, eigenhändig bei seinen Quartierleuten getippt, und hatte also mit ihnen Erfolg. Der Abend beim Provinzialpräsidenten war noch in anderer Hinsicht bemerkenswert: Es gab - ohne Lebensmittelmarken - belegte Brote und sogar Wein. »Der Abend bei Hübener war ungemein interessant, auch geistig sehr hochstehend, der Wein war gut und reichlich. Näheres mündlich.«[16]

Von Halle aus war Kreyssig zunächst nach Chemnitz gefahren - »Die Stadt ist ein dreckiger, wahrhaft inferiorer Schutthaufen. Gottlob, daß wir dort nicht ›Präsidentens‹ geworden sind.« - und dann weiter nach Flöha zu seiner Mutter. Er traf in den beiden Tagen viele Bekannte und Freunde, und am Abend war »*grande soirée* mit einer Flasche Wein und Kuchen«. Nachdem er seiner Mutter Mehl und Kohlen beschafft hatte, reiste er weiter zum Schwager nach Leipzig, mit dem es wegen der Druckerei einiges zu besprechen gab und dem er ein Säckchen Mehl mitbringen konnte. Und von dort aus am 26. Januar nach Naumburg. Er besichtigte das Gebäude des Oberlandesgerichtes, das dem Konsistorium zugesagt worden war, und fand es »auf eine fast unirdische Weise für uns geschaffen ... Die herrlichen Räume im zweiten Stock stehen leer, als ob sie auf uns warteten. Sie reichen aus.« Noch am

selben Tag suchte Kreyssig den Oberbürgermeister auf und besprach mit ihm alles Erforderliche wegen der Wohnungen für die Mitarbeiter, mit Erfolg. Und: »Er hat mich in den wunderbaren alten Gasthof Drei Schwanen empfohlen, herrlich, ganz nach *Hermann und Dorothea*, schneeweiße Betten, prächtige, höfliche, behagliche Leute, markenfreie Verpflegung gestern und heute.« Am nächsten Tag, am Sonntagmorgen, wanderte er »bei prächtigem Winterwetter durch die behagliche, reiche Stadt, das weite herrliche Saaletal hin zu dem märchenhaft einladenden, aristokratischen, alten Pforta«. Dort besuchte er den Gottesdienst und machte für seine Söhne Jochen und Uwe den Platz an der Internatsschule klar. Am Nachmittag ging es zu Fuß zurück nach Naumburg und noch fünf Kilometer weiter nach Schönburg, wo er eine Disziplinarsache zu untersuchen hatte. Wieder zurück im *Schwanen* wurde er mit einem großen Teller Erbsen verwöhnt.
Kreyssig muß sich an diesem Tag in die Stadt Naumburg und ihre Umgebung geradezu verliebt haben; er scheint sogar willens gewesen zu sein, den Bruderhof aufzugeben: »Ich denke, daß wir hier auf eine ganz vorbehaltlose Weise wieder Heimat finden würden. Die Stadt gibt und gebärdet sich auf eine Weise friedensmäßig, die ich sonst noch nirgends gefunden habe. Es wäre eine sonderliche Gnade, wenn wir hierher dürften ... Und das alles vor dem Hintergrund der großen wunderbaren Aufgabe!« Schon sechs Wochen danach war es aus mit dem neuen Traum. Am 12. März lehnte die Kirchenleitung die Verlagerung des Konsistoriums nach Naumburg oder Halle ab, ebenso wie die Berufung eines Bischofs, den Kreyssig vorgeschlagen hatte, was »insgesamt auf einen Sieg der Mittelmäßigkeit und der Repristination« hinauslaufe.[17] Später, nach Christophs Tod, dachte er ohnehin nicht mehr daran, von Hohenferchesar fortzugehen: »Vieles hat wohl hinter der märkischen und landwirtschaftlichen Vorderseite sehr tiefe Hintergründe, die in einem kleinen Grabhügel auf der Höhe sichtbar werden ... Wohl möglich, daß der ganze Flecken Erde, um immer mehr und vollends Heimat zu werden, auf das Kreuz zuwächst. Indes der äußere Mensch verdirbt, wird der innere von Tag zu Tag erneuert.«[18]

Lothar Kreyssig war von Beginn seiner Tätigkeit an um die Ordnung der leitenden geistlichen Ämter in der Kirchenprovinz bemüht. Ihm lag an der baldigen Wahl eines Bischofs, dem die Leitung und Entfaltung der Seelsorge obliegen sollte. Sein Wunsch, daß dies ein namhafter Theologe sein möge - er hatte erst Prof. Julius Schniewind, dann Hans Asmussen, den Mitverfasser des Stuttgarter Schuldbekenntnisses, ins Gespräch gebracht - erfüllte sich nicht. Für Kreyssig war die Berufung eines Bischofs von so vordringlicher Bedeutung, daß er sich nicht bis zur Synode gedulden mochte. Er sah die Legitimität dafür in der notrechtlichen Situation der Kirche gegeben und berief sich dabei ausdrücklich auf die Praxis der Bekennenden Kirche. Mit dieser Auffassung konnte er sich jedoch in der Vorläufigen Kirchenleitung nicht durchsetzen. Die Bemühungen um einen Bischof für die Kirchenprovinz wurden im Frühjahr 1946 zurückgestellt und einer Provinzialsynode übertragen. Erst nachdem diese auf ihrer zweiten Tagung im April 1947 ein Ämtergesetz geschaffen hatte, wurde Ludolf Müller, der altmärkische Pfarrer und bisherige Präses, zum Bischof gewählt. Bischof Müller, mit dem Kreyssig in den nächsten Jahren eng zusammengearbeitet hat, sei aus seiner Arbeit im Bruderrat der Kirchenprovinz erstaunlich mit Menschen und Einrichtungen vertraut gewesen, zwar »kein Charismatiker, aber nüchtern, erfahren, unbestechlich und voll verhaltener Güte«.[19]

Einen weiteren konstruktiven Schritt, um Leitung und Seelsorge zu entfalten und zu intensivieren, sah Kreyssig in der Auffächerung des bischöflichen Auftrages in acht Propstämter. Der Vorschlag hierzu war in der Vorläufigen Geistlichen Leitung schon besprochen worden, bevor Kreyssig ins Konsistorium eintrat. Das pastorale und theologische Konzept des Propstamtes entsprach sehr seinen Vorstellungen. Er bemühte sich, geeignete Persönlichkeiten für diese Aufgabe zu finden, und ließ es sich nicht nehmen, bei jeder Einführung eines Propstes persönlich anwesend zu sein. Seinem Vorschlag, Professor Schniewind zum Propst von Halle zu machen, wurde auf der Sitzung des Provinzialbruderrates in Halle am 22. Januar 1946 entsprochen. Gott habe so seine Eingebung aufs schönste bestätigt. »Ich bin sehr dankbar dafür und verspreche mir außerordentlich viel von dieser Besetzung. Es ist damit ein Zeichen aufgerichtet, sowohl für das Verständnis des Amtes theologischer Professur, wie evangelischer Propstei in der Jungen Kirche. Nur wie Schniewind das gesundheitlich, nämlich ernährungsmäßig durchhalten wird, ist die Frage. Es verlangt mich sehr, ihn euch einmal auf zwei Monate nach dem Hof zu schicken.«[20]

Lothar Kreyssig, Porträt um 1949.
Foto: privat.

Doch scheint in jener Umbruchszeit manche Berufung auch recht zufällig zustande gekommen sein. Franz-Reinhold Hildebrandt, der im Sprengel Halberstadt Propst wurde, war als Flüchtling aus Ostpreußen gekommen. Er hatte zum altpreußischen Bruderrat gehört und sich als Pfarrer ohne Gemeinde bei Bischof Dibelius in Berlin gemeldet:

> Dibelius fragte: »Was woll'n Sie haben? - Wollen Sie eine Superintendentur haben oder wollen Sie das Johannesstift haben?« Das war damals Pfarrei, war deutschchristlich gewesen. Er sagte: »Ich suche junge Brüder aus der Bekennenden Kirche, die ich in leitende Ämter einsetzen kann.« Er war ja ein Monarch. - Und bot mir das Johannesstift in Berlin an.
>
> Dann kriegte ich ein Telegramm aus Magdeburg, ich solle Propst in Quedlinburg/Halberstadt werden. Da hatten sie mich berufen. Ich fuhr also nach Magdeburg. Und auf dem Flur des Konsistoriums, das auch zerstört war, traf ich den Kreyssig, von dem ich schon gehört hatte. Er war damals Konsistorialpräsident in Magdeburg. Der sah mich und ging gleich auf mich zu und sagte: »Halt, Hildebrandt, Sie bleiben hier. Wir haben was für Sie: Propst in Halberstadt. Halberstadt ist aber zerstört, Sie müssen nach Quedlinburg zu dem Pfarrer Hein. Der ist der Vertrauensmann der Bekennenden Kirche, der wird Ihnen helfen.«
>
> Es war ja nichts da. Die Propsteien wurden neu gegründet, anstelle der drei Generalsuperintendenten, die es in der Kirchenprovinz Sachsen bisher gab und die alle in Magdeburg residiert hatten. - Und ich sagte zu Kreyssig: »Ich habe nichts, ich bin vertriebener Pfarrer aus Ostpreußen, Mitglied des altpreußischen Bruderrates.« »Ja«, sagte er, »gehen Sie mal zum Präses Müller, der sucht Leute, die in leitenden Ämtern sein können.« Und da ging ich hin. Der lebte damals in Magdeburg als Junggeselle. Seine Frau war noch im Eichsfeld geblieben. Müller hatte ein Zimmer im Konsistorium, das hatte keine Fenster, die Fenster waren mit Pappe zugenagelt. Man macht sich keine Vorstellung, wie das damals aussah, es waren elende Zeiten.
>
> Und Müller sagte: »Ja, die Kirchenleitung hat Sie zum Propst von Halberstadt/Quedlinburg gewählt. Ich kann Ihnen aber keine Wohnung nennen, ich kann Ihnen kein Büro nennen, ich kann Ihnen überhaupt nichts nennen. Das müssen Sie alles aufbauen. Die Prop-

> stei besteht nur in dem Beschluß der Kirchenleitung. Weiter ist da nichts.« Ich fuhr zu dem Pfarrer Hein in Quedlinburg, der mich begrüßte: »Endlich kommt der Propst. Bleiben Sie bei mir, ich nehme Sie auf.« Ich versuchte also, die Propstei aufzubauen. Das war schwierig. Die kommunistischen Behörden lehnten mich ab. Ich hatte sieben Superintendenturen und fuhr zu allen Landräten - und das waren alles Kommunisten. Die sagten: »Was wollen Sie, Propst werden? Das hat doch keinen Zweck, die Kirche ist doch am Ende.« Und sagten mir, was sie mit der Kirche vorhätten. Das ist allerdings nicht in Erfüllung gegangen ...[21]

Der Propstkonvent tagte einmal im Monat im Zusammenhang mit der Sitzung der Kirchenleitung. So konnten die Pröpste immer eine enge Verbindung zum Bischof und zum Konsistorium halten, ein Kreis, in dem Kreyssig sich wohlfühlte. Mit großer Achtung sprach er von den acht Männern, mit denen eine neue Stunde der Kirche lebendig geworden sei. Auch Johannes Jänicke, der 1949 Propst in Halle und später Bischof der Kirchenprovinz wurde, schrieb in seinen Lebenserinnerungen, der Propstkonvent sei bei aller Verschiedenheit der Pröpste doch eine gute geistliche Gemeinschaft gewesen. Präses Kreyssig, so überlieferte es Jänicke, habe einmal das schöne Bild gebraucht, der Propstkonvent sei ein Kammerorchester, in dem jeder sein Instrument spiele und der Bischof nicht der Dirigent sei, sondern die erste Geige spiele. In der mehr autoritär geleiteten Berlin-Brandenburger Kirche unter Bischof Dibelius sei dagegen der Bischof ein Generalissimus, um den sich seine Generäle scharten.[22] Kreyssig hat Dibelius, der ja von vielen wegen seines autoritären Stils angefeindet wurde, dennoch immer verteidigt, obwohl auch er nicht selten mit ihm aneinandergeraten ist. Er sei in der Gabe der Leitung als Christ wie als Preuße gleichermaßen überzeugend gewesen:

> Unter seinem Vorsitz habe ich später acht Jahre lang im Rat der Evangelischen Kirche in Deutschland mitgetan und ihn wie einen Vater lieben gelernt, obwohl oder gerade weil wir in der Sache meist gegensätzlicher Meinung waren. Als er einmal nach einem erbitterten Streitgespräch zum Sitzungsende hinausging und ich verdrossen am Tisch sitzen blieb, kam er zu mir und sagte: Na, geben Sie mir wenigstens die Hand. - Was halten wir neben solch beiläufiger Erfahrung für die »großen« Augenblicke unseres Lebens?[23]

Vom 21. bis 24. Oktober 1946 sollte in Halle die erste ordentliche Synode der Kirchenprovinz seit 1929 stattfinden. Schon im Vorfeld kam es zu erheblichen Eingriffen der Sowjetischen Militäradministration. Da noch immer jede Versammlung bei den Militärbehörden angemeldet werden mußte, hatte das Konsistorium dem sowjetischen Oberkommandierenden in Halle das Vorhaben offiziell mitgeteilt. Wenige Tage vor Beginn der Synode verlangte der Major Bobkow die sofortige Vorsprache von Präses Müller und Konsistorialpräsident Kreyssig und machte die Genehmigung für die Synode von diesem Gespräch abhängig. Da die sofortige Vorsprache wegen der unterschiedlichen Dienstsitze - des Konsistoriums in Magdeburg, des russischen Oberkommandos in Halle - nicht möglich war, wurde sie auf den Tag des Eröffnungsgottesdienstes der Synode anberaumt. Bei diesem Gespräch forderte der sowjetische Major von Müller und Kreyssig die Aushändigung der gesamten Tagungsunterlagen, insbesondere des Rechenschaftsberichts der Kirchenleitung. Er wurde ihm unter Protest ausgehändigt. In scharfer Form untersagte der russische Offizier, daß die Synode sich mit Schulfragen beschäftige - obwohl dies überhaupt nicht vorgesehen war. Was es damit auf sich hatte, erklärte sich wenig später, als in den Schulen der Sowjetischen Besatzungszone der Religionsunterricht abgeschafft wurde.
Es wurde beschlossen, daß das neugewählte Präsidium der Synode unmittelbar nach seiner Wahl am Dienstag morgen bei der Militäradministration vorsprechen und die Rücknahme dieser Auflage verlangen sollte. Der Mehrzahl der Synodalen erschien der Protest gegen das Verbot wie eine leere Prinzipienfrage, sie wollten der behördlichen Forderung ohne weiteres nachkommen. Lothar Kreyssig meinte hingegen, daß mit der verfügten Beschränkung der Entschlußfreiheit der Bekenntnisfall gegeben sei. Er legte schriftlichen Protest ein und begründete ihn im Plenum. Drei andere Synodale - Konsistorialrat Johannes Anz, Propst Franz-Reinhold Hildebrandt und der Synodale Lehmbruch, Gefährten aus der Bekennenden Kirche, schlossen sich dem an:

> Wir erklären und bekennen der Synode, daß sie nicht mehr in Christus freie Synode ist. Deshalb betrachten wir unser Amt als Synodale als ruhend, so lange nicht die Synode ihre rechte Bindung und Freiheit wiedererlangt hat. Wir bitten die Brüder, mit uns in der brüderlichen Gemeinschaft zu bleiben, wie auch wir die Brüder

nicht lassen wollen. Wir bitten den Herrn Christus, daß er uns im Gehorsam unter seinem Wort als Synode wieder zusammenführen möchte.

Die Synode tagte ohne die vier Dissidenten weiter. Eine Mehrheit der Synodalen stimmte einer Erklärung des Präsidiums zu, die Erörterung des Religionsunterrichts bis zur nächsten Synode zurückzustellen. Dennoch, so Lothar Kreyssig, sei der Entschluß, »dem Konformismus, den wir soeben 1933 bis 1945 in einer ersten Scheidung der Geister hinter uns hatten, in den Anfängen zu widerstehen« von beträchtlicher Wirkung gewesen. Sie zu verhaften, habe ein deutscher Berater den Russen ausgeredet. Im übrigen seien die später wieder nachrückenden deutschen Gewalthaber immer kleinlicher als vor ihnen die Russen gewesen. Bei denen habe das Magdeburger Kirchenregiment durch seine konsequente Haltung sogar Zutrauen erworben.[24]

Im Rechenschaftsbericht der Kirchenleitung, den Präses Müller der Synode gab, wurde auch auf die Überprüfung der Pfarrerschaft eingegangen. Man sei dankbar, daß der Kirche in Verhandlungen mit den staatlichen Stellen zugestanden worden sei, daß sie bei der Entnazifizierung eigene Maßstäbe anwenden könne. So habe die Kirche selbst vom Grundsatz der öffentlichen Vertrauenswürdigkeit ihrer Diener und von dem Gebot der seelsorgerlichen Sorgfalt gegenüber jedem Einzelfall her die Sichtung in die Hand nehmen können. Es seien sämtliche Pfarrer überprüft worden. Dabei habe man festgestellt - so das erstaunliche Ergebnis -, daß es wirkliche Aktivisten der Partei in der provinzialsächsischen Kirche überhaupt nicht gegeben habe. Auch die Pfarrer, die Mitglied der NSDAP waren, hätten seit 1936 fast unaufhörlich Konflikte mit der Partei gehabt. Kein Pfarrer, der in der NSDAP gewesen ist, sei deshalb entlassen worden. Wichtiger sei für die Kirche gewesen zu prüfen, ob die Pfarrer, die zur deutschchristlichen Bewegung gehört oder deren Ziele gefördert haben, im kirchlichen Amt belassen werden können. Gegen sie alle wurde ein Verfahren eröffnet. Gleichzeitig mit den rechtlichen Maßnahmen habe man durch die Einrichtung theologischer Rüstzeiten den Versuch gemacht, die betroffenen Pfarrer in seelsorgerlichen und theologischen Gesprächen so kennenzulernen, daß die Frage nach der Eignung jedes einzelnen zu weiterem kirchlichen Dienst geklärt werden könne. Nur in einem Fall sei es nötig gewesen, auf Entfernung aus dem Amt zu erkennen. Eine Anzahl Pfarrer habe sich freiwillig bereiterklärt, sich in eine andere Pfarrstelle versetzen zu lassen.[25]

Ein Jahr zuvor, fast auf den Tag genau, hatten die deutschen evangelischen Kirchen in Stuttgart ihr Schuldbekenntnis gesprochen: »... wir klagen uns an, daß wir nicht mutiger bekannt, nicht treuer gebetet, nicht fröhlicher geglaubt und nicht brennender geliebt haben. Nun soll in unseren Kirchen ein neuer Anfang gemacht werden. Gegründet auf die Heilige Schrift, mit ganzem Ernst ausgerichtet auf den alleinigen Herrn der Kirche gehen sie daran, sich von fremden Einflüssen zu reinigen und sich selber zu ordnen.«[26] - Galt das für die provinzialsächsische Kirche schon nicht mehr? Wie ist der Rechenschaftsbericht vor der Synode angesichts der Tatsache zu deuten, daß man noch Anfang 1946 in der Kirchenprovinz 21 Pfarrer wegen ihrer Mitgliedschaft in der NSDAP oder bei den Deutschen Christen beurlaubt und alle Superintendenten, die Parteigenossen gewesen waren, ihres Amtes enthoben hatte? War das revidiert worden? Oder wollte man vermeiden, daß einer der Pfarrer, indem man ihn für schuldig befand, in die Hände der sowjetischen Behörden geriet?

Die altpreußische Kirche hatte am 15. Februar 1946 eine *Notverordnung zur Wiederherstellung eines an Schrift und Bekenntnis gebundenen Pfarrerstandes* erlassen, in dem das Verfahren für die Überprüfung geregelt worden war. Die Vorläufige Kirchenleitung der Kirchenprovinz hatte unter Mitwirkung Kreyssigs eine eigene modifizierte Notverordnung erarbeitet, die vom Oberkirchenrat in Berlin gebilligt worden war. Zugleich wurde ein Überprüfungsausschuß gebildet, dem auch Dr. Kreyssig angehörte. Über die Arbeit in diesem Ausschuß hat Kreyssig sich nirgends geäußert. Es läßt sich aber vermuten, daß ihm das ganz und gar nicht lag und ihm die Voten, die ja eher moralischer als juristischer Natur zu sein hatten, beschwerlich waren. Damals mag jene Haltung bei ihm gewachsen sein, die er später die »Solidarität der begnadigten Sünder« genannt hat. Oder wie Kurt Scharf über Lothar Kreyssig sagte: »Er hoffte auch noch für Judas.«

Im August 1946 schlug Kreyssig der provinzialsächsischen Kirche einen Buß- und Fürbittgottesdienst aus Anlaß des Nürnberger Prozesses vor, bei dem die Urteilsverkündung bevorstand. Er bat Bischof Dibelius, diese Anregung für den ganzen Ostbereich aufzunehmen. Die Stellung der Kirche zu den Angeklagten von Nürnberg, so schrieb er in seinem Brief, bewege ihn sehr. Er habe die Schlußvorträge der Ankläger gelesen. Sie hätten sich gegenüber den völkerrechtlichen und rechtspolitischen Einwänden der Verteidigung darauf zurückgezogen, daß der Friede noch nicht geschlossen sei und der Prozeß nicht beanspruche, für einen anderen vorbildlich zu sein. Es sei wieder einmal Ausnahmerecht und Sonderrecht:

> Dabei ist vom weltlichen Rechtsbewußtsein her mit diesem Prozeß materiell-rechtlich wie prozessual es auf eine bemerkenswerte Weise »in Ordnung«, so sehr, daß die strafrechtliche Verantwortung der Männer für den Tod der ungezählten Gemordeten und Gefallenen von kaum einem bezweifelt wird. Vermutlich wird das Urteil auch Weisheit zeigen. Endlich haben auch die Männer der Kirche mehrfach gesagt, daß die Hauptschuldigen streng bestraft werden müßten. Wir werden es wahrscheinlich erleben, daß die Welt von Rechts wegen in der Verurteilung der Angeklagten einig ist. Um so mehr muß die Kirche dieser Überwältigung durch den *Nomos* das Zeugnis entgegensetzen, daß bei Gott vielmehr Gnade ist ...
>
> Es ist auch ganz eindeutig, auf unübersehbare Weise zeichenhaft, daß der Auftrag der deutschen evangelischen Kirche in einer Frage von entschieden ökumenischer Weite und Bedeutung gilt. Es sind deutsche Männer. Ihre Schmach ist, wenn von Schuldsolidarität überhaupt gesprochen werden kann, deutsche Schmach. Dem Rechte an ihnen muß der Christ den Lauf lassen. Auf dem Wege zum Henker der fremden Sieger gebührt ihnen das Geleit der Deutschen. Von Anbeginn habe ich mich von keiner Art Menschen stärker geschieden gefühlt, als von diesen Trabanten, den Generälen und Ministern zumal, die es besser wissen mußten als irgendein Strauchdieb von Gauleiter oder Reichsstandartenführer. Aber jetzt, wo sie fremder Gewalt, und sei es Rechtsgewalt, überliefert sind, wird die Verbindlichkeit der Satzung Gottes, daß wir mit ihnen eines Blutes sind, auf gebieterische Weise spürbar.

Fürbitte und Zuspruch für die Angeklagten in einem solchen Gottesdienst würden zugleich vermögen, den Bußanspruch an alle Deutschen noch einmal zu vertiefen. Als Predigttext schlug Kreyssig Lukas 13.1-5 vor, ein Text, der ihm in einzigartiger Weise bestimmt schien, »die mitschuldigen Deutschen und die zu Gericht sitzenden Sieger zugleich aus der Selbstrechtfertigung zu vertreiben, zu der das an anderen geschehende irdische Recht sie verführt«.[27]

Es fällt schwer, die rechtlichen Argumente Kreyssigs nachzuvollziehen und seine Solidarität in der Schuld zu akzeptieren - zumal mit dem heutigen Wissen, daß die Mehrzahl der Deutschen die Schuld auf Dauer verdrängt und die im Osten ein halbes Jahrhundert lang ein anderes totalitäres System fast widerstandslos erduldet haben. Auch Kreyssig hat später immer zorniger die Verstocktheit der Deutschen erkennen müssen und hat nicht zuletzt deswegen die Aktion Sühnezeichen gegründet. Aber damals waren es viele, denen das Stuttgarter Schuldbekenntnis bald schon zu radikal war und die nur allzu bereitwillig jede Verfehlung und jedes Verbrechen der Besatzungsmächte zur eigenen Entschuldigung gebrauchten.

Hans Asmussen, einer der Autoren des Stuttgarter Bekenntnisses, immerhin ein namhafter Theologe, war zwei Jahre danach zum Ankläger geworden. Kreyssig, der viel von Asmussen gehalten und sich ihn als Bischof von Magdeburg gewünscht hatte, scheinen dessen Überlegungen sehr beschäftigt zu haben. Es fanden sich mehrere Predigten und Briefe Asmussens in seinen Unterlagen. In einem langen, grundsätzlichen Brief an einen Pfarrer hat Asmussen im April 1947 seine Gedanken, die er in vielen Predigten geäußert hatte, zusammengefaßt:

> Auf der einen Seite steht das Bekenntnis der Schuld, auf der anderen Seite das, was man dem deutschen Volk seither antut. Es wäre mindestens psychologisch nicht zu verwundern, wenn das deutsche Volk aus den Erlebnissen, die es seither gemacht hat, den Schluß zieht: »Das Bekenntnis, welches die Kirche in Stuttgart abgelegt hat, war die größte Dummheit, die überhaupt geschehen konnte. Denn dies Bekenntnis kann dazu führen, daß Menschen, denen im Augenblick die Macht gegeben ist, der Meinung sind, unsere Schuld berechtige sie, dasselbe zu tun, was sie an uns Deutschen verabscheuen, richten und strafen.« Nun sind wir beide nicht blind genug, um nicht zu sehen, daß zwischen dem Konzentrationslager von Auschwitz und dem Internierungslager von Ludwigsburg sehr wesentliche Unterschiede obwalten. Aber wir sind auch nicht blind genug, um nicht zu sehen, daß in der heutigen Zeit nicht nur vom Internierungslager in Ludwigsburg geredet werden muß, sondern

von vielen anderen Ereignissen und Dingen, über welche unsere Zeit nicht mehr Kenntnisse, und in welche unsere Zeit nicht mehr Einblicke hat, als wir 1934 Einblicke in ein deutsches Konzentrationslager hatten. [...]

Das Stuttgarter Bekenntnis ist uns ein ernster Mahner. Es gibt einen sehr tiefen Sinn, noch heutigen Tages und angesichts alles dessen, was uns und unseren Volksgenossen angetan wird, zu sprechen: »Wir empfangen, was unsere Taten wert sind.« Der andere Grund ist dieser: Wir fürchten, daß ein neuer Nationalismus in Deutschland großgezüchtet wird. Und daran wollen wir nicht schuldig sein. Es ist erstaunlich, daß unser Volk nicht angesichts aller der Erlebnisse seit dem Zusammenbruch einfach zu einem verstockten Nationalismus gekommen ist. Das deutsche Volk hat angesichts seiner Erlebnisse seit dem Frühjahr 1945 in seinem großen Elend noch verhältnismäßig maßvoll regiert. [...]

Stuttgart war ein guter Ansatz ... Aber es ist weder in Deutschland noch in der Ökumene zu einem Wort der Vergebung gekommen. Das ist das eigentliche Problem. Glauben wir, daß unsere Schuld größer ist, als daß sie vergeben werden könnte? Diese Theologie Kains ist in unseren Tagen verbreitet. Aber es ist eben die Theologie Kains.[28]

Kurt Scharf äußerte zur Aufnahme des Stuttgarter Schuldbekenntnisses durch die Gemeinden, diese hätten es als eine Belastung empfunden - nach der Weise: Sicher, das Nazireich hat schreckliche Verbrechen begangen. Aber wir selber als einzelne haben davon ja in vollem Ausmaß gar nicht gewußt. Wir haben nur so gerüchteweise manches geahnt. Wir fühlen uns dafür nicht voll mitverantwortlich. Und so weit wir etwa doch mit Schuld tragen, ist das durch das Leid der Bombenangriffe in den letzten Kriegsjahren und das Leid bei Kriegsende und unter den Flüchtlingsströmen voll wettgemacht. - Das sei damals in der Bevölkerung in West und Ost die verbreitete Stimmung gewesen. Und selbst solche, die unter der Naziherrschaft hatten leiden müssen, Gemaßregelte, die dann in leitende Ämter kamen, weil sie zum Widerstand gehört hatten, hätten die Schuldbekenntnisse der Kirche als unberechtigt empfunden: Dies leidgeprüfte Volk dürfe man nicht noch zusätzlich mit Schulderklärungen belasten. Und dann sei ja schon bald die These von der Gnade der späten Geburt aufgekommen.[29]

Zum Stimmungsumschlag in der Bevölkerung haben auch die Verfahren zur »Säuberung« und Entnazifizierung beigetragen, die »Siegerjustiz«, die besonders in der Sowjetischen Besatzungszone rabiat und häufig jenseits aller Rechtsstaatlichkeit praktiziert wurde. Kreyssig war in der eigenen Familie betroffen. Als sein Schwager Walter Ringel im Frühjahr 1946 zum zweitenmal verhaftet wurde und spurlos verschwand, verbrachte Kreyssig die Tage über Ostern, wie er seinem Sohn Peter schrieb, mit der Fahndung nach ihm - »bis auf eine gewisse Hoffnung, daß er noch in Brandenburg ist, ohne Erfolg«. Und einige Zeit später: »Ringels Spur haben wir bei allem Fleiß verloren. Für uns sind diese Armen wie lebendig begraben.«[30] Es werden auch solche Erfahrungen gewesen sein, die ihn bei den Verfahren, die er im Überprüfungsausschuß durchzuführen hatte, zur Milde bewogen haben.
Die staatlichen Behörden jedenfalls befanden, daß die Überprüfung der kirchlichen Mitarbeiter in der provinzialsächsischen Kirche ungenügend sei. Ministerpräsident Hübener äußerte in einem persönlichen Brief an Präses Müller seine lebhafte Sorge »angesichts der geringen praktischen Ergebnisse der Entnazifizierung unserer Kirche«. Seinem Einfluß war es zu danken, daß ein Erlaß der Provinzialregierung zur »politischen Säuberung von kirchlichen Mitarbeitern«, der die Überprüfung durch staatliche Säuberungsausschüsse vorsah, zurückgezogen wurde. Die Behörden machten aber zur Auflage, daß neue Ausschüsse unter Beteiligung der »drei antifaschistischen Parteien« gebildet wurden und daß für die Durchführung der Entnazifizierung die Richtlinien der Kontrollrats-Direktive Nr.24 zu gelten haben. Die Kirche fügte sich dem, beschloß die erneute Überprüfung ihrer Pfarrer und Mitarbeiter und erließ eine Notverordnung, die vorsah, daß Überprüfungsausschüsse in allen Propsteien gebildet wurden. »Die Ausschüsse«, so hieß es im §4 dieser Verordnung vom 26. März 1947, »bestehen aus dem Vorsitzenden und fünf Gemeindegliedern. Von ihnen muß eines der CDU, eines der SED und eines der LDP angehören. Sie werden der Kirchenleitung durch den Propst im Einvernehmen mit ihren Parteien vorgeschlagen.« Obwohl sich die Kirche auf diese unzumutbare Einflußnahme der Parteien auf ihre ureigenste Angelegenheit eingelassen hatte, erfüllten auch diese »halbstaatlichen« Kommissionen offenbar nicht die Erwartungen der SED. So löste die Provinzialregierung laut Telegramm vom 7. November 1947 die Ausschüsse kurzerhand auf. Nach

eingehenden Beratungen und langwierigen Verhandlungen mit der Provinzialregierung teilte das Konsistorium den Propsteien mit, daß aus der Anordnung staatlicher Stellen keine Rechtsfolge auf vollständige Auflösung abgeleitet werden könne; die Kommissionen könnten und würden fortan allein nach kirchlichen Gesichtspunkten weiterarbeiten. Im Juni 1948 konnte Lothar Kreyssig den Synodalen mitteilen, daß bis auf einzelne Fälle die Entnazifizierung in der Kirchenprovinz abgeschlossen sei. Im Dezember 1951 ordnete die Kirchenleitung die Auflösung der Überprüfungsausschüsse an.[31]

Die Einführung einer geistlichen Ordnung für das Konsistorium, so wie er das bei seiner Einführung als die hausväterliche Pflicht des Präsidenten angekündigt hatte, hat Kreyssig alsbald wahrgemacht. Jeden Morgen um acht war Morgenandacht im Konsistorium, als »fester Beziehungspunkt des geistlichen Lebens, von dem her der Tag Ordnung und Getriebe bekommt«. In der Stunde davor legte er mit zwei Mitarbeitern, den Konsistorialräten Johannes Anz und Ingrid Zippel, gemeinsam die Psalmen aus, »dem Zweifel zum Trotz, der uns verführen will, den Wert der Stunden nach niedergesäbelten Aktenstößen oder Besucherschlangen zu messen und im ›Totarbeiten‹ Selbstgerechtigkeit zu suchen«.[32]

Oft ging Kreyssig auch in aller Frühe - er hatte auch in Magdeburg das Frühaufstehen des Bauernlebens beibehalten - in die katholische Sebastianskirche, die dem zerstörten Dom gegenüberlag, und hielt dort seine Morgenandacht. Das war in jener vorkonziliaren Zeit durchaus keine Selbstverständlichkeit. Den katholischen Weihbischof von Magdeburg, Friedrich Maria Rintelen, hat die Frömmigkeit des ihm »brüderlich und herzlich verbundenen Präses« tief berührt:

> Präses Kreyssig ist ein Mann von beispielgebender christlicher Frömmigkeit. Wenn ich morgens um halb sieben Uhr in die Sebastianskirche kam, um mich auf die Feier der heiligen Messe vorzubereiten, kam er Tag für Tag zur selben Zeit in unser Gotteshaus, ein Neues Testament in der Hand, um dann eine halbe Stunde lang über die Worte der Heiligen Schrift zu meditieren.[33]

Die Morgenandachten im Konsistorium, so berichtete Friedebert Lorenz, in den fünfziger Jahren Mitarbeiter Kreyssigs, wurden umschichtig gehalten, so daß jeder der Mitarbeiter einbezogen wurde. Später hat

Kreyssig auch noch das Mittagsgebet im Präsesbüro eingeführt. Das sei ihnen so selbstverständlich geworden, daß sie es auch gehalten haben, wenn Kreyssig auf Reisen war. »Diese Unmittelbarkeit, aus der Schrift heraus zu leben, das war Kreyssig. Er hat immer wieder gemeint, von Theologie verstünde er sowieso nichts. Für ihn war die Heilige Schrift der maßgebliche Theologe.«[34]
Diese selbstverständliche lebendige Frömmigkeit beeindruckte auch Kurt Scharf:

> Als er Präses der Synode wurde, hat er eingeführt, daß auch während der Synodaltagung die Stundengebete gehalten wurden. Also wenn es zwölf Uhr war, dann wurden die Verhandlungen unterbrochen und es wurde eine Gebetsmeditation eingelegt. Und wenn wir etwa im Johannesstift tagten, dann läuteten die Glocken der Stiftskirche. Er ist stark von der meditativen Theologie der Michaelsbruderschaft bestimmt worden. Und das hat er durchgehalten bis aufs Sterbebett. Ich habe ihn noch kurz vor seinem Tode im Heim in Gladbach besucht, und auch da war er noch ganz bestimmt von der Tageseinteilung durch Stundengebete und Meditation.[35]

Des Amtes des Konsistorialpräsidenten, so euphorisch er es auch begonnen hatte, wurde Kreyssig bald überdrüssig. Die reine Verwaltungsarbeit, das »gouvernementale Knochengerüst des Kirchenwesens«, lag ihm nicht. Es drängte ihn zu den »ursprünglichen und mitmenschlichen Lebensäußerungen der einen lebendigen Wahrheit unter Zeit- und Weggenossen«, zu Besuch und Gespräch. Als er für die Synode im April 1947 das Ämtergesetz und die Vorlage für eine Verwaltungsreform zu verfassen hatte, schrieb er sich seine Traumkonstellation hinein. Durch eine neuerliche Menge von Unverständnis und reichlich bösen Willen hindurch habe die Synode seine Vorlagen angenommen, heißt es in einem Brief an seinen ältesten Sohn. Große Entscheidungen in personeller Hinsicht seien infolgedessen im Werden. Und dann etwas sibyllinisch:

> Nun, es geht auch hier ganz anders als vorgestellt. Aber wie es scheint, doch so deutlich unter dem Zeichen der Führung, daß man getrost sein muß. Deute ich die bisherige Entwicklung recht, so könnte es auch für mich selbst in Kürze den Durchbruch zu einem sehr weitreichenden und belangvollen Auftrag geben.[36]

Die Synode im April 1947 Ludolf Müller zum Bischof vorgeschlagen und im Juni die Wahl bestätigt. Mit dem im April verabschiedeten *Kirchengesetz über die vorläufige Ordnung der Ämter der Pröpste, des Bischofs und des Präses der Provinzialsynode* war auch das Präsesamt neu gestaltet worden. Die Synode wählte auf ihrer dritten Tagung am 27. Juni 1947 Lothar Kreyssig zum Präses. Das war der »belangvolle Auftrag«, von dem er geschrieben hatte. Als Nachfolger im Präsidentenamt konnte er den Magdeburger Rechtsanwalt Bernhard Hofmann gewinnen, einen »in der Bekennenden Kirche vor anderen bewährten Juristen, mit einer durch Jahrzehnte erworbenen Fülle von Menschenkunde und Sacherfahrung«. Da Kreyssig ja im Jahr zuvor auf Lebenszeit in das Amt eines Konsistorialpräsidenten berufen worden war, mußte er nun um Entlassung daraus bitten: »Wie ich in der Berufung zum Konsistorialpräsidenten den Ruf der Kirche gesehen habe, so bitte ich um Entlassung aus diesem Dienst nur, weil ich in dem mir übertragenen Präsesamt wiederum einen verbindlichen kirchlichen Auftrag erblicke. Nächst Gott, der mich zu beidem geführt hat, danke ich der Preußischen Kirchenleitung für das mir dargebrachte brüderliche Vertrauen.«[37] Es dauerte noch einige Zeit, bis die hauptamtliche Ausgestaltung des Präsesamtes, die er von Anfang an angestrebt hatte, auch juristisch verankert war. Inhaltlich hatte Kreyssig sein Amt so umschrieben:

> Der Präses bereitet die Vollsitzungen der Synode vor und trägt dafür Sorge, daß die vollständigen Ausschüsse der Synode miteinander in der rechten Verbindung bleiben. Seine besonderen Aufgaben ergeben sich aus der Funktion der Synode als des zeugnisgebenden Organs der hörenden Gemeinde. So hat er insbesondere dafür besorgt zu sein:
> a) daß die Ältesten und die Mitglieder der Kreissynoden und der Provinzialsynode zum rechten geistlichen Verständnis ihres Amtes, zu vorbildlichem Leben unter dem Wort und fleißigem Dienst angeleitet werden ...
> b) daß in den Gemeinden eine Verlebendigung der Laienämter des inneren Dienstes stattfinde, insbesondere die christliche Diakonie gepflegt werde, und die bestehenden Verbände christlicher Liebestätigkeit miteinander in fruchtbare Zusammenarbeit gebracht werden.
> Er ist Mitglied der Kirchenleitung und des Rates.[38]

Zu den Aufgaben des Präses gehörten auch die Laiendienste, »die dem Mutterboden der Kirche in ihrer notrechtlichen Existenz zahlreich entwachsen waren: Laienbesuchsdienst, Evangelische Akademie, Hilfsring, Deutscher Evangelischer Kirchentag ...«[39]

Am 17. Oktober 1947, im Schlußgottesdienst der vierten Tagung der Provinzialsynode in Elbingerode, wurde Lothar Kreyssig für das Amt des Präses eingesegnet. »Kirche ordnen«, notierte er später, »heißt im Licht der Schrift und der Bekenntnisse der Väter die Gestalt des wortgeborenen Lebens erkennen und sie nach dem Maße irdischer Gegebenheiten sachdienlich formen ... Das Präsesamt ist ein Zeichen, daß Gemeinde täglich im Wirkungsbereich des lebendigen Wortes dient.«[40]

Anmerkungen

1 Kundgebung des Landeskirchenrates an die Gemeinden Anhalts vom 27. Juli 1945. Zitiert nach J. Jürgen Seidel: Aus den Trümmern 1945. Personeller Wiederaufbau und Entnazifizierung in der Sowjetischen Besatzungszone Deutschlands. Göttingen, 1996, S.89 (Dokument 3c).

2 AB II, S.48.

3 Nachlaß Kreyssig, Mappe »Personal-Dokumente«.

4 Brief Martin Niemöllers an Pfarrer Lorenz Bertheau, Bad Kösen, vom 10. Mai 1946. Nachlaß Niemöller.

5 AB II, S.49ff. [gekürzt].

6 Interview des Verfassers mit Franz-Reinhold Hildebrandt am 13. Juli 1989 in Brühl bei Köln.

7 Vgl. Seidel, a.a.O., S.192ff. Dort auch Erinnerungen von Dr. Fretzdorff, S.214ff. (Dokument 30b).

8 Gespräch mit Volker von Törne, S.47.

9 Über nichts staunen. (Horaz, Episteln, 6. Buch).

10 Stark in der Tat, sanft in der Art (lat.), die Wahrheit in Liebe sagen (griech., vgl. Epheser 4.15).

11 EZA 614/37, Ordner »Theologisches«. Handschriftliches Redekonzept, ohne Datum [Anfang 1946 aus Anlaß der Amtseinführung als Konsistorialpräsident in Magdeburg]. Die zahlreichen Kürzel im Text wurden aufgelöst.

12 Vgl. Seidel, a.a.O., S.198.

13 Brief an Peter Kreyssig vom 6. April 1946.

14 Brief an Peter Kreyssig vom 16. Januar 1946.

15 Brief an Peter Kreyssig vom 31. Oktober 1947.

16 Hier und im folgenden nach einem Brief an die Familie vom 27. Januar 1946.

[17] Brief an Peter Kreyssig vom 17. März 1946.

[18] Brief an Peter Kreyssig vom 5. Juli 1948.

[19] AB II, S.52f.

[20] Brief an Hanna Kreyssig und die Söhne vom 27. Januar 1946.

[21] Interview des Verfassers mit Franz-Reinhold Hildebrandt.

[22] Vgl. Jänicke, Johannes: Ich konnte dabei sein. Berlin, 1986, S.145.

[23] AB II, S.49.

[24] AB II, S.57.Vgl. auch Seidel: Aus den Trümmern, a.a.O., S.207ff., und Seidel, J. Jürgen: »Neubeginn« in der Kirche? Die evangelischen Landes- und Provinzialkirchen in der SBZ/DDR im gesellschaftspolitischen Kontext der Nachkriegszeit (1945-1953). Göttingen, 1989. S.87.

[25] Vgl. Seidel, Aus den Trümmern, a.a.O., S. 219ff. (Dokument 32: Auszug aus dem Rechenschaftsbericht der Vorläufigen Kirchenleitung an die Provinzialsynode, Halle 1946).

[26] Kanitz, Hans: Gott und die Menschheit um Vergebung gebeten. In: Rheinischer Merkur, Nr. 41 vom 13. Oktober 1995. Dort Faksimile des Textes.

[27] EZA 614/37, Ordner »Theologisches«. Brief vom 10. August 1946 an einen namentlich nicht genannten Bischof [Bischof Dibelius].

[28] EZA 614/37, Ordner »Theologisches«. Brief von Hans Asmussen an [Pfarrer] Skrabak vom 22. April 1947, hektographiert.

[29] Interview des Verfassers mit Kurt Scharf.

[30] Briefe an Peter Kreyssig vom 26. April 1946 und 17. Mai 1946.

[31] Vgl. Seidel, Aus den Trümmern, a.a.O., S.410ff., und Dokumente 52 und 55.

[32] Brief an Peter Kreyssig vom 18. Mai 1946.

[33] Rintelen, Friedrich Maria: Fremdheit wird überwunden. In: Kirche gestern und heute. Leipzig, 1985, S.168.

[34] Interview des Verfassers mit Friedebert Lorenz am 10. Juli 1989 in Fulda.

[35] Interview des Verfassers mit Kurt Scharf.

[36] Brief an Peter Kreyssig vom 25. April 1947.

[37] AEK Magdeburg. Brief Nr. 640 des Präses der Provinzialsynode an die Kirchenleitung der APU vom 29. Oktober 1947.

[38] AEK Magdeburg, K 28, Personalakte Dr. Lothar Kreyssig. Beschluß der Kirchenleitung über die hauptamtliche Gestaltung des Amtes des Präses der Provinzialsynode. Ohne Datum [17. Dezember 1948].

[39] AB II, S.54.

[40] EZA 614/37, Ordner »Theologisches«. Entwurf »Auftrag und Ordnung«. Ohne Datum.

Kapitel 13

Mitten in der Kampagne

Das Präsesamt war Lothar Kreyssig wie auf den Leib geschnitten; hier konnte er sich verwirklichen und seine Gaben entfalten. Konnte, wie er es sich gewünscht hatte, im steten Gespräch mit den Zeit- und Weggenossen sein, ihnen die biblische Botschaft nahebringen und sie mit ihnen leben. Er konnte der »bewunderte Anreger und Beweger schwerfälliger kirchlicher Gremien, der Anreger aus Temperament und Vision, der Beweger mit zäher Kraft und weitem klaren Blick« sein, als den Kurt Scharf ihn beschrieb.[1] Kreyssig arbeitete in einer Fülle kirchlicher Gremien mit und regte zahlreiche kirchliche Aktionen und Werke an. Die praktische Umsetzung seiner oft utopisch erscheinenden Ideen überließ er freilich zumeist anderen. Seine Mitarbeiter stöhnten oft unter dem Feuerwerk seiner Einfälle. Wenn der Präses von einer seiner vielen Reisen zurückkommt, formulierte einmal ein Mitarbeiter, dann habe er an jedem Finger zehn Luftballons. Und er erwarte, daß sie, die Mitarbeiter, aus jedem seiner Luftballons einen fahrtüchtigen Zeppelin machen.

Um Geld machte Kreyssig sich dabei nie Gedanken. Sein Standardsatz war: Es gibt genug Geld, es ist nur in den falschen Taschen. Also ging er mit unbekümmertem Gottvertrauen daran, es dahin zu bewegen, wo es seiner Auffassung nach besser aufgehoben war, in den Taschen von Bedürftigen oder bei einem seiner Projekte. Christian Schmidt war viele Jahre der engste Mitarbeiter Kreyssigs in der Aktion Sühnezeichen. Er sagt, es sei Kreyssig fast immer gelungen, Geld aufzutreiben:

> Das hing damit zusammen, daß er eine Vielzahl von Leuten in kirchenleitenden Positionen kannte. Dabei hatte er, obwohl er in allen möglichen Gremien saß, im Grunde genommen keine Ahnung von den Mühseligkeiten kirchlicher Existenz in der DDR. Wenn er also für ein Projekt Geld brauchte, ging er zu irgend ei-

> nem seiner Freunde im kirchenleitenden Amt und sagte: Ich brauche zehntausend Mark. Und wenn der auch nur einen Moment gezuckt hat, hat er gesagt: Behalte dein dreckiges Geld, ich brauche das nicht, Gott hilft mir auch so weiter. Das hat er so während seiner ganzen Leitungstätigkeit gemacht, und hat immer wieder Geld aufgetrieben. Die Leute haben es ihm, wenn auch zähneknirschend, gegeben.[2]

Ebenso eigenwillig, aber erfolgreich leitete Kreyssig als Präses die Synoden. Fritz Figur, lange Zeit Superintendent in Berlin-Köpenick, war Präses der Provinzialsynode Berlin-Brandenburg und Mitglied der EKU-Synode, zu deren Präses Lothar Kreyssig ebenfalls berufen worden war. Dort hat Figur ihn oft erlebt. Auf einer dieser Synoden ging es, wie so oft, um ein schwieriges Kirchenrechtsproblem. Das wurde im Plenum vorgetragen, das Plenum verwies es in den Rechtsausschuß, dort wurde es behandelt und das Ergebnis anschließend im Plenum vorgetragen - mit dem Erfolg, daß kein Synodaler es kapiert hatte. Kreyssig erkannte die heikle Situation und sagte: »Verehrte Synodale, es wird jetzt nicht von Ihnen erwartet, daß Sie das alles verstehen. Es wird nur erwartet, daß Sie zustimmen.« - Allgemeines Gelächter, alle stimmten zu, und die Sache war über die Bühne gegangen. Kreyssig, so Fritz Figur, sei wirklich ein sehr geschickter Verhandlungsleiter gewesen.[3]

Johannes Jänicke, der erst als Propst von Halle und Merseburg, dann als Bischof der Kirchenprovinz Sachsen mit Kreyssig zu tun hatte, nannte ihn einen genialen Menschen, der in vielen Sätteln gerecht gewesen sei, und in der Leitung der Synoden überaus klug und geschickt:

> Seine Voten in der Kirchenleitung waren mitunter so eigenwillig, dazu in der Diktion so schwierig, daß es wie beim Zungenreden (1. Kor. 14) eines Interpreten bedurfte. Er meldete sich zu Wort für »nur zwei Sätze«, und sprach dann zwanzig Minuten, aber seine geistvolle, spritzige Art war oft geradezu ein ästhetischer Genuß. Und die Eröffnung einer Synode ließ an geistlicher Würde nichts zu wünschen übrig. Freilich gab es dann in jeder Synode auch lange, matte Strecken, wenn Kirchengesetze beraten werden mußten, in mehreren Lesungen sogar, und mancher Synodale hat sich gewundert und ist enttäuscht gewesen, daß es auch in der Kirche auf weiten Strecken so formal parlamentarisch zugeht. Meine Frau, ein Urlaie und, obwohl Juristentochter, mit wenig Interesse und Verständnis

für zeitraubende Beratung von Kirchengesetzen, sagte einmal: »Wenn der Kreyssig eine Synode eröffnet, das ist immer, als wenn das Reich Gottes anhebt - und nachher wird es so stinklangweilig!«[4]

Selbst Kreyssigs Gegner mußten seine überlegene Synodenführung anerkennen. Der *Neue Weg*, die Tageszeitung der CDU in Magdeburg, in der Kreyssig häufig wegen seiner politischen Haltung angegriffen wurde, befand 1955 nach einer Tagung der provinzialsächsischen Synode in Halle lobend, wenngleich etwas hölzern: »Auch unter den Zuhörern aus Halleschen Gemeinden fand die gleichbleibende Eleganz und Beharrlichkeit, mit der Präses Dr. Kreyssig die Synode geleitet hat, Zustimmung.«[5]

Mit dem Präsesamt war für Lothar Kreyssig auch verbunden, daß er sich vertieft theologischen Fragestellungen zuwenden konnte. Einen zusätzlichen Anreiz dafür scheint ihm das Theologiestudium seines ältesten Sohnes gegeben zu haben. Im Briefwechsel mit ihm finden sich vermehrt theologische Gedankengänge. Franz-Reinhold Hildebrandt, der Halberstädter Propst, der damals viel mit Kreyssig zu tun hatte, beschrieb ihn als einen geistvollen Mann, der so vom Geist Jesu beherrscht war wie kaum ein anderer, den er kannte. Und er sei ein weitaus besserer Theologe gewesen als die meisten Pfarrer. Zwar sei er ein theologischer Freibeuter gewesen, der sich zu eigen machte, was ihn beeindruckte, und ganz und gar kein Systematiker. Wenn er eine Bibelarbeit hielt oder im Rat der Kirchenleitung etwas vorbrachte, dann sei das immer originell gewesen. Denn Kreyssig habe es verstanden, aus der Situation heraus spontan zu einem Gleichnis und zu einer Glaubensaussage zu finden.[6]

Ein wenig davon ist in Kreyssigs Meditationen und theologischen Notizen zu spüren. Manchmal litt er auch darunter, daß seine Ämter ihm nicht mehr Zeit ließen, sich fundiert mit theologischen Fragestellungen zu beschäftigen. »Was mir Ihr Schreiben darbietet, müßte auch wieder erarbeitet, nicht nur gelesen werden«, schrieb er im September 1948 an einen Pfarrer, der sich zu einem Akademie-Referat über das biblische Menschenbild und Lothar Kreyssigs einleitenden Worten dazu ausführlich geäußert hatte. »Wann werde ich das können? Ich kann es nur einstweilen in meine Mappe ›Theologisches‹ legen. Sie ist mein Schatzkästlein für Tage der Muße, von denen meine Frau meint, daß

ich sie niemals haben würde, weil mir das Talent dazu fehlt. Unsere Frauen wissen über uns mehr als wir selbst. Aber sie hat unrecht. Denn bei Gott ist kein Ding unmöglich.«[7]
In der Mappe »Theologisches« finden sich eine Reihe von Karteikarten, zumeist 1948 beschrieben, auf denen Kreyssigs Sekretärin nach Diktat »Vermerke« zu theologischen Fragen notiert hatte - zum Beispiel zur Auferstehung, zum Zeugnis in der Liturgie, zu den Rachepsalmen oder zu den alttestamentlichen *Cantica*. Kreyssig hatte auch, wie aus Verweisen auf diesen Notizen hervorgeht, in einem Anflug von Systematisierungseifer Karteikarten zu den verschiedenen theologischen Begriffen angelegt oder anlegen lassen, dies aber wohl nicht sehr lange durchgehalten. Denn noch im Verlauf des Jahres verlieren sich die methodisch konsequenten Aufzeichnungen und werden wieder durch eher zufällig aufbewahrte, oft fragmentarische Texte oder auch nur Stichpunkte abgelöst. - Hanna Kreyssig kannte ihren Mann doch besser als er sich.
In einem dieser Texte befaßte Kreyssig sich mit Goethes Faust und dessen Übersetzung des Johannesevangeliums:

> Erinnern Sie sich jener Szene, da Faust von der Wanderung am Ostertage heimkehrend die Schrift aufschlägt und den Anfang des Johannesevangeliums übersetzt? *Eν αρχη ην ο λογος*[8] - wie Luther überträgt: Im Anfang war das Wort. Daß *λογος* für den Evangelisten auch Christus, ja in erster Linie Christus heißt, gibt den Blick frei für eine überraschende Tiefenperspektive der Tragödie. Faust aber kann das Wort so hoch unmöglich schätzen, und so schreibt er für *λογος* willkürlich: die Tat. *Voluntas ratione superior.* Wille statt Geist. Nicht, daß Faust die Bibel übersetzt, sondern daß er sie so verhängnisvoll verfälscht, ist das Wesentliche an dieser Szene, die so zu einer Achse des ganzen Stückes wird, gleichwertig neben Fausts Fluch auf Wissenschaft und Glauben. Der Gegenbegriff zu *λογος*, der göttlich ordnenden Vernunft, ist *χαος [chaos]*. Chaotisch sind die Folgen von Fausts Entscheidung: Teufelsbund, Verführung, Mord und Schafott; das Reich wird untergraben; Raufebold, Habebald, Haltefest, Eilebeute werden Fausts Genossen; die letzte Kirche geht in Flammen auf; Völker werden versklavt; bis zuletzt ein Grab geschaufelt wird, wo neues Leben entstehen sollte.[9]

Ähnlich eigenwillig hat Kreyssig das Werk Johann Sebastian Bachs theologisch interpretiert, als er im Mai 1947 dem Magdeburger Bachfest die *Anrede der Kirche* zu überbringen hatte. Nachdem er in die »Jugend des deutschen Volkes«, die Reformationszeit, zurückgeschaut und bilderreich den Verfall in der »Selbstvergottung des Dritten Reiches« beschworen hatte, hielt er vor den »wohlgeneigten Hörern, Sängern und Musikanten, dem verehrten *cantor primarius* und der lieben Gemeinde« mit seiner hohen, immer ein wenig heiser klingenden Stimme eine leidenschaftliche Laudatio auf Bach, den »fünften Evangelisten«:

> Was dem Hörer heute an Bach befremdlich ist, mag es stilgeschichtlich vielfach begründet sein, folgt letztlich aus diesem Unterschied: Bach musiziert zur Ehre Gottes, im Hause Gottes, ganz in Ihn und Sein Wort eingebunden und darum in der Gemeinde, der Gemeinde dieser und der oberen Welt. Der moderne Mensch hört draußen vor der Tür zu seinem Vergnügen. Ja, draußen vor der Tür! Aber zu seinem Vergnügen? In diesem Vergnügen weint der Tod! Wenn im Rundfunk 1939 bis 1945 die Welt an das Tor des schlachtumtobten deutschen Gefängnisses pochte, so meldete sich England mit dem Morsezeichen des Buchstabens V. *Victory*, Sieg meinte der Mahner an der Tür. Aber er war bestellt zum Mahner Gottes, und Gott meinte das Dichter- und Musikantenherz des deutschen Volkes. Es vernahm die Eingangstakte zu Beethovens C-moll-Sinfonie: ... –. Das Schicksal klopfte an die Pforte. Das Schicksal? Ich weiß nicht. Mir will scheinen, als ob umgekehrt so der Titane Beethoven und mit ihm der prometheische Mensch, der Mensch in der tödlichen, gottfernen Vereinzelung unserer Tage an die Türe des Hauses Gottes klopfte, verbissen, angstvoll, der Verzweiflung nahe.
>
> Und drinnen erklingt die *Matthäuspassion* oder die Kantate *Nun ist das Heil* oder ein *Brandenburgisches Konzert*. Mir ist, als ob selbst die *Missa solemnis* Beethovens in aller ihrer Inbrunst überall voll der verzehrenden Sehnsucht des Beters vor dem Tore wäre. Bach aber singt und spielt aus der Fülle der Gotteskindschaft. Ganz gebunden in Gott und dem Worte Seiner Offenbarung, ist er frei, nicht sich selbst zu erfüllen und zu genügen, sondern zur Ehre Gottes zu entfalten, was er kann. [...]
>
> *In summa:* Es möchte nicht zuviel sein, Johann Sebastian Bach den fünften Evangelisten zu nennen. Es ist wohlgetan, Gott zu preisen, daß wir an Bach abhören können, wie Gott den deutschen Men-

> schen geliebt und beschenkt hat, und es ist die Verheißung der Kirche Jesu Christi, aus welcher die Musik Bachs bis auf uns gekommen ist. Sie ist wohlgeraten wie das Wort Gottes selbst ...[10]

Das Magdeburger Präsesbüro war, nachdem Lothar Kreyssig dort Hausherr geworden war, bald das Zentrum vielfältiger kirchlicher Aktivitäten. Dabei waren die äußeren Bedingungen lange noch schwierig und hatten alle Merkmale des Provisorischen. Das Präsesbüro hatte seine Räume zunächst im Gebäude des Konsistoriums, dann, etwas weniger beengt, im wiederaufgebauten Remtergang hinter dem Dom. Kreyssig hatte eines der kleineren Zimmer. Seinen Schreibtisch benutzte er ohnehin nur selten. Er liebte es, mit hochgezogenen Beinen auf dem Chaiselongue zu sitzen und so seine Notizen und Ausarbeitungen zu machen, lange Passagen davon stenografisch. Er benutzte frühzeitig ein Diktiergerät, das ihm die Freiheit gab, unabhängig von Büro und Schreibtisch zu arbeiten. Gelegentlich ersparte er seiner Sekretärin das Abschreiben und verschickte die Tonbänder. »Sie brauchen zum Abhören«, schrieb er einmal an den Bevollmächtigten des Rates der EKD bei der Bundesregierung, Militärbischof Hermann Kunst, »eine Stenorette Fabrikat Grundig. Sollte das Oberkommando des Militärbischofs befremdlicherweise eine solche ontisch bemerkenswerte versachlichte ›Kollegin‹ nicht besitzen, so leiht Ihnen das nächste Fachgeschäft das Ding.«[11]

Am Anfang seiner Magdeburger Zeit hat Kreyssig in einem möblierten Zimmer in einer Vorstadtstraße gewohnt. Da er unentwegt auf Reisen war, trug er immer einen Koffer bei sich mit Zahnbürste, Schlafanzug und einem Kanten Brot, ebenso eine dicke abgeschabte Aktentasche, in deren chaotischer Tiefe er manchmal ein Aktenstück suchte und zuweilen sogar fand - wie Zeitgenossen, die ihn gut kannten, mit feinem Spott berichtet haben. Später hat er am Dom über der Wohnung von Domprediger Doehring gewohnt. Wenn sein Wecker ging und die Pfarrfrau unten nicht hörte, daß er aus dem Bett sprang, dann klopfte sie mit dem Besenstil an die Decke und rief: »Herr Präses, Herr Präses, Ihr Wecker hat geklingelt!« Doch da, so erzählt Peter Kreyssig, habe sein Vater meistens schon in der Badewanne gesessen - morgens um sechs im eiskalten Wasser, damit er munter würde. Seine Mutter habe oft geseufzt und gesagt: »Der Mann wird sich noch umbringen!«[12] Kreyssig war im Juni 1947 mit etwas Mobiliar nach Magdeburg gezogen. Aber Hanna konnte und wollte nur zeitweise in Magdeburg wohnen; der Bruderhof mußte ja versorgt werden, zumal auch Kreyssigs Mutter aus Flöha dahin umgezogen war. »Ihre Leistungen in der Leitung des Hofes sind steigend«, äußerte sich Kreyssig im Mai 1946 voller Anerkennung über seine Frau. Und zwei Jahre später: »Mutti ist auf dem Hof, wo immer alles ... auf ihre feste Zügelfaust wartet. Übermorgen erwarte ich sie hier.«[13]

Für die vielfältigen Aufgaben im Präsesbüro hatte Kreyssig nach und nach einen engen Mitarbeiterkreis um sich geschart. Als einer der ersten war der Historiker und Studienrat Hermann Schaffer zu ihm gekommen, der vor allem den Besuchsdienst mit aufgebaut hat. 1948 kam Gerhard Stammler dazu, bis 1945 Philosophieprofessor an der Universität Halle-Wittenberg mit der Spezialisierung für Erkenntnistheorie und Logik. Er wurde Kreyssigs Stellvertreter und faktischer Leiter der Akademiearbeit. Dr. Käthe Zeller, Studienassessorin für Deutsch und neue Sprachen, kam 1951 in Kreyssigs Team. Sie war erst für die Frauen- und Jugendarbeit in der Evangelischen Akademie zuständig, dann für den Hilfsring, einer weiteren Gründung Kreyssigs. 1951 wurde Dr. Friedebert Lorenz Büroleiter und Kreyssigs rechte Hand, zuständig sowohl für die Organisation von Synoden, Akademietagungen und Kirchentagsarbeit als auch für die inhaltliche Mitarbeit. Auch Johannes Dittrich, der Jugendfreund, dem Kreyssig eine Pfarrstelle in der provinzialsächsischen Kirche vermittelt hatte, arbeitete intensiv in der Akademie mit. Dazu kamen Kreyssigs beide Sekretärinnen, die es mit dem dauernd von Ideen übersprudelnden, sich und seine Mitarbeiter nicht schonenden und häufig abwesenden Chef nicht leicht gehabt haben. Der Satz »Inzwischen abgereist« wurde jedenfalls zur Standardformel in Kreyssigs Briefen, auch in sehr persönlichen, manchmal arg an der Grenze zur Unhöflichkeit.

Die Gründung einer Evangelischen Akademie war schon 1946 ins Auge gefaßt worden. Die Vorläufige Kirchenleitung hatte auf ihrer Tagung vom 22./23. Mai 1946 die Errichtung einer Akademie als »Handwerkszeug zur Kenntnis und Klärung der fachlichen Fragen der Welt« beschlossen. Mit der Ausarbeitung eines Konzeptes wurde Propst Hildebrandt aus Halberstadt beauftragt. Lothar Kreyssig wurde zum

Vorsitzenden eines Sachkundigenrates für die Gründung der Akademie berufen. Die praktische Arbeit konnte aufgenommen werden, nachdem Kreyssig in einem Gespräch mit einem Offizier der Sowjetischen Militäradministration die Genehmigung hierzu ausgehandelt hatte.[14]

Den DDR-Behörden war die Akademie von Anfang an ein Dorn im Auge. Eine derartige christliche Lehr- und Debattier-Einrichtung vertrug sich natürlich nicht mit dem Anspruch der Marxisten auf alleinige Verkündung der Wahrheit, der in dem törichten Satz gipfelte: »Der Marxismus ist allmächtig, weil er wahr ist.« Mit der Abschaffung des Religionsunterrichtes in den Schulen, die von der SED verfügt und von den Blockparteien geduldet worden war, mußte die religiöse Unterweisung quasi über Nacht in jeder Gemeinde eingerichtet, untergebracht, personell besetzt und beaufsichtigt werden. Lehrkräfte waren auszubilden. »Es gelang und hatte Bestand. Überraschend wurden Theologen unter den Pädagogen sichtbar ...«[15]

Vor dem Hintergrund des kämpferischen Atheismus in der DDR, besonders in den fünfziger und sechziger Jahren, kam den Evangelischen Akademien eine besondere Bedeutung bei der fortbildenden Unterweisung der erwachsenen Christen zu. Vielfach nahmen sie sich der Themen an, die sonst in der DDR tabu waren. Zunehmend wurden sie ein Ort des freien Gesprächs, das jedenfalls freier und offener war, als es sonst in der totalitären Gesellschaft der DDR möglich war. Alle vergleichbaren säkularen Einrichtungen, die Volkshochschulen, Clubs und Vereine, der Kulturbund, wurden radikal in den Dienst der marxistischen Ideologie gestellt und verödeten alsbald. Ein Beispiel nur: Die Arbeitsgemeinschaft *Justiz und Wirtschaft* in der Ortsgruppe Halle des *Kulturbunds zur demokratischen Erneuerung* hatte für den Herbst 1951 eine Veranstaltung über den *Rechtsgedanken vom theologischen Standpunkt aus gesehen* geplant. Vorgesehen waren drei einleitende Referate von den Vertretern der großen Konfessionen, darunter der Berliner Landesrabbiner Martin Riesenburger und Lothar Kreyssig. Im Laufe des Spätsommers wurde der Vorsitzende des Arbeitskreises, ein Amtsrichter, abgelöst und das Vorhaben aufgegeben - gewiß nicht aus freien Stücken.[16]

Die Evangelischen Akademien hingegen weiteten gerade in dieser Zeit ihre Arbeit auf soziale und politische Themen aus. So gewannen sie bald auch an Anziehungskraft für Nichtchristen.

Die Akademiearbeit in der Kirchenprovinz Sachsen begann 1948 mit fünf Tagungen - je eine für Juristen, Mediziner, Künstler, Bauern und Wirtschaftsfachleute. Kreyssigs Handschrift ist bei dieser thematischen Auswahl deutlich zu erkennen. Die Tagungen fanden in den Anfangsjahren in der Lutherhalle in Wittenberg statt, deren Hausherr Dr. Oskar Thulin war, ein Schulkamerad und späterer Kollege Stammlers. Thulin leitete bis in die sechziger Jahre auch die Künstlertagungen der Evangelischen Akademie. Die Atmosphäre bei den ersten Akademietagungen hat Johannes Dittrich beschrieben:

> Der Tagungsort war, wie gesagt, die Lutherhalle in Wittenberg mit ihren kühlen Gewölben, dem langen Tisch im Refektorium, an dem alle aufgereiht saßen, im Hintergrund auf Bänken die Mitglieder des Predigerseminars, welche gern zu interessanten Vorträgen beurlaubt wurden; mit dem kleinen dunklen Empfangsbüro, das man auf gewundenen Treppen erreichte; mit dem weiten Lutherhof, wo überall Geschichte atmet, mit der gastlichen Unterkunft in den beiden Hotels Schwarzer Adler und Wittenberger Hof in der fast unzerstörten Stadt - damals ein ungewohnter und erfreulicher Anblick.[17]

Sie solle Gastgeberin und Gesprächspartnerin sein, hatte Kreyssig im ersten schriftlichen Bericht 1948 die Aufgaben der Akademie umrissen. Vom Verlust der Geistesfreiheit im Wesen bedroht, strebe das Denken und Forschen allenthalben nach der gemeinsamen Mitte, die aus der Kraft des lebendigen Wortes erwächst. Auf der Suche nach dieser Mitte wollte die Akademie also Gesprächsforum und Ort der Begegnung zugleich sein. Seine Erfahrung damit faßte Lothar Kreyssig einige Jahre später in einem Brief an den Dichter Gottfried Benn so zusammen: »Ich verantworte selbst den Dienst einer unserer Evangelischen Akademien, in welcher es ein Hauptanliegen ist, die Kirche nicht so sehr als lehrende, sondern als Gesprächspartnerin und dabei bereit zu sehen, daß sie selbst am meisten hört und lernt. Und nichts ist hierbei so gefährlich und gefürchtet wie der fromme Kurzschluß.«[18]

Kreyssigs Mitarbeiter Gerhard Stammler hatte 1948 im ersten Akademiebericht ergänzt, daß, weil der Mensch in Gefahr sei, den Dingen zu verfallen, es darauf ankomme, zu Kenntnis der Dinge und also zur Erkenntnis zu führen. Menschen, die durch ihre Arbeit an einer Sache in geistliche Not geraten seien, könne man nur verstehen und beraten, wenn man die sachlichen und fachlichen Voraussetzungen ihres Standes kennt. Diesem Gedanken entsprechend, war die Arbeit der Evangelischen Akademie anfänglich stark auf einzelne Berufsgruppen orientiert, was sich in den Tagungen der ersten Jahre widerspiegelte. In der Folgezeit erweiterte die Akademie ihr Programm um *Problemtagungen*, die thematisch ausgerichtet waren, sowie um sogenannte *Jedermann-Tagungen*, die eine Art Konfirmationsunterricht für Erwachsene sein sollten. Schließlich kamen *Tage des gemeinsamen Lebens* ins Programm, an denen nicht die intellektuelle Auseinandersetzung im Mittelpunkt stand, sondern die gemeinschaftliche ganzheitliche Erfahrung.

Da Wittenberg am Rande der Kirchenprovinz lag, erwies sich die Stadt auf Dauer als ungeeignet für die Akademiearbeit, jedenfalls als organisatorisches Zentrum und alleiniger Tagungsort. So entschied man sich für die Dezentralisierung der Akademie. Das Organisationsbüro zog 1951 nach Schönebeck-Salzelmen in ein ehemaliges Mädchenheim, das später, 1957 unter Mitwirkung von Präses Kreyssig als Seelsorgeheim eingerichtet wurde und den Namen Julius-Schniewind-Haus erhielt. Tagungsstätten der Akademie wurden unter anderem das Evangelische Stift in Ilsenburg, Schloß Bodenstein im Eichsfeld, das Predigerseminar in Erfurt und, nach Einbeziehung der Landeskirche von Anhalt in die Evangelische Akademie Magdeburg, zwei Heime in Gernrode im Harz. Nach der Einrichtung des Schniewind-Hauses kamen ein Gästehaus in Darlingerode und ein Akademieraum in der Brüdergemeinde Gnadau dazu.

Bis 1960 gab es weder einen Haushaltsplan noch eine feste Organisationsform für die Akademie, die Arbeit wurde vom Präsesbüro aus koordiniert und organisiert; die Mitarbeiter, sofern sie nicht zum Präsesbüro gehörten, hatten anderweitig ihre hauptamtliche Anstellung. Die Funktionen der Mitarbeiter waren ein Jahrzehnt lang nicht streng geschieden, ihre Interessen überschnitten sich, wenngleich jeder seinen eigenen Schwerpunkt hatte. Kreyssig vertraute wohl voraussetzungslos den Bildekräften, die im Chaos liegen, oder, und das ist wahrscheinlicher, dem Geiste Gottes. Und er, die Mitarbeiter und die Akademie fuhren nicht schlecht damit. Der ganze Mitarbeiterkreis, so Johannes Dittrich, sei gekennzeichnet gewesen durch große freundschaftliche Offenheit, Aussprachefreudigkeit, Abwesenheit aller Kompetenzstreitigkeiten, gegenseitige Hilfs- und Vertretungsbereitschaft - kurz, durch ein ideales Miteinander vom Präses bis hin zum Kraftfahrer. Friedebert Lorenz bestätigte das: »Das Großartige allen seinen Mitarbeitern gegenüber war, daß sie an einer so langen Leine laufen konnten, daß man es eigentlich nie als Leine empfunden hat. Der Vertrauensvorschuß, der war beinahe unendlich. Und andererseits die Art und Weise, die Dinge richtigzustellen, wenn man mal einen Fehler gemacht hatte, die war auch so großartig und immer vom Geistlichen her.«[19] Amtsbezeichnungen gab es nicht. Nur durch äußeren Zwang setzten sich später Bezeichnungen wie Akademieleiter oder Studienleiter durch. 1962 war es politisch nicht mehr möglich, derart im »luftleeren Raum« zu agieren. Die Evangelische Akademie Sachsen-Anhalt brauchte Anlehnung an die verfaßte Kirche und Rechtsschutz durch sie. Sie erhielt ein Statut und wurde seither von einem Kuratorium beraten. Und hatte auch nicht mehr die finanzielle Verantwortung allein zu tragen.[20]

Einmal im Jahr, im Herbst, fand der *Tag der Akademie* statt, an dem die Mitarbeiter, Referenten und Berater der Akademie für drei Tage zusammenkamen und das Programm für das kommende Jahr erarbeiteten, wo aber auch in den Kirchen der gastgebenden Gemeinden öffentliche Vorträge gehalten wurden. An diesen Tagen der Akademie hat Kreyssig sich beteiligt. Sonst aber erlaubten es ihm seine zahlreichen Verpflichtungen kaum einmal, an den Akademietagungen teilzunehmen, und nur selten einmal war er Referent. Er war der Steuermann der Akademiearbeit, der Anreger und Impulsgeber. Wenn er sprach, dann zumeist zu seinen ureigenen Themen Gerechtigkeit und Recht. Als 1952 die Erfurter Dependance der Evangelischen Akademie mit einer *Evangelischen Woche* eröffnet wurde, hielt er einen großen Vortrag *Der Mensch und sein Recht,* in der damaligen stalinistischen DDR ein hochbrisantes Thema.
Evangelische Akademie, so führte Kreyssig damals aus, rede nicht in der Gesichertheit selbstgewisser Lehrmeinung. Wohl traue sie dem Wort und wolle Wahrheit und Weisung daraus vernehmen. Aber in dem sie das tue, wisse sie sich einig in einer umfassenden Solidarität der Hörenden, der der Belehrung Bedürftigen, der von Gott selbst Befragten. Dann setzte er sich mit der jüngsten deutschen Vergangenheit auseinander und kam von dem einen, überwundenen totalitären Regime in kühner Deutlichkeit zum anderen, zur DDR:

Wir sehen, was sich mit uns Deutschen begeben hat, geistig als das

Ende eines selbstherrlichen, innerweltlichen Wahrheitsbegriffes. Was sich um uns herum begibt, ist offenbar nichts anderes, als der sich fortsetzende geschichtliche Vollzug dieser geistigen Entscheidung. Denn sie hat sich ereignet und ereignet sich noch mitten in einer letzten oder vorletzten furchtbaren Aufgipfelung des selbstherrlichen Denkens. [...]
Was wir im vergangenen Geschichtsabschnitt hinter uns haben, ist das Gott und jede übergeordnete Bindung verleugnende Recht des arischen Herrenmenschen in der enthusiastischen Prägung irdischer Vollendung: Recht ist, was dem Volke nützt.
Was wir um uns haben, ist das ebenso Gott und jede übergeordnete Bindung verleugnende Recht als ideologischer Überbau über einem in der Endvollendung der klassenlosen Gesellschaft ausgehenden zwangsläufigen materialistischen Prozeß. In der zugehörigen Rechtslehre ... ist vom Menschen entweder gar nicht oder nur am Rande, verlegen entschuldigend die Rede. Das ist auch ganz folgerichtig. Denn der Mensch ist ja nicht mehr Ausgangs- und Zielpunkt des Rechtsdenkens, vielmehr eine Funktion der Materie und im Vorgang selbst, im Sachverhalt als eine Funktion der Materie verschwunden. In schöner Folgerichtigkeit wird offiziell geleugnet, daß Rechtsgeschichte oder Rechtsphilosophie überhaupt gelehrt werden müsse. [...]
Es ist dem Menschen nicht in seine Hand und in seinen guten Willen gegeben, den Menschen als Ausgangs- und Zielpunkt des Rechtes festzuhalten. Die Idee ohne Gott verabsolutiert sich zwangsläufig und wird zum furchtbaren Fronvogt des Menschen. In der Zeitschrift *Neue Justiz* wird es als Errungenschaft oberster richterlicher Rechtsprechung gepriesen, daß eine Frau im Ehescheidungsprozeß nicht deshalb für mitschuldig an der Scheidung erklärt werden dürfe, weil sie nach 1945 ihren eigenen Mann angezeigt hat, er sei SS-Angehöriger gewesen. Das antifaschistische Prinzip verabsolutiert sich so, daß es Denunziation unter Ehegatten für Recht befindet. So hat die Wegwendung des Menschen von Gott eine Pervertierung der grundlegenden Wesenselemente zwangsläufig im Gefolge. Gerade ein rein idealistischer Ausgangspunkt kann dergestalt durch Umkehrung der Vorzeichen in radikale Unmenschlichkeit, in Selbstwiderlegung des Rechtes enden.[21]

Um die ganze Brisanz zu begreifen, die Kreyssigs Worte damals hatten, muß man sich vor Augen führen, daß es die Zeit der stalinistischen Schauprozesse, der willkürlichen Internierungen und Todesurteile war. Ein hohes öffentliches Amt bedeutete keineswegs einen Schutz. In jenem Herbst 1952 wurden in Prag Rudolf Slánský, Generalsekretär der tschechischen kommunistischen Partei, und zehn weitere Staatsmänner und Funktionäre, fast alle Juden, zum Tode verurteilt und hingerichtet. Auch in der DDR wurden zwei hochrangige Politiker, der stellvertretende CDU-Vorsitzende und Außenminister Georg Dertinger und der ehemalige SED-Staatssekretär Paul Merker, der sich für Wiedergutmachungsleistungen an Israel eingesetzt hatte, verhaftet und verurteilt. Hunderte politische Gefangene saßen in den Haftanstalten und Straflagern ein. Ein unachtsames Wort, eine grundlose Beschuldigung reichten aus, daß Menschen auf Jahre im Gefängnis verschwanden.

Kreyssig hatte sich zu Beginn der fünfziger Jahre vermehrt sozialen Themen zugewandt. Als 1953 der Soziologe Dr. Erwin Hinz ins Akademieteam eintrat, wurde die »industrielle Arbeitswelt« Gegenstand der Akademiearbeit. Es war der Versuch, der Kirche einen Weg zurück zur Arbeiterschaft zu ebnen. Das war der SED erst recht ein Dorn im Auge, und sie versuchte diese Arbeit zu behindern, wo immer es ging. Im April 1953 zum Beispiel hatte die Akademie ein Wochenendgespräch für Arbeiter geplant. Thema sollte sein: *»Was hat die Kirche heute dem Arbeiter zu bieten?«* Tagungsleiter waren Johannes Dittrich und Friedebert Lorenz, Referent ein Pfarrer aus Halle. Die Tagung war gut besucht, 55 Teilnehmer waren gekommen, davon etwa die Hälfte Arbeiter, viele von ihnen zum erstenmal in der Evangelischen Akademie. Präses Kreyssig konnte wegen einer anderen Verpflichtung nicht anwesend sein. Während sein Grußwort verlesen wurde, erschienen Volkspolizisten im Konsistorium und forderten nach einigem Hin und Her die Auflösung der Veranstaltung. Pfarrer Dittrich weigerte sich, dies, wie von ihm gefordert, den Akademiebesuchern mitzuteilen. Daraufhin erklärte der Kommandoführer in einer längeren, verschwommenen Ausführung vor den Akademiebesuchern die Veranstaltung für aufgelöst, gestand aber noch ein Schlußgebet zu.[22]
Wie argwöhnisch die Evangelische Akademie Sachsen-Anhalt und insbesondere Lothar Kreyssig vom SED-Staat beobachtet wurde, darüber

geben mehrere dicke Aktenbände beim Bundesbeauftragten für die Unterlagen des Staatssicherheitsdienstes, der Gauck-Behörde, Aufschluß. Kreyssig wurden zunächst von 1954 bis 1957 mit weiteren Mitgliedern der provinzialsächsischen Kirchenleitung im Operativen Gruppenvorgang *Bischof* »bearbeitet«, wie das im Jargon des Staatssicherheitsdienstes hieß, und vom August 1957 bis zum August 1959 im Operativen Gruppenvorgang *Torpedo*, in dem die Evangelische Akademie Magdeburg insgesamt erfaßt war. Im Eröffnungsbericht beschrieb der Staatssicherheitsdienst die Akademie so: »Die Ev. Akademie ist eine Einrichtung der Ev. Kirche in Deutschland. Zu mehrtägigen Kursen und Tagungen werden Menschen der verschiedensten Berufsgruppen gesammelt, um diese zu einer volksfeindlichen reaktionären Haltung zu beeinflussen. Auf der Basis der idealistischen Philosophie, in Verbindung mit der NATO-Konzeption wird die Durchsetzung der Politik der Stärke durch die Ev. Akademie, offen oder versteckt, betrieben ... In ihrer Tätigkeit fällt der Ev. Akademie in der DDR die Rolle zu, eine systematische Unterminierungs- und Aufweichpolitik unter der Bevölkerung zu treiben - und alles fortschrittliche Gedankengut zu ersticken. Die aktive Zersetzungsarbeit der Ev. Akademie steht unter der ideologischen und finanziellen Förderung des Adenauer-Regimes und der westl. Imperialisten. (Adenauer selbst nahm an der Eröffnung der Ev. Akademie in Bad Boll teil).«[23] Über den Leiter der Evangelischen Akademie Magdeburg, Dr. Lothar Kreyssig hieß es: »K. ist als offner Gegner der demokratischen Entwicklung bekannt ... K. macht die Ev. Akademien zu den Brutstätten feindlicher Ideologien. Das Zentrum der reaktio-närsten Kirchenleitungen in der DDR liegt bei der Leitung der EKU (Kreyssig).« Bei der »Bekämpfung« der Evangelischen Akademie wurden mehrere Gesellschaftliche Mitarbeiter (GM) und Informanten (GI) eingesetzt, darunter ein Pfarrer GI »Werner« aus Halle und die labile Abiturientin GI »Menjana«, die vom Genossen Stehfest geführt wurde. Einen engen Mitarbeiter Kreyssigs als Spitzel zu gewinnen, ist dem Staatssicherheitsdienst offenbar nicht gelungen.

Ausführlich, wenn auch manchmal reichlich wirr und mit Unterstellungen durchsetzt, wurde über fast jede Akademietagung berichtet. Ein ehrgeiziger Leutnant Reupke wollte einen Durchschlag seines Berichtes an das ZK der SED weitergeleitet wissen, was ihm aber offensichtlich untersagt wurde. Das Werk trug den merkwürdigen Titel *Feindli-*

cher Einfluß der Evgl. Akademie gegen Staat und Regierung der DDR auf dem Sektor Medizinisches Personal und Krankenschwestern. In den einleitenden Bemerkungen wurde festgestellt, daß es der Akademie u.a. gelungen sei, in die Berufsgruppe der Technischen Führungskräfte - Konstrukteure, Ingenieure, Techniker - einzudringen. Und dann folgte, ohne den geringsten Beweis, eine schlimme und die Akademie-Mitarbeiter überaus gefährdende Unterstellung: »Zweifellos werden die Mitteilungen und Aussprachen der Personen die zu den technischen Führungskräften der Ev. Akademie zählen als Spionagematerial seitens der kirchlichen Hintermänner an die zuständigen westlichen Stellen weitergeleitet.«[24]

Im Dezember 1957 wurde ein Maßnahmeplan zum Eindringen in die Leitung der Evangelischen Akademie ausgearbeitet. Es sollte versucht werden, zwei Mitarbeiter Kreyssigs anzuwerben, der eine davon Dr. Friedebert Lorenz, der genau wie Kreyssig ein Verfechter der westlichen Ideologie und ein ausgemachter Feind jeder sozialistischen Entwicklung sei. Er habe es bisher geschickt verstanden, persönlich im Hintergrund zu bleiben und seine politisch reaktionären Aufgaben sehr konspirativ zu lenken. Dr. Lorenz sollte in seiner Wohnung überrumpelt und befragt werden. Scharfsinnig stellte der Leutnant Reupke fest: »Das Ergebnis dieses Besuches bei Dr. Lorenz kann 2 verschiedene Folgerungen haben: 1.) Lorenz erklärt sich auf Grund [-][25] bereit, mit uns Verbindung aufzunehmen oder 2.) Dr. Lorenz macht über den Besuch in seiner Wohnung Mitteilung bei dem Präses Kreyssig, bezw. bei dem Bischof Jänicke und wird evtl. Republikflüchtig.«[26] Dr. Lorenz entschied sich offensichtlich für Punkt zwei. Einem undatierten Vermerk ist zu entnehmen, daß er mit dem Ziel der Anwerbung in »operative Bearbeitung« genommen worden ist: »Verweigert er die Zusammenarbeit wird seine weitere Tätigkeit im kirchlichen Raum der DDR unmöglich gemacht.« Dem folgte die lapidare Notiz, daß Dr. Lorenz nach Fulda versetzt worden ist. - Dr. Lorenz war im März 1959 aus der Akademie ausgeschieden und hatte, unter Vermittlung Kreyssigs beim Präsidium des Deutschen Evangelischen Kirchentages in Fulda eine Anstellung erhalten.

Über die Akademiearbeit berichteten also weiterhin wenig qualifizierte GIs. Einer davon hatte über Kreyssig in Erfahrung gebracht: »K. ist ein ehemaliger Junker, der noch heute über einen Landsitz in

Hohenferchesar als Rest seines ehemaligen Großgrundbesitzes verfügt. (Potsdam) Außerdem ist Kreyssig heute noch Besitzer einer Druckerei in Leipzig.« Ein anderer Spitzel, der GI »Hans«, verknüpfte seinen Bericht über die Kirchenausschüsse und die Evangelische Akademie mit einem dezenten Hinweis auf seine Talente: »Ich würde gern etwas mehr in den Vordergrund treten und bei der Neuordnung der Kirche mithelfen, aber wie soll ich das nun machen. Wenn ich erst einmal zu staatlichen Stellen oder zum christl. Arbeitskreis oder Konvent Verbindung hätte würde ich mich für diese Arbeit verwenden ... Nun zur Tagung in Wittenberg - Medizin und Theologie im April 1958. Der [-] aus Berlin wird kommen und sein Referat halten ... Während der Tagung kann jeder mitschreiben. Wir sehen darauf, daß keine ungebetenen Gäste erscheinen, die also von der Sache keine Ahnung haben. Letztens hatte sich ein Baufachmann angemeldet. Den habe ich natürlich abgelehnt, weil er ja die Fachsprache nicht kann und dann auch den Ausführungen nicht folgen kann. Alle tragen sich in eine Anwesenheitsliste ein. Jeder bezahlt 30,— DM Teilnahmegebühr.«[27]

Am 28. August 1959 wurde der Operative Vorgang *Torpedo* eingestellt: »Die bisherige Bearbeitung des Vorganges zeigte, daß die Personen sowie die kirchliche Einrichtung der Ev. Akademie mit unserer Gesellschaftsordnung nicht einverstanden ist [sic!], jedoch eine direkte Feindtätigkeit nicht erwiesen werden konnte.«[28] - Vielleicht hätten die Genossen, anstatt die Akademie und Kreyssig zu bespitzeln, besser einen Deutschkursus an der Volkshochschule belegen sollen ... Mögen jene Berichte des Staatssicherheitsdienstes heute auch eher als Kuriosität erscheinen, harmlos waren sie nicht. Ihre Primitivität und Dummheit darf nicht darüber hinwegtäuschen, daß die Arbeit der Evangelischen Akademie in diesen Jahren ständig auf höchste gefährdet war und daß Kreyssig und seine Mitarbeiter jederzeit auch als »Agenten des Imperialismus« hätten verhaftet werden können. Der Ausbildungsdezernent des Magdeburger Konsistoriums, Oberrat Lic. Erich Hein, der schwer herzkrank war, ist in dieser Zeit, im November 1957, bei einem der unmenschlichen Verhöre des Staatssicherheitsdienstes ums Leben gekommen. - Später hat das MfS seine Methoden verfeinert. Ein Nachfolger Kreyssigs im Amt des Konsistorialpräsidenten der Kirchenprovinz Sachsen war »Offizier im besonderen Einsatz«, also ein hochrangiger Funktionär, dessen Legende als Christ und kirchlicher Mitarbeiter sorgfältig aufgebaut worden war. Er begann Anfang der siebziger Jahre als Jugendsynodaler, wurde 1990 Konsistorialpräsident und endete 1991 durch Mord oder Selbstmord.[29]

Ein anderer Laiendienst, den Kreyssig bald nach seiner Wahl zum Präses ins Leben gerufen hatte, war der Besuchsdienst. Kreyssig verstand ihn im engen Zusammenhang mit der Arbeit der Evangelischen Akademie. Während bei dieser die intellektuelle Auseinandersetzung im Mittelpunkt stand, war es beim Laienbesuchsdienst die seelsorgerliche Begegnung, das persönliche Gespräch. Kreyssig war bei dieser Gründung, die er gelegentlich auch eine »Bruderschaft« nannte, von der evangelischen Michaelsbruderschaft, der er später selbst beigetreten ist, inspiriert. Die Michaelsbruderschaft wollte Formen der Frömmigkeit, der Liturgie und des Gebetes, die in der mehr rationalen, vom Wort geprägten evangelischen Kirche verlorengegangen waren, neu beleben und dem heutigen Lebensgefühl erschließen. Der Laienbesuchsdienst war eher missionarisch ausgerichtet und ein Versuch, auf die umsichgreifende Entkirchlichung zeitgemäß zu reagieren. Wie in der Zeit des Kirchenkampfes sollte der innere Zusammenhalt der Gemeinden gestärkt werden.

Mit dem Besuchsdienst hatte Kreyssig eine Praxis der Bekennenden Kirche wieder aufgenommen. Später betraute er seinen Mitarbeiter Hermann Schaffer mit der Organisation und Führung. Die Anfänge liegen schon im Jahre 1947. In einem Brief vom Oktober 1947 an seinen Sohn Peter ist davon die Rede, daß er für den November die *dritte Kampagne* vorbereitet. Was sich dahinter verbarg, erklärte ein halbes Jahr später ein weiterer Brief: »... mitten in der Kampagne - in unwahrscheinlicher Ursprünglichkeit zu Zweit von Dorf zu Dorf, von Haus zu Haus, von Mann zu Mann.«[30] Ziel Kreyssigs war es, mit den Gruppen, oder um den von ihm bevorzugten Begriff zu gebrauchen, den *Mannschaften* des Besuchsdienstes, im Laufe der Jahre die ganze Kirchenprovinz zu durchwandern, jeden Kirchenkreis und jede Gemeinde aufzusuchen und den Menschen in die »Häuser und Höfe, auf die Felder und Straßen nachzugehen« und mit ihnen zu reden.

Diese apostolischen Mannschaften, jeweils zehn bis sechzehn Mann, waren zwei Tage, später eine Woche lang unterwegs. Sie verteilten sich auf die Gemeinden des besuchten Kirchenkreises und versuchten, wie

Kreyssig es formulierte, »das Reich Gottes im Glauben zeichenhaft aufleuchten zu lassen«. Während der Kampagnen fand allmorgendlich in den besuchten Gemeinden ein Abendmahlsgottesdienst, oder, wenn der Pfarrer das nicht mitmachen wollte, eine Morgenwache statt. Das sollte nicht zu früh sein, damit die Leute aus der Gemeinde teilnehmen konnten. An den Vor- und Nachmittagen zog man dann aus zum Gespräch, dem Herzstück des Dienstes. Das sei Gabe und Aufgabe des Dienstes, »daß er es wagt, bei Hausbesuchen im Einzelgespräch Leid und Freud des anderen wirklich zu tragen, ihn dort abzuholen, wo er auf Teilnahme wartet, und in Gottes Namen, wo es angezeigt ist, zu wirklich seelsorgerlichem Zuspruch vorzudringen«. Ein erstaunlich modernes Pastoralkonzept. Die Laienbesucher sollten nicht zuerst verkündigen wollen, das sei in erster Linie Sache des Pfarrers. Sie sollten sich vielmehr mit dem einbringen, was ihnen als Gabe verliehen ist und was sie aus dem Erfahrungskreis ihres Berufes anzubieten hätten. »Dem eigentlichen Laienauftrag wird am besten und glaubwürdigsten der in seinem Lebens- und Arbeitskreis bekennende, wirkende und beispielgebende Laie gerecht werden ...«[31]

An ein oder zwei Abenden während der Kampagne setzten sich die Laienbesucher mit dem Gemeindekirchenrat zusammen, an den anderen Abenden nahmen sie an den verschiedenen Gemeindekreisen - Männerwerk, Frauenhilfe, Jugendkreis oder Bibelstunde - teil. Es war immer auch das Bestreben, die Gemeindeältesten für ihre Arbeit zu motivieren oder neue Gemeindemitglieder für diese Aufgabe zu gewinnen. Denn, so die Konzeption, der Laienbesuchsdienst sei freie, bewußt kirchentreue Arbeit, die der Gemeinde zugute kommen soll. Zuweilen wurde der Dienst auf eine benachbarte Landeskirche ausgeweitet. Im April 1952 waren mehr als hundert Pfarrer und Laien aus dem provinzialsächsischen Besuchsdienst in evangelischen Gemeinden des Rheinlands unterwegs. »Das würde leere Form bleiben, wenn nicht Leben und Wesen der Kirche für diese Verantwortlichkeit der Gemeindeglieder in der Ortsgemeinde selbst einen Ausdruck findet. Zum anderen geht es überall nicht um einen selbstgenügsamen Laizismus, sondern um das Erwachen der biblischen Fülle von Ämtern und Diensten, die rings um das Hirten- und Predigtamt in der Gemeinde sich ordnen«, schrieb Kreyssig 1951 an den ehemaligen Oberbürgermeister von Weimar, Dr. Koppetsch, der angefragt hatte, ob man die Einrichtung des Laienbesuchsdienstes nicht in der Kirchenverfassung verankern könne.[32] - Die Besuchskampagnen endeten am Sonntag mit einem Abschiedsgottesdienst mit der Gemeinde.

Anfangs scheint Lothar Kreyssig sich selbst rege am Besuchsdienst beteiligt zu haben. Den administrativen Bereich und zunehmend auch die konzeptionelle Arbeit hatte er weitgehend Hermann Schaffer überlassen. Als Kreyssig 1964 als Präses der provinzialsächsischen Kirche ausgeschieden war, vermerkte Schaffer, daß er sich für die Zukunft eine stärkere kirchenleitende Hilfestellung erhoffe, »nachdem der bisherige Präses sich in der Sorge vor der Auswirkung einer falsch empfundenen Autorität darin Askese auferlegt hat«.[33]

Einen kleinen Eindruck von den Themen, um die es bei diesen Besuchen ging, und in die Art und Weise, wie Lothar Kreyssig seinen apostolischen Dienst versah, vermittelt ein Brief, den er nach einem solchen Besuch an eine junge Frau in Piesteritz, einem Vorort der Lutherstadt Wittenberg, geschrieben hat:

> Verehrte junge Frau,
> auf unserer Besuchsreise war ich auch bei Ihnen. Sie erklärten mir freundlich und gelassen, sie würden ohne Bezahlung Ihres Kirchensteuerrestes aus der Kirche austreten. Sie glaubten nur noch an das, was Sie sehen und greifen könnten. - Wieweit kann man das?
>
> Eine Million Roggenkörner, schätze ich, können 3-400 kg ausmachen. Ein kleiner Bauer mag zwanzigmal soviel ernten. Aber um eine Million Körner zu zählen brauchte er Tag und Nacht die ganze Erntezeit, rund 25 Tage. Um die 50 Millionen Tote zu zählen, die 1939-45 gewaltsam umgekommen sein sollen, würde er 1250 Tage oder $3^1/_2$ Jahre brauchen, Tag und Nacht jede Sekunde und Zahl ein sterbender Mensch. Sehen und greifen?
>
> Von der Menschheitsgeschichte kennen wir genauer kaum mehr, als die letzten 5000 Jahre. Die Erde ist aber nach von einander unabhängigen, am Ende übereinstimmenden Berechnungen der Gelehrten 1,5 Milliarden Jahre, der ganze Kosmos mit Welten und Aberwelten rund 3,5 Milliarden Jahre alt. Unser Tag und Nacht zählender Bauer würde für das Alter der Erde über 100, des Kosmos über 250 Jahre brauchen. - Sehen und greifen? Unmöglich!
>
> Aber kapitulieren Sie nicht zu schnell. Etwa neunzigmal schlägt Ihr Herz in einer Minute. Etwa dreißigmal atmen Sie in derselben Zeit.

> Während Sie dadurch leben, zählt »es« in Ihnen das schlechthin Unvorstellbare. Denn was unser Bauer in 100 und 250 Jahren nicht fertig bekäme, das leistet Ihr Herz und Ihr Atem in einer normalen Lebenszeit. Bitte rechnen Sie nach: Wenn sie 80 Jahre alt werden, was Ihnen in Gesundheit beschieden sein möchte, macht Ihr Herz 90x60x24x365x80, also rund 3,5 Milliarden Schläge und Ihre Lunge etwa 1,2 Milliarden Atemzüge. - Siehe da, die kleine Spanne Zeit eines Frauenlebens ist, indem es pulst und atmet, in die unvorstellbar große Zeitspanne des Seins verwoben. Und auch dieses ganze Sein - darüber sind sich die Forscher heute ebenfalls einig - geht von einem Anfang unaufhaltsam zu einem Ende. [...]
> Vielleicht 3000 Jahre vor unserem wissenschaftlichen Zeitalter hat ein Psalmensänger geschrieben: Unser Leben währet 70 Jahre, und wenn es hochkommt, so sind es 80 Jahre. So kam ich darauf nachzurechnen und fand, daß die Leistung der Lebensuhr in Ihnen und mir so wenig vorstellbar, zu sehen und zu greifen sei, wie das Alter der Schöpfung - Verzeihung - des Kosmos und der Erde.
> Ich wollte Sie nicht überreden. Aber wenn wir wieder nach Piesteritz kommen sollten, würde ich Sie gern wieder besuchen dürfen, auch wenn Sie inzwischen aus der Kirche ausgetreten sein sollten ...[34]

Seit den Auseinandersetzungen um die Euthanasiemorde der Nationalsozialisten hatte Lothar Kreyssig die Frage beschäftigt, wie man bewirken könne, daß Gesellschaft und Gemeinde geistig Behinderte und Kranke akzeptieren lernen und besser integrieren. »Nachdem die Sache im funktionellen Bereich meiner richterlichen Verantwortung ausgestanden war, bin ich den von der Verfolgung Betroffenen oder Bedrohten nicht auf der Spur geblieben, auf die der Schöpfer und Erlöser so gebieterisch hingewiesen hatte ... So war der persönliche Aspekt der Wahrheit, insofern sie nicht nur Nein zum Tod, sondern Ja zum Leben sein und im Dienst zur Weise des neuen Seins werden will, noch gar nicht erreicht«, bekannte er im Oktober 1966 in einem Brief an drei Ärzte, die angeklagt waren, an Euthanasiemorden beteiligt gewesen zu sein. Kreyssig wollte sie ermutigen, »sich der gerichtlichen Verantwortung in Redlichkeit, Wahrhaftigkeit und Freimut zu stellen«. So könnten aus dem Zeugnis einer unter Leiden erworbenen besseren Einsicht wesentliche Anstöße für eine Neuorientierung der ärztlichen Ethik und der Gewissen unzähliger Beteiligten kommen.[35] Der von ihm 1950 gegründete Hilfsring, so schrieb er, bemühe sich, im Blick auf psychiatrisch Kranke im Bund mit der modernen Medizin die Familien und Gemeinden zur sachkundigen, geduldigen und dienenden Teilnahme an diesem Leiden zu führen und zu ermutigen. Seine Hauptpartnerin bei dieser Arbeit war Dr. Käthe Zeller, die 1951 als Akademie-Mitarbeiterin zu ihm gekommen war und sich 1961 nach ihrem Ausscheiden aus der Evangelischen Akademie ausschließlich dem Hilfsring widmete.

Mitte der fünfziger Jahre ergab sich eine Ergänzung durch die sogenannte Lebensmüdenbetreuung und Telefonseelsorge des ökumenischen St. Lukasordens, der sich der Krankenseelsorge, Pastoralpsychologie und Fürsorge für Lebensmüde widmete. Der Arzt und Theologe Klaus Thomas hatte in Berlin den ersten deutschen Arbeitskreis dieser weltweiten Vereinigung für *Healing-movement*, tätige Krankenseelsorge, gegründet, in dem Mediziner, Psychotherapeuten und Pfarrer mitarbeiteten. Kreyssig hatte »als erste kirchliche Persönlichkeit die Arbeit des St. Lukasordens in ihrer Bedeutung gewürdigt und tatkräftig gefördert«, stellte Klaus Thomas in einem Brief fest.[36] Kreyssigs aktiver Förderung war es mit zu danken, daß am 5. Oktober 1956 in Berlin die erste deutsche Telefonseelsorge die Arbeit aufnehmen konnte, anfangs vorrangig für die Betreuung Suizidgefährdeter gedacht, schon bald zur Beratung in Lebenskrisen jeglicher Art genutzt.[37]

In Briefen betonte Kreyssig mehrfach, daß Hilfsring und St. Lukasorden den Dienst an Lebensmüden gemeinsam in Gang gesetzt hätten. In einem Brief an Ilse Friedeberg, einer Freundin und zeitweise intensiven Briefpartnerin vom Ökumenischen Institut in Bossey bei Genf, spricht er von »der jungen Ehe unseres Hilfsringes mit dem Lukasorden«, aus der ein Kind »von aufsehenerregender Lebendigkeit hervorgegangen ist, ein Dienst der Lebensmüdenbetreuung, der kaum zu bewältigen ist«.[38] Auf einer gemeinsamen zweitägigen Tagung von Hilfsring und St. Lukasorden im Mai 1956 im kirchlichen Tagungsheim Schwanenwerder am Berliner Wannsee, an der auch Thomas und Kreyssig teilnahmen, hatte sich eine *Arbeitsgemeinschaft der Krankenseelsorge* konstituiert, in der sich die Gemeindeglieder, die sich zu seelsorgerlichem Dienst an Kranken gerufen wußten, für den Bereich der östlichen evangelischen Gliedkirchen sowie Berlins zusammenfinden sollten. Mit dem

Kontakt des Hilfsringes zum Lukasorden beauftragte Kreyssig seine Mitarbeiterin Dr. Käthe Zeller.

So sehr Kreyssig auch die Laiendienste, die er gegründet hatte, am Herzen lagen, den hauptsächlichen Anteil seiner Arbeit machten sie nicht aus. Neben dem Präsesamt in der provinzialsächsischen Kirche war er noch mit einer Reihe weiterer verantwortungsvoller Ämter betraut worden. Er war 1950 zum Präses der Generalsynode der Evangelischen Kirche der altpreußischen Union und späteren EKU gewählt geworden, ein Amt, das er bis in die sechziger Jahre innehatte. Von 1949 bis 1961 war er Mitglied des Rates der Evangelischen Kirche in Deutschland. Im Rat der EKiD war er unter anderem der Beauftragte für die Evangelischen Akademien in Deutschland. Im Juni 1952 wurde er Präsident der Kirchenkanzlei in Berlin; zuvor hatte er die Verwaltungsgeschäfte der EKU bereits längere Zeit kommissarisch geleitet. Als Vertreter der Kirchen in der DDR war er bis Ende 1958 Vizepräsident Ost des Deutschen Evangelischen Kirchentages. Er nahm an zahlreichen Synoden teil und leitete viele von ihnen, arbeitete in Ausschüssen und Kommissionen mit und vertrat die deutschen Kirchen auf den Weltkirchenkonferenzen 1948 in Amsterdam und 1954 in Evanston. Er war zum kirchlichen Multifunktionär geworden, pendelte zwischen seinen Büros in Magdeburg und Berlin und vielen Tagungsorten in beiden Teilen Deutschlands. Seine Mitarbeiter dichteten in dieser Zeit den schönen Schüttelreim: *Auch wenn wir noch so süchtig flehn, wir können ihn nur flüchtig sehn ...*

Und alle diese Ämter übte er in einer politisch wie kirchenpolitisch hochbrisanten Zeit aus. Die Auseinandersetzungen mit dem SED-Regime, das sich gerade in jenen Jahren aggressiv kirchenfeindlich zeigte, die massive Behinderung kirchlicher Arbeit, die ständigen Aus- und Einreiseverbote, die Verbote kirchlicher Veranstaltungen, die Behinderung der Jugendarbeit, die Einführung der Jugendweihe forderten Verhandlungsgeschick, Geduld und Stehvermögen, auch gegenüber denen in der Kirche, die um des lieben Friedens willen bereit waren, sich alsbald auf Kompromisse einzulassen. In der Kirche wurde die Neuordnung diskutiert, die Separierung der DDR-Kirche, der Militärseelsorgevertrag. Auch in diesen Diskussionen bezog Kreyssig entschiedene Positionen. Es ist unmöglich, seine Unternehmungen in diesem geschäftigen Jahrzehnt auch nur ansatzweise nachzuzeichnen; er selbst widmete all diesen Ämtern in seiner Autobiographie eine halbe Seite. Sie waren ihm wohl oft eine ungeliebte Bürde.

Eine Zeitlang scheint er sich mit dem Gedanken getragen zu haben, alles hinzuschmeißen und sich wieder ausschließlich dem Bauerndasein zu widmen. Denn den Bruderhof bewirtschaftete er ja auch noch - auch wenn das de facto Hanna und seine Mitarbeiter weitgehend selbständig machten. Aber zumindest zur Erntezeit packte er auch selbst auf dem Hof mit an. Mit den Pächtern, die er zeitweilig hatte, lief es nicht so recht. Im Januar 1955 schrieb er an Ilse Friedeberg nach Bossey:

> Ich werde, wenn die Lage so bleibt, schon Anfang März wieder Bauer und nichts anderes mehr sein. Die Bauern sind bei uns ein verlorener Haufen. Aber gerade da gehöre ich hin. Ich hatte seit 1946 oft genug in Akademien und Hirtenbriefen Gelegenheit zu sagen: Wer glaubt, der flieht nicht. Daß ich jetzt den verlorenen Posten der mit Wohlklang Angeredeten zu teilen habe, dürfte außer Zweifel sein, gerade weil ich statt dessen an der kirchlichen Futterkrippe gesichert sein könnte. Vielleicht lasse ich mich aber von den Brandenburgern zum Pastor von Hohenferchesar machen, wieder wie einstmals eines mit dem anderen vereinend. [...]
>
> In der selben Zeit aber, wo sich hier - ganz anders, als ich bisher in die neuen Daseinsabschnitte wie durch ein Tor ins Freie eingetreten bin - ein Pförtchen zu dem erbetenen »unteren Weg« abzeichnet, wollen die alten, vielfältigen und weiten Wege zu einem Ende kommen. Ich biete wohl, soweit einer überhaupt beobachtend aus sich herauszutreten vermag, das Bild des Knechtes, der seinen Dienst zu Ende bringt, indessen seine Vollmacht schon entzogen ist. »Du kannst hinfort nicht Haushalter sein.« Unter diesem Generalnenner spielt sich in den verschiedenen Bereichen Besuchsdienst, Akademie, Rat der EKiD, Leitung der EKU, Leitung der Kirchenprovinz Sachsen das Verschiedenartige doch unter demselben Vorzeichen ab. Ich lebe von der Autorität des noch bestehenden Amtes umgeben, gewissermaßen von dem Kredit, den eine einstmalige Vollmacht hinterlassen hat, eine etwas melancholische Sache, ein Leben aus zweiter Hand, wie ich es bisher nicht kannte. Lange schon vorher habe ich im Blick auf die Vielgeschäftigkeit von permanenten Bankrott geredet. Jetzt sehe ich, wie er wirklich aussieht. Seit der Rückkunft, Mitte

Oktober nämlich, werden weder die innerlich bewegenden Hauptgeschäfte noch die laufenden Dinge mehr bewältigt. [...] Ringsumher steigt die Flut. Wir stehen vor der Bischofswahl mit aller ihrer zwischen alter und junger Kirche entscheidenden Bedeutung. In Magdeburg kämpfe ich ... gegen eine unbeschreibliche Flut von dreister und oberflächlicher Repristination auf ganz einsamen Posten. Gegen die Akademie wird ein Großangriff gefahren, der auf dem Weg über die Verweigerung der Druckgenehmigung für das Jahresprogramm gerade in den letzten Tagen auf den Höhepunkt gekommen ist. Die vom 5. bis 11. März anstehende Synode der EKiD mit dem Vorhaben der Neuwahlen und mit einer Rekordlast hypothekarischer Belastung an Politik und Kirchenpolitik fährt in den tollen Eisgang hinein, der zur Bonner zweiten und dritten Lesung der Verträge[39] hin (Ende Februar) im Werden ist. Aus Angst vor sich selbst hat sie sich in der ersten Abstimmung mit großer, in der zweiten mit kleiner Mehrheit, immer aber mit geschlossenem Votum der Lutheraner, statt turnusgemäß in den Osten zu gehen, wo ich sie nach Halle eingeladen hatte, in Espelkamp verkrochen. Der Kirchentag hat sich selber bis 1956 auf Eis gelegt. Ein kleiner Trost ist, daß die Synode neben dem offiziellen Hauptthema *Die Kirche und die Welt der Arbeit* sich die Wiedervereinigung Deutschlands wenigstens heute schon zu behandeln vorgenommen hat und daß der Vorentwurf ... einigen geistlichen Tiefgang verspricht. Hier wird sich erweisen, ob wir in der geschichtlichen Leibhaftigkeit der Frage Anschluß finden an die Stuttgarter Schulderklärung oder ob uns Gott dahingegeben hat in Unbußfertigkeit und Verstockung.[40]

Anmerkungen

1 EZA 614/IV/19 Handakten Kreyssig. Brief von Kurt Scharf an Kreyssig anläßlich seines 60. Geburtstages [1958].

2 Mündliche Mitteilung von Christian Schmidt vom 15. März 1989.

3 Interview des Verfassers mit Fritz Figur am 30. Juni 1989 in Berlin (West).

4 Jänicke, Johannes, a.a.O., S.181f.

5 Tagung der Provinzialsynode in Halle. In: »Der neue Weg«, Magdeburg, 24. Juni 1955.

6 Interview des Verfassers mit Franz-Reinhold Hildebrandt.

7 EZA 614/37, Mappe »Theologisches«. Brief an Pfarrer Georg Helbig in Halle vom 8. September 1948.

8 *en arche en o logos* (griech.)

9 EZA 614/37, Mappe »Theologisches«. Manuskript, ohne Titel, ohne Datum [um 1948].

10 EZA 614/37, Mappe »Theologisches«. Lothar Kreyssig: Anrede der Kirche zum Magdeburger Bachfest 9.-14. Mai 1947. Manuskript.

11 EZA 614 »Generalia Präsesamt«. Brief an Militärbischof Kunst vom 11. Januar 1958.

12 Interview des Verfassers mit Peter Kreyssig.

13 Briefe an Peter Kreyssig vom 7. Mai 1946 und 28. Mai 1948.

14 AEK Magdeburg 548/58 »Ev. Akademie, Generalia«. Vermerk von Dr. Gerhard Stammler vom 19. Mai 1958 über ein Gespräch mit dem Vorsitzenden des Rates des Kreises Schönebeck/Elbe.

15 AB II, S.53.

16 AEK Magdeburg 548/58 »Ev. Akademie, Generalia«. Vorgang vom 27. Juli 1951 und ff.

17 Dittrich, Johannes: Geschichte der Evangelischen Akademie der Kirchenprovinz Sachsen und der Landeskirche Anhalt in den Jahren 1948 bis 1968. Bearbeitet von Ulrike Krüger, In: Wüst, Heidemarie: Einsichten in Evangelische Akademiearbeit. Magdeburg, 1994, S.46.

18 EZA 614/37, Mappe »Theologisches«. Brief an Gottfried Benn vom 16. Mai 1955.

19 Interview des Verfassers mit Friedebert Lorenz.

20 Vgl. Dittrich, Johannes: Geschichte, a.a.O., S.33ff.

21 EZA, 614/VI, Mappe »Erfurt«. Vortragsmanuskript »Der Mensch und sein Recht« [25. September 1952].

22 AEK Magdeburg, A 107 Bd. II 1951-1960 »Kirche und Staat«. Vermerk von Dr. Lorenz vom 18. April 1953.

23 Der Bundesbeauftragte für die Unterlagen des Staatssicherheitsdienstes der ehemaligen Deutschen Demokratischen Republik [BStU]. Ministerium für Staatssicherheit [MfS], Bezirksverwaltung [BV] Magdeburg, Operativer Gruppenvorgang [OV] »Torpedo«, Registriernummer 13/57, Eröffnungsbeschluß vom 26. August 1957. - Hier und bei den folgenden Zitaten aus Dokumenten des MfS wird die originale Schreibweise wiedergegeben. Geschwärzte Textstellen in den Dokumenten, die vom BStU zum Schutz von Persönlichkeitsrechten Dritter anonymisiert wurden, werden durch [-] gekennzeichnet.

24 BStU, OV »Torpedo«. Bericht »Feindlicher Einfluß ... » vom 12. Oktober 1957.

25 Anonymisiert, vgl. Anmerkung 23.

[26] BStU, OV »Torpedo«. Maßnahmeplan vom 30. Dezember 1957.

[27] BStU, OV »Torpedo«. Informationsbericht über die Tätigkeit der Ev. Akademie Sachsen-Anhalt vom 19. Mai 1958 und Bericht vom 7. Februar 1958.

[28] BStU, OV »Torpedo«. Einstellungsbeschluß vom 28. August 1959.

[29] Dr. jur. Detlef Hammer alias OibE »Günter«. Vgl. Besier, Gerhard und Stephan Wolf: »Pfarrer, Christen und Katholiken.« Das Ministerium für Staatssicherheitsdienst der ehemaligen DDR und die Kirchen. Neukirchen-Vluyn, 1992 (2., durchgesehene und um weitere Dokumente vermehrte Auflage), S.902.

[30] Brief an Peter Kreyssig vom 28. Mai 1948.

[31] EZA 614/21b, Mappe »Präsesamt Laiendienste«. Entwurf einer Ergänzung zum Merkblatt des Laienbesuchsdienstes, 11. März 1955 [verfaßt von Hermann Schaffer, in der Endfassung ergänzt von Lothar Kreyssig].

[32] EZA 614, Generalia Präsesamt. Brief an Oberbürgermeister a.D. Dr. W. Koppetsch vom 12. November 1951.

[33] AEK Magdeburg 19/Bd. I, Akten der Evangelischen Akademie 1955-65. Vermerk von Hermann Schaffer vom 5. März 1964.

[34] Archiv des Verfassers. Brief an eine junge Frau in Piesteritz, o.J. [vermutlich Mitte der fünfziger Jahre].

[35] Nachlaß Kreyssig, Brief von Ende Oktober 1966 und Begleitschreiben an Dr. [Aquilin] Ullrich.

[36] EZA 614/VI/31 A, Mappe »Lukasorden«. Brief von Landespfarrer Klaus Thomas an Lothar Kreyssig vom 19. November 1956.

[37] Vgl. Thomas, Klaus: Warum weiter leben? Freiburg im Breisgau, 1977 (Herder-Bücherei Bd.610), und ders.: Erster Bericht über die Lebensmüdenbetreuung in Berlin. In: Wege zum Menschen, Dez. 1956.

[38] EZA 614/78/V. Brief an Ilse Friedeberg vom 16. Januar 1957.

[39] Die Pariser Verträge, mit deren Ratifikation am 27. Februar 1955 die Westintegration der Bundesrepublik vollzogen wurde.

[40] EZA 614/78/19b. Brief an Ilse Friedeberg vom 8. Januar 1955.

Kapitel 14

Wer glaubt, flieht nicht

Die Zeit, in der Lothar Kreyssig seine kirchenleitenden Ämter innehatte, war die Hoch-Zeit des Kalten Krieges. Die Teilung Deutschlands vertiefte und verfestigte sich. Die beiden deutschen Staaten, die entstanden, waren fest in die gegensätzlichen, verfeindeten Machtblöcke eingebunden. Sie wurden wiederbewaffnet und rüsteten auf. Die Gefahr, daß der kalte in einen heißen Krieg zwischen den Deutschen umschlagen könnte, war gegenwärtig. Die bitteren Erfahrungen der nationalsozialistischen Zeit wurden verdrängt. Die Deutschen im Westen hatten sich mit Hilfe des Marshallplans in einer »selbstvergessenen, wie trunkenen Geschäftigkeit«, so Kreyssig, ins Wirtschaftswunder gerettet. Die Deutschen im Osten hatten sich auf die Seite der Sieger geschlagen: An dem, was zehn Jahre zuvor in Auschwitz und überall in Europa geschehen war, trugen nicht sie die Schuld, sondern »die Faschisten«. Das übermenschliche Maß der Schuld wie der Scham hat eine wirkliche Auseinandersetzung mit der Vergangenheit erschwert, hier wie dort.

Lothar Kreyssig hat unter der Verstocktheit der Deutschen und ihrer zunehmenden Entfremdung voneinander, von der auch die Kirchen nicht verschont blieben, zutiefst gelitten. Und hat gegen beides, gegen die Unbußfertigkeit wie gegen das Sichfremdwerden, angekämpft. In den gesamtdeutschen kirchlichen Gremien, die es bis zum Mauerbau gab, war er einer der wenigen »Ostvertreter« und mahnte beharrlich die Einheit und Bewahrung der inneren Identität des Volkes mit sich und seiner Geschichte an. So radikal er die Machthaber im Osten ablehnte, die Demokratie und Menschlichkeit mit Füßen traten, so leidenschaftlich verteidigte er die Menschen dort und stellte sich auf ihre Seite. Und versuchte, mitten im Kalten Krieg, Begegnung zwischen den Deutschen möglich zu machen. Er war auch in den Verhandlungen mit den DDR-Behörden ein hartnäckiger, unbequemer Gesprächspartner, der sich durch keine Volksfrontpolitik einlullen oder sich durch Versprechungen von der grundsätzlichen Ablehnung des totalitären Sozialismus abbringen ließ. Der Staatssekretär für Kirchenfragen, schrieb Kreyssig in seinen Erinnerungen und wollte das zu dessen Ruhme nicht verschwiegen haben, habe sich vom ersten bis zum letzten Tage geweigert, mit ihm zu reden. Als er keine »kirchenregimentliche Figur mehr, sondern nur noch der Leiter freier Werke war, wurde die Behandlung in staatlichen Dienststellen feindselig, immer gereizter, und nicht selten bedrohlich.«[1]

Die Russen hingegen scheinen nie den Respekt vor dem Antifaschisten Kreyssig verloren zu haben. Als Mitglied des Rates der Evangelischen Kirche in Deutschland hatte er des öfteren zu Tagungen des Rates nach Westdeutschland zu reisen. Als Adenauer daranging, im Einvernehmen mit den Westmächten die Bundesrepublik wieder zu bewaffnen, bedienten die Russen sich Kreyssigs zu einem hochpolitischen Schritt:

> Auf Ersuchen des Oberstkommandierenden in Halle übernahm ich es, Adenauer das Angebot der Sowjetunion auf Neutralisierung ganz Deutschlands zu übermitteln, wenn die Bundesrepublik auf Wiederbewaffnung verzichte. Daß Deutschland, soeben durch den frevelhaftesten Krieg aller Zeiten gezeichnet, Kristallisationspunkt für einen lebensnotwendigen Weltfrieden werden könnte - »Segen der Sünde«, wie Luther sagt -, war mir ganz nach dem Sinn. Später habe ich im Rat der EKiD mit Niemöller zusammen auf den vorgelegten Wehrmachtsseelsorgevertrag hin der Wiederbewaffnung ausdrücklich und leidenschaftlich widersprochen. Adenauer aber fand ich in Bonn völlig abweisend. Ein Grundsatzgespräch kam gar nicht zustande. Ich war ihm wohl schon als Bote der Russen ein gezeichneter Mann. Er lehnte, was die Russen anboten, ausdrücklich ab, ließ aber merken, daß er schon gebunden war.[2]

Öffentlich verlautete darüber, Kreyssig habe Bundeskanzler Adenauer aufgesucht, »um ihn über die Auffassung der Kirche in der Ostzone zu informieren«[3]. Es ist zu vermuten, daß das Angebot, das Kreyssig überbracht hat, ein Vorstoß im Vorfeld der Stalin-Note vom 10. März 1952 gewesen ist. Stalin hatte den drei Westmächten die Wiedervereinigung unter Voraussetzung der Neutralisierung Deutschlands vorgeschlagen.

Die Westmächte lehnten mit ausdrücklicher Billigung Adenauers ab, einen Friedensvertrag zu diskutieren, bevor durch freie gesamtdeutsche Wahlen ein gesichertes Fundament für die freiheitliche und demokratische Entwicklung in ganz Deutschland geschaffen sei. Auf die Unterzeichnung des Bonner Deutschlandvertrags und des EVG-Vertrags im Mai 1952 reagierte die DDR mit Abriegelung der Grenze, Einstellung des kleinen Grenzverkehrs und Unterbrechung der Telefonverbindungen zwischen den beiden Stadthälften Berlins. »Wenn man das schreckliche Schauspiel eines in der Unbußfertigkeit verkommenden Volkes ... bedenkt, so ist die viele Liebe, welche über die Trennung hinweg lebendig und tätig ist, ein wirklicher Trost. Eigentlich ist, was beide Regierungen tun und nicht tun, eine einzige Verleugnung dieser Realität«, schrieb Kreyssig Jahre danach an seinen Sohn Jochen.[4]

Sein Weg war es, das Zusammengehörigkeitsgefühl der Deutschen und den Zusammenhalt der Kirchen zu fördern und zu bewahren, wo immer es ging. Jede Separation war ihm ein Greuel. *Wer glaubt, der flieht nicht*, hatte er 1948, angesichts der sich verstärkenden Ostflucht, einen Antrag an die Ostzonen-Konferenz der Kirchenleitungen überschrieben.[5] Auch wenn er anerkannte, daß »der Strom der Verzweifelten« aus dem Osten jenseits der Grenze Sicherheit, Recht, Freiheit, Zivilisation, Gesittung, europäisches Dasein suchte - sein Weg war das nicht. Für ihn war das Flucht vor dem Gerichtsgeschehen hin zu den Fleischtöpfen Ägyptens, wie er unter Berufung auf Jesaja 30 und 31 schrieb. Er betrachtete es als vordringliche Aufgabe der Kirche, und gewiß auch als die seine, das »verzweifelte Volk auf die im Kreuze Christi offenbare und gegenwärtige Gnade Gottes zu weisen«. Er sah schon damals, daß die Kirche künftig der »stärkste politische Faktor deutscher Einheit« zu sein habe, und forderte als aktuell notwendigen Schritt eine gemeinsame Intervention der Kirchen für die politischen Gefangenen.

Im Januar 1950 erklärte der Rat der EKiD, dessen Mitglied Kreyssig war, daß die Einheit des deutschen Volkes nicht mit der Preisgabe der Würde und Freiheit des Menschen erkauft werden dürfe. Der Eiserne Vorhang, der infolge der Politik der Besatzungsmächte entstanden sei, stelle eine ständige Bedrohung des Friedens und damit der Freiheit der Menschen dar. Es widerspreche der Menschenwürde, wenn Angeschuldigte ohne geordnetes Rechtsverfahren ihrer Freiheit beraubt werden. Daher seien Konzentrationslager abzulehnen, und zwar in jeder Form und in jedem Land.[6] Zu dem Zeitpunkt bestanden in der DDR noch die russischen Speziallager in Buchenwald, Sachsenhausen und Bautzen, in denen Tausende Gefangene festgehalten wurden, ein Teil von ihnen ohne Verfahren oder Urteil. Die Auflösung der Lager wurde erst ein Vierteljahr nach Gründung der DDR von der Sowjetunion verfügt. Damals wurde der größere Teil der Häftlinge entlassen. Nach dem Volksaufstand vom 17. Juni 1953 kam erneut eine größere Anzahl politischer Gefangener frei, darunter viele, die erst nach Gründung der DDR inhaftiert worden waren. Zu Weihnachten 1953 schrieb Präses Kreyssig einen Rundbrief an die aus der Haft entlassenen Kirchenglieder:

> An euch, die ihr den Versuch der Kirche, ihrem Auftrag gehorsam zu sein, für uns alle durch eure Gefangenschaft dargetan habt, habe ich in dem großen Geschenk der stillen Tage besonders gedacht ... Es liegt mir fern, diese Bruderschaft derer, die Gott beim Wort genommen hat, ungebührlich ans Licht zu ziehen. Es könnte ja sein, daß noch viel verborgener, außerhalb der öffentlichen Verantwortung der Kirche, aber im Kampf mit dem Tod, Krankheit und Sünde, allenthalben in der Verheißung des Wortes noch größere Taten des Glaubens geschehen. Laßt es euch aber gefallen, wenn ich euch allen Bonhoeffers *Widerstand und Ergebung* sende. Es hat mir während eurer Haft zur gehörigen Gegenständlichkeit des Gebetes geholfen. Ich denke mir, daß vieles euch sehr nahe sein möchte, was da zu lesen steht, wobei es sein könnte, daß der existentielle Erweis des Glaubens auch Schwächen einer Theologie heraustreibt und sichtbar macht.
>
> Dabei denke ich auch an eine bestimmte Frucht, die eure Erfahrung etwa bringen könnte. Glaubt ihr, daß die [auf] Seite 96 bis 101 verfaßten Gebete Vollmacht haben in der Gefangenschaft? Dann sollte man sie der Gemeinde in Sonderdrucken kleinen Taschenformats anbieten. Jeder, der die Schrift mit ihren Mahnungen ernst nimmt, hat allen Grund - ohne Weltflucht, falschen eschatologischen Trübsinn oder Märtyrersehnsucht - sich darauf vorzubereiten, daß er vielleicht eines bösen Tages für sich und Mitgefangene nur zur Verfügung hat, was ihm in Herz und Kopf gegenwärtig ist. Darum sollte er die Bonhoefferschen Gebete als die Hinterlassenschaft eines evangelischen Heiligen bei sich tragen und sie in müßigen Augenblicken lernen, wie man Psalmen oder Paul Gerhardtsche Lie-

> der lernt. Soll ich einen solchen Sonderdruck anregen oder veranlassen?
>
> Mit vielen bin ich davon überzeugt, daß die Wende im Juni, die uns alle Erleichterung und den meisten von euch Freiheit gebracht hat, eine Erhörung vieler Gebete war ... Eure Befreiung ist mir immer wie ein Angeld auf Gottes Erbarmung über den Deutschen gewesen. Vielleicht hört Er eure Bitten besonders freundlich.[7]

Ein so berührendes, unmittelbares Zeugnis für die Bedrückung, der Christen in der DDR in den fünfziger Jahren ausgesetzt waren, wie in diesem Brief, findet sich selten. Auch wenn es im »antifaschistischen, demokratischen« Staat vielfältige Repressalien gegen die Kirchen gab, die SED rechtfertigte alles als Gesetzmäßigkeiten des Klassenkampfes und der Auseinandersetzung mit dem Imperialismus. Ihrer Propaganda gelang es, den brutalen Kampf der Kommunisten um Macht und Vorherrschaft als »Friedenskampf« zu verkaufen. »Bist du für den Frieden?«, war die letzte Frage, wenn den marxistisch-leninistischen Agitatoren die Argumente ausgegangen waren - und wer konnte schon gegen den Frieden sein? Das Friedensgerede blendete viele, auch in der Kirche. Sie wurden in den »Christlichen Kreisen« des Kulturbunds, in der CDU und später in der Christlichen Friedenskonferenz zu Werkzeugen der SED und viele zu »nützlichen Idioten«, wie Lenin das treffend und entlarvend genannt hat. Kreyssig ließ sich hingegen nicht einlullen, er blieb, nicht anders als in der Zeit des Nationalsozialismus, auch im realen Sozialismus wach und kritisch gegen alle Anzeichen des Totalitären und der ideologischen Antithese zum Christentum. Im Dezember 1950 gab die provinzialsächsische Kirchenleitung, vertreten durch Bischof Müller, Konsistorialpräsident Hofmann und Präses Kreyssig, gegenüber dem Ministerpräsidenten des Landes Sachsen-Anhalt eine ausführliche Stellungnahme zur Weltfriedensbewegung, zur Politik der Regierung und zum Verhältnis von Staat und Kirche ab. Detailliert setzte sich die Kirchenleitung mit marxistisch-leninistischer Theorie auseinander. Zur Weltfriedensbewegung erklärte sie: »Wir sehen in dem Enthusiasmus der Weltfriedensbewegung einen Glauben an die Erlösung der Welt ohne Gott und ohne Christus durch den wissenschaftlichen Sozialismus ... Ihre Hoffnung, aus eigener Kraft einen Zustand zu schaffen, in dem es keine Krisen und keine Kriege, keine soziale Ungerechtigkeit und kein Elend mehr gibt, weil die klassenlosen Gesellschaft erreicht ist, ist in unseren Augen politische Schwärmerei mit politischem Pathos. Darum lehnt die Kirchenleitung für sich die Mitarbeit in der organisierten Friedensbewegung ab ...«[8]

1956 kam Kreyssig ein Buch in die Hand, das von der Ost-CDU verteilt wurde: die Schrift *Für den Frieden* mit Reden und Appellen des orthodoxen Metropoliten Nikolaus. Entsetzt schrieb Kreyssig an den Generalsekretär des Ökumenischen Rates der Kirchen, Visser't Hooft: »Alles, was wir je gegen die schlimmsten Vertreter der Deutschen Christen gedacht und gesagt haben, verblaßt neben dieser Häresie. Dabei ist zu bedenken, daß es sich um eine offizielle russische Verlautbarung handelt, welche bezeichnenderweise von der CDU in Ostdeutschland vertrieben und verschenkt wird.«[9] Kreyssig zitierte sodann einige Sätze aus einer Ansprache des orthodoxen Metropoliten Nikolaus, die dieser im Mai 1952 auf einer Friedenskonferenz in Sagorsk gehalten hatte:

> Als unantastbare Friedensbastion ragt die Sowjetunion über den trüben Wellen des aufgewühlten Weltmeeres empor. Unsere Bastion ist höher als jeder Montblanc, als jeder Mount Everest.
>
> Auf ihrem Wachturm hält Tag und Nacht der erste Wachposten des Friedens Ausschau. Scharf ist sein Blick und stark sein Arm, der den Menschen den Weg zum Leben weist, maßvoll schlägt sein allumfassendes Herz, das den ganzen Schmerz der Leidenden in sich aufgenommen hat. Es ist erfüllt von ruhigem, aber unerbittlichem Groll gegen die Folterknechte und von unendlicher Menschenliebe. Er wird nicht dulden, daß die Menschheit, erst eben errettet, neuen Qualen ausgesetzt werde.
>
> Ruhm dem großen Stalin![10]

Kreyssig schrieb Visser't Hooft weiter, daß die Sache für die Kirchen in der DDR von existentieller Bedeutung sei. Denn seit Monaten sähen sie sich einer breiten und nachdrücklichen ideologischen Offensive der materialistischen Staatsmacht ausgesetzt. Es spitze sich alles dahin zu, daß sie in eine ähnliche kirchliche Situation gebracht werden sollten wie die Ungarn oder Tschechen oder die polnische evangelische Kirche:

> Der Sektor, auf welchem der Synkretismus Eingang finden soll, ist die Weltfriedensbewegung. Für den Mann auf der Straße ist die diabolische Verkehrung ihrer Friedensparolen vom dialektisch-materialistischen Ausgangspunkt und vom enthusiastischen Ziel der klas-

senlosen Gesellschaft her nicht leicht zu durchschauen. Es werden ihm zunächst verhältnismäßig harmlos erscheinende Schritte und Erklärungen angeboten. Aber die Signatur ist eindeutig. Das Ende ist massive Häresie mit eschatologischen Zügen, wie sie Nikolaus im Munde führt. Wir sind schon einmal durch die Vorhölle des biologischen Materialismus in Gestalt des Nationalsozialismus gegangen. Das relative Recht zur Harmlosigkeit, das die anderen vielleicht haben möchten, haben wir vor Gott und den Menschen in keiner Weise. So liegt mir doch daran, daß Sie, lieber Bruder Visser't Hooft, auch die Doppelgesichtigkeit und Zweischneidigkeit des Auftrags sehen, den wir an Leuten wie Nikolaus und - mit Abstand - an Hromádka haben.

Kreyssigs eigenes politisches Engagement hingegen war immer konkret, war vom Glauben bestimmt und oft genug für Staat und Kirche gleichermaßen unbequem. Am 1. November 1956 berichtete er auf einer Sitzung des Rates der provinzialsächsischen Kirchenleitung von der jüngsten Entwicklung in Ungarn. Er gab seinem Bedauern Ausdruck, daß es während des Volksaufstandes zur Lynchjustiz an Funktionären und Spitzeln der politischen Geheimpolizei gekommen war, und schlug vor, an Kardinal Mindszenty und den evangelischen Bischof Ordasz in Budapest gleichlautende Telegramme zu senden. Nach eingehender Aussprache folgte der Rat seinem Vorschlag. Die Telegramme, die die Unterschrift des Bischofs, des Konsistorialpräsidenten und des Präses trugen, hatten folgenden Wortlaut: »Wir hören mit tiefem Erschrecken von Exekutionen ohne geordnetes Rechtsverfahren. Wir bitten um Christi willen: Ruft die Gemeinden auf, daß sie der Rache widerstehen. Gott helfe und bewahre Euch!«[11] - Letztlich hat diese Friedfertigkeit und Gewaltlosigkeit, die Lothar Kreyssig viel wirksamer und nachhaltiger als alle lauttönenden »Friedenskämpfer« vertreten hat, jene Tradition in der DDR mitbegründet, die im Herbst 1989 die friedliche Revolution möglich gemacht hat. Nicht zufällig kamen viele Bürgerrechtler aus der von Kreyssig gegründeten Aktion Sühnezeichen.

Rechtlichkeit und ein ausgeprägter Sinn für Gerechtigkeit waren Kreyssigs Lebenselement, nicht nur im Beruf. Daß er redete, auch wenn es politisch oder kirchenpolitisch ungelegen war, machte seine Glaubwürdigkeit aus. Gerade in den schwierigen fünfziger Jahren, als im Kalten Krieg auch zwischen den östlichen und westlichen Kirchen die Distanz und das Mißtrauen wuchsen, als das Eintreten für die Menschen in der DDR schnell als Sympathie für das SED-Regime gedeutet wurde, konnte nur jemand von der Geradlinigkeit und Unbedingtheit Kreyssigs die Interessen der ostdeutschen Kirchen wirksam vertreten. Die Rolle, die Kreyssig damals in der deutschen evangelischen Kirche einnahm, hat Helmut Gollwitzer nachdrücklich gewürdigt:

> Er war im Unterschied zu einer ganzen Reihe offizieller Kirchenmänner für mich wie für viele andere eine Person des unmittelbaren Vertrauens, eben seiner Lauterkeit und seiner Freundlichkeit wegen. Und wir wußten ja von ihm auch aus eigener Erfahrung, daß er bei all seiner Freundlichkeit es nicht scheute, hier und da radikale, entschiedene Positionen zu vertreten. Und davon waren die nächsten Jahre ja reich.
>
> Wichtig war, daß und wie er DDR-Bürger war. Die DDR-Bürger in den gesamtkirchlichen EKD-Synoden, die hatten es ja schwer. Sie wurden selbstverständlich als Vertreter der DDR-Kirchen genommen, nicht nur als Individuen, sondern als Repräsentanten. Und als solche standen sie unter der unausgesprochenen Forderung, Gegner oder mindestens heftige Kritiker des östlichen Teils Deutschlands, also der sowjetzonalen Republik zu sein. War es einer nicht, dann geriet er in Verdacht, Mitläufer der SED zu sein. Und Kreyssig war da nun wichtig, weil er ein Mann war, dem alle vertrauten; er geriet nicht in diesen Verdacht, auch dann nicht, wenn er etwas zu Gunsten der DDR sagte. Und darum, da er diese Möglichkeit und Freiheit hatte auf Grund des allgemeinen Vertrauens, war er für uns so wichtig.
>
> Und das sage ich aus der Erfahrung eines Menschen, der damals ziemlich Mühe hatte, seinen eigenen Standort zu finden - mit meinen Erfahrungen aus der Gefangenschaft hinter mir. Gleichzeitig aber gehörte ich auch zum radikalen Flügel der Bekennenden Kirche, zum Niemöller-Flügel. Da war er mir, auch in seiner geistlichen Art, eine große Hilfe, mich zurechtzufinden.[12]

Von der SED und der DDR-Regierung wurde Kreyssig so ganz und gar nicht wahrgenommen; er scheint neben Bischof Dibelius zu einem Hauptgegner erklärt worden zu sein. Das ist angesichts der Deutlichkeit, mit der er Stellung bezog und Kritik aussprach, nicht verwunderlich. Im Mai 1951 erging ein *Seelsorgerliches Wort* der provinzialsächsischen Kirchenleitung an die Bauern, das von Kreyssig verfaßt worden war. Es begann mit einer schonungslosen Beschreibung der Situation, in der sich damals, ein Jahr vor Beginn der Zwangskollektivierung, die Bauern in der DDR befanden:

> Liebe Bauern und Bäuerinnen!
>
> Not und Unruhe um euer gesamtes Dasein ist über euch gekommen. Was in der Plan- und Sollwirtschaft gefordert wird, könnt ihr allermeist ohne verhängnisvolle Eingriffe in die Substanz nicht erfüllen. Täglich lastet Angst wie ein Alp auf eurem ganzen Leben. Manche sind darin schon verzweifelt und sogar den Weg der Flucht und des Selbstmordes gegangen. Aus derselben Angst haben sich viele verleiten lassen zu tun, was sie selbst verabscheuen, und sind damit ehrlos und friedlos geworden. Andere wollen auch von Gott nichts mehr wissen. Sie meinen sich von ihm verlassen und vergessen - wenn es ihn überhaupt noch gäbe. So ist es gekommen, daß selbst Familien, die früher fest zum Worte Gottes hielten, die in der Lehre der Kirche und ihrer Sitte einen festen Halt fanden, die Verbindung mit ihrer Kirchengemeinde verloren haben.
>
> Aber was euch umtreibt ist nicht nur die Sorge um das, was euch gehört; ihr fühlt euch bedroht in der bäuerlichen Aufgabe selbst. Ihr wolltet in Freiheit schaffen an dem, was euch anvertraut ist. Und in Freiheit sollt ihr als Gottes Lehnsleute am täglichen Brot für alle dienen. Das aber wird - so scheint es - unmöglich. Ohnmächtig fragt ihr, wo es hinaussoll, warum läßt Gott das alles zu ...[13]

Die SED reagierte wütend. Der Hallenser Innenminister und spätere Staatssekretär Hegen erzwang den Abdruck einer Erwiderung im *Kirchlichen Gesetzblatt* unter Androhung, daß das Blatt sonst nicht mehr erscheinen dürfe. Kreyssig verzichtete angesichts des mit persönlichen Verleumdungen durchsetzten Inhalts auf jeden Kommentar.[14]

Ein anderer schwerwiegender Konflikt mit den DDR-Oberen entzündete sich an der Bezeichnung »Kirche der *altpreußischen* Union«.[15] Die Synodalen hatten im Dezember 1950 und Februar 1951 unter dem Vorsitz von Präses Kreyssig im Johannesstift in Berlin-Spandau getagt und eine neue Grundordnung verabschiedet. Diese mußte - entsprechend dem Staatsvertrag mit Preußen und dem Kontrollratsbeschluß

Lothar Kreyssig in Hohenferchesar, um 1979.
Foto: Frithjof Meußling.

über die Rechtsnachfolge - der DDR und den betroffenen Ländern zur Kenntnis gegeben werden. Obwohl sich aus den Verträgen kein Einspruchsrecht des Staates ableiten ließ, erhob die DDR-Regierung gegen die Beibehaltung der Bezeichnung *altpreußische Union* förmlichen Protest. Die altpreußische Kirche wurde zu einer vom Staat nicht anerkannten kirchlichen Organisation erklärt, weil sie »ein typisches Produkt der preußischen Politik« sei und somit die »Wiederbelebung des reaktionären Preußentums« fördere. Außerdem würde durch sie die deutsch-polnische Freundschaft gefährdet. - Ein ähnlich »intelligentes« Mißverständnis war damals gerade der Evangelischen Akademie in Sachsen-Anhalt widerfahren, der SED-Ideologen die »finanzielle und politisch-ideologische Abhängigkeit vom *Ökonomischen* Weltrat der Kirchen in Genf und seinem Aufsichtsratsvorsitzenden Visser't Hooft« vorgeworfen hatten. - Die SED beharrte trotz einer Erläuterung auf ihrer Meinung, mit der Auflösung des Staates Preußen sei auch die Kirche der altpreußischen Union untergegangen. Sie versagte, als die Grundordnung dennoch in Kraft gesetzt wurde, den Synodalen aus den Westprovinzen die Einreisegenehmigung für die Generalsynode, die im Mai in Görlitz stattfinden sollte. Trotz vielfältiger Bemühungen wurde das Verbot nicht aufgehoben. Daraufhin mußte die erste ordentliche Nachkriegssynode in West-Berlin tagen. Lothar Kreyssig wurde Präses der Synode und kommissarischer Leiter der Kirchenkanzlei der altpreußischen Kirche, nachdem der Evangelische Oberkirchenrat im August 1951 aufgelöst worden war.

Die »verbotene Synode« in Berlin-Spandau nahm die SED als endgültigen Beweis, daß die altpreußische Kirche der »Wiederbelebung des reaktionären Preußentums, der Kräfte des Militarismus und Unterstützung der imperialistischen Aggressionspläne« diene. Die Genossen des Staatsapparates wurden angewiesen, mit Vertretern der APU nicht zu verhandeln und sie als Mitglieder einer illegalen Organisation zu betrachten. Die unmittelbare Folge war, daß DDR-Bürgern die Teilnahme am Kirchentag in Stuttgart und am Weltluthertag in Hannover unmöglich wurde - wovon im ersten Fall etwa zwanzigtausend, im zweiten fünftausend Gläubige betroffen waren. Am 15. Juli unternahm Lothar Kreyssig, der Präses der »illegalen Organisation«, gemeinsam mit Propst Heinrich Grüber in einem Gespräch mit Staatssekretär Hans Warnke vom Innenministerium einen letzten Versuch, die Reisegenehmigung für die Kirchentagsteilnehmer zu erwirken, vergeblich. Kreyssig notierte anschließend in einem vertraulichen Vermerk die Gründe, die Warnke angeführt hatte: »Obwohl von ihnen nicht anerkannt, habe eine Kirche der altpreußischen Union Botschaften erlassen, in denen unter anderem davor gewarnt werde, daß man im Westen wie im Osten jugendliche Menschen zu politischen Aktionen mißbraucht. Im Osten geschähe dergleichen nicht. Die Regierung habe die Polizei veranlaßt, die Pfarrer darauf hinzuweisen, daß diese Abkündigung von einer nicht anerkannten Kirche herstamme. In einem Hirtenbrief des Magdeburger Bischofs werde aus Anlaß der Grenzschutzmaßnahmen von Vertriebenen gesprochen, die ihre Heimat verloren hätten. Er habe noch zahlreiche andere Äußerungen vorliegen, die erkennen ließen, daß einzelne Kirchen nicht bereit seien, die staatlichen Notwendigkeiten, wie sie in der DDR geschehen würden, zu bejahen.«[16]

Der Konflikt konnte erst ein Jahr später, kurz vor dem 17. Juni 1953 in einem Spitzengespräch zwischen Ministerpräsident Grotewohl und

Bischof Dibelius beigelegt werden. Die DDR erkannte de facto die altpreußische Kirche an, forderte aber weiter die Namensänderung. Auf ihrer zweiten Synode, die im Dezember 1953 mit Zustimmung der DDR in Ost-Berlin stattfinden konnte, beschlossen die Synodalen, daß die Evangelische Kirche der altpreußischen Union, ohne die bekenntnismäßige Grundlage zu ändern, hinfort den Namen Evangelische Kirche der Union [EKU] führen werde. Als einziges gesamtdeutsches Kirchengebilde blieb die EKU bis zur Wiedervereinigung erhalten.

Zu den ständigen Konfliktpunkten zwischen Kirche und Staat gehörte die Jugend- und Schulpolitik der SED, besonders auch die Frage der Jugendweihe. Die Junge Gemeinde wurde verfolgt, Jugend- und Studentenpfarrer wurden verhaftet, es wurde sogar verboten, daß Posaunenbläser vom Kirchturm bliesen, weil dann ja die Choräle in die Öffentlichkeit hinausklingen würden. Die SED, so sagte es Kurt Scharf, wollte die Kirche zum Ghetto machen. Besonders betroffen waren die gläubigen Kinder und Jugendlichen, die oft in der Schule von ihren Lehrern verspottet und schikaniert wurden. Die Schule in der DDR wurde marxistische Bekenntnisschule.
Als im Jahr 1955 die Jugendweihe eingeführt wurde, verschärfte sich der Konflikt. Offiziell und nach außen hin zwar freiwillig, wurden Kinder jedoch häufig von fanatischen Lehrern unter erheblichen Druck gesetzt oder zur Teilnahme erpreßt, indem ihnen angedroht wurde, daß sie nicht zur Oberschule zugelassen würden oder keinen Ausbildungsplatz erhielten - keineswegs eine leere Drohung. Lehrern, die das nicht mitmachen wollten, drohten berufliche Nachteile oder die Entlassung. All das stand im offensichtlichen Widerspruch zur Verfassung der DDR. Die Kirchen kamen zur Auffassung, daß die atheistische Unterweisung in den vorbereitenden Jugendstunden wie auch das Gelöbnis selbst, das bei der Jugendweihe gesprochen werden mußte, im Widerspruch zur christlichen Glaubensaussage steht, und erklärten Konfirmation bzw. Kommunion mit der Jugendweihe für unvereinbar. Für viele junge Christen hatte die Weigerung, an der Jugendweihe teilzunehmen, schwerwiegende Folgen.
Lothar Kreyssig hat sich von Anfang an aktiv in den Kampf gegen die Jugendweihe eingebracht und war, wie zur Zeit der Bekennenden Kirche, zu Vorträgen unterwegs. Im Januar 1956 war er von der »geliebten

Heimatkirche Lutherisch-Sachsen« eingeladen und sprach u.a. am 29. Januar in der Nikolaikirche zu Leipzig. Es sei so weit, rief er dort kämpferisch aus, daß der Totalität der irdischen, widergöttlichen Heilslehre, die doch die Gewissen ganz für sich beansprucht, an der Tür zur Kirche ein unüberwindbares Halt geboten werde. Denn der tödliche Zwiespalt, unter den die Erziehung in den Schulen geraten sei, der Widerspruch zwischen dem Bekenntnis zu Gott und dem zum atheistischen Sozialismus, bedrohe die Kinder mit Spaltungsirresein.[17] - Sein Vortrag war von einer Radikalität und Leidenschaft, die heute schwer nachvollziehbar ist. Der Schlüssel zum Verständnis liegt in der Parallele, die er mit schonungsloser Deutlichkeit zog: vom totalitären System des Nationalsozialismus zum totalitären Sozialismus der DDR. Die Angst, daß auch dieser deutsche Staat wieder im »tiefsten moralischen und geschichtlichen Sturz« enden könne wie der andere kaum ein Jahrzehnt zuvor, muß ihn umgetrieben haben. - Dem Vorsitzenden der *Directors' Association* der Europäischen Laieninstitute, Hans Jakob Rinderknecht, schrieb er im Januar 1958 über die Jugendweihe:

> Indem die Kinder in Not geraten, werden auch die Eltern angefaßt, die man sonst wahrscheinlich aus der Betäubung durch die totale Lüge oder aus der Tarnung gegen diese Lüge auf keine Weise mehr herausholen würde ... Wir haben große Gebiete, ganze Propsteien, in denen die Jugendweihe noch gar nichts ausgerichtet hat und die volkskirchliche Sitte fast unerschüttert dasteht. Andere Gebiete, vor allem Großstädte und Industriezentren, haben die Positionen schon so gut wie verloren. Die Eltern finden nicht den Mut, unter Preisgabe ihrer ganzen Existenz den Drohungen zu widerstehen. Die Fälle, wo Kinder sich heimlich doch der Jugendweihe unterziehen, sind so zahlreich geworden, daß von einer im einzelnen nachgehenden Seelsorge keine Rede mehr sein kann. [...]
>
> Ich beende diesen Brief nach Rückkehr von einer viertägigen Besuchsreise in der völlig zerstörten Stadt Neubrandenburg ... Dort habe ich mir besonders das Viertel herausgesucht, in dem - im Stile der Stalinallee in Berlin - in begonnenen Neubauten die Funktionäre wohnen. Die meisten von ihnen sind, dem unentwegten Druck brutalster Art folgend, aus der Kirche ausgetreten. Trotzdem ist, wenn man in die Wohnungen vordringt und die Anrede wagt, der Abfall in den wenigsten Fällen entschieden. Ergreifend ist immer wieder

> zu sehen, mit welcher Beharrlichkeit des Herzens, aber auch welcher vom Schöpfer offenbar ursprünglich vorgesehenen Klugheit die Frauen den Glauben und das Gebet mit ihren Kindern verteidigen.[18]

Auf die Kritik der Kirche an der politischen Entwicklung in der DDR reagierte die SED mit heftigen, zum Teil persönlichen Angriffen. Lothar Kreyssig geriet wegen seiner Vorträge zur Jugendweihe ins Schußfeld. Die Kampagne wurde mit einer Erklärung des DDR-Innenministers Karl Maron eröffnet, der am 10. Februar 1956 die Bischöfe Moritz Mitzenheim und Friedrich-Wilhelm Krummacher empfangen und unter Hinweis auf die »Vorkommnisse« am 29. Januar in Leipzig erklärt hatte: »Es dürfte an der Zeit sein, daß die Vertreter der Kirche sich etwas bescheidener verhalten. Die Vertreter der materialistischen Weltanschauung, die Vertreter der fortgeschrittenen Wissenschaft, haben nicht nur das Recht, sondern die Pflicht, ihre wissenschaftliche Lehre überall zu vertreten. Wir leben nicht mehr im Mittelalter, wo Vertreter des religiösen Aberglaubens fortschrittliche Auffassungen unterdrücken konnten.«[19] Der Erste Sekretär der Bezirksleitung der SED in Leipzig, Paul Fröhlich, griff Kreyssig vier Tage später in der *Leipziger Volkszeitung* in einem ganzseitigen, an Bosheit kaum zu überbietenden Beitrag an und machte ihn zum Faschisten und Kriegstreiber. »Ist Ihnen bekannt, Herr Präses, daß nicht wenige tapfere, mutige Pfarrer und Gläubige von dem von der Kirche heiliggesprochenen [sic!] Hitler-Faschismus hingemordet wurden, weil sie von ihrem Standpunkt aus, gemeinsam mit den Marxisten, denen Sie, Herr Präses Kreyssig, heute den Krieg angesagt haben, für Menschenwürde, Humanismus und Freiheit kämpften?«[20] – Auf der 3. Parteikonferenz der SED im März 1956 in Berlin verschärfte Fröhlich seinen Angriff. Es seien Kirchenkundgebungen gemacht worden, um den Kampf gegen die Erhaltung und Sicherung des Friedens zu verhindern. Von der Kanzel herab hätten Kreyssig und andere Kirchenführer »die Bevölkerung zum aktiven Kampf gegen die Volkspolizei, gegen unseren Staat sowie gegen unsere Partei« aufgefordert. Ausgerechnet jene, die im Namen Gottes in zwei Weltkriegen die Waffen gesegnet und als christliche Parteien dem Ermächtigungsgesetz Hitlers zugestimmt hätten, und die nun in Westdeutschland im Namen Gottes die NATO-Politik propagierten, bezichtigten sie, die Kommunisten, als Friedensstörer. - Und damit die Verwerflichkeit überzeugender klänge, wurde Kreyssig flugs zum Kapitalisten befördert, der in Leipzig eine gutgehende Druckerei besäße. Als die Arbeiter dort von seiner Rede in der Nikolaikirche erfuhren, habe es helle Empörung gegeben. Ein Teil von ihnen hätte sein Verhältnis zur Kirche gelöst. Kreyssig habe, um sie zu beschwichtigen, jedem einzelnen 50 DM (West) für einen Urlaub in Frankfurt am Main angeboten.[21]

Schließlich folgte, wie bei solchen Gelegenheiten üblich, eine Leserbriefkampagne. Der »Oberschüler Karl-Heinz Gallenmüller der Friedrich-Engels-Oberschule« schrieb einen Offenen Brief an Herrn Präses Kreyssig, der im Bezirksorgan der SED in Halle, *Freiheit,* gedruckt wurde: »Sehen Sie, die Jugend ist heute dazu erzogen, nur das zu glauben oder in der Öffentlichkeit zu verbreiten, was wissenschaftlich nachgewiesen werden kann, was der objektiven Wahrheit entspricht und demnach auch mit den zehn christlichen Geboten zu vereinbaren ist ... Ich kann Ihnen nur sagen, daß die deutsche Jugend die dringende Bitte an Sie richtet, tolerant zu werden, aus den wahren geschichtlichen Tatsachen die richtigen Erkenntnisse zu gewinnen und allen Christen ein echtes Vorbild im Kampf um die Erhaltung und Festigung des Friedens zu sein.«[22]

Die provinzialsächsische Synode reagierte auf ihrer Tagung im April 1956 auf die Angriffe und verabschiedete eine Erklärung, in der die Auslassungen Marons und Fröhlichs zurückgewiesen wurden. Die Synode zeigte sich betroffen darüber, daß der Glaube als religiöser Aberglaube diffamiert werde. Wer Christen in ihrem Glauben, dem Kern ihrer Existenz, nicht gelten lasse und das Bekenntnis des christlichen Glaubens aus der Öffentlichkeit verdrängen wolle, der könne ein »gedeihliches Miteinander« nicht ernstlich anstreben. Diese Erklärung der Synode war zugleich eine deutliche Solidaritätsbekundung für Kreyssig. Dies scheint notwendig gewesen zu sein, denn seine deutlichen Worte zur Jugendweihe haben offenbar auch manchen in der Kirche nicht gepaßt.

Auf der 3. Parteikonferenz der SED war die strategische Linie für die »Beendigung der Übergangsperiode vom Kapitalismus zum Sozialismus« und für den »Sieg der sozialistischen Produktionsverhältnisse« festgelegt worden. Das bedeutete weitere Enteignungen von kleinen und mittelständischen Unternehmen bzw. die zwangsweise Beteiligung des Staates an sogenannten »halbstaatlichen« Betrieben. Deshalb also hatte die SED Kreyssig zum Kapitalisten gestempelt und in seiner Person die »reaktionäre Verflechtung von Kapital und Kirche« angeprangert. Als *Kapitalist* zu gelten, das war damals nach *Faschist*, *Spalter* oder *Kriegstreiber* mit das Verwerflichste, was sich denken ließ. Daß das im Fall Kreyssigs wenig überzeugend war und nichts mit der Wirklichkeit zu tun hatte, störte die Propagandisten nicht. Der Beschuldigte konnte sich ja nicht öffentlich wehren, keine Zeitung in der DDR hätte seinen Leserbrief oder eine Gegendarstellung gedruckt. Auch die kirchliche Presse unterstand der Zensur, eine Kirchenzeitung, die einen hohen SED-Funktionär der Lüge überführt hätte, wäre umgehend verboten worden. Und über die innerkirchlichen Kommunikationswege ließen sich, wenn überhaupt, nur die Kirchgänger erreichen.

Bei der Druckerei um derentwillen Kreyssig zum Kapitalisten avanciert war, handelte es sich um den Betrieb, den Hanna Kreyssig und ihr Bruder Alfred vom Vater geerbt hatten. Alfred Lederer war Komplementär und Hanna Kreyssig Kommanditistin der C. Schröter KG im Druckerviertel von Leipzig. Obwohl Alfred Lederer in der NSDAP gewesen war - sicher aus opportunistischen Gründen, wie Jochen Kreyssig meinte, »wie das bei den Koofmichs eben war, damit der Umsatz stimmte« - hatte er in seinem Betrieb einen Drucker namens Baumgärtner, der als Mitglied der KPD verfolgt worden war, über den Krieg gerettet. Alfred Lederer war 1948, weil er die Enteignung und Repressalien wegen seiner Parteimitgliedschaft fürchtete, in den Westen gegangen und hatte dort einen neuen Betrieb aufgemacht. Seine Komplementäranteile hatte er an Lothar Kreyssig übertragen, der auch Hannas Kommanditistenanteile juristisch vertrat.

Und Kreyssig machte nun etwas, was beim Übergang vom Kapitalismus zum Sozialismus in der DDR nicht vorgesehen war: Er legte seine Anteile und die seiner Frau zusammen und übereignete - in juristisch unanfechtbarer Weise - die Druckerei den fünfzig Betriebsangehörigen. Zum Geschäftsführer machte er jenen Baumgärtner, der inzwischen auch ehrenamtlicher Stadtrat in Leipzig war. Und Kreyssig teilte dem Rat der Stadt lapidar mit, daß er einen volkseigenen Betrieb geschaffen habe, in dem alle Arbeiter und Angestellten Miteigentümer seien. Damit hatte er nun die SED völlig in die Klemme gebracht: Da hatte jemand ihren Marx ernstgenommen und die Produktionsmittel wirklich an das Volk übereignet - zugleich hatte er sie aber dem Zugriff der Partei entzogen und also *die Machtfrage* gestellt. Das durfte nicht geduldet werden. Die SED reagierte aggressiv, der Druckerei wurde das Papierkontingent und die Lieferungen von Druckfarbe gestrichen, und obwohl der Betrieb den Krieg unzerstört überstanden hatte, standen nun die Maschinen still. - Zuletzt, Jahre später, mußte Kreyssig den Betrieb für einen völlig unangemessenen Betrag an den Staat verkaufen.

Kreyssig war es keineswegs darum gegangen, die SED zu provozieren. Die Belegschaft als Miteigentümer zu wissen, entsprach ganz seinen Vorstellungen von Sozialpartnerschaft und von der Sozialpflicht des Eigentums. In einem Brief an die Belegschaft schrieb er 1956, als er vom FDGB, der Einheitsgewerkschaft, genötigt worden war, eine neue Betriebsvereinbarung zu unterschreiben, die ideologisch verbohrt war und mit der Realität im Unternehmen nichts zu tun hatte:

> Ich habe dem »Herrn im Hause-Standpunkt« der Unternehmerschaft nicht nur immer widersprochen, sondern meine, die entsprechende Gesinnung auch praktiziert zu haben. Ich habe diese Haltung als Referent der Arbeitsgruppe IV auf dem Stuttgarter Kirchentag vor breitester Öffentlichkeit vertreten und erläutert. Ich habe aus dieser Grundeinstellung über die in der DDR geltenden Bestimmungen hinaus der Betriebsgewerkschaftsleitung ein praktisch unbegrenztes Mitbestimmungsrecht eingeräumt ... Ich meine endlich, solange ich in der Firma beteiligt gewesen bin, diese Gesinnung in der alltäglichen Praxis auch nach Vermögen geübt zu haben. Diese Haltung hat wechselseitige, echte Partnerschaft und die Bereitwilligkeit, den anderen in seiner Rolle und Aufgabe gelten zu lassen, zur Voraussetzung und zur immer wieder sich erneuernden Aufgabe. [...]
>
> Auch wenn die tatsächlichen Erfahrungen, die wir in vielen Jahren miteinander gemacht haben, dem diametral widersprechen, wird der Unternehmer als der Ausbeuter gekennzeichnet, der vom Sozialpartner beargwöhnt, bis in Einzelheiten seines Auftrages hinein beaufsichtigt und zuletzt in seiner Aufgabe so eingeschränkt wird, daß sie als Lebensäußerung einer Persönlichkeit von Selbständigkeit und Selbstachtung nicht mehr angesehen werden kann. Nie-

mand hat in Wahrheit einen Zweifel, daß dies das vorletzte Stadium der »Expropriation des Expropriateurs« darstellen soll. Die erst nach unserer letzten Verhandlung in meine Hände gekommene Dokumentation der Parteileitung der CDU »Die Wende in der privaten Wirtschaft« hat das als Teil eines größeren Zusammenhanges aufgewiesen ...[23]

Wenn er sich dennoch entschlossen habe, die Betriebsvereinbarung zu unterzeichnen, dann sei er ausschließlich der Bitte der Belegschaft gefolgt. Ihm sei bei allen Beteiligten der bestimmte und nachhaltige Wunsch entgegengetreten, daß er die Bedenken um des Betriebes und der in ihm erprobten und bewährten menschlichen und kameradschaftlichen Verbundenheit willen überwinden möge.

Auch und gerade in seinem Amt als Vorstandsmitglied und Vizepräsident Ost des Deutschen Evangelischen Kirchentages hatte Lothar Kreyssig ständige, zum Teil erbitterte Auseinandersetzungen mit den staatlichen Stellen der DDR zu führen. Der Kirchentag war 1949 von Reinold von Thadden-Trieglaff, der auch aus der Tradition der Bekennenden Kirche kam, begründet worden. Als betont gesamtdeutsche Einrichtung gerieten die Kirchentage zunehmend in Konflikt mit dem SED-Staat. Mal wurde ostdeutschen Christen die Teilnahme versagt, dann wieder durften westdeutsche Referenten nicht einreisen oder Gremien nicht in der DDR tagen, oder man hatte Sorge, daß ein DDR-Repräsentant auf einem Kirchentag im Westen nicht würdevoll genug empfangen oder gar ausgebuht werden könnte. Fast immer waren die Kirchentage von propagandistischen Attacken begleitet. Kreyssig fiel nun die undankbare Aufgabe zu, oft gemeinsam mit Propst Grüber oder einem der Bischöfe, über die Rücknahme oder zumindest die teilweise Aufhebung dieser Repressalien zu verhandeln.

Kreyssig ließ es sich nicht nehmen, sich auf den Kirchentagen, die ja eine Einrichtung evangelischer Laien waren, auch an der inhaltlichen Arbeit zu beteiligen. Entweder leitete er eine Arbeitsgruppe oder hielt Vorträge und Laienmeditationen. Der dritte Kirchentag 1951 in Berlin stand unter dem Motto *Wir sind doch Brüder*. DDR-Präsident Wilhelm Pieck hatte an den Kirchentag eine Botschaft gesandt: »Berlin ist heute für uns Deutsche das Symbol des Ringens um die Einheit und für den Frieden unseres Vaterlandes. Deshalb hat auch der Evangelische Kirchentag die Hauptstadt Deutschlands für seine Arbeit gewählt, um über die Einheit des christlichen Glaubens hinaus sich auch zur Einheit Deutschlands zu bekennen ...«[24] Der Kommunist Wilhelm Pieck nahm auch am Eröffnungsgottesdienst teil. Flankiert von Bischof Dibelius und Kirchentagspräsident von Thadden-Trieglaff saß er im Altarraum der Marienkirche. Unter den vor der Kirche Versammelten hätten sich auch »befohlene Betriebsgruppen befunden, die dem Präsidenten bei der An- und Abfahrt zujubeln mußten«, beobachtete der Westberliner *Tagesspiegel*. Die Bundesregierung und der Senat von Berlin hatten keine Vertreter entsandt, »da sie nicht mit den Machthabern der Ostzone in einem Kirchenschiff sitzen wollten«. Dennoch habe man wenige Schritte von der Kanzel entfernt den Bundestagspräsidenten Hermann Ehlers und den Westberliner Senator Joachim Tiburtius bemerkt. Beide hätten an dem Festakt jedoch nicht in ihrer politischen Funktion, sondern als führende evangelische Laienchristen teilgenommen. Lothar Kreyssig leitete auf diesem Kirchentag die Arbeitsgruppe *Wozu ist die Kirche da*?, die in der großen Ostberliner Werner-Seelenbinder-Halle tagte. Die Hauptreferate hielten Dr. Gustav Heinemann aus Essen und Pfarrer Georg Krause aus Meerane. Der Ostberliner CDU-Bürgermeister Arnold Gohr, der die »große, von der Sowjetunion getragene Friedensbewegung pries«, habe allgemeines Hüsteln geerntet, schrieb *Die neue Zeitung*. Unter der umsichtsvollen Leitung Präses Kreyssigs habe jedoch eine sachliche Diskussion stattgefunden. Der zusammenfassende Bericht im *Neuen Deutschland* über Kreyssigs Arbeitsgruppe trug dann die Überschrift *Christen warnen. Remilitarisierung bedeutet Krieg. Der Tagesspiegel* titelte: *Aufschrei der Geknechteten. Die Stimme der Sowjetzone auf dem Kirchentag.*[25]

Schon im Jahr darauf herrschte ein eisiges Klima zwischen Ost und West. Für den Kirchentag 1952 in Stuttgart hatte die DDR-Regierung zugesagt, zwanzigtausend Gemeindegliedern einen Interzonenpaß zu genehmigen. Das war Kreyssig, Propst Böhm und Propst Grüber Mitte März offiziell von Staatssekretär Warnke bestätigt worden. Daraufhin hatte der Ostausschuß des Kirchentages mit den Vorbereitungen begonnen. Wegen des Konfliktes um die Bezeichnung *Altpreußen* wurde diese Zusage dann zurückgezogen. Lediglich einige Referenten erhielten Interzonenpässe und nahmen am Kirchentag teil. Hierzu meinte Kreyssigs damaliger Mitarbeiter Friedebert Lorenz:

> Kreyssig hat zunächst immer versucht, innerhalb der östlichen Gliedkirchen eine Linie durchzusetzen: Wenn die Gemeinde oder Gemeindeglieder keinen Interzonenpaß bekommen und nicht zum Kirchentag oder ähnlichen Veranstaltungen in den Westen reisen dürfen, dann fahren wir leitenden Leute auch nicht. Das gebietet einfach die christliche Solidarität. Doch damit ist er im Grunde nie ganz durchgekommen. Der Ost-Kirchenausschuß, ein Gremium, das erst von Bischof Mitzenheim präsidiert wurde und später von Bischof Krummacher, die waren immer weicher als Kreyssig und paßten sich mehr an. Das einzige Mal, wo er diesen Grundsatz nicht praktiziert hat, das war 1952 zum Kirchentag in Stuttgart. Da war er einer von ungefähr dreißig, die rübergefahren sind und dort geredet haben, obwohl die Gemeinde nicht dahin durfte. Von Magdeburg sind damals auch noch Johannes Anz und Ingrid Zippel, die Konsistorialrätin mitgefahren, insgesamt wohl so fünf, sechs Leute aus der Kirchenprovinz.[26]

Man hatte sich diesmal zur Teilnahme entschlossen, um die Stimme der DDR-Christen in Stuttgart nicht ganz verstummen zu lassen. In der DDR fanden zur gleichen Zeit einige Kreiskirchentage statt. Kreyssig leitete auf dem Kirchentag in Stuttgart, der unter dem Motto *Wählt das Leben* stand, die Arbeitsgruppe IV, in der über Fragen der Arbeitswelt diskutiert wurde, und hielt am 28. August ein Hauptreferat zum Thema *Wem gehört der Betrieb?* Darin setzte er sich kritisch mit der Sozialpflicht des Eigentums, mit Fragen der Sozialpartnerschaft und mit marxistischen Auffassungen auseinander, aber er fragte auch an, warum die Bodenreform in Westdeutschland »in Klauseln und Vorbehalten völlig festgefahren« sei und warum dort die Bodenschätze und die Grundstoffindustrie bislang nicht vergesellschaftet worden seien. Es war ein Beitrag, der weder im Westen noch im Osten auf großen Beifall gestoßen sein dürfte: »Unser Eigentumsdenken ist unter der jahrhundertelangen Herrschaft der Vernunft auf die verschiedenste Weise verstellt und verzerrt. Vielleicht bedurfte es nach Gottes Ratschluß erst der radikalen, gottlosen Diesseitigkeit des Marxismus, um uns mit den unmenschlichen Folgen eines *prinzipiellen* Materialismus die Augen für die Entstellung und Bedrohung durch einen praktischen Materialismus zu öffnen, dem wir noch ganz naiv anhängen ...« Ausführlich setzte er sich auch mit der betrieblichen Mitbestimmung auseinander, die damals, 1952, noch heftig umstritten war. Kreyssigs sozialpolitische Gedanken sind in vielem auch heute noch - oder wieder - aktuell. Einige Kernsätze aus seinem Stuttgarter Referat:

> Das Eigentum ist nicht, wie Marx meint, von veränderlicher Qualität kraft eines der Entwicklung innewohnenden absoluten Gesetzes. Sondern es folgt aus dem Wesen des Menschen, daß das Eigentum - wie andere Lebenserscheinungen auch - infolge von Quantitätsänderungen, aber auch von ganz anderen geschichtlichen Gründen - einmal der Freiheit, ein anderes Mal der Gebundenheit des Menschen näher steht. [...]
>
> Der dialektische Materialismus, welcher von einem System, einer Lehre die klassenlose Gesellschaft, ewigen Frieden und Wohlfahrt als Ende einer der Wirtschaftsgeschichte innewohnenden Gesetzlichkeit erwartet, erweist sich als enthusiastisch. Es gibt auf Erden keine volle soziale Gerechtigkeit, keine wirklich gerechte Sozialordnung. Es gibt auch, strenggenommen, keine christliche Sozialordnung oder einen christlichen Sozialismus. Allenfalls gibt es Christen als Sozialpartner, die im rechten Maß zwischen Freiheit und Gebundenheit bessere soziale Gerechtigkeit um Christi willen erstreben und dann vielleicht eine Sozialordnung mit Grundzügen, die man als christlich notieren kann. [...]
>
> Eben weil der Mensch die wirkliche Gerechtigkeit in Christus allein hat, auf Erden aber weder im Menschen noch in seinen Einrichtungen irgendwelche Gewähr gegeben ist, erhält Gottes Regiment die Welt in einer redlichen, vorletzten, verhältnismäßigen Ordnung, die im Rechtssatz erscheinen muß. Darum reicht die Bereitwilligkeit eines Unternehmers, im Arbeiter den Mitarbeiter und Nächsten zu achten, die Bereitwilligkeit eines Arbeiters oder Arbeitersekretärs, im Unternehmer den ihm menschlich zugeordneten Partner zu sehen, nicht aus. Die sogenannte patriarchalische Lösung ist keine Lösung. Zur Freiheit und Menschenwürde des Arbeiters gehört, daß er seine Anerkennung als Mitarbeiter und einen gerechten, unverkürzten Anteil am Sozialprodukt nicht nur nach Ermessen als Geschenk, sondern als etwas empfängt, was ihm von Rechts wegen zusteht. Was wir brauchen, ist freilich auch, daß der Arbeiter im berechtigten Standesbewußtsein dieses sein Recht nicht mehr nur als Gewinn aus einer bitteren und stolzen Geschichte sieht, son-

> dern Gott in dieser Geschichte und sich selbst und mit seinem Recht als Treuhänder Gottes erkennt.[27]

Mit einer für einen kirchlichen Amtsträger ungewöhnlichen Offenheit gab Kreyssig in diesem Vortrag auch seine parteipolitische Präferenz zu erkennen: »... eine große sozialistische Partei [hat] nach dem Kriege in Westdeutschland in einer nun wirklich wissenschaftlichen Redlichkeit den Mut und die Verantwortungsfreudigkeit gefunden, sich aus dem Bann der materialistischen Orthodoxie zu lösen und gewisse Elemente der marxistischen Doktrin als widerlegt zu bezeichnen. Wer von unserem Geschlecht noch in der letztvergangenen Entwicklungsphase nach dem ersten Weltkrieg denkend und verantwortlich die haßvolle Verkrampfung des Sozialgefüges miterlebt hat, wird zustimmen müssen: Es ist nicht umsonst gelitten worden.« Eine so deutliche Sympathiebekundung für eine Partei findet sich sonst kaum einmal in Kreyssigs Schriften. Nur als Hans-Jochen Vogel, damals Vorsitzender der SPD-Bundestagsfraktion, ihn 1983 in einem Telegramm zum 85. Geburtstag ausführlich gewürdigt hatte, antwortete Kreyssig: »Ihrem politischen Denken und Tun lebenslang verbunden, haben Sie mir damit große Freude bereitet.«[28]

1954 fand der Kirchentag in Leipzig statt. Es war die letzte große gesamtdeutsche Veranstaltung auf dem Gebiet der DDR. Die SED hatte im Jahr zuvor unter dem Eindruck des Volksaufstands vom 17. Juni ihre antikirchlichen Maßnahmen zurückgenommen, u.a. auch die Junge Gemeinde rehabilitiert. Mit einem reibungslosen Kirchentag in einer DDR-Stadt wollte sie offensichtlich ihren guten Willen unter Beweis stellen. Sie erlaubte sogar, daß die DEFA in Koproduktion mit einem westdeutschen Produzenten einen Film über den Kirchentag drehte: *Brüder unter dem Kreuz*. Kreyssig mußte als Vorsitzender des Ostausschusses allerdings schon bald monieren, daß der Film nicht wie vorgesehen vorgeführt, sondern in vielen Kinos - offenbar auf Anweisung der örtlichen Parteileitungen - unterschlagen wurde. - Auf dem Kirchentag hatte Kreyssig wiederum eine Arbeitsgruppe geleitet, diesmal zu seinem ureigenen Thema: *Im Reiche dieses Königs hat man das Recht lieb.* Das Hauptreferat hielt Präses Gustav Heinemann, der spätere Bundespräsident. Kreyssig hat auf dem Kirchentag in Leipzig zum erstenmal versucht, seine Idee von einer Aktion Sühnezeichen ins Gespräch zu bringen - gleich am ersten Abend bei einer Sitzung der Arbeitsgruppe Politik. Sie ist dann heftig diskutiert worden, aber man hat ihm abgeraten, das so spontan anzugehen. Friedebert Lorenz war an jenem Abend dabei:

> Die Arbeitsgruppenleitung ist nach meiner sehr festen Erinnerung an dem Abend überhaupt nicht mehr zu ihren eigenen Dingen gekommen, weil sie völlig mit Kreyssigs Idee befaßt war. Das war natürlich für alle, die ja aus Ost *und* West kamen, eine hochinteressante Sache, eine sehr wichtige Sache, auch eine überraschende Sache. Die Arbeitsgruppenleitung hat dann wohl votiert, daß es diesmal nicht mehr ins Programm hineinzubringen sei. Möglicherweise hat er das Freitag starten wollen, als das Thema Recht dran war. Ich habe ihm damals gesagt, wenn man es überhaupt noch bei diesem Kirchentag groß herausbringen will, dann muß das mit der Kirchentagsleitung, also mit dem Präsidenten von Thadden-Trieglaff und mit Heinrich Giesen, dem damaligen Generalsekretär, einem ganz starken und für den Kirchentag wichtigen Mann, besprochen werden. Denn das kann man nicht so aus heiterem Himmel machen. Mein Votum war also dem Inhalt nach zustimmend, aber ausgesprochen kritisch, was die Möglichkeit anging, seine Idee noch in Leipzig unter die Leute zu bringen.[29]

Ähnlich haben es wohl die meisten in der Arbeitsgruppe gesehen. Aber Kreyssig hat das ganz anders wahrgenommen. Er hat mehrfach berichtet, es so auch in seiner Autobiographie geschrieben, die Idee für die Aktion Sühnezeichen sei auf dem Leipziger Kirchentag in der Arbeitsgruppe Politik »total durchgefallen«. Für ihn sei sie danach fast zwei Jahre hindurch wie ausradiert gewesen, begraben unter der Überfülle leitender Dienste.[30] - Wie war es wirklich? Es mag durchaus sein, daß Kreyssig, ungestüm, wie er sein konnte, und erfüllt von der Idee, jedes Zögern und die geringsten Bedenken als Absage genommen hat. Und daß er so selbst ihre Verwirklichung verhindert hat, jedenfalls für einige Zeit. Vielleicht war die Zeit auch noch nicht reif. Denn damit eine Idee, und sei sie noch so großartig, lebendig werden kann, müssen manchmal viele glückliche Umstände zusammentreffen.

1956 fand der Kirchentag in Frankfurt am Main statt. Im Jahr darauf sollte er wieder in der DDR, diesmal in Thüringen stattfinden. Es sollte erstmalig nicht ein Kirchentag in einer Großstadt, sondern in einer Region sein. Doch 1957 war die kurze Zeit des Tauwetters längst wieder vorüber:

> Wir hatten vom November des vorausgehenden Jahres an bis zum April unter Ausnützung aller Wege und Möglichkeiten bis zur Selbstentäußerung versucht, die Gewalthaber für die Erlaubnis zu gewinnen, ohne daß der Auftrag des Kirchentages preisgegeben werden mußte. Die Antwort des zur Aufdeckung seiner Position genötigten Gegners war so verbissen und verletzend in ihrer Ablehnung, daß auch nach der Meinung des Kirchenvolkes jetzt und auf lange hinaus das monatelange Bitten und Anstehen und Antichambrieren ein Ende haben mußte. Wir würden also 1957 nur noch tun können, was uns im östlichen Bereich verfassungsgemäß gewährleistet war und was wir tun konnten, ohne wiederum Erlaubnis und Wohlwollen erbetteln zu müssen. Dazu aber war und ist innerhalb der Gemeinden, Kirchenkreise, Propsteien, Landeskirchen noch ein weiter und freier Raum ... In der Tat sind nun, ohne daß viel zu befehlen, zu reglementieren und zu organisieren gewesen wäre, an die Stelle des in der Tat verlorenen, eigentlichen, gesamtdeutschen Kirchentages eine Unzahl gemeindlicher, landeskirchlicher und sonstiger Kirchentage getreten, die dem Staat in unserem Bereich die Realität des verhinderten Kirchentages gewiß noch viel eindringlicher gemacht haben.[31]

Diese Sätze aus einem Bericht Kreyssigs, der im Hamburger *Sonntagsblatt* erschien, lösten erneut erhebliche Irritationen zwischen Staat und Kirche aus. Die *Neue Zeit*, die Tageszeitung der kommunistischen CDU, reagierte mit zwei giftigen Kommentaren.[32] Nicht zum erstenmal habe Präses Kreyssig seine gegnerische Position gegen die DDR *aufgedeckt*. Er habe die Großzügigkeit der staatlichen Stellen, die ihm stets die Ausreise gewährt hätten, dazu gebraucht, die Bestrebungen der westdeutschen, französischen, belgischen und holländischen NATO-Gegner zu durchkreuzen und durch Greuelmärchen die westliche Verteidigungsbereitschaft zu propagieren. – Nun hatte Kreyssig diesen Text, wie es seine Gewohnheit war, zwar auf Band gesprochen und dem Redakteur des *Sonntagsblatts* übergeben, aber als Hintergrundmaterial. Die wörtliche Wiedergabe hatte er nicht gewollt. Das bestätigten auch seine Mitarbeiter. Seine Sekretärin, Berthild Scheiff, erklärte: »Es ist noch

niemals dagewesen, daß Herr Präses etwas drucken läßt oder öffentlich spricht, was nicht in mehreren Entwürfen vorher Wort für Wort durchgearbeitet ist und bis zum Endgültigen mehrfach geändert wurde, einmal aus Vorsicht in bezug auf den Osten, zum anderen weil er oft noch bessere Ausdrucksmöglichkeiten findet für das, was gesagt werden soll.«[33]
Das Ganze brachte Kreyssig viel Ärger. Die Redaktion des *Sonntagsblatts* bestritt, daß sie den Text ohne Genehmigung im Wortlaut gedruckt hatte. Im Rat der EKiD wurde der Vorgang mehrfach behandelt. Der Staatssekretär für Kirchenfragen sagte ein Treffen mit von Thadden-Trieglaff unter ausdrücklichem Hinweis auf Kreyssigs Artikel ab. Für die Ost-CDU und ihre Tageszeitung *Neue Zeit* war Kreyssig nun erst recht ein Hauptfeind und blieb es zeitlebens. - Selbst 1986 noch, als Lothar Kreyssig starb, durfte die *Neue Zeit* keinen Nachruf auf ihn drucken. Der konnte dort erst - mit drei Jahren Verspätung - nach der friedlichen Revolution erscheinen.[34]
Als Kreyssig Anfang 1959 aus dem Präsidium des Deutschen Evangelischen Kirchentages ausschied, schrieb ihm Reinold von Thadden-Trieglaff, der Präsident:

> Du gehörst zu uns wie sehr wenige unter den heute Lebenden noch. Darum ist unsere Liebe zu Dir nicht nur sehr echt und wahr, sondern wie ein sprudelnder Quell, der nur eines Anlasses bedarf, um sich über das trockene Erdreich unserer Tage zu ergießen ... Ich kann es mir überhaupt noch nicht vorstellen, wie das ohne Dich sein soll. Denn beratende Leute gibt es noch einige mehr in der Welt, wenn auch nicht sehr viele. Aber was Deine geistliche Intuition, Deine immer biblisch gegründete brüderliche Zusprache für uns all die Jahre hindurch in schweren Augenblicken der Entscheidung bedeutet hat, das war - und ist es bis zur Stunde - völlig einzigartig. Unser Weg zusammen meinte immer das Wandern an Gottes Hand zu Gottes Zielen, und Du hast uns mehr als einmal geholfen, daß diese Interpretation des Evangelischen Kirchentages nicht aus dem Bewußtsein verschwand.[35]

Anmerkungen

1 AB II, S.59.
2 AB II, S.58.
3 Junge Kirche. 12. Jg., Heft 14 vom 15. Februar 1951, S.85f.
4 Nachlaß Kreyssig. Brief an Jochen Kreyssig vom 12. November 1966.
5 EZA 614/37, Mappe »Theologisches«. Antrag an die Kirchenleitung der provinzialsächsischen Kirche, o.J. [1948].
6 Vgl. Heidtmann, Günter: Hat die Kirche geschwiegen? Berlin, 1954, S.64.
7 EZA 614/37, Mappe »Generalia Präsesamt«. Rundbrief an die aus der Haft entlassenen Kirchenglieder der Kirchenprovinz Sachsen, Dezember 1953. - Die Seitenangaben zu Bonhoeffers »Widerstand und Ergebung« beziehen sich auf die erste Ausgabe von 1951, und dort auf die »Gebete für Mitgefangene« von Weihnachten 1943.
8 Zitiert bei Heidtmann, a.a.O., S.77ff.
9 EZA 614/38/39, Sammler »Ökumene«. Brief an den Generalsekretär des Ökumenischen Rates der Kirchen, Visser't Hooft, Genf, vom 14. Januar 1956.
10 Für den Frieden. Reden und Appelle des Metropoliten Nikolaus. Verlag des Moskauer Patriarchats, 1955, deutschsprachige Ausgabe, S.162.
11 AEK Magdeburg, Kirchenleitung, Generalia, Bd. II. Auszug aus dem Protokoll der 24. Sitzung des Rates vom 1. November 1956.
12 Interview des Verfassers mit Helmut Gollwitzer.
13 Zitiert bei Heidtmann, a.a.O., S.95ff.
14 EZA 614, »Generalia Präsesamt«. Brief an Günter Heidtmann, Berlin vom 5. April 1954.
15 Vgl. Seidel, Aus den Trümmern, a.a.O., S.114ff.
16 Nachlaß Kreyssig. Vertraulicher Vermerk, u.a. über ein Gespräch mit Staatssekretär Hans Warnke vom Innenministerium der DDR am 15. Juli 1952.
17 EZA 614/III/39, Sammler VI, Mappe »Vortragsaktion Sachsen«. Gemeindevortrag gehalten u.a. am 29. Januar 1956 in der Nikolaikirche zu Leipzig.
18 EZA 614/III/9a, Mappe »Europäische Laieninstitute«. Brief an Hans Jakob Rinderknecht, Boldern-Männedorf, Schweiz, vom 21. Januar 1958.
19 Neue Zeit, Nr. 38 vom 14. Februar 1956, S.1.
20 Leipziger Volkszeitung, Nr. 37 vom 12. Februar 1956, S.3.
21 Neues Deutschland, Nr. 76 vom 28. März 1956, S.3.
22 Freiheit, Halle, 14. März 1956.
23 Nachlaß Kreyssig. Schreiben an die Mitglieder der Betriebsgewerkschaftsleitung der Firma C. Schröter KG in Leipzig, ohne Datum [1956]. - Vgl. Die Wende in der privaten Wirtschaft. Eine Dokumentation. Hrsg. von der Parteileitung der Christlich Demokratischen Union, Berlin (DDR), 1956 (2. Aufl.).
24 Zitiert nach: Neues Deutschland, 11. Juli 1951.
25 Zitate aus Der Tagesspiegel, Die Neue Zeitung, Die Welt, Neues Deutschland, Telegraf vom 11., 12. und 14. Juli 1951.
26 Interview des Verfassers mit Friedebert Lorenz.
27 EZA 614/5 und 6, DEKT, Handakten Kreyssig. Referat am 28. August 1952 auf dem Evangelischen Kirchentag in Stuttgart, Arbeitsgruppe IV. Text nach dem Pressebulletin.

[28] Nachlaß Kreyssig. Telegramm des Vorsitzenden der SPD-Fraktion im Deutschen Bundestag, Dr. Hans-Jochen Vogel, vom 31. Oktober 1983 und Brief Lothar Kreyssigs an Dr. Vogel vom 25. Dezember 1983.

[29] Interview des Verfassers mit Friedebert Lorenz.

[30] AB II, S.73.

[31] Kreyssig, Lothar: Die Kirche ist unteilbar geblieben. In: Sonntagsblatt, Hamburg, Nr. 44 vom 3. November 1957, S.19.

[32] Aufgedeckt; Verständigung ja - aber nicht so. In: Neue Zeit vom 7. November 1957 und 10. November 1957.

[33] EZA 614, Sammler IV. Vermerk von Berthild Scheiff vom 11. November 1957.

[34] Weiß, Konrad: Wagnis des Widerspruchs gegen totale Ideologie. In: Neue Zeit vom 23. November 1989, S.5.

[35] EZA 614, Sammler IV »Glückwünsche zum 60. Geburtstag«. Brief von Reinold von Thadden-Trieglaff vom Oktober 1958.

Kapitel 15

Wir sind doch Brüder

Ökumene, die Gemeinschaft der Christen über die Konfessionsgrenzen hinweg, war in den Jahren nach dem Zweiten Weltkrieg keineswegs selbstverständlich, weder als Gedanke noch im kirchlichen Handeln. Zwar hatten sich während des Nationalsozialismus, von dessen Bedrükkung katholische wie evangelische Christen gleichermaßen betroffen waren, hier und da Annäherung und solidarisches Handeln füreinander ergeben. Aber mehr als ein zaghaftes Beginnen war das nicht. Nach dem Krieg kamen die Kirchen in der Sowjetzone, dann in der DDR, in eine ähnliche Situation. 1951 schrieb Lothar Kreyssig recht euphorisch:

> So ist es eine Wirklichkeit, daß im Osten Deutschlands in der Verantwortung für den Auftrag und im Dienst an dem Menschen unserer Zeit beide Kirchen Schulter an Schulter und in voller Einmütigkeit des Bekennens stehen. So hat uns Gott selbst im Gefolge der deutschen Katastrophe wie trotzige, verzankte Kinder zusammengesperrt, so daß wir, wenn wir nicht den lebendigen Herrn geradezu verleugnen wollen, einander aufnehmen müssen in die Kirchen und einander nun wirklich kennen lernen, so wie wir leben und sind und nicht wie unsere Ordnung und Vorstellung uns haben möchte.[1]

Aber diese Offenheit füreinander prägte noch längst nicht den kirchlichen Alltag, sondern viel eher Abgrenzung voneinander und Gleichgültigkeit. Was Kreyssig beschrieben hatte, war weniger die Wirklichkeit als vielmehr eine ökumenische Vision.

Mit seiner Auffassung gehörte Kreyssig damals zweifellos zu einer kleinen Minderheit. Er ist früher als andere und mit der ihm eigenen Leidenschaft für die Ökumene eingetreten. Nach seinem Verständnis gehörten auch die Juden, *die älteren Brüder*, wie er gern sagte, vorbehaltlos zur ökumenischen Gemeinschaft. Das war zu jener Zeit erst recht ein Ärgernis. In der katholischen Kirche wurde am Karfreitag noch für die *ungläubigen* Juden gebetet; erst nach dem Zweiten Vatikanischen Konzil wurde diese beleidigende Formel aus der Liturgie gestrichen. Auch für die nichtrömischen christlichen Kirchen stand die Judenmission noch im Vordergrund. Auf ihrer zweiten Weltkirchenkonferenz 1954 in Evanston hatten sie - gewiß wohlmeinend - erklärt: »Jesus Christus erwarten heißt die *Bekehrung* des jüdischen Volkes erwarten ...«[2] Ebenso wohlmeinend, doch gänzlich unzulänglich war ein Bericht über *Die christliche Haltung gegenüber den Juden*, der sechs Jahre zuvor von der ersten Weltkirchenkonferenz in Amsterdam angenommen worden war. Darin bekannten die beteiligten Kirchen zwar, daß Christen vielfach an den Juden schuldig geworden sind und es unterlassen haben, Antisemitismus, die »uralte Ursache menschlicher Unordnung«, zu bekämpfen. Aber zugleich wurde zur Judenmission aufgerufen und sogar empfohlen: »In Anbetracht des einzigartigen Erbgutes des jüdischen Volkes sollten die Kirchen die Ausbildung von besonders für diese Aufgabe geeigneten Geistlichen vorsehen.«[3]

Lothar Kreyssig hatte an beiden Weltkirchenkonferenzen teilgenommen, 1948 in Amsterdam als akkreditierter Besucher und 1954 in Evanston als Delegierter. Doch sei er »in der dünnen Höhenluft ökumenischer Konzile nie heimisch geworden«. Die Besuche seien ihm kostbar geworden durch die Freunde, die er dort gewonnen hat, Ilse Friedeberg, Visser't Hooft und Hendrik Kraemer, Direktor des Ökumenischen Instituts in Bossey. Dazu kam, daß so bald nach dem Krieg für einen Deutschen, zumal einen Ostdeutschen, Reisen ins Ausland noch keineswegs selbstverständlich waren:

> Aus dem ideologischen Ghetto daheim widerwillig, aber immerhin beurlaubt, von Gewalt und Bedrohung ungehindert durch die Lande zu fahren, war Traum des Überlebens. An der Grenze nach Holland schien es eine Weile, als müßten wir umkehren. Und als uns die Wirtsleute in Amsterdam erzählten, was sie mit den Deutschen erlebt hatten, sahen wir erstmals im Spiegel das nun für die noch ausstehende Weltgeschichte gezeichnete deutsche Antlitz. Das eigentliche Verhängnis wird freilich bleiben, daß man an dem Spiegel auch vorbeisehen kann ... Wir Deutschen fanden uns in die Dimension Ökumene, Kirche eines neuen Weltzeitalters, fast unmittelbar

mit der Entlassung aus der babylonischen Gefangenschaft des »Dritten Reiches« versetzt. Die Erfahrung, daß es sich dabei um die gleiche, wesenhafte Wirklichkeit Kirche handelte, war alle Leiden und Bedrängnis wert. Aber der Klimawechsel war atemberaubend. Nach der Präsenz des Wortes zuvor mutete Ökumene bis zum Unwirklichen unkonzentriert und unverbindlich an. *Humanity* im Stil des Commonwealth und der United States stellte sich dar, als ob es das Evangelium wäre, Selbstgewißheit des Menschen, dem im Blick auf seine Sendung seine Siege immer am schlechtesten bekommen.[4]

Zur ersten Weltkirchenkonferenz in Amsterdam war, in Erwartung einer Absage, die römisch-katholische Kirche erst gar nicht eingeladen worden. Gleichwohl hatte man den Vatikan von Anfang an über die seit 1939 laufenden Vorbereitungen unterrichtet. Eingeladen wurde schließlich eine Anzahl nichtoffizieller katholischer Beobachter, die aber von Rom keine Genehmigung zur Teilnahme erhielten. Aber selbst unter den teilnehmenden Kirchen gab es noch so tiefgreifende theologische Unterschiede, daß auf dieser ersten ökumenischen Weltkonferenz das Abendmahl getrennt in vier verschiedenen Riten gefeiert wurde.

Anfang März 1952 nahm Lothar Kreyssig am nordisch-deutschen Kirchenkonvent in Sigtuna am Mälarsee in Schweden teil. Präsident dieses Konvents war der Pastor und ehemalige norwegische Minister Conrad Bonnevie-Svendsen, der später als einer der ersten Kreyssigs Idee von der Aktion Sühnezeichen aufgenommen und den ersten Freiwilligen den Weg nach Norwegen geebnet hat. Kreyssig hielt auf dem Konvent eines der Hauptreferate zum Thema *Christ und Obrigkeit*, das Koreferat kam von Bischof Anders Nygren aus Lund. Kreyssig setzte sich dabei mit Luthers Zwei-Reiche-Lehre auseinander. Ihre Unstimmigkeit heute suchte er damit zu erklären, daß der säkularisierte Mensch »nicht mehr bei Luther« sei und also auch nicht wie dieser in der Einheit von Evangelium und Welt lebe. Deshalb könne er die Wirklichkeit des kommenden Reiches hinter den Larven der Gewaltigen nicht wahrhaben und in der »Mummerei« der Obrigkeit seine Verantwortung nicht gelassen ergreifen. Wenn der Christ im Widerstreit mit der Obrigkeit stehe, so müsse dies aus dem vollkommenen Sieg Christi heraus Vollmacht gewinnen. Merkwürdigerweise - jedenfalls nach seiner Erfahrung mit der Bekennenden Kirche - sah Kreyssig eine Gefährdung darin, wenn nicht der einzelne Christ, sondern die Kirche als Gesamtheit dem Staat den Gehorsam versagt. Denn zwischen dem Abfall, den Luther an den Fürsten seiner Zeit gesehen habe, und dem Abfall der Gewaltigen unserer Zeit sei ein erheblicher Abstand: »Hier ist die Entwicklung so weitergeschritten, daß eine kirchenleitende Entschließung zum Ungehorsam um Gottes willen die Initialzündung zu einer Kettenreaktion sein kann, welche den Atomkern der Volkskirche zur Explosion bringt. Sie würde von seiten der Kirche die Scheidung der Geister herbeiführen, welche der Staat, mit dem versuchlichen Angebot des Bindestrichchristentums von außen eindringend, zur Aufsprengung der Volkskirche gleichermaßen will.«[5] Nicht nur die der Kernphysik entlehnten Vergleiche, die Kreyssig damals gern gebrauchte, sind problematisch. Es war auch eine erstaunlich kleingläubige Aussage. Oder war es sein Abgesang auf die Volkskirche? Wohl eher dies. Denn mehr als einmal hat Kreyssig es auch in den kommenden Jahren unternommen, die Kirche zum gemeinsamen und deutlichen Widerspruch, zum Ungehorsam gegen staatliche Gewalt zu bewegen. Aber so, wie er es in Sigtuna gesagt hatte, war es mißverständlich und zweideutig, zumal, wenn man den Mann nicht kannte, der dahinter stand. Das Protokoll über die Aussprache vermerkte denn auch den Satz eines Diskutanten, der belegt, daß man die Zwei-Reiche-Lehre Luthers auch anders interpretieren kann - sieben Jahre nach Hitlers Tod und zu Lebzeiten Stalins: »Auch wo eine böse Obrigkeit noch in einem ernsten Sinn Ordnung aufrecht erhält, stellt sie gegenüber der Anarchie eine Wohltat Gottes dar.«[6]

Die praktische ökumenische Arbeit Lothar Kreyssigs spielte sich jedoch nicht auf internationalen Konferenzen ab, sondern zu Hause in der provinzialsächsischen Kirche und beim Kirchentag. Dort waren vor allem katholische Christen die ökumenischen Partner. Das Gebiet der Kirchenprovinz Sachsen, das Kernland der Reformation, war traditionell katholische Diaspora. Dies hatte sich allerdings insofern verändert, als unter den Flüchtlingen, die dort nach dem Krieg eine neue Heimat gefunden hatten, viele Katholiken waren. Oftmals fehlte es für sie an Gottesdiensträumen. Hinzu kam, daß zahlreiche Kirchen, evangelische wie katholische, zerstört waren. So gewährte man sich gegenseitig Gastrecht. Die dafür notwendigen Absprachen führten oft zu den ersten Kontakten überhaupt. Auch bei den kirchlichen Großveranstaltungen, den Katholikentagen und Kirchentagen, war man auf gegenseitige Hilfe angewiesen. Gerade von diesen Veranstaltungen gingen vielfältige ökumenische Impulse aus.

1952 hatte Lothar Kreyssig als Vizepräsident Ost des Kirchentages dem 75. Deutschen Katholikentag in Berlin die Grüße der evangelischen Christenheit zu überbringen. Er nannte das, was er dabei erlebte, eine »Kernexplosion ökumenischen Potentials«:

> Hinter mir die Reihe der Kardinäle, Erzbischöfe und Bischöfe, vor dem Rednerpult zu Tausenden das katholische Volk, habe ich ihnen zunächst ein Protestantissimum erläutert: Herkunft und Gebrauch der Herrnhuter Losungen. Zum Ende habe ich ihnen die Losung für diesen festlichen Tag gesagt: »Laß doch nicht Zank sein zwischen mir und dir, zwischen meinen Hirten und deinen Hirten. Wir sind doch Brüder.« (1. Mose 13,8). Für den Aufruhr der Herzen, den Jubel, der mir daraufhin entgegenkam, fehlt jeder Vergleich. Was sind Schmerz, Mühsal, Armseligkeit eines endlosen Weges neben solchem Augenblick![7]

Diese Annäherung von katholischen und evangelischen Christen ging manchem zu weit, auf beiden Seiten. Kreyssig wurden bald katholisierende Tendenzen nachgesagt, ebenso seinen Freunden, den Konsistorialräten Ingrid Zippel und Johannes Anz. Ein besonderes Ärgernis war den Anklägern Kreyssigs morgendliche Andacht in der katholischen Sebastianskirche. Ein Referat *Was können wir wollen*, das er im November 1957 auf der Synode der Kirchenprovinz in Halle gehalten hatte, löste eine heftige Debatte mit theologischen Gutachten und peinlichen Anhörungen aus. Kreyssig nannte das Verfahren ironisch-bitter »Ketzergericht«.

Sein Referat war zweifellos - wie immer, wenn er theologisch wurde - unnötig kompliziert und nicht nur für schlichte Gemüter verwirrend. Das belegt die Niederschrift nach der Tonbandaufnahme, die er auf der nächsten Synode zum Beweis dessen, was er gesagt hatte, verteilen ließ. Es wüßten doch alle, gestand er seine Schwäche ein, daß ihm der einfache Ausdruck schwerfalle. Er müsse darauf vertrauen, daß seine Zuhörer den ganzen Akkord hören, wenn er einen Ton anschlage. Kreyssig hatte von einer *christomonistischen* Theologie gesprochen, die sich als Orthodoxie der jungen Kirche entwickelt habe. Der erste und dritte Glaubensartikel, also das Bekenntnis zu Gott dem Vater und Gott dem

Heiligen Geist, seien unerlaubt vernachlässigt worden. In einer wahrhaft trinitarischen Theologie müsse aber vom zweiten Artikel her der dritte und erste gleichermaßen wirkungsmächtig verkündigt und bekannt werden:

> Kolosser 1 Vers 15 ff. wird gesagt, daß alles in Christus erschaffen worden sei, durch Ihn und auf Ihn hin. Und wer weiter liest, der findet unverkennbar im folgenden alle Elemente einer vollen trinitarischen Theologie. Das heißt aber, so scheint mir, daß man mit Barmen Christus als das *eine* Wort Gottes, das wir zu hören, dem wir im Leben und im Sterben zu vertrauen und zu gehorchen haben, verkündigen kann, indem man dem Menschen unserer Tage in der Erfahrung schöpferischer Kräfte seines Lebensbereiches, in der Arbeit an aller echten Menschlichkeit ein gutes Gewissen gibt ... Ich sage nicht, daß wir nun verleugnen sollen, was wir im Gewitter des Zornes und der Gnade Gottes neu gelernt haben. Aber ich sage, daß möglicherweise die Einordnung dieser theologischen Notwendigkeit in die Ganzheit der kirchlichen Verkündigung unzureichend ist, sonst dürfte sie nicht in zwei bis drei Jahrzehnten zur Orthodoxie werden. Gott gebe uns die Befreiung zu einer wirklich trinitarischen Theologie. Wenn wir von dem großartigen Einmarschweg Barmen her den ersten und dritten Artikel wirklich wiedergewinnen, werden wir die natürliche Theologie und den Neuthomismus der katholischen Brüder nicht nur erreichen, sondern überrunden. Das fehlt nicht nur uns, sondern es fehlt der ganzen Ökumene, von orthodoxer und anglikanischer Kirche abgesehen. Denn die damit eröffnete Liberalität - ich scheue das Wort nicht - kann nicht der Liberalismus von gestern sein.[8]

Eine andere Aussage, die Ärgernis erregte, war Kreyssigs Feststellung, daß es der evangelischen Kirche an einer theologischen Lehre darüber mangele, was Abfall von Gott bedeutet. Diese brauche sie aber zur gehorsamen Antwort auf den Materialismus. Wenn ein getaufter Christ sich von seinem Glauben abwende und sich einer irdischen Erlösungslehre überantworte, die Gott leugnet, dann sei dies der apokalyptische Sachverhalt des Abfalls. »Äußerlich schwillt er an wie Fausts Pudel hinter dem Ofen. Innen aber verödet und zerfällt er.« Hinsichtlich dieser Realität des Abfalls habe die evangelische Theologie nichts, was sie der bündigen Lehre der päpstlichen Enzykliken an die Seite stellen könne.[9]

Als drittes schließlich fragte Kreyssig an, ob evangelische Christen überhaupt das ordentliche Amt haben können, solange sie nicht in der apostolischen Sukzession stehen - also in der Tradition einer ununterbrochenen Kette der Handauflegung von einem Bischof zum anderen, zurück bis zum Apostel Petrus, dem ersten Bischof von Rom. Nicht nur in der katholischen Kirche, auch in der anglikanischen, im nordischen Luthertum oder der Kirche der Südindischen Union, jeweils vor einem völlig anderen geschichtlichen Hintergrund, werde sie beachtet. Er frage sich, ob es ein echtes kirchliches Amt geben könne, das nur auf die Seelsorge gestellt ist und nicht auch kirchenregimentliche Befugnis hat. Das sei nach seiner Vermutung eine so fromme wie untaugliche Konstruktion, als wenn jemand meine, es könne das Evangelium ohne Gesetz und das Gesetz ohne Evangelium geben.
Noch auf derselben Synode trat ein theologischer Ausschuß zusammen, um sich mit den »romanisierenden« Tendenzen innerhalb der Kirchenleitung zu befassen. Kreyssig wurde gehört, seinen Thesen aber eine harsche Abfuhr erteilt. Sein Referat sei als »romanisierende Irrlehre« gerügt worden, berichtete er später in einem Brief an Hans Asmussen. Das Gutachten wurde vor der Synode vom reformierten Senior Dr. Schröter vorgetragen, der am erbittertsten gegen das Triumvirat Kreyssig, Anz und Zippel vorging: »Apostolische Sukzession, dieses Wort hat natürlich ein großes Erschrecken unter uns erregt.«[10] Die Frage danach bedeute die Preisgabe der reformatorischen Position, wonach der Heilige Geist gegeben wird, wo und wann es Gott gefällt. Nach dieser Lehre dürfe der Geist Gottes nicht mehr der freiwehende Geist sein, sondern habe sich abgegeben an eine Institution und deren eigene Kraft. Ein solches Amtsverständnis könne in der evangelischen Kirche keinen Raum haben. - Kreyssigs Schlagwort vom Christomonismus sei als unsachgemäß abzuweisen. »Wenn Präses Kreyssig in dem mit ihm danach stattfindenden Gespräch einige Aufklärung über die von ihm nach eigenem Geschmack gebrauchten Begriffe des Christomonismus, des Handelns Gottes in der Schöpfung und der apostolischen Sukzession gab, so muß er doch gebeten werden, für die von ihm gemeinten Sachverhalte nicht Begriffe zu verwenden, die einen eindeutigen theologischen Sinn schon haben. Hat er, wie er meint, Neues zu sagen, so muß er dies aber in Begriffen tun, die Mißverständnisse ausschließen.« - Schließlich wurde noch mit der »im Schoße der Kirchenleitung« geäu-

ßerten Ansicht abgerechnet, man müsse sich heute aus politischen Gründen mit der römischen Kirche gegen den einen militant atheistischen Gegner verbünden. Das lasse die ernste Frage aufkommen, ob man damit nicht die reformatorische Frontstellung gegen den Papst verläßt und somit der antimarxistische Protest zu einer reinen Ideologie mit restaurativen Tendenzen werde: »Der Blick nach links macht die Kirche blind für den Gegner von rechts.« Die evangelische Kirche müsse sich immer einer zweifach gegliederten Front gegenüber wissen, dem Papst und dem Schwärmer. Wenn man meine, sich mit einem der Gegner zu Lasten des anderen verbünden zu können, liefere man sich ihm aus.

Ein bezeichnendes Detail aus dieser Debatte erwähnte Kreyssig in einem Brief an den evangelischen und den katholischen Bischof von Magdeburg: Einzelne unter den Brüdern seien bereit gewesen, das nachzusprechen, was kürzlich in einem Vortrag in Magdeburg gesagt worden sei, daß nämlich Rom nach wie vor der Antichrist ist.[11] Auf der Synode selbst ergriff Kreyssig noch einmal das Wort. Er sei dankbar für den Widerspruch, den er erfahren habe, denn nur im Widerspruch könne man sich der Wahrheit annähern. Dazu gehöre aber auch, daß man aus der Enge der eigenen Kirche, wo es eine Fülle sehr verborgener Schwierigkeiten mit der Wahrheit gebe, einen Weg hinaus in die ökumenische Entfaltung suche. Und dann donnerte er an gegen die »radikale Weise des Mißverstehens« und gegen das Verlangen, er möge sich revidieren. »Wenn dann zu gelegener Stunde ein Laie einmal das Wort nimmt und das so ungeschickt nach seinem ›Geschmack‹ sagt, wie hier gesagt wurde, dann ist es schade, daß Berufenere es nicht eher getan haben ... Es wird aber überhaupt nichts gehört als das eine schreckhafte Stichwort, und alles andere versinkt.«[12] Seine Bitte an die Brüder sei vor allem, mit sachlichen Argumenten zu fechten und den anderen an der Stelle abzustechen, wo er steht, nicht aber eine Karikatur an die Wand zu malen und diese dann kunstgerecht abzuschlachten. Er habe noch keine Stunde den Vorsatz gehabt, katholisch zu werden. Und nun wolle er die Katze aus dem Sack lassen:

> Unter den vielen Brüdern, die ich hier lieb habe, hat mir einer einen besonderen Dienst erwiesen. Er hat mir nämlich gesagt: Du sollst gefragt werden, ob du nicht jeden Tag in die katholische Kirche gehst ... Es ist richtig, und zwar schon beinahe zehn Jahre lang, seit 1946 vielleicht, aber mindestens seit 1947. Wenn ich in Magde-

burg bin, gehe ich jeden Tag in den ersten Morgenstunden, und zwar genau um sechs Uhr, in die St. Sebastianskirche. Dort habe ich im rechten Schiff immer denselben Platz. Das ist das Schiff, in dem die Christusstatue ist. Im linken Schiff ist die Marienkapelle, dort ist gewöhnlich früh Messe, da war ich überhaupt noch nicht. Ich habe noch nie an einem katholischen Gottesdienst teilgenommen, auch nicht an einer katholischen Kulthandlung irgendwelcher Art, habe auch gar kein Verlangen danach. Sondern ich habe dort meine bestimmte Bank, wo ich meine stille Stunde habe mit meiner Zürcher Bibel zur Linken. Da lese ich meine Texte und empfange dort, was Gott mir zugedacht hat an dem Tag ... Ich habe seit Jahrzehnten die Erfahrung gemacht, nicht erst seit 1947, daß mir das schwere Werk des täglichen Gebetes - von dem auch Luther wußte, wie schwer es ist -, leichter fällt, wenn ich es in einem Gotteshaus beginne und dabei knien kann. Und ich erkläre hiermit, liebe Brüder, an dem Tage, wo Sie mir in Magdeburg eine evangelische Kirche früh um sechs Uhr aufmachen - anders kann ich das nicht - da bin ich dort. Und das braucht noch nicht einmal der Dom zu sein. Ich bin Bauer und bin es gewohnt, früh um fünf Uhr aufzustehen. Dafür gehe ich abends früher ins Bett. Bis zur Stunde kann ich nicht finden, daß das unrecht sei. Ich bin offen dafür, daß man mir das klar macht. Ich weiß nicht, wodurch ich etwa sonst noch katholische Eindrücke erweckt habe ...[13]

An Ilse Friedeberg, der Freundin in Genf, schrieb Kreyssig damals: »Ich wurde auf der Synode zu ziemlich radikalen Fragen geführt.«[14]

Ende Januar 1957 fand im Tagungsheim der Evangelischen Akademie in Möser bei Burg eine erneute Disputation zwischen dem Theologischen Ausschuß und den drei des »Romanismus'« Verdächtigten statt. Diesmal ließ der Ausschuß seine Bedenken und Argumente durch seinen Vorsitzenden, den Wittenberger Propst Dr. Wolfgang Staemmler, vortragen, den Kreyssig als Theologen sehr schätzte. Er habe in der Tonart sehr milde, in der Sache aber noch prinzipiell protestantischer und rationalistischer gesprochen als der reformierte Senior Dr. Schröter. Dabei habe Staemmler nicht nur alle gebräuchlichen Einwände gegen den Primat, die Gnadenlehre und die Mariologie noch einmal sehr pointiert herausgestellt, sondern auch die Liturgische Bewegung und die erwachende Liebe zum Sakrament des Altares in Frage gezogen.

»Ohne alle vorherige Abrede haben Inge Zippel, Anz und ich sehr einmütig gefochten. Das Erstaunliche aber war, daß wir von vielen Seiten beträchtlichen Zuzug erhielten«, berichtete Kreyssig anschließend Propst Asmussen.[15] Um die Frage ein für allemal aus dem Zwielicht emotionaler, teilweise inferiorer Bestreitung herauszuholen, bestanden die drei Angeschuldigten nach dem ausführlichen Disput auf einer geheimen und schriftlichen Abstimmung über präzise Fragen. Einmütig wurde von den Ausschußmitgliedern bejaht, daß man bei »offenkundiger und ausdrücklicher Bejahung katholischen Wesens« gleichwohl evangelisches Gemeindemitglied sein könne. Mit überwiegender Mehrheit wurde ferner befunden, daß die Drei in ihren kirchenleitenden Ämtern belassen werden können.
Kreyssig zeigte sich befriedigt über das Ergebnis, schrieb aber auch an Asmussen: »Nach dem Sieg bindet den Helm fester. Die gefallene Entscheidung hat ihre Realität. Wie sie in der Breite der Synode recht zu vertreten und zu begründen sei, noch mehr in der Breite der Gemeinden, das ist eine zweite Frage. Aber wir wollen den Geist nicht durch Kleinglauben betrüben.« – Länger noch beschäftigte ihn die Frage, ob es nicht richtiger sei, angesichts des Ärgernisses, das sein morgendliches Gebet in St. Sebastian erregt hatte, darauf zu verzichten. In seinem Brief an den katholischen Bischof Friedrich Maria Rintelen und den evangelischen Bischof Johannes Jänicke setzte er sich damit auseinander. Es war ein ernsthaftes theologisches Plädoyer, in dem er gekonnt alles Für und Wider erwog, aber zu keiner Entscheidung kam. Doch mit der Gründung der Aktionsgemeinschaft für die Hungernden im Sommer 1957 und ein Jahr später der Aktion Sühnezeichen verlagerten sich seine Arbeit und sein Lebensmittelpunkt ohnehin nach Berlin.
Eine eigene und eigentümliche Interpretation des ganzen Vorgangs findet sich in Akten des Staatssicherheitsdienstes der DDR. Am 27. Mai 1957 berichtete der Informelle Mitarbeiter »Karl« über ein Gespräch, das er mit einem Pfarrer aus Halle gehabt habe. Dieser habe ihm erzählt, daß sich am selben Abend in seiner Wohnung mehrere Pfarrer treffen wollten, um darüber zu beraten, wie man gegen die Rekatholisierung, die von einer Gruppe um Kreyssig in der Kirchenleitung betrieben werde, angehen kann. Dann folgte eine Zusammenfassung der Gründe, so wie der Spitzel sie verstanden hat:

Eine solche Aussprache soll dazu beitragen, um dieses Problem in der nächsten Synode bzw. vor der Kirchenleitung vorzutragen. Hierbei spielt besonders für uns die Schuldfrage gegenüber der Öffentlichkeit eine Rolle.

Es ist doch nicht von ohne, daß der Papst als Inhaber von Aktzien [sic!] der Monopole im politischen Leben eine Rolle gespielt hat. Das Buch *Der Vatikan und der zweite Weltkrieg* gibt doch darüber reichlich Aufschluß. So gibt es doch viele Dokumente, die nicht so ohne weiteres abgetan werden können; das ist ja auch letzten Endes darauf zurückzuführen, daß die anglikanische Kirche und die orthodoxe Kirche vom Osten her sich vom Vatikan losgesagt haben.

Wir wollen auch der Kirchenleitung bzw. der Synode vorlegen, daß nicht alles, was vom Osten kommt ohne Überprüfung zu den Akten gelegt wird. Ich bin den Äußerungen gegenüber Niemöller immer kritisch, aber zu der Frage, daß der Bonner Staat im Vatikan gezeugt und in Washington geboren wurde, stehe ich vollkommen dahinter. [...]

Um die Prinzipien der Una-Sancta-Bewegung zu verwirklichen, müßten wir den Vatikanen Kilometer weit entgegen kommen. Diese Una-Sancta-Bewegung ist für mich ein totgeborenes Kind. Die Romanisierung der evangelischen Kirche ist bereits soweit gediehen, daß evangelische Pfarrer die Liturgie ähnlich wie bei der katholischen Messe eingeführt haben. [...]

[-][16] ist der Meinung, daß die Verkündigung des Evangeliums im Raume der DDR gesichert ist und er deshalb eine Zusammenarbeit mit der katholischen Kirche nicht für notwendig erachtet. Es ist traurig, daß diese Gruppe der Rekatholisierung die Abendmahlsgemeinschaft mit den Reformierten und den Lutheranern gemeinsam ablehnt.

Dies ist ja das Schicksal der Kirche der Union, die im Jahre 1817 entstanden ist.

gez. Karl[17]

Soweit eine Probe von den Bemühungen des Staatssicherheitsdienstes um die Reinheit der reformatorischen Lehre ...

Im Sommer 1954, bei der Reise zur Weltkirchenkonferenz im nordamerikanischen Evanston, erfüllte Lothar Kreyssig sich einen Traum: Er machte die Passage über den Atlantik auf einem Frachtschiff, der *Werra-*

stein. Er reiste gemeinsam mit Reimer Mager, den er aus der sächsischen Bekennenden Kirche kannte, und der jetzt wie er Mitglied im Rat der Evangelischen Kirche und im Kirchentagspräsidium war. Ein langer Brief an die Familie, unterwegs auf dem Atlantik geschrieben, macht deutlich, wie sehr Kreyssig diese Reise und das völlige Aussteigen aus allen Ämtern und Pflichten genoß. Die Reise hatte am 17. Juli 1954 in Bremerhaven begonnen. Nur sechs Passagiere waren an Bord. In Kreyssig wurden die Gefühle wieder lebendig, die er als Junge gehabt hatte, als er Kadett werden wollte und sich für alles Maritime interessierte. Genau besehen sei es damit wie mit allen anderen Wünschen auch gegangen: »Gott nimmt sie in die Hand, lächelt und erfüllt sie mit jenem Überhauch von Ewigkeit, der uns schon als Schimmer von außen wie eine radikale Verwandlung vorkommt. Ich wollte gern Kadett werden. Und siehe da, nun bin ich es ein Leben lang.«[18]
Ausführlich schilderte er die Ausfahrt der *Werrastein* aus dem Hafen, das Vorbeiziehen der Orte am Ufer der Weser, das Feuerschiff, an dem der Seelotse von Bord ging, und in der Nacht dann das Leuchtfeuer bei Texel, dem nördlichsten Punkt Hollands. Er ärgerte sich über einen jungen Offizier, der, wohl um etwas Eindrucksvolles zu sagen, von der Biskaya redete, wo es, wie aus der hohen Dünung zu schließen sei, einen Sturm gegeben haben müsse. Das aber wußte Kreyssig besser: Sie berührten die Biskaya doch gar nicht auf ihrer Route. Der Fotoapparat, den er eigens vor der Reise gekauft hatte - für 797 Mark, die Rechnung ging an C. Schröter in Leipzig - machte ihm Probleme. Er fürchtete, daß er mangels Vertrautheit mit der Technik nur wenige Treffer haben werde, gleich den ersten Film habe er durch Lichteinfall verdorben, weil er die Rückwand schief eingesetzt hatte. Dennoch habe er fleißig jeden Wellenberg und jedes Wellental fotografiert. Er genieße seine Solistenrechte und krieche überall umher. Weil das Schiff mit Ölfeuerung fährt und der feine Ölruß alles bedeckt, sehe sein Gummimantel schon entsprechend aus. Aber weder dies noch das unwirsche Gebrumm des Oberingenieurs können ihn von seinen Entdeckungsgängen übers ganze Schiff abhalten. Schon nach zwei Tagen hat Kreyssig zu seiner Befriedigung seinen festen Tagesrhythmus gefunden:

> Aufstehen fünf Uhr. Morgengymnastik hinter dem Rettungsboot. Herein und kalt duschen. Waschen und Rasieren. Herrnhuter Losung und Luthers Morgensegen. Erster Rundgang mit zweiter An-

dacht vor der Bugkanzel ganz vorn. Eine Apfelsine, ein Apfel, einige Trauben. In den Liegestuhl (bequem und herrlich gepolstert) zur Morgenlesung, altes Testament deutsch, neues Testament englisch. Eine Seite englische theologische Lektüre. Acht Uhr Frühstück, faktisch jeden Morgen dreiviertel Stunden später - soviel laufen wir der Sonne, westwärts fahrend, ab. Die Verpflegung ist reich und deftig, so daß ich zur Verstörung der ganzen Besatzung gestern, am Dienstag, einen Obsttag eingelegt habe. Weil die Seeluft gewaltig zehrt, ist mir heute morgen noch ganz klüterig. - Tagsüber arbeite ich dann im Liegestuhl und im Geiste »unter dem Baum«. Ziemlich anhaltend mit den schweren Brocken, die ich bis zum Beginn der Konferenz noch vorhabe: Amsterdamer und Evanstoner Tagebuch, die systematische Darstellung für die Sektion IV samt Anträgen, die endgültige Fassung von *Wir bitten um Frieden* samt Anschreiben, die Sprachstudien. - Das alles ist viel. Aber es ist auf zwei Monate einmal ein Begrenztes. Schon das ist wundervoll und entspannend. Dazu bewährt sich überaus, daß wir auf einem Frachtschiff fahren, wo man einander in Ruhe läßt. Mager ist ein angenehmer Reisegenosse. - Alltäglich elf Uhr komme ich sogar auf eine halbe Stunde zum Üben auf der Geige und gedenke das festzuhalten.

Unterwegs durfte ein zünftiges Seemannsgarn nicht fehlen. Am 22. Juli hatte der Reisegefährte Reimer Mager Geburtstag und erhielt über Schiffsfunk drei Telegramme:

Der Oberingenieur an unserem Tisch rechnet, sprachlos vor Entsetzen, die Kosten zusammen; jedes Wort kostet 75 Pfennige. Er ist ein »hübscher Mann« unter den Fahrensleuten, war an allen Enden der Welt, weiß aber von dort nur zu sagen, wie preiswert die Hosen, Büstenhalter und Strümpfe waren, die er dort für Frau und Tochter eingekauft hat. Alle Geschichten enden gleichermaßen: Er hat die für seine Frau erforderlichen Dimensionen der Verkäuferin vergeblich klar zu machen versucht, und das Stück bekommt *die Deern*, weil es der Mutter zu klein ist. Dann erzählt Mager die entsprechende Geschichte aus Westfalen und Dresden. Ich lerne auf diese Weise zwischen Bremen und New York, wie außergewöhnlich schonsam ich bestückt bin.

Am siebenten Tag der Reise kam endlich der »bisher vergeblich bestellte« Sturm:

> Er kommt, sehr ordentlich und nachhaltig, vorschriftsmäßig aus Süd-West, stetig von Mittag an bis in den Abend in Windstärke sieben bis acht, in den Böen gegen zehn. Ich habe die Sache, wo es etwas zu versprechen schien, fotografiert. Dabei gab es das und jenes Malheurchen, was meinen Ruf als erklärter Narr an Bord nicht verkleinert hat. Unser freundlicher Tischgenosse, der Oberingenieur, fragte mich nach Einzelheiten aus, woraus sich ergab, daß er mich ununterbrochen beobachtet haben mußte, und fauchte abschließend: Wenn er der Kapitän wäre, hätte er mich einsperren lassen. Aber siehe da: Er war nicht der Kapitän. Als ich lange und zunächst noch ziemlich trocken auf der Bugschanze stand, von wo aus sich die Luftschaukel am besten ausnahm, und verzückt nach hinten blickte, schickte mir Poseidon, der Lümmel, einen seiner Knechte, der mir seelenruhig von hinten einen vollen Stalleimer in den Hosenbund goß. Es war ungemein erfrischend ... Der Sturm zog einem das Fleisch von den Knochen, blies einem selbsttätig die Backen auf, blies auf den Zähnen wie auf einer Mundharmonika und bog die Nase wohin er wollte. *Werrastein* hat die Sache redlich abgeritten. Weil sie zu lang ist, möchte sie dagegen anboxen. Das tat sie zunächst mit voller Kraft und knallte dann zuweilen mit ihren 8000 t von oben so auf die nächste Welle, daß es wie ein Kanonenschlag donnerte und ihr das Wasser blitzartig wie ein Güterzug unter dem Bauch herausfuhr. Der Oberingenieur sah beim Abendbrot so verkniffen aus, wie wenn der in Jokohama gekaufte Büstenhalter sich wiederum als zu eng erwies. Es ging aber diesmal offenbar mehr um die Eisennähte von *Miss Werrastein*. Als sie auf halbe Kraft herunterging, wurde die Sache etwas betulicher. Immerhin bekamen wir, gute zwölf bis fünfzehn Meter über dem Wasser, noch soviel Spritzwasser zum Fenster herein, daß Bergengruen und Hausmann auf dem Bücherbord einträchtig durchfeuchtet waren.

Am vorletzten Tag ließ sich der Oberingenieur erweichen und zeigte dem neugierigen Passagier den Maschinenraum. Kreyssig war beeindruckt und beschrieb in seinem Brief an die Familie ausführlich jedes Detail. Am Abend des 25. Juli 1954, einem Sonntag, legte die *Werrastein* in New York an, am nächsten Morgen ging es von Bord.

Kreyssig wurde in New York von Marianne Clemens, der Tochter Rudolf Ziels, und ihrem Mann erwartet. Walter Clemens arbeitete damals in der deutsch-amerikanischen Schuldenregulierungs-Kommission und lebte mit seiner Familie vier Jahre lang in den Vereinigten Staaten. Einige Tage, bevor er weiter nach Evanston reiste, wohnte Kreyssig bei ihnen. Marianne Clemens fuhr mit ihm durch New York und zeigte ihm die Stadt, von der er begeistert war. Er genoß, wie sie sich erinnerte, die Weltoffenheit und Großzügigkeit der faszinierenden lebendigen Metropole. - Kreyssig besuchte während seines Amerikaaufenthalts auch Paul Schniewind in Haverford, den Sohn des von ihm so hochgeschätzten Theologen Julius Schniewind. Dessen Witwe lebte krank und einsam in Halle, die DDR gestattete ihr aber nicht die Ausreise zu ihrem Sohn in Amerika. Kreyssig bemühte sich nach seiner Rückkehr intensiv darum und schaltete hohe kirchliche Stellen ein, freilich vergebens. Er konnte nur erreichen, daß der Sohn einige Tage zu seiner Mutter nach Halle kommen durfte. Wenig später starb Anna Schniewind. - Vor Beginn der Tagung in Evanston war Kreyssig noch einige Tage nach Parishfield eingeladen,

> ... eine verwegen in eine verlassene Bauernwirtschaft hineinkomponierte »Verlassenschaft« von vereinzelten, blockhausartigen, überaus ursprünglichen, dabei nicht ungemütlichen Einsiedeleien, grenzerartig, alles inmitten einer Reservation, was ich mir in einer radikalen und ursprünglichen Konzeption 1933 einmal unter Siedelung am Rande der Zivilisation gedacht habe, auf amerikanischen Nenner gebracht. Es ist ernstlich möglich, daß alles, was man einmal gedacht hat, in skizzenhafter oder vollkommener Darstellung irgendwo existiert und man aller Mühsal enthoben wäre, könnte man nur lange und gründlich genug reisen. Aber sie lassen einen ja nicht reisen, wie immer ein ganzes Team von »Müttern« beflissen ist, einen an der nächstfälligen Häutung zu hindern.[19]

In Evanston, nördlich von Chicago am Michigan-See gelegen, fand vom 15. bis 31. August 1954 die zweite Weltkonferenz der Kirchen statt. Kreyssig war einer von über fünfhundert Delegierten, die aus 48 Ländern, von 138 Mitgliedskirchen gekommen waren. Das Motto der Konferenz war *Christus - die Hoffnung der Welt*. Lothar Kreyssig arbeitete in der Sektion IV, in der es um das Verhältnis der Christen zur Weltpolitik ging. In Evanston rückten zum erstenmal die Kirchen aus den afrikanischen und asiatischen Entwicklungsländern, zum großen Teil damals noch Kolonien, in den Mittelpunkt. »Die soziale Lage in Asien, Afrika und einigen Teilen der Welt ist heute durch den Drang nach nationaler Selbstbestimmung in politischer und wirtschaftlicher Hinsicht gekennzeichnet«, hieß es im Bericht der Sektion, in der Kreyssig mitgearbeitet hatte. »Die Völker dieser Länder sind zu einem neuen Empfinden für grundlegende Menschenrechte und für Gerechtigkeit erwacht, und sie revoltieren gegen knechtende politische, wirtschaftliche, religiöse und soziale Verhältnisse.«[20] Für Kreyssig wurde gerade die Begegnung mit Menschen aus diesen sich im Umbruch befindenden Ländern zu einem wichtigen Impuls und einer Ermutigung, sich verstärkt seinem Projekt der *Ökumenischen Diakonie* zuzuwenden.

Eine besondere Freude war es für ihn, daß auch sein Sohn Peter in Evanston war. Er war dort im Auftrag des Christlichen Weltbundes der Studenten, dessen Generalkomitee im Zusammenhang mit der Weltkonferenz tagte. Sie hatten sich schon in New York getroffen, hatten auch einiges gemeinsam unternommen, waren dann aber getrennt nach Evanston gereist. Lothar Kreyssig ist, weil er viel vom Land sehen wollte, mit dem Bus nach Chicago gefahren. Eigentlich war ein Treffen in Evanston gar nicht mehr vorgesehen, aber dann mußte Peter Kreyssig mit anderen Vertretern des Studentenbundes als Übersetzer bei der Weltkirchenkonferenz einspringen, weil die Dolmetscher nicht mit den vielen theologischen Begriffen zurechtgekommen waren. Und so saß Peter Kreyssig also in der Übersetzerkabine, während sein Vater unten an der Vollversammlung teilnahm. Es sei das einzige Mal gewesen, daß er dienstlich etwas gemeinsam mit seinem Vater gemacht hat. Sie hätten es beide genossen. Sonst aber sei der Eindruck seines Vaters von der Konferenz eher »leicht gequält« gewesen, besonders vom kühlen Management von Franklin Clark Fry, einem »ausgebufften amerikanischen Chairman, der die Beschlüsse routiniert durch die Vollversammlung zog«. Einmal hatte Peter Kreyssig auch Gelegenheit, für seinen Vater zu dolmetschen:

> Er kam eines Tages und sagte: Morgen ist eine große Pressekonferenz, das wird eine heikle Angelegenheit. Der Hromádka und ich, wir werden da der Presse zum Fraße vorgeworfen, und wir haben noch den Dulles im Genick. – Das war der Bruder von John Foster, der war Pressesprecher für den *American National Council of Churches*. Und der war natürlich ein Rechter. Damals war ja der Kalte Krieg

> in vollem Gange, und so knisterte das ein bißchen bei dieser Pressekonferenz. Sie haben zuerst ihre Statements gegeben, Hromádka sprach englisch, und ich habe Vater übersetzt. Das war ein Unterschied wie Tag und Nacht. Hromádka schwamm damals schon auf der Friedenskonferenz-Welle. Vater hingegen war im Grunde noch kirchliche Resistance. Er hat also einige markige Töne von sich gegeben, so wie nur er das konnte, sehr elegant formuliert. Jedenfalls waren die Journalisten begeistert. Jetzt hatten sie endlich mal einen aus dieser Gegend hinter dem Eisernen Vorhang, der nach ihrer Vorstellung war und den Mund aufmachte. Natürlich war er auch kritisch gegenüber dem Kalten Krieg, und das hat er auch deutlich gesagt. Das paßte nun dem Dulles nicht, der fuhr dazwischen und versuchte es zurechtzurücken. Und da hat Vater und mich sehr beeindruckt, wie die amerikanischen Journalisten reagierten und die Macht der Presse demonstrierten. Das war ja für uns völlig neu. Sie sagten einfach zu Dulles: *Please shut it! We don't want to hear you ...* Und dann regte der sich wieder auf, und so gab es eine richtige Redeschlacht. Vater mußte hinterher noch viele Interviews geben. Es war für uns beide ein richtiger Höhepunkt.[21]

Kreyssig blieb im Anschluß an die Weltkonferenz noch vierzehn Tage in den Vereinigten Staaten. Zunächst besuchte er eine Einrichtung der *Moral Re-Armament* auf Mackinac Island, der von Frank Buchman gegründeten *Bewegung zur Moralischen Aufrüstung*, wohl im Hinblick auf sein eigenes Projekt eines Versöhnungsdienstes, zu dem er damals die ersten Überlegungen anstellte. Anschließend war er in Chicago, Washington, Philadelphia und New York und hat, wie aus Notizen und Briefen hervorgeht, Gespräche zu seinem Projekt der *Ökumenischen Diakonie* geführt. In einem Brief an den Lord Bishop von Chichester in England erwähnte er, daß er »mit dem in amerikanischen Farmerkreisen sehr einflußreichen Leiter des *Farm Journal*, Mr. Miller in Philadelphia, mit dem Leiter der deutschen Abteilung im State Department in Washington, mit den Sachbearbeitern beim Lutherischen Weltbund und dem Nationalrat der Kirchen in New York« verhandelt und überall grundsätzliche Zustimmung gefunden habe.[22] Genauere Aufzeichnungen über diese Gespräche sind jedoch in seinen Unterlagen nicht erhalten; vermutlich wollte er vermeiden, daß die staatlichen Behörden in der DDR etwas von diesen Kontakten erfuhren. Die Rundreise en-

dete am Montag, den 13. September, in New York, von wo aus er wieder per Schiff nach Europa zurückfuhr.
Ursprünglich sollte die Überfahrt in Neapel enden. Kreyssig verließ aber schon in Genua das Schiff und reiste von dort aus nach Rom, wo er versuchte, Partner für sein Projekt der *Ökumenischen Diakonie* zu finden, in das er von Anfang an die katholische Kirche einbezogen wissen wollte. Den ersten Kontakt mit einem Prälaten aus der Umgebung des Papstes, Monsignore Wüstenberg, fand er so ermutigend, daß er es, noch unerfahren auf internationalem Parkett, bei einem Telefongespräch bewenden ließ. Der eigentlich kompetente Gesprächspartner, der deutsche Botschaftsrat Prälat Höfer, war durch den Magdeburger Weihbischof Rintelen auf Kreyssigs Besuch vorbereitet, aber die Mitteilung darüber lag in Neapel, das er zunächst hatte ansteuern wollen. Ein anderer römischer Gesprächspartner, Father Boyer, der Dekan der Theologischen Fakultät der Gregoriana, erzählte Kreyssig, daß Lord Bishop Bell von Chichester vor einiger Zeit beim Vatikan einen ähnlichen Vorstoß unternommen habe - offenbar eine Fehlinformation. Denn als Kreyssig sich mit seinem Projekt an den Lordbischof wandte, schrieb dieser kühl zurück, er wisse nicht, was die Aussage des Fathers zu bedeuten habe. Möglicherweise habe der sich auf ein Gespräch mit einer englischen Lady bezogen, die diese Angelegenheit auf verschiedenen Wegen, jedoch ausschließlich auf eigene Verantwortung betreibe.[23] - Auf der Rückreise machte Kreyssig auch noch in Genf und Köln Station. In Genf suchte er den Generalsekretär des Ökumenischen Rates, Willem Visser't Hooft auf, bei dem er auf »typisch protestantischen Widerstand« stieß, während sich Joseph Kardinal Frings in Köln dem Projekt gegenüber aufgeschlossen zeigte.

Das Vorhaben *Ökumenische Diakonie* beschäftigte Kreyssig in den kommenden Monaten vor allem. Er arbeitete mehrere Texte aus, in denen er sich mit dem Hunger in der Welt und der ungleichen und ungerechten Verteilung der Güter befaßte. Wichtige Partner waren ihm dabei Erich Müller-Gangloff, der Freund und Leiter der Evangelischen Akademie in Berlin, sowie Ilse Friedeberg in Bossey bei Genf, die sich als Mitarbeiterin des Ökumenischen Institutes gut in den Gremien des Weltkirchenrates auskannte und wohl die Chancen des Vorhabens von Anfang an weitaus realistischer eingeschätzt hat. Dem zeitweise sehr regen Briefwechsel mit Ilse Friedeberg lassen sich viele Details zur Entstehungsgeschichte von Kreyssigs wichtigsten Gründungen, der Aktionsgemeinschaft für die Hungernden und später der Aktion Sühnezeichen entnehmen. Aus einem dieser Briefe geht auch hervor, daß Kreyssig offenbar vorhatte, nach seiner Amerikareise ein *Ökumenisches Tagebuch* zu veröffentlichen, ein Vorhaben, das an der Fülle der sonstigen Aufgaben, die er zu bewältigen hatte, gescheitert sein mag. Doch Kreyssig plagten auch Selbstzweifel, ob seine Pläne überhaupt eine realistische Chance auf Verwirklichung hätten. Im Dezember 1954, schon bald nach der USA-Reise, schrieb er:

> Gott weiß, wie überdrüssig ich der eigenen, nun auch im Altern immer rascher erstarrenden Art bin. Wahrscheinlich bin ich auch von Anbeginn für Ziele so entflammbar, weil ich für die Schwierigkeiten der Verwirklichung keinen Blick habe. Es könnte ja sein, daß das groteskerweise so etwas wie eine prophetische Veranlagung wäre. Und die Schrift kennt ja prophetische Aufträge, die von Anbeginn unter dem Verdikt - *I realize* - der Erfolglosigkeit stehen. Ihr ganz brüderlich mitfühlenden Seelen alle habt nichts anderes verspürt, als jene tief ans Närrische grenzende Zweifelhaftigkeit, die schon nach der ersten Niederschrift nicht mehr von mir gewichen ist.[24]

In einem vierseitigen Text aus den Jahren 1953 und 1954, der in Kreyssigs Handschrift den Vermerk trägt »Verhandelt in New York, Washington, Rom, Genf, Köln, Berlin«, hatte er seine Vorstellungen über eine weltweite ökumenische Diakonie zum erstenmal beschrieben. Seine Gedanken sind offensichtlich von den Erfahrungen auf der Weltkirchenkonferenz beeinflußt. Er ging aus vom Liebesgebot des Evangeliums und leitete daraus ab, daß zum weltwirtschaftlichen und weltpolitischen Denken immer auch die Wirklichkeit und Notwendigkeit des ökumenischen Denkens und Planens gehöre. Angesichts des Hungers und der unmittelbaren Lebensnot von Millionen Menschen sei eine erste wirksame Hilfe nur durch das gemeinsame Handeln aller Völker möglich. Es sei völlig unzulänglich und der Ehre des Herrn abträglich, wenn die Christenheit dabei nicht einheitlich und gemeinsam handele. Damit das Notwendige und Wirksame geschehen könne, müßten die Kirchen ihre Selbstgenügsamkeit aufgegeben. »Unsere Verantwortung ist also dadurch bestimmt, daß an der Bereitwilligkeit zur Selbstentäußerung in einer Frage, in der die Wahrheit nicht zwischen uns steht, das Leben von Menschen, vielleicht ungezählten Tausenden, hängen kann ... Endlich würde alles, was im Freiheitsideal der Völker christliches Erbe ist, eine Stärkung, Vertiefung und Verlebendigung erfahren. Denn es ist bis zur Stunde ein unwiderlegter Einwand des materialistisch und gottfeindlich regierten Teiles der Welt, daß die freie Welt es nicht vermag, anhaltenden Überfluß und elementaren Mangel in rechter Weise zueinander zu bringen.«[25]

Kreyssig schlug vor, daß die katholische Kirche und der Ökumenische Rat zum Zwecke eines gemeinsamen diakonischen Dienstes ein paritätisch besetztes Organ schaffen sollten, zu dem Vertreter der jüdischen Gemeinde hinzuzubitten seien. Die Kirchen in aller Welt sollten ein- oder zweimal im Jahr, am besten am Erntedankfest, eine Sonntagskollekte all ihrer Gemeinden als Opfer der Christenheit für die Hungernden der Erde bestimmen. Das Opfer jener Weltgegenden, die im Überfluß leben, könnte darin bestehen, daß sie ihre Erzeugnisse billiger als zum Weltmarktpreis abgeben. Die Reeder sollten für den Transport Tonnageraum verbilligt bereitstellen. Um Verluste zu vermeiden, sollte der gemeinsame Ausschuß als einziges Organ für die gerechte Verteilung sorgen. Da es bereits zahlreiche lokale und regionale Aktionen gebe, komme es darauf an, die Kräfte zu bündeln und den Hunger als weltweites Problem durch eine weltweite, eben wahrhaft ökumenische Aktion zu bekämpfen - dies war der neue, kühne Gedanke in seinem Konzept. Kühn, weil zu jener Zeit, der Hoch-Zeit des Kalten Krieges im Westen wie im Osten, etwas ganz anderes angesagt war: Die großen und reichen Staaten hatten die Welt nach Einflußgebieten unter sich aufgeteilt. Wenn sie halfen, so halfen sie den verbündeten Ländern oder jenen, von denen sie sich künftig Unterstützung und Vorteil versprachen. Selbstlose, weltweite Hilfe, so wie Lothar Kreyssig sie sich vorstellte, mußte in jener geteilten Welt als weltfremd erscheinen.

Es war ihm zwar gelungen, einige wichtige Persönlichkeiten für sein Projekt einzunehmen, so die katholischen Bischöfe Wilhelm Weskamm in Berlin und Franz Hengsbach in Paderborn. Aber Bischof Weskamm hatte das Vorhaben wohl von Anfang an richtig eingeschätzt, als er Kreyssig sagte: »Was Sie machen wollen, ist richtig. Aber machen tut es nur, wer es machen muß.« Die entscheidenden kirchlichen Gremien, sowohl der katholischen wie der evangelische Kirche, erteilten dem Projekt eine Absage. Nachdem er sich ein Jahr lang bemüht hatte, gab er auf. Im Oktober 1955 schrieb er an Kardinal Frings: »Ich muß heute leider mitteilen, daß ich einstweilen am Ende meiner Möglichkeiten bin. Überraschenderweise haben sich die zuständigen Organe des Ökumenischen Rates selbst einer so umfassenden Konzeption einstweilen noch nicht erschlossen.«[26] Bitter zog er Jahre später in seiner Autobiographie das Fazit: »Die notwendige, gewissensnotwendige Weltveränderung, von der der Knabe unentwegt redete, war unrealistisch, war Schwärmerei.«[27]

Kreyssig suchte nach anderen Wegen, seine Idee zu verwirklichen. In Evanston hatte er von einer aus England stammenden Aktion gehört - der Bewegung *Miss-a-meal.* Einmal in der Woche verzichteten die Teilnehmer auf eine Mahlzeit, um das eingesparte Geld einem konkreten Hilfsprojekt in einem Entwicklungsland zukommen zu lassen. Er suchte Kontakt zu einem Vertreter der Aktion, Murray Rogers, ein anglikanischer Pfarrer, der in Indien für die Verteilung der Hilfsgelder Sorge trug, und informierte sich eingehend. Außerdem schlug Kreyssig mit Erfolg vor, die Kollekte auf der Hauptveranstaltung des Evangelischen Kirchentages 1956 in Frankfurt für die Hungergebiete der Erde zu bestimmen. 84.000 DM wurden gesammelt, damals ein beträchtlicher Betrag. Auf katholischer Seite wurde im selben Sommer die Caritas Internationalis gegründet, und Kirchentag und Katholikentag verabredeten ein gemeinsames Vorgehen in dieser Frage. Schließlich konnte Kreyssig den Leiter des Evangelischen Hilfswerkes, Pfarrer Christian Berg, dazu gewinnen, im März 1957 auf der Synode der EKiD in Halle den Antrag zu stellen, daß künftig alle Gemeinden die Erntedankfest-Kollekte eines jeden Jahres für die Hungergebiete geben, eine Anregung, die damals aufgegriffen wurde und mittlerweile Tradition geworden ist. Im Jahr darauf fand die erste Aktion *Brot für die Welt* statt, auf katholischer Seite begann die Fastenaktion *Misereor.* Anläßlich der 25. Aktion *Brot für die Welt* 1983 dankte der Präsident des Diakonischen Werkes der EKD Lothar Kreyssig ausdrücklich als einem der Wegbereiter und -begleiter dieser Aktion der ökumenischen Diakonie.[28]

Einmal noch versuchte Kreyssig die Gesamtkirche in die Verantwortung für die vom Hunger bedrohten Völker zu nehmen, mit drei Anträgen auf der abschließenden Vollversammlung der Tagung *Responsible Society* in Arnoldshain im Juli 1956. Im ersten Antrag regte er an, das jährliche Erntedankopfer solle von allen Gliedkirchen des Ökumenischen Rates für die Hungernden bestimmt werden. Die beiden anderen gehen über das Spenden der Reichen für die Armen hinaus und zeigen erstmals einen entwicklungspolitischen Ansatz. Zum einen schlug er direkte Patenschaften zwischen den Kirchen einzelner Länder vor, um eine Überentwicklung von Organisationen und Institutionen zu vermeiden und die Menschen unmittelbarer in die Verantwortung füreinander zu nehmen. Die Kirche eines Landes solle somit Patenkirche für ein bestimmtes Volk werden und die ständige Aufgabe übernehmen, »in stetiger, geistlicher und diakonischer Verbindung für das Patengebiet zu sorgen. Damit ist eine Beziehung gegeben, welche dem biblischen Begriff des Nächsten entspricht.«[29] Zum anderen regte er an, das *Study Department* des Ökumenischen Rates der Kirchen möge mit einem ausreichenden Stab von Theologen und Fachleuten ausgerüstet werden, um die nötigen Wechselbeziehungen zwischen dem Ökumenischen Rat und seinen Gliedkirchen für die wirksame Entwicklung christlicher Verantwortlichkeit zu ermöglichen. Infolge der technischen und wirtschaftlichen Entwicklung sei jede Autarkie eines Volkes unmöglich geworden. Die gegenseitige Abhängigkeit habe so zugenommen, daß der herkömmliche Begriff der Souveränität neu definiert werden müsse. Andererseits sei eine in der Interdependenz zu konzipierende Maßnahme nur dann richtig, wenn sie den sehr verschiedenen Verhältnissen des jeweiligen Gebietes entspreche, für das sie bestimmt sei. »Unsere bescheidenen Einsichten über die gegenwärtigen Notwendigkeiten von *responsible society* bleiben theoretisch und unwirklich, wenn wir die ökumenischen Organe nicht mit den bestgeeigneten Begabungen ausrüsten. Stoffwechselstörung ist eine der verbreitetsten Krankheiten der Kirche.«

Große Hoffnung, daß er sich diesmal mit seinen Vorschlägen bei der Kirchenbürokratie durchsetzen können würde, hatte Kreyssig wohl nicht mehr. So entschied er sich im August 1957 für einen anderen Weg:

> Gewiß kurzschlüssig, aber in getroster Verzweiflung meinten wir schließlich, zu scheitern sei besser, als im Nichtstun ungewiß zu bleiben. Wir legten auf einer Tagung der Evangelischen Akademie Berlin vor, was wir in Erwartung einer Hungerkatastrophe in der dritten Welt an Berichten und Bildern anzubieten hatten, und rie-

fen namens einer neugegründeten Aktionsgemeinschaft für die Hungernden zu Opfern auf. Wir konnten uns dabei auf ein Beispiel der Engländer berufen, die mit einer Bewegung *Miss-a-meal*, dem zeichenhaften Verzicht auf eine Mahlzeit in der Woche, bereits auf dem Weg waren. Bei der konstituierenden Tagung waren Journalisten dabei, welche die öffentliche Meinung kannten. Sie meinten, wenn wir in einem halben Jahr 10.000 Mark zusammenbekämen, könnten wir froh sein. Aber wir hatten schon nach acht Wochen das Doppelte.[30]

Nach sechs Wochen waren es bereits 125.000 DM. Lothar Kreyssig war von Anfang an bemüht, für seine Aktion Unterstützer über kirchliche und politische Grenzen hinweg zu gewinnen. Zu den Erstunterzeichnern des Aufrufs *Für die Hungernden* gehörten neben Freunden und Weggefährten aus der Bekennenden Kirche auch Willy Brandt, Heinz Galinski, Ernst Lemmer und Otto Suhr.[31] Von Anfang an war es Ziel der Aktion, nicht zu einer anonymen Spendenverteil-Einrichtung zu werden, sondern zu einer möglichst konkreten Beziehung zwischen Spendern und Empfängern zu kommen. »Liebe will Leibhaftigkeit«, hieß das bei Kreyssig. Ein Arbeitsstil wurde versucht, »der über Organisation und Effektivität einer neuen Mitmenschlichkeit zwischen Gebern und Empfängern gewärtig bleiben wollte«.[32] In der Praxis hieß das vor allem, daß die Aktionsgemeinschaft Patenschaften übernahm - für Heranwachsende ebenso wie für Heime und Internate, allein an die sechzig in Indien, vierzig in Bolivien, andere in Vietnam und Paraguay. Eine besondere Beziehung entwickelte sich zum Ashram Ghandigram in Indien.

Die Aktionsgemeinschaft für die Hungernden konnte auch als eine der ersten entwicklungspolitischen Organisationen überhaupt in der DDR Fuß fassen, dort nach dem Mauerbau in enger organisatorischer und personaler Bindung an die Aktion Sühnezeichen. Nachdem Lothar Kreyssig 1977 als Rentner in die Bundesrepublik übersiedelt war, wurde die Arbeit der Aktionsgemeinschaft für die Hungernden vor allem von Hans-Detlef Peter, einem langjährigen Mitarbeiter Kreyssigs fortgesetzt, ab 1981 mit einem eigenen Büro und eigenen Mitarbeitern. Bereits im Oktober 1971 hatte die Aktionsgemeinschaft auf der Tagung *Aufbruch gegen die Weltarmut* in Halle/Saale den INKOTA-Arbeitskreis angeregt, der zum wohl wichtigsten entwicklungspolitischen Netzwerk in der DDR wurde. Durch die in der DDR herrschenden Reise- und Devisen-Beschränkungen waren unmittelbare persönliche Kontakte ins Ausland natürlich kaum möglich. So kam ein Teil der Spenden über das Deutsche Rote Kreuz zu den Empfängern, einiges auch über das berüchtigte Solidaritätskomitee, von dem heute bekannt ist, daß es Spendengelder auch zum Kauf von Waffen mißbraucht hat. Ein Teil des von der Aktionsgemeinschaft gesammelten Geldes diente dazu, jungen Medizinern aus Entwicklungsländern, die in der DDR studiert hatten, eine medizinische Grundausrüstung mitzugeben.

In der Bundesrepublik entwickelte sich aus der Aktionsgemeinschaft für die Hungernden nach dem Mauerbau die *Aktionsgemeinschaft Solidarische Welt*, die bis heute arbeitet. Der ursprünglich überwiegend karitative Charakter der Projekthilfe veränderte sich zugunsten einer solidarischen, auf Gegenseitigkeit beruhenden Gemeinschaft, ganz wie Kreyssig es mit seinen Überlegungen zur *responsible society* vorausgedacht hatte. In einem Aufsatz aus dem Jahre 1957 gebrauchte er bereits den Begriff *nachhaltig*, der zu einem Kernbegriff der modernen Entwicklungszusammenarbeit geworden ist. Es sei ein Merkmal der geschichtlichen Landschaft des Jahres 1957, so schrieb er, daß es als Weltaufgabe Nummer eins bewußt geworden sei, den Hungernden nachhaltige, ihnen selbstverfügbare Nahrungsquellen zu erschließen:

> Die Decke über einer unsagbaren Dürftigkeit und Preisgegebenheit eines Drittels der Menschen wird zu einem Zeitpunkt weggenommen, in welchem die anderen unzweifelhaft in den Stand kommen, den wirtschaftlich unterentwickelten Gebieten mit ausreichenden Mitteln aufzuhelfen. Daß es der Menschheit noch nicht gelungen ist, den gefährlichen Überfluß in Nordamerika und den Mangel in Asien in vernünftiger Weise zueinanderzubringen, ist tief beschämend. Aber mit der Einfuhr von Brotgetreide ist die Notlage der Hungergebiete ohnehin nicht zu beheben. Sie müssen vielmehr eine eigene Existenzgrundlage gewinnen, in wenigen Jahrzehnten die Entwicklungsstadien durchlaufen, zu denen die gesättigten Völker Jahrhunderte gebraucht haben, dazu unter durchdachter zweckmäßiger Einordnung in die jetzt vorgegebenen weltwirtschaftlichen Zusammenhänge. Wer etwas weiß vom neuen reizbaren Selbstbewußtsein jener wirtschaftlich unterentwickelten, zum Teil aber hochkultivierten Völker und dabei den ideologischen Gegensatz der gro-

> ßen Weltmachtgruppen bedenkt, wird nicht zweifeln, daß es sich hier um die gegenwärtige Schicksalsfrage der Menschheit handelt.[33]

Am 13. August 1958 - drei Jahre vor dem Mauerbau - sprach Lothar Kreyssig erneut auf einem Katholikentag, diesmal bei der Eröffnungsveranstaltung in der Ostberliner Werner-Seelenbinder-Halle. Inzwischen hatte man sich darauf geeinigt, Kirchentag und Katholikentag immer abwechselnd zu halten. Ökumene von katholischen und evangelischen Christen war längst nicht mehr so exotisch wie sechs Jahre zuvor, als Kreyssig auf dem Katholikentag die Herrnhuter Losungen erklärt hatte. Diesmal sprach er über ein Problem, das katholische und evangelische Christen gleichermaßen belastete, über die deutsche Teilung. Eine »schwärende Wunde« nannte er die Zertrennung Deutschlands, beschämend tief sei dieses Minimum von Koexistenz unter dem, was eines Volkes würdig ist. - Koexistenz, das war damals das Zauberwort auf der politischen Bühne, hinter dem sich in Wahrheit Abgrenzung und feindselige Distanz verbarg. Aber auch Kreyssigs Bekenntnis zur politischen Einheit war, wie das zur Einheit der Christen, keine wohlfeile Schönrederei, sondern zuerst kritische Anfrage an sich selbst. War, so fragte er, das Verhältnis zwischen der katholischen und evangelischen Kirche überhaupt jemals mehr und besser als dieses beschämende Minimum an Koexistenz? Taste die schmähliche Trennung der Christenheit die Ehre Gottes nicht noch viel mehr an als die Trennung des Volkes? Und er gab eine aufregende Erklärung dessen, was Ökumene ist:

> Gott ist trotz uns und alledem dabei, den tiefen Schaden zu heilen, und zwar zuerst dort, wo wir es in seinem Namen in Freiheit können, nämlich sein Christenvolk von der Koexistenz zur Proexistenz zu bringen. Unter dem Kreuz und unter mancherlei Wachstumsschmerzen läßt Gott aus dem argwöhnischen, gleichgültigen, oft feindseligen Nebeneinander das Füreinander werden. Auf diesem Weg über die Liebe und die Brüderlichkeit mag es dann getrost in der Geduld Gottes bleiben, wieweit und wie schnell aus Nebeneinander und Füreinander auch ein Miteinander in der Wahrheit werde. Diesen Weg über die Liebe und Brüderlichkeit meint doch wohl das schöne Wort *fides caritate formata*, das Wort von dem Glauben, der an der Liebe Gestalt gewinnt.[34]

Christen könnten gerade dadurch dem qualvoll zertrennten Land und der zerrissenen Welt einen Dienst erweisen, indem sie zuerst unter sich die Koexistenz in Proexistenz verwandelten - so den Sieg der machtlosen Liebe über die lieblose Macht bezeugend.

Anmerkungen

1 Kreyssig, Lothar: Erschwerte Korrespondenz mit katholischen Christen. In: Die Neue Furche, 5. Jg., Dezember 1951, S.808.
2 Erklärung über die »Hoffnung für Israel«. In: Christus - die Hoffnung der Welt. Ein Bericht über die zweite Weltkirchenkonferenz Evanston - August 1954. Hrsg. von Heinrich Grüber und Gerhard Brennecke. Berlin, 1955, S.114f.
3 Die Christliche Haltung gegenüber den Juden. Bericht. Wortlaut in: Böhme, Kurt, Die Weltkirchenkonferenz in Amsterdam. Hamburg, 1948, S.48ff.
4 AB II, S.62f.
5 EZA 614/III/4, Mappe »Nordisch-deutscher Konvent«. Christ und Obrigkeit. Leitgedanken zum Referat in Sigtuna.
6 EZA 614/III/4, Mappe »Nordisch-deutscher Konvent«. Christ und Obrigkeit, Aussprache nach den Referaten von Präses Kreyssig und Bischof Nygren.
7 AB II, S.56.
8 EZA 614/I/44, Handakten Kreyssig, Mappe »Ketzergericht«. Lothar Kreyssig: Was können wir wollen. Ein Vortrag, ohne Datum [November 1956], Abschrift vom Band, S.13.
9 Was können wir wollen, a.a.O., S.14.
10 Hier und im folgenden: EZA 614/I/44, Handakten Kreyssig, Mappe »Ketzergericht«: Vorlage des Theologischen Ausschusses einschließlich der Erläuterungen von Senior Dr. Schröter, ohne Datum [November 1956], Abschrift vom Band.
11 EZA 614/I/44, Handakten Kreyssig, Mappe »Ketzergericht«. Brief an die Magdeburger Bischöfe Johannes Jänicke und Friedrich Maria Rintelen vom 14. März 1957.
12 Hier und im folgenden: EZA 614/I/44, Handakten Kreyssig, Mappe »Ketzergericht«. Erwiderung Präses Kreyssigs auf die Vorlage des Theologischen Ausschusses, ohne Datum [November 1956], Abschrift vom Band.
13 A.a.O., S.4.
14 EZA 614/78/V, Mappe »Evanston«. Brief an Ilse Friedeberg vom 16. Januar 1957.
15 EZA 614/I/44, Handakten Kreyssig, Mappe »Ketzergericht«. Brief an Hans Asmussen in Heidelberg vom 2. Februar 1957.
16 Anonymisiert, vgl. Kap. 13, Anm. 23.
17 BStU, OV »Torpedo«. Bericht des IM Karl, Halle, vom 27. Mai 1957. - Vgl. Kapitel 13, Anmerkung 23.
18 Hier und im folgenden EZA 614/78/V, Mappe »Eigene Briefe«. Brief an die Familie vom 17. Juli 1954 und vom 21.-26. Juli 1954.

[19] EZA 614/78/V. Brief aus Parishfield an seine Schwiegertochter Uta Kreyssig vom 8. August 1954.

[20] Grüber, Heinrich und Gerhard Brennecke: Christus - die Hoffnung der Welt, a.a.O., S.261f.

[21] Interview des Verfassers mit Peter Kreyssig.

[22] EZA 614/38/39, Abteilung I »Ökumenische Diakonie 1954-1958«. Brief an den Lord Bishop of Chichester, ohne Datum [vermutlich Juli 1955].

[23] EZA 614/38/39, Abteilung I »Ökumenische Diakonie 1954-1958«. Brief des Lord Bishop of Chichester vom 16. August 1955.

[24] EZA 614/V/19b. Brief an Ilse Friedeberg vom 6. Dezember 1954.

[25] EZA 614/38/39, Abteilung I »Ökumenische Diakonie«. Manuskript ohne Titel, Textbeginn »Im notleidenden Mitmenschen ...«, handschriftlich von Kreyssig datiert: 1953/54, 4 Seiten.

[26] EZA 614/38/349, Abteilung I. Brief an Josef Kardinal Frings vom 18. Oktober 1955.

[27] AB II, S.69.

[28] Nachlaß Kreyssig. Brief des Präsidenten des Diakonischen Werkes der Evangelischen Kirche in Deutschland, Dr. [Theodor] Schober, vom 24. November 1983.

[29] EZA 614/78/V/27, Sammler »Sühnezeichen«. Antrag von Lothar Kreyssig vom 14. Juli 1956 in der abschließenden Vollversammlung der ökumenischen Tagung *Responsible Society* in Arnoldshain.

[30] AB II, S.69f.

[31] Vgl. Anhang, Dokument 5.

[32] AB II, S.70.

[33] EZA 614/V/36. Lothar Kreyssig: Ökumenische Diakonie in Aktion oder Nachdenkliches über ökumenische Diakonie. Manuskript, ohne Datum [1957], S.3ff.

[34] EZA 614/I/42, Handakten »Catholica«. Anrede an den 78. Deutschen Katholikentag zur Eröffnung in der Seelenbinderhalle in Berlin am 13. August 1958. Redemanuskript mit handschriftlichen Ergänzungen.

Kapitel 16

Weil so wenig Versöhnung ist

Ungeachtet der zahlreichen Ideen und Pflichten und Ämter, die Lothar Kreyssig im ersten Nachkriegsjahrzehnt beschäftigt und gefordert haben, hatte ihn ein Thema in all den Jahren nicht losgelassen: das von der Schuld der Deutschen, von Gerechtigkeit, Gericht und Gnade. Es sollte zum bestimmenden Thema im letzten Drittel seines Lebens werden. Gedanken zu dem, was er im Aufruf zur Aktion Sühnezeichen mitreißend und geschichtsmächtig - wie er gesagt hätte - zusammenfaßte, finden sich in vielen früheren Texten und Aussagen, auch in seinem Buch *Gerechtigkeit für David*. Diese um Schuld und Sühne, um Gerechtigkeit und Gericht kreisende Auslegung des Zweiten Buches Samuelis erschließt sich bei genauer Betrachtung als geradezu programmatisch für die Aktion Sühnezeichen, so wie Kreyssig sie gewollt hat. Im Januar 1969 schrieb er an Franz von Hammerstein: »*Gerechtigkeit für David* ist, wie ich mit Staunen sehe, die vollständige Paläontologie von Sühnezeichen, nämlich der biblische Erweis, daß die Gerechtigkeit Gottes, die das neue Sein und das unvergängliche Leben gebiert, Gericht und Gnade in einem, *uno et eodem ›actu‹* ist. Das Ereignis dieser Koinzidenz ist der Geburtsakt Versöhnung.«[1] Im Weg Davids, der durch Schuld, Verstocktheit und Strafe hin zur Buße, zu Sühne und Vergebung geführt wird, sah Kreyssig den Weg aller, die schuldig geworden sind, sah er auch den Weg der Deutschen. »Das ist unser Standort der begnadigten Sünder: In der Gerechtigkeit Gottes, zwischen Gericht und Gnade, in der Kindschaft des Glaubens zwischen Wort und Ereignis«, notierte er zu einem Text über *Gericht und Gnade*.[2] Und an anderer Stelle schrieb er: »Den Bruder lieben, heißt aus der Vergebung leben. Kein Frieden ohne Vergebung.«[3]

So war die Bitte um Frieden, die Lothar Kreyssig mit dem Aufruf zur Aktion Sühnezeichen aussprach, zuerst und eigentlich die Bitte um

Versöhnung. Wie in vielen Texten zuvor, dachte er auch in seiner Autobiographie über diesen Zusammenhang nach und schilderte, wie er zu dem Aufruf gekommen ist. Seinem Bericht über die Anfänge der Aktion Sühnezeichen stellte er einen Abschnitt aus dem zweiten Brief des Paulus an die Korinther, Kapitel 5,19-21 voran, ein Text, der zum Motto der Aktion Sühnezeichen geworden ist:

> *Denn Gott versöhnt in Christus die Welt mit ihm selbst und rechnet ihnen ihre Sünden nicht zu und hat unter uns aufgerichtet das Wort von der Versöhnung. So sind wir nun Botschafter an Christi Statt, denn Gott vermahnt durch uns; so bitten wir nun an Christi Statt: Laßt euch versöhnen mit Gott! Denn er hat den, der von keiner Sünde wußte, für uns zur Sünde gemacht, auf daß wir würden in ihm die Gerechtigkeit, die vor Gott gilt.*
>
> Frieden, ein geschichtlicher Sachverhalt, quillt aus der Versöhnung und enthüllt sich an diesem Quellgrund als der Friedensbringer in Person, in dem wir Rechtbeschaffene werden.
>
> Gleichermaßen beispiellos, wie die Deutschen Ausgangspunkt der vorletzten Weltkatastrophe geworden waren, der Unfriede in Person, waren sie jetzt unter der Erwartung der Gnade, wenn sie den Glauben fanden, von ihr nicht ausgenommen zu sein. Das konnte nur ein ebenso deutlicher wie einfältiger Schritt auf die Herzen der Feinde von gestern zu sein, im Namen der unter ihre Überwinder aufgeteilten Deutschen. Wer ermächtigte dazu?
>
> Nach einer Nacht, deren Gesichte und Beängstigungen ich nicht schildern kann, schrieb ich, wie auf Diktat, den Aufruf nieder. Er ist durch alle Phasen des überlangen Geburtsvorganges unverändert und unbeanstandet geblieben:
>
> *Wir bitten um Frieden.*
>
> *Wir Deutschen haben den zweiten Weltkrieg begonnen und schon damit mehr als andere unmeßbares Leiden der Menschheit verschuldet: Deutsche haben in frevlerischem Aufstand gegen Gott Millionen von Juden umgebracht. Wer von uns Überlebenden das nicht gewollt hat, der hat nicht genug getan, es zu verhindern.*
>
> *Wir haben vornehmlich darum noch immer keinen Frieden, weil zu wenig Versöhnung ist …*
>
> *Wir bitten die Völker, die Gewalt von uns erlitten haben, daß sie uns erlau-*

ben, mit unseren Händen und mit unseren Mitteln in ihrem Lande etwas Gutes zu tun; ein Dorf, eine Siedlung, eine Kirche, ein Krankenhaus oder was sie sonst Gemeinnütziges wollen, als Sühnezeichen zu errichten. Laßt uns mit Polen, Rußland und Israel beginnen, denen wir wohl am meisten wehgetan haben ...[4]

Wann er - *wie auf Diktat* - diesen Aufruf niedergeschrieben hat, erwähnte Lothar Kreyssig nicht. Nur, daß er sich in dieser einfachen Darbietung umfassender Zusammenhänge selbst verfremdet vorgekommen sei, was der sonst mit seiner Denk- und Schreibweise geplagte Leser verstehen werde, fügte er in seiner Autobiographie voller Selbstironie hinzu. - Eine frühe Erwähnung des Aufrufs findet sich in seinem Brief von der Überfahrt nach Amerika, also im Juli 1954. Dort heißt es, er habe auf dem Schiff an der endgültigen Fassung von *Wir bitten um Frieden* gearbeitet. Unmittelbar zuvor war er auf dem Kirchentag in Leipzig mit dem ersten Versuch, Mitstreiter für seine Idee zu finden, gescheitert. Nur Heinrich Grüber, dem er den Aufruf vorher zu lesen gab, habe ihn lang angesehen und gesagt: Das hat Ihnen der Heilige Geist eingegeben.

Noch vier Jahre gingen ins Land, bis die Zeit für die Gründung reif war. »Daß etwas richtig und notwendig ist, genügt noch nicht für die Verwirklichung in Raum und Zeit. Die Stunde dafür muß da sein. Dabei brauchen verfehlte Anläufe als Anreicherung eines Potentials oder als Probe auf die Beharrlichkeit nicht umsonst zu sein.«[5] Für Kreyssig selbst war das Vorhaben lange Zeit wie ausradiert, begraben unter der Überfülle seiner Aufgaben. Erst 1958, im Kontext der Wiederbewaffnung in beiden deutschen Staaten und der Debatte um die Atomrüstung der Bundeswehr und den Militärseelsorgevertrag, reifte in ihm »in getroster Verzweiflung« der Beschluß, einen erneuten Vorstoß zu wagen.

Im April 1958 tagte in Berlin die Synode der Evangelischen Kirche in Deutschland, abwechselnd im Ost- und Westteil der Stadt - im Stoeckerstift in Weißensee und im Johannesstift in Spandau. Es standen brisante Themen auf der Tagesordnung, zum einen Fragen der Erziehung, ausgelöst durch die Repressalien der DDR gegen christliche Kinder und Jugendliche, zum anderen der Militärseelsorgevertrag und

eine Stellungnahme der evangelischen Kirche zur Atombewaffnung der Bundeswehr. Die Synodalen standen unter massivem Druck - nicht nur im Gewissen wegen der Bedeutsamkeit ihrer Entscheidungen. Viele besorgte Christen hatten sich mit Eingaben an sie gewandt, die Synode selbst fand zeitweise unter großer Anteilnahme von Gemeindegliedern statt. Zugleich versuchte die SED, die für sie unangenehme Debatte über Erziehungsfragen zu verhindern. Schon im Vorfeld der Synode hatte es eine Zeitungskampagne gegeben, die Tagung selbst wurde durch inszenierte Störungen und Demonstrationen vor den Tagungsräumen so behindert, daß Oberkonsistorialrat Hans Joachim Fränkel aus Görlitz feststellen mußte: »Das ist Terror, der auf uns Synodale ausgeübt wird.« Im Plenum beantragte gleich zu Beginn ein Synodaler aus Thüringen, ehemals strammer Deutscher Christ und nun Zuträger des Staatssicherheitsdienstes, die Absetzung des Tagungsordnungspunktes »Kirche und Jugend«.[6] Dieses Ansinnen wurde einhellig abgelehnt. Auf der anderen Seite hatte es massive Kritik der Bundesregierung und der CDU an der Absicht gegeben, auf der Synode über eine »rein politische« Entscheidung - den Beschluß des Bundestages zur Atombewaffnung der Bundeswehr - zu debattieren.
Am 30. April, dem fünften Verhandlungstag der Synode, konnte der Präses zu Beginn den Regierenden Bürgermeister von Berlin, Willy Brandt unter den Gästen begrüßen. Die Synode tagte an diesem Tag im Spandauer Johannesstift. Zunächst wurde am Vormittag die Vorlage »Kirche und Erziehung« abschließend behandelt. Danach berichtete der Synodale Professor Ludwig Raiser aus Tübingen über die Arbeit des Sonderausschusses, der auf der Synode eingesetzt worden war, um ein Wort zur »Atomfrage« zu erarbeiten. Die Synodalen waren sich zwar einig in der Feststellung, daß der mit atomaren Massenvernichtungsmitteln geführte totale Krieg »als unvereinbar mit dem Gewissen der Menschheit vor Gott« zu verwerfen sei. Aber in der Beurteilung der praktischen Konsequenzen bestanden tiefe Gegensätze. Die einen vertraten die Auffassung, daß schon die Herstellung und Bereithaltung von Atomwaffen Sünde und also verwerflich sei. Die anderen meinten, die Bereithaltung dieser Waffen zum Zwecke der Abschreckung oder sogar ihren Einsatz zur Verteidigung, also zum atomaren Gegenschlag, verantworten zu können.
Hierüber wurde am Nachmittag des 30. April im Plenum eine heftige

und leidenschaftliche Debatte geführt. Zu den entschiedenen Gegnern jeder atomaren Bewaffnung gehörten Heinrich Vogel und Martin Niemöller. Vogels streng theologische Argumentation gipfelte in der Feststellung: »Den Menschen, den Gott so geliebt hat, wie es das Evangelium von Jesus Christus sagt, zum Gegenstand von Massenvernichtungsmitteln auch nur in Gedanken machen zu wollen, ist Sünde, ist Sünde!« Niemöller stellte nüchtern fest, daß die Synode nicht mehr zu dem stehe, was sie früher verkündet hatte, nämlich die Verwerfung aller Massenvernichtungsmittel und das Bekenntnis zur Gewaltlosigkeit: »Wenn in die Welt hineinposaunt wird, es muß unvorstellbar sein, daß Deutsche gegen Deutsche kämpfen - 1948 in Eisenach und jetzt! - wen kümmert es heute noch? Und die paar Leute, die aus Gewissensgründen sagen: Das kann ich nicht, und auch die Kirche hat so gesagt, die haben heute in der Bundesrepublik keinen gesetzlichen Schutz.« Und er ermutigte die Synode, zu dem aufgebrochenen Gegensatz zu stehen und ihre Unfähigkeit zu bekennen, eine eindeutige Aussage zu treffen. Zu denen, die eine Atombewaffnung für zulässig, ja für notwendig hielten, gehörte der Erlanger Theologe Walter Künneth: »Ist es nicht ethische Pflicht gegenüber der Menschlichkeit, einen Damm gegen die Unmenschlichkeit aufzuwerfen? Ist es nicht hohes Ethos, alles zu tun, um die Tötung der Seelen, einen Massenmord der Seelen zu verhüten?« Die Herstellung, die Verwendung und der Besitz von Atomwaffen könne eine ethische Forderung von höchster Bedeutung sein, denn auch diese schrecklichen Mittel könnten in den Dienst der Nächstenliebe treten: »Es kann lieblos sein, auf Atomwaffen zu verzichten.« Die Debatte dauerte den ganzen Nachmittag an, achtzehn Synodale sprachen. Trotz der grundsätzlichen Bedeutung und der gegensätzlichen Auffassungen waren die Beiträge kaum einmal kämpferisch, kaum einmal konfrontativ, sondern vor allem vom Bemühen gekennzeichnet, aufeinander zu hören und ein Auseinanderbrechen der Synode zu vermeiden. Das scheint vielen Synodalen wichtiger gewesen zu sein als der eigentliche brisante Gegenstand. Abschließend wurde, bei vier Enthaltungen, das Wort der Synode zur Atombewaffnung angenommen. »Ein armes Wort«, nannte Ludwig Raiser es enttäuscht. Zwar wurde die grundsätzliche Absage an den mit Massenvernichtungsmitteln geführten totalen Krieg bekräftigt. Aber zugleich mußte die Synode ihre Unfähigkeit bekennen, zu einer gemeinsamen Aussage zu finden. Ohne zu beurteilen und ohne zu werten, stellte sie in ihrem Beschluß die beiden so gegensätzlichen Auffassungen zur atomaren Bewaffnung gegenüber. Sie betonten abschließend ihren Willen, dennoch unter dem Evangelium zusammenbleiben und um die Überwindung dieser Gegensätze ringen zu wollen.

Unmittelbar nach dieser spannungsvollen Debatte und dem deprimierenden Beschluß erhielt Lothar Kreyssig Gelegenheit, den Aufruf *Wir bitten um Frieden* vor dem Plenum vorzutragen. Nicht als einen regulären Beitrag oder als einen Antrag an die Synode, sondern nur zur Unterrichtung der Synodalen. Kreyssig verzichtete darauf, direkt auf die vorherige Debatte Bezug zu nehmen. Er merkte lediglich an, man möge die Sache, die er vorzutragen habe, nicht als eine billige Flucht nach vorn mißverstehen. Es sei zweifellos legitim, wenn die Kirche als Kirche in der Welt und für die Welt, die Gewissen vom Wort Gottes her unterrichtet, auch wenn sie am Ende keine überwältigende Lösung anzubieten habe. Doch neben dem Auftrag zur Wortverkündigung bleibe der Gemeinde ein »Raum der dienenden Liebe«, wo sie vorleben kann, was Gott mit Frieden meint. Ein solcher Dienst löse die politischen Fragen nicht und könne ein vergängliches und vielleicht einsames Zeichen bleiben. Aber als ein Zeichen der Sinnesänderung könne er helfen, daß die Voraussetzungen für politische Entscheidungen erhalten bleiben. »Daß unbewältigte Gegenwart an unbewältigter Vergangenheit krankt, daß am Ende Frieden nicht ohne Versöhnung werden kann, das ist weder rechtlich noch programmatisch darzustellen. Aber man kann es einfach tun.« So habe sich eine Anzahl von Synodalen angesichts der überaus bedrängenden Einsichten, vor denen die gegenwärtige Synode stehe, entschlossen, den Aufruf, den er nun vortragen werde, zu erlassen.[7]

Nachdem er den Aufruf *Wir bitten um Frieden* verlesen hatte, nannte er die Synodalen, die den Aufruf zur Aktion Sühnezeichen bereits unterzeichnet hatten, darunter Präses Beckmann, Klaus von Bismarck, Ofensetzmeister Cieslak aus Seifhennersdorf, Helmut Gollwitzer, Heinrich Grüber, Gustav Heinemann, Reimer Mager, Wilhelm von Rohden, die Bischöfe Gerhard Jacobi und Johannes Jänicke, Kurt Scharf, Reinold von Thadden-Trieglaff und Präses Ernst Wilm. In der Bedrängnis der Tage habe er erst wenige Teilnehmer um ihre Zustimmung fragen können. Wer sich an der Sache beteiligen wolle, möge nun unterschreiben.

Kreyssig schloß mit dem Bild von der Speisung der Fünftausend nach dem Matthäus-Evangelium: Was die Jünger selber hatten, sei völlige, ärgerliche Armut - fünf Brote und zwei Fische - gewesen. »Aber aus der Hand der Jünger nimmt der Herr das schlechthin inadäquate Mittel, und durch die Jünger läßt er an jene, die es bedürfen, den aus verschwenderischer Vatergüte quellenden Reichtum verteilen. Wer will seine Hand dem Herrn füllen?«
Noch am selben Abend unterzeichneten zahlreiche weitere Synodale und Gäste der Synode den Aufruf, insgesamt 79. Darunter waren viele Freunde und Weggefährten Kreyssigs aus der brandenburgischen, provinzialsächsischen und sächsischen Kirche. Zu diesen Unterzeichnern gehörten die Theologen Martin Fischer und Heinrich Vogel, Akademiedirektor Eberhard Müller aus Bad Boll, die Bischöfe Krummacher aus Greifswald und Wester aus Schleswig sowie die CDU-Bundestagsabgeordnete Emmi Welter aus Aachen. Die Synode endete am Abend mit der abschließenden Debatte und der Abstimmung über den Militärseelsorgevertrag, dem die überwiegende Mehrzahl der Synodalen zustimmte, auch die aus der DDR. Manch einer mag das Unbehagen, das ihn bei den Debatten und Abstimmungen dieses Tages erfüllt hat, durch die Unterstützung von Kreyssigs Vorschlag zur Aktion Sühnezeichen kompensiert haben. Auch Kreyssig meinte, »daß die große Mehrzahl der Synodalen der Notwendigkeit eines neuen Wehrmachtseelsorgevertrages mit unruhigem Gewissen zugestimmt hatte«[8] - so wie er selber zweifellos auch. Die ganze Zerrissenheit und Widersprüchlichkeit dieser Synode gehört jedenfalls untrennbar zur Gründungsgeschichte der Aktion Sühnezeichen, die ohne die vielen beunruhigten und schlechten Gewissen wohl niemals zustande gekommen wäre. - Auch Helmut Gollwitzer hat das so erlebt:

> In dieser Situation kommt Lothar Kreyssig mit seinem Plan, und es ist doch zu verstehen, daß man dabei auch denken konnte: Nun werden alle, die auf verschiedenen Fronten standen, die gegeneinanderstanden, gern zustimmen. Darauf können wir uns doch alle einigen, daß der vergangene Krieg so schrecklich war und wir Deutschen so viel Schuld auf uns geladen haben. Und was da nun geschehen soll, das ist ein wunderbares Zeichen, wenn junge Deutsche das machen werden. Hier war also Gelegenheit gegeben, daß die ganze uneinige Synode auf einmal wieder einig war. Genau das

machte mich mißtrauisch und reserviert gegen die Absicht von Lothar Kreyssig. Es kann sein, daß wir auch kurz darüber gesprochen haben, ich weiß das nicht mehr. Ich weiß nur, daß er mich überzeugt hat, daß ich hier unterschreiben müßte, und es ist ganz klar, daß nur er mich dazu überzeugen konnte, von dem ich wußte, daß er in der Atomwaffenfrage klar und deutlich auf unserer Seite stand.
[...]
Man kann sich vorstellen, wie froh ich heute bin, daß ich damals meinen Vorbehalten gegen seine Unternehmung nicht nachgegeben habe. Er hat durch seinen Vorschlag eine größere Fantasie bewiesen, als mir möglich gewesen ist. Lothar Kreyssigs Verkündigungsstil ist mir immer eindrucksvoll gewesen, ohne daß ich ihn je hätte imitieren wollen oder können. Die theologischen und auch die sozialethischen Diskussionen, etwa über die Frage der Atomwaffen, arbeiten ja mit Argumenten. Lothar Kreyssig arbeitet mit Visionen ... Die Gründung der Aktion Sühnezeichen ist ein Exempel, wie verhängnisvoll eine Kirche dran ist, die in die Hände der Theologen fällt, in der vor allem Leute von dem Typ, den ich vertrete, maßgebend sind - dem rationalen, argumentierenden, rational das Pro und Contra abwägenden Typ. Ich hoffe, daß Leute, die so gebaut sind wie ich, ihre positive Funktion in der Kirche haben. Aber wehe, wenn die Kirche eine Theologenkirche wird und unter unseren maßgebenden Einfluß gerät! Mindestens als Korrektiv bedarf die Kirche Jesu Christi solcher Leute wie Lothar Kreyssig, des Typs des Schwärmers, des Visionärs, des Propheten. Schließlich steht ja dieser Typ und nicht der Typ des Theologen am Ursprung der Kirche.[9]

Zu denen, die Kreyssigs Idee von Anfang an leidenschaftlich unterstützten, gehörte Erich Müller-Gangloff. Ihm verdankt die Aktion auch ihren Namen. Ursprünglich sollte sie nach dem Willen ihres Gründers »Aktion Versöhnungszeichen« heißen. Müller-Gangloff wandte unter Berufung auf den Text aus dem 2. Korintherbrief ein, es sei theologisch richtiger und sprachlich genauer, von »Sühnezeichen« zu sprechen, denn Versöhnung sei erst die Frucht der Bereitschaft zur Sühne und zur Vergebung. Es konnte nicht Sache der Deutschen sein, Vergebung zu gewähren und Versöhnung zu verlangen. Sie waren die Täter. Sie konnten nur ihren Willen zur Sühne und Umkehr bekunden und um Frieden bitten. Vergebung und Versöhnung sind für die schuldig Gewordenen immer ein Geschenk und eine Gnade, die nicht sie geben können. Sie gar von denen zu fordern, an denen gesündigt wurde, ist gewissenlos. – Der Name wirke immer wieder befremdlich und zuweilen auch ärgerlich, schrieb Lothar Kreyssig in den siebziger Jahren.[10] Und tatsächlich hat es vielfach den Versuch gegeben, den provozierenden, den demütigen Namen abzuschaffen oder zumindest gefälliger zu machen. Nach 1968, noch zu Lebzeiten des Gründers, wurde das Ärgernis »Sühnezeichen« im Westen zum politisch korrekten »Sühnezeichen/Friedensdienste« geglättet, nach 1990 in ganz Deutschland.

Vielleicht hätten sie, meinte Kreyssig, das Wort »Sühne« seinerzeit doch im Schrecken über das Wagnis gewählt, dem rundum in der totalen Niederlage besiegelten Anspruch auf Vergeltung mit der Bitte um Vergebung gegenüberzutreten. Allzuleicht habe diese Bitte, der Aufruf zur Aktion Sühnezeichen, auch als Selbstbestätigung der doch immer doktrinären Deutschen, nunmehr mit christlichem Vorzeichen, gehört werden können:

> Mußte nicht die Juden, Polen, Russen, Franzosen das Unterfangen, gewissermaßen mit einem Blumenstrauß und einem Gastgeschenk in der Hand besuchsweise Versöhnung zu stiften, genauso deutsch anmuten, wie zuvor der Krampf von Rassenwahn und Weltgeltung? Und wurde nicht das Wagnis noch vermessener auf die Gefahr hin, daß die einstmals überrannten Nachbarvölker und das heimkehrende Israel sich das Versöhnungszeichen gefallen ließen, sich dafür auftaten, dann aber die besiegten Deutschen, verstockt und verdrossen, sich dem Ruf verschlossen? Das erhoffte Zeichen hätte dann nicht Anfänge der Heilung aus Gnaden sichtbar werden lassen, sondern das Gericht besiegelt.[11]

Kreyssig hat oft vom »Wagnis Sühnezeichen« gesprochen. Der Gedanke, daß sich die Deutschen dem Ruf zur Sühne verschließen und so neuerlich das Gericht herausfordern könnten, war ihm eine schwere Anfechtung. Die wurde, so bekannte er einmal, zum Dauerzustand, als sich Schritt für Schritt die angesprochenen Länder, auch Israel mitten im Eichmann-Prozeß, dem »Wagnis Sühnezeichen« öffneten. Unmittelbar nach der Aprilsynode hatte Kreyssig einen Leitungskreis berufen, der als erstes sondierte, ob in einem der ehemaligen Feindländer die

Bereitschaft bestand, eine Unternehmung wie die Aktion Sühnezeichen zu dulden. Zunächst wurden noch im Mai 1958 die Regierungen der UdSSR, Polens und Israels sowie der beiden deutschen Staaten von dem Vorhaben unterrichtet. Soweit sie überhaupt antworteten, lehnten sie höflich ab. Der Beginn der Sühnezeichenarbeit war den Holländern zu danken, die das Vorhaben interessiert aufnahmen und Kreyssig vorschlugen, mit seiner Aktion in eines der Nordseebäder unweit der Grenze zu gehen, wo immer wieder deutsche und holländische Kurgäste in Streit über die jüngste Vergangenheit gerieten. Ein solches Projekt kam zwar nicht zustande. Aber die Holländer hatten Vertrauen gefaßt und luden die Aktion Sühnezeichen ein, in Ouddorp, einem südholländischen Badeort, ein Ferienhaus für Arbeiter zu bauen. Der eigentliche Durchbruch aber gelang in Norwegen. Dort wurde Conrad Bonnevie-Svendsen, der Kreyssig auf dem Nordisch-Deutschen Konvent im Frühjahr 1952 in Sigtuna kennen- und schätzengelernt hatte, zum Wegbereiter für die Aktion Sühnezeichen. Durch seine Hilfe und Vermittlung konnte im September 1959 in Trastad, auf dem Gebiet der von den Deutschen verbrannten Erde im Norden Skandinaviens, das erste größere Projekt, ein Wirtschaftsgebäude in einem Heim für behinderte Kinder, in Angriff genommen werden. Was den Norweger dazu bewogen hat, der Aktion Sühnezeichen die Türen zu öffnen, hat Kurt Scharf überliefert. Ihm habe Bonnevie-Svendsen damals gesagt: »Der Kreyssig ist zu mir gekommen und hat mir seine Idee von der Aktion Sühnezeichen vorgetragen. Ich halte sie nicht für realisierbar. Aber Kreyssig ist ja unwiderstehlich. Und wenn er in seiner geistlichen und geistvollen Art eine solche Idee vertritt, dann muß man ihm auch die Chance geben, sie zu verwirklichen.«[12]

Zuvor aber mußte in Deutschland dafür gesorgt werden, daß sich das Vorhaben herumsprach, daß Geld gespendet wurde und sich Freiwillige fanden, die tatsächlich bereit waren, die Idee in die Tat umzusetzen. Irgendwann im Frühsommer 1958 erließ Kreyssig sein »Rundschreiben Nr. 1«, dem in den folgenden Jahren viele weitere folgen sollten. Ein kurzer Bericht in der Ostberliner evangelischen Wochenzeitung *Die Kirche* habe erste Meldungen und Anfragen erbracht, berichtete er. Westdeutschland werde wahrscheinlich demnächst durch die Zeitschrift der Studentengemeinde erreicht. »Schon jetzt zeigt sich hier wie anderwärts, daß die Jugend, von der wir noch nicht einmal wußten, wie wir ihr die Aufgabe, Vergangenheit zu bewältigen, aufzuarbeiten, überhaupt begreiflich machen sollten, den tiefen und vielfältigen Fragen so aufgeschlossen und voll Teilnahme zugewandt ist, daß es uns Alte immer wieder beschämt.«[13] Es werde gefragt, ob statt des in Aussicht genommenen ganzen Jahres für den Versöhnungsdienst nicht auch ein halbes gedient werden könne; für ein volles Jahr freizubekommen, bereitete vielen Interessierten offenbar Schwierigkeiten. Unterhaltspflichtige Väter fragten an, wer ein Jahr lang für Frau und Kinder sorgt, wenn sie sich meldeten. Das könnten sie getrost der Aktionsgemeinschaft überlassen, so Kreyssig. »Macht Gott genug Menschen willig, ein Jahr umsonst zu dienen, so kann es an materiellen Hilfsmitteln aller Art nicht fehlen.«

Eine wichtige Rolle bei der Verbreitung von Kreyssigs Idee übernahmen die Evangelischen Akademien. Noch im Gründungsjahr fand in Berlin eine eigene Wochenendtagung zur Aktion Sühnezeichen statt, von der wesentliche Impulse für die Arbeit ausgingen. Erich Müller-Gangloff, damals Leiter der Akademie und Verfasser einiger zeitgeschichtlicher Studien, die sich mit der Rolle der Deutschen in diesem Jahrhundert befaßten, stand Kreyssigs Vorhaben nahe, in dem er einen ähnlichen Denkansatz fand wie im Vorschlag von Eugen Rosenstock-Huessy für einen Weltfriedensdienst. Müller-Gangloff war überzeugter Europäer; bereits 1955 hatte er in einem Akademievortrag die Wiedervereinigung Deutschlands als europäische Aufgabe bezeichnet. Zehn Jahre später wurde er durch sein Buch *Mit der Teilung leben,* in dem er für einen neuen Realismus in der deutschen Frage plädierte, zu einem der wesentlichen geistigen Wegbereiter der neuen Ostpolitik der SPD.[14]

Die beiden Männer, auch wenn sie in vielem unterschiedlicher Ansicht und charakterlich grundverschieden waren - Müller-Gangloff war, wenngleich in seinem Denken ebenso unkonventionell wie Kreyssig, ein disziplinierter Analytiker - schätzten sich seit der gemeinsamen Arbeit für die Aktionsgemeinschaft für die Hungernden und freundeten sich nun an. Kreyssig nannte Müller-Gangloff seinen *Akademiekumpan*: »Wir meinen manchmal sehr Gegensätzliches und reden doch aus der etwa gleichen Existenz und geistlichen Herkunft.«

Die erste Tagung über die Aktion Sühnezeichen in der Evangelischen Akademie Berlin fand im Dezember 1958, am vierten Adventswochenende statt. Wenige Tage vor Beginn hatten sich erst vier ältere Leute angemeldet, Kreyssig und Müller-Gangloff waren schon unruhig geworden. Denn das Mißlingen der Tagung hätte immerhin auch als Mangel an Potential für das Unternehmen schlechthin gedeutet werden können. Doch dann waren über fünfzig Teilnehmer gekommen. Es waren überwiegend junge Männer und Frauen, die sich an der Sache tief und lebhaft interessiert zeigten. Die Mehrzahl kam aus der DDR, aber auch aus Freiburg im Breisgau, Darmstadt, Göttingen und Hamburg waren Interessenten angereist. Darunter waren, wie Kreyssig wenig später in einem Brief berichtete, auch einige junge Handwerker, »ebenso geistlich klar wie praktisch besonnen«. Alle seien begierig gewesen, Gewißheit zu bekommen, wann und wie es losgehen werde. Die Tagung habe aber auch gezeigt, daß die von der Sache ergriffenen Aktivisten einen mühsamen Anmarsch durch ein unerschlossenes und vielfach vernebeltes Gelände vor sich hätten. Doch dabei könnten sie sich sowohl die Beharrlichkeit wie die Beweglichkeit aneignen, die sie später am Einsatzort ein Jahr lang benötigen würden.[15]

Irmgard Lent aus Ost-Berlin hatte in der Kirchenzeitung von dem Aufruf gelesen und den Kontakt zu Kreyssig gesucht. Er hat sie zur ersten Akademietagung über die Aktion Sühnezeichen in Wannsee eingeladen:

> Das muß Ende 1958 gewesen sein. Es war eine große Aufbruchsstimmung bei allen, die dabei waren, sehr viel junge Leute und auch ältere. Wir meinten alle, es muß endlich etwas für die Aussöhnung geschehen, wir wollen etwas tun. Darüber haben wir mit Kreyssig und mit Müller-Gangloff, der diese Akademietagung geleitet hat, gesprochen. Ich weiß noch, daß wir lebhaft diskutiert haben, ob die Aktion nun »Versöhnungszeichen« oder »Sühnezeichen« heißen sollte …
>
> Etwas später hat es eine entsprechende Veranstaltung in Ost-Berlin gegeben, in der Christuskirche in Oberschöneweide. Da nahm alles schon konkretere Formen an. Es waren wohl auch schon die Weichen gestellt für das erste Projekt in Holland. Bei dieser zweiten Veranstaltung herrschte schon eine regelrechte Ungeduld, besonders bei uns aus der DDR: Wann geht es nun endlich los! Eine gemeinsame Arbeit im Ausland, das war ja auch reizvoll. Präses Kreyssig hoffte die ganze Zeit, daß es doch noch möglich sein wür-

de, Sühnezeichen als gemeinsame Aktion von jungen Leuten aus dem Osten und dem Westen zu starten.

Man hat Kreyssig ja immer als Phantasten verschrien. Sogar von sehr ernstzunehmenden Leuten habe ich das gehört. Mir hat man es sogar verübelt, daß ich dann im Leitungskreis der Aktion Sühnezeichen mitgemacht habe. Es gäbe doch andere Dinge in der Kirche zu tun als ausgerechnet das. So ungefähr war die Stimmung in der amtlichen Kirche.[16]

Zu einer anderen Wochenendtagung zur Aktion Sühnezeichen lud Ende Februar 1959 die Evangelische Akademie von Sachsen-Anhalt nach Wittenberg ein. Insgesamt an die sechzig Personen, viele Pfarrer und Studenten des Predigerseminars nahmen daran teil. Bischof Johannes Jänicke aus Magdeburg sprach über Vergebung und Versöhnung aus biblischer Sicht. Ein ausführlicher Spitzelbericht über die Tagung zeigt, mit welchem Mißtrauen die staatlichen Behörden in der DDR Kreyssigs Gründung von Anfang an beobachtet haben. Auf mehreren Seiten berichtete ein Informant des Staatssicherheitsdienstes über diese »Propagandaveranstaltung« für die Aktion Sühnezeichen.[17] Seine Wertung: »Präses Kreyssig scheint sich von dieser phantastischen Idee viel zu versprechen ...« Ein Pfarrer aus Mecklenburg, ehemals Angehöriger des Nationalkomitees Freies Deutschland, habe gefragt, ob man mit Sühnezeichen nicht in den Verdacht kommen könnte, eine Fünfte Kolonne des Christentums im Ausland aufrichten zu wollen. Darauf habe Kreyssig geantwortet: Lieber an dieser Sache scheitern, als sie unversucht lassen. Als Kreyssig die Situation in Rußland streifte, habe er gesagt: Sozialistenrecht steht dort über Menschenrecht. - Dem Bericht über die Tagung waren das »Rundschreiben Nr. 1«, eine Namenliste mit den Erstunterzeichnern von der Synode und ein »Fragebogen« beigefügt. Mit diesem Anmeldebogen erbat Kreyssig »die für die Planung und Organisation nötige Erklärung über die Bereitschaft zur Teilnahme am Dienst in unseren Vorbereitungs- und Arbeitslagern und zugleich genaue Personalangaben«. Die Unterzeichner sollten sich bereiterklären, für ein Jahr an der Errichtung eines Sühnezeichens teilzunehmen; zur Auswahl standen auf Kreyssigs Papier - aber nur dort - die UdSSR, Polen, Israel, die Tschechoslowakei, Griechenland, Norwegen, Jugoslawien und Holland. Besondere Fähigkeiten waren anzugeben: »Kochen, Hauswirtschaftsplanung, Innenausstattung, Erste Hilfe, Krankenpflege, Jugendarbeit,

Mauern, Klempnerarbeit, Pickel- und Schaufelarbeit, Gartenarbeit, Zelten, Zimmermannsarbeit ...«

Kreyssigs Wunsch, alsbald in den osteuropäischen Ländern die Arbeit aufnehmen zu können, erfüllte sich nicht. Zwar waren die ersten Reaktionen aus Polen und Rußland durchaus ermutigend gewesen, und sogar der sowjetische Partei- und Regierungschef Nikita Chruschtschow hatte die Aktion Sühnezeichen ein »edles Werk« genannt. Dennoch blieb die Sowjetunion der Aktion lange verschlossen; nur einzelne Vertreter wurden zu Internationalen Jugendlagern, die vom Komsomol kontrolliert waren, eingeladen. Auch die Hoffnung, daß junge Menschen aus der DDR und aus der Bundesrepublik in gemeinsamen Freiwilligen-Gruppen arbeiten könnten, blieb Illusion:

> Indem nicht nur der Bundesaußenminister Schröder, sondern zunächst auch der Innenminister der DDR Karl Maron sich zustimmend zu dem Aufruf geäußert hatte, deutete sich anfänglich eine die Trennung überbrückende Einmütigkeit an. Das Ringen um deren Verwirklichung war in den nächsten drei Jahren weit härter und anspruchsvoller, als um den Fortgang nach außen. Nach endlosen Verhandlungen in Ministerien und mit dem Staatssekretär für Kirchenfragen lehnte der DDR-Außenminister Lothar Bolz mit Schreiben vom 13. Mai 1960 endgültig ab mit der Aufforderung, »dem westdeutschen Militarismus abzusagen und beim Aufbau des sozialistischen Staates in der DDR mitzuwirken«. Aber auch zu Lagerdiensten in Polen und der Tschechoslowakei wurde Freiwilligen aus der DDR keine Ausreise bewilligt. In der DDR, so wurde ausdrücklich erklärt, habe niemand um Vergebung zu bitten. Die Sinnesänderung sei mit dem Bekenntnis zum prinzipiell materialistischen Sozialismus vollzogen. Als Entscheidung im Geist war damit das Verhängnis von 1961 - die Mauer - schon vorgegeben.[18]

Heilsames Friedewirken, so Lothar Kreyssig, wäre aber wohl kurzschlüssig, ja als billige Gnade mißverstanden, sollte es zuerst den Deutschen untereinander und nicht den Völkern zugedacht sein, an denen sich die Deutschen versündigt haben. Er hat es nicht erlebt, daß junge Ostdeutsche und Westdeutsche in einer gemeinsamen Freiwilligen-Gruppe in ein anderes Land gehen konnten. Die Teilung der Deutschen, auch in der Sühnezeichenarbeit, war für ihn immer eine bittere Konsequenz des Versagens und der Verbrechen der Deutschen in der

Zeit des Nationalsozialismus. Er war deshalb, so sehr ihn diese Trennung geschmerzt hat, willig bereit sie zu tragen, aber immer auch in der Hoffnung, daß den Deutschen einmal die Wiedervereinigung geschenkt würde, wenngleich, wie er ahnte, unverdientermaßen.

Das demütige Beugen unter die Schuld, unter Gericht und Gnade hat Lothar Kreyssigs Verständnis von der Aktion Sühnezeichen immer geprägt. Das kam auch im Wahrzeichen zum Ausdruck, das er der Aktion gegeben hatte: eine stilisierte Gestalt, die demütig das Haupt neigt und bittend die Arme ausstreckt. Das Symbol wurde Ende 1958, nach einem intensiven Gespräch, vom Grafiker Hans Rudi Wagner gestaltet, gleich Kreyssig Mitglied der Michaelsbruderschaft. Von den Freiwilligen der ersten Generation wurde es liebevoll »Sühnemännchen« genannt. Es bedurfte nie eines Kommentars; wofür es stand, erschloß sich auch in den Ländern, in die es getragen wurde, ohne deutende Worte. In der DDR hat es die Aktion Sühnezeichen bis zuletzt begleitet. Im Westen ist es irgendwann Opfer der Political Correctness geworden und gegen ein unverfängliches Symbol, einen grünen Zweig ausgetauscht worden. Nach der Vereinigung der beiden Aktionen wurde das Zeichen, das im Osten überdauert hatte, eliminiert - so als brauchten die Deutschen im wiedervereinigten Land die Geste der bittenden Demut nicht mehr.
Erst später, so erzählte Kreyssig in einem Rundbrief zum siebenten Jahrestag der Aktion, sei zum Symbol das deutende Wort hinzugekommen. Es habe sich wie von selbst aus der Schriftstelle im fünften Kapitel des zweiten Korintherbriefs ergeben. Immer deutlicher, verpflichtender, tröstlicher hätten sie in diesem »Laßt euch versöhnen mit Gott« die Magna Charta des Sühnezeichenauftrags erkannt. In jenem Frühjahr 1965 war Lothar Kreyssig auf die Bibelübersetzung von Martin Buber gestoßen. Durch sie, schrieb Kreyssig, entdecke er das Alte Testament noch einmal. »Der hebräische Urlaut wird im deutschen Sprachleib mit unbedingter und eigenwilliger Entschlossenheit hörbar gemacht, gerade wenn man die anderen Übersetzungen mitklingen hört.« Im *Buch der Preisungen*, der Übersetzung der Psalmen, sei er im 25. Psalm dem Sühnemännchen, »von Bubers Hand für uns gemalt«, begegnet:

Gut und gerade ist ER,
drum unterweist er die Sündigen

in dem Weg.
Des Wegs führt er die sich Hinbeugenden
im Rechtsgeheiß,
lehrt die sich Beugenden seinen Weg.
Alle Seine Pfade,
Huld und Treue sind sie
denen, die wahren seinen Bund,
seine Vergegenwärtigungen. -
Um deines Namens willen, Du,
so verzeih meinen Fehl,
denn sein ist viel.[19]

Kreyssigs Texte aus dieser Zeit sind zuweilen von einem Pathos, das befremdet. Häufig erkennt man den Gestus der Bekennenden Kirche. Mag sein, daß gerade dieser Gestus, der auch damals schon auf die Jungen, die angesprochen werden sollten, altväterlich wirkte, dennoch von besonderer Anziehungskraft war. War in ihm doch eine Unbedingtheit im Glauben und ein Unangepaßtsein, die immer selten sind, spürbar. In der ersten Zeit begleiteten zwei solche Texte den Aufruf zur Aktion Sühnezeichen, ein Gebetstext, *Unser Gebet* überschrieben, und ein Brief Kreyssigs, der mit der Anrede *Lieber deutscher Weggefährte* begann:

Lieber deutscher Weggefährte,

lassen Sie sich bitte so anreden. Es ist nicht selbstverständlich, daß wir noch am Leben und mit der Frage nach einer sinnvollen Zukunft zusammen unterwegs sind. Hinter uns die totale Katastrophe der deutschen Geschichte. Vor uns das Atomzeitalter. Um uns das vom weltanschaulichen Zwiespalt der Großmächte zerteilte Volk.

In alledem sind wir zum Dienst am Menschen befähigt und berufen, wie nie vorher, und von der Versuchung zu gewissenloser Selbsterhaltung bedroht, wie nie zuvor. Darum sammeln sich bei uns unter dem Sühnezeichen, dem Wahrzeichen der Beugung unter Gottes Gericht und der Erwartung Seiner Gnade, ohne Unterschied der Konfession Menschen, die als Versöhnte leben und dienen wollen. Wir haben vernommen, daß dies der Sinn des Daseins und der Ursprung des eigentlichen und unvergänglichen Lebens sei.

Wir wollen in Haus, Familie, Beruf, Volk miteinander aus der Vergebung leben.

Wir werden, so wahr Gott es versprochen und Christus es in Seinem Sühnetod verwirklicht hat, darin Frieden haben und zum Frieden helfen.

Wir wollen diese Überzeugung, Deutsche für die Deutschen, auch unter den Juden und unter den überfallenen und mißhandelten Nachbarvölkern in die Tat umsetzen. Indem die Nachbarn uns und unserer Hände Arbeit annehmen, vergeben sie uns. So geschieht etwas in der Tiefe Wirksames für den Frieden der Welt.[20]

Das war die Stimme eines Unangepaßten, eines Propheten, der sagte, was gesagt werden mußte, ohne Rücksicht darauf, was die Leute über ihn dachten und ob sie ihn verstanden. Am eindrucksvollsten aber kam dieses prophetische Pathos in der Tonbildserie *Die Brücke* zum Ausdruck, die Kreyssig 1962 geschrieben und gestaltet hat. Für die technische Umsetzung hatte Frithjof Meußling von der Bildstelle des Magdeburger Jungmännerwerks gesorgt - »unter unwahrscheinlich primitiven Bedingungen«. In der DDR hatte die Kirche bis Ende der siebziger Jahre keinen Zugang zu modernen Medien. Vertonte Diaserien waren das modernste, was ihnen gestattet war. Zunächst reiste Kreyssig selbst mit der *Brücke* durchs Land, um für die Aktion Sühnezeichen zu werben. Später führten die Freiwilligen, die an einem Sühnezeichenlager teilgenommen hatten, die Tonbildserie in ihren Gemeinden und Jugendgruppen vor. Die Serie war in zwanzig Exemplaren unterwegs und wurde von Zeit zu Zeit mit Bildern von den jüngsten Freiwilligeneinsätzen in West und Ost aktualisiert. Für viele, die in jenen Jahren als Freiwillige oder Spender zur Aktion Sühnezeichen kamen, hat *Die Brücke* dazu den ersten Anstoß gegeben.

Die Tonbildserie begann mit dem Choral *Wach auf, wach auf du deutsches Land, du hast genug geschlafen*, den Johann Walter 1561 in den unruhigen Zeiten zu Beginn der Gegenreformation geschrieben hatte. Kreyssig schlug einen großen Bogen, eine *Brücke*, von den Anfängen abendländischer Geschichte hin zur selbstzerstörerischen Gewalt des nationalsozialistischen Deutschland. In der unseligen Verquickung von Glaube und Gewalt, von Missionierung und Kolonialisierung sah er das eine Grundübel, das andere in der Selbsterhöhung und »Selbstvergottung« des modernen Menschen: »Es ist nicht wahr, daß sich das nicht wiederholen könnte. Denn was da zuletzt an Unmenschlichkeit schlechthin ausbricht, reicht bis an die Wurzeln unseres abendländischen Wesens zurück ... Je gewaltiger die Sendung, desto tiefer der Sturz in den Abgrund des eigenen Wesens.«[21] Magdeburg mit seinem wechselvollen Schicksal war Lothar Kreyssig Sinnbild dieser Geschichte. In Magdeburg hatten im Jahr, als *Die Brücke* entstand, auch die ersten Sühnezeicheneinsätze in der DDR stattgefunden: Die Freiwilligen hatten bei der Enttrümmerung dreier Kirchen geholfen, St. Petri, St. Katharinen und Wallonisch-Reformierte Kirche, die erst im Dreißigjährigen Krieg, dann im Zweiten Weltkrieg bis auf die Grundmauern zerstört worden waren. »Gräber unter uns, Trümmer neben uns, aber in uns die Gewißheit eines neuen Anfangs aus empfangener Vergebung. Und über uns die Brücke der Versöhnung, an deren Pfeiler wir bauen. Denn was wir hier tun, steht in einem unzerstörbaren Zusammenhang.« Kreyssig ließ *Die Brücke* ausklingen mit Bildern von den ersten Projekten in Holland, in Norwegen, Frankreich, Griechenland, England und Israel - vier Jahre nach der Gründung schon eine beeindruckende Bilanz.

So unbestreitbar Lothar Kreyssig der geistige Anreger und Beweger der Aktion Sühnezeichen war, in den praktischen Dingen war er es nicht. Keiner der Einsätze wäre wohl ohne das handfeste Engagement der Mitarbeiterinnen und Mitarbeiter zustande gekommen, die sich von Kreyssigs Idee hatten anstecken lassen und sich in ihren Dienst stellten. Als die Einladung der Holländer kam, 1959 in Ouddorp einen Ferienbungalow für Arbeiter zu bauen, muß es Kreyssig gedämmert haben, was seine Idee praktisch bedeutet. Er ging zum Vorsitzenden der Bauarbeitergewerkschaft in West-Berlin, trug ihm das Vorhaben vor und bat - »so diesseitig und leibhaftig, wie ich das vermochte« - um Rat, wie er Baukundige gewinnen könne. Damit könne er seinen Männern nicht kommen, meinte der Gewerkschafter und reichte mit spitzen Fingern und einem Gesicht, dem man ansah, was er über den Besucher dachte, einen Geldschein über den Tisch.

In dieser Situation kam ihm Franz von Hammerstein zur Hilfe, der damals das Sozialpfarramt in Berlin leitete, das für die kirchliche Arbeit mit der Industriejugend und jungen Handwerkern bestimmt war. Franz von Hammerstein stammte aus einer Familie, die aktiv gegen den Nationalsozialismus gekämpft hatte; er selbst war nach dem 20. Juli 1944 in Gestapohaft gekommen und später als Geisel der Gestapo in Buchenwald und Dachau festgehalten worden. Er hat lange Zeit für die Aktion Sühnezeichen Verantwortung getragen, zunächst als Mitglied der Leitung, dann als Leiter, zuletzt als Vorsitzender des Kuratoriums. Als Kreyssig sich an ihn wandte, war die Aktion zwar gegründet, aber praktisch war noch nichts in Gang gesetzt:

> Kreyssig rief also verzweifelt an: Jetzt müssen wir Freiwillige haben. Wir hatten im Sozialpfarramt schon von dem Aufruf gehört und bejahten ihn voll und sagten: Wir werden versuchen zu helfen. Und haben dann also in einigen Berliner Berufsschulen für die Aktion Sühnezeichen geworben und auch ein gutes Echo gehabt. Es haben sich einige aus diesen Berufsschulen gemeldet. Dabei mag eine Rolle gespielt haben, daß es damals noch sehr schwer war, ins Ausland zu kommen. Nach Holland oder Norwegen oder England zu fahren, geschweige denn nach Polen, Israel und Rußland, war noch fast unmöglich. Doch das Interesse an solchen Reisen, verbunden mit so einer Aufgabe, war groß. Und so meldeten sich einige von den Lehrlingen. Aber auch Lehrer waren interessiert. Und da die Gruppen ja geleitet werden mußten, sind dann tatsächlich einzelne Lehrer mitgegangen.
>
> Kreyssig hatte als Präses ein kleines Büro in der Jebensstraße 3 am Bahnhof Zoo. Von dort aus hat er die Aktion Sühnezeichen in Gang gebracht, auch die schon vorher gegründete Aktionsgemeinschaft für die Hungernden. Das machte er alles von diesem kleinen Büro aus. Seine Sekretärin, Frau Scheiff, war in beiden Aktionen sehr engagiert. Dann war da noch Gotthard Kutzner, ein Oberregierungsrat aus dem Ministerium für Innerdeutsche Angelegenheiten, der dort nicht viel Arbeit hatte zu dieser Zeit und deshalb sehr intensiv bei der Aktion Sühnezeichen mitmachte. Dort wurde nun beraten: Wie stellen wir die Gruppen auf die Beine, wie werden sie vorbereitet usw. Diese Vorbereitung geschah dann bei uns im Haus der Industriejugend, in enger Zusammenarbeit mit der Evangelischen Akademie.[22]

Bei den ersten Projekten führten die mangelnde Erfahrung und die ungenügenden organisatorischen und finanziellen Vorbereitungen zu erheblichen Problemen, die vor allem die Gruppenleiter vor Ort auszubügeln hatten. Der erste Einsatz in Ouddorp mußte vorzeitig abgebrochen werden, weil die Unterkunft anderweitig vermietet war. Der Gruppe fehlte es an innerer Ordnung, sie war nur ungenügend auf das Besondere ihres Einsatzes vorbereitet worden. Im Grunde ist dieses erste Projekt gescheitert. Die Arbeit in Norwegen begann in klirrender Kälte, zu einer Jahreszeit, in der Bauarbeiten eigentlich gar nicht möglich waren. Die Baupläne waren veraltet, Material und Maschinen fehlten. Dazu kam, daß die ersten Freiwilligengruppen ein bunt zusammengewürfeltes Volk waren, zwar gutwillig, aber zu wenig eingestellt auf den besonderen Charakter der Arbeit an den Orten, die unter den Deutschen gelitten hatten. Für die Leitung der Gruppe im norwegischen Borkenes hatte Kreyssig sich Richard Nevermann geholt, einen jungen Vikar, und ihn in seine Aufgabe mit den Worten entlassen: »Ich habe ein Kind gemacht. Bringen Sie es zur Welt!« Von Hammerstein, sehr viel nüchterner als Kreyssig, war voller Sorge, daß die große Idee wegen der vielen kleinen Unzulänglichkeiten scheitern könnte. Er bat Nevermann, noch während dieser in Borkenes war: »Schreiben Sie bitte Kreyssig, daß er die zweite Norwegengruppe nicht dem Heiligen Geist überläßt!«

Von den Freiwilligen aus der DDR, die sich gemeldet hatten, durfte keiner an diesen Sühnezeicheneinsätzen teilnehmen. Die erste Hollandgruppe hatte bis zum letzten Augenblick auf die Ausreisegenehmigung für die vierzehn Ostdeutschen gewartet, mußte dann aber ohne sie nach Ouddorp fahren. Bei einer Besprechung im DDR-Außenministerium wurde erklärt, die Aktion Sühnezeichen bedeute eine Verzettelung der Kräfte, die DDR müsse alle Kräfte auf die bevorstehenden Genfer Friedensverhandlungen konzentrieren. Die Holländer würden die friedfertigen Absichten der Aktion dann am besten erkennen können, wenn sie gegen die Wiederaufrüstung Westdeutschlands und die Atombewaffnung der Bundeswehr protestierte. Für Norwegen hatten sich vierzig Teilnehmer aus der DDR gemeldet. Ihr Antrag auf einen Reisepaß blieb unbeantwortet, obwohl namhafte Persönlichkeiten bei den DDR-Behörden interveniert hatten. Auch Martin Niemöller, sonst als Widerstandskämpfer in der DDR respektiert und gern als »Friedenskämpfer« vereinnahmt, hatte vergeblich an den DDR-Innenminister geschrieben: »Ich bin selber von Anfang an für diese Aktion Sühnezeichen stärkstens eingetreten und habe sie überall empfohlen, weil ich der Überzeugung bin, daß hier für die Verständigung unter den Völkern und ihren Menschen ein Beitrag geleistet werden kann, der die gegenwärtige Atmosphäre zu verbessern in der Lage ist und verspricht.«[23]

Daran aber war die SED offenbar nicht interessiert. Das endgültige Aus kam im Mai 1960 mit einem Brief von Außenminister Lothar Bolz, der die Unfähigkeit der Realsozialisten erwies, sich aus ihrer ideologischen Beschränktheit und Enge zu lösen und auch nur im Ansatz zu begreifen, worum es der Aktion Sühnezeichen ging: »... schlage ich Ihnen vor, daß Sie den jungen Menschen, die sich bereit erklärt haben, mit praktischen Taten für die große Sache des Friedens zu wirken, den besten Weg zeigen, der der Erfüllung dieses Zieles dient, den der aktiven Mithilfe beim Aufbau des Sozialismus in der Deutschen Demokratischen Republik. Hier können junge Menschen aller Berufe und Konfessionen große und von heißer Liebe zum Frieden durchdrungene Taten zur Stärkung und zur Festigung unseres Arbeiter- und Bauern-Staates leisten und damit zu ihrem Teil der Verantwortung des deutschen Volkes am besten gerecht werden.«[24] Ein Jahr später war die Mauer gebaut; jungen Frauen und Männern aus der DDR blieb fast bis zuletzt ein Sühnezeicheneinsatz in westlichen Ländern oder in Israel verschlossen - eine demütigende, traumatische Erfahrung.

Ende August 1959 war die Gruppe, die nach Norwegen fahren sollte, bis auf die Freiwilligen aus der DDR beisammen - acht aus Köln, fünf aus Wuppertal und dreizehn aus Berlin. Am 1. September, zwanzig Jahre nach Beginn des Zweiten Weltkrieges, wurde sie feierlich im Hamburger Rathaus von der Senatorin Kiep-Altenloh verabschiedet. Der norwegische Generalkonsul in Hamburg, Arnoldus Kolstad, gab den jungen Frauen und Männern mit auf den Weg: »Grenzen müssen fallen für die Menschen, damit nicht Menschen fallen für die Grenzen.« Willy Brandt, der Regierende Bürgermeister von Berlin, schrieb aus diesem Anlaß an die Aktion Sühnezeichen: »Sie grüßen in der Person dieser jungen Berliner das norwegische Nachbarvolk mit Dank, daß es sich dem deutschen Bekenntnis als einer Absage an verantwortungslose Gewalt und einem Zeugnis für Vergebung und Versöhnung öffnet.«
Die jungen Leute nahmen auch einen Brief Lothar Kreyssigs nach Norwegen mit:

> Liebe und verehrte norwegische Freunde!
> Anfang September vor zwanzig Jahren haben wir Deutschen den zweiten Weltkrieg begonnen. Es war das Ende eines furchtbaren, frevlerischen Irrweges. Es ist Gottes unverdiente Geduld und Gna-

de, wenn wir das Verhängnis des mit Recht verlorenen Krieges überlebt und als nachwachsende Generation Raum und Gelegenheit haben, eine bessere Einsicht und Gesinnung zu finden und zu bewähren. Dazu habt Ihr uns als zweites unter den europäischen Nachbarvölkern, die von uns verletzt und beleidigt worden sind, die Tür aufgetan. Wir kommen an diesen Septembertagen zu Euch, um in Borkenes ein schlichtes und bescheidenes Werk der Nächstenliebe und des Friedens zu tun.

Auf der Insel Hinnøy, unweit von Narvik, in einem vom Krieg gezeichneten Landstrich, errichteten die Freiwilligen ein Wirtschaftsgebäude für das »Schwachsinnigenheim« Trastad bei Borkenes. Das Vorhaben der jungen Deutschen fand große Beachtung - auch zu Hause in Deutschland. Es gab auch skeptische Stimmen. Das *Dagbladet* überschrieb einen Bericht über das Vorhaben lakonisch mit *Kuhstall statt Wiedergutmachung*. Doch bezeichnender für das Echo, das der Einsatz der jungen Deutschen gefunden hatte, dürfte ein Kommentar in der norwegischen katholischen Zeitschrift *St. Olav* gewesen sein: »Handwerker und Studenten, die ausziehen, von gut bezahlter Arbeit oder stillem Studentenleben weg, um ihren Willen zu zeigen, zu sühnen für Verbrechen, die sie selber niemals begangen haben. Das setzt einen moralischen Nerv voraus, der so empfindsam ist, daß es beim ersten Anblick verwirrt ... Das gibt uns handgreifliche Gründe, an das ›Andere Deutschland‹ zu glauben.«[25]

In der Gruppe selbst aber hat es zunächst handgreifliche Konflikte gegeben, die fast zum Scheitern auch des zweiten Sühnezeichenprojektes geführt hätten. Für Richard Nevermann, der die Gruppe leitete, war schon die Zusammensetzung der Gruppe problematisch:

Ein Drittel der jungen Leuten war vom Bau, das waren Bauhandwerker. Das zweites Drittel kam aus gewerblichen Unternehmungen, die nichts mit dem Bau zu tun hatten. Und ein anderes Drittel, das waren Leute, die gar keine Ahnung hatten vom Bau. Die Motivation dieser Gruppe war, wenn man von wenigen absah: Das machen wir mit, das ist ein Abenteuer. Die jungen Leute, die aus der Industriejugend in Berlin gekommen waren, waren überhaupt nicht christlich motiviert. Das waren zum Teil recht abenteuerliche Gestalten. Einer war dabei, der wurde von der Polizei gesucht. Es hat auch Meuterei gegeben in diesem ersten Lager. Niemöller hatte gesagt: »Einen solchen Haufen zusammenzuhalten, der sich auf Grund dieses Aufrufs meldet, das kann nur ein Zirkusdirektor schaffen.« Das war tatsächlich so. Kreyssig, der für die Rekrutierung verantwortlich war, hatte ja keine Auslese getrieben. Die Norweger haben natürlich eine hochgradig motivierte Gruppe erwartet. Aber das war überhaupt nicht der Fall. Es war wirklich eine schwere Aufgabe, diesen Haufen zu motivieren. Was aber gelungen ist; es sind alle zusammengeblieben.

In dieser Zeit hat es oft Tränen gegeben - meine Frau war auch mit, und wir hatten unseren kleinen Sohn dabei, der war gerade zwei Jahre alt. Es war ja die ganze Zeit über dunkel, von November bis Februar. Und es war eiskalt. Auf der Baustelle mußten wir alles anwärmen, das Wasser wärmen, den Sand wärmen, mußten immer offenes Feuer haben. Dann hatten wir überhaupt keine Maurer. Jeder mußte es mal versuchen, wie mauert man und wer kann es am besten.

In dieser Situation habe ich eine Lebensordnung gemacht, die für mich damals von existentieller Bedeutung war. Und habe von Kreyssig gefordert, daß jeder, der künftig mit der Aktion Sühnezeichen geht, sich auf diese Lebensordnung verpflichten muß. Was hat das für Diskussionen gegeben! Denn alle sagten: Ich bin doch freiwillig hier. Ich mußte ihnen dann erst erklären, daß Freiwilligkeit zwar am Anfang stand, daß es aber ohne freiwillige Bindung in einer solchen Gruppe nicht geht.

Und dann fingen die in Berlin an, sich von der Gruppe zu distanzieren, und auch die Norweger gingen auf Abstand. Das war für uns die schlimmste Zeit. Kreyssig verlangte, daß wir die Leute, die nicht spurten, rausschmissen. Ich habe mich geweigert und gesagt: Wir sind zusammen hierhergegangen, wir müssen hier nun entweder gemeinsam erfolgreich sein oder gemeinsam scheitern. Anders geht das nicht. Daß die Gruppe in dieser Situation zusammengehalten hat, war der eigentliche Erfolg. Allmählich identifizierten sie sich auch mit dem, weswegen wir dort waren.[26]

Mit Hilfe der Lebensordnung, die in Trastad erprobt und erarbeitet worden war, kam eine innere Ordnung in die Sühnezeichengruppen. Die künftigen Freiwilligen wurden feierlich auf diese Lebensordnung verpflichtet und in einem sakralen Akt in ihren Dienst verabschiedet.

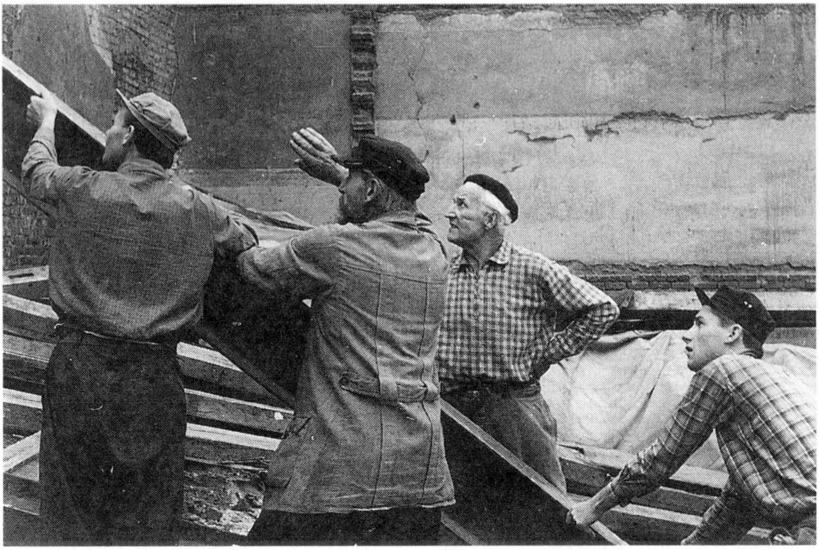

Lothar Kreyssig beim Sühnezeicheneinsatz, Leipzig, August 1963. Foto: privat.

Vor allem aber wurden sie besser vorbereitet. In mehrtägigen Vorbereitungsseminaren lernten sie sich untereinander kennen, erfuhren etwas über die Geschichte des eigenen Landes und des Landes, in das sie unterwegs waren, und konnten sich über ihre Motive für den Sühnezeicheneinsatz klarwerden.

Lothar Kreyssig hat keines der Sühnezeichenprojekte in den westlichen Ländern besucht, auch vor dem Mauerbau nicht, als es ihm noch möglich gewesen wäre. Es hat sich damit solidarisch mit den jungen Deutschen in der DDR gezeigt, denen der Staat diesen Dienst untersagte. Das muß ihm schwergefallen sein, nicht selbst mit anpacken zu können, und wenn er von der »Vereinsamung des Zurückgebliebenen« sprach, war das gewiß keine kokette Floskel. In Gedanken muß Kreyssig unablässig bei den Freiwilligen in Norwegen, Holland, Israel gewesen sein. Mit dem Reiseplan und der Landkarte auf dem Schreibtisch verfolgte er ihren Weg. Woche für Woche schrieb er ihnen. Die ersten

Projektleiter, Richard Nevermann in Norwegen und Johannes Müller in Holland und Israel, erhielten zudem regelmäßig in persönlichen Briefen Ratschlag und Ermutigung von ihm. Inwieweit die theologischen Betrachtungen und geschichtsphilosophischen Exkurse in den Wochenbriefen von den Freiwilligen überhaupt verstanden wurden, mag dahingestellt bleiben. Zuweilen machten sich auch die »Mannschaftsleiter« die Mühe, sie zu deuten oder zu »entkreyssigen«. Als Zeichen der Verbundenheit des Gründervaters der Aktion mit den jungen Freiwilligen vor Ort waren die Wochenbriefe aber allemal wichtig.
Merkwürdig war an den Schreiben Kreyssigs das Militärische in Sprache und Bildern: Die Freiwilligen waren an der Front, er saß im Stab, die Gruppen waren die Mannschaften. Zuweilen nannte er sich den Kapitän auf dem Sühnezeichenschiff. Gleich den ersten Brief an die Norwegenmannschaft begann er mit Kriegsgeschichten aus Narvik, entschuldigte sich aber sogleich und bat, es dem vereinsamt Zurückgebliebenen nachzusehen, wenn er statt eines geistlichen Zuspruchs am Ort der Tat eine fatale militaristische Erinnerung darbiete: »Aber in der frischen und rauhen Luft des neuen Wirkungskreises wird auch das Geistliche, denke ich, das Unromantische und Rauherzliche der Existenz und Umwelt gelten lassen und einbeziehen.« Und drei Tage später handschriftlich an Richard Nevermann: »Schreibend ertappe ich mich dabei, daß ich in meinem ersten Brief, aber auch in diesem, allzu unbefangen in militärischen Kategorien denke. Im vorigen (ersten) Brief ist das wohl auch noch dadurch begünstigt worden, daß ich beim Diktat ungewöhnlich erschöpft war. Zu meinem Ärger habe ich den ärgsten Preußen-Slogan auch noch falsch zitiert ...« Im nächsten Brief an die Mannschaft in Trastad bat er, sie möge doch regelmäßig schreiben und berichten: »Mein erster Hauptmann 1917, bei dem mir die Feldsoldatenbeine wuchsen, ein kluger Mann und sehr fähiger Offizier, schrieb täglich eine Feldpostkarte nach Haus mit dem stereotypen Inhalt ›Wetter gut. Feind ruhig. Dein Theo.‹ Das war in beiden Aussagen ein etwas großzügiges Verfahren. Ihr sollt ja auch nicht jeden Tag schreiben ... Haltet mir vor allem Eure eigenen Leute zu Hause mit Nachrichten nicht zu kurz.« In einem späteren Brief nannte er die Mannschaftsleiter einmal seine Herren Kommandeure, das allerdings augenzwinkend und mit ausdrücklichem Hinweis auf die Heilsarmee. Dann wieder empfand Kreyssig, als ob er »ein Vater von dreißig Kindern wäre,

die im Felde oder auf See oder - nun ›auf Sühnezeichen‹ sind.«[27] - Wahrscheinlich bekunden gerade dieses Wachwerden von Kriegserinnerungen und der Rückfall in die Soldatensprache seinen heftigen Wunsch, »draußen« beim Sühnezeicheneinsatz dabeizusein.

Während die Freiwilligen im Einsatz waren, war er zu Hause unterwegs, um Geld zu beschaffen. Denn die ersten Projekte, und nicht nur die, verschluckten weitaus mehr Geld als geplant. Das Ritual wiederholte sich in den Briefen: Mit der regelmäßigen Abrechnung, die er von den Leitern verlangte, kamen immer auch neue Anforderungen für Material und Versorgungsgüter, die beschafft werden mußten, sollten die Projekte nicht vorzeitig enden. Aus einem Brief an Richard Nevermann, damals schon mit der zweiten Norwegenmannschaft beim Kirchbau in Kokelv:

> Wir werden nach Ihren Berechnungen die sorgfältigen und redlichen Vorausberechnungen der Norweger wie von uns selbst in Borkenes wie in Kokelv um mindestens sechzig Prozent überschreiten. Der Hauptteil des Mehrbedarfs ist noch ungedeckt. Die Hauptquelle, aus der wir Borkenes gespeist haben, ist verschlossen. Der Spenderverband der Industrie hat nie mehr geantwortet. Hamburg, Bremen und Köln haben keinen Pfennig gezahlt. Die von unserem Freund Kutzner alarmierten Partei- und Kommunalgrößen haben völlig versagt ... Wir haben im ersten Halbjahr 1960 - zwölftausend Mark von der Stadt Berlin einberechnet - aus freien Spenden insgesamt 28.000,- DM bekommen. Alles in allem hat der Dienst noch nicht einmal unter denen Fuß gefaßt, die das Wort von der Vergebung vernommen haben ...
>
> Ich könnte heute unter Hinweis auf das bereits Erreichte und seine Öffentlichkeitswirkung staatliche Gelder zum Fließen bringen. Darüber würde nach meinem Empfinden unsere Sache zu einer Art Hochstapelei. Innerhalb der Milliarden, welche der Staat an rein politische und wirtschaftliche Zwecke wendet, wären die wenigen Millionen, die wir brauchen, alles andere als ein Zeichen von Sinnesänderung. Sie würden dazu genutzt, um einige hundert junge Menschen, die in dieser geringen Zahl wiederum nicht repräsentativ sind, für das Ganze eine Kulisse aufrichten zu lassen. Sühnezeichen würde dann aus einem echten Zeichen für die Sinnesänderung einer Minderheit, die immerhin in der Nachfolge Stellvertre-

> tung beanspruchen könnte, zu einem Alibi für eine ungeänderte, nur vorsichtiger und verkrochener gewordene Gesinnung.[28]

Also ging Kreyssig weiter bei privaten Spendern, bei Bischöfen und Gemeinden, bei kirchlichen und politischen Freunden betteln. Und irgendwie schaffte er es auch immer, manchmal in letzter Minute, den rasant steigenden Finanzbedarf der Sühnezeichenprojekte zu befriedigen. Gelegentlich, wenn der Aktion die Schulden bis an den Hals standen, nahm er dann allerdings doch Bundesgelder in Anspruch. Dann schickte er seinen Freund Franz-Reinhold Hildebrandt, damals Kirchenpräsident der EKU, zu Militärbischof Kunst, zugleich Bevollmächtigter der Evangelischen Kirche am Sitz der Bundesregierung: »Geh doch mal zu Onkel Hermann und sieh zu, daß du Zwanzig- oder Dreißigtausend lockermachst, der hat genug Geld ...« Das gelang tatsächlich, so daß also, wenn vielleicht auch unfreiwillig, auch die Adenauer-Regierung mit dazu beigetragen hat, daß die Aktion Sühnezeichen entschuldet wurde und weiterarbeiten konnte.[29] Von Bischof Kunst ist zum Sühnezeichengeld und seinen Bemühungen darum das Wort überliefert: »Die Ida ist gut. Und wenn ich sage, die Ida ist gut, hat sie auch was anzuziehen?« - Franz von Hammerstein zur damaligen Finanzierung der Aktion Sühnezeichen:

> Kreyssig war zwar vielleicht nach herkömmlichen Haushaltsvorstellungen unsolide, aber das war bewußt von ihm so gewollt und war auch richtig. Sonst wäre keines dieser Projekte durchgeführt worden. Er hat es ja auch verstanden, immer wieder Spender zu mobilisieren, die Projekte sind alle fertig gebaut worden. Keines ist als Ruine stehen geblieben. Man war zwar immer im Zittern, aber Kreyssig hat uns nie im Stich gelassen. Die Landeskirchen haben zwar geschimpft, die staatlichen Stellen haben geschimpft. Doch Kreyssig hat das nie als unsolide empfunden, das war sein Glaubensbekenntnis. Er hat aus Glauben gehandelt. Das war bei ihm theologisch gut durchdacht und fundiert - und er hat Erfolg damit gehabt.[30]

Doch als guter Vater sorgte Kreyssig nicht nur für das leibliche und seelische Wohlergehen seiner Sühnezeichenkinder, sondern auch für ihre geistige Nahrung. Geistige Nahrung im wörtlichen Sinne, denn Alkohol war bei den Einsätzen streng verpönt. Auch hier mag er, wie früher bei den Darbietungen für seine »Hofkinder«, weit übers Ziel hinausgeschossen sein. Ob die Freiwilligen in Trastad, nach harter Arbeit in der eisigen Polarnacht, seinem Wunsch und Ratschlag tatsächlich gefolgt sind, Carl Zuckmayers *Hauptmann von Köpenick* dort mit verteilten Rollen zu lesen?

> Das wäre mein Wunsch, das Ihr das tätet. Ich würde freilich denken, daß es erst geschehen sollte, nachdem möglichst viele das Stück wenigstens einmal gründlich, besser mehrmals gelesen haben. Der Dichter nennt das Stück ein deutsches Märchen. Das mag stimmen, insofern Märchen manchmal die eigentliche Wirklichkeit abmalen. Für mich ist das Stück *das* deutsche Lustspiel, das alle Literaturhistoriker bisher vermißt haben. Es hat alle Tugenden eines echten Lustspiels, wenigstens, was ich darunter verstehe. Wenn ich in Deutschland etwas zu sagen hätte, so würde ich das Stück zehn Jahre lang an allen großen Theatern spielen lassen. Es wäre die beste Erwachsenenerziehung, die sich denken ließe, nämlich die kurzweiligste und lebenswahrscheinlichste zugleich …
>
> Und zuletzt, aber nicht zum wenigsten, ist das Stück ein »Sühnezeichen« aus Mund und Feder eines Propheten, wie es die großen Dichter hier und da sind. Es ist Sühne in der Gestalt eines wahrhaft himmlischen Gelächters, wie es ganz zuletzt aus dem Munde des Schusters Voigt bricht, als er sich erstmalig in seiner eigenen Rolle und mit der Uniform konfrontiert sieht, welche die eigentliche Heldin des Stückes ist. Wenn Ihr dieses Gelächter vernehmt, vergeßt bitte die Herztöne dieses Berliner Schusters nicht, die Ihr vernehmt, wenn Ihr ihn am Bett des kranken Mädchens bei Hoprechts sitzen seht. Wenn wir einmal aus einem so bewegten Herzen über die deutsche Vergangenheit gleichermaßen lachen können, ohne Bitterkeit und voll tiefen Verstehens und angerührt von ein bißchen Liebe zu dem Menschlein Mensch, dann ist Sühnezeichen geschehen. Darüber solltet Ihr ein bißchen nachdenken, wenn Ihr das Gröbste hinter Euch habt, frische Schneeluft nach dem Skilaufen in den Adern, und Ihr die Heimreise langsam am Horizont erkennt. November, der schwerblütige Monat bis zum ersten Schneefall zieht herauf, der Monat der Revolutionen …[31]

In Trastad hatten die Freiwilligen die lange, eisige Polarnacht über Knochenarbeit geleistet. Am 20. März 1960 konnte der Stall für das »Schwachsinnigenheim« feierlich übergeben werden. Das erste handgreifliche Sühnezeichen war errichtet. Wichtiger aber war, daß es den jungen Frauen und Männern tatsächlich gelungen war, Kreyssigs Versöhnungsidee zu den Norwegern zu tragen und daß sie dort angenommen worden ist. Der Vorsitzende des Hauptkomitees für das Heim in Trastad, Oscar Høyersteen, dankte bei der Verabschiedung den Freiwilligen: »Von einem Land, das uns seine Soldaten schickte, haben wir euch bekommen, und wir bringen euch einen Dank entgegen, der größer ist, als Worte ausdrücken können. Dank sei der Aktion Sühnezeichen, Dank dafür, daß ihr Trastad wähltet, und Dank für diesen prächtigen Bau.«[32] Und der Direktor der nordnorwegischen Behindertenanstalten, Pastor Johannes Gilleberg, schrieb an Lothar Kreyssig: »Die Aktion Sühnezeichen hat in Norwegen Blut fortgewischt.«

Dem ersten Projekt in Norwegen folgte noch im gleichen Jahr ein zweites: der Bau einer Kirche in Kokelv in der Finnmark. Ebenfalls 1960 baute eine Sühnezeichengruppe im griechischen Servia eine Trinkwasserzisterne. Servia, 35 Kilometer westlich des Olymp gelegen, war während des Zweiten Weltkrieges von deutsch-italienischen Einheiten niedergebrannt worden. In Servia arbeitete die Aktion Sühnezeichen, nicht ganz ohne Spannungen, in einem gemeinsamen Projekt mit dem Weltfriedensdienst. Dieser Dienst war als Gemeinschaftswerk der europäischen Jugend gedacht und sollte nach der Idee von Eugen Rosenstock-Huessy den zivilen Dienst an der Gemeinschaft gleichwertig neben den militärischen Dienst setzen, »von gleicher Dauer und von den gleichen Impulsen beseelt, die dem guten Soldatentum nachgerühmt werden: Einsatzbereitschaft für den anderen, Pflichtbewußtsein und Härte gegen sich selbst.« An der Gründung dieses Dienstes war Kreyssig nur am Rande beteiligt, das Projekt war vor allem von Erich Müller-Gangloff angestoßen und gefördert worden. Zeitweilig stand Kreyssig, wohl aber nur formal, auch dem Weltfriedensdienst vor. Man hatte die drei Dienste - die Aktionsgemeinschaft für die Hungernden, die Aktion Sühnezeichen und den Weltfriedensdienst - in einem eingetragenen Verein »Versöhnungsdienste« organisatorisch zusammengeschlossen, vor allem aus praktischen und fiskalischen Gründen. Lothar Kreyssig war Vorsitzender dieses Vereins, nach ihm Franz von Hammerstein, der dabei zum Generalsekretär avancierte.
1961 wurde mit dem Bau der *église de la réconciliation*, der Versöhnungs-

kirche in Taizé begonnen, dem ersten Frankreich-Projekt. Der ökumenischen Bruderschaft von Taizé und ihrem Prior Roger Schutz hatte Lothar Kreyssig sich von Anfang an nahe gefühlt, obwohl er Schutz erst in hohem Alter persönlich begegnet ist - 1984 beim Europäischen Jugendtreffen in Köln. Auch die Versöhnungskirche war 1962 eingeweiht worden, ohne daß er dabei sein konnte - die Mauer verhinderte es. In Taizé jedenfalls ist unvergessen, daß Lothar Kreyssig es war, der den Impuls zum Bau der Versöhnungskirche gegeben hat.[33] Die Verbindung von der Aktion Sühnezeichen zu Taizé war über den Kölner Pfarrer Erwin te Reh zustandegekommen, der wie Kreyssig der Michaelsbruderschaft angehörte. Die feierliche Aussendung dieser ersten Freiwilligengruppe nach Frankreich, an der auch Kreyssig teilgenommen hat, erfolgte in Michaelshoven, dem Zentrum der Michaelsbruderschaft. - 1961 wurde noch ein zweites Projekt in Frankreich begonnen, der Umbau eines Schlosses in St.Cyr au Mont d'Or in eine Schule, die das theologische Vorbereitungsseminar der Französisch-Reformierten Kirche aufnehmen sollte. Diese und weitere Projekte in Frankreich, so auch den Bau eines jüdischen Gemeindehauses in Villeurbanne, hatte der deutsche Konsul in Lyon, Graf Yorck von Wartenburg, vermittelt, den Kreyssig schon aus der Zeit der Bekennenden Kirche kannte und mit dem er im Alter in einen regen freundschaftlichen Briefwechsel treten sollte.

Auch in England konnte 1961 die Sühnezeichenarbeit beginnen, wofür Kreyssig besonders dankbar war. In der Nacht vom 21. zum 22. Juni 1960 schrieb er auf einer Bahnfahrt von Berlin nach München der Mannschaft in Borkenes einen ausführlichen Brief über den Stand der Vorbereitungen für neue Sühnezeichenprojekte. Dabei berichtete er über ein Gespräch, das er kurz zuvor in Augsburg mit dem katholischen Pater Thomas Sartory über ein Projekt in Israel geführt hatte:

> Während des Gesprächs mit Pater Sartory tritt Koschorke herein. Sohn eines vertrauten und geliebten BK-Bruders aus Ostpreußen, hat er auf dem ersten Dienst in Ouddorp mitgetan. Er kommt von einem Studienbesuch in England und bringt heim: Nicht mehr und nicht weniger als die informelle Einladung zu einem Sühnezeichen in Coventry, in Coventry, in Coventry! Wißt ihr, was das heißt? ... Coventry ist das Symbol für den Sündenfall des totalen Krieges zwischen Deutschland und England. An Coventry sollte exempla-

risch vorgemacht werden, was die Luftwaffe und V1 und V2 mit ganz England zu tun entschlossen waren. Es blieb im Wesentlichen in der großmäuligen Drohung stecken. Aber Coventry wurde immerhin so zerstört, wie die meisten mittleren Städte in Deutschland später ... Jetzt hat der zuständige Propst in Coventry, ähnlich wie einst unser nun unzertrennlicher Freund Bonnevie-Svendsen für Norwegen, dem Koschorke rundheraus seine volle Zustimmung und Sympathie für unser Vorhaben erklärt. Er erwartet ein Angebot von uns.[34]

Anfang Oktober 1961 konnten die Londoner in der *Times* lesen: »Sechzehn junge Deutsche begannen heute in den Ruinen der alten Kathedrale von Coventry mit einem Werk des Friedens ... ›Diese jungen Leute haben sich mit großem Ernst vorgenommen, alles an eine Art positive Geste zum Abbau internationaler Schranken zu setzen‹, sagte der Propst von Coventry, Williams. ›Wir glauben, daß dies wahrscheinlich eine der bedeutungsvollsten Taten christlicher Versöhnung ist, die je in England vollbracht wurden.‹«[35] Die Freiwilligen bauten in den folgenden Monaten vier Räume der alten, von der Luftwaffe zerbombten Sakristei wieder auf und in einen Aufenthaltsraum, eine Küche, eine Bibliothek, einen Diskussions- und einen Andachtsraum um. Ein halbes Jahr später, rechtzeitig zur Einweihung der neuen Kathedrale von Coventry, hatte auch die Sühnezeichengruppe ihre Arbeit geschafft. Der namhafte Ostberliner Kunstschmied Fritz Kühn schuf eine stählerne Wand mit dem Sühnezeichensymbol, der sich demütig beugenden Gestalt, die zunächst im Internationalen Zentrum angebracht war. Seit 1996 zeugt sie in der Coventry Cathedral selbst vom Beginn der Sühnezeichenarbeit in England. Was Propst Williams seinerzeit bewogen hat, die Aktion Sühnezeichen nach England einzuladen, berichtete er 1989 in einem Brief. Dreißig Jahre zuvor hatte er zum erstenmal Berlin besucht, um Unterstützung für ein Programm der englisch-deutschen Versöhnung zu suchen. Er hatte mit Willy Brandt und Bischof Dibelius gesprochen und war in einem Hotel auch mit Lothar Kreyssig zusammengetroffen, der ihm von der Aktion Sühnezeichen erzählte:

Sein Enthusiasmus war derart, daß ich argwöhnte, er sei ein wirklichkeitsfremder Träumer. Ich zeigte Interesse, aber eher zögernd. Ich habe mich mit meiner Einschätzung sehr geirrt.

Im Sommer 1959 kam eine Gruppe junger Christen nach Coventry.

> Unter ihnen war ein Abgesandter Dr. Kreyssigs, der dem Vorschlag Nachdruck verlieh. Ich saß mit dem Mann gegenüber vom Shakespeare Memorial Theatre in Stratford-upon-Avon unter einem Baum (nun ein Baum mit einer ganz persönlichen Bedeutung für mich) und lernte genau, was das Anliegen der Aktion Sühnezeichen war und was schon in Frankreich und Norwegen getan worden ist. Ich war völlig überzeugt.
> Sofort nahm ich Verbindung mit Dr. Kreyssig auf und ich verstand nun, wie realistisch und praktisch dieser visionäre Mann war ... Das Ergebnis war, daß sechzehn junge Deutsche für sechs Monate in Coventry lebten. Sie bauten die zerstörte Sakristei der Kathedrale wieder auf als ein internationales Zentrum inmitten der Trümmer, das immer noch besetzt ist mit Freiwilligen der Aktion Sühnezeichen.[36]

Während in Norwegen, Griechenland, Frankreich, England die ersten Sühnezeichengruppen im Einsatz waren, gingen Kreyssigs Bemühungen weiter, für die Aktion Sühnezeichen einen Weg nach Israel zu finden. Israel war für ihn von Anfang an die zentrale und entscheidende Aufgabe der Sühnezeichenarbeit. Anfang 1961 schien es so, als würden sich verschiedene Möglichkeiten in Israel abzeichnen. Eine Gruppe wurde zusammengestellt, Johannes Müller, den Kreyssig aus der Bekennenden Kirche in Brandenburg kannte und der jetzt Pfarrer in der Jugendstrafanstalt Plötzensee war, wurde als Leiter der Gruppe gewonnen. Er hatte zu der Zeit an der jüdischen Volkshochschule einen Kursus in Iwrit belegt, das schien ihn für diese Aufgabe zu prädestinieren. Da die Arbeit in Israel nicht sofort beginnen konnte, fuhr die Gruppe zunächst nach Joure in Holland, wo sie an einem Jugendhaus baute. In der Freizeit beschäftigten sich die jungen Frauen und Männer mit der Geschichte und Sprache Israels und lernten intensiv Hebräisch - immer in der Hoffnung, es würde bald losgehen. Als Reisetermin war zunächst der April vorgesehen, dann der August.
Doch Anfang April hatte in Jerusalem der Eichmann-Prozeß begonnen, der das ganze Land erschüttert und bei vielen Israelis quälende Erinnerungen an die Verfolgung durch die Deutschen geweckt hat. Jüngere Israelis erfuhren durch den Prozeß oft zum erstenmal Einzelheiten über die Shoah. Landeskenner rieten Kreyssig nachdrücklich ab, jetzt

eine Gruppe junger Deutscher nach Israel zu schicken. Auch aus Israel erreichte ihn diese dringende Bitte. Der israelische Botschaftsrat Leo Savir in Köln, der Kreyssigs Absichten seit längerem unterstützt und gefördert hatte, kam eigens nach Berlin, um davon abzuraten, jetzt eine Gruppe nach Israel zu schicken. Man war vor allem besorgt, daß die Gastgeber einer deutschen Gruppe auf Unverständnis stoßen oder gar Repressionen ausgesetzt würden. Kreyssig, der sich seinem wichtigsten Ziele so nahe sah, mochte nicht aufgeben. »Wer ernstlich Vergebung will, muß sich an die Tür bemühen, dort anklopfen und warten, ob man ihm aufmacht. Sonst erscheint sein Verlangen nicht ernsthaft oder zu billig«, schrieb er Anfang Juli 1961 an Johannes Müller nach Joure. Es ging immer wieder hin und her, aber letzten Endes mußte er sich, so bitter es ihn ankam, den Vernunftgründen fügen und den Freiwilligen der Gruppe »Holland-Israel I« in Joure die bittere Nachricht schreiben, daß ihre Fahrt nach Jerusalem auf einen unbestimmten Zeitpunkt im Herbst verschoben ist. In der Zwischenzeit war aber das holländische Projekt fertiggestellt, so daß es den jungen Leuten freigestellt wurde, zu einer anderen Gruppe zu wechseln oder auf Heimaturlaub zu gehen. Die Gruppe blieb aber beisammen.

In diesen Wochen vor dem Bau der Berliner Mauer am 13. August 1961 machte Kreyssig in seinen Briefen immer häufiger Andeutungen über die sich zuspitzende politische Situation. In dieser brisanten Lage hatte Kreyssig sich auch noch mit hinterhältigen Anschuldigungen von Mitarbeitern der Inneren Mission und des Hilfswerks herumzuschlagen, die ihm offensichtlich den Erfolg seiner ökumenischen Aktionen neideten. Wenngleich die Beschuldigungen unhaltbar waren und vom Rat der Evangelischen Kirche der Union zurückgewiesen wurden, haben ihn die Angriffe doch verletzt. - Im Juli kam das Aus für den Kirchentag, der ursprünglich in Leipzig, dann in Ost-Berlin stattfinden sollte. »Wir sitzen verstört auf dem Trümmerfeld des Kirchentages«, schrieb er am 15. Juli an Johannes Müller. Und in einem Brief an Thomas Sartory vom gleichen Tag heißt es, die vergangenen vier bis sechs Tage seien ein bisher unerreichter Höhepunkt der Anfechtung gewesen: »Es fehlt eigentlich, wenn ich mich umschaue, keine menschliche Position, die nicht bis auf den Grund in Frage gestellt gewesen wäre.«

Am 13. August 1961 wurde die Berliner Mauer gebaut. Was er an diesem »Tag des Verhängnisses«, wie er ihn fortan nannte, empfunden hat, läßt ein halber Satz in seinen Lebenserinnerungen erahnen: »... wenn ich die Freiheit gehabt hätte, statt von der Mauer nach Hause zu schleichen, in Joure oder Borkenes oder Taizé mitzutun ...«[37]

Anmerkungen

1 Nachlaß Kreyssig. Zitiert nach einem Brief von Friedebert Lorenz an Horst Nitschke vom Gütersloher Verlagshaus vom 17. März 1971. - Lorenz bemühte sich damals um eine Neuauflage von *Gerechtigkeit für David.*

2 EZA 614/37, Mappe »Theologisches 1946-1955«. Handschriftliche Notizen zu einem Vortrag *Gericht und Gnade.* Ohne Datum.

3 EZA 614/37, Mappe »Theologisches 1946-1955«. Textfragment, teils maschineschriftlich, teils handschriftlich: Hesekiel 16,59-63. Die Synode der Evangelischen Kirche der altpreußischen Union. Ohne Datum [1952].

4 AB II, S.66f. Der vollständige Text des Aufrufs zur Aktion Sühnezeichen ist im Anhang, Dokument 6 wiedergegeben.

5 AB II, S.73f.

6 Hier und im folgenden nach dem Wortprotokoll: Berlin 1958. Bericht über die dritte Tagung der zweiten Synode der Evangelischen Kirche in Deutschland vom 26. bis 30. April 1958. Hrsg. im Auftrag des Rates von der Kirchenkanzlei der Evangelischen Kirche in Deutschland. Ohne Ort, ohne Datum [Hannover und Berlin, 1958]. - Bei dem im Sinne der SED agierenden Synodalen handelte es sich um den Stellvertretenden Vorsitzenden des Landeskirchenrates in Thüringen, Gerhard Lotz alias IM »Karl«, Mitglied des Hauptvorstandes der CDU in der DDR, Präsidiumsmitglied des Weltfriedensrates und Mitglied der Christlichen Friedenskonferenz CFK.

7 Vgl. Berlin 1958, a.a.O., S.278ff.

8 AB II, S.76.

9 Nachlaß Kreyssig. Manuskript, vermutlich nach dem Diktat von Helmut Gollwitzer vom 18. Juni 1979. - Vgl. Kapitel 9, Anm. 20.

10 Nachlaß Kreyssig. Der Name Sühnezeichen. Manuskript, ohne Datum [um 1972].

11 AB II, S.77.

12 Interview des Verfassers mit Kurt Scharf.

13 Rundschreiben Nr. 1 der Aktion Versöhnungszeichen, ohne Datum [Mai 1958]. Dieses und die folgenden Rundschreiben der Aktion Sühnezeichen aus dem Archiv des Verfassers.

14 Müller-Gangloff, Erich: Mit der Teilung leben. Eine gemeindeutsche Aufgabe. München, List-Verlag, 1965.

15 EZA 614/IV/19, Mappe »Glückwünsche 60. Geburtstag«. Brief an Studienleiter Becker, Evangelische Akademie Isarlohn, vom 20. Dezember 1958.

16 Gespräch von Jürgen Hobrecht und dem Verfasser mit Irmgard Lent am 2. September 1988 in Berlin-Pankow.

[17] BStU, OV Torpedo. Bericht über die Tagung der Ev. Akademie Sachsen/Anhalt mit dem Thema »Aktion Sühnezeichen« vom 20. bis 22. Februar 1959 in Wittenberg. Quelle: IM »Jäger«, angenommen von Leutnant Reupke am 23. Februar 1959, gefertigt in 3 Exemplaren. - Vgl. Kapitel 13, Anmerkung 23.

[18] AB II, S.79.

[19] Das Buch der Preisungen. Verdeutscht von Martin Buber. Gerlingen, 1992. Erstes Buch, 25. Preisung, Vers 8-11, S.40.

[20] Begleitbrief Lothar Kreyssigs zum Aufruf *Wir bitten um Frieden*. Ein Blatt, hektographiert. Archiv des Verfassers.

[21] Lothar Kreyssig, Die Brücke. Tonbildserie, 1962. Zitate nach der Tonaufnahme, Archiv Aktion Sühnezeichen.

[22] Interview des Verfassers mit Franz von Hammerstein am 23. Mai 1989 in Berlin.

[23] Schreiben von Kirchenpräsident Martin Niemöller an DDR-Innenminister Karl Maron vom 29. Mai 1959. Zitiert nach Skriver, Ansgar: Aktion Sühnezeichen. Brükken über Blut und Asche. Stuttgart, 1962. S.20.

[24] Schreiben des Außenministers der DDR, Lothar Bolz, an die Aktion Sühnezeichen vom 13. Mai 1960. Zitiert nach Skriver, a.a.O., S.22.

[25] Zitiert nach Skriver, a.a.O., S.62.

[26] Interview des Verfassers mit Richard und Karin Nevermann am 20. Juli 1989 in Stipsdorf bei Bad Segeberg.

[27] Briefe an die Gruppe Norwegen I und an Richard Nevermann vom 7., 10. und 27. September 1959 und vom 30. Januar 1960.

[28] Brief an den Mannschaftsleiter Norwegen II, Richard Nevermann, vom 25.Juli 1960.

[29] Interview des Verfassers mit Franz-Reinhold Hildebrandt.

[30] Interview des Verfassers mit Franz von Hammerstein.

[31] Brief an die Norwegenmannschaft I vom 26. Oktober 1959.

[32] Zitiert nach Skriver, a.a.O., S.63.

[33] Brief von Frère Clemens im Auftrag von Roger Schutz an den Verfasser vom 22. April 1989: »Ce qui est important pour nous, c'est qu'il reste le point de départ de l'existence de l'église de la Réconciliation à Taizé.«

[34] Brief [an die Mannschaft in Borkenes] vom 21./22. Juni 1960, handschriftlich.

[35] Times, London, 5. Oktober 1961. Zitiert nach Skriver, a.a.O., S.110.

[36] Brief des Very Revd HCN Williams an den Verfasser vom 20. März 1989.

[37] AB II, S.81.

Kapitel 17

Aus der Sendung lebt der Mensch

Bald nach dem 13. August 1961 war Lothar Kreyssig aus der Leitung der Aktionsgemeinschaft für die Hungernden und der Aktion Sühnezeichen ausgeschieden. Er hatte sofort begriffen, daß er aus der abgetrennten und isolierten DDR heraus nicht mehr die Verbindung zu Menschen und Ereignissen haben würde, die für eine solche Aufgabe unerläßlich ist. Franz von Hammerstein war an seine Stelle getreten. Bei Kreyssigs Ausscheiden waren vier Freiwilligengruppen der Aktion Sühnezeichen im Einsatz, auf den Beginn der Arbeit in Israel wurde gewartet. Kreyssig ließ es sich auch jetzt nicht nehmen, den Mannschaften in Holland und Frankreich, in Griechenland und England Woche für Woche zu schreiben; zuweilen ließ er auch Bemerkungen über die politische Situation einfließen. Er sprach seine Briefe noch immer mit Vorliebe auf Band; auf verschlungenen Wegen kamen die Bänder zu seiner Sekretärin und Mitarbeiterin Frau Scheiff in West-Berlin und von dort unzensiert und unkontrolliert zu den Empfängern.

Es war eine dramatische Zeit. Auch Lothar Kreyssig mußte, wie viele Menschen in der DDR, seine Lebensverhältnisse grundlegend ändern. Er mußte hinnehmen, daß er endgültig abgeschnitten war von Verwandten und Freunden, von einem Teil seiner Arbeit und seiner Mitarbeiter im Präsesbüro, auch von dem, was ihm das wichtigste war: von der Aktion Sühnezeichen. Angesichts der Erschwernisse und Behinderungen, denen er in der DDR auch vor dem Mauerbau schon ausgesetzt gewesen war, hatte er frühzeitig die Gefahr geahnt, von der Wirklichkeit abgeschaltet, zu einer Art Emigrant im eigenen Land zu werden, »eine seltsam gläserne, lebensferne Situation, kalt, gletscherhaft ...«[1] Das war nun eingetreten. Dagegen wog anderes gering. Den endgültigen Verlust der Druckerei in Leipzig erwähnte er nur noch beiläufig.

Daß ihm und zwölf anderen die SED in diesem Herbst die Ausreise nach Neu-Delhi zur Vollversammlung des Ökumenischen Rates der Kirchen nicht genehmigt hatte, schmerzte ihn zwar, aber er empfand es eher als Auszeichnung denn als Demütigung. Auch sonst habe er keinen Augenblick getrauert, schrieb er an seinen Freund Hans J. Rinderknecht in die Schweiz: »Gott macht keine Fehler. Er kann nach dem 31. Psalm auch indem er uns einsperrt unsere Füße auf weiten Raum stellen.«[2] Dennoch fürchtete er: »Die Existenz im Gefängnis ist bekanntermaßen Anfechtung besonders insofern, als sich der Häftling auf die Dauer der Einflüsterung nicht erwehren kann, daß seine Angelegenheiten draußen - wie am Ende er selbst - in zunehmendem Maße vernachlässigt und vergessen seien.«[3]
Aus dieser Gefangenschaft heraus schrieb er den jungen Freiwilligen, die - in innerer wie äußerer Freiheit - dabei waren, in Frankreich und Holland ein Sühnezeichen für deutsche Schuld zu errichten, und die sich anschickten, nach Israel zu gehen, von der Angst, die ihn erfüllte und die alle sonstigen Sorgen überschattete, die Angst, daß in diesen Tagen nach dem Mauerbau der Friede schon verloren und aufgehoben sein könnte:

> Was ringsum in furchtbarer Verstockung, Überwältigung, Bedrängnis der Gewissen im Gefolge von Lüge, Drohung und fressendem Haß deutlich wird, könnte die Initialzündung des Unfriedens sein, die der hemmungslosen, kriegerischen Gewalt vorangeht. Wir spüren ganz unmittelbar, wie alle Schrecknisse, die wir aus fünfzehnjährigem Abstand wohl überblicken, in der Gesinnung, in einer finsteren Entschlossenheit ringsum längst wirklich sind. Der Ausbruch in ungezügelte besinnungslose Gewalt erscheint so zwangsläufig, daß nur Gott selbst den Menschen noch vor dem Menschen retten kann.[4]

Kreyssig fiel es schwer, die Leitung seiner Aktionen von einem Tag auf den anderen aus der Hand zu geben. Dennoch stürzte er sich, wie es seine Art war, sofort mit voller Kraft in die neuen Aufgaben. Er hoffte, sich verstärkt seinem Amt als Präses der provinzialsächsischen Kirche und des östlichen Teils der EKU widmen zu können. »Die Superintendenten meutern laut und leise, aber anhaltend, daß ich mich so wenig in den 76 Kirchenkreisen sehen lasse. Jetzt könnte das möglich werden, aber nun eben um den Preis einer katastrophalen Lücke auf der Westseite von Sühnezeichen.«[5]

Auf der Ostseite mußte die Sühnezeichenarbeit überhaupt erst aufgebaut werden, denn Dependancen in der DDR hatte es vor dem Mauerbau nicht gegeben. Mitte Oktober waren die Ostdeutschen aus der Sühnezeichenkartei herausgefiltert. Kreyssig beabsichtigte, bis zum Jahresende die verstreuten »Sühnezeichengemeinden in den östlichen Gliedkirchen ... zu sammeln und mit ihnen gemeinsam zu fragen, was uns jetzt aufgetragen ist«. Das klingt sehr hochtrabend und war es wohl auch. Die »Sühnezeichengemeinde« dürfte sich bei näherem Besehen als ein bescheidenes und zufällig zustandegekommenes Häuflein von Sympathisanten und Interessenten, die sich hier und da ausmachen ließen, entpuppt haben. Sie zu sammeln und zu organisieren - ohne daß in der DDR der Aufbau einer Organisation geduldet worden wäre - das war die gewaltige Aufgabe, die vor Kreyssig stand.

Er begann damit in der Kirchenprovinz Sachsen, die er auch als Präses zu bereisen hatte. Dabei, so sein Befund, sei ihm ganz klar geworden, daß in der Kirche in der DDR eine rasche Scheidung der Geister in vollem Gange sei:

> Links sammelt sich eine Gruppe plumper und unbekümmerter Kooperateure. Rechts sammelt sich eine Gruppe jüngerer Pastoren und Gemeindeglieder, die zu offener Obstruktion neigen. In der Mitte steht die große Zahl derer, die Angst haben, sich zu entscheiden und deren Konsequenz nur darin besteht, daß sie umfallen, wenn Entscheidungen fällig sind. [...]
>
> Wenn nicht alles täuscht, muß ich, solange ich Leben und Freiheit habe, hier mitten hineingehen. Das wird mich sofort verschlingen, würde es sogar, wenn ich auch nur das ansehe, was sich bei diesem Hergang schon in Magdeburg allein abspielt. Man wird aber sofort auch die kleinen Gruppen aufsuchen müssen, die im Land draußen in der Bildung begriffen sind.[6]

So genau die Analyse war, so unstimmig war Kreyssigs Wertung. Die unbekümmerten Kooperateure, die in der Folgezeit erheblichen Einfluß in der Kirche gewinnen sollten, nannte er uninteressant, die zur offenen Obstruktion Neigenden hingegen gefährlich. Sie würden, genau wie 1933 und danach, die meisten Positionen in Hierarchie und Verwaltung besetzt halten. Obstruktion aber ist keine wirkliche Opposition, eher Flucht. Die wenigen Oppositionellen in den DDR-Kirchen gerieten nach dem Mauerbau in verzweifelte Einsamkeit und fanden sich erst allmählich und spät, im Grunde erst in einer neuen Generation zur Mitte der siebziger Jahre, zusammen. Die dritte Gruppe, die der Unentschlossenen, befand Kreyssig, bedürfe dringend der Obhut und Sammlung, weil ihre geistliche Orientierung und Haltung noch unklar sei und sich unter ihnen radikale Elemente befänden, die das Entscheidende mißverstehen würden und so das Ganze gefährdeten. *Das Ganze nicht gefährden* - das ist wohl der Schlüsselsatz in seiner Bewertung der Situation, die so unstimmig zu sein scheint. Natürlich hat Kreyssig sich weder auf die Seite der Kooperateure noch auf die der Obstruktion geschlagen. Er blieb widerspenstig und unbequem, wenn auch inzwischen erfahren genug, um im Widerspruch das Ganze, die Kirche nicht zu gefährden.

Die Aktion Sühnezeichen in der DDR war wohl zu keiner Zeit Opposition, wenngleich sie vom SED-Staat behindert und gehaßt wurde. Erst ganz zuletzt wurde sie freundlich geduldet - geduldet um den Preis des Verrats durch ihren letzten Leiter, der einer der unbekümmerten Kollaborateure war.[7] Aber bis dahin, sowohl unter Lothar Kreyssig als auch unter seinen ersten Nachfolgern Christian Schmidt und Friedrich Magirius, war sie eine Schule der Opposition, in der junge Menschen eigenständiges und unangepaßtes Denken und Handeln lernten und praktizierten. Und das ist in einem totalitären Staat viel, wenn nicht alles. Viele, die 1989 an der friedlichen Revolution und an der Beseitigung der realsozialistischen Diktatur beteiligt waren, haben in der Aktion Sühnezeichen begonnen.

Während Lothar Kreyssig im Land zwischen Elbe und Oder die verstreuten Sühnezeichenfreunde um sich sammelte, begann im nördlichen Negev, im Kibbuz Urim, am 3. Oktober 1961 die erste Israelgruppe mit der Arbeit. Daß die Aktion Sühnezeichen trotz aller Widrigkeiten doch noch die Arbeit in Israel aufnehmen konnte, war vor allem Johannes Müller zu danken, der nach dem Ausscheiden von Lothar Kreyssig die Initiative ergriffen hatte. Über Jehuda Aschkenasi, den Hebräischlehrer der Gruppe in Joure, hatte sich ein Kontakt zum Kibbuz Urim ergeben, und Müller hatte den Chaverim dort einen ehrlichen Brief geschrieben, wie miserabel es den Freiwilligen bisher mit ihrer guten Absicht ergangen war:

Nun stehen wir hier der Vollendung unserer Aufgabe ziemlich nahe, haben aber noch immer keinen Partner in Israel gefunden, der sich unseren Dienst gefallen lassen will ... Wir wünschen uns, daß Sie unseren Dienst annehmen. Wir wissen, daß man Geschehenes nicht ungeschehen machen kann, aber wir wissen auch, daß die gutwilligen Menschen aus allen Völkern versuchen sollten, nach einer furchtbaren Vergangenheit eine bessere Zukunft zu bauen. So bitten wir Sie stellvertretend um Vergebung und hoffen, daß Sie uns ebenso stellvertretend Vergebung gewähren und es wagen, mit uns in einer neuen Gemeinschaft zu leben, damit auch zwischen Deutschen und Juden das Raum gewinnen kann, was der tiefste Sinn des Grußes ist, den man sich in Ihrem Volk gegenseitig zuruft: Schalom ...[8]

Das Angebot löste im Kibbuz eine heftige Diskussion aus; die Vergangenheit war noch so nahe, keine zwei Jahrzehnte waren seit der Shoah vergangen. Die meisten Mitglieder des Kibbuz stammten aus Nordamerika oder waren Sabres, im Lande Geborene. Sie hatten auf der Vollversammlung die Entscheidung denen unter ihnen überlassen, die persönlich oder familiär unter den Deutschen gelitten hatten, wie die Freiwilligen später erfuhren. Doch keiner der Kibbuzniks hatte sich gegen die Aufnahme der deutschen Gruppe ausgesprochen. Johannes Müller:

> Da war zum Beispiel David, der in Frankreich groß geworden war, seine Eltern stammten aus Polen. Er hat mir erzählt: Meine Eltern sprachen mit mir jiddisch, und ich habe ihnen französisch geantwortet. Wie das immer ist, die Kinder sprechen die Landessprache ... Dessen gesamte Verwandtschaft war ermordet worden. Er war der einzige, der durch die Jugendalijah gerettet worden war. Und der hat auf der Vollversammlung gesagt: Ich bin immer für Frieden und Verständigung gewesen, warum sollen wir's nicht versuchen. - Und ein anderer, der seine Kindheit bei den Partisanen in polnischen Wäldern versteckt verbracht hatte, der sagte: Ich hab genug schlechte Deutsche kennengelernt; vielleicht gibt es andere auch, versuchen wir es ...[9]

So wurden die Freiwilligen also eingeladen, ein halbes Jahr im Kibbuz Urim, im Negev zwischen Gaza und Beer Sheva gelegen, zu leben. Sie sollten in der Landwirtschaft, in der Fabrik und bei den verschiedenen Dienstleistungen helfen. Dem Vorschlag, dort etwas zu bauen, hatten die Kibbuzniks nicht zugestimmt: »Wir können Euch nicht ermöglichen, Euch mit der Errichtung eines Bauwerkes zu beschäftigen, und wir können nicht den Vorschlag annehmen, daß dieser Bau errichtet wird von den Geldern Eurer Organisation. Auch wenn wir voll bereit sind, zu der Annäherung zwischen unseren Völkern dadurch beizutragen, daß wir Euren Aufenthalt in Urim ermöglichen, können wir diesen Versuch doch nicht durch die Errichtung eines Gebäudes verewigen.«[10]

Johannes Müller über die Zeit im Kibbuz Urim:

> Der Kibbuz baute vor allem Baumwolle an, hatte auch Obstplantagen und betrieb Schafzucht. Dann hatten sie zwei, drei Jahre vorher eine Messerfabrik gekauft. Dort stellten sie Bestecke her und belieferten damit die israelische Wehrmacht. Obwohl die meisten Soldaten ja religiös indifferent waren, war alles, was ihnen geliefert wurde - die Gabeln, Löffel, Messer - den religiösen Notwendigkeiten angepaßt. Auf den Löffel war also entweder ein Bet eingeprägt - Buchstabe B, für *bassar*, Fleisch, oder ein Chet, für *chalav*, Milch. Weil ja Milchiges und Fleischiges nicht bei derselben Mahlzeit genossen werden darf, und man auch getrennte Geschirre dafür hat ...
>
> Wir haben im Kibbuz Gesprächsabende eingerichtet, bei denen wir einmal in der Woche mit den jüngeren Kibbuzniks zusammenkamen. Ein Thema war immer wieder, wie das möglich gewesen ist in Deutschland. Ich bin auch einmal von dem erwähnten jungen Franzosen zu einer Zusammenkunft von *Habonim* mitgenommen worden, einer jüdisch-amerikanischen Jugendorganisation. Die hatten in Kefar Sava bei Tel Aviv einen Gruppenabend, und ich sollte da mit den jungen Leuten reden. Dabei kam auch diese unausrottbare Geschichte zur Sprache, daß in der Tora von den Amalekitern, die die Nachzügler und Alten und Schwachen bei der Wüstenwanderung überfielen, geschrieben steht: »Dem Amalek sollst du das nicht vergessen.« Und die setzten also Amalek mit den Deutschen gleich. Daß also dieses Wort der Bibel gegen eine Versöhnung stünde. Wobei das Merkwürdige war, daß das von Habonim geäußert wurde, die ja marxistisch eingestellt waren und von Religion nichts wissen wollten. Da hab ich ihnen gesagt: Also wenn ihr mir schon mit der Bibel kommen wollt, dann müßt ihr sie aber ganz nehmen!
>
> Auch der Kibbuz war nicht religiös, es gab dort auch keine Synagoge. Aber zu Eref Schabbat, am Vorabend des Schabbat, da sangen sie

alle den Psalm 150 und aus der Tora die Opfervorschrift: Und nimm am Abend des Schabbat zwei Lämmer ein Jahr alt, ohne Tadel ... Wir haben dann auch die hebräischen Gesänge gelernt und sangen sie mit.

Damals schrieb Kreyssig noch regelmäßig an jede Gruppe, die irgendwo arbeitete, und er nannte die Gruppen immer noch nach alter Tradition Mannschaft. Er schrieb also: An die Mannschaft in Dov Anar. Diese Überschrift zeigte, daß er nicht Hebräisch konnte. Denn *doar na* heißt auf deutsch Mobilpost. Und in der Adresse stand immer: Dov Anar Hanejev - Mobilpost-Negev. Urim ist untergegangen dabei. Na ja, seine Briefe haben uns jedenfalls immer erreicht.

Hin und wieder ließ Lothar Kreyssig in seinen Briefen an die Sühnezeichengruppen auch Biographisches einfließen, eine Erinnerung oder einen aktuellen Bericht, zuweilen tagebuchartige Notizen. Mitte Februar 1962 erfuhren die Freiwilligen in Coventry, in Taizé und St. Cyr bei Lyon sowie im Kibbuz Urim, daß es in Hohenferchesar einen schlimmen Sturm gegeben hatte. Am Sonntag, so schrieb Kreyssig, sei bei einem verzaubernden Ritt durch den winterlichen Wald ringsum alles in Beschwichtigung und Frieden erschienen, das Verhängnis einmal ausgespart. Doch am Montag sei der hemmungsloseste Orkan ausgebrochen, an den er sich erinnere. Die schöne Blaufichte am Haus, die den Dachfirst um ein Stockwerk überrage, habe vor dem Sturm gerade noch vertäut werden können, mehrfach sei das Seil gerissen. Seine Fahrt nach Magdeburg sei ein Abenteuer gewesen. Um den Domfelsen sei noch die ganze Nacht lang ein Bataillon von Teufeln am Brüllen und Toben gewesen, eine ganze Steingalerie vom Südturm herabgestürzt. An diesem Tag, dem 12. Februar, sei mitten in den Urgewalten strahlend und wie von selbst Gottes eigentliches Werk geschehen:

Wir sitzen mittags mit dem Propst, Gossners und der Magdeburger Jugend zusammen und sind in fünf Minuten einig, die von der Gossner Mission für August als ökumenisches Aufbaulager geplante Mannschaftsarbeit für Sühnezeichen zu übernehmen. Katholische und evangelische Jugend soll drei Wochen zusammen leben und an einer evangelischen und einer katholischen Kirche zusammen arbeiten.

Donnerstag, 15. Februar. Fast nicht glaubhafte Nachricht, daß auf dem Hof kaum schwere Sturmschäden sind. *Der Baum* steht noch mit leichter Schlagseite. In Berlin ein nicht minder himmlischer Klang in dem Getöse ringsum: Wunderbar gütige Zusage von Manfred Hausmann, mit Bergengruen zusammen für Sühnezeichen das Wort zu nehmen. Sühnezeichen kennt er bestens durch seinen Sohn. Er ist als Redakteur von *Readers Digest* jüngst in Berlin gewesen, um sich im Auftrag der New Yorker Schriftleitung über Sühnezeichen zu informieren.

Freitag, 16. Februar. Heute muß sich entscheiden, ob sich die Regierung auf Kriegsdienstverweigerung und Fahneneid anreden läßt. Tageslosung Psalm 121,7. Dies Wort über Euch und uns![11]

In der Buberschen Übersetzung heißt die 121. Preisung *Ein Aufsteiggesang*. Der 7. und 8. Vers lautet:

Er hütet dich vor allem Bösen,
hütet deine Seele.
Er hütet deine Ausfahrt und Heimkunft
von jetzt an bis hin in die Zeit.

An Manfred Hausmann hatte Kreyssig einen langen Brief geschrieben, ihm von seinen poetischen Vorlieben erzählt, von Albrecht Schaeffer und Börries von Münchhausen, und seine Freundschaft zu Albert Soergel erwähnt. Er empfinde Hausmann und Bergengruen als ein Zwillingsgestirn: »Ich habe noch nie vorwitzig und neugierig jemanden gefragt, wieweit Sie beide Fühlung miteinander haben. Es ist mir aber immer ein besonderes Behagen, wie ein besonders geschmackvoller Beitrag zur Geistesgeschichte gewesen, daß Goethe und Schiller sich wider alles, was man erwarten und befürchten mußte, doch befreundet haben.« Nach einem langen literarischen Exkurs kam er zur eigentlichen Bitte, der nach der Mitarbeit bei Aktion Sühnezeichen. Manfred Hausmann antwortete am 11. Februar 1962: »Sie sehen mich herzlich gern bereit, mich zusammen mit Bergengruen in den Dienst der Aktion Sühnezeichen zu stellen. Ich zweifle nicht daran, daß Bergengruen ebenso denkt wie ich.«[12]

1962, die Mannschaft aus Israel war gerade zurückgekehrt, erschien in Stuttgart das erste Buch über die Aktion Sühnezeichen, geschrieben von Ansgar Skriver. Das Vorwort hat Helmut Gollwitzer verfaßt. Über Kreyssig hatte er geschrieben:

> Es hat uns lange keine Ruhe gelassen - oder vielmehr: er hat uns lange keine Ruhe gelassen, Lothar Kreyssig nämlich. Die Frage, was wir, die einzelnen und die Kirche, beitragen können zur »Wiedergutmachung«, daß heißt zu einem wirklichen Wieder-gut-Werden der Beziehungen zwischen unserem Volk und den anderen Völkern um uns her, hat uns freilich auch ohne ihn umgetrieben. Bei ihm aber schlägt sich alles in konkrete Ideen nieder, wobei konkret keineswegs immer mit realisierbar identisch ist ...
> Gott sei Dank wird unsere vermeintlich nüchterne, in Wirklichkeit oft ungläubige Skepsis nicht jedesmal mit dem Mißlingen einer Unternehmung gestraft, sondern häufig auch durch ihr Gelingen beschämt. Heute danken wir Lothar Kreyssig, diesem liebenswerten, glaubenserfüllten und unterm weißen Haar immer jugendlichen Manne, für die Hartnäckigkeit, mit der er an seiner Vision festhielt, und die ihm nicht nur Unterschriften, sondern hingebende Mitarbeiter erworben hat, die jetzt, da er von dem Werk seiner Initiative abgetrennt ist, es fortsetzen und ausweiten.[13]

Helmut Gollwitzer hatte nur zum Teil recht: Lothar Kreyssig war zwar von *einem* Zweig seines Werkes abgetrennt, nicht aber von seinem Werk als ganzem. Ein anderer, gleichwertiger Zweig war längst im Wachsen. Denn in diesem Jahr 1962 begann die Sühnezeichenarbeit in der DDR, und von hier aus die Sühnezeichenarbeit in den osteuropäischen Ländern, in einer anderen Ausprägung zwar, aber nicht minder intensiv und wirksam. Da langfristige Arbeitseinsätze von den DDR-Behörden untersagt wurden, bildete sich die Einsatzform der kurzzeitigen Sommerlager heraus. Die Freiwilligen gaben ihren Urlaub daran, um vierzehn Tage oder drei Wochen lang in ehemaligen Konzentrationslagern, auf jüdischen Friedhöfen, in Behinderteneinrichtungen oder bei der Renovierung von Kirchen und Gemeindeeinrichtungen zu helfen.

Der Anfang wurde 1962 in Magdeburg mit der Enttrümmerung von drei im Kriege zerstörten Kirchen gemacht. In zwei Sommerlagern, jeweils vierzehn Tage lang, arbeiteten 72 Freiwillige. Geleitet wurden diese Gruppen vom Magdeburger Jugenddiakon Christian Schmidt und vom katholischen Vikar Winfried Lawetzki. Christian Schmidt war als zuständiger Jugendwart zur Leitung der Magdeburger Sommerlager bestimmt worden, bis dahin hatte er von der Aktion Sühnezeichen noch nichts gehört. Er kann sich auch nicht erinnern, daß im Konvent der

Jugendwarte, dem er seit 1958 angehörte, jemals über Sühnezeichen gesprochen worden wäre. Nach den ersten Sommerlagern breitete sich die Sühnezeichenarbeit in der DDR trotz der fehlenden Publikations- und Werbemöglichkeiten erstaunlich schnell aus. Ab Mitte der sechziger Jahre arbeiteten regelmäßig Freiwillige in 25 bis 30 Sommerlagern, insgesamt Jahr für Jahr einige Hundert. 1965 begann mit einer Pilgerfahrt nach Auschwitz und einem Lager in Majdanek die Osteuropa-Arbeit der Aktion Sühnezeichen, die allerdings schon im Herbst des folgenden Jahres wieder verboten wurde.

In der Vorbereitung der Sommerlager hatte Kreyssig an einem ökumenischen Aufbaulager in Dresden teilgenommen. Um ein Konzept für seine Sühnezeichenlager zu finden, wollte er ein solches Lager selbst einmal praktisch erlebt haben. Er freute sich darauf, beim Sommerlager in Magdeburg »wieder einmal selbst die Schaufel rühren zu können«, wie er noch am Vorabend des ersten Lagers, am 14. Juli 1962, den Mannschaften in Israel und Frankreich schrieb. Doch dann mußte er den Beginn der Sühnezeichenarbeit in der DDR vom Krankenbett aus begleiten. Er hatte zwar das Sommerlager noch eröffnen und einige Tage mitarbeiten können, mußte sich dann aber in den Pfeifferschen Stiftungen einer Operation unterziehen. Gabriele Bugge, damals siebzehn Jahre alt, hat an dem ersten Sühnezeichenlager in Magdeburg teilgenommen:

> Wir haben drei Kirchen entrümpelt, die der Krieg als Ruinen hinterlassen hatte. Wir haben diese Arbeit ganz praktisch getan, sie aber auch im übertragenen Sinn gesehen, erlebt und so darüber gesprochen. Wir haben über die Ruinen gesprochen, die der Krieg nicht nur äußerlich hinterlassen hat, sondern vor allem in den Hirnen und Herzen. - Präses Kreyssig war dabei für mich eine ganz neue Erfahrung. Ich hatte in meinem Leben noch keinen Menschen aus dieser Generation kennengelernt, dem ich abnehmen konnte: Er ist echt, er verkörpert das, was er meint. Vielleicht war das der Zauber, den er auf die Jugend ausübte. Er war fähig, Schuld zu bekennen. Das war etwas völlig Neues, das kannten wir nicht als deutsche Jugendliche zu dieser Zeit, daß jemand Verfehlungen zugab. Daß jemand fähig war, über seine Gefühle in der Nazizeit zu sprechen, über das eigene Erleben zu sprechen, das war wirklich neu für uns.[14]

Die äußere Ordnung der Sommerlager, das Verhältnis von Arbeit und

Freizeit, war ähnlich wie bei anderen Jugendlagern auch. Unterschieden haben sie sich durch die feste Ordnung des geistlichen Lebens, die Kreyssig eingeführt hatte und auf deren Einhaltung er sorgsam achtete. Zu Beginn der Lager wurde jeder Teilnehmer auf die Lebensordnung der Aktion Sühnezeichen verpflichtet - feierlich in einer Andacht und per Handschlag. Das sei jahrelang, so Christian Schmidt, von den meisten Teilnehmern mit großem Ernst akzeptiert worden, auch wenn das Ritual später gern etwas spöttisch als »Sühnezeichen-Fahneneid« abgetan wurde. Zur geistlichen Ordnung gehörte von Anfang an auch das tägliche Mittagsgebet. In Magdeburg kamen die Teilnehmer in der halbgeräumten Apsis einer der Trümmerkirchen, vor einem Kreuz aus verkohlten Balken, zu kurzem Lobgesang und Gebet und zum wechselseitigen Sprechen der Seligpreisungen zusammen. Das sei über viele Jahre hin beibehalten worden, so Christian Schmidt, und habe die Aktion Sühnezeichen geprägt. Er könne sich denken, daß dadurch mancher geistliche Impuls weitergegeben worden sei:

> Diese Verbindung von tätigem Christentum und persönlicher Frömmigkeit, die sie bei Präses Kreyssig erlebt haben, hat faszinierend auf die jungen Leute gewirkt. Mir ging das auch so, ich war ja dann viele Jahre sein nächster Mitarbeiter. Und ich war immer wieder beeindruckt, daß es bei ihm in seiner persönlichen Frömmigkeit, wie in dem Versuch, das nun auch in das tägliche Leben umzusetzen, im Grunde genommen keine Heuchelei gab. Im Gegenteil, es war überzeugend und, um mal eines seiner Worte zu gebrauchen, beschämend zu sehen, wie er jeden Tag mit einer Andacht im Mitarbeiterkreis begann und einer ganze Reihe von Leuten, die er in seinem Losungsbüchlein namentlich aufgeschrieben hatte, in der persönlichen Fürbitte Tag für Tag die Treue hielt.

Nach den beiden gut verlaufenen Sommerlagern in Magdeburg wollte Kreyssig Christian Schmidt sofort als festen Mitarbeiter in die neu eingerichtete Geschäftsstelle der Aktion Sühnezeichen nach Ost-Berlin holen. Das ließ sich erst drei Jahre später verwirklichen. Aber von 1963 an hat er jedes Jahr ein Sommerlager geleitet. Kreyssig hatte ihn auch sofort in den Leiterkreis berufen, an dessen Sitzungen Christian Schmidt fortan regelmäßig teilgenommen hat:

> Kreyssig verstand sich im Leiterkreis immer ein wenig wie der Prior eines Ordens und hielt sich daran, daß der Prior sich zwar mit

seinen Brüdern berät, aber was dann gemacht wird, entscheidet er selbst. Das ging so auch viele Jahre gut, bis der Leiterkreis das nicht mehr hingenommen hat. Es war ja doch eine beträchtliche Entmündigung der Leute. Irgendwann ist also aus dem Leiterkreis der Leitungskreis geworden, der festlegte, daß es auch möglich sein müsse, Entscheidungen gegen den Leiter durchzusetzen. Aber das war für Kreyssig schon sehr problematisch, und er hat das, glaube ich, innerlich nie so richtig gutgeheißen.[15]

In Magdeburg fand Lothar Kreyssig noch einen anderen wichtigen Mitstreiter: Günter Särchen, der der Aktion Sühnezeichen den Weg nach Polen geöffnet hat. Särchen war Leiter der Arbeitsstelle für pastorale Hilfsmittel beim katholischen Seelsorgeamt und hatte seit 1960 Verbindungen nach Polen aufgebaut. Dabei hatten ihn Männer unterstützt, die sich schon in den dreißiger Jahren in pazifistischen Jugendgruppen um die Verständigung mit Polen bemüht hatten, darunter die Leipziger Oratorianer Josef Gülden und Wolfgang Trilling sowie der erste Außenminister der DDR, Georg Dertinger, der 1953 Opfer einer Säuberungsaktion der SED geworden ist und schuldlos zehn Jahre lang im Zuchthaus Bautzen eingekerkert war. Sie hatten vor dem Krieg, inspiriert von Carl-Oskar von Soden, gemeinsam mit jungen Polen überlegt, wie sie gegen den Nationalismus angehen könnten, der sich in beiden Ländern ausbreitete, und an Konzepten für eine europäische Gemeinsamkeit gearbeitet. In Polen war das geistige Zentrum dieser Arbeit Laski, ein von katholischen Ordensfrauen geführtes Blindenheim in der Nähe von Warschau. Einer der Gründer dieses Heimes, Władysław Korniłowicz, war der geistige Mittelpunkt der Versöhnungsarbeit auf polnischer Seite. Laski hat seine wichtige Rolle im politischen Katholizismus Polens auch nach dem Krieg beibehalten. Besonders die unabhängige Abgeordnetengruppe ZNAK und der Kreis um den *Więź*, die von Tadeusz Mazowiecki geleitete Monatsschrift der katholischen Intelligenz, waren Laski verbunden. Laski wurde - neben den Klubs der katholischen Intelligenz, besonders in Krakau, Warschau und Breslau sowie der Redaktion der katholischen Wochenzeitung *Tygodnik Powszechny* in Krakau - zu einem wichtigen Anlaufpunkt für die Aktion Sühnezeichen. Später hat es auch regelmäßige Sühnezeicheneinsätze dort gegeben. - Die Aktion Sühnezeichen konnte in Polen also auf eine Versöhnungsarbeit aus der Vorkriegszeit aufbauen; diese Kontakte reaktiviert und für Sühnezeichen nutzbar gemacht zu haben, war vor allem Günter Särchens Verdienst. Der aus evangelischer Tradition kommenden Aktion wäre der Start im katholischen Polen sicher viel schwerer geworden, hätte es nicht diesen erfahrenen und geachteten Wegbereiter gegeben.

Lothar Kreyssig hat Günter Särchen auf eine sehr persönliche, eindrückliche Weise für die Aktion Sühnezeichen gewonnen. Er lud ihn eines Tages in den Magdeburger Dom vor das Mahnmal Ernst Barlachs ein, und dort sprach er über das Bildwerk, das er eine Anklage gegen den Krieg nannte, einen Schrei im menschenleeren Dom, auch eine Anfrage an sie beide, die sie heute davor stünden. Man müsse jede einzelne Figur lange für sich betrachten und dann die Gruppe, müsse hinter die Oberfläche des Holzes dringen, um zu verstehen. Zu verstehen, was Krieg bedeutet. Die Menschen müßten endlich vernünftig werden, müßten lernen, vernünftig miteinander zu leben. Dann zog Kreyssig, so erzählte Günter Särchen viele Jahre später, etwas unbeholfen aus seiner Manteltasche eine Haushaltskerze, die er ihm reichte: Er solle sie anzünden und vor das Mahnmal stellen. Und aus der anderen Tasche holte er das Büchlein mit den Herrnhuter Losungen, las laut den ersten Text und reichte es Särchen: Er möge den anderen lesen. Und dann sprach er über die Stadt, über Magdeburg, über ihre Sendung und Schuld, schlug den Bogen vom Beginn des zweiten Jahrtausends zur Gegenwart. Nun sei es an der Zeit, daß von Magdeburg Versöhnung nach Osten hin ausgehe, nicht Herrschaft, Gewalt und Krieg ... In Kreyssigs Briefen, auch in seiner Autobiographie findet sich mehrfach der Satz: *Aus der Sendung lebt der Mensch.* Wie sehr das Lebenswirklichkeit für ihn war und nicht nur ein Sinnspruch, läßt diese von Günter Särchen berichtete Episode erahnen.

1962 fuhren Kreyssig und Särchen das erstemal gemeinsam nach Polen, um nach Partnern für die Sühnezeichenarbeit zu suchen; weitere Reisen folgten. Besonders im Umfeld der Klubs der katholischen Intelligenz - seinerzeit die Zentren des nichtkonformen Polen, aus denen die polnische Opposition und später die Solidarnośź die wichtigsten Impulse empfingen - fanden sie Menschen, die Kreyssigs Idee unterstützten: Anna Morawska, die Publizistin, Jerzy Turowicz, der Chefredakteur des *Tygodnik Powszechny*, Stanisław Stomma, Tadeusz Mazowiecki und

Mieczysław Pszon, der viele Jahre später mit dem wiedervereinigten Deutschland die Verhandlungen zum Grenz- und Nachbarschaftsvertrag führte. Nicht zuletzt fanden Kreyssig und Särchen verständnisvolle Förderer des Sühnezeichengedankens unter Geistlichen und Bischöfen. Einer derjenigen, die den Weg für die erste Pilgerfahrt der Aktion Sühnezeichen in Polen geebnet haben, war der Bischof von Krakau, Karol Wojtyła. Wojtyła, später Papst Johannes Paul II, erinnerte sich auch nach fünfundzwanzig Jahren noch an Lothar Kreyssig, »dessen Ideen- und Gedankengut auch heute noch sehr lebendig ist, sowie an sein Versöhnungswerk, mit dem er wesentlich dazu beigetragen hat, die Gräben des Hasses und der Zwietracht, die vom unglückseligen nationalsozialistischen System aufgerissen worden waren, abzutragen«.[16]
Professor Stanisław Stomma, zeitweilig der stellvertretende Vorsitzende des Außenpolitischen Ausschusses des Sejm und Sprecher der Abgeordnetengruppe ZNAK, hat Kreyssig später einigemal in Berlin und Hohenferchesar besucht oder wurde von ihm zu Tagungen von Aktion Sühnezeichen eingeladen. Sie haben viele intensive Gespräche miteinander geführt, wobei das Verhältnis zwischen Deutschen und Polen immer im Mittelpunkt stand:

> Ich war manchmal überrascht, daß wir so ähnlich dachten und zu denselben Schlüssen kamen. Seine Anschauungen waren so reif, waren die eines Mannes, der die große Katastrophe des Zweiten Weltkrieges erlebt und verstanden hatte, was das bedeutete damals. Darüber haben wir lange gesprochen. Er hatte tief in sich jede Spur von deutschem Nationalismus überwunden, keine Spur konnte man finden von nationalistischem Denken ...
>
> Er faßte alle Probleme so offen und so universell im christlichen Sinne. Kreyssig war Protestant, ich war Katholik, aber da waren keine Unterschiede in der Anschauung zwischen uns. Er hat manchmal sehr überraschende Sachen gesagt. So meinte er, diese Niederlage, die Deutschland erleben mußte am Ende des Weltkriegs, sei eine verdiente Niederlage gewesen, der Nationalismus hätte Deutschland zu sehr erfaßt, man war zu stolz, man verachtete die anderen Nationen.
>
> Einmal sagte er sogar: Gott sei Dank, daß Deutschland getrennt ist. Da staunte ich etwas. Aber er sagte: Ja, ja, ja - die Deutschen waren zu stolz, und ohne diese Teilung würden sie nicht die Tiefe ihres

> moralischen Verfalls verstehen. Es ist gut, daß eine politische Katastrophe diesen Ereignissen folgte. Auf solche Weise müssen die Deutschen doch begreifen, wie schwer die Sünde des Nationalsozialismus wiegt.[17]

Tadeusz Mazowiecki war gleichfalls Abgeordneter der ZNAK-Gruppe. 1989, nach der Beseitigung des totalitären Sozialismus, war er der erste Ministerpräsident der wiedererstandenen Republik Polen. Als er 1991 nach Berlin zu einem Vortrag[18] über die neue Nachbarschaft zwischen Deutschen und Polen eingeladen war, begann er seine Reflexionen über die letzten Jahrzehnte deutsch-polnischer Geschichte mit einer Laudatio auf Lothar Kreyssig. Auch er hatte Kreyssig gleich zu Beginn der Sühnezeichenarbeit kennengelernt und war danach des öfteren bei ihm in Deutschland, auf dem Hof in Hohenferchesar oder im Sühnezeichenbüro in Ost-Berlin, gewesen. Lothar Kreyssig, so sagte Tadeusz Mazowiecki in den Berliner Lektionen, sei für ihn ein Symbol. Er wolle nicht, daß man vergißt, daß es in der »ideologisch gleichgeschalteten und in diesem Punkt todernsten DDR« frühzeitig Menschen und Gruppen gegeben hat, die sich von den herrschenden Regeln und Schemata befreit hatten; dazu zähle er Lothar Kreyssig, Günter Särchen, die Aktion Sühnezeichen und die Evangelischen Akademien. Gerade sie seien für ihn und seine Freunde von der polnischen Oppositionsbewegung wichtige Partner gewesen. »Wenn man von jemandem sagen kann, daß er ständig im Angesicht Gottes lebe, dann war Lothar Kreyssig ein solcher Mensch.« Einige Zeit vorher hatte er in einem Gespräch geäußert:

> Es war für mich etwas sehr Wichtiges in meinem Leben, daß ich Lothar Kreyssig und Günter Särchen gekannt habe, und daß ich befreundet war mit ihnen. Lothar Kreyssig hat auf mich einen großen Eindruck gemacht als Mann des Glaubens, und er hat mich gelehrt, daß ein Laie, ein Christ, auch Theologe sein kann und theologisch denken kann. Es war so normal bei ihm, daß er bei allem, was er machte, theologisch dachte und dieses theologische Denken anwenden konnte. Und daß er mich das gelehrt hat, dafür bin ich ihm sehr, sehr dankbar. Zuerst konnte man meinen, das ist ein Mann, der keine sehr große intellektuelle Disziplin hat. Aber dann verstand man, nein, das ist nicht wahr. Er hat eine intellektuelle Disziplin, aber er denkt auf einer anderen Ebene. – Eines Tages sagte er mir:

> Sie denken theologisch, Sie sind Theologe. Und das war von Lothar Kreyssig die höchste Auszeichnung - intellektuell und weltanschaulich. Das hat mir viel bedeutet, daß er mir das gesagt hat.[19]

Am 1. August 1964 war es soweit: Zwei Sühnezeichengruppen sollten nach Polen fahren. Vierzig junge Männer und Frauen trafen sich an der Grenze in Görlitz und in Frankfurt an der Oder, um mit den Fahrrädern zu den ehemaligen Vernichtungsstätten Auschwitz und Chełmno zu pilgern. Die für die Einreise nach Polen erforderlichen Papiere lagen vor; die Klubs der katholischen Intelligenz in Warschau und die ZNAK-Gruppe im Sejm hatten die jungen Deutschen eingeladen. Die staatlichen Stellen in Polen hatten zugestimmt. Alles war vorbereitet, die Quartiere, die Gesprächspartner unterwegs, die Arbeitsaufgaben an den Zielorten der Pilgerreise. Buchstäblich bis zur letzten Minute verhandelten Lothar Kreyssig und Günter Särchen in Berlin, aber die DDR-Behörden erteilten den Sühnezeichengruppen die Genehmigung zur Ausreise nach Polen nicht; die Schlagbäume über die Brücken an der »Oder-Neiße-Friedensgrenze«, wie das im SED-Jargon hieß, blieben geschlossen. Die Begründung: Zwischen der DDR und Polen gebe es einen Freundschaftsvertrag. Mit dem, was die Nationalsozialisten in Polen an Unheil angerichtet haben, hätten DDR-Bürger nichts zu tun. Was die Aktion Sühnezeichen dort wolle, sei unerwünscht und überflüssig. - Lothar Kreyssig fuhr selbst zu den an der Grenze Wartenden, um ihnen die Nachricht zu bringen, daß sie nicht nach Polen dürfen. Er sagte: »Wir hatten euch zu einer Fahrt nach Polen eingeladen. Nun, da wir keine Genehmigung erhalten haben, kann ich eure Enttäuschung verstehen. Doch es sollte ja kein Ausflug, sondern eine Pilgerfahrt zu den Stätten deutscher Schuld sein. Sollen wir jetzt aufgeben, nur weil der Staat das so will? Es gibt doch genug solcher Stätten auch auf deutschem Boden. Laßt uns nach Sachsenhausen und nach Ravensbrück pilgern.« - So führte die erste Pilgerfahrt, die eigentlich durch Polen gehen sollte, durch die DDR. Keiner von den jungen Teilnehmern sprang ab. Ein kleiner Trost waren die Begrüßungsbriefe, die einige polnische Bischöfe schon geschickt hatten. Sie zeigten, wie sehr in Polen das Zeichen dieser Pilgerfahrt erwartet worden war - daß junge Deutsche einmal nicht unbekümmert und gleichgültig durch Polen tourten, so als hätten dort ihre Väter vor zwanzig Jahre nicht grauenvoll gewütet.

Im Jahr darauf, im Juli 1965, trafen sich wiederum zwei Sühnezeichengruppen an der Grenze zu Polen. Diesmal hatte jeder Teilnehmer eine persönliche Einladung und das entsprechende Visum in der Tasche: Junge Frauen, die mit der Bahn nach Majdanek fuhren, um dort im ehemaligen Vernichtungslager zu arbeiten. Und junge Männer, die, wie schon im Vorjahr beabsichtigt, mit dem Rad nach Auschwitz pilgerten. Im Abstand von einigen Minuten, so als hätten sie nichts miteinander zu tun, überquerten sie am 19. Juli in Görlitz einzeln die Grenze und schlossen sich auf polnischen Boden wieder als Gruppe zusammen: Zehn evangelische und zehn katholische junge Männer, ein Pastor und ein polnischer Pfarrer, und Günter Särchen, der die Fahrt nicht nur inhaltlich, sondern auch logistisch vorbereitet hatte. Die Pilgerfahrt führte in zehn Tagesfahrten durch Schlesien und Oberschlesien nach Oświęcim, Auschwitz. Damit diese Fahrt nicht zum gewöhnlichen Fahrradausflug wurde, hatte sich die Gruppe strenge Regeln gesetzt, die auch eingehalten wurden. Unterwegs wurde jeden Tag drei Stunden geschwiegen - zum Sühnezeichen dafür, daß Deutsche Millionen Menschen aus anderen Völkern mit brutaler Gewalt zum Schweigen gebracht haben. An den Rastorten wurde um Wasser und Brot gebeten - zum Zeichen dafür, daß Deutsche den Polen jahrelang das tägliche Brot verweigert haben. Unterwegs wurde regelmäßig meditiert und im Gebet der von den Deutschen getöteten Menschen, der Juden und Polen, gedacht. Auch für die Täter wurde gebetet - das war ein besonderes Anliegen Kreyssigs -, daß Gott ihnen, die noch lebten, Erkenntnis ihrer Schuld und die Bereitschaft zur Reue geben möge. Auf dem Weg nach Auschwitz wurde der Soldatenfriedhof von Bolesławiec (Bunzlau) aufgesucht, wo die Gräber russischer Soldaten aus dem Zweiten Weltkrieg und dem Feldzug von 1813 liegen, sowie das ehemalige Konzentrationslager Rogożnica (Groß-Rosen) und das berüchtigte Stalag VIII, das Kriegsgefangenenlager in Lamsdorf nördlich von Nysa (Neisse).
Kreyssig nahm an der Pilgerfahrt selbst nicht teil, aber er stieß Anfang August in Auschwitz und in Majdanek zu den Sühnezeichengruppen und arbeitete einige Tage mit ihnen. Im Vierteljahresbrief für die Freiwilligen und Spender der Aktion Sühnezeichen haben Günter Särchen und er darüber geschrieben:

> Ja, Vergegenwärtigung der Preisgegebenheit von Millionen Männern, Frauen und Kindern, Kindern, Kindern an einen willkürli-

chen, gewaltsamen Tod! - Als Topographie des Nichts, als eine Mondlandschaft jenseitigen Schreckens wird das sehr anschaulich, ein Brandmal auf deutschen Namen bis zum Ende der Zeiten. Wer wird sich hier nicht selbst unheimlich? Aber wenn es mit dem, was wir vom Tode wissen, kaum einen Zugang ins Sterben eines nächsten Angehörigen gibt, wie vergegenwärtigen wir uns das Jahre währende Ermorden von Millionen von ihrem Abtransport bis zu den letzten Minuten des Verröchelns in der Gaskammer? - Man steht heute in dem endlosen Wald der Schornsteine wie mitbegraben und weiß: Dies ist die Landschaft der letzten Dinge. Aller Schrecken des hier eröffneten Abgrundes von Unmenschlichkeit wird künftig dieses Stigma des Endzeitlichen haben.

Was man empfindet, wenn man nur eine Stunde lang hindurchgeführt wird, weiß ich nicht. Vielleicht ist gar nicht entscheidend, wie lange die Vergegenwärtigung währt, sondern ob in diesem Triumph des Todes das Leben eingesiegelt bleibt, ob der Glaube in der Umarmung des Nichts Auferstehung findet. Es ist ja auch nicht mehr als ein erster Schritt geschehen, um in der Begegnung mit dem Gericht der Gnade ansichtig zu werden. Wir werden in der Vergegenwärtigung nachhaltig verändert sein. Wie konnte uns der Flecken geschändeter Erde in den wenigen Tagen so vertraut werden? Wo kommt zwischen den immer neuen und tieferen Schauern von Ingrimm, Entsetzen und Verzweiflung der tiefe Friede her, der majestätisch über allem ist? [...]

Die Arbeit, die uns der Direktor, Magister Kazimiérz Smoleń, und sein Mitarbeiter unter vielen Notwendigkeiten anderer Art gibt, ist sogar eine Auszeichnung. Nach den Akten muß am Rande von Birkenau in Sumpf und Gehölz noch ein verlassenes Bauernhaus gestanden haben, das sogenannte Weiße Haus. 1942, ehe die großen, von der SS vor dem Abzug gesprengten Gaskammern fertig waren, ist dort vergast worden. 1944 hat man das Haus wieder benutzt, wenn die Mordmaschinerie überlastet war. Es ist zuletzt noch von Häftlingen abgetragen worden, von Trümmern überdeckt und von Gras überwachsen. Es gelingt den Männern in vier Tagen die Grundmauerreste völlig freizulegen, so daß einwandfreie Untersuchungen möglich sind. Gebisse, Kämme, Brillen und andere Utensilien der letzten Armut finden sich im Schutt und halten immer in der »Vergegenwärtigung«. Zuletzt kommt eine bunte Glaskugel zutage, mit der die Kinder im Rinnstein Murmel spielen. Und ringsum liegt unter der Grasnarbe und in den Sumpflöchern meterhoch die Menschenasche. Zu Hunderttausenden haben hier Arbeitskommandos der Häftlinge die Leichen ihrer Kameraden zwischen Holz geschichtet und verbrannt, um nur wenige Wochen später vom gleichen Los ereilt zu werden. Wir stellen dort ein großes Kreuz aus Birkenholz hinein. Hinter der Hinrichtungsstätte, die wir ausgegraben haben, ragt es auf. Dort holt uns das »Herr erbarme Dich« noch einmal zusammen, das die Mannschaft auf dem Pilgerweg begleitet hat.[20]

Es mutet seltsam an, daß keiner der Pilger, auch Kreyssig nicht, sich gefragt hat, ob das Kreuz angemessen sei an diesem Ort der Shoah, an dem doch vor allem jüdische Männer, jüdische Frauen, jüdische Kinder ermordet worden sind. Kreyssig hat es zweifellos aus seiner tiefen Frömmigkeit heraus errichten lassen. Für die jungen Männer, aus christlicher Tradition kommend, war es das vertraute Symbol über den Gräbern, das Zeichen der Auferstehung und der Erlösung. Sie waren alle im Innersten erschüttert, haben den Tag über schweigend gearbeitet. Sie hatten schwer zu tragen an dem Gedanken, daß es Menschen aus ihrem Volk, daß es Deutsche waren, die das Ungeheuerliche getan hatten, auf dessen Spuren sie nun waren. Aber die Sensibilität zu spüren, daß dies ein jüdischer Ort ist und daß das Kreuz hier ungebührlich oder gar ein Ärgernis sein könnte, hatte niemand. Selbst sie, die nach Auschwitz gepilgert waren, wußten nichts über Auschwitz. Sie begannen erst dort zu sehen, was unbegreiflich bleiben wird. Diese Tage haben jeden verändert.

Nach den Tagen in Auschwitz waren die jungen Männer vom *Tygodnik Powszechny* und dem KIK, dem Klub der katholischen Intelligenz, noch auf einige Tage in die heimliche Hauptstadt Polens, nach Krakau eingeladen worden. Dort trafen sie mit Anna Morawska und Mieczysław Pszon zusammen, stellten Fragen über Fragen und begannen erst in den langen, eindringlichen Gesprächen mit ihnen manches von dem, was sie erlebt und gesehen hatten, zu begreifen.

Ende August erschien im *Tygodnik Powszechny* ein Essay von Anna Morawska: *Die Psychologie des Friedens*, in dem sie von ihren Gesprächen mit den jungen Deutschen erzählte und dann dem nachging, was diese ersten Einsätze der *Akcja Znaku Pokuty*, wie die Aktion Sühnezeichen auf polnisch heißt, für das Verhältnis zwischen Polen und Deutschen bewirkt haben könnten:

> Nicht unsere jungen deutschen Gäste waren es, die Hand angelegt haben bei den Verbrechen, die auf polnischer Erde geschahen. Doch gerade sie, die Generation des »unbeschriebenen Blattes«, möchte nicht mehr mit einer Fiktion, mit Unausgesprochenem gegen das Leben leben, sondern das annehmen, was real ist, und darin eine Zukunft, Würde und Sinn suchen. Diese Generation überzeugt sich durch eigene, persönliche Erfahrung, daß es keinen schöpferischen Weg gibt, ohne die ganze Wahrheit in sich aufzunehmen, wie diese auch sein möge. Die, welche heute im Namen ihres Volkes versuchen, Verantwortung auf sich zu nehmen und mit einem Sühnezeichen an den Orten des Verbrechens, in Auschwitz, Rogożnica, in Buchenwald neu zu beginnen, sind wohl ganz einfach Realisten.
>
> Auf lange Sicht gesehen, läßt sich nämlich keine Politik - außer einer wahnsinnigen - führen, die nur die eigenen Rechte und nicht auch die fremden sieht und diese nicht kennt. Es ist nicht möglich, menschliche Beziehungen zu anderen Völkern wieder aufzubauen, wenn man nicht mit der ewigmenschlichen Geste, mit der Bitte um Vergebung der Schuld, der Bitte um einen reinen Tisch beginnt, und nicht an eben dem Punkt wieder anfängt, an dem die Beziehungen abbrachen.
>
> Eine reale Politik schließt in sich die Meinungsverschiedenheit nicht aus. Ihr Wert liegt vielmehr darin, daß sie auf diese vorbereitet. Das Zeichen der Hoffnung, das diese Aktion Sühnezeichen ist, spricht also nicht zu uns: Es gibt da in Deutschland Leute, die ein Rezept für eine ewige Konfliktlosigkeit gefunden haben. Es ist eine bessere, weil wahrscheinlichere Botschaft, die lautet: Es gibt da Menschen, die scheinen aufrichtig zu glauben, daß man über Meinungsverschiedenheiten sprechen muß, loyal und im Geiste der Wahrheit beider Seiten. Die begriffen haben, daß das deutsche Volk ausbrechen muß aus dem Zirkel seines mißverstandenen Strebens nach Selbsterhaltung, dem ständigen und unberechenbaren Pendeln zwischen Passivität und Aggression. Und die verstanden haben, daß sorgloses Schweigen heute wie vordem eine Schuld ist.[21]

Aktion Sühnezeichen 1965 in Auschwitz-Birkenau, in der Gruppe Lothar Kreyssig (rechts), Günter Särchen (Mitte) und Konrad Weiß (links). Foto: Rudi Förster.

Lothar Kreyssig war nach dem Einsatz in Auschwitz nach Lublin weitergefahren und hatte dort die Frauengruppe aufgesucht. Die jungen Frauen hatten in Majdanek die Aufgabe erhalten, Unkraut an jenem Massengrab zu jäten, wo am 3. November 1943, an einem einzigen Tag, 18400 Menschen erschossen worden sind, von der SS zynisch »Unternehmen Erntefest« genannt. Und sie säuberten die Wege im »Rosengarten«, wo Frauen und Kinder vor der Vergasung untergebracht waren - Rosengarten genannt wegen der Blutlachen, die nach dem »Entladen« der Transporte dort standen. Ein Mitarbeiter der Katholischen Universität Lublin, Adam Stanowski, der die Gruppe begleitet hatte, bekannte zum Abschied, daß er anfangs sehr skeptisch gewesen sei und gemeint hatte, es wäre sinnvoller, wenn sie zu Hause in Deutschland versuchten, Einfluß auf die Ansichten der eigenen Leute zu gewinnen:

> Zwei Wochen an Eurer Seite, zwei Wochen Beobachtungen, zwei Wochen des Gespräches mit Euch, zwei Wochen Teilnahme an Eurem Gebet haben mein Verhältnis zu Euch und Eurem Tun voll-

> kommen geändert. Diese zwei Wochen erlaubten mir, Eure tief menschliche und christliche Grundlage zu verstehen. Sie erlaubten mir zu verstehen, daß Eure Aktion auch für uns nötig ist: Sie hilft uns, uns von Vorurteilen und stereotypen Vorstellungen zu befreien und in Euch und überall zuerst den Menschen zu erblicken.[22]

Nach zwei Wochen der Arbeit in Majdanek waren die jungen Frauen noch einige Tage nach Laski eingeladen, wohin Lothar Kreyssig sie begleitete. Dort trafen sie sich mit Stanisław Stomma und seiner Frau zum Gespräch, tags darauf in der Wohnung der Stommas in Warschau mit einem Mitarbeiter des *Tygodnik Powszechny*. Auch dies waren wichtige, für die jungen Teilnehmerinnen erhellende Gespräche, in denen ihnen eine Sicht auf die deutsche und polnische Geschichte vermittelt wurde, wie sie sie vorher noch nie vernommen hatten. Kreyssig sagte, daß in dem vorbehaltlosen Vertrauen der in der Versöhnung gewonnenen Freundschaft alle Tabus angesprochen worden seien, die öffentlich noch im Banne der Furcht und des ungetrösteten Gewissens gelegen hätten. Für viele junge Menschen aus der DDR, die nur ein einseitiges und ideologisiertes Geschichtsbild kannten, wurde gerade die Begegnung mit polnischen katholischen Intellektuellen zum prägenden Erlebnis bei den Sühnezeicheneinsätzen. Nicht umsonst fürchtete die SED solche Kontakte und sprach vom »polnischen Virus«. Tadeusz Mazowiecki:

> Wir mußten damals als ZNAK-Abgeordnete gewisse Höflichkeitsbesuche beim Staatssekretär für Kirchenfragen machen, wenn wir in der DDR waren. Und da konnten wir das spüren, mit welcher Distanz - nein, das ist zu wenig und nicht richtig gesagt - mit welchem Ärger und Mißtrauen man über Lothar Kreyssig und die Aktion Sühnezeichen sprach. Wo man doch sagte, wir haben die Probleme zwischen uns und Polen schon erledigt. Wir haben freundliche Beziehungen zwischen der Deutschen Demokratischen Republik und der Volksrepublik Polen, alles läuft bestens. Und dann kommen diese Leute ... Also, das war unerträglich für diese Funktionäre, absolut unerträglich.
>
> In Polen hingegen sah man diese Sache als etwas Ungewöhnliches an, daß Deutsche kamen nach Auschwitz, kamen nach Laski, und arbeiteten da nur mit den Händen, machten solche einfachen Arbeiten und beteten. Das hatte kein großes öffentliches Echo, aber es

machte einen ganz menschlichen Eindruck auf alle, die etwas damit zu tun gehabt haben.

Ich weiß es aus Laski von Leuten, die dort wohnen und der Aktion Sühnezeichen begegnet sind, daß sie etwas überwinden konnten in ihren Verhältnissen zu Deutschen. Sie konnten tief in sich selbst etwas überwinden. Dazu hat ihnen die Aktion Sühnezeichen geholfen. Nachher kamen noch andere Gruppen und Persönlichkeiten aus Deutschland, aus der Bundesrepublik, die Versöhnung wollten. Aber man kann sagen, die Spur war schon da. Das hatte die Aktion Sühnezeichen gemacht.

Lothar Kreyssig verabschiedete die Sühnezeichenpilger aus Polen mit einem Gedicht. Was in Laski zwischen ihnen und dem besuchten Volk spürbar geworden sei, habe er in der Atmosphäre und Geschichte dieses Ortes - erstmals wieder nach sehr langer Zeit - in Verse fassen können. »Vielleicht entzündet sich daran Euch später einmal die Erinnerung ...«

Laski

Sag, um nach Hause zu finden
Mit uns kamst du hierher?
Wie duften zum Letzten die Linden
Spät und süß und schwer! -

Aber du mußt nicht wähnen
Im Freun allein sei das Glück.
Lächelnd, schau, unter Tränen
Empfängt hier ein Volk sein Geschick.

Spät, süß und schwer zu leiden,
Mit dir des Weges ein Stück,
Kehrn Unbegreiflichkeiten
Ins Haus des Sinnes zurück.

Im Sommer 1966 konnten noch einmal Sühnezeichenlager in Polen stattfinden; im Herbst 1966 wurden sie von der SED verboten. - Die Polenarbeit der Aktion Sühnezeichen war frühzeitig ins Blickfeld des deutschen und polnischen Staatssicherheitsdienstes geraten, insbesondere Särchens und Kreyssigs Aktivitäten. Im Oktober 1962 erbat der polnische Dienst Auskunft über »einen gewissen Dr. Kreyssig, der als Vorsitzender der Sekte [sic!] ›Aktion Suhne Zeichen‹ ... tätig ist«. Am 10. April 1963 gab Mielke dem polnischen Innenminister Wicha in einem persönlichen, streng geheimen Brief die gewünschte Auskunft über operative Erkenntnisse, die über Kreyssig vorlagen.[23]

Die Gründung der Aktion Sühnezeichen, so schätzte der Staatssicherheitsdienst 1965 allen Ernstes ein, stehe im Zusammenhang mit der Umorientierung des Imperialismus auf flexiblere Methoden im antikommunistischen Kampf. Folge dieser abstrusen Interpretation des Sühnezeichengedankens durch die SED war die rabiate Behinderung der Sühnezeichenarbeit. Bei den Sommerlagern in der DDR konnten die Behörden nicht viel ausrichten, das waren fast alles Projekte in kirchlichen Einrichtungen oder auf jüdischen Friedhöfen; dahin reichte der Arm der Partei nicht. Aber bei der Osteuropaarbeit waren die Repressionen spürbar. Dennoch dachte Kreyssig nicht daran, klein beizugeben. Geradlinig und kompromißlos wie überall, war er auch im Umgang mit den DDR-Behörden. Ein Taktiker war er nicht, selbst dann nicht, wenn es um die Aktion Sühnezeichen ging. Auch Professor Stomma hatte Gelegenheit, das zu beobachten. Er bewunderte zwar einerseits diese Haltung Kreyssigs, meinte andererseits aber auch, daß man unter den gegebenen Verhältnissen elastischer sein müsse. Günter Särchen:

> Ich hatte meine liebe Not, wenn wir bei staatlichen Stellen verhandelt haben, im Staatssekretariat für Kirchenfragen oder auf dem Polizeipräsidium. Da bestürmte Kreyssig die Genossen: »Ihr könnt ein neues Deutschland und ein gemeinsames Europa nur bauen, wenn Ihr Euch vorher mit Gott versöhnt.« Und fing an von der Schuld der Vergangenheit, die bis ins Mittelalter reiche, von der Slawenschuld, von Heinrich I ... Und hielt denen einen Vortrag über unsere Geschichte. Die waren völlig hilflos, und ich betete im Stillen zu allen Heiligen. Beim Rausgehen kamen die Funktionäre dann manchmal und sagten: »Herr Särchen, können Sie nicht nochmal alleine kommen?« Das war nun wiederum eine Gefahr für mich, denn die versuchten, mich auf ihre Seite zu ziehen.[24]

In der Tschechoslowakei begann die Sühnezeichenarbeit 1966 in Lidice.

Das Dorf war am 1. Juni 1942 von den Deutschen dem Erdboden gleichgemacht worden - in einer »Strafaktion« nach der Ermordung des Reichsprotektors Heydrich in Prag. Alle Männer des Ortes wurden erschossen, die Frauen und Kinder in Konzentrationslager verschleppt. Wo einmal das Dorf Lidice gewesen war, wurde nach dem Krieg eine Siedlung für die heimgekehrten Frauen und eine Gedenkstätte, der Rosengarten, errichtet. Dort half eine kleine Sühnezeichengruppe um Dietrich Erdmann zuerst mit gärtnerischen Pflegearbeiten. In der Tschechoslowakei war es vor allem Irma Lauscherowa, eine Überlebende von Theresienstadt, die der Aktion Sühnezeichen die Türen geöffnet hat. Sie hatte Lothar Kreyssig schon zu Beginn der sechziger Jahre kennengelernt. Immer wieder besuchte sie in späteren Jahren zusammen mit ihrem Mann Georg Lauscher die Sommerlager in der DDR und sprach zu den jungen Leuten über das, was sie und unzählige andere in Theresienstadt erleiden mußten. In Terezín wie in Lidice haben regelmäßig Sühnezeichengruppen gearbeitet. 1968 allerdings, nach der Zerschlagung des Prager Frühlings, durfte auch die Aktion Sühnezeichen nicht mehr in die Tschechoslowakei.
In Lidice haben in den folgenden Jahren auch Freiwillige von der Aktion Sühnezeichen (West) gearbeitet. Aber hier wie auch in Polen vermied man möglichst die Begegnung mit Gruppen aus der DDR. Kreyssig meinte, daß durch die bewußte Annahme der deutschen Teilung den Nachbarvölkern die Abkehr von der nationalistischen Selbstvergötzung der Deutschen sichtbar gemacht werden könnte. Es ist fraglich, ob das von den Nachbarn nachvollzogen werden konnte. Gerade die Polen, für die ein ausgeprägtes Nationalbewußtsein eine entscheidende Kraftquelle in der Zeit der Unterdrückung gewesen war, erwarteten vielmehr ein Zusammengehen der Deutschen. Ihre stetige Anfrage wurde für manchen Freiwilligen zum Anlaß, die deutsche Zweistaatlichkeit nicht mehr mit der Selbstverständlichkeit hinzunehmen, an die sich die Mehrheit der Deutschen in Ost und West gewöhnt hatte.

Unter den vielen Projekten in der DDR war eines der Lebensgeschichte Lothar Kreyssigs besonders verbunden: Sommerlager mit geistig behinderten Kindern. Über den Einsatz Kreyssigs gegen die Euthanasiemorde der Nationalsozialisten war bei vielen Sühnezeicheneinsätzen gesprochen worden, zumal sie ja häufig, wie zuerst 1959 in Trastad, in

Behinderteneinrichtungen stattfanden. Dabei war auch bewußt geworden, wie problembeladen das Verhältnis zu Behinderten noch immer ist. So entstand bei Freiwilligen aus der DDR der Wunsch, diesen Bereich stärker in die Sühnezeichenarbeit hineinzunehmen. 1975 wurde damit begonnen. Zuerst in Rothenburg in der Oberlausitz, danach Jahr für Jahr in einem alten Pfarrhaus in Alt-Karin in Mecklenburg, wo Sühnezeichenfreiwillige gemeinsam mit behinderten Kindern den Urlaub verbrachten, jeden Sommer in zwei oder drei Gruppen jeweils zehn Kinder und zehn Betreuer. Diese Tage waren nicht nur Ferien für die Kinder, sondern oft auch die einzige Möglichkeit für die Eltern, einmal im Jahr ein paar Tage ohne ihr behindertes Kind ausspannen zu können. Am wichtigsten aber wurde diese Zeit für die jungen Freiwilligen, die sich von Angst und Hemmungen im Umgang mit Behinderten freimachen und ganz neue soziale Erfahrungen gewinnen konnten. Die begriffen, daß es kein »lebensunwertes« Leben gibt, daß sich ein Gemeinwesen vielmehr daran messen lassen muß, wie es mit den Behinderten in seiner Mitte umgeht.

Ein ungewöhnlicher Sühnezeichendienst begann 1965 in Dresden. Eine Gruppe junger Engländer kam in die Stadt, die am 13. Februar 1945 von den Alliierten zerbombt worden war, um ein eigenes Sühnezeichen zu errichten - eine Antwort auf den Einsatz in Coventry. Diese erste Gruppe räumte von März bis September Trümmer und Schutt am Krankenhaus der Diakonissenanstalt, die 1945 zu zwei Dritteln zerstört worden war. Fünf Jahre lang hatte Propst Williams darauf hingearbeitet, hatte gegen politische Mißverständnisse angekämpft und sich mit chauvinistischen Vorurteilen und insularem Denken herumgeschlagen. Bei der Entsendung der Gruppe in der Kathedrale von Coventry am 14. März 1965 sagte er:

> Und heute fordere ich euch auf, in diesem Kreuz die Stadt Dresden zu sehen, wo in einem Kapitel der Geschichte, dessen Gedenken Britanniens Haupt in Scham beugen lassen sollte, 202040 Menschen in weniger als zwölf Stunden verbrannt oder in die Luft gesprengt wurden. Und wir sollten das Haupt noch tiefer beugen, wenn wir daran denken, daß dieses Wissen vor der britischen Öffentlichkeit sorgfältig verborgen worden ist, bis es vor fünf Jahren aus den offiziellen Dokumenten hervorgeholt wurde. Wenn diese Wunde nicht durch eine sichtbare nationale Tat geheilt wird, könnt

> ihr gewiß sein, daß alle unsere Wirtschaftsabkommen und Handelsverträge und politischen Abmachungen die deutsche Seele nicht von der Bitterkeit und Verwundung befreien können, die dieser sinnlose und zwecklose Zerstörungsakt ihr zugefügt hat.[25]

Die englische Mannschaft, die das Krankenhaus enttrümmerte und mit dem Wiederaufbau eines Traktes begann, wurde von Reverend Martin Turner geleitet. Zeitweise beteiligten sich auch Sühnezeichenfreiwillige aus der DDR. Lothar Kreyssig lag dieses Projekt, das eine großherzige Antwort auf die in Coventry ausgesprochene Bitte um Versöhnung war, besonders am Herzen. Er fuhr oft nach Dresden, verstand sich wohl auch besonders gut mit Reverend Turner, den er scherzhaft in den Rang eines Ambassadors befördert hatte. Es gelang ihm sogar, sich soweit zurückzunehmen, daß er sich nicht in dessen Entscheidungen und Anordnungen einmischte, selbst wenn sie sehr unterschiedlicher Ansicht waren. Das hat ihn zweifellos Überwindung gekostet, ging es doch so ganz gegen seine Natur. Das muß auch Turner gespürt haben, denn er fand es ausdrücklich berichtenswert.[26]

Auch 1966 und 1967 arbeiteten Gruppen aus England in Dresden, auch einige Freiwillige aus der DDR konnten sich an der Enttrümmerung, dann am Wiederaufbau eines Traktes des Krankenhauses beteiligen. 1967 war sogar erstmals ein langfristiger Einsatz von sechs Freiwilligen aus der DDR möglich. Als Anfang September der wiederaufgebaute Gebäudetrakt eingeweiht wurde, waren Provost Williams und Reverend Turner anwesend. Williams nannte dabei dieses gemeinsame Projekt einen »sichtbaren Ausdruck für den Glauben an die Möglichkeit von Friede und Vertrauen zwischen Völkern, die es ablehnen, sich durch die Handlungsweise der weltlichen Macht den gegenseitigen Haß aufzwingen zu lassen«. Es veranschauliche das Herz des christlichen Glaubens, wenn Türen des Vertrauens und der Vergebung geöffnet werden, was immer das auch koste.

Nachdem Mitte der sechziger Jahre der erste Schock des Mauerbaus überwunden war, versuchten die Deutschen, sich auf die veränderte Situation einzustellen. Von Erich Müller-Gangloff erschien das Buch *Mit der Teilung leben*. Er befand, die Wiedervereinigung sei endgültig verspielt, die Deutschen müßten es lernen, mit der Teilung zu leben, damit sie wieder zukunftsfähig würden. Die Debatte um eine neue

Deutschland- und Ostpolitik ergriff auch die Aktion Sühnezeichen. Es folgte eine Zeit der Aufrufe und Manifeste. In Ost-Berlin bildete sich ein kleiner, politisch aktiver Kreis innerhalb der Aktion Sühnezeichen, der Donnerstagskreis, der Müller-Gangloffs Thesen aufnahm und versuchte, sie für die Aktion zu adaptieren. Das Jahrestreffen 1967 in Ost-Berlin stand unter dem Motto *Versöhnung in geteilter Welt.* In fünf Arbeitsgruppen wurde über die Themen *Arm und Reich, Mit der Teilung leben, Unsere Nachbarn, Christliches Engagement in der DDR, Neue Strukturen - Geistliches Leben* diskutiert, Themen, die durchaus die politische Diskussion innerhalb der Aktion Sühnezeichen in diesen Jahren widerspiegeln. Der Donnerstagskreis erarbeitete ein Grundsatzpapier, in dem die »Aufgaben der Aktion und ihre Stellung in der Gesellschaft« dargelegt wurden.[27] Ziel war es, auf eine Entgiftung der Situation zwischen dem Staat und der Aktion Sühnezeichen hinzuarbeiten. Es gab heftigste Diskussionen darüber im Leitungskreis, die meisten lehnten den Entwurf aber ab. Lothar Kreyssig hat die Arbeit des Donnerstagskreises, der immer das Gespräch mit ihm suchte, wohl nicht mit Mißtrauen, doch mit sehr gemischten Gefühlen gesehen. Einerseits konnte er sich der Forderung, die politischen Realitäten anzuerkennen, nicht verschließen, andererseits verletzte vieles davon seine Grundüberzeugung, daß die Einheit der Deutschen ein Ziel bleiben müsse, das nicht aufgegeben werden darf. Als der Donnerstagskreis, einen Vorschlag Müller-Gangloffs aufgreifend, 1967 an den Kirchentag in Hannover appellierte, sich für einen förmlichen Friedensvertrag zwischen der Bundesrepublik und der DDR einzusetzen, versagte Kreyssig seine Zustimmung. Als Müller-Gangloff das dann auf dem Kirchentag vortrug, bekam Herbert Wehner, damals Bundesminister für gesamtdeutsche Fragen, einen Wutanfall. - Ein anscheinend formaler, tatsächlich aber der Identitätsfindung der Aktion dienender Vorschlag des Donnerstagskreises auf dem Jahrestreffen 1967 war, die »Aktion Sühnezeichen (Ost)« fortan »Aktion Sühnezeichen in der DDR« zu nennen. Kreyssig argumentierte leidenschaftlich dagegen, der Vorschlag wurde von der überwiegenden Mehrheit abgelehnt und erst nach Jahren stillschweigend realisiert.

Indes bemühte Kreyssig sich zu dieser Zeit selbst, ein neues Verhältnis zur DDR zu finden. 1968 setzte er sich intensiv und gründlich mit dem Entwurf zur neuen DDR-Verfassung auseinander. 1965 hatte er bei den Gemeindewahlen das erstemal überhaupt an Wahlen in der DDR teilgenommen. Die Beteiligung an Wahlen wurde von den Machthabern der DDR ja nicht als Akt der politischen Willensbildung und der demokratischen Beteiligung verstanden, sondern als Loyalitätserklärung ihrer Untertanen. Lothar Kreyssig wußte nur zu gut, wie fragwürdig das Wahlsystem der DDR war; als Präses hatte er 1949 nach den Wahlen zum Deutschen Volkskongreß alle, die sich an der systematischen Wahlfälschung beteiligt hatten, »von den höchsten Regierungsstellen bis hinunter zu den örtlichen Wahlausschüssen«, öffentlich angeprangert.[28] Deshalb verband Kreyssig nun seine Beteiligung an der Wahl mit einer ausführlichen politischen Erklärung, die die Genossen mehr aufgebracht haben dürfte, als wenn er am Wahlsonntag zu Hause geblieben wäre. Er habe bisher nie gewählt, sei mit seinem Resthof der landwirtschaftlichen Produktionsgenossenschaft nicht beigetreten, werde in seiner öffentlichen Wirksamkeit totgeschwiegen und vom Staatssekretariat für Kirchenfragen nicht empfangen. Er habe grundsätzliche Bedenken: »Handgreifliche Unwahrhaftigkeiten und schwärmerische Übertreibungen in der Selbstdarstellung des herrschenden ökonomischen und staatlichen Prinzips, haßvolle Entstellungen und Ungerechtigkeiten im Blick auf andere Völker und Wirtschaftsweisen, besonders gegen das eigene Volk im Westen, lassen an der Redlichkeit der im Wahlakt angebotenen Beteiligung an der Staatswillensbildung zweifeln.« Diese Bedenken seien unbehoben. Die Wahl sei nach herkömmlichen demokratischen Begriffen nicht frei. Wenn er sich dennoch entschlossen habe, sich an den Gemeindewahlen zu beteiligen, dann deshalb, weil er sich dabei in dörflichen, übersehbaren Verhältnissen bewege: »Dort wird die Möglichkeit, in der Richtung eines echten Wahlvorgangs voranzukommen, dadurch verdeutlicht, daß mein Verwalter, von dem jeder im Dorfe weiß, daß er die Haltung unseres Kreises teilt und der Kirchenältester ist, von der Wählerschaft mit auf den Wahlvorschlag gesetzt worden ist.«[29]

Zwei Jahre später, im Juli 1967, beabsichtigte er, erstmalig an den Volkskammerwahlen teilzunehmen. Wieder sollte dieser Entschluß, der aus einem schweren Gewissenszwiespalt entwachsen war, von einer Erklärung an den Staatssekretär für Kirchenfragen und an den Bürgermeister in Hohenferchesar begleitet werden. Bischof Johannes Jänicke, dem er den Entwurf zu lesen gegeben hatte, gab zu bedenken, ob wohl der Text für einen schlichten Landbürgermeister überhaupt verständlich sei. Wieder hielt Kreyssig dem Staat einen schonungslosen Spiegel vor, tadelte auch, daß die von ihm geleitete Aktion Sühnezeichen im Ausland gar nicht und im Inland nur an kirchlichen Objekten arbeiten dürfe. Dankbar erkenne er aber an, »daß im Anteil aller Staatsbürger an der Güterzeugung und -verteilung, an den Bildungsmitteln, an der Gesundheitsfürsorge, an den Erholungsmöglichkeiten eine bessere Gerechtigkeit erreicht ist, der ich ein Leben lang auf anderen Wegen, aber ohne nachhaltigen und umfassenden Erfolg nachgestrebt habe. Ich sehe im Sozialgefüge mannigfach bessere Voraussetzungen als ehedem, Eigensucht durch Gemeinsinn zu binden.«[30] Doch dieses Schreiben scheint nicht abgegangen zu sein. Statt dessen erklärte er dem Bürgermeister am Vorabend der Volkskammerwahl, warum er nicht zur Wahlurne gehen werde: Die Wahl sei kein Akt der Staatswillensbildung, sondern es werde »ein Bekenntnis zu unserem Staat als Ganzem gefordert«. Dieser Staat aber behindere seine gläubigen Bürger. Würde er sich an der Wahl beteiligen, würde er dies verleugnen und verdecken. Der Glaube der christlichen Gemeinde solle auf kultische Selbstgenügsamkeit eingeschränkt bleiben, dem unverzichtbaren Versöhnungsauftrag würden allenthalben Schranken gesetzt, es würde Haß gesät und geschürt. »In der jüngsten Krisis um Israel ist dieser Haß seiner hintergründigen Herkunft nach im Ganzen offenbar geworden. Der Zweck heiligt nicht das Mittel. Solange sich der Wille zum Sozialismus, der mir immer eine verpflichtende Wirklichkeit war, mit dieser Gesinnung des Hasses, der Selbstverherrlichung, der Unduldsamkeit darstellt, kann ich ihm redlicherweise nicht öffentlich beipflichten.«[31]

1968 versuchte Kreyssig, sich aktiv in die Diskussion um die neue Verfassung der DDR einzubringen. Er erläuterte seine Bedenken und Einwände gegen den Entwurf in einer ausführlichen, vor allem juristisch argumentierenden Stellungnahme. Er versuchte Mitstreiter zu finden und wandte sich u.a. an den katholischen Theologen Wolfgang Trilling und an den ehemaligen Kollegen vom Landgericht in Chemnitz, Dr. Kurt Cohn, der inzwischen Richter am Obersten Gericht der DDR war. An Cohn schrieb Kreyssig, daß er sich, der öffentlichen Aufforderung entsprechend, verantwortlich zu dem Verfassungsentwurf der DDR äußern möchte, aber »infolge der leidigen Ghettosituation unserer kirchlichen Existenz keine Verbindung zu Männern von Einfluß im Staat«

habe. In einer Eingabe, die Kreyssig an den Staatsratsvorsitzenden der DDR gerichtet hatte, hatte er den entscheidenden Schwachpunkt dieser neuen Verfassung der DDR erkannt und benannt:

> Der Entwurf erweckt den Anschein, als ob die fast vollzählig übernommenen Menschenrechte in einem geschichtlich kontinuierlichen Vorgang mit der Entwicklung zu einer am Ende voll sozialistischen Gesellschaftsordnung selbsttätig im Einklang seien. In Wahrheit sind sie allesamt der Umbildung zu jenem gesellschaftlichen Ziel untergeordnet. Denn im Konfliktfall, für den eine Verfassung die Rechtstypen setzt, entscheidet am Ende die in der Gestalt der Sozialistischen Einheitspartei herrschende Arbeiter- und Bauernmacht, »was dem Geist der Verfassung entspricht«. So wirken für rechtsstaatliches Denken, von dem sich keine [echte] Demokratie dispensieren kann, die gewiß als Korrektiv ernst gemeinten Grundrechte wie die Fassade für eine doktrinäre Alleinherrschaft einer Klasse.[32]

Die weitere Diskussion über den Verfassungsentwurf wurde dadurch unterbunden, daß die Volkskammer ihn überstürzt verabschiedete und in einem Volksentscheid zur Abstimmung stellte. - Kreyssigs Stellungnahmen zu den Wahlen und zur neuen Verfassung zeigen immerhin, daß er zu dieser Zeit begann, sich ernsthaft mit der Gesellschaft, in der er lebte, auseinanderzusetzen. Die Überzeugung, daß die deutschen Teilstaaten Provisorien seien und die Trennung der Deutschen in naher Zukunft überwunden sein werde, hatte er nach dem Mauerbau, wie viele andere in der DDR auch, aufgegeben. Das war ein langer und schmerzhafter Prozeß und durchaus nicht frei von Widersprüchen.

Ähnlich ambivalent war seine Haltung zu den Entwicklungen, die sich im Gefolge der neuen Deutschland- und Ostpolitik innerhalb der Aktion Sühnezeichen vollzogen. Auf die Debatten hierzu in der Ost- wie in der Westsektion reagierte er mit einer umfangreichen eigenen Denkschrift, in der er seine Gedanken zur deutschen Frage, zur Teilung und zur Wiedervereinigung ausführlich darlegte.[33] In seiner tiefen Gläubigkeit stellte er den heilsgeschichtlichen Zusammenhang zwischen deutscher Schuld und deutscher Teilung und der Hoffnung auf die Wiedervereinigung her. Er ging dabei aus von Hesekiel 16,59-63, wo der Herr dem untreu und schuldig gewordenen Israel verspricht: »Ich will meinen Bund mit dir aufrichten, und du sollst erkennen, daß ich Jahwe bin, auf daß du dich erinnerst und beschämt werdest und den Mund nicht mehr auftust vor lauter Beschämung, wenn ich dir alles verzeihe, was du getan hast ...« Im Hören auf Gottes Verheißung mahnte Kreyssig, die Respektierung der deutschen Teilung und den Verzicht auf nationalstaatliche Einheit nicht »als ein neues Gesetz aufzurichten, das Zorn anrichtet und Verstockung bestärkt«, sondern zu vertrauen, »Gott könne die Verstockung der Deutschen beenden und sie gerade dadurch dazu bringen wollen, sich zu besinnen und zu schämen, indem Er ihnen unverdientermaßen und unerwartetermaßen die Wiedervereinigung schenkte«. Denn: »Es könnte ja sein, daß wir Sühnezeichen geradezu verleugneten, wenn wir Gott nicht zutrauen, was er den Hesekiel sagen läßt.« Den Wunsch nach Separation, also nach organisatorischem Nachvollzug der real bestehenden Trennung der Aktion Sühnezeichen West und Ost, der vor allem vom Leitungskreis West gehegt wurde, hielt er folglich »für ein geistliches Mißverständnis der Gerechtigkeit Gottes und für unerlaubten Kleinglauben im Blick auf die heilende Kraft der Wahrheit, die geschichtliche Wirksamkeit der Versöhnung«. Das verantworte er aber allein, fügte er hinzu, wohl ahnend, daß die Separation nicht aufzuhalten war.

In der ersten Zeit nach dem Mauerbau hatte es noch rege Kontakte zwischen den beiden Zweigen der Aktion Sühnezeichen - dem einen im Osten, dem anderen im Westen - gegeben. Wann immer es ging, kam zu den Leitungssitzungen in Ost-Berlin ein Beauftragter aus dem Westbüro dazu. Das war für die Westberliner mühsam und mit dem Erdulden vieler Unbequemlichkeiten und Schikanen an der Grenze verbunden. Da sich die Arbeitsbereiche sehr unterschiedlich entwikkelten, gab es immer weniger Berührungspunkte. So reduzierte sich der Kontakt bald auf das Heranschaffen von Material, zum Beispiel von Benzingutscheinen oder Matrizen für das Drucken der Monatsbriefe - für das Überleben der Aktion Sühnezeichen (Ost) freilich unerläßlich - und auf die Teilnahme einer größeren Abordnung an den Jahrestreffen, die jeweils am Jahresende für alle Freiwilligen und Spender der Aktion in Ost-Berlin stattfanden.

Entscheidend für die zunehmende Entfremdung aber waren nicht die schwierigen äußeren Bedingungen, sondern ein tiefer innerer Dissens. Die Aktion Sühnezeichen in der DDR war nicht nur organisatorisch an die Kirche gebunden, sondern lebte und arbeitete auch ganz im Sinne Kreyssigs aus dem Glauben. In der Bundesrepublik hingegen entfernte man sich ab Mitte der sechziger Jahre unter dem Einfluß der Studentenunruhen sehr weit vom spirituellen Ursprung. Äußerlich kam das in der Veränderung des Namens zum Ausdruck: Man nannte sich fortan Aktion Sühnezeichen/Friedensdienste, ASF, während es in der DDR bis zuletzt bei Aktion Sühnezeichen blieb. Im Westen schaffte man das christliche Symbol ab und verzichtete immer mehr auf die religiöse Grundordnung, auf Gebet und Gottesdienste in den Sühnezeichenlagern. Diese unterschiedliche Entwicklung hatte durchaus auch objektive Ursachen: Da in der DDR über die Arbeit der Aktion Sühnezeichen nur innerkirchlich berichtet werden durfte, kamen die Freiwilligen fast ausschließlich aus dem kirchlichen Bereich. Die Aktion Sühnezeichen/Friedensdienste hingegen konnte auch im säkularen Raum werben und berichten. Folglich engagierten sich auch viele Jugendliche, die zwar das Anliegen voll bejahten, aber den eigentlichen Ausgangspunkt, Vergebung und Versöhnung vom Evangelium her, nicht verstanden und womöglich unter Protest den Saal verließen, wenn das Vaterunser gebetet wurde.

Auf geradezu tragische Weise hat sich diese Spaltung auf die Sühnezeichenarbeit in Polen ausgewirkt. Denn die Aktion Sühnezeichen/Friedensdienste wollte dort nichts mit der katholischen Kirche, mit den Klubs der katholischen Intelligenz, mit der »reaktionären« Solidarnośź-Bewegung zu tun haben. Statt dessen arbeitete man naiv mit Organisationen zusammen, die von der Partei abhängig waren, zum Beispiel dem ZBoWiD, dem Verband der linientreuen Widerstandskämpfer. Das führte im schlimmsten Fall in den achtziger Jahren dazu, daß das aufwendig gebaute Internationale Jugendzentrum in Auschwitz zunächst überhaupt nicht angenommen wurde und leerstand oder nur von der polnischen Parteijugend aufgesucht wurde. Dabei hatte es an Warnungen nicht gefehlt. Erst durch die nachdrückliche Vermittlung und Bitte von der Aktion Sühnezeichen in der DDR wurde erreicht, daß es nach und nach auch von der polnischen katholischen Jugend, mithin der überwiegenden Mehrheit, genutzt wurde. Ein Fehler, der leicht zu vermeiden gewesen wäre, hätte man die gesellschaftliche Realität in Polen beachtet und sich nicht von ideologischen Klischees leiten lassen.

Lothar Kreyssig hat unter dieser Entwicklung in seiner Aktion sehr gelitten, insbesondere als er das alles nach seiner Übersiedlung in den Westen selbst aus der Nähe mit ansehen mußte. 1973 bat er Martin Fischer, den Bruder aus der Bekennenden Kirche, um Rat und Beistand, ob es nicht richtiger sei, sich ganz aus der Verantwortung zurückzuziehen:

> Im Unterschied zum Osten haben die leitenden Männer von Sühnezeichen (West) nicht erfahren, was es heißt, aus dem Wort zu leben. So ist der Quellort des Auftrages »Versöhnung«, der metaphorische Ursprung des ganzen Dienstes, der allein seine Integrationskraft erklärt, längst völlig verschüttet. Nur das ethische Substrat ist geblieben ... Wenn Sühnezeichen in der Verleugnung seines Ausgangspunktes, seines Quellortes verharrt, ist es zu Ende, einerlei was es an Aktivitäten noch zustande bringt. Mit meinem Anliegen bin ich in den Leitungsgremien völlig allein, insgeheim wahrscheinlich schon eine komische Figur.[34]

Auf eine systematische Darstellung, was unter Versöhnung zu verstehen sei, eine pädagogische Anrede *Der Alte an die Jungen*[35], den Ertrag seines ganzen Lebens, habe er nie eine Antwort bekommen. »Soll ich sie etwa an Einzelne schicken, deren ich ansichtig werde, daß sie im Anlauf zum Gehorsam von dem Grundanliegen ergriffen sind?« - Noch bitterer ist ein Brief, den er etwas später an Frieda Groß, die Witwe des Freundes Wilhelm Groß in Eden bei Oranienburg schrieb:

> Das Wahrzeichen selbst, das »Sühnemännchen« ist inzwischen der Liberalisierung und geistlichen Verödung zum Opfer gefallen. Da weder das junge Volk selbst, noch die sie heute leiten, mehr aus dem Worte lebt, ist es ihnen keine Wirklichkeit. Damit nicht der trügerische Eindruck entsteht, daß Frieden noch aus Versöhnung und diese aus dem Quellort Vergebung lebt, habe ich vorgeschlagen auch die Firma »Sühnezeichen« zu löschen. Es ist wohl bisher noch nicht geschehen.[36]

Es war vor allem Volker von Törne, in den siebziger Jahren Leiter der Aktion Sühnezeichen/Friedensdienste, der Kreyssig ein wenig mit der andersartigen Entwicklung im Westen ausgesöhnt hat. Kreyssig vertraute der Urteilskraft und Sensibilität von Törnes, in dem er vieles von sich selbst entdeckt haben mochte. Und von Törne, der Sohn eines hohen SS-Offiziers war und sich mühevoll von diesem Vater hatte lösen müssen, sah wohl in Kreyssig nicht nur den Freund, sondern auch einen Vater. In seiner Autobiographie allerdings, die er 1976 abschloß, vermied Kreyssig merkwürdig glättend jeden Hinweis auf den Konflikt, sprach gar von »Einmütigkeit in beispielloser Weite und Vielfalt«. Wollte er sein Werk nicht verletzen? Wollte er niemandem von den Mitstreitern wehtun? Oder war er des Streitens müde?

Nachdem Kreyssig im Oktober 1973 Türe schlagend eine Vorstandssitzung der Aktion Sühnezeichen/Friedensdienste verlassen hatte, entschuldigte er sich beim Vorsitzenden: »Ich bin den Spannungen dialogischer Meinungsbildung nicht mehr gewachsen. Die gerade in diesem Geschäft ein Leben lang überbeanspruchte Nervenkraft ist erschöpft.«[37]

Mit den saloppen Gebräuchen, die mit den Achtundsechzigern auch bei der Aktion Sühnezeichen/Friedensdienste Einzug gehalten hatten, kam er nicht zurecht. Er wetterte gegen sie als »konsequenten Konformismus, als unkritische Weltförmigkeit«. Die Leitung müsse doch ein Beispiel geben. Statt dessen: »Man sitzt umeinander herum, wie die Laune und Gelegenheit einen zur Tür hereingeweht hat. Was jeder mitgebracht hat, wird auf einen Haufen geworfen. Daß man von der *viva vox* zusammen zur Quelle gebracht und dort je für sich und miteinander eines Besseren belehrt werden könnte, wird verleugnet. Vielleicht ist in der Gegenbewegung aus dem Mutterboden morgen wieder etwas anderes modern, wenn die Arena Welt dann noch zur Verfügung steht.« – Konsequent wie er war, verzichtete er fortan auf die beratende Teilnahme an solchen Sessionen der Sühnezeichenleitung, in der er ohnehin keinen Auftrag mehr hatte.

Anmerkungen

1 EZA 614/III/9a, Mappe »Europäische Laieninstitute«. Brief an Hans J. Rinderknecht vom 19. Februar 1960.
2 EZA 614/III/9a, Mappe »Europäische Laieninstitute«. Brief an Hans J. Rinderknecht vom 2. November 1961.
3 EZA 614/V/78/27, Sammler »Sühnezeichen«. Abschrift eines Briefes an einen namentlich nicht genannten Empfänger vom 14. Oktober 1961.
4 Rundschreiben an die Freiwilligengruppen von Taizé und Joure vom 10. September 1961.
5 EZA 614/V/78/27, Sammler »Sühnezeichen«. Abschrift eines Briefes an einen namentlich nicht genannten Empfänger vom 14. Oktober 1961.
6 EZA 614/V/78/27, Sammler »Sühnezeichen«. Brief an Berthild Scheiff in West-Berlin vom 20. Oktober 1961.
7 Pfarrer Werner Liedtke, seit 1979 registriert als IM »Werner«. 1984 Leiter der Aktion Sühnezeichen. 1984 Umregistrierung zum IMB »Albert« [IMB steht für »Informeller Mitarbeiter zur unmittelbaren Bearbeitung im Verdacht der Feindtätigkeit stehender Personen«]. Liedtkes Personal- und Berichtsakten beim Staatssicherheitsdienst der DDR, Registrier-Nr. XII 1090/74, wurden im Dezember 1989 »zum Schutz der Quelle« gelöscht. - Liedtke bestreitet, eine Verpflichtung eingegangen zu sein oder über Personen berichtet zu haben.
8 Zitiert nach Skriver, a.a.O., S.125f.
9 Interview des Verfassers mit Johannes Müller.
10 Brief des Kibbuz Urim an Johannes Müller vom 1. September 1961. Zitiert nach Skriver, a.a.O., S.127f.
11 Wochenbrief vom 16. Februar 1962.
12 Nachlaß Kreyssig, Konvolut Peter Kreyssig. Brief von Lothar Kreyssig an Manfred Hausmann, ohne Datum [Anfang 1962]. - Brief von Manfred Hausmann an Lothar Kreyssig vom 11. Februar 1962.
13 Gollwitzer, Helmut: Geleitwort. In: Skriver, a.a.O., S.3.
14 Zitiert nach Hobrecht, Jürgen: Die Schuld ist nicht teilbar. Die Aktion Sühnezeichen in beiden deutschen Staaten. Rundfunkfeature. Erstsendung WDR, 5. November 1987.
15 Mündliche Mitteilung von Christian Schmidt an den Verfasser.
16 Mitteilung des Vatikanischen Staatssekretariats an den Verfasser vom 11. April 1989.
17 Interview des Verfassers mit Stanisław Stomma am 16. Mai 1988 in Warschau.
18 Berliner Lektionen, Vortrag am 8. September 1991. Hier zitiert nach Więź, Sonderausgabe [in deutscher Sprache]: Polen und Deutsche. Ein Beitrag zur Geschichte des Dialogs, Warschau, 1994. S.239ff.
19 Interview des Verfassers mit Tadeusz Mazowiecki am 18. Mai 1988 in Warschau.
20 Aktion Sühnezeichen, Rundschreiben III/1965. Lothar Kreyssig und Günter Särchen: Unterwegs im August 1965.
21 Morawska, Anna: Psychologie des Friedens. Teil II: Der Realismus der Idealisten. In: Tygodnik Powszechny, Krakau, Nr. 35 vom 29. August 1965.
22 Aktion Sühnezeichen, Rundschreiben III/1965, Anlage 3: Brief von Adam Stanowski an die Gruppe in Majdanek vom 6. August 1965.

[23] BStU, MfS Allg. P 7632/79. Mitteilung der Abteilung X an Abteilung V über [-] vom 23. Oktober 1962; Persönliches Schreiben des Ministers für Staatssicherheit der DDR, Erich Mielke an den Minister des Innern der Volksrepublik Polen, Władisław Wicha, vom 10. April 1963. - Vgl. Kapitel 13, Anmerkung 23.

[24] Mündliche Mitteilung von Günter Särchen vom 6. November 1988.

[25] Rundbrief der Aktion Sühnezeichen II/1965 [April 1965].

[26] Brief von Reverend Martin Turner an den Verfasser vom 10. Juli 1989.

[27] Archiv des Verfassers. Konzept für einen Vortrag vor Vertretern der Klubs der katholischen Intelligenz in Warschau [1968].

[28] Vgl. Seidel, Neubeginn in der Kirche, a.a.O. Brief der Evangelischen Kirchenleitung der Kirchenprovinz Sachsen an die Landesregierung von Sachsen-Anhalt vom 25. Juni 1949. Dokument 46a, S.329ff.

[29] Nachlaß Kreyssig. Persönliche Erklärung zu den Gemeindevertreterwahlen im Oktober 1965.

[30] Nachlaß Kreyssig. Entwurf eines Schreibens an das Staatssekretariat für Kirchenfragen, Berlin, und an Bürgermeister Bakalorsz in Hohenferchesar vom Juni 1967.

[31] Nachlaß Kreyssig. Schreiben an den Bürgermeister [von Hohenferchesar], ohne Datum [1. Juli 1997].

[32] Nachlaß Kreyssig. Entwurf eines Schreibens an den Staatsratsvorsitzenden der DDR. Fragment, ohne Datum [Frühjahr 1968].

[33] Kreyssig, Lothar: Erklärung zu den Entwürfen »Frieden als Aufgabe« und »Friede muß gestiftet werden«. Hektographiert, ohne Datum [1967]. Archiv des Verfassers.

[34] Nachlaß Kreyssig. Brief an [Martin] Fischer vom 13. Juli 1973.

[35] Vgl. Anhang, Dokument 7.

[36] Nachlaß Kreyssig. Brief an Frieda Groß vom 20. April 1975.

[37] Hier und im folgenden: Nachlaß Kreyssig, Konvolut Peter Kreyssig. Brief an [Konrad] Möckel vom 19. Oktober 1973.

Kapitel 18

An der Schwelle

»Faire adieu, c'est toujours un peu mourir, zu deutsch: Jeder Abschied ist ein Angeld aufs Sterben.« So begann ein Abschiedsbrief, den Hanna und Lothar Kreyssig im Advent 1971 an Freunde und Bekannte und an die Sühnezeichenfamilie verschickten. Sie verließen Hohenferchesar und die Wohnung in Ost-Berlin, die sie dort seit Mitte der fünfziger Jahre, mit Übernahme leitender Ämter in der Evangelischen Kirche der Union, hatten. Vom Bruderhof war das meiste schon im Frühjahr 1961, der Rest der landwirtschaftlichen Fläche im August 1970 kollektiviert worden. Nun, beim Verlassen der DDR, sollten die Kreyssigs ganz enteignet werden. Mit Hilfe von Friedrich Karl Kaul, dem bekanntesten Anwalt der DDR, der Kreyssig als Zeuge zum Frankfurter Euthanasieprozeß geholt hatte, gelang es schließlich, die DDR-Behörden an die Zusagen zu erinnern, die dem Antifaschisten Kreyssig von der sowjetischen Besatzungsmacht gegeben worden waren. Der Bruderhof wurde der Komischen Oper in Berlin, an der Uwe Kreyssig als Sänger arbeitete, als Ferienheim überlassen. Uwe Kreyssig behielt das Wohnhaus und den Garten, unter den üblichen für Bodenreformeigentum geltenden Verfügungsbeschränkungen.

Hanna und Lothar Kreyssig verließen im Dezember 1971 die DDR und zogen zunächst für einige Jahre nach West-Berlin, dann im März 1977 in die Nähe ihres Sohnes Jochen nach Bergisch-Gladbach in ein Altenheim. Hohenferchesar zu verlassen sei seinem Vater unendlich schwer gefallen, meinte Jochen Kreyssig. Das sei vor allem eine Entscheidung der Mutter gewesen, die sich aber, vielleicht zum erstenmal in ihrem Leben, durchsetzen konnte. Sie habe den Kräfteverfall im Alter weitaus realistischer eingeschätzt als sein Vater. Der habe dann immer ein wenig wie ein Märtyrer gewirkt, da er nun einmal, im Grunde gegen seine Überzeugung, etwas seiner Frau zu Gefallen und zu Liebe

Lothar und Hanna Kreyssig »unter dem Baum«, Hohenferchesar, vor 1970. Foto: Frithjof Meußling.

getan hatte. Schon zwei Jahre vor dem Umzug nach West-Berlin, zum Jahresende 1969, hatte Lothar Kreyssig die Leitung der Aktion Sühnezeichen in der DDR niedergelegt. Damals hatte er immerhin schon die Siebzig überschritten; als er die Sühnezeichenarbeit begonnen hatte, war er Sechzig gewesen. In einem Alter, in dem andere die Bilanz ihres Lebens ziehen, hatte er das Werk angefangen, das er selbst gern das »Hauptgeschäft« seines Lebens nannte. Für ihn - und passend zu ihm im Paradoxon - begann das Senium mit einer Initiative, die vor allem die Jugend herausforderte. Er strahlte zu dieser Zeit eine jugendliche Kraft aus, die, verbunden mit seiner unbedingten Glaubensgewißheit, von vielen als Charisma empfunden wurde. Er war mitreißend.
Das führte aber auch dazu, daß für ihn neben dem »Hauptgeschäft« alles andere verblaßte, von ihm vernachlässigt wurde oder unbeachtet blieb, auch die Familie. Diesen Anschein erwecken jedenfalls die Erinnerungen der Weggefährten und auch seine eigenen Lebenserinnerungen, von denen das letzte Drittel sich um die Aktion Sühnezeichen

dreht. Dabei war er doch lange noch Präses und noch länger Synodaler. In der Kirchenprovinz Sachsen war er im März 1960, gegen einigen Widerstand, noch einmal auf vier Jahre zum Präses gewählt worden. Das Protokoll verzeichnet einen Antrag, daß Dr. Kreyssig vor der Wahl des Präses verbindlich erklären möge, »welche Dienste er im Rat und in der Kirchenleitung tatsächlich auszuüben gedenkt«.[1] Das deutet auf erhebliche Unzufriedenheit wegen mangelnder Präsenz in der Kirchenprovinz hin. Das Protokoll von der Eröffnungstagung der Synode verrät, wo Kreyssigs Herz und Gedanken tatsächlich waren: Nachdem er am vierten Sitzungstag die Losung verlesen hatte, forderte er die Synode »zu einem Gruß an die Mannschaften der Aktion Sühnezeichen in Norwegen und Griechenland auf«.[2]

In der Evangelischen Kirche der Union war er sehr viel länger Synodaler. Erst im März 1974, fünfundsiebzigjährig, konnte er seinem Sohn Peter erleichtert schreiben: »Heute habe ich die garantiert letzte Synode meines Lebens überstanden. Die Legislaturperiode, für die ich noch einen Auftrag hatte, ist zu Ende.«[3] Schon zwei Jahre zuvor hatte er darum gebeten, in aller Stille von der Synodenarbeit entlastet zu werden. Infolge reduzierter Geisteskräfte sei er nicht mehr genügend urteilsfähig für den Dienst, er sei dankbar, das rechtzeitig zu erkennen: »Wenn der Exitus ohne alles Aufhebens geschehen könnte, geschähe mir ein Gefallen. Vielleicht genügt es, die kommenden zwei Jahre mit einem schlichten Aktenvermerk ins Land gehen zu lassen.«[4] Präses Ernst Wilm entsprach diesem Wunsch des »guten fröhlich-ernsten Vaters der Synodalversammlung«, Kreyssig galt bei künftigen Tagungen der Synode von vornherein als entschuldigt. Aber er dachte nicht daran, stillschweigend zu verschwinden. Bei seiner »garantiert letzten Synode« im März 1974 brachte er noch einmal einen Text zur Schuld der Deutschen und zur deutschen Teilung unter die Leute, der einige sehr verstört haben muß. Seine Botschaft: Die Trennung annehmen im Beugen unter die Schuld und den Realitäten in der »Würde wirklicher Demokratie« Rechnung tragen ... Seinem Sohn berichtete er, von keinem habe er das geringste Echo vernommen: »Denn das Gezänk um die abstrakte Umschreibung dessen, was man sich vornehmen könne, war so erbittert, daß mein Vorschlag die Konservativen als Enthüllung des Gespenstes der Pluralität, der Einlassung auf die Sachverhalte, vollends verprellt hätte.«

Die Quintessenz aus vielen Jahrzehnten synodaler und kirchenleitender Arbeit schrieb er in seiner Autobiographie nieder:

> Das Amt aber ist die kontinuierliche Form der Sendung, aus der der Mensch im Letzten lebt und über bloße Betrachtung hinaus ein Urteil gewinnt. Wie die Sendung sich das immer unzureichende und eigensinnig widerstrebende Instrument dienstbar macht, ist ein in diesem vorletzten Dasein unergründetes Geheimnis. Wenn sie gedeihlich beieinander bleiben, nicht in der Selbstwiderlegung enden, so nur, weil im Herrn aller Geschichte Allmacht und Väterlichkeit eines sind. Vor Menschenaugen aber ist der Gesendete mit seiner Aufgabe identisch, im Gelingen verklärt, im Verblassen ärgerlich und von einem anderen Idol abgelöst.[5]

Der *moribundus,* wie er sich fortan mit Vorliebe titulierte, nutzte die Zeit nach Entbindung von synodalen Pflichten, um sich endlich dem lange gehegten Vorhaben zu widmen und seine Lebenserinnerungen zu Papier zu bringen; jedenfalls in der Endredaktion, denn Notizen dazu hatte er schon seit längerem gemacht, wohl auch die eine oder andere Episode schon aufgeschrieben. Fünf Jahre später, er ging auf die Achtzig zu, beklagte er in einem Brief an das Konsistorium in Magdeburg einen »katastrophalen Schwund des Nahgedächtnisses«, wohingegen längst versunkene Bilder, Ereignisse, Erfahrungen eine unerklärliche leibhaftige Vergegenwärtigung erführen. »Eine pfleglich bedachtsame Verwaltung dieser Kostbarkeit ist dem Menschen aber, mir jedenfalls, nicht gegeben. Ein Tagebuch zu führen, hat das Ordnungsvermögen nie ausgereicht.«[6] Volker von Törne, der drei Jahre darauf versucht hat, im Gespräch mit Kreyssig dessen Lebenserinnerungen zu vertiefen, konnte kaum noch etwas Neues herausfinden. Kreyssig wirkte angestrengt, manchmal geradezu mürrisch und kam immer wieder auf das zurück, was er in den Jahren zuvor aufgeschrieben hatte. »Nicht im geringsten weiß ich's mehr, du könntest mich erschlagen, daß ich das überhaupt geschrieben habe, ich weiß es nicht mehr ...«, war eine typische Antwort in diesem Gespräch. Es waren vor allem persönliche und familiäre Dinge, die ihn zuletzt beschäftigten; selbst die Aktion Sühnezeichen trat in den Hintergrund.

Hat Kreyssig Angst vor dem Altwerden gehabt? Waren seine unrealisiert gebliebenen Ideen und Projekte letzten Endes der Versuch, dem vorgezeichneten Weg ins Altenheim, das er immer nur »Sterbegehäuse« nannte, auszuweichen? Ein sehnlicher Wunsch war es, den Bruderhof in eine Kommunität nach dem Vorbild von Imshausen, Laski oder Taizé zu verwandeln. Neben der Gründerabsicht, ein spirituelles Zentrum zu schaffen, mag auch das Bestreben eine Rolle gespielt haben, Hanna und sich das Altwerden an diesem geliebten Ort möglich zu machen. Eine Zeit lang hatte das Vorhaben recht konkrete Züge angenommen. Im Mai 1968 schrieb er der Sühnezeichenmannschaft in Dresden, er hoffe, die ökumenische Kommunität auf seinem Hof zum 1. September beginnen zu können. Sie solle, wie die Vorbilder auch, in der sich neu formierenden Weltgesellschaft als Familie der Versöhnten in der Welt präsent sein. »Man lebt gemeinsam, dient aber draußen mit dem, was man gelernt hat und an der Stelle, wo es not ist.«[7] Er lasse ein Angebot exemplarischer, leibhaftiger Ökumene ungetan, unerfüllt in diesem, dem vorletzten Dasein zurück, bedauerte er später in seiner Autobiographie, ein Angebot, das »die global ausstrahlenden Kräfte des Friedens in einer Lebensgemeinschaft unter dem Wort« hätte sammeln und zusammenhalten können. Einen Gefolgsmann hatte Kreyssig für seinen Plan gefunden, Alois Opfermann, einen Bauern aus dem Eichsfeld, der von der SED enteignet worden war, wegen seines Widerstands gegen die Kollektivierung mehrere Jahre im Zuchthaus gesessen hatte und nach der Entlassung nicht in sein Heimatdorf zurückkehren durfte:

> Nachdem auf dem Bruderhof in Hohenferchesar Feld, Wald, Vieh und die außerhalb des Hofes gelegene Scheune in gemeinwirtschaftliche Nutzung übergegangen waren, blieben uns Wohnhaus und Wirtschaftsgebäude. Dort hatten meine Frau und ich »Altenteil« nach Bauernweise. Ein katholischer Gefährte aus dem Eichsfeld, Alois Opfermann, teilte es mit uns. Wir lebten unter dem Wort, wie wir es gelernt hatten, zusammen und wurden willig, eine evangelisch-katholische Kommunität zu beginnen. Der östliche Flügel der Wirtschaftsgebäude stand dafür zur Verfügung, während wir den westlichen der Komischen Oper in Berlin überlassen hatten, dort ein Ferienheim einzurichten. Der katholische und der evangelische Bischof stimmten dem Vorhaben zu. Ein Michaelsbruder, der Architekt war, entwarf eine überzeugende Aufteilung und Umgestaltung der Räumlichkeiten. Seine Vorstellung von dem gottesdienstlichen Raum im Ostgiebel werde ich mit in die Ewigkeit nehmen.[8]

Doch außer Alois Opfermann fand sich niemand, der zum Leben in der Bruderhof-Kommunität bereit gewesen wäre. Ein anderer Grund für das Scheitern der Idee mag gewesen sein, daß Hanna Kreyssig sich nur widerstrebend auf die kommunitäre Lebensweise einlassen mochte, die ihr von ihrem Mann oktroyiert worden war. Mit Opfermann kam sie überhaupt nicht zurecht. Seine Mutter, so Peter Kreyssig, habe gewissermaßen automatisch gegen alle Front gemacht, die die Phantasieausflüge ihres Mannes noch steigerten, statt ihn auf den Boden der Tatsachen zurückzuholen:

> Mein Vater fiel ja mit Wucht auf alle Schwärmer und obskuren Gestalten herein, besonders, wenn es Frauen waren. Er hatte ja selber einen schwärmerischen Zug an sich. Und wer auf dieser Wellenlänge sendete, den empfing er auch stark. In der Familie hat es manchmal ein bißchen Augenrollen gegeben: Na, wen bringt er denn da wieder angeschleppt ...
>
> Realistische Menschenkenntnis und Einfühlungsvermögen waren nicht gerade seine Stärke. Mutter hatte dafür einen viel besseren Riecher, die merkte das früher, wenn es mit jemandem Probleme gab. Aber ich habe es ihm dennoch abgenommen, daß das nicht bloß Weltfremdheit war, sondern auch eine grundsätzliche Entschiedenheit des Glaubens, daß jedermann unser Vertrauen verdient, bis zum Beweis des Gegenteils. Im Grunde genommen hat er dadurch auch immer Menschen bewegt und hat manches bei ihnen entbunden, was sie sonst nie zustande gebracht hätten.[9]

Wenn es um Menschen ging, diese Erfahrung hat auch Christian Schmidt gemacht, sei Lothar Kreyssig stur wie ein Panzer gewesen und habe sich von niemandem dreinreden lassen. Als es mit Opfermann überhaupt nicht mehr ging, wandte Hanna Kreyssig sich hilfesuchend an das Leitungsteam der Aktion Sühnezeichen in Ost-Berlin, dem neben Christian Schmidt damals auch Dietrich Erdmann, Günter Särchen und Gottfried Zollmann angehörten. Sie haben dann eine Reihe schwieriger Gespräche mit Lothar Kreyssig geführt, bis er sein Projekt einer ökumenischen Kommunität schließlich tief enttäuscht aufgegeben hat. Abgefunden hat er sich damit bis zuletzt nicht: »Aber wieso mußte uns der überzeugende Neuansatz in den Schoß fallen? Was hat die lebenslange Erfahrung, daß etwas Notwendiges reif sein muß, bis zum Ende über angeborene Ungeduld vermocht? Und liegt hier etwa wirklich ein Angeld auf Wiedervereinigung im Mutterboden der Geschichte?«[10] Eine andere ökumenische Idee Kreyssigs war der Bau einer trikonfessionellen Begegnungsstätte, eines Tempels für Christen, Juden und Moslems, den die Aktion Sühnezeichen in Jerusalem errichten sollte. Aber da ist es beim Gedanken geblieben. Ein wenig sah Kurt Scharf diese Idee in der Kathedrale von Coventry verwirklicht, wo mit dem Ökumenischen Zentrum, das mit der Hilfe der Sühnezeichenmannschaft gebaut wurde, ein Raum für alle Konfessionen entstanden ist.

1965 machte Kreyssig den Wochenbrief-Empfängern weitere Vorschläge, wie der mit der Aktion Sühnezeichen »gelungene Beginn der mannigfachen Zeichen der Versöhnung« fortgeführt werden solle, und bat um Meinungsbildung. Das Echo scheint kläglich gewesen zu sein. Immerhin fand er seine Anregungen so wichtig, daß er sie zehn Jahre später wortwörtlich in seine Lebenserinnerungen übernahm, wohl in der Hoffnung, sie würden doch noch Verwirklichung finden:

> 1. Eine aus Deutschland immer wieder ergänzte Mannschaft von sieben Männern und sieben Frauen hält um die Gedächtnisstätte Jad Vaschem in Jerusalem tags und nachts das immerwährende Gebet und verrichtet niedere diakonische Dienste in Jerusalem, besonders unter den gläubigen Israelis.
> 2. Alljährlich einmal gehen Männer zu Fuß bis nach Moskau und leben von dem, was sie sich erarbeiten und erbitten zum Gedächtnis an die Millionen russischer Kriegsgefangener, welche die Deutschen zu Fuß nach Deutschland getrieben und haben Hungers sterben lassen.
> 3. Die Sühnezeichenfamilie bildet um jeden der beschuldigten oder verurteilten nationalsozialistischen Gewaltverbrecher einen Ring der persönlichen Fürsorge und des fürbittenden Gedenkens aus der Solidarität der Sünder und zum Zeichen der Schuldverhaftung des ganzen Volkes.
> 4. Wer die Notwendigkeit der drei Aufgaben oder einer von ihnen bejaht, gibt für die Durchführung der Aufgabe allmonatlich den Zehnten seines Nettoeinkommens, sofern und solange er nicht aktiv im Vollzug mitwirkt.[11]

Trotz gewissenhafter und eingehender Begründung habe das alles zu nichts geführt. Waren seine Vorschläge zu kühn? Oder sind sie zu spät gekommen? Die unmenschliche Behandlung russischer Kriegsgefangener, so begründete er den Vorschlag eines Pilgerwegs nach Moskau, sei eines jener Tabus gewesen, deren Realität man während des Nationalsozialismus zwar gewiß, die aufzudecken man aber nicht bereit war. Erst auf der Katakombensynode der Bekennenden Kirche 1943 in Breslau habe man darüber zu reden gewagt. Aber da habe sich schon niemand mehr darum gekümmert.

Es mag schwer verständlich sein, daß Lothar Kreyssig sich damals auch in die Pflicht genommen sah, nationalsozialistischen Tätern geistlichen Beistand zu geben. Es war nicht einfach die These von einer Kollektivschuld, nach der alle Deutschen gleichermaßen schuldig seien, die ihn dazu drängte, schon gar nicht billiges Versöhnlertum, sondern es war das Wissen um die grundsätzliche Möglichkeit eines jeden Menschen zum Bösen. Er sah sich in die Solidarität der schuldig Gewordenen, der Sünder gestellt. Er war sich gewiß, daß diese Solidarität Christenpflicht sei und angesichts seines persönlichen Einsatzes und des Einsatzes der Aktion Sühnezeichen für die Opfer nicht mißverstanden werden würde. Ihm sei der Auftrag hierzu durch den 2. Korintherbrief, Kapitel 4.11,12, deutlich geworden, und er habe erkannt:

> Wer die Vergebung annimmt und damit die Gnade ergreift, ist frei, aber nicht nur *von* dem Bann der Selbstrechtfertigung, sondern auch *zu* der Erfahrung, daß im Gnadenakt Gottes Seine Gerechtigkeit nicht aufgehoben ist, sondern zur Vollendung kommt. Geschichtliche Folgen der Verfehlung bleiben. Aber sie bedeuten etwas anderes und kommen in einen neuen Zusammenhang des Geschehens, weil der Begnadigte sie anerkennt, sie in dem Stande des Rechtsfriedens und der Strafmündigkeit bejaht.
>
> Denn wer sich verstockt, die ihm angebotene Vergebung ausschlägt, ist wie ein Strafunmündiger. In der Verachtung der Gnade ist ihm die Zukunft entleert, die Vergangenheit aber verschlossen ... Dem Strafmündigen aber öffnet sich Schritt vor Schritt der Blick in den Abgrund seines Wesens, wie der Geschichte ringsum. Jetzt erleidet er die Qualen, die er verursacht hat oder für die er sich schuldhaft mitverantwortlich sieht, als lebendige, persönliche, gegenwärtige Wirklichkeit, und gerade darin wird er der Gnade inne, die ihn alledem entrissen hat.[12]

Wie immer in seinem Leben, versuchte Kreyssig der Erkenntnis die Tat folgen zu lassen. In der DDR war gerade der frühere SS-Arzt Fischer, der in Auschwitz maßgeblich an Selektionen beteiligt gewesen war und danach zwanzig Jahre lang unentdeckt gelebt hatte, wegen Völkermordes zum Tode verurteilt worden. Kreyssig bemühte sich beim Staatsratsvorsitzenden der DDR um Aussetzung der Todesstrafe und regte eine Äußerung der provinzialsächsischen Synode zu diesem Urteil an. Die Synode erklärte im März 1966, es sei das Recht des Staates, auch nach zwanzig Jahren noch eine solche Strafe auszusprechen. Zugleich mahnte sie: »Indem so Recht geschieht, sind wir anderen aber nicht gerechtfertigt. Jeder von ordentlichen Gerichten - ausländischen oder deutschen - gegen nationalsozialistische Gewalttäter ergehende Schuldspruch trifft vielmehr alle Deutschen, die 1933 bis 1945 das ihnen Mögliche nicht gesagt, versucht oder getan haben, dem Unrecht entgegenzutreten. Aber auch damals Unmündige und Nachgeborene sehen wir mitbetroffen von Scham und mitbehaftet bei der Verantwortung für unser Volk.«[13]

Im gleichen Jahr wandte Kreyssig sich in einem persönlichen und ausdrücklich nicht für die Öffentlichkeit bestimmten Brief an Kurt Georg Kiesinger, den Ministerpräsidenten von Baden-Württemberg, nachdem dieser von der CDU zum Kanzlerkandidaten bestimmt worden war. Von Kiesinger war zuvor bekannt geworden, daß er seit 1933 Mitglied der NSDAP gewesen war. Mitläufertum, so Kreyssig, möge eine verhältnismäßig harmlose Form von Mitverantwortung sein. »Aber legitimiert es den Charakter eines Mannes, dem man ein leitendes Amt von höchstem Rang zudenkt? Ist die Leidenschaft für schlichte Gewissenhaftigkeit minder wichtig, als Intelligenz und Erfahrung?« Die Zukunft, die sie gemeinsam suchten, müsse doch entscheidend durch die Lehren bestimmt sein, die sie aus Schuld und Vergebung im Gewissen empfangen hätten. »Welche Gelegenheit wäre es gewesen, das makabre Trugbild von Perfektion und Berechenbarkeit zu durchbrechen und dem veräußerlichten aber unsicheren Menschen als Mensch gegenüberzutreten, der sich wahrhaftig auf dem Weg vom Irrtum zur besseren Einsicht sieht und sich gerade darin als wirklich frei erweist.«[14] Hierin habe für Kiesinger als ehemaligen Parteigenossen sogar eine besondere Chance vor Kandidaten mit »reiner Weste«, die es doch in Wahrheit gar nicht gebe, gelegen. Nur in der Vergebung und Versöhnung heile die Vergangenheit und erschließe sich die Zukunft. - Eine Antwort scheint Kreyssig nicht erhalten zu haben.

Das, was man Bewältigung der Vergangenheit nennt, ist nichts, wovon man Beifall erwarten darf. Versöhnung ist eine undankbare Angelegenheit. Wer der bitteren Wahrheit auf den Grund gehen will, wer Buße und Umkehr anmahnt, ist unbequem. Nicht immer wird die ausgestreckte Hand ergriffen. Auch Kreyssig mußte diese Erfahrung machen. Er hat auf den letzten Seiten seiner Autobiographie ausdrücklich darüber berichtet, um das »Geschäft Versöhnung« zu entmythologisieren und aller Menschenverherrlichung entgegenzuwirken:

> Von allen Schauplätzen eines endzeitlichen Sterbens sind die Massengräber bei Chełmno in Zentralpolen über alle Begriffe schreckensvoll. Auf einer unübersehbaren Fläche hochaufgeschüttet, liegen sie in endlosen Reihen schnurgerade nebeneinander, offensichtlich von Anbeginn für Hunderttausende geplant. Die in Polen selbst ansässigen Juden wurden in ihren Ortschaften zusammengetrieben und in Eisenbahnwagen bis nach Chełmno gebracht. Dort wurden sie in zwei geschlossene Lastwagen gepfercht. Der Wagenführer leitete vermittels eines Schlauches die Abgase des Motors in das Innere. Am Ende der Fahrt wurden die Wagen in das jeweils nächste Massengrab entleert. Um das anfängliche furchtbare Schreien der Opfer zu übertönen, ließen die Wagenführer die Motoren mit Vollgas laufen. Während die meisten bei der Ankunft tot schienen, stand einmal am Ende des Wagens eine Frau noch aufrecht mit einem Kind in jedem Arm.
>
> Ich habe das alles von einem der Wagenführer erzählt bekommen. Ich hatte ermittelt, daß beide in einem Gefängnis der Bundesrepublik in Strafhaft saßen und von Heinemann, der damals noch Justizminister war, Sprecherlaubnis bekommen. Der eine verweigerte die Begegnung. Der andere berichtete, gebrochen und geängstigt. Ihm schlug ich vor, mit mir zusammen nach Chełmno auf das Gräberfeld zu übersiedeln, zusammen dort eine kleine Unterkunft zu errichten und in der Solidarität mit den Opfern, soweit sie Überlebenden darstellbar ist, zu Ende zu leben. Begnadigung für ihn und Erlaubnis von den Polen werde ich wohl bekommen. Er antwortete: Ich hoffe demnächst ohnehin entlassen zu werden. Und dann möchte ich gern in meinen Schrebergarten gehen.
>
> Nun wäre es an mir gewesen, allein zu gehen. Vielleicht hätte ich in der Gesellschaft der Hunderttausenden vor dem Angesicht Gottes,

> vor dem die Menschen sterben wie die Mückenschwärme, noch Wesentliches hinzugelernt über die Proklamation zu Sühnezeichen vor einer Synode hinaus. Aber die Gewißheit, in der eine Vorstellung zum Gehorsam wird, wollte sich nicht einstellen. Will das Gericht am Hause Gottes auch darin zum Ende kommen, daß wir uns von der geschichtsmächtigen Einfalt des Väterglaubens so weit entfernt haben?[15]

Was wäre geschehen, wenn sich der Häftling tatsächlich bereitgefunden hätte, statt in den Schrebergarten auf das Gräberfeld zu ziehen? Kreyssig hätte wohl alles versucht, sein Wort einzulösen. Aber wer hätte ein Leben in dieser Einsiedelei inmitten der Gräber ertragen? Der Gedanke mutet, so unpassend es angesichts des Ortes scheinen mag, romantisch an. Es war ein Fluchtversuch. Es war der Fluchtversuch eines alten Mannes.

Lothar Kreyssig beschloß seine Autobiographie mit der Rechenschaft über die unrealisiert gebliebenen Projekte. Zuvor hatte er aufgeführt, was bis dahin, bis 1976, von der Aktion Sühnezeichen geleistet worden war. Sechs Jahre später konnte er erleben, daß Rechenschaft über die Arbeit seiner Aktion vor den Vereinten Nationen gegeben wurde. Kurt Scharf sprach am 24. Juni 1982 auf der Sondersitzung der Vereinten Nationen zur Abrüstung, eingeladen als Vorsitzender der Aktion Sühnezeichen/Friedensdienste, über die er sagte:

> Diese Organisation wurde - nach dem zweiten Weltkrieg - von Christen gegründet, die »der Bitterkeit, dem Haß und der Selbstrechtfertigung eine Kraft entgegensetzen« wollten: die Macht des Friedens durch Versöhnung. Wir versuchen, diese Aufgabe wahrzunehmen durch die hingebende Arbeit Tausender junger Deutscher, die in die Länder und zu den Völkern gehen, die besonders unter der nationalsozialistischen Verfolgung und Besetzung zu leiden hatten und haben. Wir wollten im Eintreten für Versöhnung und Frieden aus der Geschichte unseres Volkes und der evangelischen Christenheit in Deutschland für eine Zukunft lernen, in der der Mensch nicht mehr des Menschen ärgster Feind ist. Der Norden Norwegens, Coventry (Großbritannien), Oradour-Taizé (Frankreich), Lidice (CSSR), Kandanos (Griechenland), Rotterdam (Niederlande), Auschwitz, Stutthof und Majdanek in der Volksrepublik Polen, Chatyn

> (UdSSR) und Stätten in Israel sind die Stationen unserer praktischen Tätigkeit. Der Schlüssel zu einer besseren Zukunft, die Gott mit uns vorhat, der Grund zur Hoffnung, ist für uns Deutsche an diesen Orten, nicht außerhalb ihrer, zu finden. Wir wollen die - teuer bezahlte - Lektion von Auschwitz lernen und sie unsere Kinder und Kindeskinder lehren, damit es sich nie wiederholen kann, damit kommende Generationen eine solche Erfahrung nicht noch teurer bezahlen müssen.[16]

Lothar Kreyssig hat zu Lebzeiten die Würdigung seines Lebens und Wirkens erfahren dürfen. Anläßlich des 75. Geburtstages fand in der St.Annen-Kirche in Berlin-Dahlem, dem Gotteshaus der Bekennenden Kirche schlechthin, eine Feierstunde statt, bei der Professor Martin Fischer, ein Weggefährte aus der Bekennenden Kirche, einen Text aus dem Hebräerbrief auslegt hat:

> Es ging ihm in der Kirche nie schnell genug voran. Es mußten sozusagen als Vortruppen der Kirche Aktionsgemeinschaften, Notgemeinschaften, Aktionen unternommen werden, eine nach der anderen. Und wehe, wir gingen nicht mit. Das, was hier also steht: Lasset uns aufeinander achthaben, uns anreizen zur Liebe und zu guten Werken, das hat er unter uns besorgt. Im Griechischen steht hier *παροξυσμος*[17]. Es soll zu Liebe und zu guten Werken bis zur Weißglut kommen. Darauf soll es hinaus mit uns. Um solche Weißglut ist es ihm unter uns gegangen.[18]

Franz von Hammerstein schrieb im *Berliner Sonntagsblatt*, Kreyssig habe insbesondere immer neu an die Abgründe menschlicher Möglichkeiten, menschlicher Irrtümer und Verbrechen, sowie demgegenüber an das Angebot göttlicher Weisung, Hilfe und Vergebung erinnert. Gerade angesichts der jüngsten kriegerischen Auseinandersetzung im Nahen Osten - dem Jom-Kippur-Krieg - dürfe man nicht müde werden, an die gemeinsamen Wurzeln der drei monotheistischen Religionen zu erinnern. Kreyssig habe schon 1960 einen baureifen Plan für ein Versöhnungszentrum der drei biblischen Religionen in Israel gehabt:

> Wenn die Nationalisten wüten, müssen die Propheten zur Versöhnung rufen, zu einer Versöhnung, die Gegensätze und Probleme nicht verschiebt, sondern Verständnis füreinander weckt, Probleme nicht nur aus der eigenen, sondern auch aus der Perspektive des Gegners sieht, Versöhnung im Sinne von Heilung.

> Unsere jüdischen Freunde feierten am 6. Oktober, als der neue schreckliche Krieg im Nahen Osten ausbrach, gerade ihren höchsten Feiertag, das Versöhnungsfest, an dem sie beten:
> »Es möge Vergebung finden die ganze Gemeinde Israel - und der Fremde unter ihnen! - Gepriesen seist Du, Ewiger, unser Gott, König der Welt, der uns hat erleben lassen, der uns hat bestehen lassen, der uns gebracht hat in die Zeit.
> Du gibst die Hand den Missetätern, Deine Rechte ist ausgestreckt zu empfangen die Rückkehrenden. Du hast uns gelehrt, Gott, unser Gott, Bekenntnis abzulegen vor Dir über all unsere Sünden, auf daß wir zurückhalten von Freveltaten unsere Hände ...«
> Lothar Kreyssig hat diesen Geist, diese Wirklichkeit unter uns lebendig gemacht. Er hat das Herz der Väter immer neu zu den Kindern und das Herz der Kinder immer neu zu den Vätern bekehrt, die Jugend zu den Patriarchen, Deutsche zu Polen, Juden und Christen zueinander wie beim Bau der Synagoge in Villeurbanne durch die Aktion Sühnezeichen.
> Er wirkt wie der Prophet Elia unter uns - ein Prophet, der gehört oder mißachtet wird?[19]

Aus Teheran, wo er Gast des Goethe-Instituts war, schrieb Kurt Scharf einen sehr persönlichen Dank an Kreyssig. Er erinnerte an ihre erste Begegnung auf der Bekenntnissynode von Oeynhausen. Um jedoch wahrhaft zu würdigen, was Kreyssig der Bekennenden Kirche bedeutet habe, bedürfte es der verdichtenden Kunst des Poeten,

> was alles schon im Kirchenkampf bis ins letzte Jahr hinein an besonderen Unternehmen, Instituten, Proklamationen, Kirchengebet und Gebetszeiten auf Dich zurückgeht ...
> Ich ahne, was Dich in den letzten Wochen bewegt hat im Blick auf Israel. Mich verlangt danach, Dich zu sehen und darüber mit Dir zu beraten. - In diesem Skriptum aus dem besonderen Anlaß und aus weiter geographischer Distanz seien meine Gedanken und Wünsche für Dich wiedergegeben mit Worten aus Deiner Kirchenjahresbibellese: Ihr habt angezogen den neuen Menschen, der da erneuert wird zur Erkenntnis nach dem Ebenbilde des, der ihn geschaffen hat. Da ist nicht mehr Grieche, Jude, Beschnittener, Unbeschnittener, Nichtgrieche, Skythe, Knecht, Freier, sondern alles und in allen Christus (Kol. 3.10-11)!

So lebst Du unter den Menschen aus den verschiedensten Klassen, Ständen, Rassen, und das bist Du: mitten unter uns ein neuer Mensch, der ständig erneuert wird nach einem Ebenbilde, dem wir gleich sein werden, wenn wir mit unserer gesamten Vergangenheit, ihrer Größe und ihrem Jammer, in es eingegangen sein werden, das aufnimmt und umgestaltet.[20]

Lothar Kreyssig dankte den Gratulanten mit der Frage, ob es nicht die allein richtige Geburtstagsfeier gewesen wäre, Dank für die Gabe des Lebens mit einem schlichten Dienst in Israel darzubringen »in der Solidarität mit dem heimkehrenden Volk Gottes, an dem sich die Geister scheiden ... Wenn es sich ein Leben lang als sinnvoll erwiesen hatte, auf den Anruf zum Gehorsam hin Unberechenbares zu versuchen, war hier nicht am Ende des Weges einfältige, eindeutige Besiegelung angeboten? - Der Antrag für das Visum lag schon eine Woche lang bereit, als Waffenstillstand gemeldet wurde. Als ob man mitten in der endzeitlichen Krisis um Israel, unter dem apokalyptischen Wetterleuchten um den ganzen Horizont heute getrost Geburtstag feiern könnte ...«[21]

Ein Jahr zuvor, im November 1972, hatten Hanna und Lothar Kreyssig sechzehn Tage lang Israel bereist, davon eine Woche gemeinsam mit Kurt Scharf und dessen Frau Renate. Es war der einzige Besuch Kreyssigs in dem Land, das ihm als Heimstatt des jüdischen Volkes und als Land der Bibel auf besondere Weise nahe war. Merkwürdigerweise hat er in seiner Autobiographie über diese Pilgerfahrt, als die er diese Reise verstand, nichts geschrieben; womöglich hat sich die Begegnung mit dem gegenwärtigen Israel, mit seinen realen Problemen und Konflikten nur schwer mit seiner Idealvorstellung vom Land des heimkehrenden Volkes Gottes in Einklang bringen lassen. Bald nach der Reise, vielleicht schon unterwegs, hat er einiges über seine Beobachtungen und Begegnungen, von seinen Eindrücken notiert. Diesen Bericht, sieben maschinenschriftliche Seiten, schrieb er für seine Rundbriefgemeinde. »Was wird der Alte nun orakeln über die Geheimnisse Gottes, werden die durch Jahre leidgeprüften Empfänger der Rundbriefe denken. Aber ich muß wählen, ob ich allen - und mir selbst - noch einmal auf die Nerven fallen oder viele enttäuschen soll, indem ich sie unbeteiligt lasse.«[22]

Die ersten Stationen der Reise waren Beer Sheva, Massada und Jericho.

In Beer Sheva wurden Kurt Scharf in der Universität und Lothar Kreyssig von langjährigen Sühnezeichen-Mitarbeitern, den Ehepaaren Schenk und Nessler, erwartet. Mit ihnen besuchte er einige Freiwillige, die in einem landwirtschaftlichen Projekt inmitten der Wüste arbeiteten. Diese leibhaftige Anschauung von Urgeschichte, so notierte er, hätten ihn in seiner bäuerlichen Leidenschaft und Erfahrung angesprochen:

> Die Wüste, in der Israel nach dem Auszug aus Ägypten und vor der Landnahme vierzig Jahre nomadisieren mußte, sind jene riesigen Flächen um den Sinai, auf denen der Pflanzenbestand seit Menschengedenken nur Weide für Schafe und Ziegen bietet. Das Wesen, statt es verstehen zu wollen, dergestalt von der Nutzbarkeit her zu begreifen, ist gewiß fragwürdig. Aber biblisch illegitim ist es nicht: Macht euch die Erde untertan. Wälder nach unseren Begriffen gibt es im bergigen und felsigen Palästina nicht. Insofern ist die Wüste potentiell überall gegenwärtig. Wieweit man Wald ansiedeln, das Klima damit beeinflussen, die Regenmenge verbessern könnte, sind Gedanken des naseweisen Europäers. Die Beduinen würden ihn überhaupt nicht verstehen. Professor Michael Evenari erwiderte mir, daß Bewaldung, wenn sie gelänge, ein Rückfall in Archaismus wäre. Er hat seit Jahren - unter Mitarbeit von Schenk und Nessler - Erfahrungen der Nabatäer (um 300 v. Chr.) zur Erschließung der Wüste wiederentdeckt und in Avdat und Wadi Maschasch zu einer Farmwirtschaft in der Wüste entwickelt. Das Regenwasser wird so aufgefangen und geleitet, daß Bäume und Sträucher als Nutzpflanzen damit weiterkommen können. Es wird, statt mit technischen Hilfsmitteln zu experimentieren, ursprünglich Gegebenes geduldig und mühselig zu entfalten und aktivieren versucht. Das mutet verheißungsvoll an. Im Umkreis des Anwesens scheint das Leben über die Wüste bereits die Oberhand gewonnen zu haben.

Am Freitag, den 24. November 1972, reisten Kreyssigs und Scharfs über Jericho nach Jerusalem. Am Abend trafen sie im Haus Pax, dem Jerusalemer Zentrum der Aktion Sühnezeichen, mit Freiwilligen zusammen. Kreyssig, so berichtete Kurt Scharf, sei tief beeindruckt gewesen, was sein Werk dort in Israel zustandegebracht hatte, das Haus Pax, die landwirtschaftliche Kulturarbeit im Negev, ein gemeinsames Projekt von jungen Israelis und jungen Palästinensern. Kreyssig selbst bezeichnete seine Eindrücke als Momentaufnahmen; das partielle und relative Wissen ermögliche nur ein fragwürdiges Urteil. Das aber sei ans Gewissen gebunden und vorbestimmt durch den Glauben, daß Israel zum Ende der Zeit gesendet ist, heimzukehren ins Land der Väter. Und eben dies geschehe vor unseren Augen. Seine Anmerkungen zum Konflikt mit den Palästinensern sind fragmentarisch. Aber ein bemerkenswerter, immer noch gültiger Satz ist erhalten: »Endlich ist das patriarchalische oder gar mythologische Verständnis von Hoheitsrechten so von gestern, daß für Israel und sein modernes Verständnis von Staatlichkeit und kooperativer Nachbarlichkeit die Zeit streitet.«

In Jerusalem wartete auf die Ehepaare Kreyssig und Scharf ein dichtes Programm von Besichtigungen und Besuchen, darunter ein Gespräch mit Abgeordneten der Knesset und mit Ted Kollek, dem Bürgermeister von Jerusalem. Hanna und Lothar Kreyssig fuhren anschließend nach Galiläa, nach Tiberias, Magdala und Kapernaum. Unterwegs besuchten sie einige Kibbuzim. Kreyssigs Eindruck war, daß »im Volk Gottes, wenn es wieder einwurzelt in der Heimat, jenseits der ideologischen Selbsterlösung des gottesflüchtigen Menschen Sozialismus im Werden sein könnte« - gewiß nur ein flüchtiger, oberflächlicher Eindruck, eher vom Wunsch als von der Wirklichkeit bestimmt.

Wieder zurück in Jerusalem, erwartete sie - unter vielen anderen Gesprächen - auch ein Wiedersehen mit Schalom Ben-Chorin, einem Gefährten der ersten Stunde und Geburtshelfer der Aktion Sühnezeichen. »Und sie alle haben mit uns deutsch geredet. Gewiß war hinter allem das vorausgegangene Gericht wieder furchtbar gegenwärtig. Aber Heilung aus Versöhnung, Gottes Interesse in der Geschichte, ist im Werden.« Kreyssig schloß seinen Reisebericht mit einem Vers aus dem Buche Jesaja (Jeschajahu), übersetzt von Martin Buber:

Ja denn,
wie der neue Himmel und die neue Erde,
die ich mache,
vor meinem Antlitz bestehen,
ist Sein Erlauten,
so wird bestehn euer Samen und euer Namen.[23]

Was sich in Israel begab, hat Lothar Kreyssig nach seiner Rückkehr keine Ruhe gelassen. Immer wieder versuchte er, die Aktion Sühnezeichen/Friedensdienste zur Aktion, mindestens zur Kundgebung für Israel zu bewegen. Seine Appelle sind Entwürfe geblieben. Oktober

1973, während des Jom-Kippur-Krieges schrieb er: *Wer ist bereit, Israel beizustehen?* Er wollte, daß an die Freiwilligen, die bei Kriegsbeginn von ihrer Verpflichtung entbunden worden waren, appelliert wird, zu einem unbewaffneten Friedensdienst im Land zu bleiben, und daß andere ermutigt werden, einen solchen Dienst dort zu beginnen, auch während des Krieges. 1975 entwarf er einen Brief an die Christen unter den Palästinensern, überschrieben *Fremdlingsherrschaft und Heimkehr*, mit der Bitte, den Juden nach zweitausendjähriger Vertreibung Heimkehr in Frieden zu gewähren und Heimat zuzubilligen. Ebenfalls 1975 wollte er, daß die Aktion Sühnezeichen/Friedensdienste die Zionismuserklärung verurteilt, der von einer Mehrheit in den Vereinten Nationen, darunter auch von der DDR, zugestimmt worden war. Als Reaktion darauf solle die Aktion Sühnezeichen ihren Dienst in Israel verstärken. - Auf seine Entwürfe, so beschwerte er sich, habe er, außer persönlicher Zustimmung, von der Leitung nichts vernommen.[24] Daß die Christenheit in Deutschland den Mund nicht aufmache für Israel, wofür er seit langem mit Bitten und Vorschlägen vergeblich geworben habe, beklagte Kreyssig auch in einem Brief an Ted Kollek. »Wie wesenlos muß aber der Glaube der Christenheit geworden sein, wenn sich ihm am Quellgrund der Freude Gottes, Heimkehr Seines Volkes, die Zunge nicht löst! - Entsprechend ultimativ wäre aber Israels Aufgabe, die ihm von Jahwe angesonnene und eingeschärfte Solidarität mit dem Fremdling, dem Palästinenser, so unbedingt, eindeutig und leibhaftig zu verwirklichen, wie den eigenen Anspruch auf das ganze heilige Land.«[25]
Die letzen Zeilen in Lothar Kreyssigs Autobiographie, 1978 nachgetragen, galten der Sorge, die Deutschen hätten womöglich aus ihrer schrecklichen Schuld gegenüber dem jüdischen Volk und den anderen Völkern nichts gelernt:

> Noch ein Stück weiter in die Tiefe und als Erweis einer Vorentscheidung über Zeit und Ewigkeit über jede menschliche Erwartung hinaus führt das Phänomen des wieder erwachenden Hitlerismus. Wenn das nach der persönlichen Erfahrung einer beispiellosen Selbstwiderlegung der Menschlichkeit möglich und wirklich ist, sind die Geister für eigentlichen Tod und eigentliches Leben wahrlich vorab in letzter Tiefe geschieden.[26]

In den ersten Jahren nach dem Umzug nach West-Berlin ist Lothar

Kreyssig, vor allem in der Arbeit für die Aktion Sühnezeichen, noch sehr aktiv gewesen. Aber dann nahmen die Kräfte ab. Berichte über besondere Ereignisse oder über Reisen werden immer seltener. Im August 1973 hat er noch einmal mit Christian Schmidt einige Sommerlager in der DDR besucht, in der Altmark, in Magdeburg und in Sachsen, und auch in Flöha Station gemacht. Dort habe er drei alte Bekannte »ausgraben« können, schrieb er seinem Sohn Peter, sonst aber nichts gesehen. »Es ist ärgerlich, daß das Dingliche soviel beständiger scheint, als unser Anteil daran.« - Im Jahr darauf berichtete er seinem Sohn von einem Tag in Brandenburg, wo er zu einer Gedenkstunde für Paul Schneider eingeladen war. Einen gefüllten Tag lang habe er dort an den vertrauten Orten des Kirchenkampfes verbracht. »Dir und Deinen Brüdern brauche ich nicht zu schildern, wie jeder Weg, jedes Haus, jeder Stein, jedes Gesicht Vergegenwärtigung war.« - Im Oktober desselben Jahres flog er nach Frankfurt am Main zur Verleihung des Friedenspreises des Deutschen Buchhandels an Roger Schutz. »Roger Schutz in seinem gallischen Balanceakt über einem Zirkus voller Teutonen war gescheit und unverfälscht, allerdings nicht wagemutig genug, einen jusoistischen Entreakt mit auf die Hörner zu nehmen. Das hätte er sich ins Angesicht von soviel selbstgewisser Wohlbeschaffenheit nicht entgehen lassen sollen.« Bei Tisch habe sich der eine Nachbar als einstmaliger Justizminister in Stuttgart zu erkennen gegeben, der andere als Bischof von Hessen, »dadurch ehrwürdig, daß er mich noch in Sitzungen des Rates der EKU in Ost-Berlin ›erlebt‹ hatte. So saß man inkognito als sein eigenes Denkmal herum ...«

Hanna und Lothar Kreyssig hatten in den zurückliegenden Jahren einige Abschiede hinter sich, als sie im März 1977 nach Bergisch-Gladbach ins Evangelische Alten- und Pflegeheim zogen. Der schwerste Abschied, der voneinander, lag vor ihnen. Hanna Kreyssig ging es schon nicht mehr gut, sie litt unter einer Arthrose und war, als sie ins Altenheim kam, gerade erst an der Hüfte operiert worden. Einige Monate zuvor hatte sie sich bei einem Sturz das Handgelenk gebrochen. Auf einem Auge war sie schon seit einiger Zeit erblindet. Als sie das selbständige Wohnen und Wirtschaften aufgaben, waren sie Ende Siebzig. Die Wahl war auf Bergisch-Gladbach gefallen, weil Jochen Kreyssig mit seiner Familie in der Nähe wohnte. Im Altenheim wohnten sie in einem Appartement - zwei Zimmer und Bad.

Lothar Kreyssig muß es sehr schwer gefallen sein, sich umzugewöhnen und immer mehr auch seine Selbständigkeit aufzugeben. Er kam, anders als Hanna Kreyssig, die auch im Alter noch gesellig war, mit den anderen Heimbewohnern schwer zurecht und galt bald als Eigenbrötler. Die Gesprächsthemen der anderen alten Frauen und Männer waren ihm zu oberflächlich, es war in seinen Ohren Geschwätz, für seine tiefschürfenden Betrachtungen aber hatten die anderen kein Ohr. An ihren schlichten Beschäftigungen fand er keinen Gefallen. Die Wochenenden und Feiertage verbrachte das alte Ehepaar regelmäßig bei seinen Kindern. Anfangs haben die Kreyssigs auch noch häufig Besuch bekommen, sind auch zuweilen selbst noch verreist. Kurt Scharf, Helmut Gollwitzer, auch Professor Stomma in Warschau erinnerten sich daran, bei den Kreyssigs im Altenheim gewesen zu sein. Auch wer von der Aktion Sühnezeichen aus der DDR bei irgendeiner Gelegenheit in den Westen fahren durfte, hat den Präses besucht.

Ein wenig ersetzte ein reger Briefwechsel die geringer werdende Beweglichkeit. Briefe waren für Lothar Kreyssig schon immer ein wichtiges Kommunikationsmittel gewesen, zwar zumeist diktiert, aber manche Freundschaft scheint sich so trotz seiner vielfältigen Belastungen erhalten zu haben. Nun mußte er die Briefe selber in die Maschine tippen, sie wurden kürzer, und mit zunehmendem Alter das Briefpapier kleiner. Zum Schluß verschickte er nur noch Zettelchen im Notizblockformat. Eine Brieffreundschaft, die erst in hohem Alter begonnen hat, war die mit dem Grafen und der Gräfin Yorck von Wartenburg. Der Graf hatte als deutscher Konsul in Frankreich die Arbeit der Aktion Sühnezeichen gefördert. Während sich Kreyssig und Yorck von Wartenburg Brief um Brief über die Ostverträge stritten, die der Graf strikt ablehnte, entspann sich zwischen der »verehrten Gräfin« und dem »geliebten Freund« ein, wenngleich recht einseitig geführter brieflicher Flirt. Gräfin Else war um ihren 85. Geburtstag recht unvermittelt zum Du übergegangen, was Kreyssig einigermaßen verwirrt hatte. Immerhin schickte er ihr seine Gedichte, was wiederum exaltierte Repliken - »Du lieber, geliebter Lothar« - auslöste, ein Briefdialog wie aus dem Biedermeier. Ein beigehefteter Zeitungsausschnitt erhellte einiges: Gräfin Else, die ihren Fünfundachtzigsten begangen hatte, war die Schauspielerin Else Eckersberg, verheiratete Yorck von Wartenburg, die unter Max Reinhardt in Berlin gespielt hatte und mit Gerhart Hauptmann befreundet gewesen ist, von dem sie einige Figuren als erste gespielt hat. »Bitte mache es nicht wie der Gerhart H., der ganz vergaß mir seine Zustimmung mitzuteilen, er war so sehr zerstreut und vergeßlich und immer im Kopf mit was anderem beschäftigt, obgleich er immer seine Freude zeigte, sobald ich zu ihm kam. Sonderbar, höchst sonderbar ...« Im Februar 1978 fuhren Hanna und Lothar Kreyssig ein letztes Mal nach Hohenferchesar. *Reisetagebuch zweier Spätheimkehrer* hat Kreyssig seinen Bericht, eine engbeschriebene Seite, überschrieben. Die sehnsüchtige Liebe zu dem vertrauten Ort ist unüberhörbar:

> Angelangt, finden wir uns von Menschen, Bäumen, Tieren, Himmel und Erde umarmt: Verklärte und eben darin wirkliche und überwirkliche Heimat. Noch ist rundum nichts auf befremdliche Weise verändert. Die Allee lädt nach dem Hof hinunter noch ebenso ein wie 1936, als Tante Erni nach jahrelangem Suchen in den Ruf ausbrach: Hier passierts. Rechts ab, zum Hohen Ufer, bewacht die dreißig Meter hohe Pappel noch immer den Weg, das Fenster füllend, wenn man vom Haus aus hinaufblickt. Die Obstbäume auf der großen Wiese, vollzählig, gebärden sich allesamt altväterisch, als ob sie nicht von uns gepflanzt sein könnten. Phänomene aber in der Gefolgschaft der Mitgeschöpfe sind die beiden anderen, die vor uns da waren: der schon einmal besungene - *Baum, Bruder, du mein redlicher Geselle* - auf dem Platz vor der Haustreppe und der letzte von dreien, die auf dem Hof standen. Vor ihrer Machtfülle und Wohlgestalt wird die Andacht zugänglich, in der die heidnischen Väter vor Bäumen standen. Vielleicht ist auch kongeniales Greisentum im Spiel.
> Die Zeit, draußen von der Technik zu Tode gehetzt, hier hat sie überdauert, begegnet zutraulich, schmeichlerisch auf allen Wegen, wo wir ihr traumverloren nachspüren. Und so werden wir wieder empfänglich, innerlich hörsam für die hinter allem tönende Stille. Hier ist sie Grundakkord des Seins, nicht nur beschwichtigter Lärm.[27]

Hanna Kreyssig verbrachte ihre letzte Lebenszeit auf der Pflegestation des Altenheims, in zunehmender geistiger Umnachtung. Helmut Gollwitzer, der Kreyssig im Sommer noch einmal besucht hatte, schrieb im Dezember 1979: »Nun ist es schon viele Monate her, daß ich Dich habe besuchen können. Wie mag es Dir weiterhin ergangen sein? Damals dachten wir, Deine Frau werde in der Abwesenheit, in die sie versunken ist, nicht mehr lange atmen und bei Dir sein. Nun aber sehe ich Dich immer wieder, jeden Tag oftmals, zu ihr hinaufgehen aus Deinem Zimmer in das ihrige und an ihrem Bett sitzen ...« Lothar Kreyssig, daran erinnern sich auch die Pflegerinnen im Altenheim, besuchte seine Frau regelmäßig, dreimal am Tag kam er zu ihr ins Zimmer, saß an ihrem Bett und las ihr aus der Bibel vor. Und wenn man ihm sagte, daß seine Frau doch nichts mehr verstünde, dann sagte er: Auch wenn es aussieht, als wenn sie nichts aufnimmt, das Wort dringt in sie ein. Und berief sich dabei auf den alten Vater Bodelschwingh, der über die geistig Behinderten in seinen Heimen immer gesagt habe: Sie verstehen mehr als wir denken ... Die Fürsorge für seine Frau, sagte Änne Grunwald, die Pflegerin, die ihn lange betreut hat, sei immer ein bißchen überschwenglich gewesen, »so wie ein Mann eben ist«. Sie denke, er sei von seiner Frau früher wohl sehr verwöhnt worden. Und so sei er eben recht hilflos gewesen, als seine Frau nicht mehr konnte.[28] Er sei überbesorgt gewesen in der Fürsorge für seine Frau, meinte die damalige Oberin des Altenheimes, Elsbeth Kansteiner, und in dieser übertriebenen Fürsorge habe er manches falsch gemacht. Wenn es seiner Frau einmal schlechter ging, dann war er gleich ängstlich besorgt um sie und wollte unbedingt, daß die Ärztin nach ihr schaut.[29]

Zuletzt, drei Tagen vor ihrem Tod, hatte Lothar Kreyssig noch durchgesetzt, daß er mit in ihrem Zimmer wohnen durfte. So konnte er ihr beim Sterben nahe sein. Hanna Kreyssig ist in den frühen Morgenstunden des 18. Januar 1981 gestorben. Es sei ein barmherziges und behütetes Sterben gewesen, schrieb er seinen Kindern ein halbes Jahr später. Doch zunächst hat er sich dagegen aufgebäumt. Jochen Kreyssig berichtete, daß der Vater in seinem Schmerz nicht zulassen wollte, daß der Leichnam seiner Frau in die Leichenkammer gebracht wird. Und als sie schon in der Friedhofshalle aufgebahrt war, ließ er sich immer wieder den Sarg öffnen. Peter Kreyssig:

> Als Mutter starb, war es für mich ein unglaublich wichtiges und tröstliches Erlebnis festzustellen, daß ihn dieser Abschied - wie es sich ja auch gehört - aller geistlichen Souveränität entkleidete. Es tat nur einfach furchtbar weh. Und da gab es keine liturgischen Formeln mehr und nichts mehr. Da war er einfach auch am Ende. Ich fand es sehr wichtig, das zu erleben. Denn wenn er das auch mit geistlicher Präzision und Perfektion durchgestanden hätte, wäre er

mir unheimlich geworden. Ich glaube, daß ihn dort der Schrecken des Todes erst einmal gepackt und umgeschmissen hat. Und all das finde ich sehr wichtig. Denn ein sozusagen mit geistlicher Waffenrüstung bis an die Zähne gerüsteter Mensch, der auch durch den Tod nicht zu erschüttern ist, das ist etwas furchtbar Unheimliches.[30]

Die letzten Lebensjahre wurden sehr einsam für Lothar Kreyssig. Seine Kinder waren in seiner Nähe und kümmerten sich um ihn, aber andere Kontakte wurden immer spärlicher. Sein wichtigster Weg wurde der zum Friedhof. »Wenn ich in diesem Dasein zu einem neuen Lebenstag erwache, habe ich nur zwei Minuten bis zu Muttis Grab zu gehen«, schrieb er im Oktober 1981, am Geburtstag seiner Frau, an seine Kinder. »Und unterwegs erfährt ›der alte Kreyssig‹ unter dem Kreuz der wunden Liebe einiges, was er auf andere Weise nicht mehr gelernt hätte.« Jeden Tag ist er zum Friedhof gegangen, auch bei Eis und Schnee, nichts hat ihn davon abhalten können. Im Zweifelsfall wußte man immer, wo er sich aufhält.

Nach dem Tod seiner Frau zog Lothar Kreyssig innerhalb des Altenheimes noch einmal um. Er erhielt ein kleines Zimmer im Erdgeschoß, mit einer Terrasse zum Garten hin, die er sich mit Gartenmöbeln ausstattete und wo er die Vögel und zu Zeiten auch einen Igel fütterte. Er war besorgt, daß er vor seinem Tod noch einmal umziehen müsse und ließ sich von der Oberin immer wieder bestätigen, daß er in diesem Zimmer bleiben kann - »hier im Rheinland in einem Sterbegehäuse der Wohlstandsgesellschaft vorbildlich untergebracht und versorgt«, wie es grantig in einem »letzten Rundbrief an nächste Weggenossen« vom Frühjahr 1982 heißt. Im Dezember folgte ein weiterer Rundbrief, viel froher als der vom Frühjahr, auch das »Sterbegehäuse« hat sich verwandelt: »Mit einem ganzseitigen Fenster, Blick auf Wiesen und Bäume, einer geräumigen Veranda, wo ich täglich die Vögel füttere, und in himmlischer Stille ringsum habe ich meines Erachtens das schönste Zimmer im Heim.« Über seinen Altersalltag schrieb er:

Die erste große Wende in einem abenteuerlichen Leben aber ist: Ich habe Zeit. Nach einem bisher ausnahmslos friedvollen Schlaf stehe ich 6.30 Uhr auf, putze den alten Kerl zurecht, mache den Gartentisch auf der Veranda zurecht und füttere die alsbald in Massen heraneilenden Vögel. Danach lese ich die in den Herrnhuter

> Losungen für den Tag angewiesenen Schriftstellen und das Neukirchner Kalenderblatt. Um acht Uhr ist Frühstück, zwölf Uhr Mittag, achtzehn Uhr Abendbrot. Etwas abseits von einer ungezählten Schar redelustiger Frauen sitze ich mit drei anderen Männern schweigsam am Tisch.
>
> Im Zimmer ist mit einer Radierung Peters vom Hof, dem Siegesengel und dem Nagelkreuz von Coventry, Muttis Bild und zahllosen Lichtbildern von Freunden und Gefährten, einem Bild aus Marienberg, einer Aufnahme Ulrikes vom Pritzerber See, einem Regal voller Bücher und Hefte und einem noch aus Flöha angeerbten Ölgemälde Vergangenheit anschaulich, insgesamt stumme und doch beredte Zeugen von Gottes väterlicher Obhut über den Alten. - Kommt und seht![31]

Schon in der ersten Zeit im Altenheim hatte Kreyssig versucht, einen Bibelkreis um sich zu scharen und mit einer kleinen Gruppe täglich die Losung zu lesen und zu betrachten. Aber die Runde löste sich bald auf, weil das, was Kreyssig anbot, jenseits dessen lag, was die anderen Heimbewohner erfassen konnten, wie es die damalige Oberin zurückhaltend ausdrückte. Um aber doch den einen oder anderen Mitbewohner zum Gebetskreis anzulocken, verteilte er Pralinen und Plätzchen, und einige kamen auch zu den Andachten. Manchmal waren es zwei oder drei, manchmal einige mehr. Doch auch dieser Kreis verlief sich.

Einen besseren Partner in Glaubensdingen hatte er in Pfarrer Dr. theol. et Dr. jur. Helmut Hochstetter von der Gnadenkirche, der das Altenheim betreute und wie er zur Michaelsbruderschaft gehörte. Dessen Andachten, auch die gesungene deutsche Messe, lagen ihm sehr. Auch theologisch war ihm der Pfarrer nahe, der wie er von der dialektischen Theologie Karl Barths geprägt war. In die feste Gemeinschaft der Michaelsbruderschaft, zu der Kreyssig ja erst spät gekommen war, habe er sich gern gefügt, sagte Pfarrer Hochstetter, Kreyssig sei kein geistlicher Vagabund gewesen, sondern habe ernsthafte Bindung gesucht und sei auch innerlich ein gebundener, bibeltreuer Mensch gewesen:

> Im Grunde genommen war er ein Patriarch, anders kann man es nicht sagen. Wobei ja im Wort »Patriarch« das *αρχων*[32] steckt, der Herrscher. Ein väterlicher Herrscher, unangefochten natürlich. Man hatte großen Respekt vor ihm. Aber ein Tyrann war er sicherlich nicht.[33]

Für die Familie, auch für die Pflegerinnen im Altenheim, die tagtäglich mit ihm zu tun hatten, wurde er mit zunehmenden Alter schwieriger. Er hat vieles spontan gemacht. Da stand plötzlich eine Taxe vor der Tür, und er sagte: Ich fliege jetzt nach Berlin. Änne Grunwald, die Pflegerin:

> Einmal, da war das für mich ganz schlimm. Da wollte er auch wieder nach Berlin. Aber die aus Berlin - dort war irgendeine Sitzung - die hatten angerufen und gesagt, sie könnten ihn nicht mehr gebrauchen, weil er doch schon so hinfällig war. Und Schwester Elsbeth, die leitende Schwester, war nicht hier, die Kinder waren nicht da. Da habe ich ihn zurückgehalten, das hat Nerven gekostet. Er hat sich gewehrt: »Ich habe mich nie im Leben zurückhalten lassen.« So nach dem Motto, er hätte immer seinen Willen durchgesetzt. Ich habe gebittet und gebettelt und gesagt: »Herr Doktor, dieses eine Mal bleiben Sie doch hier. Sehen Sie, wenn Ihnen jetzt was zustößt, ich habe doch nun die Verantwortung für Sie. Beim nächsten Mal können Sie doch wieder fahren.« Und das hat er dann auch akzeptiert und ist hiergeblieben.
>
> Manchmal stand er morgens plötzlich mit seinem Köfferchen vor der Küchentüre: »Ich möchte mich abmelden, ich gehe jetzt ins Krankenhaus.« »Ja, aber Herr Doktor, da wissen wir doch gar nichts davon, was ist denn ...« »Doch, ich gehe jetzt!« Und dann war er verschwunden und ging ins Krankenhaus. Und wenn er dann einen halben Tag oder einen Tag dagewesen war und man besuchte ihn, dann flehte er einen an: »Lassen Sie mich wieder nach Hause, ich möchte rüber, ich möchte in mein Büdchen« - Büdchen hat er immer gesagt - »Ich will doch in meinem Büdchen sterben.«[34]

Jochen Kreyssig und seine Frau Gudrun hatten unter den Altersschrullen ihres Vaters wohl am meisten zu leiden, unter seinen spontanen Entschlüssen, seiner Überfürsorge. Gudrun Kreyssig:

> Das sind nun Altersgeschichten, das ist wahrscheinlich in jedem Leben am Ende so. Aber was mir leid tat: Er war eben wirklich vereinsamt. Und er wußte das auch. Ich habe ihm dann auch mal gesagt: »Vater, hast du schon mal darüber nachgedacht, daß du nicht ganz unschuldig daran bist?« Und da sagte er: »Ja mein Kind, das weiß ich! Aber ich kann es nicht ändern.« Ich habe gesagt: »Aber wir können auch nicht alles für dich machen.« Denn alle Kommunikation lief über uns. Und ich dachte, es muß auch von ihm irgend etwas ausgehen.

Lothar Kreyssig im letzten Lebensjahr 1986.
Foto: privat.

> Aber dazu war er nicht mehr in der Lage. Die Leute im Heim paßten ihm irgendwie nicht. Und was anderes als theologische oder hochgeistige Gespräche konnte er nicht führen. Er konnte nicht so reden wie Sie und ich. Er konnte nicht Karten spielen, er konnte nicht Schach spielen, er konnte auch nicht mit irgend jemandem mal ein Glas Wein trinken, einfach mal so small talk machen, das ging nicht. Infolgedessen wurde er immer einsamer. Das war schon irgendwie tragisch.[35]

Einen Höhepunkt konnte Lothar Kreyssig noch erleben: seinen 85. Geburtstag am 30. Oktober 1983. Viele, sehr viele Briefe erreichten ihn, von den Weggefährten und Freunden aus der Bekennenden Kirche und den Jahren im Präsesamt, von Sühnezeichengruppen und vielen einzelnen, die durch die Aktion Sühnezeichen geprägt worden waren. Auch an offiziellen Würdigungen fehlte es nicht. Der Ministerpräsident von Nordrhein-Westfalen, Johannes Rau, schrieb einen sehr persönlichen Brief, mit dem er Kreyssigs Lebenswerk würdigte. Hans-Jochen Vogel, Vorsitzender der SPD-Bundestagsfraktion, schickte ein Telegramm. Der Bundesminister für Justiz, Hans A. Engelhard, ließ Kreyssig eine vollständige Kopie seiner Personalakte überreichen. Die Aktion Sühnezeichen Ost wie West schickte Gratulanten nach Bergisch-Gladbach. Kurt Scharf und Helmut Gollwitzer schrieben, Roger Schutz sandte ein Telegramm aus Taizé. Die Regionalpresse schickte Berichterstatter. Ein Foto im *Kölner Stadtanzeiger* zeigte den Jubilar, schon sehr greisenhaft, abgemagert, aus dem alltäglichen Gleichlauf gerissen, fast verstört.

Helmut Gollwitzer schrieb ihm:

> Mein lieber Freund, lieber Vorbild-Bruder!
>
> Du feierst in Deiner Stille Deinen 85. Geburtstag. Unser Vater im Himmel mutet Dir zu, solange warten zu müssen, bis Du Deiner lieben Frau in Gottes Licht nachfolgen darfst. Wenn Dich der Gedanke anfliegt, das sei jetzt ein nutzloses und also sinnloses Leben geworden, so bedenke: Sinnlos ist auch ein nutzloses Leben nicht, weil der wirkliche Sinn unseres Lebens im Empfangen der Liebe Gottes und seiner Liebesworte liegt, und das empfängst Du auch jetzt wirklich. Und nutzlos ist Dein jetziges Leben auch nicht. Denn es erfreut uns ständig das Wissen, daß Du noch unter uns bist, und Du gibst uns ein Beispiel, wie wir unserem irdischen Ende entgegengehen können, auch wenn wir längst nicht mehr die Hände zu nützlichem Tun regen können.
>
> Dein Sühnezeichen-Pflänzchen ist ein kräftiger Baum geworden (vgl. Matth. 13,31f.) und wirkt als Salz in der so kräftigen Friedensbewegung. Du bist einer ihrer Väter, durch Dein ganzes Lebenszeugnis. Wir danken unserem lieben Herrn für alles, was Er uns durch Dich gegeben hat, und denken mit herzlichen Wünschen an Dich, viele Leute und darunter auch Deine beiden
>
> Gollwitzers.[36]

Sein Sterben hat Lothar Kreyssig im letzten Lebensjahrzehnt, auch vor dem Tod seiner Frau schon, sehr beschäftigt. In Briefen wies er seine Söhne an, wie nach seinem Tode zu verfahren sei. Mehr als einmal entwarf er sich eine Todesanzeige. Zuletzt, mit zunehmenden Altersleiden, hat er immer häufiger über den Tod gesprochen. Seine Söhne

Jochen und Peter waren in den letzten Wochen regelmäßig bei ihm. Peter Kreyssig sagt, er habe bis zuletzt einen unbändigen Lebenswillen gehabt, obwohl es ihm nicht mehr gut ging und er gelitten hat. Eines der letzten Worte, die er zu seinem Sohn Jochen sprach, waren: Ich habe Angst. Er hat dann immer längere Schlafphasen gehabt und ist still und friedlich verdämmert.

Lothar Kreyssig ist am 5. Juli 1986, einem Sonnabend, im Alter von 87 Jahren im Altenheim in Bergisch-Gladbach gestorben. Er wurde auf dem Friedhof der Gnadenkirche neben seiner Frau Hanna beigesetzt. Um 1970, nach einer Erkrankung, hatte er geschrieben:

An der Schwelle

Zum Ende kann es dir geschehn,
daß du am Leben aus dem Danken findest,
und alles andere Verlangen
sich darin stillt, wie einem, der
nach Hause kommt und plötzlich weiß:
Das war es also: einfach angelangt zu sein,
wo Sterben sich ins Leben kehrt,
war dir in aller Wege Ungenügen,
in Irrsal, Unrast, Gier des neuen Ziels
nun dennoch zugedacht. - Du blickst umher im Kreis.
Verwandelt findst du selbst zum Danken aufgetan
die Mitgeschöpfe, Weggenossen alle, vorbestimmt -
jetzt weißt du es - zur Stunde der Vollendung
einzugehn mit dir in jenen Lobpreis,
der die Ewigkeiten füllt, erfüllten Sinnes
endlich zweifelsfreie Wirklichkeit. - Du zögerst
an der Schwelle? Geh getrost! Es wird
dir keiner fehlen, den im Danken du
als mitgemeint erkannt.

Anmerkungen

1 AEK Magdeburg, A 79 Bd. I 1953-1961, Synode, Generalia. Vermerk vom 6. April 1960 über die Wahl des Präsidiums der Synode auf der 1. Tagung der vierten Synode der Kirchenprovinz Sachsen vom 19. bis 22. März 1960 in Halle/Saale.

2 AEK Magdeburg, A 79 Bd. I 1953-1961, Synode, Generalia. Protokoll der 2. Tagung der vierten Synode der Kirchenprovinz Sachsen vom 25. bis 29. Juni 1960 in Magdeburg.

3 Nachlaß, Konvolut Peter Kreyssig. Brief vom 12. März 1974 an seinen Sohn Peter Kreyssig.

4 Nachlaß Kreyssig. Brief vom 9. Mai 1972 an die Kirchenleitung der Evangelischen Kirche der Union.

5 AB II, S.106.

6 AEK Magdeburg. Brief vom 28. Oktober 1977 an den Präsidenten und die Mitarbeiter des Konsistoriums der Kirchenprovinz Sachsen.

7 Brief vom 18. Mai 1968 an die Sühnezeichenmannschaft in Dresden.

8 AB II, S.110f.

9 Interview des Verfassers mit Peter Kreyssig.

10 AB II, S.111.

11 Sonderbrief an die Wochenbriefgemeinde, Ostern [April] 1965, S.1. Auch: AB II, S.111f.

12 Sonderbrief an die Wochenbriefgemeinde, Ostern [April] 1965, S.6.

13 Nachlaß Kreyssig. Vorlage des Theologischen und des Berichtsausschusses für die vom 25.-30. März 1966 in Halle tagende Synode.

14 Nachlaß, Konvolut Peter Kreyssig. Brief an Ministerpräsident Kurt Georg Kiesinger vom 11. November 1966.

15 AB II, S.109f.

16 Scharf, Kurt: Widerstehen ... a.a.O., S.54ff.

17 *paroxysmos* (griech.), Reizung, Erbitterung.

18 Programmblatt zur Feier aus Anlaß des 75. Geburtstages von Präses i.R. Dr. Lothar Kreyssig in der St. Annen-Kirche in Berlin-Dahlem.

19 Hammerstein, Franz von: Wie ein Prophet. In: Berliner Sonntagsblatt, 28. Oktober 1973, S.2.

20 Nachlaß Kreyssig. Brief von Kurt Scharf vom 25. Oktober 1973 aus Teheran.

21 75. Geburtstag. Vervielfältigtes Dankschreiben vom 5. November 1973 (vorbedacht am 27. Oktober 1973).

22 Hier und im folgenden: Nachlaß Kreyssig. Bericht über eine Reise nach Israel. Fragment [Ende 1972].

23 Bücher der Kündung. Verdeutscht von Martin Buber gemeinsam mit Franz Rosenzweig. Das Buch Jeschajahu, Vers 66.22. Gerlingen, 1997, 10. Aufl.

24 Nachlaß Kreyssig. Brief an die Professoren Gollwitzer und Rentdorff und Generalsekretär Dr. von Hammerstein vom 10. Januar 1975.

25 Nachlaß Kreyssig, Konvolut Peter Kreyssig. Brief an den Bürgermeister von Jerusalem [Ted Kollek] vom 1. Juli 1978.

26 AB II, S.115.

27 Nachlaß Kreyssig. Reisetagebuch zweier Spätheimkehrer [Frühjahr 1978].

[28] Interview des Verfassers mit Änne Grunwald am 14. Juli 1989 in Bergisch-Gladbach.
[29] Interview des Verfassers mit Oberin Elsbeth Kansteiner am 25. Juli 1989 in Holzminden.
[30] Interview des Verfassers mit Peter Kreyssig.
[31] Nachlaß Kreyssig. Rundbrief an Freunde und Verwandte vom Dezember 1982.
[32] *archon* (griech.)
[33] Gespräch des Verfassers mit Pfarrer Helmut Hochstetter am 15. Juli 1989 in Bergisch-Gladbach.
[34] Interview des Verfassers mit Änne Grunwald.
[35] Interview des Verfassers mit Jochen und Gudrun Kreyssig.
[36] Nachlaß Kreyssig. Brief von Helmut Gollwitzer vom 28. Oktober 1983.

Anhang

Dokument 1

Synode?

Redebeitrag von Lothar Kreyssig auf der Arbeitstagung der sächsischen Bekenntnissynode am 19. und 20. September 1936, handschriftliches Konzept [Nachlaß Kreyssig].

Eine Anzahl Synodaler hat die Einberufung der Synode der Bekennenden Kirche Sachsens gefordert. Die Zahl der Antragsteller scheint mir gleichgültig zu sein. Um so wichtiger scheint mir, wie diese Versammlung zu der Frage steht, ob eine sächsische Bekenntnissynode noch Berufung und Vollmacht habe. Sollten wir in der Erörterung theologischer oder kirchenpolitischer Einzelprobleme an dieser Frage am Ende vorbeigeredet haben, so würde ich den ganzen Zweck dieser Versammlung für verfehlt halten.

Denn es ist doch wohl so, daß wir einmal gemeint haben, in Vollmacht berufene Synode zu sein und für eine bekennende Kirche Sachsens zu sprechen. Ich jedenfalls habe geglaubt, daß wir zu unserer ersten Bekenntnissynode ohne exakte Wahlformalien, aber im Vertrauen von Gemeinden zusammengekommen sind, die Kirche waren, als Schafe, die ihres Hirten Stimme gehört hatten. Wie hätten wir sonst darum bitten können, daß der Heilige Geist uns zu einem einmütigen Worte des gehorsamen Bekenntnisses erleuchte? Trotzdem könnte ich es, wenn ich unsere gegenwärtige Lage ansehe, verstehen, wenn ein Bruder feststellt, daß er zwar von Kirche und Synode geredet, es aber so genau nicht genommen und im Vollsinne der Begriffe auch nicht gemeint habe. Ich würde es aber nicht verstehen, wenn wir uns das heute verhehlten. Denn das ist uns der Wahrhaftigkeit willen einfach nicht erlaubt.

Wären Sie aber mit mir der Meinung, daß wir einmal wahrhaft Kirche und wahrhaft Synode und nicht nur ein von der Kirchenpolitik erzeugtes Gespenst von beiden waren, so wäre zu fragen, ob wir es noch sind. Denn die Tatsachen sprechen scheinbar eine unüberhörbare Sprache dagegen.

1. Die Bekennende Kirche hat in Sachsen weder das Kirchenregiment erlangt, noch - im Unterschied zu Preußen - im Hauptteil der Gemeinden erobert. Aufs Ganze gesehen, wird es kaum mehr, sehr wahrscheinlich aber weniger Bekenntnisgemeinden als Notbundpfarrer geben; wenn ich recht sehe, also nicht mehr als ein Drittel. Vom Standpunkt des Initiators der Kirchenausschüsse sind wir daher notwendig nichts anderes als eine der streitenden Gruppen.
2. Dem Gewicht dieser Tatsachen haben wir uns gefügt. Wir haben uns ihm nach Oeynhausen nochmals gefügt, indem wir es abgelehnt haben, uns die Entscheidung von Oeynhausen zu eigen zu machen. Die Arbeit des Landesbruderrates versammelt sich im Hinblick auf das anerkannte Ausschußregiment darauf, das grundsätzliche Anliegen der Bekennenden Kirche im Hinblick auf die Entschließungen des Landeskirchenausschusses zur Geltung zu bringen.
3. Wie steht es im Land? Die Gemeinden der Bekennenden Kirche sind klein. Sie sind nach Wegfall der Sensationen und im Ernst der Bedrängnis zu wenigen Getreuen zusammengeschwunden. Neben ihnen stehen hier und da Kreise, die sich mit gleichem oder höherem Recht Kerngemeinde nennen können. Sie sind überall von Nachbargemeinden umgeben, in denen man die Bekennende Kirche nur ihrem Ruf nach kennt. Menschliche Unzulänglichkeit in ihnen ficht uns täglich an. Wo die geistliche Erweckung aber unter der Führung eines begnadeten Hirten breit und stark geworden ist, können sie praktisch mit der Kirchgemeinde gleichgesetzt werden.

Und nun frage ich: Ist das, was hier sichtbar existiert und wie es verstanden und geführt wird, Kirche?
Die Frage, ob es Kirche ist, kann nicht beantwortet werden ohne Klärung des Kirchenbegriffes, wovon ich behaupte, daß alle hier Versammelten, nicht nur die versteckten Unionisten, davon im Einzelnen eine andere Auffassung haben. Das sei zurückgestellt. Ich behaupte aber, daß es jedenfalls nicht mehr als Kirche geführt und verstanden wird.
Der Landesbruderrat läßt seine kirchenregimentlichen Befugnisse ru-

hen, wie der Ausdruck lautet. Das ist letztlich falsch. Denn Befugnisse könnten es nur sein, wenn sie aus dem Rechte kämen. Wir haben uns aber das Wort der Synode von Oeynhausen über das Kirchenregiment nicht zu eigen gemacht. Die Rechtmäßigkeit des Landeskirchenausschusses ist vielmehr praktisch einschränkungslos anerkannt. Gelegentliche vorsichtige Vorbehalte sollten unterlassen werden, weil sie nur als leere Demonstration empfunden werden können. Niemand denkt daran, noch in irgendwelcher Hinsicht den Anspruch geltend zu machen, daß der Landesbruderrat die rechtmäßige Leitung der lutherischen Kirche Sachsens sei. Es ist also rechtlich falsch und praktisch müßig, noch vom »Ruhenlassen« zu sprechen.

Von geistlicher Leitung ist bis auf den seelsorgerlichen Rat anläßlich der Wahl nichts den Gemeinden Spürbares mehr in Erscheinung getreten.

Es ist auch Illusion zu glauben, daß die bisherigen führenden Personen, nachdem sie von ihren Ämtern wieder voll beansprucht sind, Kirchenregiment und geistliche Leitung überhaupt praktizieren könnten.

Die Leitung hat angesichts der Beschränkungen seitens des Staates keinen Weg gefunden, mit den Gemeinden in regelmäßige Nachrichtenverbindung zu kommen.

Der Ruf zu einer Versammlungsarbeit zwecks Belehrung der Gemeinden über die immer noch vorhandenen Ziele hat einfach taube Ohren gefunden.

Unausrottbar hat sich in den Gemeinden bereits die Meinung verbreitet, daß das Ziel des Kampfes in dem jetzigen Frieden und der voranschreitenden Neuordnung erreicht sei.

Gegenteilige Beteuerungen werden entweder nicht ernst genommen oder bleiben theoretisch, weil die Gemeinden sehen und fühlen, daß die Richtung des Handelns praktisch eine andere ist. Und so ist das auch: Wir marschieren praktisch seit langem in einer Richtung, die der lutherische Rat jetzt aufnimmt. Sie läßt sich in folgende Sätze zusammenfassen:

Der Weg der Bekennenden Kirche und ihr Anspruch auf Rechtmäßigkeit hat in die Verengung und Erstarrung geführt. Am Problem der Kirchenausschüsse - ich rede absichtlich immer nur im Blick auf Sachsen - sind die Schranken zerbrochen. Es gilt jetzt nicht mehr »Bekennende Kirche«, sondern wieder die evangelisch-lutherische Landeskir-

che Sachsens und, aufs Reich gesehen, das corpus Lutheranorum, der Rat der lutherischen Kirchen Deutschlands. Ganz folgerichtig ist der Anschluß des Landesbruderrates Sachsens an diesen Rat ebenso nach dem seit Oeynhausen angeschlagenen Kurs selbstverständlich, wie praktisch uninteressant. Maßgeblich und interessant ist lediglich, ob und unter welchen Bedingungen der Landeskirchenausschuß sich anschließen wird.
Das sind die Tatsachen. Man könnte sie um beliebig viele symptomatische Einzelzüge vermehren. Ich stelle sie hin, ohne zunächst mit einem Wort darauf einzugehen, wie ich in meinen Herzen zu allem, was da geschehen ist und heraufzieht, stehe. Ich bin nur zunächst einmal überzeugt, daß wir nicht mehr, wie einst, als die bekennende evangelisch-lutherische Kirche Sachsens geführt und verstanden werden. Wir sind vielmehr, wenn man es positiv ausdrücken will, wieder »Bekenntnisgemeinschaft«. Man kann der Meinung sein, daß wir nie etwas anderes waren und uns nie anders hätten nennen sollen. Man muß es aber sehen und die Folgerungen daraus ziehen.

A. Welche Folgerungen gelten für uns als Synodale, die sich heute schlüssig werden sollen, ob sie nächstens als Synode zusammentreten und verantwortlich reden sollen?
Das ist eine Frage der inneren Entscheidung jedes Einzelnen, ob die Kirche, welche jetzt jenseits der Grenzen der Bekennenden Kirche erstrebt wird, die Kirche seines Glaubens ist. Meine Meinung darüber will ich am Ende gern noch sagen, wenn Wert darauf gelegt wird. Hier liegt mir nur an der Feststellung: Wer den eingeschlagenen Weg der Zusammenarbeit mit dem Ausschuß und mit dem lutherischen Block für richtig hält, kann unserem Kreis Berufung und Vollmacht einer Synode nicht mehr zusprechen. Es wäre ein offener Widerspruch zwischen Reden und Handeln. Er wird es auch nur billigen müssen, daß die verstreuten kleinen und unmündigen Gemeinden bei der Entscheidung, ob dieser Weg gegangen werden sollte, in keiner Weise beteiligt worden sind.
B. Welche Folgerung gilt für die Gemeinden? Wer der eben erwähnten Auffassung ist, müßte um der Wahrheit willen fordern, daß die Bekenntnisgemeinschaften mit jedem sachlich nicht unbedingt gebotenen Anspruch auf Selbständigkeit ein Ende machen. Sie sind dann

auch bei der überwiegenden Einstellung der Pfarrerschaft als selbständige Gebilde mit Eigenleben vielfach schon verschwunden oder in den Gemeinden aufgegangen. Bei der Verstreutheit der einzelnen Bekenntnisgemeinden müßte er fordern, daß die gesamte Aufbauarbeit und volksmissionarische Arbeit in der Landeskirche und ihren Organen, diese befruchtend, aufgingen. Volksmissionarische Arbeit der Bekenntnisgemeinschaften in Gemeinden, wo Bekenntnisgemeinden bisher nicht bestanden haben, ist eine Illusion. Er müßte fordern, daß Parolen und Anordnungen, wie sie der früheren Lage entsprachen (z.B. Versammlungsarbeit), unterbleiben, weil sie nicht mehr gehört werden. Für die Aufrufe zur Aufbauarbeit müßte er zur größten Selbstbescheidung raten. Denn wo nur vom Worte des Geistlichen und seiner Haltung der Segen wahren Gemeindelebens ausging, hat es sich ohnedies entfaltet; wo das fehlte, haben alle Aufbauprogramme und Ermahnungen nichts gebessert. Folgerichtig wäre es dann wahrlich, die Bekenntnisgemeinden in das Gemeindeleben zu entlassen und ihnen etwa zu sagen: Nach dem bescheidenen Maße von Erfüllung, das Gott trotz unserer Untauglichkeit gegeben hat, ist Eure Aufgabe nun zu Ende. Geht der Kirchgemeinde voran durch wahrhaft evangelische Lebenshaltung, versäumt die Bibelstunde nicht, haltet Euch zum Gottesdienst und freut Euch, daß unsere arme sächsische Landeskirche wieder halbwegs heil ist. Wenn Euer Pfarrer als Deutscher Christ oder sonstwie Euer Vertrauen verloren hat, so laßt Euch darum nicht anfechten.

Wenn neue Gefahr ist oder es nicht mehr blamabel ist, wird er schon wieder anders predigen. Nicht jeder Deutsche Christ ist ein Irrlehrer usw.

C. Was gilt für den Einzelnen?

Ist er im geistlichen Amt, so ist es einfach. Er ist der Volkskirche und der Pfarrerbruderschaft zurückgegeben. Dort mag er das Erlebte des leidenden Gehorsams weitergeben und sich nach seinem Belieben dienen lassen, was ihm die Leitung der Bekenntnisgemeinschaften an Führung und Anregung noch angedeihen lassen kann.

Ist er Laie, so mag er sich von allem Schwärmertum zur evangelischen Nüchternheit gewöhnen, sich dem Dienst in der Kirchgemeinde zuwenden und das, wovon er ohnehin nichts versteht, den Pfarrer und Bischof tun lassen.

Ich bitte also zu sehen und im Blick auf unsere Aufgabe sich unbedingt klarzumachen, daß wir uns auf dem Wege der eben skizzierten Folgerungen in eine andere Frontstellung hineinentwickelt haben. Ich bin überzeugt, daß die ausschlaggebende Bedeutung der Ausgestaltung und kirchenpolitischen Verselbständigung des lutherischen Blocks darin liegt, daß er dieser neuen Frontstellung einen neuen Gesamtausdruck und die Grundlage zur weiteren Fortentwicklung geben soll.

In dieser neuen Lage stehen wir noch als die Männer, die sich in ihrer Gesamtheit Synode der Bekennenden Kirche Sachsens genannt haben. Sind wir angesichts dieser neuen Lage in der Verantwortung vor Gott noch des guten Gewissens, daß wir als Synode für die Kirche zu reden hätten, zu reden zu den Fragen, die uns bedrängen und nicht mehr loslassen werden? Wir sind uns, meine Herren Brüder, gegenseitig volle Wahrhaftigkeit schuldig. Meine größte Angst ist, daß wir aus kirchenpolitischen oder sonstigen Rücksichten jetzt den Anschein neuer Berufung und Vollmacht aufrechterhielten, an den wir nicht mehr glauben. Dann würde es mir völlig unmöglich sein, weiter mitzuarbeiten. Wir würden mit Recht unglaubwürdig werden. Meine Herren Brüder, jeder von Ihnen, der den Kurs des Landeskirchenrates und das Unternehmen des lutherischen Paktes billigt und vertritt, ist uns daher auch ein offenes Wort darüber schuldig, ob wir noch Synode sein und für die Kirche reden können.

Dokument 2

Der reiche Kornbauer

Predigt über Lukas 12.15-21 in der Dorfkirche von Hohenferchesar zum Erntedankfest 1939 [Nachlaß Kreyssig].

Mensch, wo blieb dein Wälderherz, dein grünes?
Mensch, wo blieb dein Ätheraug, das klare!
Mensch, wo blieb dein Adleraug, das wahre?
Mensch, wo blieb dein Löwenherz, dein kühnes?
Wo dein Sternenohr, das in den Sphären
Engel hörte, die den Ewigen priesen!
Mensch, was liefest du aus Paradiesen
zwischen Mauern zu den Wappenbären?
Mensch, ich schrei aus grenzenlosen Schmerzen:
Mensch, was machtest du aus deinem Herzen?*

So ruft der Dichter den Menschen aus dem Unflat der Städte, wie er sagt, zurück zur Unschuld der Natur. Mensch, was liefest du aus Paradiesen zwischen Mauern zu den Wappenbären? Paradiesen? Leben wir im Paradiese? Nun, es ist ein Stück Paradies, daß wir Bauern das in Pflanze und Tier verschwenderisch quellende Leben wecken und hüten dürfen. Ja, das Leben! Was wühlen wir doch herrlich herum mit unseren Kumpanen, den Pferden und Maschinen, in der schwarzen, rauchenden, trächtigen Erde, voll Schweiß und Ingrimm, aber satt und stark von ihrem unsterblichen Brodem. Tausendfach rinnt es durch *unsere* Hände in den mütterlichen Schoß der alten Erde, das heilige Korn, das köstliche Schatzkästlein Gottes des Vaters, tausendfach spitzt es immer wieder, immer wieder rötlich zuerst und zart im rauchenden Früh-

* Aus dem *Parzival* von Albrecht Schaeffer.

nebel des Herbstes, bereit mit uns den Winter zu überdauern, unter dem Leinentuch des Schnees lebendig zu bleiben, ja unter dem Griff des Frostes erst recht kernig und stark zu werden. Zehntausendfach grüßt es uns dann wieder, wenn wir an einem stillen Sommermittag durch die Felder gehen, die heiße, leidenschaftliche Stille des letzten Reifens ist um uns, die Halme nicken, der Mittsommerhauch streichelt schläfrig, die Grille geigt. Morgen komm ich wieder, Bruder Roggen. Da mähen wir los. Da bin ich der Tod. Da will ich dich dem braunen Mädel hinter mir in die Arme legen, damit du Garbe wirst und übermorgen Brot. Ja, Brot, heiliges Brot, wächst unter unseren armen Händen. Und Leben, quellendes, kochendes Leben um uns auf unseren Höfen und um unsere Frauen. Das piept und zwitschert, das brüllt und blökt, das quiekt und wiehert, das bellt und meckert, hier frißt es, hier schläft es, hier liebt es, hier ist es zu Haus. Die Kinder schreien darein. Hier, hier erklingt es, das brausende Lied von der Erde. Geld? Mal hat's der Bauer, meist hat er's nicht. Leben ist sein Reichtum, unter hutsamen Händen immer neu quellendes Leben. Segen der Erde! Paradies des Bauern!

Das Licht der Sterne trinken wir getrost.
Tags spielen uns der Wolken wechselnde Gestalten.
Die Sonne pelzt uns auf. Wir treiben um im Regendunst.
Des trocknen Ostes Brot schmecken wir morgen.
Das Land ist arm. Das Blut ist rot.
Die Nacht ist Harm. Der Tag ist Not.
Was schern Euch unsere Sorgen!

Segen der Erde! Reichtum des Bauern! *Ist* das so? Aber ist das alles? Ist nicht das andere auch? An denselben Kartoffeln, an demselben Roggen tun wir jahraus, jahrein dieselbe Arbeit, welche Jahrtausende und Jahrhunderte die Menschen lehrten. Und dann haben wir plötzlich mitten zwischen guten Ernten eine katastrophale Mißernte und rätseln daran herum. Jeder bringt einen weiteren Grund herzu, warum es wohl mißraten sein könnte, und keiner überzeugt uns recht. - Eines Morgens scheint die Sonne besonders herrlich. Die Arbeit freut uns, die vor uns liegt. Alle Menschen, alle Wesen scheinen sich mitzufreuen. Ja, sagt das Herz, die Welt ist wirklich ein heimliches Paradies. Plötzlich schlägt ein

Pferd, das wir nicht anders als lammfromm kennen; eine Stunde später meldet ein Mädchen, daß Raubzeug sämtliche Enten erwürgt hat. Mittags erfahren wird, daß wir von einem Menschen, dem wir vertrauten, seit langem systematisch und dreist bestohlen worden sind. Bei Beginn der Nachmittagsarbeit wird klar, daß wir selber einen unverbesserlichen Bestellfehler gemacht haben, keine Arbeit gelingt mehr recht. Das Sonnenlicht vom Morgen ist fahl und feindlich, das Herz ist öde und leer bis auf einen großen Überdruß. Die Pferde, die Kühe sind von unerhört erfinderischer Niedertracht, alle Dinge liegen im Wege und scheinen höhnisch zu grinsen, an allen Ecken stößt man sich. Abends kommen zwei Leute, um sich über Flurschaden zu beschweren, und ein dritter, der wegen vergessener Steuern pfänden will. Was ist denn das? Segen der Erde? Fluch der Erde. Nicht genug mit Mißernte. Dornen und Disteln und Quecken und Hederich werden mich noch jahrelang daran erinnern. Der See, der mir die Erschöpfung des Tages und alle seine Not mit eins hinwegspült, verschlingt den Kameraden. Mit der Maschine, die mir unentbehrlich ist, kommt ein anderer zu Tode. Reichtum des Lebens? Wie denn? Helfe ich nicht allen den Geschöpfen, Pflanzen wie Tieren ins Leben, um ihnen nach meiner Willkür den Tod zu geben, wenn es mir nützlich erscheint? Wird hier nicht ein Fluch über Erde und Acker ebenso deutlich wie ein Segen? Seht sie nur an, unsere alten Bauern: Das Wälderherz, das grüne, das Ätheraug, das klare, das Adleraug, das wahre, das Löwenherz, das kühne, ja, das ist alles da. Segen der Erde! Aber gekrümmt ist der Rücken, faltig die Gesichter von maßloser, endloser Mühsal, krumm die Finger, hölzern die Hände, müde das alte Herz, wortkarg der schmale, streng gefaltete Mund. Segen der Erde!

Ja, aber Bauer, was ist es um alles dies? Was hat es für einen Sinn, dieses unlösliche Durcheinander von Segen und Fluch, dem du dich auf keine Weise entziehen kannst? Da sollst du Gott danach fragen, und glaube mir, Er wird dir Lehre und Antwort nicht schuldig bleiben. Wie trefflich schildert uns alle das Gleichnis. Wir erfahren den Segen der Erde, die unverständliche Lebens- und Erneuerungskraft der Mutter Erde als etwas, worauf wir rechnen können. Den Fluch erfahren wir auch. Dem beugen wir uns und fronden, und diese Maschine wird's uns leichter machen und jene noch mehr. Hauptsache, daß wir im Herbst soviel zusammen haben, wie wir brauchen, damit es auf dem Hof vorwärts und nicht rückwärts geht. Und wirklich gleicht sich jeder Mißerfolg in der einen oder anderen Frucht wieder aus. Im ganzen mögen wir in jedem Herbst sagen: Liebe Seele, du hast nun einen guten Vorrat, habe nun Ruhe, iß, trink und habe guten Mut. Und wer von uns stünde nicht so gespannt zwischen Segen und Fluch des Ackers, daß er so voranzukommen wünschte, daß er wie der Mann im Gleichnis eine neue Scheune bauen möchte! Du Narr, heute Nacht wird man deine Seele von dir fordern, und was wird's sein, das du bereitet hast? Nein, frage Gott nach dem Sinn von alledem, was dich da köstlich und furchtbar umstrickt. Nimm und lies! Habe darüber, lieber, prächtiger, märkischer Bauer, soviel Treue und Geduld, wie du in langen Jahren über den Geheimnissen des dir anvertrauten Lebens ringsherum gelernt hast, und du wirst, das sage ich dir in Gottes Namen, nicht nur vollen Aufschluß über das Geheimnis von Fluch und Segen deines Bauernlebens, sondern Ziel und Sinn der ganzen Schöpfung und zuinnerst, wie den Kern in der Nuß, das Geschenk des ewigen Lebens für dich, ja die Versicherung finden, daß alle dich umgebenden, dir anvertrauten Mitgeschöpfe mit dir erlöst sein sollen. Du wirst entdecken, daß alles das Wunderbare, in welchem du nur in Demut und Behutsamkeit als Haushalter Gottes schalten kannst, nur Gottes vorletztes Werk ist, Sein letztes aber dein und der Deinigen ewiges Leben, für das Er dich gewinnen will. Ja, gewinnen will. Denn Er achtet dich, Würmlein Mensch, so hoch, Er hat dich so nach Seinem Bilde geschaffen, daß Er dir Seine Gnade, den Weg zu Seinem Vaterherzen zu nehmen, frei läßt. Die neue wunderbare, die ewige Ordnung, lieber Mitmensch, die sich dabei allmählich vor dir auftut, ist so groß und herrlich wie die ganze Schöpfung selbst. Darum kann ich es nicht in einer Predigt vor euch entfalten. Dem Redlichen läßt es Gott auch ohnedies gelingen. Aber eines möchte ich wohl gern: Mit euch allen in ein geordnetes, ein regelmäßiges Gespräch darüber kommen, wie ich es mit anderen, die von meinem Bauernleben im Unterschied zu euch gar nichts wissen, führe. Für heute nur dies: Wenn wir uns dem Worte Gottes mit Ernst und Treue auftun, so werden wir nicht nur belehrt, sondern verwandelt. Wir schlagen noch in diesem Leben und in diesem Leib und mitten in unserem Bauerndasein die Augen für die Ewigkeit auf. Nun erfassen wir, was es ist um den Segen Gottes als des Vaters Jesu Christi und erkennen den Fluch und warum er auf uns mit Recht trifft. Aber wir erkennen sie nicht nur, sondern werden Herr über sie, ja auch über den Segen. Denn ist es nicht so, daß wir sonst ein ganzes Jahr lang dieses Segens Knecht sind? Jetzt verwandelt sich uns der Fluch in Segen, und der Segen in ein unser ewiges Teil erbauendes Dankopfer. Wir bleiben Menschen der gefallenen Schöpfung unter den Fluch des Ackers gebeugt. Ja, die Dämonen, welche sich an diesen Fluch hängen, sind nur um so toller, wenn ein Bauer sich auf die Heimkehr zu Gott macht. Davon wüßte ich einiges zu sagen. Aber sie sind entmächtigt und müssen uns nun dienen. Die Mühsal der Arbeit, die Mißgeschicke, die tausend quälenden Unzulänglichkeiten werden nun vernehmlich als das stete mahnende Klopfen Gottes. Verlier dich nicht völlig in den Dienst am vergänglichen Wesen, mag er noch so köstlich sein. Bleib wach in deiner Sehnsucht nach dem Tag, an dem Ich, der Auferstandene, wiederkommen will, einen neuen Himmel und eine neue Erde zu bieten, auf der, wie es unverbrüchlich verheißen ist, nicht Leid noch Geschrei noch Schmerz mehr sein wird - auch nicht der uns anvertrauten Geschöpfe! Lerne aus dem täglichen Erlebnis des Fluches, der auf dem Acker und deiner Arbeit lastet, ihn vor den notleidenden Brüdern als ein Gotteskind zu tragen. Verwandele die Versuchung zu Zorn oder Verdrossenheit oder launischer Ungerechtigkeit in eine Bitte zu Gott. Und seht, der Segen - das sei das Letzte für heute - der Segen, in dem wir der Ewigkeit zu vergessen bedroht sind, verwandelt sich in ein Dankopfer. Lange, ehe Er mich aus meinem Berufe herausführen wollte, hat Gott in mir den leidenschaftlichen und standhaften Wunsch erweckt, ein Herrendasein in der Stadt und an der Oberfläche der Zivilisation mit dem einfachen und harten Leben des Bauern zu vertauschen. Ja, und nun verwächst man mit dem Boden, der so viel Schmerzen bereitet und so viel Schweiß getrunken hat, mit Bruder Tier und Bruder Baum je mehr und mehr. »Was du liebst, in das sollst du verwandelt werden.« Die Seele verflicht und verschwistert sich immer mehr mit den Tausenden von Seelen und Seelchen umher. Es ist wahrlich wahr, ich bezeuge es, was da im Gleichnis von der Erdverlorenheit des Bauern gesagt ist. Aber Seine Kinder, die Er berufen hat zum ewigen Leben, weiß Gott Sich zu erziehen, so daß man an ihnen die Verwandlung erkennen kann. Seht, was können wir denn zum Werke Gottes beitragen? Kaum mehr als nichts. In jedem kleinen Samenkorn stecken die Baumeisterkräfte, die Bildekräfte, es zur fertigen Pflanze ihrer Art und ihres Wesens werden zu lassen, vollständig, aber unsichtbar, darin. Jedes Tier, dessen ich mich bediene, bringt die erforderlichen Anlagen für meinen Zweck, mehr noch, sogar die Fähigkeit mit, in mir seinen Herrn zu erkennen und mir trotz aller Kraftüberlegenheit ganz zum Dienen unterworfen zu sein. Die Gaben, die mich selbst befähigen, die Ordnung der Natur zu erkennen und sie zu benutzen, habe ich sie nicht alle mitbekommen? Den guten Willen und die Fähigkeit zu lernen und Erfahrungen zu machen, doch auch. Es ist wahrlich wahr: Wir haben nichts, was wir nicht erst verliehen bekommen hätten. Das muß jeder erkennen. Und dennoch ist diese handgreifliche Erkenntnis keine Wirklichkeit in der Welt. Vielmehr denkt und handelt der Mensch so, als hätte er das alles zu beanspruchen und hätte es in der Hand, wachsen zu lassen. Erst wenn Gott sich als der Vater Jesu Christi zu erkennen gibt, kann sich die Einsicht, daß der Mensch alles geschenkt bekommen hat, in eine Überzeugung und eine Haltung verwandeln, welche der Wahrheit entspricht, Haushalter zu sein über Gottes Geheimnissen. Und dies, nichts anderes, ist der wahre Adelsbrief des Bauern, daß er Haushalter ist über dem Lebensgeheimnis Gottes, Haushalter, von dem nicht mehr erwartet wird, denn daß er treu erfunden werde, wie die Schrift sagt. So allein auch ist er reich in Gott, sein Werk zwischen Segen und Fluch des Ackers also zu heiligen, daß es zu Dienst und Lobe Gottes geschieht. Wir haben Ihn in diesem großen Gerichtsjahr des Krieges wahrlich als den Vater wieder verspürt, dessen Hand schlägt, aber auch verbindet. Ich grüße euch alle, die ihr heute gekommen seid, Gott die Ehre zu geben für das in Zeit und Ewigkeit unschätzbare Werk Seiner väterlichen Geduld und Liebe. Er sei hochgelobt. Amen!

Dokument 3

Gerechtigkeit für David, Kapitel 4

Aus »Gerechtigkeit für David. Gottes Gericht und Gnade über dem Ahnen Jesu Christi. Nach dem 2. Buch Samuelis« von Lothar Kreyssig, Evangelische Verlagsanstalt Berlin 1949, S.28-30.

DAVID war seinem Königsamt ein Urteil über Joab schuldig. Statt dessen tut er vieles andere. Am Ende (Kap. 3 Vers 39) befiehlt er die Mörder, die Kinder der Zeruja, die ihm verdrießlich sind, dem Gerichte Gottes: Der Herr vergelte dem, der Böses tut, nach seiner Bosheit. Das klingt sehr fromm. »Die Rache ist mein; Ich will vergelten, spricht der Herr« (5. Mose 32; Römer 12 Vers 19). Aber wenn einer Richter ist, aus Angst den Schuldigen nicht straft und ihn statt dessen der Strafe Gottes befiehlt, so ist das eine heuchlerische Frömmigkeit. Das Reich Gottes steht nicht in Worten, sondern in Kraft. Das Wort Gottes aber, schärfer denn kein zweischneidig Schwert, macht noch ein Weiteres und Tieferes offenbar. David will in seinem ihm von Gott aufgetragenen Amt nicht richten. Es sind selbstgewählte Wege des Ungehorsams, wenn er statt dessen Gottes Strafe auf den Schuldigen herabruft. Gott läßt sich nicht zum Lückenbüßer für den Richter David machen. Joab wird David überleben, so daß David die jahrzehntelang vertagte »Sache Joab« seinem Nachfolger als böse Hinterlassenschaft übergeben muß. Aber um so schneller wendet sich Davids Anruf »Der Herr vergelte dem, der Böses tut« gegen ihn selbst. Wo er sollte, hat er zu richten unterlassen. Was er statt dessen dem Joab flucht, wendet sich gegen ihn selbst. Es erfüllt sich sofort, unmittelbar anschließend in einer erschreckenden Folgerichtigkeit, ein echtes Urteil Gottes, weil vor der Welt ebenso verborgen wie im Glauben offenbar.
In Israel ging die Kunde von der Ermordung Abners in der Hauptstadt Davids wie ein Lauffeuer um. Wenn schon in Juda der Verdacht kaum

zu widerlegen war, daß David die Ermordung des verräterischen Unterhändlers sehr gelegen gekommen sei, so mußte in Israel die Kunde als der Anfang der gewalttätigen Umwälzung wirken. Die marktgängige Meinung, daß dies letztlich alles von David selber ausginge, konnte nur auf eine allerdings vollständige Weise widerlegt werden, nämlich dadurch, daß David den Meuchelmörder sofort standrechtlich aburteilte, wie er es mit dem Amalekiter getan hatte. Das gerade geschah nicht. Und es entstand wiederum in zwei weiteren Mordbuben der Vorsatz, sich durch Beseitigung Isboseths ein königliches Kopfgeld zu verdienen. In der Mittagshitze, während die Türhüterinnen beim Weizenlesen eingeschlafen waren, dringen die beiden Attentäter ins Haus, erstechen den König und bringen seinen Kopf zu David. Über sie ergeht ein Standgericht, das dem Spruch über den Amalekiter und dem Vollzuge des damaligen Todesurteils zum Verwechseln ähnlich ist.
David hat seine richterliche Entschlußfreudigkeit sehr rasch wiedergefunden. Weiß er um seine Mitschuld? Er ruft Gott zum Zeugen dafür an, daß er den Mördern Isboseths um der Gerechtigkeit willen nicht anders tun könne, als er jenem falschen Boten vom Tode Sauls getan hatte. Gleiches Recht für alle ist also letztlich die Begründung seines Todesurteils über die beiden, gesprochen im Angesichte Gottes. David hat Recht. Auf eine geheimnisvolle Weise ist der Gerechtigkeit, welche mit jedem Menschen und mit jeder Tat nur einmal und nie wieder gleichermaßen erscheint, doch das Moment der Gleichheit eigen. Die vorsätzliche Ausnahme vom Recht tötet das Recht. »Der Herr vergelte dem, der Böses tut, nach seiner Bosheit.« Das war Davids abschließende Rede im »Fall Joab« gewesen. Damit hat er sich selbst das Urteil gesprochen. Er hat, indem er Joab straffrei ließ, in den beiden Mordbuben den Glauben erweckt, daß sie sich mit dem Kopf des Gegenkönigs einen erlesenen Blutlohn verdienen könnten.
Auf eine Weise, welche die irdische Rechtsordnung als Ursächlichkeit, die sie zweifellos ist, niemals wird fassen können - denn Anstifter im Rechtssinne ist er nicht -, hat David eine wesentliche Mitschuld am Tode sowohl Isboseths wie seiner beiden Mörder, die er nun richtet. Sofortiges Gericht über Joab hätte die Meinung im Keime erstickt, daß man sich durch politischen Meuchelmord einen Blutlohn von David verdienen könne. Weil er einen nicht nach dem Recht gerichtet hat, müssen drei andere sterben, und zwei von ihnen muß er selbst das To-

desurteil sprechen, muß damit vor Gott und seiner Gerechtigkeit sich selber richten. Und es könnte sein, daß Gott diese Schuld und Versuchung schwerer wägt als Anstiftung, die nach Menschenrecht der Tat gleichsteht. Denn Gott wägt die Last den Starken, die Er zu Königen macht, stärker zu als anderen. Darum will er auch zuerst (1. Tim. 2,2) Bitte, Gebet, Fürbitte und Danksagung für die Könige und alle Obrigkeit.

Wir hören aus dem Worte Gottes nichts, ob Isboseth, Baana und Rechab im Jüngsten Gericht zeugen werden wider David; aber wir werden sehen, wie Gott die Schuld Davids noch auf Erden reif werden läßt. Und wir sehen mit Ehrfurcht und dankbarem Vertrauen, wie die Schrift auch an einem David nichts beschönigt. Angst und Sorge läßt ihn aus dem Glauben und damit aus dem Gehorsam fallen. Das ist die Wahrheit. So bleibt, was ihn etwa sonst entschuldigen, aber die Wahrheit verdunkeln könnte, ungesagt.

Dokument 4

Schreiben an den Justizminister

Wortlaut der im Nachlaß vorhandenen originalen Durchschrift des Schreibens an den Reichsminister der Justiz. Der Text weicht an wenigen Stellen geringfügig von der zuerst 1947 unter dem Titel »Ein Richter fragt den Minister« in der Zeitschrift Die Innere Mission, *Jg. 37(1947), Heft 5/6, S. 40-43 veröffentlichten Fassung ab. [Nachlaß Kreyssig, Mappe »Privat-Akten NS-Zeit«].*

Brandenburg/Havel, 8. Juli 1940
An den Herrn Minister der Justiz, Berlin

Als Vormundschaftsrichter in Brandenburg/Havel berichte ich folgendes:
Vor etwa zwei Wochen wurde mir von einem Bekannten berichtet, es werde erzählt, daß neuerdings zahlreiche geisteskranke Insassen von Heil- und Pflegeanstalten durch die SS nach Süddeutschland gebracht und dort in einer Anstalt zum Tode gebracht würden. Im Ablauf von etwa zwei Wochen bis heute habe ich mehrere Aktenstücke vorgelegt bekommen, in welchen Vormünder und Pfleger von Geisteskranken berichten, daß sie von einer Anstalt in Hartheim (Oberdonau) die Nachricht erhalten hätten, ihr Pflegling sei dort verstorben. Die verwahrende Anstalt habe von einem »Kriegskommissar« oder vom »Kriegsminister« die Anweisung erhalten, den Kranken zur Verlegung in eine andere Anstalt herauszugeben, den Angehörigen aber nichts mitzuteilen. Diese würden von der aufnehmenden Anstalt benachrichtigt werden. Hierin stimmen fast alle Berichte überein. In der Angabe des Leidens, dem der Kranke in Hartheim erlegen sei, weichen sie voneinander durchaus ab. Auch ist der Inhalt der an die Angehörigen oder gesetzlichen Vertreter gegebenen Nachrichten verschieden ausführlich. Alle stimmen dage-

gen wieder in der Bemerkung überein, daß wegen der im Krieg herrschenden Seuchengefahr der Verstorbene sofort habe eingeäschert werden müssen. In einem Falle handelt es sich um einen wegen Geistesschwäche entmündigten Querulanten, der mehrfach bestraft war. In einem anderen Falle war der Kranke auf Kosten von Verwandten untergebracht. Hier hat der Bruder des Verstorbenen das ihm gesandte Schreiben beigefügt. Es enthält den Satz, daß es aller ärztlichen Kunst nicht gelungen sei, den Kranken am Leben zu erhalten.
Nach anderen Akten sind Anzeichen vorhanden, daß auf ähnliche Weise Kranke auch in sonstige Anstalten verbracht und dort verstorben sind.
Es ist mir kaum mehr zweifelhaft, daß die schubweise aus den Unterbringungsorten abtransportierten Kranken in der genannten Anstalt getötet worden sind. Trifft es zu, so ist zu vermuten, daß es weiterhin geschieht. Ich möchte nicht durch eigene Erörterungen vorgreifen. Ich berichte daher, obwohl ich bisher nur Beweisanzeichen habe.
Ich setze im Folgenden voraus, daß meine Vermutung zutrifft, d.h. daß man gewisse in Anstaltspflege befindliche Geisteskranke ohne Wissen der Angehörigen, der gesetzlichen Vertreter und der Vormundschaftsgerichte, ohne die Gewähr eines geordneten Rechtsganges und ohne gesetzliche Grundlage zu Tode bringt.

Ich weiß, daß es eine große Anzahl Wesen gibt, die nur noch der äußeren Erscheinlichkeit nach etwas Menschliches haben, im übrigen aber von Geburt an oder durch spätere Zerstörung ihrer geistigen Fähigkeiten ein fast tierhaftes Dasein führen, nach aller menschlichen und ärztlichen Erfahrung nie geheilt werden, in Anstalten versorgt werden müssen, wertvolle Menschenkräfte in großer Zahl nutzlos beanspruchen und dem Volk ungeheure Summen kosten. Die Frage nach dem Sinn solchen Lebens rühret an die tiefsten Daseinsfragen überhaupt. Sie führt unmittelbar auf die Frage nach Gott. So ist auch meine Stellung zu ihr und - denke ich - vieler anderer Deutscher und deutscher Richter durch meinen christlichen Glauben bestimmt. Von dort her ist die »Vernichtung lebensunwerten Lebens« überhaupt ein schwerer Gewissensanstoß. Leben ist ein Geheimnis Gottes. Sein Sinn ist weder im Blick auf das Einzelwesen noch in dessen Bezogenheit auf die völkische Gemeinschaft zu begreifen. Wahr und weiterhelfend ist nur, was

Gott uns darüber sagt. Es ist darum eine ungeheuerliche Empörung und Anmaßung des Menschen, Leben beenden zu dürfen, weil er mit seiner beschränkten Vernunft es nicht oder nicht mehr als sinnvoll begreift. Ebenso wie das Vorhandensein solchen hinfälligen Lebens ist es eine von Gott gegebene Tatsache, daß es allewege genug Menschen gegeben hat, die fähig waren, solches Leben zu lieben und zu betreuen, wie denn rechte Liebe ihre Größe und den Abglanz ihrer göttlichen Herkunft gerade dort hat, wo sie nicht nach Sinn und Wert fragt. Es ist vermessen, zu beurteilen oder sich darüber hinwegzusetzen, was wohl »lebensunwertes Leben« für die ewige Bestimmung der Menschen bedeutet, die damit nach den Ordnungen Gottes als Eltern oder Angehörige oder Ärzte oder Berufspfleger verbunden sind.

Ich weiß ferner, daß trotzdem mit einer Denkweise gerechnet werden muß, welche das Problem als sittliches oder rechtliches ohne Rücksicht auf die Glaubensfrage beurteilen will. Auch sie muß den Maßnahmen aus Gewissensgründen widersprechen, weil die Rechtsgewähr fehlt. Man lese nach, was etwa Binding zusammen mit Hoche in der Schrift *Die Vernichtung des lebensunwerten Lebens* zur Notwendigkeit verfahrensmäßiger Rechtsgarantien meint. Zur Zeit ist nicht bekannt, welches die Voraussetzungen für den Todesentscheid sind. Sicher ist nur, daß hier bei grundsätzlicher Bejahung der rechtlichen und sittlichen Möglichkeit die Hauptschwierigkeit liegt. Was ist normal? Was ist heilbar? Was ist diagnostisch mit Sicherheit feststellbar? Was ist im Blick auf den unnützen Aufwand für die Gemeinschaft noch tragbar? Wer es zu wissen glaubt, der wüßte noch nicht, was der andere darüber meint. Im rechtsgeordneten Verfahren würde dabei helfen, daß der betroffene Angehörige einen begründeten Antrag zugestellt bekäme. Er würde weiter dazu gehört werden. Es müßte ein Gutachten vorliegen, zu dem er Stellung nehmen könnte. Er würde einen Spruch bekommen, aus dessen Gründen ihn das Verantwortungsbewußtsein der Entscheidenden anspräche. Er würde ein Rechtsmittel dagegen haben, um alles vorbringen und durch ein neues Gutachten unterstreichen zu können, was etwa jetzt noch verkannt sein könnte. Und möchte die letzte Entscheidung für ihn nicht minder schwer zu tragen und sogar gewissensanstößlich sein, so würde sich doch alles damit verbinden, was am Rechtsfrieden versöhnlich ist.

Alles das fehlt jetzt. Wer jetzt das Unglück hat, einen nahen Angehöri-

gen in eine Anstalt für Geisteskranke einliefern zu müssen, wird in eine kaum begreifliche Herzensnot gebracht. Er, der von Rechtskunde und Psychiatrie unberührte, einfache Volksgenosse weiß gar nichts von den Gesichtspunkten, nach welchen sein Angehöriger für die Beseitigung u.U. gar nicht in Betracht kommt. Er weiß nur, daß man damit rechnen muß, eines Tages aus Hartheim die Nachricht vom unerwarteten Ableben des Angehörigen und die Aufforderung zu bekommen, daß man über die Urne verfüge. Noch schlimmer muß der Seelenzustand unter den Anstaltsinsassen sich gestalten. Insbesondere ist m.E. gar nicht abzusehen, welch ungeheuerliche Folgen der dadurch geschaffene seelische Druck für die Kranken haben muß, die nur wenig gestört, aber natürlich psychisch oder nervös oder geistig besonders anfällig sind. Russische Emigranten berichten ergreifend über die Seelenlage von Gefangenen in Kerkern, wo täglich um dieselbe Stunde der Henker eine Anzahl Gefangene aufruft, die ihm folgen müssen, um erschossen zu werden. Nicht ob es geschieht, ist entscheidend und macht den unbeschreiblichen seelischen Druck aus - die Entscheidung zum Tode kann im Gegenteil fast als befreiend empfunden werden, weil es wenigstens Entscheidung ist - sondern daß es möglich und unberechenbar, weil in einem Zustand von Rechtlosigkeit dem Gutdünken und der Willkür anheimgegeben ist. Das darf man bedenken, wenn man sich die Lage von Anstaltsinsassen - aber auch ihrer Angehörigen - vorstellen will.
Die Anstalt Hartheim nennt in jedem Bericht eine natürliche Todesursache, in dem einen Fall mit dem Zusatz, daß alle ärztliche Kunst nicht vermocht habe, den Kranken am Leben zu erhalten. Jeder aber weiß, wie ich, daß die Tötung Geisteskranker demnächst als eine alltägliche Wirklichkeit ebenso bekannt sein wird, wie etwa die Existenz der Konzentrationslager. Das kann gar nicht anders sein.

Recht ist, was dem Volke nützt. Im Namen dieser furchtbaren, von allen Hütern des Rechtes in Deutschland noch immer unwidersprochenen Lehre sind ganze Gebiete des Gemeinschaftslebens vom Rechte ausgenommen, vollkommen z.B. die Konzentrationslager, vollkommen nun auch die Heil- und Pflegeanstalten. Was beides in der Wirkung auf einander bedeutet, wird man abwarten müssen. Denn der Gedanke drängt sich auf, ob es denn gerecht sei, die in ihrem Irrsinn

unschuldigen Volksschädlinge zu Tode zu bringen, die hartnäckig boshaften aber mit großen Kosten zu verwahren und zu füttern.
Das bürgerliche Recht besagt nichts darüber, daß es der Genehmigung des Vormundschaftsrichters bedürfe, wenn ein unter Vormundschaft oder Pflegschaft und damit unter seiner richterlichen Obhut stehender Geisteskranker ohne Gesetz und Rechtsspruch vom Leben zum Tode gebracht werden solle. Trotzdem glaube ich, daß »der Obervormund«, wie die volksverbundene Sprechweise den Vormundschaftsrichter nennt, unzweifelhaft die richterliche Pflicht hat, für das Recht einzutreten. Das will ich tun. Mir scheint auch, daß mir das niemand abnehmen kann. Zuvor ist es aber meine Pflicht, mir Aufklärung und Rat bei meiner vorgesetzten Dienstbehörde zu holen. Darum bitte ich.

Kreyssig
Amtsgerichtsrat

Dokument 5

Für die Hungernden

*Aufruf aus dem Jahr 1957 zur Gründung einer Aktionsgemeinschaft für die Hungernden**

Ein Drittel der Menschheit ist unterernährt. 800 Millionen müssen ein ganzes Jahr lang mit dem auskommen, was bei uns für Kleidung und Nahrung gerade für einen Monat ausreicht. 30 bis 40 Millionen Menschen sind jedes Jahr vom Hungertod bedroht. Ein Drittel der Erdbevölkerung, darunter im wesentlichen alle Christen, verfügt über 85 Prozent des Welteinkommens, das zweite Drittel über etwa 10 Prozent, das letzte Drittel über etwa 5 Prozent. Daß die ungezählten Millionen, welche kaum eine einzige ausreichende Mahlzeit am Tage haben, zu einem selbständigen, menschenwürdigen Dasein kommen, wird in den nächsten Jahrzehnten Schicksalsfrage eines neuen Weltzeitalters, Weltaufgabe Nummer Eins für alle Völker sein.
Erdteile und Völker sind heute miteinander in Verbindung und aufeinander angewiesen, wie nie vorher. Dadurch sind wir, die wir uns drei-

* **Erstunterzeichner:** Pastor Heinrich Albertz, Senatsdirektor; Dr. Hans von Arnim, Konsistorialpräsident; Franz Amrehn, Bürgermeister; Pfarrer Dr. Christian Berg, Kirchenrat; D.Dr. Hans Böhm, Propst; Willy Brandt, Präsident des Abgeordnetenhauses; Dr. Friedrich Ernst, Bankier; Professor D. Martin Fischer, D.D.; Fritz Führ, Generalsuperintendent; Heinz Galinski, Vorsteher der jüdischen Gemeinde; Dr. Heinz Gefaeller, Ministerialdirigent; Dr. Goldstein, Rabbiner; Franz-Reinhold Hildebrandt, Präsident der Kirchenkanzlei der Evangelischen Kirche der Union; Kreßmann, Bezirksbürgermeister; Dr. Lothar Kreyssig, Präses; Kurt Krüger, Generalsekretär der Una Sancta; Ernst Lemmer, Bundesminister; Dr. Erich Müller-Gangloff, Akademieleiter; Immanuel Pack, Generalsuperintendent; Professor Dr. Pinsk; A. E. Ruys, Pastorin der Niederländischen Gemeinde; Dr. Kurt Scharf, Präses; Dr. Franz Suchan, Vizepräsident der Berliner Zentralbank; Prof. Dr. Otto Suhr, Regierender Bürgermeister von Berlin; Dr. Dr. Klaus Thomas, Ökumenischer St. Lukasorden; Dr. Heinrich Vockel, Bevollmächtigter der Bundesregierung.

mal am Tage sättigen können, jenen unzähligen darbenden Mitmenschen Nächste wie einem Nachbarn und Weggenossen im eigenen Volk. Von unserer Gesinnung wird es mit abhängen, daß bei Lösung der Weltaufgabe, welche die satten Völker an den hungernden Brudervölkern haben, nicht Machtstreben und politischer Wettstreit die Oberhand gewinnt.
Gesinnung aber erweist sich durch die Tat, und nur wo sie beharrlich geschieht, vermag sie etwas auszurichten. Die Caritas Internationalis, der Weltrat der Kirchen, die Vereinten Nationen haben sich ans Werk gemacht. Die Gemeinden ganzer großer Kirchengebiete geben das Erntedankfestopfer oder eine andere große Festkollekte alljährlich für die Hungernden der Erde. Aber ein einziges solches Zeichen im Jahr ist nicht genug. Wir bitten alle, die mit uns den Ruf hören, für die Hungernden ein regelmäßiges Opfer zu bringen. Es darf nicht nur ein Almosen sein. Die zu neuem Selbstbewußtsein erwachten, im raschen sozialen Umbruch begriffenen Völker öffnen sich unserer Teilnahme nur, wenn sie eine wirkliche Solidarität verspüren.
So haben sich nach dem Vorbild der englischen Miss-a-meal-Bewegung im August 1957 in Berlin und von dort aus vielfach in Deutschland Menschen zu einem zeichenhaften Opfer zusammengefunden, welches zu den farbigen Menschenbrüdern in den Gebieten raschen sozialen Umbruches eine Brücke der Solidarität geschlagen hat.
Einmal in der Woche verzichten wir auf eine Mahlzeit oder halten sie in besonders bescheidener Weise. Zu dieser Zeit gedenken wir der Mitmenschen, die in Leid und Entbehrung leben. Für sie sammeln wir, was wir durch Verzicht auf eine Hauptmahlzeit ersparen. So sind wir schon zu Tausenden untereinander und mit den unsagbar elenden Menschenbrüdern in der Ferne durch einen stetigen Strom der Teilnahme und Liebe verbunden. Das Opfer wird nicht anonym verteilt, sondern an bestimmte Menschen und Menschengruppen zur Linderung dringender Not oder zur Erschließung eigener Hilfsquellen für ein menschenwürdiges Dasein gegeben. Darüber wird laufend berichtet. Freunde in Afrika, Indien, Ostasien, Indonesien, Südamerika stehen uns aus unmittelbarer Anschauung und Erfahrung für gewissenhafte Verteilung ein.
Wir haben erfahren, daß tatbereite, beharrliche Liebe heilt, schöpferisch ist und das Unmögliche vermag. Sie ist Gott sei Dank nicht weni-

ger ansteckend als Zorn und Haß. Darum bitten wir jeden, den der Aufruf erreicht:
Reihe Dich ein! Verbinde Dich mit den Hungernden durch ein echtes Opfer, indem Du mit uns am Freitag oder an einem anderen Tag jeder Woche auf eine Mahlzeit verzichtest, das Ersparte für die Bedürftigen spendest und ihrer fürbittend gedenkst!

Aktionsgemeinschaft für die Hungernden der Erde

Dokument 6

Wir bitten um Frieden

Aufruf zur Aktion Sühnezeichen, so wie ihn Lothar Kreyssig am Nachmittag des 30. April 1958 auf der Synode der EKD im Johannesstift in Berlin-Spandau vorgetragen hat. [Zitiert nach: Berlin 1958. Bericht über die dritte Tagung der zweiten Synode der Evangelischen Kirche in Deutschland vom 26. bis 30. April 1958. Hrsg. im Auftrag des Rates von der Kirchenkanzlei der EKD, (Berlin 1958), S.279f.]

Wir Deutschen haben den zweiten Weltkrieg begonnen und schon damit mehr als andere unmeßbares Leiden der Menschheit verschuldet: Deutsche haben in frevlerischem Aufstand gegen Gott Millionen von Juden umgebracht. Wer von uns Überlebenden das nicht gewollt hat, der hat nicht genug getan, es zu verhindern.

Wir haben vornehmlich darum noch immer keinen Frieden, weil zu wenig Versöhnung geschieht.* Dreizehn Jahre sind erst in dumpfer Betäubung, dann in neuer angstvoller Selbstbehauptung vergangen. Es droht, zu spät zu werden. Aber noch können wir, unbeschadet der Pflicht zu gewissenhafter politischer Entscheidung, der Selbstrechtfertigung, der Bitterkeit und dem Haß eine Kraft entgegensetzen, wenn wir selbst wirklich vergeben, Vergebung erbitten und diese Gesinnung praktizieren.

Des zum Zeichen bitten wir die Völker, die Gewalt von uns erlitten haben, daß sie uns erlauben, mit unseren Händen und mit unseren Mitteln in ihrem Lande etwas Gutes zu tun; ein Dorf, eine Siedlung, eine Kirche, ein Krankenhaus oder was sie sonst Gemeinnütziges wollen, als Sühnezeichen zu errichten.

* Hier weicht das Protokoll von allen später gedruckten Fassungen des Aufrufs ab, wo es immer heißt: »...weil zu wenig Versöhnung ist.«

Laßt uns mit Polen, Rußland und Israel beginnen, denen wir wohl am meisten wehgetan haben.

Wir bitten heute, Deutsche die Deutschen, daß sich um Gottes Willen arbeitsfähige Männer aller Stände und Konfessionen bereitfinden möchten, je auf ein Jahr nach Polen, Rußland oder Israel zu gehen, um dort gemeinsam ein Friedenszeichen zu errichten. Auch Frauen werden zur Mitarbeit gebraucht. Wer es für seine Person nicht vermag, der bekenne sich zur Versöhnungstat durch ein Geldopfer, welches zur Bestreitung des Materials, des Unterhalts für die Arbeitenden und zur Erstattung der Unkosten dienen wird. Eine Zahlstelle wird nach Erlangung der Sammlungsgenehmigung durch Presse und Rundfunk bekanntgegeben.

Als Entgelt soll jeder Teilnehmer nur erhalten, was er für seinen Unterhalt und für die Reise benötigt. Wird das Werk in einem Jahr nicht fertig, so werden andere für ein weiteres Jahr aufgerufen. Mindestalter 17 Jahre. Der Meldung ist ein ärztliches Zeugnis über Gesundheit und Arbeitsfähigkeit beizufügen. Minderjährige bedürfen zur Meldung der Zustimmung des gesetzlichen Vertreters.

Der Dienst soll Deutsche aus der Bundesrepublik und aus der Deutschen Demokratischen Republik vereinen. Wir bitten die Regierungen Polens, der UdSSR und Israels, den Dienst - wie viele sich immer dazu bereit finden möchten - nicht als eine irgendwie beträchtliche Hilfe oder Wiedergutmachung, aber als Bitte um Vergebung und Frieden anzunehmen und zu helfen, daß der Dienst zustande kommt.

Wir bitten die Regierungen der Deutschen Demokratischen Republik und der Bundesrepublik, die Aktion zu gestatten und zu fördern.

Dokument 7

Der Alte an die Jungen

Entwurf zu einem Begrüßungsbrief für neue Sühnezeichen-Freiwillige, 1973. [Nachlaß Kreyssig].

Du hast Dich entschlossen, für eine bemessene, in Deinen Jahren aber beträchtliche Zeit für den Frieden zu arbeiten. Wir beglückwünschen Dich und uns zu dem Entschluß. Er wird sich als unzerstörbar sinnvoll erweisen, was immer daneben an Beweggründen mitgesprochen haben mag.

Der Zusammenhang ist so tief und umfassend, wie ich ihn nach eigener Beschreibung zu sehen vermag. Sie ist Rechenschaft über den Ertrag eines ganzen Lebens, aber keine Geheimwissenschaft. Vom ersten Schritt, den Du soeben in ein gewissenhaftes, sinnvolles Dasein getan hast, wirst Du vielmehr hinein und nach der Berufung Deiner Generation darüber hinaus geführt werden, so weit dieses vorletzte Dasein nach dem Ratschluß des Herrn der Geschichte weitergeht.

Daß der Mensch der Versöhnung bedarf, der Du Dich überantwortet hast, weiß er nicht von sich aus. Erst indem er sich herausgeführt findet aus der blinden, natürlichen Selbstbehauptung, erkennt er, daß er allenthalben der Vergebung bedarf und daß sie ihn in der Versöhnung als einer neuen Dimension seiner Existenz von Anbeginn umgibt und trägt. Darum ist der Friede, dem wir dienen, mehr als das Prinzip der Gewaltlosigkeit. Darum hat uns der Name unseres Friedensdienstes *Sühnezeichen* als ein Wahrzeichen der Herkunft aus der Versöhnung und aus der Vergebung einer beispiellosen Schuld durch fünfzehn Jahre nicht losgelassen. Wenn ein Volk, nicht weniger begabt, gebildet, christlich, als irgend ein anderes, fähig war, in entfesselter, ruchloser Selbstbehauptung und Selbstverherrlichung sechzig Millionen Menschen gewaltsam umzubringen, wo ist dann im Menschen selbst noch eine Gewähr für Mitmenschlichkeit und Frieden zu erwarten?

Jungen Deutschen, die diese Erfahrung mit ihrem Wesen und ihrer Geschichte nicht wahrhaben wollen, müßte wohl der Mund darüber zufallen, irgend etwas ringsum faschistisch zu nennen. Die inzwischen verronnene und weiterlaufende Zeit deckt den Abgrund im Menschen zu bis zu einem nächsten Ausbruch. Versöhnung aber heilt ihn aus der Tiefe und verwandelt von dorther den Menschen selbst. So kann Versöhnung als *ansteckende Gesundheit* auch in einem ganzen Volk Sinnesänderung zur Frucht aus Schuld und Leiden werden lassen. So wird die Heilung des weltanschaulichen Zwiespalts unter den getrennten Deutschen heute zum Dienst für die notwendige Weltgesellschaft der Völker morgen. Im Gericht über die nationale Selbstvergötzung war die Gnade einer neuen, sinnvollen Existenz verborgen.

So gewiß unser Friedensdienst aus dem Quellgrund Versöhnung erwächst, empfängt er von dort Kraft, Gestalt, Stetigkeit, Gewißheit. Das Leben schaffende heilende und formende Wort der Schrift hat also einen unveräußerlichen Platz in unserem Dienst. Die Leitung sorgt für Maß und Ordnung, nicht weniger aber für volle Freiheit unter den Teilnehmern. Niemand wird darauf angesehen, wieweit er sich dazu hält. So gewiß eine dem Frieden verpflichtete Gemeinschaft davon bestimmt und geformt ist, ob das Wort Gottes in ihr lebt, so verborgen ist, was es am Einzelnen ausrichtet. Den Anruf hat er vernommen. Ein erster Schritt des Gehorsams in die verwandlerische Wahrheit hinein ist getan.

Nun wird sich erweisen, wie ihm das Ohr geöffnet sei auf dem Weg in die Fülle des Schalom.

In ihr ist Gottes Geduld und Treue allewege größer als unser Herz. In Ihm sei gesegnet und bewahrt!

Lothar Kreyssig

Personenregister